谨以此书献给

我学习、工作四十年的
福建师范大学

大学开放天地新

一位**百年学府校长**的**思考**与**探索**

PROSPERITY OF
OPENING
UNIVERSITIES:

REMARKS BY THE PRESIDENT OF
A CENTURY-OLD UNIVERSITY

李建平 / 著

社会科学文献出版社
SOCIAL SCIENCES ACADEMIC PRESS (CHINA)

作者近影

李建平校长在建校95周年庆祝大会上致辞

李建平校长2003年11月访问美国加州州立大学洛杉矶分校

印度尼西亚"艺成慈善基金会"董事长杨勇辉先生（右一）、经理杨丽玲女士（右二）向李建平校长赠送美加华蒂总统亲笔签名的著作

李建平校长2006年6月出席福建师范大学北京校友会成立大会并表示热烈祝贺

日本琉球大学校长森田孟进授予李建平校长荣誉博士学位

李建平校长为2008届
毕业生题词

李建平校长关于学校工作报告的
部分手稿

"我很欣赏这样的一句话：地球上的任何一点，都有可能成为历史的中心点。"

——作者

序一　励精图治　笃行致远

读《大学开放天地新——一位百年
学府校长的思考与探索》

叶双瑜*

　　得知李建平教授的新作《大学开放天地新——一位百年学府校长的思考与探索》付梓，我作为后学，并曾在福建省政府办公厅联系和服务高校近二十年，后又在高校工作过一段时间，捧书读来，倍感亲切，深受教益。

　　建平教授多年从事马克思主义理论研究教学工作，卓有建树，全国中文核心期刊《当代经济研究》对他作了这样的介绍评价："主要研究领域为马克思主义经济思想发展史、《资本论》和社会主义市场经济、经济学方法论、区域经济发展等，已发表学术论文 100 多篇，撰写、主编学术著作、教材 60 多部。主要学术贡献是，在我国最早运用文本分析的方法研究马克思的经济理论；对《资本论》方法进行创新性的研究，在国内高校率先开设《资本论》辩证法课程；提出马克思的劳动价值论具有抽象和具体两种形态，为深化劳动价值理论的认识和研究开辟一个新的视角；深入进行省域经济综合竞争力、省域环境竞争力、国家创新竞争力的研究，开拓马克思主义经济竞争理论研究的新领域。"

　　建平教授在福建师范大学长期担任院系领导和副校长、校长，同时还兼任国家和省级多个学术团体的领导职务。他学识渊博，治学严谨，著作等身，是学界大家；为人师表，关爱后学，桃李芬芳，是教育专家；勤勉

---

　　* 叶双瑜，中共福建省委常委、省委秘书长。

敬业，善于治校，卓有建树，是名校校长。本书收录了建平教授 2002 年 8 月至 2008 年 7 月担任福建师范大学校长期间的报告、讲话、访谈等相关文章，共百余篇，种类齐全，原汁原味。建平教授年近古稀，仍历时数月，"黎明即起，诸事不为"，集中精力编撰书稿，这份执著和专注，这种对福建师范大学"深深的挚爱和眷恋"，令人敬佩。

福建师范大学是一所有着悠久历史的著名学府，文化底蕴深厚，校风优良，名师荟萃。这所百年大学的进步变化，凝聚着一代又一代师大人的智慧和力量，得益于历任校长筚路蓝缕、艰辛开拓。建平教授担任校长期间，正值我国高等教育改革发展的创新转型期。他以开阔的眼界、过人的勇气和求真务实的精神，大胆探索，冲破旧观念、旧体制的藩篱，在许多方面开高校改革风气之先。他与校党政班子同志一起，带领全校师生，秉承"知明行笃、立诚致广"的校训精神，创新办学理念、完善学科建设、迎接教学评估、力推开放办学、深化对台合作、举办百年校庆、完成新区建设等等，为师大呈现"新的气象和新的面貌"，作出了重要贡献。

中外高校凡是有作为的校长，无不重视先进理念引领。高等教育"钱学森之问"曾引起极大反响。建平教授指出，大学理念是一所大学的灵魂，体现大学的理想、信念和追求，是大学文化中最稳定、最核心的要素；要重视学科建设，重点学科是一所大学办学水平的重要标志，也是一所大学综合实力和核心竞争力的重要体现；要重视人才培养，教学质量是大学的生命线，培养创新型人才是大学的崇高使命；要顺应经济科技全球化的潮流，推动学校与国内外名校合作交流、不断提高国际化程度，这是建设高水平大学的必由之路；要重视学校管理，管理既是治国之道，也是治校之道，管理不善，流失的不仅是资金，而且是人心……类似这样精辟的观点和深刻的论述，见于书中的各个篇章，不仅清晰地反映了建平教授富于改革创新、勇于开拓进取、善于博采众长、勤于学校管理的治校办学之道，而且在实践中也取得了丰硕成果。

建平教授身为一校之长，对"大学是什么""为什么办大学"以及"怎么办好大学"等问题作了深入思考研究。文以载道，本书是建平教授在近四十年教育生涯里对高等教育发展规律的探索成果的结晶。书中记叙了当时师大领导班子办学理念的形成和演进过程，以及对治学、办校、育才等核心问题的深入探讨和持续创新，既是福建师范大学发展史上的一段重要印记，也是广大师大校友了解母校发展历史的珍贵资料。书中汇集的文稿，种类齐全、原汁原味、彰显特色，蕴含生动的实践和鲜活的经验，是新的历史时期高校管理者的有益参考和极好借鉴。

　　《大学》开篇云："大学之道，在明明德，在亲民，在止于至善。"相信有志于高等教育事业发展进步的朋友们，都能从这本书中汲取丰富的营养，得到启迪，砥砺奋进，开拓创新，培养造就更多符合时代要求的高素质人才，为全面建成小康社会、实现中华民族伟大复兴之梦作出更大贡献。

2012 年 12 月 25 日

序　二

鞠维强[*]

建平先生是我的老师，他四十年来的道德文章一直为学生所景仰。老师让我为他的新作《大学开放天地新——一位百年学府校长的思考与探索》作序，着实令我惴惴不安，学生岂能为老师的书作序呢？然而，当我读完老师的著作，我想不仅是师命难违，同时自己同样作为一名教育工作者，确实有许多深切的体会和感想。

建平先生是国内著名的经济学家。他是我国最早运用文本分析的方法研究马克思经济理论的学者，并对《资本论》方法进行创新性的研究，开拓了马克思主义经济竞争理论研究的新领域，在经济学领域的研究中取得了丰硕成果。但今天拜读的新作《大学开放天地新——一位百年学府校长的思考与探索》，却是他以一个经济学家的眼光，以一个大学校长、一个教育工作者的身份来著述的。此书正是整理收录了他在 2002 年 8 月至 2008 年 7 月这 6 年任福建师范大学校长期间所作的报告、讲话、访谈以及撰写的相关文章。这些报告、讲话都是他亲力亲为，而不是秘书所为。在这本书里，体现着建平先生的办学理念和治校经验。

大学校长一般都被赋予了很高的要求和期望，而中国的大学，特别是地方大学在发展中要面对的现实问题比较复杂，在多元的角色承载和多样的任务担当之下，大学校长的生态并不宽松，甚至有点艰难。作为地方大

---

[*]　鞠维强，福建省教育厅党组书记、厅长。

学的教育有一个明显的特征，那就是世俗化。而这种世俗化必然迫使每个大学校长都要不断调整自身的角色并实现某种转型，需要他们在实践中探索、思考并形成新的大学教育哲学。这本著作，清晰而又完整地显示出了建平先生为创建新的大学教育哲学所作的努力。

办好大学，要有好校长，校长的胸襟、抱负、视野和理念，决定着学校的发展。思想是行动的先导，理念决定发展方向。作为福建师范大学这所百年老校的校长，建平先生对大学的理念，包括大学的本质、大学的使命、大学的方向、大学的办学特色作出了精辟的诠释。建平先生认为："大学理念是一所大学的灵魂，体现大学的理想、信念和追求，是大学文化中最稳定、最核心的要素。大学理念不是一时心血来潮的产物，而是大学长期办学经验的积淀和升华。"建平先生对凝练办学理念进行了深入的研究，他指出，一要追溯学校的历史，从学校博大精深的人文传统中汲取有益的养料；二要探寻学术的源流，无论是国学、"西学"还是"苏学"源流，从中我们都可得到启示；三要把握时代的特征，办学理念要随着经济全球化、市场经济发展和科技现代化而与时俱进；四要关注高校的风云，从国内外优秀大学发展的动态中获取精华，不断充实自己的办学理念。建平先生在担任校长 6 年期间，倡导培养人才、科学研究、社会服务"三位一体"的办学理念，推行由师范大学向综合性大学转变，从以教学为中心向以教学、科研为中心转变的发展战略，着力打造师范性、学术性、综合性和开放性的办学特色，已成为学校十分重要的办学理念，成为推动学校不断发展的内在力量。

办学工作千头万绪，抓住核心，抓住根本，就能纲举目张，带动整体，实现跨越。作为大学的校长，建平先生对治校之道有深刻的见解，在办学实践中取得了显著的业绩。学校建设的核心是学科建设，建平先生任校长抓的第一件大事就是学科建设。他认为，重点学科是衡量一所大学办学水平的重要标志，也是一所大学综合实力和核心竞争力的重要体现。在学科建设中，人才是最重要的因素。没有人才，一切都等于空中楼阁。大学的根本任务是培养人才。建平先生明确指出，教学质量是大学的生命线，培养创新型人才是大学的崇高使命，强调教学工作要在提高质量、优化结构、凝练特色上下功夫。建平先生高度重视学校管理，他语重心长地指出："管理是一门科学，也是一门艺术；它既是治国之道，也是治校之道。管理不仅出效率，也可以出效益。管理不善，流失的不仅是资金，而且是人心。"近十年来，福建师范大学在学科调整和水平提升上取得了历史性跨越，在人才培养质量提高上取得的显著成效，在深化校内人事管理体制改革上取得的重大突破，都凝聚了建平先生的办学智慧和付出的艰苦努力。

作为教育工作者，建平先生长期坚持"双肩挑"，他从一名普通教师到著名学者的过程中，先后担任过福建师范大学政治教育系副主任、主任，经济法律学院院长，副校长，直到校长。即使是年近 70 高龄的今天，他仍然担任着福建师范大学马克思主义研究院院长。建平先生是一个追求卓越、永不止步的长者，他累到视网膜脱落，胃大出血，也仍然坚持工作。他这种强烈的社会责任心和事业心，勇于进取、朴实无华、踏实务实的品质和气质，对工作不知疲倦的执著和勤奋，是教育工作者的楷模，也是我学习的榜样。

建平先生是我的老师，拜读了他的这部著作，我感受到了追求大学理想的光辉，感受到了办学治校的艰辛，也体会到作为一名教育工作者的神圣使命和崇高职责。在我们全力推进高校内涵式发展的新的历史时期，我们相信，通过学习建平先生的办学理念、治校方略和办学经验等，将对加快高校内涵建设，不断提升办学质量有深刻的启迪和促进作用。

2012 年 12 月于福州

前　言

　　《大学开放天地新——一位百年学府校长的思考与探索》书稿即将交付出版，我有如释重负之感。几个月来，我黎明即起，诸事不为，连每天阅览一个多小时的报刊这一"规定动作"都暂时停掉，集中精力编辑这部书稿，现在可以长舒一口气了。

　　本书收入我 2002 年 8 月～2008 年 7 月担任福建师范大学校长期间所作的报告、讲话、访谈以及所写的相关文章。我把它们分为两部分五大篇。第一部分即第一篇是大学理念，属于大学的"形而上"方面，主要探讨大学"是什么"和"为什么"的问题，也就是大学的本质、大学的使命、大学发展的方向、一所大学的办学特色等这些带有根本性质的问题。不要以为大学理念是很抽象的东西，实际上它对一所大学的发展具有导向、规范和前瞻的重要作用。第二部分即第二篇到第五篇，属于大学的"形而下"方面，主要探讨大学"做什么"和"怎么做"的问题，研究大学理念的具体实现途径。一所大学面临的具体问题和要做的事情纷繁复杂，我根据自己的工作体会，择其要者，概括为学科建设、人才培养、开放办学和学校管理四类。从第二篇"学科建设篇"中可以看到福建师范大学学科建设六年中所走过的坎坷道路和所取得的节节胜利，这里既有各院系、学科因结构调整而带来的"阵痛"，也有广大教师努力攀登科学高峰付出的艰辛。作为校长，我要对全校的学科建设负全面运筹之责；作为学科带头人，则要对自己所在的学科进行具体的谋划和建设，这不仅仅是工作关系，坦率地说，马克思主义理论和理论经济学这两个学科包含着我人生的价值追求和学术的全部志趣。大学是培养高级专门人才的地方，第三篇"人才培养篇"主要讲本科生和研究生的培养。我国自 1999 年大学"扩招"以来，规模与质量的矛盾成了新世纪以来大学发展的一个突出矛盾，也是社会广泛关注的热点话题。教育部在那几年大力推行的本科教学水平评估也许在今天来看可能褒贬不一，不过我认为，在当时确实在相当大程度上促进了大学教学质量的提高。我自上任开始就准备迎接评估，到 2007 年 10 月评估结束，凭借评估这股东风，学校采取了一系列实实在在的教学改革措施，并取得了显著的成效。第四篇是"开放办学篇"，我始终认为，坚持对外开放办学、不断提高国际化程度，是建设一所高水平大学的必由之路。但是知易行难，这不仅要克服传统观念、现行体制等无形和有形的一系列障碍，还要承担种种意想不到的巨大风险。例如，2003 年"非典"期间学校派出的全国高校第一批（18 人）汉语教学志愿者前往菲律宾进行为期一年的教学实践活动，无论对这些学生还是对学校领导都是一场严峻的考验。现在海外华文教育已成为学校对外开放办学的一大亮点。在我六年的校长生涯中，很荣幸地经历了建校九十五周年和一百周年的校庆，这是可遇而不可求的。通过这两次校庆活动，不仅使福建师范大学进一步了解了外部世界，也使外部世界进一步了解了福建师范大学。管理是一门科学，也是一种艺术；它既是治国之道，也是治校之道。第五篇是专门探讨学校管理的。我从上任伊始，就强调要加强学校管理，六年内汇总有十一谈，当然每次谈的内容和侧重点都有所不同。学校管理是同观念转变、体制创新和学校建设紧密联系在一起的，特别是对福建师范大学发展具有极大影响的新校区建设和管理，占了该篇很大的篇幅。以开放推动改革，以改革促进发展，以发展使学校不断呈现出新的气象和新的面貌，这是贯穿本书的一条主线，也是两千多个日夜中我孜孜不倦所"上下求索"的。

那么，为什么要出版这本书呢？主要考虑有三。

一是为将来的福建师范大学校史编写提供一份原始资料。我在 2003 年 9 月 9 日学校部署新学期工作的讲话中就提到："再过四年就是我校的百年华诞，我们从现在起就要为此作准备"；"做好与校庆有关的一些基础工作，比如校史的编写……"在 2007 年 11 月建校一百周年前夕，经过有关人员的辛勤劳作，一部比较完整的福建师范大学校史终于面世，填补了空白，堪称是校史编写上的一大功绩。但是，毋庸讳言，由于时间短促，资料缺失，所以这部校史仍稍显粗糙，有待于进一步修订。在百年校庆丛书中，有一本书引起了我的注意，那是社会历史学院一位博士写的《大德是钦：记忆深处的协和大学》，作者收集了大量的历史资料，梳理了福建师范大学主要前身校之一——协和大学四十年的办学脉络，包括对前后五任校长的办学思想专门作了介绍。协和大学办学距今远的即将百年，近的也有半个世纪之久，书中所涉及的材料散落在国内外，收集相当困难，因而这些材料弥足珍贵。我由此想到，到福建师范大学建校 200 周年的时候，那时人们要回顾 21 世纪学校的历史，现在看似寻常的材料将来恐怕就是很稀缺的了。与其让后人在故纸堆里费力搜寻求证，为什么我们现在就不能为他们提供一些方便呢？而且，福建师范大学的发展同时也是福建省高等教育历史发展的一个侧面。正是基于这一考虑，促使我把一大堆的材料加以整理，并付诸出版。

二是为福建师范大学的广大校友和关心这所大学的人们提供一段校情概况。福建师范大学历史悠久，在百年校庆时，我们曾对历届校友（包括前身校）作过一次全面的统计，终于得出一个比较准确的数字：33.5 万人。校友对母校有一种很特殊的感情，有的人称之为"情结"。我曾接待过一位在国外生活多年的大使夫人，她提出可否带她去曾经住过的学生宿舍楼看看。在宿舍楼前，她驻足良久，凝神静思，其内心之激动可想而知！我在国外访问时，从一个个校友的眼神和言谈中，可以明显感觉到他们希冀了解母校变化的渴望以及愿为母校发展尽绵薄之力的真诚。在福建师范大学的发展过程中，校友以各种方式表达了对母校的支持和帮助，其中许多"故事"令人感动！另外，在我所接触的许多人中，有不少人总是热情地表示，他们虽然不是毕业于福建师范大学，但与这所大学很有缘分，因为其父母、子女或其他亲属曾在这里学习或工作过。在我的校长任上，学校正好赶上一个千载难逢的重要历史机遇期，无论在办学规模（特别是新校区建设）、办学层次，还是在社会影响上（恰逢百年校庆），都有比较大的变化，母校的广大校友和关心福建师范大学的人们从本书中可以大体了解：这种变化究竟是哪些？大家又为这些变化做了些什么？

三是为与福建师范大学具有同样命运的大学管理者提供参考。中国的大学有 2400 多所，数量当为世界之最。我把现有的大学分为三类：第一类是所谓的"985"大学，它们的目标是赶超世界一流大学；第二类是所谓的"211"大学，属于国家教育部重点建设的大学；除此以外的大学归为第三类。第三类大学占中国大学总数的 95% 左右，数量众多，情况各异，但有一个共同点：它们的生存和发展都比较艰难。这一类大学的管理者们要想有所作为，就要付出十二分的努力，个中的苦辣酸甜不是局外人所能了解的！我曾听一位颇有影响的大学校长这样说过：国外大学的校长是"老子"，中国大学的校长是"孙子"！这句话显然过于夸张和尖刻，我并不认同，但它多少道出中国第三类众多大学的校长在工作中经常遭逢的无奈、尴尬和困窘！在我国改革开放初期，邓小平曾勉励深圳特区的建设者们要"杀出一条血路出来"，深圳终于迎来了今天的满园春色。深受传统计划经济体制影响的中国大学，特别是第三类大学，应该如何"杀出一条血路出来"，实现自身追求的目标，确实是一道费解的难题。笔者多年来在大学管理实践中所作的思考和探索，相信对具有相同或相似命运的大学管理者来说，不无益处。

我离开大学校长岗位已经四年又四个多月了，本来，本书没有这么快就面世，按原来的计划，起码要在十年以后，因为毕竟书中涉及的许多人和事，大家还记忆犹新。但是一次突发的事件改变了我的计划：2011年9月的一天，我因身体上一个零部件出了故障，差点去马克思那里报到了。如果真是这样的话，对我本人倒无所谓，因为"人生自古谁无死"，但对学校来说，却多少是个"无形资产"的流失：因为我保存多年的有关学校工作的几大箱材料将被当作废纸卖掉，我头脑中存储的许多有关学校信息也将随着一缕青烟散去。所以，当2012年6月30日我完成一家杂志社一篇长达两万字的约稿后，翌日便开始了本书出版的准备。这与其说是在为自己写作，毋宁说是在向历史作一个交代！

在这里，我要郑重声明三点。第一，福建师范大学在我校长任上获得较大的发展，这是学校历任领导打下的良好基础，也是时任学校领导班子和广大师生员工共同努力的结果。我在每个学期所作的全校工作部署报告，其要点都经过了学校领导班子的讨论，因此它们都是集体智慧的结晶。我并不否认本人在其中所起的重要作用，但毕竟是很有限的。因此在这里我要真诚感谢校领导班子各位成员和全校教职工对我工作的大力支持！当然，本书中存在的错误和不足，则概由本人负责。第二，本书绝大多数讲话、报告稿都出自我的手笔，或者是把我的讲话通过录音整理出来的。读者可以发现，我的文稿带有哲学和经济学的一些痕迹，这是我所从事的专业使然。当然，也有一些讲话特别是致辞之类是别人代为起草的，但是最终经过我的修改、审定，并以我的名义发布。我之所以收入本书，是因为它们确认了学校发展过程中的一个重要活动事实，仅此而已。第三，本书中的一些观点，在当时是颇为流行的，我也是赞同的，但是随着岁月的逝去，我现在可能并不赞同或不完全赞同，但为了尊重历史，我还是依原貌把它们保留下来了。

为了庆祝福建师范大学百年华诞，我们在新校区的主干道——百年大道上放置了三件很有意义的纪念物，人称"三宝"：清朝末代帝师、我校首任校长陈宝琛的座像；由海内外校友会捐赠的百年宝鼎；内藏一百件由校部机关各部处、各院系、各附校精心挑选出来的纪念品的大铜球——"宝球"，约定一百年后（2107 年）开启。在"宝球"中也有我给 2107 年福建师范大学校长的一封信。许多媒体曾纷纷打听和猜测这封信的具体内容，在 2107 年以前这当然是个谜。但是，看完本书的读者大致能猜出这个谜的谜底是什么。

我 1972 年 11 月进入福建师范大学学习，1975 年毕业留校，1979 年在本校在职攻读哲学研究生，除了 20 世纪 80 年代末在联邦德国访问一年外，我再也没有离开过这所大学，至今已整整四十个春秋了。无论何时何地，我都对这所度过我人生最漫长最美好时光的大学怀有深深的挚爱和眷恋！2012 年恰逢福建师范大学建校 105 周年，本书就是献给她的一份小小的礼物！

李建平

2012 年 11 月 6 日一稿

11 月 29 日二稿

于福州金桥花园冬夏庐

目录
CONTENTS

大学理念篇

学 科 建 设 篇

人 才 培 养 篇

开 放 办 学 篇

学 校 管 理 篇

大学理念篇

"大学理念是一所大学的灵魂，体现大学的理想、信念和追求，是大学文化中最稳定、最核心的要素。大学理念不是一时心血来潮的产物，而是大学长期办学经验的积淀和升华。"

——作者

坚持与时俱进，大力推进教育创新[*]

——学习江泽民同志在北京师范大学
百年庆典上重要讲话的体会

2002 年 9 月 8 日，我应邀参加北京师范大学百年庆典，有幸在人民大会堂亲自聆听了江泽民同志的重要讲话（为行文方便以下简称"讲话"）。这一讲话充满了解放思想、与时俱进、开拓创新的精神，是对"科教兴国"战略思想的新阐述，是马克思主义教育思想在中国的新发展，是指导新时期我国教育事业改革与发展的重要思想武器。这里谈一点学习体会。

一 对"科教兴国"战略思想的新阐述

面对激烈的国际竞争，以江泽民同志为核心的党中央根据邓小平"科学技术是第一生产力"的论断，及时地提出"科教兴国"战略。早在 1991 年 5 月，江泽民同志就提出要把经济建设真正转移到依靠科技进步和提高劳动者素质的轨道上来，并强调这一转移同十一届三中全会后工作重心的转移具有同等重要的战略意义。1995 年 5 月，江泽民同志在全国科学技术大会上明确表述了"科教兴国"战略的内涵，即全面落实"科学技术是第一生产力"的思想，坚持教育为本，把科技和教育摆在经济、社会发展的重要位置，增强国家的科技实力及向现实生产力转化的能力，提高全民族

---

* 这是笔者 2009 年 9 月 12 日在全校部分教师、干部大会上所作报告的一部分，发表于《福建师范大学学报》2002 年第 4 期。

的科技文化素质，把经济建设转移到依靠科技进步和提高劳动者素质的轨道上来，加速实现国家的繁荣富强。1996 年 5 月，八届全国人大四次会议提出了《国民经济和社会发展"九五"计划和 2010 年远景目标纲要》，"科教兴国"正式成为我们的基本国策。在党的十五大上，江泽民同志代表党中央，再次提出把"科教兴国"战略和可持续发展战略作为跨世纪的国家发展战略，并详细论述了"科教兴国"战略方案，作出了实施这一方案的具体部署。

江泽民在这次讲话中，对"科教兴国"战略思想的阐述又有新的发挥。具体表现在以下方面。

一是从现代化建设的全局性战略性位置来重新审视"科教兴国"战略。江泽民同志指出："当今时代，科技进步日新月异，国际竞争日趋激烈。各国之间的竞争，说到底，是人才的竞争，是民族创新能力的竞争。"[①] 一个民族要有创新能力，靠的是人才，而人才必须通过教育。从这个意义上说，教育是增强民族创新能力的重要基础。因此，江泽民同志强调，必须把教育"放在现代化建设的全局性战略性重要位置"来重新审视，这就对"科教兴国"战略重要性的认识更深刻、更全面了。

二是强调要继续坚定不移地实施"科教兴国"战略。实施"科教兴国"战略是党中央、国务院在"九五"期间提出来的，几年来，有些地方对这个战略贯彻落实得相当好。比如，江苏省在教育方面实现"三个率先"，走在全国的前列：一是率先在全国提出"科教兴国、科教强省"的口号，并付诸实际行动；二是率先在全国实现"两基"的目标；三是率先在全国实现高等教育大众化，为江苏省的经济高速发展打下了重要的知识基础和人才基础。但是，也应该看到，有的地方对"科教兴国"战略的实施，认识还不是很到位，措施还不是很得力，效果还不是很显著。江泽民同志提出"科教兴国"战略要继续坚定不移地实施，这充分表明了党中央在新世纪实施这一重要治国方略的鲜明态度和坚强决心，也是向全党全国人民发出的新的动员令。

三是明确了实施"科教兴国"战略的目的。江泽民同志提出了三个"不断"。一是不断培养大批合格的中国特色社会主义的"建设者"。这些"建设者"不仅包括工人、农民、知识分子、干部和解放军指战员，也包

---

① 江泽民：《在庆祝北京师范大学建校一百周年大会上的讲话》，《中国教育报》2002 年 9 月 9 日。

括"民营科技企业的创业人员和技术人员、受聘于外资企业的管理技术人员、个体户、私营企业主、中介组织的从业人员、自由职业人员"等，他们中的广大人员"通过诚实劳动和工作，通过合法经营，为发展社会主义社会的生产力和其他事业做出了贡献"①。二是不断造就大批具有丰富创新能力的高素质人才。江泽民同志非常强调创新能力和高素质人才培养问题，认为"我国要跟上世界科技进步的步伐，必须千方百计地加快知识创新，加快高新技术产业化。而创新关键在人才，必须有一批又一批优秀年轻人才脱颖而出"②。他在一次讲话中，曾经列举了许多古今中外科学家的重要发现和发明，都是产生于风华正茂、思维最敏捷的青年时期，因此，培养和任用高素质的年轻人才是十分重要的，这是我们国家希望之所在。三是不断提高全民族的思想道德素质和科学文化素质。历史和现实都表明，决定一个民族未来的根本因素，不是看它现在拥有或者缺少优越的物质条件，有没有遇到巨大的困难，而是看这个民族的民众素质。一个有很高思想道德和科学文化素质的民族，是永远打不垮、摧不烂的。以上三个"不断"，是实现中华民族伟大复兴的必然要求，也是我国社会主义教育事业的历史任务。

二 教育创新是教育战线的一项十分重要的任务

要实施"科教兴国"战略，通过什么途径来实施？江泽民同志提出了教育创新的问题。他指出："教育创新与理论创新、制度创新和科技创新一样，是非常重要的，而且教育还要为各方面的创新工作提供知识和人才基础。"③ 从这个意义上说，教育创新比上述三个创新更重要，具有根本性质。那么，如何进行教育创新呢？江泽民同志提出了五个方面的要求，这是对马克思主义教育理论的重要发展。

1. 教育思想的创新

教育创新并非是对传统的全盘否定，而是既坚持又发展。所谓坚持，就是要坚持党的教育方针，坚持教育为社会主义事业服务，坚持教育与社

---

① 江泽民：《在庆祝北京师范大学建校一百周年大会上的讲话》，《中国教育报》2002 年 9 月 9 日。

② 江泽民：《论科学技术》，中央文献出版社，2001，第 108 页。

③ 江泽民：《在庆祝北京师范大学建校一百周年大会上的讲话》，《中国教育报》2002 年 9 月 9 日。

会实践相结合。所谓发展，首先要从变化了的实际出发，"十分注意研究和解决教育面临的新情况新问题，深入探索新形势下教育发展的规律，更新教育观念，确立与二十一世纪我国经济和社会发展需要相适应的教育观和人才观"①。比如说教师教育，现在全国正面临着教师教育转型和创新的新时期，教师已经不像几十年前那样，大学毕业、大专毕业、中专毕业就可以当老师，现在的教师应该要有广博的知识、高尚的品德、高超的教育艺术，是一位研究型、反思型、创新型的教师，不是一般的教书匠。再比如人才观，究竟什么样的人才算人才？传统的观念认为，"学而优则仕"，能考上大学，就是人才。但在今天社会需要多样化、职业多元化的时代，只要有社会责任心、能够勤奋努力、为社会作出一定贡献的，就是人才。人才的标准、人才的观念已经发生了很大的变化。过去认为考试成绩好的、听话的就是好学生，在今天这个创新的社会里，不会提出问题、不会发现问题的学生，恐怕不能算是好学生。现在非常强调创新能力的培养，如果教育观念不更新，就培养不出时代所需要的创新人才。我们高校究竟要培养什么样的人才？是四平八稳的、循规蹈矩的、表现一般的，还是某些方面虽有欠缺，但在某些方面相当优秀的拔尖人才？教育观念更新问题需要我们深入探讨。

2. 教育体制的创新

江泽民同志指出："进行教育创新，关键是要通过深化改革不断健全和完善与社会主义现代化建设的要求相适应的教育体制。要扫除制约教育发展的体制性障碍，努力提高教育资源的利用效益，优化教育结构，扩大教育资源，进一步转变政府管理教育的职能和模式，增强学校依法自主办学的能力，推动教育体系的创新，逐步形成适应终身学习需要的学习型社会，满足人民群众多样化的学习需求。"② 这一段话的内容非常丰富，也非常重要。教育的体制性障碍是计划经济留下来的，现在教育要适应市场的需要，适应社会的变化和发展，但是传统的计划体制对教育的负面影响还相当大，这在我们的工作实践中感受是很深的。作为一个大学的校长，想要依法办学，并不是那么容易的，不是你想做就能做到的。比如，南京师

---

① 江泽民：《在庆祝北京师范大学建校一百周年大会上的讲话》，《中国教育报》2002 年 9 月 9 日。

② 江泽民：《在庆祝北京师范大学建校一百周年大会上的讲话》，《中国教育报》2002 年 9 月 9 日。

范大学有个新校区，我去看了以后感慨很多。南京师范大学的新校区由南京师范大学自己搞，学校的积极性空前被调动起来，从 1998 年底开始动工，到 2001 年底已经完成了三期建设，建成了 40 多万平方米的建筑，现在已有 15000 名学生在新校区，速度之快，质量之高，规模之大，是很少见的，南京师范大学师生都以此感到自豪。江苏省政府对高校新校区建设十分重视，注意调动学校的积极性，学校除了省政府投资 4 亿元外，自己也筹资 3 亿多元，使新校区建设充分体现学校的发展要求。但是有的地方新校区建设却由政府一手包办，其弊端是很明显的。我认为，依法自主办学是篇大文章，很值得研究。这个问题不解决，教育很难会有大的发展。

3. 教育目标的创新

江泽民同志指出："进行教育创新根本的目的是推进素质教育，全面提高教育质量。"[①] 如何推进素质教育，全面提高教学质量？全国各地已积累了很多很好的经验，如改革教学的内容、方法和手段，充分吸纳当代科学研究的最新成果，创造新型教育教学模式，完善人才培养模式等。关于完善人才培养模式，北京师范大学已经提出了一个非常大胆的设想并付诸实践，也就是"4＋X"的模式。该模式分三类。一是"4＋0"的模式，就是考上北京师范大学，念完三年以后，学生还可以再作一次选择，当教师或继续专业深造。如果不想当教师，那就再进行一年的专业学术培养直至毕业，参加社会工作。二是"4＋2"，如果想当教师，三年或四年以后经过筛选，到教育学院再念两年的教育硕士研究生，全面学习教育理论，并进行教育实践的系统训练，毕业后就是位合格的教师了。三是"4＋3"的模式，学生经过三年或四年学习后，可以去考取本人所喜欢的专业的研究生，再学习三年，获得专业硕士学位。这种人才培养模式完全是建立在尊重学生意愿的基础上，充分挖掘学生的潜能，不仅体现了以人为本、因材施教、因材受教的教育新理念，而且从根本上摆脱传统高师的办学理念与方式，转换到"大学＋师范"这一国际教师教育通行的轨道上来。

4. 教育手段的创新

传统的教学手段主要是课堂教学，实施教学的载体是讲台、教案、粉笔和黑板。随着现代科学技术的快速发展，特别是信息技术的推广和普及，教育手段也发生了很大的变化。现在许多学校已在采用多媒体教学，

---

① 江泽民：《在庆祝北京师范大学建校一百周年大会上的讲话》，《中国教育报》2002 年 9 月 9 日。

取得了明显的教学效果。不仅采用传统的近距离的课堂教学，而且实行远程传输的教学。江泽民同志指出："必须充分利用现代科学技术手段，大力提高教育现代化水平。要通过积极利用现代信息和传播技术，大力推动教育信息化，促进教育现代化。"① 今后，要进一步完善学校的计算机网络，推动信息技术课程和教材建设，加快数字图书馆等教育公共服务体系建设，这方面政府和学校一定要加大投入。现在当务之急是培训能够采用多媒体等现代教学手段的师资，否则尽管多媒体教室建立起来了，但因为有的教师不会用，便闲置在那里，成为一种摆设，这是教育资源的浪费。

5. 教育开放度的创新

江泽民同志指出："进行教育创新，必须面向现代化、面向世界、面向未来，加大教育对外开放的力度。"② 福建师范大学要建设成一所综合性、有特色、教学科研型的大学，关键在于开放式办学。只有开放式办学，才能使新设置的院系、专业、课程、教材等，不断适应经济建设和社会发展的需要，使学校的综合性程度不断提高；只有开放式办学，主动参与高校之间的竞争，参与地方的经济建设和社会发展，才能使学校的教学科研水平不断提高，并具有鲜明的特色和核心竞争力；只有开放式办学，密切关注国际教育发展的大趋势，积极应对加入 WTO 后教育面临的机遇和挑战，大胆借鉴世界上先进的办学经验和管理经验，加强国际学术交流和教育合作，才能不断壮大学校的实力，提高学校的国际知名度。福建省为了扩大开放度，提出了开辟三条通道的战略，实施对省内、国内、国际的全方位开放，以实现在新世纪的跨越性发展，这是很有见地、相当超前的举措。在教育领域，在一个大学，也必须开辟这样的战略通道，这是时代发展的客观要求，也是教育本身发展的必然趋势。

大力推进教育创新，离不开教师的辛勤工作。教师是教育创新的主体。江泽民同志在讲话中对教师的工作给予高度评价，认为教师是"先进生产力和先进文化发展的弘扬者和推动者"，是"知识的重要传播者和创造者"，是"青少年学生健康成长的指导者和引路人"，是"人类灵魂的工程师"。他对全国广大教师提出了三点希望：志存高远，爱国敬业；为人

---

① 江泽民：《在庆祝北京师范大学建校一百周年大会上的讲话》，《中国教育报》2002 年 9 月 9 日。

② 江泽民：《在庆祝北京师范大学建校一百周年大会上的讲话》，《中国教育报》2002 年 9 月 9 日。

师表、教书育人；严谨笃学、与时俱进。他还特别强调："百年大计，教育为本；教育大计，教师为本。"① 这不仅把教育提到了前所未有的重要地位，也充分肯定了教师在教育创新中的主体地位。我们广大教育工作者一定要认真学习江泽民同志的这篇重要讲话，充分认识教育创新在我国社会主义教育事业的历史任务中的重要作用，不断增强推进教育创新的坚定性和自觉性，不断增强推进教育创新的使命感和紧迫感，在实施"科教兴国"战略、大力推进教育创新中，不断作出无愧于时代、无愧于祖国和人民的贡献。

---

① 江泽民：《在庆祝北京师范大学建校一百周年大会上的讲话》，《中国教育报》2002 年 9 月 9 日。

开放：大学教育发展的
一个重要理念*

在我国大学教育事业已取得重大进展的今天，其实，依然有许多相当尖锐的问题摆在我们的面前，而且，这些问题与我们大学教育事业在今后如何发展密切相关。比如，在市场经济条件下，大学如何从社会的各个方面获取最大限度的支持？大学在介入社会发展与创造文明两个方面，怎样进行更加有效的平衡与协调？大学又将如何持续赢得最充分的生存空间和发展机遇？在可能不断遭逢到的困难境遇中，大学又将何以确立自己的信仰与理念？在与社会、公众、区域和国际等的多重关系中，大学能否建立起伸缩自如、高效灵活的应对机制并具备驾控性能等，我以为，这些都是值得我们深入思考并且必须予以明确回答的重要问题。

从世界许多著名大学的发展历程来看，它们所赢得的持久声誉总是与它们各自不同的存在特色联系在一起的。而其存在特色的形成与巩固，无疑又取决于大学之间各自不同的教育理念和办学精神。这一共同性所给予我们的启迪是鲜明而深刻的：在推进大学教育事业发展的过程中，确立面向现实、面向未来、面向世界，既能有效应对时代变化又兼具超越性的教育理念，是极其重要和必要的。回顾我国社会主义大学教育事业半个多世纪的发展，尤其是改革开放前后两个时期教育事业快慢有别的发展状况，

---

* 这是笔者 2002 年 11 月 22 日在福建师范大学建校 95 周年中外大学校长论坛"经济全球化与高等教育创新"上的讲演稿，发表于《光明日报》2002 年 12 月 8 日。

我们能够深刻地体会到，教育事业尤其是大学教育事业，其前进与停滞、坦途与歧路、充满活力与延宕式微，应当说，与教育理念的正确与否有着密切的因果关系。毋庸置疑的事实是，在大刀阔斧改革的 20 多年，中华民族的各项事业在"开放"理念的强力推进中，取得了极其丰硕的发展成果，大学的教育事业也是如此。实践证明："开放"是我国新时期教育事业获得大发展的重要动力。"开放"，不仅使在"文化大革命"中遭受重创的高等教育迅速摆脱了困境，更为重要的是，"开放"使得新时期的大学教育，在经济社会文化转变所带来的种种考验面前，已初步建构起从容应对时代巨变的良性机制，并不断赢得了更多的生存空间和发展自身的可能性。大学教育对社会整体经济文化发展的影响力日益提升，大学教育在日益大规模介入社会生活的过程中，也将逐步融进国际化教育大潮。

这一切都在启示我们，"开放"应当成为我们今天大学教育的基本理念。

如果说大学教育的历史经验只是告诉我们应该"开放"的话，那么，今天的现实则让我们进一步认识到，大学教育要想获得巩固与发展就必须更加开放。众所周知，进入 21 世纪以来，随着我国加入 WTO 和经济全球化时代的到来，我国的大学教育，已经面临着以往未曾遭遇到的多重压力和各种因素合力形成的复杂局面。大学教育已经逐渐失去像过去那样的体制保护，日益被推入市场经济的自我选择当中。"优胜劣汰"局面的出现，已经使我们再也无法仅仅以"守摊子"的方式面对自身。在创新中求生存、谋发展，已成为大学教育发展的必备前提。正如江泽民同志在庆祝北京师范大学建校一百周年大会上的讲话中所指出的那样，我们的大学教育在新世纪里，不仅要在教育思想、教育体制、教育目标、教育手段等常规层面展开全面创新，更为重要的是，要在教育开放度方面进行更加深入、更加大胆、更富新意的拓展。新形势与新局面，正在大规模地改变着一切，不仅大学教育与全社会的政治、经济、文化的关系状态发生着变化，而且，大学的存在功能、作用范畴及自身的发展方式也必须进行大规模调整。在和平与发展两大世界性主题的制约中，大学教育仅仅作为知识的传播者角色无疑正在淡化，而它所具有的规约政治、引领经济、整合文化、创造思想、指导社会的复合价值功能，正在日益得到强化。在此情形下，任何一种只在封闭状态中从事大学管理的想法，都只能是一厢情愿。我们所面对的现实与未来必然是同区域的大学在竞争，同类的大学也在竞争，世界各国的大学教育更是在紧张的竞争中求生存、谋发展。激烈竞争的局面，实际上已把未来的大学教育同时置于一个发展平台上和开放的环境中。"开放"，作为大学教育的基本前提，不仅是必需的，也是容不得其他选择的唯一选择。"开放"，作为现在和今后大学教育发展的关键因素，其意义的重要性在于：只有开放办学，才能使新设置的院系、专业、课程、教材等，不断适应经济建设和社会发展的需要，使学校的综合性程度不断提高；只有开放办学，主动参与高校之间的竞争，参与地方的经济建设和社会发展，才能使学校的教学科研水平得以不断提升，并具有鲜明的特色和核心竞争力；只有开放式办学，密切关注世界教育发展的大趋势，积极应对加入WTO后教育面临的机遇与挑战，大胆借鉴世界上先进的办学经验与管理经验，加强国际学术交流与教育合作，才能不断壮大学校的实力，提高学校的国际知名度。大学教育的巩固与发展，必须借重于开放，也只有不断地持续开放，才能最大限度地盘活已有的教育资源和尽快地更新、扩大教育资源，才能建构起从容应对各种变化的弹性教育机制，永远立于不败之地。

其实，历史经验、现实需求与未来趋势，既是我们理解大学教育"为什么要开放"的基本动因，也是我们进一步探寻大学教育"如何开放"的总体视野。从现阶段世界大学教育的发展态势与存在状况的比较来看，大学教育在追求特色性、创新性和卓越性方面，世界各国大学的总体目标大体是一致的。由传统的计划经济向社会主义市场经济转变历史过程中的我国大学教育，处于追赶世界"先进"的后发状态，不仅显示着"开放"的必须性，也蕴含着开放途径、方式、层次与时间秩序的"中国特色"。我们认为，我国现阶段的大学教育必须同时在校际之间、学校与社会之间和国际之间等三个层面上进行全方位的开放。在开放的三个层面进行比较与参照，正确评估学校自身现有教育资源的实际状况与再生可能，确切把握学校改革的着力点与力度，准确定位学校现有的实力、位置与未来学校发展的增长点，精心制定学校近期发展与长远规划的实施战略与策略，切实为学校教学与科研水平的整体持续稳步提升奠定基础，营造良好的精神氛围。

我们认为，要解决好"如何开放"的问题，学校的全体教职员工首先要在转变观念的基础上树立开放新理念。开放，不只是意味着对一个概念的理解与接受，更为重要的是对教育主体的价值理念、行为方式提出了新的要求。我们必须充分认识到，大学教育的开放与这一理念的确立，并不只是大学教育在社会大环境影响下的被动之举，而是由大学教育自身的本质属性所决定的；也并不仅仅因为"开放"能够缓解大学教育一时所面临的紧张、窘迫，或者为教职工的福利方面带来更多更明显的实惠，它关乎着大学教育能否及时有效地融入时代并拥有未来。我们认为，只有当"开放"在大学教育的各个环节中得到体现并且成为所有教育主体的信念时，开放才能成为大学教育的重要结构性因素，在学校的整体发展中持续有效地发挥作用。

我们应当以"开放"的观念重新体认学校与学校之间的交流。尽管在20 世纪甚至更早的历史时期，校际之间的交流就已经开始并成为大学教育中的常规活动，但自觉地把校际交流看作一种重要的开放活动，把学校之间看作彼此互为开放的对象，在很多人那里并不是清醒、自觉的。开放式交流，意味着对一般意义上交往格局的突破，意味着对所有各个教育客体的认真考察与研究，意味着对自己与他者不同优势与差异的把握与了解。我们认为，在我们自觉地把别人作为借鉴对象的时候，应该包括经验与教训两个方面的内容。交流不能仅仅停留在礼仪范畴，而应当是一种切切实实的行为交流——即不同理念指导下思想的碰撞、精神的交融与行为的对话，还包括合作办学、资源共享等，这才是校际交流的真正意义。

大学教育与社会之间的关系是一个复杂的话题，如学校与社会之间是否存在真正的依附关系等问题，目前依然处在争论之中。但毕竟人们已经越来越一致地认识到，大学的发展与走向，不能不与社会需求的变化相关联。大学为社会提供服务，在过去，只是理解为学校被动地为社会各方面提供具有不同知识技能的人才，因而在这个意义上大学的生存是被社会牢牢制约。而现在的情形已是大为不同。随着知识经济时代的到来，大学教育主动介入社会的机遇大大增多，对社会发展的有效干预功能也得以大大强化。大学教育在引领时代文化发展方面，已不时地跻身于前沿位置。大学教育在社会生活方面重要性的持续凸显，一方面为大学教育的发展提供了不少机遇，另一方面也在客观上进一步密切了大学教育与社会各个方面相互依存的关系。在 2002 年召开的教育部中外大学校长论坛上，法国巴黎高等师范学校校长加伯利埃尔·于杰教授从科学与伦理、大学与社会发展、大学在现代社会中的发展模式选择等方面，提出了大学教育生存与发展的文化意义与大学的重要使命。一个不争的事实是，大学教育对社会的全面开放，不只是让大学拥有了多种融资的渠道，更为重要的是大学教育将在促进社会全面进步与健康发展方面发挥越来越重要的作用。

高等教育的国际化，已是今天大学教育发展的必然趋势。我国教育事业改革开放的实践已经证明：只有面向世界，我们的事业才能获得勃勃生机。大学教育向世界开放，将促使我们在第一时间了解与掌握先进国家大学教育的最新动态，时时明确我们自身与它们的差距，有助于我们有效调整自身的大学教育发展战略与策略。其实，大学教育向国际开放的重要意义还在于，这将使我们的大学教育在向前推进的过程中，最大限度地避免盲目自大、故步自封与短视浮躁，以最优化的方式，在尽可能短的时间里，完成对国际先进水平的追赶与超越。在我们的大学教育向国际开放的过程中，我们不仅要彼此之间在教学、科研、管理人员的相互往来中形成常规并加以制度化，而且更应该乐于接受新的理念、新的知识与方法，勇于拿来，为我所用。大学教育对世界的全面开放，也必将有利于对大学教育整体形象的现代性塑造。在全面的国际交往格局中，大学教育必将担负其向外传播民族文明、向内完善时代文化建构的重大历史使命。频繁的交往与深入的开放，大学教育本身知识传播的桥梁作用，势必得到进一步的强化，大学教育在引领时代知识创新、科技创新、文化创新等方面的主体作用，将得到更多的体现。

我们有理由相信，拥有了现代"开放"理念的中国大学教育，必将以崭新的精神风貌骄傲地站立在世界的面前。

福建师范大学建校 95 周年
庆祝大会致辞

在全党全国人民深入学习贯彻十六大精神的热潮中，我们在这里隆重庆祝福建师范大学建校 95 周年。首先，我代表福建师范大学全体师生员工，向与会的各位领导、来宾表示热烈的欢迎和衷心的感谢！代表校党委、校行政，向广大海内外校友和全校师生员工、离退休老同志表示诚挚的问候并致以崇高的敬意！

从 1907 年清朝末代皇帝溥仪的老师陈宝琛先生创办福建优级师范学堂至今，我们学校已经走过了 95 年的光辉历程。新中国成立后，由华南女子文理学院、福建协和大学、福建省立师范专科学校、福州大学等单位几经调整合并，于 1953 年成立福建师范学院，1972 年改名为福建师范大学。95 年风雨兼程，学校的命运与祖国的命运紧紧相连。数代师大人筚路蓝缕，艰难创业，学校的面貌发生了翻天覆地的变化。特别是改革开放以来，学校的各项事业不断取得新的成就，整体实力已连续多年名列全国高校百强，正焕发出勃勃生机。

我校主动适应经济和社会发展的需求，在福建省委、省政府的关心支持下，办学规模不断扩大，人才培养质量不断提高。现在校全日制普通本专科生达 20000 余人，博士、硕士研究生 2000 余人。我校高度重视培养学生的创新精神和实践能力，毕业生就业率一直保持较高水平，用人单位对我校毕业生均表示欢迎和满意。95 年来，我校共为社会输送了 20 多万名优秀人才，在各条战线上创造出骄人的业绩，其中一大批成为各条战线上出类拔萃的管理者与骨干。近几年，我校学生参加全国各类竞赛，也屡获佳绩。各位校友所取得的成绩，是母校最大的荣耀。在这里，请允许我向在座的各位校友，并通过你们向海内外所有师大人致以崇高的敬意！

我们以学科建设为龙头，根据社会实践的需要，与时俱进，不断进行院系和专业的调整。现有 16 个学院、28 个系，涵盖了 11 个学科门类中的文、史、哲、理、工、法、经、教、管等九大门类。现有 49 个本科专业中，非师范专业 24 个，接近专业总数的 1/2。学科专业结构进一步优化，学科资源利用率和学科竞争优势大幅度提升。

我们鼓励和支持创新，综合实力位居全国同类院校前列。现有 2 个博士后科研流动站，8 个博士点，48 个硕士点，1 个专业硕士学位，8 个省重点建设学科，4 个国家人才培养和科学研究基地，一些学科已在全国综合性大学的同类学科中处于领先位置。我们积极参加教育部教改工程，先后获得国家级优秀教学成果奖 17 项，2001 年以优良的成绩通过了教育部本科教学工作随机性水平评估。独立或合作获得国家三大奖 16 项，并连续两届获得国家精神文明建设"五个一工程"奖，在"数字福建"和"生态省"建设中发挥了积极作用。教师队伍中高职称教师已占专任教师总数的 1/2，破格晋级的中青年教师逐年增加，各类优秀人才不断脱颖而出，已形成一支学历、年龄、职称、学缘结构较为优化的师资队伍，为学校发展提供了充足的后劲。

在福建省委、省政府和相关部门的大力支持下，办学条件得到了很大改善。20 世纪 90 年代以来，学校每年都大幅度增加教学科研的硬件投入，加快校园网和远程教育基础设施建设步伐，大力推动教育信息化，不断提高教育的现代化水平。我们积极推进后勤社会化改革，不断提高后勤保障能力和服务效率，师生生活质量进一步改善。在建设好校本部和福清、闽南几个校区的同时，在省委、省政府的统一部署下，2500 亩新校区建设有了良好的开端，办学空间进一步扩大。

我们充分发挥毗邻台港澳、面向东南亚的人缘地缘优势，积极扩大对外交流，先后与美国、日本、澳大利亚等 30 个国家和地区的高校、科研机构和联合国教科文组织建立了广泛的合作关系，合作领域迅速拓展，学术交流日趋频繁，国际影响不断增强。我校还是国家指定的单独招收台湾学生、面向东南亚开展对外汉语教学、支持周边国家汉语教学的重点学校，海外教育蓬勃发展。

回顾福建师范大学的发展历程，我们深深认识到，大学教育事业的发展，必须以改革的精神推进学校党的建设，加强和改善党对学校工作的领导，坚持党的教育方针，坚持社会主义办学方向；必须始终保持与时俱进的精神状态，大力推进教育创新；必须把发展作为学校工作的第一要务，正确处理改革、发展、稳定的关系；必须最广泛最充分地调动一切积极因素，紧紧依靠广大师生员工，最大限度地获取广大校友和社会各界的理解、帮助与支持。在这里，让我们再次对一向支持、关心我校建设发展的上级领导、省市各部门、各地方政府、各兄弟院校、各有关单位、各位校友以及各位海内外社会贤达致以衷心的感谢！

党的十六大吹响了全面建设小康社会的奋进号角，绘制了开创中国特色社会主义事业新局面的宏伟蓝图。全党全国人民正意气风发，满怀豪情，为加快推进社会主义现代化而不断开拓创新。我们必须紧紧抓住这一大有作为的重要战略机遇，高举邓小平理论伟大旗帜，全面贯彻"三个代表"重要思想，继往开来，与时俱进，争取早日将我校建设成为综合性、有特色、教学科研型的更加开放的省属重点大学，为福建省的经济建设和社会发展作出更大的贡献。

要实现我们的奋斗目标，必须进一步调整优化学科专业结构。大力发展福建省急需的高新技术学科、边缘交叉学科和应用学科专业，大力发展研究生教育，努力提升高层次办学水平。

要实现我们的奋斗目标，必须保持和强化教师教育的优势和特色。要积极探索符合国际师范改革发展潮流的新的人才培养模式，积极发展教育硕士专业教育，主动积极承担教师培训任务，成为福建省教师教育的骨干培养培训基地和科学研究基地。

要实现我们的奋斗目标，必须更加牢固地确立教学和科研的中心地位。要继续推进"人才兴校"战略，加强素质教育，紧紧抓住人才培养质量这条生命线，基础研究要上高水平，应用研究要面向经济建设主战场，努力做好人才培养、科学研究、社会服务这三篇"大文章"。

要实现我们的奋斗目标，必须进一步扩大开放。在主动参与国内高校竞争的基础上，进一步开拓连接省内外、港澳台、东南亚的战略通道，密切关注世界教育发展的大趋势，加强与世界各国著名学府和科研机构的学术交流与教育合作，增强学校综合竞争力。

党的十六大为我们指明了继续前进的方向，开启了伟大进军的新的征程。现在，我校正处于跨越式发展的关键历史时期。我们全校师生员工一定要认真学习、宣传和贯彻党的十六大精神，在省委、省政府的正确领导下和社会各界的大力支持下，团结拼搏，开拓创新，为福建师范大学更加美好的明天而努力奋斗！

2002 年 11 月 23 日

关于制定学校战略发展规划
涉及的两个重要问题[*]

按照福建省委的要求，我校第五次党代会于 2003 年 3 月下旬召开。从上个学期以来，我们已为党代会的召开做了很多筹备工作。党代会主要解决两大问题：一是通过党代会报告（包括党委的和纪委的），二是选出新一届的党委、纪委的委员。目前，准备工作正在抓紧进行。

正在提交大家讨论的党代会报告，是一个具有重要意义的文件，其所以重要，因为它将确定我校未来几年发展的奋斗目标和战略部署，明确我们前进的方向以及发展过程中的重点工作。教育部周济副部长要求每个高校都要制定三个规划：一是学校总体战略发展规划，二是学科建设规划，三是校园建设规划，其中后两个规划是第一个规划的展开和具体化，总体战略发展规划是起统帅、支配作用的。总体战略发展规划不是一般的工作计划，它具有全局性、前瞻性、主导性、可持续性等特点。所以，我们要认真对待总体战略发展规划的制定，认真对待这次党代会的报告。下面就报告稿中涉及学校未来发展的两个重大问题谈点看法。

第一个问题是学校的奋斗目标，也就是所谓的定位问题。关于学校的定位，几年来有好几种提法。

1998 年 4 月 28 日召开的校第四次党代会上提出：今后四年，我校新一轮创业总的奋斗目标是：努力把我校建成"在国内和东南亚有较大影响"的"现代化的开放的高水平的新型师范大学"。

---

* 这是笔者 2003 年 3 月 4 日在学校部署新学期工作大会上讲话的一部分。

1999 年 10 月 15 日召开的校党委四届三次全会上审议通过了《福建师范大学面向 21 世纪改革发展计划》，提出的奋斗目标为：到 2005 年，形成以师范为主的综合性大学的学科布局，进一步强化教学、科研两个中心，努力建成在国内和东南亚有较大影响的现代化的开放的一流省属重点大学。

2001 年 8 月 23 日召开的校党委四届六次全会上审议了《福建师范大学教育事业发展"十五"计划》，提出的奋斗目标为：进一步强化教学、科研和社会服务三项职能，努力把我校建成保持教师教育优势和特色的教学科研型的省属综合性大学。

2002 年 11 月 23 日举行的建校 95 周年庆祝大会上，提出的奋斗目标为：努力把我校建设成为综合性、有特色、教学科研型的更加开放的省属重点大学。

这一次提交讨论的报告稿的提法有四个定语：综合性、有特色、开放式、高水平。其根据：一是卢展工省长在 95 周年校庆庆典上的讲话；二是从我校的实际出发，突出"开放"办学；三是文字更加简洁明了。教育部发展规划司领导对这一定位持肯定态度。

以上关于学校定位提法的演变，说明两点。第一，认识要有一个过程，实践在发展，人们的认识也要随之发展，从不明确到逐渐明确；目前的认识应该说是一个很重要的研究成果，它凝聚了各方面的智慧。第二，这一认识并非就已完结了，今后还要继续深化。这也就是十六大所强调的：解放思想，实事求是，与时俱进。

这里谈一下大家所关心的学校更名问题。把福建师范大学更名为福建大学，这是师大几代人的愿望和追求。校新领导班子上任后继续大力推进这一项工作。例如，有一位大学校长告诉我，你们在办 95 周年校庆时，很明确地把办综合性大学的意图体现出来了，收到了很好的效果。2002 年底，这一工作出现了重大转机。福建省委、省政府主要领导十分关心我校的发展，在多个场合明确提出要把我校更名为福建大学。2002 年 12 月 5 日，省政府向教育部行文，正式要求把福建师范大学更名为福建大学。新一届省政府确定汪毅夫副省长分管教育工作，春节期间他来我校视察，对我校的更名表示要予以大力促进。这都是鼓舞人心的。但是对此我们要有冷静的头脑，不能把这一问题看得太简单了，要有打"持久战"的准备，要做许多扎扎实实的工作。

第二个问题是关于战略转型。我们的奋斗目标已经明确了，这也是我们的理想，但它与当下的现实还有很大的差别。这种差别不仅仅是数量的差别，而是质量的差别；不是一般的差别，而是根本的差别。打个比方，党的十四大确立了我国要实行社会主义市场经济体制的目标模式，但我们搞了几十年的计划经济，不是一个早晨就能转换过来的，要经过长期的、艰难的甚至是痛苦的转变。所以在 1995 年，党中央就提出要用 15 年的时间，实现两个根本转变，即由计划经济向市场经济转变，经济增长方式由粗放型向集约型转变。这两个转变现在尚未完成，所以媒体上常有"转型社会""转轨时期"的提法。一个国家有转型问题，一个单位也同样存在转型问题。我校在未来几年中要实现以下五大历史转变。

一是从以师范为主向现代综合性大学转变。我校 1953 年由福州大学更名为福建师范学院，1972 年改为师范大学，师范搞了整整 50 年（一半是计划经济时期，一半是改革开放时期）。师范的办学理念、办学体制、办学思路我们很有一套，我们的师资也基本上是按师范的模式培养出来的。现在要向综合性大学发展就要在观念、体制、学科、专业、课程、教学方法、人才培养模式、师资队伍建设等多方面发生深刻的变革，否则，即使明天就更名为福建大学，也只不过换了衣服，但本质未变。虽然从 20 世纪 80 年代中期以来，我们已开始朝综合性大学发展，并取得了不少成就，但总的来说，是局部的，而非全局的，而且中间有一定的反复。从现在起，我们就必须非常主动地、带有一定前瞻性地，并且从学校全局的范围内去推动这一转变。不仅要研究 20 世纪的综合性大学如何办，它们有哪些经验与教训，而且更要研究 21 世纪的综合性大学如何办。95 周年校庆期间，我校举办了中外校长论坛，探讨经济全球化背景下高等教育的走向问题，各位校长的发言很有启发性。古人云：凡事预则立，不预则废。预就是预见，要预先有所准备，做到未雨绸缪。

二是从以教学为主向教学研究型转变。传统师范是以教学为主，不搞或是很少搞科研的。谁要是搞科研，就会被视为不务正业。但是这种思维定势越来越不适应形势的发展。师范院校也是大学，大学不搞科研行吗？于是，长期以来在师范院校存在师范性与学术性、一个中心与两个中心的激烈争论。可以说，我校目前在学科建设上所取得的许多积极成果，都是在突破传统师范的思维定势上取得的，其艰难曲折，局外人是很难了解的。举两个例子：1994 年我校成立经济法律学院和生物工程学院时，竟被有关方面称为"异端"，不予承认，直到几年之后才取得"合法身份"。为什么？因为你脱离了师范的轨道，脱离了以教学为主的轨道。1998 年开始试行教师岗位科研职责条例，也是阻力重重，这在综合性大学是很难想象的。因为在综合性大学，教学与科研是对一个教师的基本要求。前几年，我校已确立了教学与科研两个中心，但真正要办成一个教学科研型的大学，还需要经过很多年的努力。

三是从单一校区向多个校区的转变。多少年来，我们一直生活、工作在长安山地区。20世纪80年代，有了福清分校，但因为其独立性较强，所以影响不大；前两年成立了闽南科技学院和几个对外联合办学点，就有一些影响了。2000年省政府决定在闽侯上街搞新校区，我校有3000多亩土地，是长安山地区的4倍多，按计划要在2010年完全建成，容纳20000学生。这就涉及许多问题，如新老校区功能定位、管理模式、师资调配等，都需要作进一步的研究。要尽快适应这种新的办学格局，及早制定相应的对策，如要不要在新校区周围购买成片教师住宅，等等。

四是从局部开放的办学向全面开放的办学转变。过去我们的办学处于半封闭状态，虽然也实行了开放，但毕竟是局部的，这既有师范院校的主观局限，也有福建地域上的客观制约。在经济全球化的今天，特别是我国加入WTO后，这种局部开放的办学，不仅不能实现跨越性的发展，就连生存也有很大的困难。在未来，我校要实施全面开放战略，大力拓展学校之间、学校与社会之间和国际之间的交流和合作，开辟校内与校外两个平台，善于利用校内与校外（包括省内、国内、国外）两种资源。要明白，走出校门天地宽，这是国际国内一流大学的重要办学经验，值得我们学习和借鉴。

五是从外延扩张为主向内涵发展为主转变。这几年来，我校同全国其他高校一样，在院系和专业设置、教育类别和学生数量上增长很快，已有17个学院、55个专业、60000名学生，这在过去是难以想象的。这种外延的扩张有其客观的必然性，但也带来了许多新的问题，如投入、管理、质量等问题。教育部已经提出了一个八字方针，即"巩固、深化、提高、发展"，也就是从外延扩张为主向内涵发展为主转变。要稳定规模，做到有所为有所不为，研究生、留学生要继续发展，但专科生要大大压缩。要在加强管理、优化结构、提高质量和效益上下功夫，要重视学校的社会形象和品牌效应问题。

以上五大战略转变是相互联系、相互制约的，正确认识和处理它们，在很大程度上决定了我校今后的发展。我们要积极顺应这些转变，并在不同的时期采取相应的措施，这样才能确保我校快速、健康、持久地向前发展，实现我们的奋斗目标。

加快发展是学校工作的第一要务[*]

这两天小组讨论很热烈，同志们发表了很好的意见。我这里着重讲三个问题。

一　如何看待新班子一年来的工作

在讨论中，大家都对一年来的学校工作给予了充分肯定。我想一年来我们之所以取得一些成绩，一是十六大精神的指引；二是省委、省政府的正确领导；三是学校各级领导的共同努力，特别是在座同志们的努力；四是全校师生员工包括离退休同志的大力支持；五是学校历任领导打下的良好基础。

但是，任何事物都是一分为二的。在成绩面前，在赞扬声中，我们要保持冷静和清醒的头脑。要多想想自己的不足，要把困难想得多一些。首先是纵向比，有进步；横向比，有差距。从本省来看，我们同兄弟学校相比，存在不小差距；与省外同类师范院校如南京师大、首都师大等相比，他们都跑得比我们快。要是与全国重点大学相比，那差距就更大了。所以不能夜郎自大，盲目乐观。其次，百年老校给我们留下了丰厚的精神遗产，但历史欠账也很多，要很多年才能逐步还清，特别是在硬件方面。学

＊　这是笔者 2003 年 8 月 9 日在学校工作暑期研讨会上所作总结发言的一部分。

校多数楼房破旧，存在安全隐患；实验室陈旧，设备老化；学校的水电、道路、管道都需要检修，还有因一些校办企业经营不善欠下的债务需要偿还；等等。几年来学校虽然也进行了一些基本建设，但仍然不能适应需要。今年暑假学校准备进行大面积的修缮。再次，要实现我们的奋斗目标和"五个历史性转变"，难度还相当大，既有观念方面的，也有体制方面的；既有软件的约束，也有硬件的限制。因此，我们还要戒骄戒躁，脚踏实地，牢记"两个务必"，突出一个"干"字，一切从零开始。

二 加快发展是学校工作的第一要务

发展是我们国家的第一要务，也是学校工作的第一要务。我们要自觉地盯住发展，谋划发展，致力发展，真正把发展作为最重要的根本任务。

加快学校发展，学校党委已形成比较系统的基本工作思路。我们要认真对待，更要具体落实。这里讲几点，一是要形成学校办学的特色，认真研究大学的精神。学校 95 周年校庆搞了"老照片"展览，反响很好。我们还要搞校史馆，编写校史。我校至今还没有校训，虽然前身校有，但今天已不适用了，要发动全校师生讨论制定。所有这些都属于学校的文化层面，我们要努力寻找并开辟这所百年老校的精神家园。二是学校的办学规模要有所扩大，要逐步增加研究生招生的数量，使其与本科生的比例不断有所提高。但无论是本科生还是研究生教育，都要切实提高教学质量。三是要为专业和学位点的申报做好准备，特别要苦练内功。四是尽最大努力，实现现有办学条件的逐步改善。五是加快推进新校区的建设和管理。新校区建设和管理是学校的一件大事，不仅下半年，今后几年都要予以特别重视。新校区建设是分期进行的，有一期、二期、三期，新校区的建成将对我校的发展有巨大的促进作用。但从目前的情况看，还存在很多困难，特别是新生很快就要进校，不仅在建设上，而且在管理上，还有一系列问题需要解决。例如，与老校区相衔接的教学安排，实验课开设、新生图书借阅，教师到新校区上课的交通和休息、新生的医疗保健、新校区的安全保卫，等等。以上这些都是我们在发展中需要解决的问题，也只有解决了这些问题，学校才能获得进一步的发展。

如何加快学校的发展，这是一篇大文章，需要全校上下齐心协力来做。加快学校的发展，首先要抓住历史提供给我们的机遇。比如，2002 年95 周年校庆，我们经过精心策划，办得就比较成功，达到了我们预想的目的。再过四年就是我校的 100 周年校庆，这是我校百年一遇的难得机遇，办得好，将对学校的发展产生很大的推动作用。现在我们就要开始谋划，不要以为校庆只是开一次庆祝大会就完了，它是一个系统工程。另外，除了逢五逢十外，以后每年校庆是否都要庆祝？我认为还是要庆祝的——特别是像我们这所百年老校，不过庆祝的规模、形式要有所不同，要从实际出发，不搞形式主义。校庆最好要与科技节相结合，在校庆期间，召开各种学术研讨会，邀请国内外专家来校讲学，请优秀校友回校介绍他们的先进事迹等，活跃学校的学术和文化氛围。此外，要重视学校办学的增长点，加强与国内外大学和企业的合作办学等。当前的新校区建设也是我校发展的难得机遇。

其次，要勇于创新，深化学校的各项改革。

创新是我们党必须长期坚持的治党治国之道。我们要坚持党中央提出的解放思想、实事求是、与时俱进的思想路线，努力做到不唯上、不唯书、只唯实，以思想观念的创新推进体制、机制的创新和工作方法的创新，营造加快发展的新环境。

创新也就是改革。由于改革涉及既有利益的调整，所以会有阻力，争议也比较大。比如，院系的结构调整，人事制度的改革，津贴分配制度的改革，后勤管理的改革等等，校内就有各种议论，有肯定的，有否定的，有观望的。我们的态度是：看准了方向，就坚决地改，绝不畏缩；同时也要及时听取各方面的意见，正确的就采纳。各项改革都要经过一定的程序，既要发扬民主，也要保证集中，使各项改革能够稳妥地进行，为学校绝大多数人所拥护。

再次，要调动各方面的积极性、主动性和创造性，形成加快发展的合力。

俗话说，人心齐，泰山移。最广泛最充分地调动一切积极因素，是加快学校发展的一个重要要求。我们要把全校师生员工的思想和行动进一步统一到十六大精神上来，把全校上上下下、方方面面、校内校外的智慧和力量进一步凝聚到学校的奋斗目标上来，形成推动学校发展的强大动力。

学校的各级领导要树立大局意识。从学校和全省、全国的关系来说，全省、全国是大局，但是从校内各院系、各部门和学校的关系来说，学校却是大局。所以，各院系、部门领导一定要学会从全局考虑问题，当局部利益和全局利益发生冲突时，要自觉服从全局利益。新老校区的资源调配将是对大家的一个考验。同时也要充分发挥各院系的自主性和创造性。各院系应该拥有多大的权力？我们倾向于各院系在人财物的调配上要有更多的自主性，对原有的一些文件规定要进行一番清理，不合时宜的要予以废弃。各院系、部门的积极性调动起来，事情就好办多了。此外，也要充分调动全校师生员工的积极性，形成大家关心学校、爱护学校，人人为学校的发展献计献策、尽心尽力的良好氛围，我们就没有什么克服不了的困难。

三　加快学校发展，各级领导要有一个良好的精神状态

政治路线确定方向，干部就是其中的决定性因素。干部要成为"决定性因素"，必须要有一个良好的精神状态。

第一，要努力学习、善于学习。胡锦涛同志强调，要用十六大精神武装头脑，指导实践。如何武装？就必须学习。大家对学习口头上也讲重要，但实际上存在不少问题。例如：用于学习的时间很少；学习经常流于形式，效果不好；许多人凭经验办事，认为学习可有可无；不善于分析、解决问题；等等。从这次小组汇报的情况看，有的空话、套话一大堆，有的发言冗长但没有实际内容。学习问题要引起大家的足够重视。

第二，要立党为公、执政为民。胡锦涛同志说，这是衡量有没有真正学懂、是不是真正实践十六大精神的最重要标志。他还强调：权为民所用，情为民所系，利为民所谋，各级领导应该有强烈的使命感和责任感。在这一点上我们应该向谢树森、胡炳环两位教授学习，他们既是老同志，又是新院长，把学院的工作放在第一位，全身心投入，令人感动。但有个别领导就不是这样，把个人利益看得太重，什么都想要，这样势必脱离群众，甚至有可能违法乱纪。

第三，要敢作敢为，富有激情。创新就是做前人没有做过的事，因此必须敢闯、敢干，奋发有为。如果只是照本宣科，墨守成规，瞻前顾后，等待观望，得过且过，就可能坐失良机，什么事也干不成，创新更无从谈起。有一些领导习惯于不作为。为什么不作为？无非是"怕"字当头，"私"字作怪。怕得罪人，怕时间花得太多，怕吃力不讨好，只是不怕没有把工作搞上去，实际上是考虑自己太多了。解决这一问题，一方面要加强干部自身的修养，另一方面要改进现在的对干部评价、考核机制，不能干多干少、干好干坏都一样。敢作敢为，就需要一种激情。2002年校庆时

我就强调，干部一要忠诚，二要有激情。现在回顾起来，2002年校庆筹备时间才短短的两个多月，真是激情燃烧的两个多月，时间那么短，做了那么多事，没有满腔的激情是办不到的。

第四，要真心实意，为民办事。群众利益无小事。各级领导要想方设法解决师生员工生活中的实际问题。凡是涉及群众切身利益和实际困难的事情，即使再小，也要竭尽全力去办。比如：老师一直反映的文科楼的管理问题、阳光新村盛夏时的停电问题等；有一位高职学生反映，他毕业后一年档案未到位；有一位同学来信反映，校内下坡路段常有摩托车飞驰而下，建议要铺设减速带；等等。过去有一段时间，外界反映师大的电话很难打。诸如此类的问题，都与师生员工的学习、工作和生活息息相关，要切实加以解决。

第五，要海纳百川，团结一致。毛泽东同志说过，我们都来自五湖四海，为了一个共同的革命目标，走到一起来了。各级领导一定要有海纳百川的广阔胸襟，公平公正地处理各种事情，团结新老同志一道工作。实践证明，凡是团结搞得好的单位就很有生气，工作就不断出现新局面；反之，则死气沉沉，人心不稳，工作也就上不去。我们发现，确实有个别单位领导搞家长制、"一言堂"、独断专行；有的则是"武大郎开店"，妒能嫉贤。我们绝不能让这种状况继续下去。

第六，不尚空谈，狠抓落实。空谈大可以误国，小可以误校。我们要提倡实干，当前特别要狠抓各项工作的落实。抓落实就要把各项工作任务具体化，如学科建设、新校区建设等，要落实到人，并且有明确的时间要求，到时要进行检查。抓落实就要少说多做，说到做到，说好做好。要提倡讲诚信，"言必行，行必果"。

繁荣发展哲学社会科学，促进
海峡西岸经济区建设[*]

一 繁荣发展哲学社会科学是建设海峡西岸
经济区的一项重大而紧迫的战略任务

1. 党中央历来高度重视哲学社会科学

党和国家高度重视哲学社会科学的发展。从 2001 年 8 月到 2002 年 7 月不到一年的时间里，江泽民同志连续发表三次重要讲话，突出强调了哲学社会科学的重要地位。2004 年初，中共中央颁布的《关于进一步繁荣发展哲学社会科学的意见》（以下简称《意见》）是指导我国繁荣发展哲学社会科学事业的纲领性文件。2004 年 5 月 28 日，中共中央政治局进行第 13 次学习，安排的内容就是如何繁荣发展我国的哲学社会科学。胡锦涛总书记在主持学习时发表了重要讲话，再次强调，在全面建设小康社会、加快推进社会主义现代化的历史进程中，在实现中华民族伟大复兴的历史进程中，哲学社会科学具有不可替代的重大作用。党中央对哲学社会科学的高度重视，使福建省广大哲学社会科学工作者无不欢欣鼓舞，纷纷表示要乘着这股东风，开拓进取，把哲学社会科学事业推向前进，为建设海峡西岸

---

* 本文是笔者 2004 年 6 月 22 日在福建省社会科学界联合会举办的"进一步繁荣发展福建省哲学社会科学季谈会"上的发言，发表于《福建师范大学学报》2005 年第 1 期，并载入《福建省社会科学界联合会年鉴》2004 年卷。

经济区贡献自己的聪明才智。

2. 哲学社会科学在福建改革开放中发挥了重要作用

全省广大哲学社会科学工作者围绕省委、省政府的中心工作，注重研究经济和社会实践中提出的重大问题，在真理标准问题的讨论、民营经济问题、东南亚金融风暴问题、国企改革问题、南海疆域问题、台湾问题、南洋问题、福建"十五"经济和社会发展目标、推进福建小城镇建设、建设生态省、实施人才强省战略、构建三条战略通道、加快发展福建县域经济、建设诚信福建和改善公共管理与提高为人民服务质量等课题，向省委、省政府提供了很有价值的研究报告，并被运用到各项决策中，充分发挥了哲学社会科学工作者在解决福建经济社会重大问题中的智力支持作用，为福建的经济和社会发展起到了积极的促进作用。

3. 建设海峡西岸经济区，哲学社会科学工作者肩负着新的历史任务

建设海峡西岸经济区，是新世纪新阶段省委、省政府以科学发展观为指导，坚持与时俱进，开拓创新，把福建的发展融入全国发展大局中，提升区域经济竞争力，加快改革发展步伐而提出的具有极其重要意义的发展战略。这一战略的提出，不仅对福建的现实发展，而且对福建的未来走势，都将产生难以估量的影响。这一战略的提出，虽然不是偶然的，有其历史发展轨迹可循，但毕竟是一个崭新的构想，在它的实施过程中，需要不断加以深化和完善。建设海峡西岸经济区的实践，迫切需要哲学社会科学深入研究和阐述建设海峡西岸经济区的时代背景、战略意义、理论依据、现实条件、实践基础和丰富的科学内涵，迫切需要深入研究和回答建设海峡西岸经济区过程中提出的许多重大的理论和实际问题。例如，如何承接南北两个三角洲，加速培育环海峡经济圈的区域经济优势并与长三角、珠三角展开竞争合作？如何与海峡东岸的产业及资本对接融合，构建环海峡经济圈？如何加快发展县域经济，增强福建省县域经济实力？如何培育产业集群，增强福建省国民经济整体素质和竞争力？如何发展中心城市，统筹福建省城乡和区域协调发展？如何壮大民营经济，为福建发展增添新的力量？等等。通过对这些重大问题的研究和解决，不断推动理论创新、制度创新和实践创新；提供更多更好的精神产品，以满足福建人民日益增长的文化需要；巩固马克思主义在意识形态领域的指导地位，大力弘扬和培育民主精神，并从福建的历史和文化中提炼出一种能集中反映八闽儿女优秀品质、激励福建人民拼搏向上的"福建精神"，在新时期的实践中加以发扬光大。所有这些都表明，在建设海峡西岸经济区的进程中，哲

学社会科学任重而道远。

与建设海峡西岸经济区这一宏伟大业的要求相比，福建省哲学社会科学的发展还存在许多不适应：哲学社会科学的重要战略地位还没有受到应有的重视，反映当代马克思主义最新成果的教材和学科建设还需要进一步加强，哲学社会科学管理体制和运行机制需要进一步改革，学术创新的环境需要进一步改善，经费投入需要进一步加大，中青年理论人才的培养和使用要进一步引起关注。因此，在建设对外开放、协调发展、全面繁荣的海峡西岸经济区的实践中，一定要从全国全省大局的高度，增强责任感和使命感，把繁荣发展哲学社会科学作为一项重大而紧迫的战略任务，切实抓紧抓好，努力推动福建省哲学社会科学事业有一个新的更大发展。

二 适应建设海峡西岸经济区的战略需要，进一步明确繁荣发展福建省哲学社会科学的目标

1. 确立繁荣发展福建省哲学社会科学目标应遵循的原则和要求

首先，要与《意见》的精神相一致。《意见》明确提出："繁荣发展哲学社会科学的总体目标是，努力建设面向现代化、面向世界、面向未来，具有中国特色的哲学社会科学。"在这一总体目标下，《意见》还提出了阶段性的目标，即力争用 10 年左右的时间，达到三个"形成"（即形成全面反映马克思列宁主义、毛泽东思想、邓小平理论和"三个代表"重要思想的教材体系，形成具有时代特点、结构合理、门类齐全的学科体系，形成人尽其才、人才辈出的人才培养选拔和管理机制），以充分发挥哲学社会科学五个方面的重要作用（即认识世界、传承文明、理论创新、咨政育人、服务社会）。围绕总体目标和阶段目标，《意见》强调要加强哲学社会科学五个方面的工作，即学科建设、基础研究和应用对策研究、宣传和普及、管理体制和运行机制、对外开放。我们要确立福建繁荣发展哲学社会科学的目标，就必须认真学习领会《意见》的精神，并作为立论的主要依据。

其次，要与建设海峡西岸经济区的战略构想相联系。省委、省政府提出建设"海峡西岸经济区"的战略构想，虽然时间不长，但已在全省上下引起广泛共识，在海内外产生强烈反响。这一战略构想准确地把握了福建的区位特点和对台优势，把福建的发展放在区域性、全国性乃至世界范围来审视，放在为祖国统一大业作贡献的要求来思考，从更高的站位、更宽

的视野谋划发展新思路、新空间和新作为，符合区域发展规律，符合全国发展大局，符合福建实际情况。建设海峡西岸经济区，正成为福建人民新的奋斗目标。建设海峡西岸经济区有三个"前置词"，即对外开放、协调发展和全面繁荣。确立福建哲学社会科学的目标一定要与建设海峡西岸经济区相联系，并纳入这一战略构想的框架来考虑。在对外开放方面，福建的哲学社会科学理论应当比其他省市要做得更好；"五个统筹"协调发展，其中就包含了哲学社会科学的发展；至于"全面繁荣"，当然更离不开哲学社会科学的繁荣了。

再次，要与福建的经济社会发展水平相适应。改革开放以来，福建的经济一直以比较快的速度发展。2003 年，全省国内生产总值达到 5241.73亿元，增速达到 11.5%。福建的 GDP 总量居全国第 11 位，人均 GDP 居全国第 7 位。在经济快速发展的同时，社会发展也引人注目，不少社会发展的指标已在全国处于前列。因此，在确立哲学社会科学的目标时，应该考虑到福建经济社会发展在全国的位置这一现实状况。

最后，要参照其他省、市制定哲学社会科学目标的提法。《意见》下发后，各省、市积极学习贯彻，并依据该地区的实际制定哲学社会科学的目标。例如，北京市的提法是："形成全国一流的研究水平、一流的研究人才、一流的研究成果，努力构建面向现代化、面向世界、面向未来，具有中国特色、首都优势的哲学社会科学体系，使首都的哲学社会科学事业走在全国的前列。"江苏省的提法是："成为在全国率先一步、先人一着的社科强省。"河北省的提法是："努力建设面向现代化、面向世界、面向未来，在我省三个文明建设中发挥突出作用，在全国有较强影响力，具有河北特色的哲学社会科学。"限于篇幅，这里就不一一列举了。兄弟省、市的提法，对福建省确立哲学社会科学的目标是很有启发的。

2. 福建省繁荣发展哲学社会科学的目标

根据以上分析，我认为，福建省繁荣发展哲学社会科学的总体目标可以这样表述：努力建设面向现代化、面向世界、面向未来，具有鲜明福建特色，与海峡西岸经济区的发展相协调、处于全国先进水平的哲学社会科学。阶段目标是：力争用 10 年左右的时间，推出一批全面反映马克思列宁主义、毛泽东思想、邓小平理论和"三个代表"重要思想，在全国有较大影响的教材；建设一批具有时代特点、代表国内一流水平、体现福建地域特色的学科；产生一批在理论上具有重大创新或在应用对策上具有重大价值的研究成果；扶植一批重点培养人才，使他们在良好的环境下为福建哲学社会科学的繁荣作出更大的贡献，并在国内外有较大的影响；确定一批重点研究基地，如邓小平理论和"三个代表"重要思想研究基地、民营经济研究基地、新型工业化道路研究基地、基层民主研究基地、党建理论研究基地、闽商研究基地、闽南文化研究基地、客家文化研究基地、湄洲文化研究基地、闽台文化研究基地和华人华侨研究基地，等等。

围绕这一目标，必须建立健全一套符合社会科学发展规律、具有福建特色、科学规范、协调有序、运转高效的领导体制、管理体制和运行机制，切实提高全省哲学社会科学工作的组织程度。要最大限度地调动各种积极因素，有效地配置资源，凝聚各方面的力量，整合全省哲学社会科学的综合优势，为建设海峡西岸经济区作出应有的贡献。

三 建立海峡西岸经济区研究中心是繁荣 发展福建省哲学社会科学、加强应用 对策研究的重要举措

要实现福建省繁荣发展哲学社会科学的宏伟目标，需要切实加强领导，采取各种有力措施并逐一加以落实。我们认为，其中一个重要的举措，就是要尽快建立海峡西岸经济区研究中心。

1. 建立海峡西岸经济区研究中心是十分必要的

首先，这是对中共中央《意见》的具体贯彻。《意见》强调，要加强哲学社会科学基础研究和应用对策研究。要把基础研究和应用对策研究紧密结合起来，以应用对策研究促进基础研究，以基础研究带动应用对策研究。《意见》还指出，地方社会科学研究机构应主要围绕本地区经济社会发展的实际开展对策研究，有条件的可开展有地方特色和区域优势的基础理论研究。海峡西岸经济区研究中心作为一个地方社会科学研究实体，当然应该对实施海峡西岸经济区这一战略构想进行系统而深入的研究，对政府部门的一系列决策提供有价值的研究报告，这是研究中心的主要任务。但这一应用对策研究必然带动具有鲜明福建特色和海峡西岸区域优势的基础理论研究，这种研究的前沿性、创新性是其他地方所无法比拟的。因此，建立这一研究中心，既符合中共中央《意见》的精神，又是对上述福建省繁荣发展哲学社会科学目标的具体落实。

其次，可以最大限度地整合福建省哲学社会科学研究的现有资源，充分发挥规模优势。海峡西岸经济区是一个集经济、政治、文化、社会、生

态和人的全面发展的系统集成的目标体系，需要多学科、多部门的协同作战，需要省内外乃至国内外有关专家学者的共同努力。但是，要做到这一点并非易事。就以福建省来说，由于原有管理体制的约束等诸多方面的原因，研究部门号称"五路大军"（高校、社科院、研究机构、党校、讲师团），研究人员也有 10 万人之众，但基本处于分散隔离状态，各搞各的。尽管某些学科、某个领域的研究在国内乃至国际上具有很高水平，却与海峡西岸经济区这一系统工程缺乏有机联系。更有不少人在从事低水平的重复研究，这是一种很大的浪费。借助海峡西岸经济区研究中心这一平台，可以把分散的社科研究资源有效地整合起来，分工合作，产生规模效应，从而不断推出代表福建水平的哲学社会科学研究成果。

再次，它可以在政府决策部门和广大社科专家学者之间搭建起相互沟通的桥梁。海峡西岸经济区研究中心应该是一个群众性的研究团体，因此，它区别于政府部门的研究机构。它虽然要接受党委的统一领导，并且主要服务于海峡西岸经济区的建设，但是它的管理方式和运行机制将更加灵活，它所开展的研究也具有一定的独立性。这一研究中心也与一般的群众性研究团体不同，因为它的研究方向非常明确，就是研究与建设海峡西岸经济区有关的一系列问题，其研究成果可直接提供给各级政府的有关部门。

正是由于这一研究中心的特殊性，它可以避免体制内研究机构的许多弊端，灵活地利用计划和市场这两种配置手段，充分发挥各方面的积极性，使福建省广大哲学社会科学工作者都有机会投身到建设海峡西岸经济区这一宏伟大业中，找到他们的用武之地。各级政府部门有广大专家学者提供智力上的坚强支持，保证了决策的民主性、合理性和科学性，这也是符合科学发展观要求的。

2. 海峡西岸经济区研究中心要切实有效发挥"思想库"和"智囊团"的作用

第一，省委、省政府要十分重视发挥这一研究中心的作用。要经常向研究中心提出一些建设海峡西岸经济区需要研究的重大问题，注意把优秀研究成果运用于各项决策中。也可以通过这一研究中心，就建设海峡西岸经济区的某一问题定期或不定期地与相关领域社科专家学者进行座谈，听取他们的建言献策，从而达到增进了解、加深感情、开阔思路、促进发展的目的。

第二，海峡西岸经济区研究中心在人事管理上可以采取更加灵活的方式，"不求所有，但求所用"。可以聘请省内外、海内外的一些知名专家学者担任中心的顾问、兼职研究员。可以与省内的高等院校等单位合作，定期或不定期举办海峡西岸经济区的高层论坛，力争使这一论坛成为在海内外具有较大影响的学术品牌。

第三，设立海峡西岸经济区研究中心的研究基金。基金可以通过多渠道筹集。基金主要用于重大课题的研究。课题研究实行招标制，形成以项目为纽带，以课题负责人为龙头的研究机制。对课题研究的阶段性成果，可通过报告会的形式进行交流。

第四，这一中心要建立起丰富的信息资料库。要广泛收集国内外关于区域经济和社会发展的文献和资料，收集有关港澳台经济和社会发展的文献和资料。要充分运用信息技术等先进手段，对这些文献资料加以整理和研究。研究中心要充分利用省、市和高校的图书馆、各研究机构的资料室，实行计算机联网，资源共享，避免重复设置。中心还要建立起自己的网站。这一信息资料库的建立，对全面、深入、持久地研究海峡西岸经济区战略的实施及其发展趋势，是十分必要的。

第五，这一中心要扩大对外开放。根据中央《意见》的要求，要扩大哲学社会科学领域的国际交流，海峡西岸经济区研究中心的对外开放应该走在全国的前列。中心不仅要积极主动地把国内的知名专家学者"请过来"，也要积极主动地把国外的知名专家学者"请进来"，通过举办讲座或者召开学术研讨会的形式，一起探讨建设海峡西岸经济区过程中大家共同关心的问题。中心也要大力实施"走出去"战略，通过与有关单位的协调，带着中心委托的研究任务，有计划地组织福建省社科专家学者出国交流。

综上所述，海峡西岸经济区研究中心要尽快建立起来，但也没有必要另起炉灶，再搞一套机构和人员，完全可以依托现有的省社科联来进行运作。省社科联是一个特殊的群众性团体，它所属的学会、研究会有137个，会员10万多人，实际上它已经在发挥协调、整合福建省社科各种资源的作用。例如，成立全面建设小康社会研究中心和调研基地，取得一批重要研究成果；组织福建省百场社科专题报告会和百个乡镇调研活动；举办颇有影响的"东南论坛"等，反响很大。省社科联还具体负责福建省的社科研究规划，这几年连续取得显著成绩，如2003年共有36项课题获得国家社科基金立项，居全国各省、区、市第6位，获资助经费256.5万元，2004年在上年的基础上再创佳绩。因此，把海峡西岸经济区研究中心挂靠在省社科联，实在是一种现实有效的最佳选择。

关于办学理念和办学特色的思考[*]

办学理念和办学特色是个务虚的问题，也是个老大难问题。因为任何一所大学，无论是办学历史悠久还是新办的大学，都有自身的办学理念，它是个大问题、老问题，不是新问题。但对我们学校来说却是个新问题，因为我们对办学理念还没有清晰的看法。教育部实行的本科教学评估十分重视大学的办学理念、办学特色、办学思路，因此我们必须尽快解决这个问题。我校有百年的办学历史，大家对办学理念可能有不同的看法，这很正常。我谈谈自己的看法和思考。

一　应当重视办学理念和办学特色的研究

（一）什么是办学理念

首先要弄清楚理念的含义。在汉语词典中，"理念"有多种解释，其中一种是"认定和追求的某种目标、原则、方法等"。实际上，"理念"是带有哲学含义的一个概念。要了解理念，必须了解哲学史，了解西方哲学史和中国哲学史。西方最早提出"理念"这个概念的是苏格拉底，而比较系统地论述"理念"的则是柏拉图，他写了一本著名的书叫《理想国》。

---

* 本文是笔者 2006 年 8 月 20 日在学校工作暑期研讨会上的发言。

在这本书中，他把各类具体事物的共同性质（"一般"）抽象出来所形成的一切的类概念或一般概念客观化、绝对化，把它们看成是自身独立存在的精神实体，这就是"理念"。只有"理念"才是真实存在的，而其他具体事物则是不真实的。他把世界分为两种：一种是理念世界，一种是现实世界。理念世界是原生的，现实世界是派生的；现实世界只是理念世界的"摹本"和"影子"。这显然是一种唯心主义观点。后来许多哲学家先后对"理念"作过解释。在18世纪末，德国的康德从认识论角度对"理念"进行了解释。他认为，人的认识要经过感性、知性、理性几个阶段，"理念"是认识发展过程中的一个阶段。黑格尔对"理念"的解释是把认识论和本体论结合起来。黑格尔有一个著名的概念，就是"绝对理念"，它既是本体论的，是创造世界的实体，又是认识论的，"绝对理念"作为认识的主体，有一个发展过程，由低级向高级发展，"理念"是认识发展的最高阶段。对于"理念"，我国还没有与它相对应的概念。中国古代对理念的探索，主要是对理的探索，也就是对天理、物理、义理和玄理的探索。有人把西方哲学家关于理念的观点与中国古代先哲对理的探索相结合就得出了"理念"的概念。我认为"理念"这一概念，从古到今应该包含三个含义。①本体论的含义。探讨世界是怎样创造的，是由什么决定的。②认识论的含义。探讨人们是怎样认识事物的，认识是不是要有一个过程。③价值论含义。探讨人们是怎样评价事物的，也就是事物对过去、现在和将来有什么意义。究竟什么是理念？我认为它是人们经过长期的实践和理性思考所形成的对事物存在的本质、发展和意义等一系列的根本观点。所以办学理念，是人们对大学的本质、发展和意义等一些根本问题进行深入思考、概括形成的，它要回答的是：大学的使命是什么？大学的功能是什么？大学是怎样发展的？大学跟国家、社会的关系是怎样的？等等。对这一系列根本问题的回答进行抽象概括就形成了办学理念。

（二）办学理念的特征

一是本质性。理念反映事物的本质。大学是个很特殊的组织，它不是企业，也不是行政单位，它是培养人才的场所，所以从这个角度说大学有自己的本质属性，如果没有这个本质性特征，大学就不会存在了。二是导向性。规定大学的发展方向，应该做什么，不应该做什么，在只能做什么里面还包含怎么做的问题。大学是追求知识、传播知识、追求真理、传播真理的地方。在追求真理的问题上，人人平等。所以大学是一块净土，大学是个很干净的地方，是追求真理的地方。因为追求真理，所以是一个平等的地方。因为平等，所以要互相尊重。因此大学理念是一种导向性的规范，是从真理到平等到相互尊重的导向性规范。三是前瞻性。办学理念一经提出，在相当一段时间内应当是稳定的、不能朝令夕改，令人无所适从。这就要求办学理念要有前瞻性。回顾我们2003年所提出的建设综合性、有特色、开放型、高水平的学校发展目标，我们按照"四个定语""五个转变"来安排我们的工作。经过了三四年，也没有大的变化，所以这"四个定语""五个转变"经得起时间的考验，不会有很大的变化。四是发展性。办学理念是动态的，不是一成不变的。它既有可变的东西，又有不变的东西。哈佛大学几百年来强调学术自由，但也不是一成不变的。在19世纪上半叶，它就强调传统，这与当时它所处的社会形势相适应。美国南北战争以后，它又强调变革。而在第二次世界大战以后又强调科学技术的创新。它所强调的学术自由的办学理念是一直不变的，但其所包含的内容也是随着社会的发展而不断变化。这是符合辩证法的，随着事物的变化不断发展变化。五是稳定性。大学理念是比较深沉、厚重的。世界上许多大学的办学理念可以说历久弥新。尽管这些古老的大学许多建筑已经非常破旧，但它的办学理念还是非常新鲜。我们中国的一些大学也是这样。像北京大学，由蔡元培先生提出的"思想自由、兼容并包、民主治校"的办学理念，经过一百多年，还是很新鲜。为什么北京大学那么出名？这跟蔡元培所提出的这种办学理念有一定的关系。

（三）办学理念的表现形式

办学理念看起来抽象，其实并不尽然。大学理念的表现形式具有多样性，我们可以从以下三个方面理解。首先它既是教育学的，也是哲学的问题。大学理念当然属于教育学的范畴，属于高等教育学的范畴。什么是大学，怎么办好一个大学，怎样发展这个大学，这都属于教育学的范畴。同时它又属于哲学层次，因为它具有本体论、认识论、价值论的特征。所以，不仅仅要靠教育学来解释，更要靠哲学来解释。可以说，大学理念是一种教育哲学。纵观国内外大学的办学理念，都是从教育学上升为哲学。其次，大学理念既是具体的，也是抽象的。大学理念是具体的，因为它通过具体的有形的校训、校风、学校规章、校园文化、学校环境来表现。抽象是因为哲学的东西都是抽象的，所以它既是抽象的，又是具体的、直观的。再次，大学理念既是单一的，也是系统的。通常我们说某个大学怎么样，一般都是从校风、校训的角度，从管理的角度来阐释的。大学理念是单一的，它可以表现为一个概念、一个句子、一段话，大学理念又是一个系统。讲到系统，它必须要有结构，有内在结构，包括若干层次和要素。大学理念可以是单一的，也可以是系统的。要素组成层次，层次组成结构，结构组成系统。它不是封闭的系统，而是一种开放的系统，因此我们说大学理念的表现形式具有多样性。

（四）办学理念的重要作用

办学理念是一所大学深层次的东西。大学没有理念就等于没有灵魂，没有方向，徒有虚名。所以我们说大学的办学理念很重要。一般古老的著名大学都有自己的宗旨和方向，有自己的追求和使命，这就是大学的办学理念。大学理念的重要作用表现在以下方面。①大学理念是一所大学长期办学经验的积累和积淀。经验慢慢积累，成为一种沉淀，成为一种宝贵的财富。我们师大人有长安山情结，因为长安山是培养他们的地方，是他们的成长土地，我们很难说这种情结是一种什么东西，但是它已经深深内化到他们的血肉中去了，这就是老大学长期以来形成的传统，这是老大学和新大学的区别。我们大学有这种长期的历史积累和精神沉淀，新大学就没有。一所大学要有它的办学理念和精神财富，我们师大作为百年老校很值得骄傲，我们要把我校长期办学的精髓挖掘出来。②办学理念对大学的发展有规范和导向作用。一个正确的办学理念对大学的发展导向是很清晰的。有了它以后，一所大学应该向哪个方向发展，怎样发展，是很明确的。它不一定需要领导来安排，无论教师还是学生在走进这个学校后都很清楚自己应该怎么做。在大学办学过程中，要避免两种不正确的倾向。其一就是大学的庸俗化。我们现在是市场经济，它是一把双刃剑，既能促进生产力的发展，同时也会产生一些消极的东西，阻碍知识和真理的传播，并容易产生金钱至上等许多消极负面的影响，对我们的思想冲击很大，甚至有一段时间搞乱了学校的秩序。因此我们一定要吸收积极的东西，避免消极的东西。其二，庸俗化同时还容易导致官本位思想。我们不能把大学变成官场，如果那样，那么我们的学校培养的学生所追求的目标只能是当官发财。这也是一种庸俗化的倾向。面对这种倾向，我们必须保持清醒的头脑，坚持我们的特色和优势。如果我们的学校都和别的学校一样，那么就没有存在的必要了。所以我认为，现在教育管理部门应该注意这种倾向。③办学理念具有强大的凝聚人心的作用。办学理念得到师生的广泛认同，具有凝聚广大师生人心的作用。办学理念对培养本科生和研究生来说，本科生所受的影响最大。因为本科生在大学四年的时间里，他们在学校中所受的教育和培养，学校的环境、老师对他们的人生影响要远远大于研究生。所以在本科生走上社会后，无论事业多么成功，他们对学校的感情一直都很深。这就是大学理念所起的凝聚人心的作用。④大学理念可以扩大学校的影响力。大学的理念是什么，信条是什么，都对社会有很大的影响，像北京大学、清华大学为什么影响这么大，一个重要原因就是它们的办学理念对社会产生了很大的影响。

二　研究办学理念和办学特色的前提和依据

研究福建师范大学的办学理念和办学特色要考虑以下四个方面的因素。

（一）要追溯学校的历史

在我们学校近百年的办学历史过程中，我们对前身校的办学经验要很好地总结。作为百年老校，她的确博大精深，历史文化积淀厚重，特别是其中的很多优秀办学思想值得我们去研究、探讨，她为今天我们提炼办学理念和办学特色提供了很多有用的资料。比如，我们首任校长陈宝琛的教育思想就很值得我们去研究。他提出的校训及其人才观在今天也很有意义。前身校的办学理念为我们提供了弥足珍贵的资料，我们要好好珍惜，从中汲取有益的养料。我们不但不能割断历史，而且还要把它发扬光大。除了前身校外，在福建师范大学的百年历史中，还有一个很重要的思想资料，那就是革命的光荣传统。在革命传统方面，我们所做的宣传还比较少，实际上从五四运动开始，我们前身校的很多老师和学生为了国家的解放、人民的幸福，不懈奋斗，抛头颅、洒热血，在共和国和福建的革命史上写下了光辉的篇章，这是我们福建师范大学宝贵的精神财富。在我们追溯历史变迁中的办学理念时，的确还应该从革命传统的角度进行探索，不能忘记他们。

（二）要探寻学术的源流

我们现在的学校是由历史上的多所学校合并而成的，所以应该有多种学术源流。主要有三条历史线索，一是"中学"。"中学"也就是国学。在将近百年的办学历史中曾经有多位国学大师在我校任教。远的如叶圣陶等，近的如黄寿祺等。师大的文科一直都很优秀，我们应引以为荣，今后一定要发扬光大，使"中学"有更大的发展。二是"西学"。这与我们的前身校也有很大的关系。像协和大学、华南女子学院都是教会学校，当时吸引了许多西方国家来的老师，包括传教士来这里任教。他们带来了许多西方的科学知识和先进思想，这对学生影响很大，他们受到过对西方教育的严格训练。所以说"西学"对我们学校的发展影响也不可忽视。三是"苏学"。我们学校 20 世纪 50 年代的一些老师在苏联的大学学习过，而许多老师则从国内的名牌大学如中国人民大学等毕业，这些大学都曾请苏联专家来讲课。所以，苏联的思想和管理方法对我校的办学理念也有一定的影响。

总之，从学术源流来说，"中学""西学""苏学"都对我们学校的发展产生过重要影响，在探讨我校的办学理念时，从中可以得到很大启示。

（三）要把握时代的特征

我们是一所百年老校，但不能停滞不前，应该不断向前发展，把握时代的脉搏。当前，时代对我国的高等教育有哪些重大影响？我认为主要体现在以下三个方面。

一是经济的全球化。经济全球化的广度、速度远远超出我们的想象。前几年我们还在为加入 WTO 而忧心忡忡，而今天我们已经融入其中。经济的全球化就是各国经济的相互渗透和相互影响，经济资源进行世界性的流动。中国过去在世界经济中的地位是无足轻重的，但在今天它对全球经济的影响越来越大。我们的汽车数量在不断增加，能源消耗也在不断增大，经济的快速发展对世界产生了重大影响，同时对高等教育也产生了重大影响。高等教育必须适应经济全球化的发展。我们培养人才必须要有全球性的视野，在某些方面，如理工科专业课程的设置、实验室的管理等，要逐步与国际接轨。

二是市场经济的发展。我们实行改革开放已经 20 多年了，但真正发生大的变化还是在党的十四大提出建立社会主义市场经济体制目标后。市场经济从本质上说，就是要按市场经济规律办事。企业按市场经济规律办事，企业就会发生很大的变化。大学与企业有所不同。企业的发展只需要遵循市场经济的规律，但大学首先必须遵循教育规律，当然，它也不能无视市场规律的存在，也要遵循市场经济的规律。在社会主义市场经济条件下，大学必须同时遵循这两个规律。市场经济有供给与需求、投入与产出、质量和效益的问题，大学也同样存在这些问题。在办学资金有限的情况下，要保证学校的正常运转，要注意按经济规律办事。

三是科技的现代化。科技的现代化对人类影响最大的就是信息化、网络化，这对教育也产生了巨大冲击。前几年我们还在讨论要不要推广多媒体，我们的教师能不能掌握多媒体，而现在它已不再是个问题了，几乎所有学校基本实现了多媒体的普及。我们今天不能忽视网络的存在，它直接对学生产生了影响。学生不仅在课堂上接受知识，同时在网络上获得广泛的信息，这对他们的思想和行为究竟产生了怎样的影响，需要进行不断的研究。

（四）要关注高校的风云

研究福建师范大学的办学理念，不仅要了解自己，同时也要了解其他高校，包括国内、国际大学在办学理念上有些什么提法，它们是怎样看待的。这方面我们一定要做到知己知彼。如果我们做得对，就要坚持；如果有缺陷，就要不断去完善。我们要不断关注国内外大学发展的最新动态，从中汲取一些有益的思想和经验，不断充实自己，这样学校才会不断发展。最近几年一些地方举办大学校长论坛，所讨论的问题都值得我们去关注。探讨办学理念不能闭门造车，而应该走出去，博采众家之长，以人之长补己之短。

三　关于福建师范大学办学理念的探讨

探讨福建师范大学的办学理念是一个新课题。我认为办学理念是一个有机的系统，它包含三个层次。

一是核心层，它体现最主要最一般的办学理念，我称之为"三位一体"的办学理念。所谓的"三位一体"就是教学、科研、服务的"三位一体"，把培养人才、科学研究、服务社会紧密结合起来。这实际上就是现代大学的使命。

"三位一体"的办学理念说起来简单，但对这个问题的探索长达七八百年之久。最早的现代意义上的大学是在20世纪出现的。像牛津大学、巴黎大学这些最早的大学当时的办学理念就是追求真理、传播真理，追求知识、传播知识。这与我国古代的教学理念有些类似，即传道、授业、解惑。那时的大学不需要创新，不需要发展，不需要进行科学研究，只要把圣贤的知识解释清楚就可以。在中世纪的欧洲，当时占统治地位的是教会，大学的使命就是研究宗教教义，解释它的微言大义和故事的出处。这一传统的延续和影响，就使近代大学成了单纯追求知识、传播知识的地方。这种办学理念使当时的大学对社会的影响力受到很大限制。19世纪初大学的办学理念开始发生变化。德国柏林大学的创办人洪堡提出大学要把教学和科研结合起来，大学不仅要传播知识，而且要扩展知识、发展知识。这种新颖的办学理念是大学发展史上的一个里程碑，并逐渐被许多大学所接受。到19世纪中叶，美国的大学首先提出，大学的使命不仅是教学科研，还有服务社会的问题，这是大学发展史上又一个里程碑。这种"三位一体"的办学理念后来被许多大学所接受，并通行全世界。

尽管"三位一体"的办学理念19世纪中叶在西方已经确立，但是我国从20世纪50年代以来的大学中，对它的接受程度却是很不平衡的，尤其是师范院校。我国师范院校的发展受苏联办学理念的影响很深，把教学和科研截然分开。长期以来，福建师范大学所秉承的就是以教学为主的办学理念，从新中国成立一直到20世纪80年代都是这种办学理念占主导地位。在80年代以后，有些院系开始突破这一框框，实行教学和科研相结合，并取得明显成效，在全国也有一定影响。到90年代以后，由单一的教学转向科研和教学相结合的步伐逐渐加快。2003年，我们的办学理念发生了很大变化，校第五次党代会明确提出，由师范性大学向综合性大学转变，从以教学为中心向以教学、科研为中心转变，说明我校所实行的也是教学、科研、社会服务"三位一体"的现代大学办学理念，这就与国际接轨了。

二是次核心层，又叫中间层、内在层。它是一种特殊理念，即根据各个大学的不同情况，对一般理念作出自己的解释。比如，福建师范大学对它的理解和要求就与其他大学有所不同。在人才培养方面，我们的教学最终是为培养人才服务。我们学校要培养的人才应该做到校训所要求的"知明行笃，立诚致广"，"立诚致广"要求对自己的国家、民族要忠诚；做人要讲求诚信、真诚；要志向远大，胸怀宽广。作为百年老校，我们培养的学生要有这样的胸襟和追求。在学问上，"知明行笃"就是打好基础，既专又博，并注重实践能力的培养。这是福建师范大学校训对培养学生的基本要求。学生只要迈进师大的校门，就必须"知明行笃，立诚致广"，在此基础上追求人格至上，全面发展。在科学研究方面，我们主张包容和宽容，提倡学术自由，形成宽松的学术氛围。这也是一些知名大学的优良传统。作为科研来讲，要强调创新，创新是民族进步的灵魂，是国家发展的动力。创新就要超越，我们鼓励学生超越老师。只有创新才能超越。所以科学研究要提倡宽容、创新和超越。在服务社会方面，我们要立足"海西"，辐射全国。首先要服务福建，再服务全国。我们并不是说只服务福建，而是要立足福建，影响全国，对"海西"作出我们应有的贡献。

三是外围层、外在层，属于具体操作层面。这一层次的作用就在于变抽象为具体，化无形为有形，它包括一系列能体现办学理念的办学软件和硬件。以培养人才来说，需要考虑以下几个问题。

第一，要有良好的师资配备。办一所好的大学，必须有一支优秀的教师队伍，高水平的师资是好大学的重要标志。福建师范大学在师资配备的数量方面已符合要求，在质量方面，在老、中、青中都有一批在全省、全国很有影响的教师，有的在国际上也有名气。他们中的一些人已经成为福建师范大学各个学科的带头人。他们是学校的中流砥柱，是学校这座大厦的重要支撑。当然，我们希望将来会有更多的优秀教师充实进来，这是我们师大实现跨越发展的希望之所在。

第二，要有合理的课程设置。要坚持通才教育和专长教育相结合，培养的学生知识面不能太窄，文理科要适当地相互渗透，理工科的学生要懂一点人文知识，文科的学生也要懂一点自然科学知识。即便在理工科和文科内部，也不能壁垒分明。所以，除了专业基础课、专业课外，公共必修课必须加强人文教育和自然科学知识教育，使学生形成良好的知识结构。

第三，要有完善的教育制度。只有完善的教育制度才能保证好的教学质量。好的大学一般都有好的教育制度，像好多大学实行导师制、学分制、选课制等都取得了很好的教学效果。我们学校也有一些好的教育制度，但还要进一步加强和完善，如大学英语教学改革、实践课课程的设置等。

第四，要有好的校园环境。一所大学的大门、大路、大楼以及学校的一草一木都会对学生有很大的影响。为什么许多校友有长安山情结？就是因为他们对它有很深的感情。我们新校区的教学楼、图书馆、体育馆、实验室和运动场等都建设得非常漂亮，其中的配备也很先进，许多外校的同志参观后十分羡慕。

第五，要有良好的文化氛围。主要是通过我们的校风、校训、第二课堂、群团活动等表现出来。在这一点上，福建师范大学是有优良传统的，全校性学术报告一个接一个，社团活动也开展得热火朝天，即使在国际性的演唱比赛中，我们也取得了铜奖。我们要积极鼓励学生在国际、国内比赛中创造佳绩。

第六，要提供有力的后勤保障。欧美大学很少提到后勤保障，因为都社会化了。我们一时还不可能完全做到。所以说提供强有力的后勤保障是中国大学的特色之一，没有后勤保障我们什么事也做不成。福建师范大学的后勤部门面临着比较繁重的任务，它与管理育人紧紧联系在一起。

再以科学研究来说。我从尊重科学研究的角度讲几个观点。

第一，不搞科研的大学不是好大学。我们要建设一所有特色、开放式、高水平的综合性大学，那么"高水平"体现在什么地方？"高水平"要体现在学校培养的学生能够得到社会的认可，从中涌现出许多优秀的人才；同时学校提供的科研成果必须是高水平的，对社会的贡献是巨大的。目前的大学有教学型大学、科研型大学、教学科研型大学，但我感觉这种分类不太科学，因为从"三位一体"的角度，科研和教学是密不可分的。我们学校所确立的目标是建设高水平的大学，教学和科研都要有高水平。

第二，抓科研一定要抓学科建设。学科建设是一所大学教学、科研水平的集中体现。如果说一所大学的教师都要搞科研，属于科研的普及，那么重点学科建设则着重在提高，要瞄准国内、国际学科的前沿，要多出有分量、高水平的研究成果，要带出一支能打硬仗的学术团队。学科建设对一所大学来说是非常重要的。

第三，科研要有所为有所不为。我们不可能把所有的事情都做好，人力有限，精力有限，经费也有限，我们要认真研究一下，我们的优势、潜力在哪里，哪些方面经过努力能赶超国内、国际先进水平，一旦看准了，就要全力以赴把它做好。

第四，科研一定是探索性的。所谓探索性的，就是要解决前人未能解决的问题，前人没有做过的事情，这就是创新。没有探索性的研究必然会搞"重复建设"，这是低层次、低水平的，没有多大意思。我们在科研上要有重大突破，承担重大课题，获得重大奖励，必须有探索性、创新性的研究。

关于服务社会问题，由于时间关系，这里就不多说了。

四 关于福建师范大学办学特色的探讨

首先这个问题很重要，如果一个学校没有自己的办学特色，千人一面，千校一面，它就没有什么影响。任何一所大学都在追求自己的特色，办大学谁都会办，但要办一所好的大学，办一所有特色的大学并不容易。我们在办学特色问题上进行了深入的探讨，这个探讨也是对近百年福建师范大学办学经验的总结。研究办学特色需要注意什么问题？我认为要特别注意方法论问题，懂得普遍性和特殊性的关系、共性和个性的关系；就是要找出，作为大学我们要办什么样的大学，作为师范大学我们要办什么样的师范大学，把这些问题搞清楚了，办学特色就会凸显出来。

第一个特色，我们是师范性大学，与其他单科性大学不一样，与综合性大学相比也不一样，因此，我们要突出师范大学的特色。我们的办学特色是相比较而言的，一定要进行比较，找出不同点。要比较就要找准参照系。我们从特殊的师范大学的角度，突出我们师范的特色和优势，就是重教、勤学、求实、创新，教书育人，重视对学生实践能力的培养，等等。校训"知明行笃，立诚致广"也体现这一办学特色。

第二个特色，与其他的师范大学相比，我们要有优势，要有所超越。那怎么超越呢？这就是我们这几年一再强调的学术性、综合性。建设高水平的综合性大学，我们的步伐正在加快，这是其他多数师范大学做不到的。我们注重学科建设，注重学位点建设，在这方面可以说实现了跨越性的发展。以学科建设来带动学校整体办学水平的提高，促进学校快速持续发展，这应当是我们的一大特色。

第三个特色，与国内所有的大学来比，我们要坚持对外开放，走国际化办学道路。如果按现有办学条件和水平，我们与国内知名大学比，再过一百年两百年，我们都跟不上。但我们坚持对外开放办学，走国际化道路，就有可能在某些方面后来居上，这几年我们都在探索、在实践，并逐步形成我们的办学特色。福建师范大学的软件学院 2003 年才创办，其专业、课程基本按照英国大学同类专业的标准来办，并且采取了"3＋1"的办法，可以说培养的学生的能力和质量达到了国内大学同类专业的先进水平。这几年我们在国际化道路的探索中，应该说很有成就，华文教育在全国已颇有影响。所以我们要坚定不移地走国际化道路，但国际化必须与本土化相结合，要与中国国情相适应，坚持为海峡西岸经济区服务。这与其他大学相比也是一个很重要的特色。

要重视对办学理念和办学
特色的研究*

　　每一所大学，特别是有一定历史的大学，都应有它的办学理念。所谓大学理念，是对大学存在的本质、发展和意义等一系列根本观点的抽象概括。它要回答：大学是什么？大学干什么？好大学是什么？如何办好一所好大学？等等。大学理念是一所大学的灵魂，体现着大学的理想、追求和信念，是大学文化中最稳定、最核心的要素。大学理念不是一时心血来潮的产物，而是大学长期办学经验的积淀和升华；大学理念对学校的发展具有规范和导向作用，决定着大学的使命和发展目标；大学理念能获得师生的广泛认同，发挥强大的凝聚人心的作用；大学理念是增进学校的社会影响力和美誉度的重要因素。正因为大学理念如此重要，校党委 2006 年暑假在永泰召开的暑期学校工作研讨会中，把办学理念和办学特色作为会议的重要内容之一。根据会议安排，我在会上作了《关于办学理念和办学特色的思考》的发言，意在抛砖引玉。大学理念的确定，需要广泛的讨论和深入的研究，并要做好四个方面的准备工作：一是要熟悉我校近百年的历史变迁，从学校创始人陈宝琛到这几届领导班子的办学思想，都要好好总结；二是要明了百年来我校的学术源流，其中既有"中学"（国学），也有"西学"，还有苏联的学术影响；三是要把握时代的特征，经济全球化、市场经济的发展和科技现代化，特别是信息化和网络化给高等教育带来的巨

---

　　* 本文是笔者 2006 年 9 月 12 日在学校部署新学期工作大会上讲话的一部分。

大冲击，既有机遇，也有挑战；四是要关注高等教育的风云，充分了解国内外高校改革与发展的昨天、今天和明天。

在现有的文献中，有关大学理念的表述可以说是五花八门，有不少人把校训作为大学理念，这是片面的。实际上，大学理念是由三个层次构成的一个体系，它既是一个同心圆，也是一个金字塔，如图 1 所示。

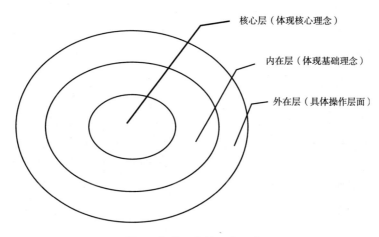

核心层（体现核心理念）

内在层（体现基础理念）

外在层（具体操作层面）

图 1　大学理念的三个层次

以同心圆为例，三个圆圈表示三个层次。

内圆是核心层次，它体现核心理念。我们认为，应该坚持人才培养、科学研究、服务社会"三位一体"的办学理念。这个理念现在看来似乎很简单，但它在世界大学的发展史上，经历了 700 多年的变迁，我校对它的认识，如果从 20 世纪 50 年代初算起，也长达半个世纪之久。对我校来说，这个核心理念所要解决的是师范性和学术性的统一、教学和科研的统一、走进象牙塔和走出象牙塔的统一、认识世界和改造世界的统一等一系列办学的根本问题。

中圆是内在层次，它体现的是基础理念。也就是说，从我校的校情出发，分别对"三位一体"办学理念中的人才培养、科学研究和服务社会作出特殊而又精辟的阐释，这种阐释不是单一的，而是系统的。以人才培养为例：从培养目标来看，要求福建师范大学的学生要知明行笃，立诚致广，追求卓越，全面发展；从学校氛围即校风来看，是重教、勤学、求实、创新；从师资建设看，是"山不在高，有仙则名；水不在深，有龙则灵"；在课程设置上，主张专业教育、通识教育与工具教育的有机结合；

等等。科学研究和服务社会也都有它的系列理念。这里就不一一介绍了。

外圆是外在层次，属于具体操作层面，它的作用就在于化无形为有形，变抽象为具体，它包括一系列的规章制度、环境创设、校园文化、检查评估等。

关于我校的办学特色，我们已经进行了多年的探索，这两年结合本科教学评估，又进行了多次研讨。研讨办学特色，从哲学方法论上说，就是研究与矛盾普遍性相联系的特殊性，也就是研究我校与其他大学不一样的地方。我校的办学特色是在与三类大学的比较中彰显出来的：一是与综合性大学比，我们要突出师范院校的传统和优势，如重视教书育人、敬业爱岗、重视理论与实践的结合等；二是与师范院校比，要突出我校的学术性，特别是学科建设的优势及其对教学的辐射作用；三是与国内所有高校比，要突出我校的区域性（为海峡西岸经济区建设服务）和国际性（走国际化办学的道路）。概括地说，我校的办学特色是四性（师范性、学术性、区域性、国际性）的深化和展开。换言之，就是：坚持师范性，突出学术性，大打"海西"牌，高唱"国际歌"。

《难忘的回忆》序 *

　　为了纪念福建师范大学百年华诞，由校社会科学联合会离退休分会组织编写的《难忘的回忆》一书即将付梓。我在高兴的同时，也为本书所记述的人和事深深感动，为本书的编者对学校的一片深情和高度负责的精神深深感动。

　　自1907年清朝末代帝师陈宝琛先生创办福建优级师范学堂起，福建师范大学已经走过了整整100年的历程。这从一个侧面反映了福建省乃至中国高等教育曲折发展的历史，所以，福建师范大学的百年校庆绝不仅仅是一个学校的盛事。纪念百年校庆，首先需要的是对这百年办学历史加以总结，于是我们组织编写了校史，收集了几百幅反映学校历史的珍贵照片……在学校的老照片展列室里，我曾向来访者介绍叶圣陶等一批名人在福建师范大学的前身校之一——协和大学工作过，使他们惊讶不已。作为一所老大学，最值得骄傲的莫过于有多少知名学者在那里执教过，又培养出多少后来知名的学生。《难忘的回忆》一书主要辑录了近百年来特别是20世纪50～60年代在学校工作过的部分领导和老师的人和事，虽然他们的工作性质不同、专业有别、个性各异，但都兢兢业业，锲而不舍，为学校的发展和祖国的教育事业贡献了他们毕生的心血。可以说，没有他们，

　＊《难忘的回忆——福建师范大学老同志回忆录》一书由陈豹义主编，中国大百科全书出版社2007年11月出版。

就没有学校蓬勃发展的今天。他们是值得钦敬的，并将永远留在人们的记忆中。

为了庆祝百年华诞这一盛事，学校决定出版一套纪念丛书。我想，丛书中应该有一本老同志的回忆录。2007年2月的一天，我把这一想法告诉了校社会科学联合会离退休分会的陈豹义同志，他和离退休分会的同志们都很赞同。但是，最大的困难是时间仓促，因为要在两三个月内编写出一本书来几乎是不可想象的。然而，困难并没有难倒这些在学校工作了几十年、对学校怀有深厚感情的离退休同志们。他们为了编辑这本书，不顾年事已高，尽了十二分的努力。现在，书稿终于按规定时间编写出来了。陈豹义先生、黄铁平先生……他们将和本书所记述的人和事一样让人难忘。

本书留给人们的不仅是往事的回忆，更是催人奋发前行的一股巨大精神力量。我们现在尤其需要这种精神力量。

是为序。

2007 年 7 月 20 日

《福建师范大学暨附中
革命烈士传略》序[*]

2007 年是福建师范大学建校 100 周年。一个世纪前，清朝末代帝师陈宝琛创办了福建优级师范学堂，这是福建师范大学最早的前身校。新中国成立后，由华南女子文理学院、福建协和大学、福建省立师范专科学校、福建省研究院等单位合并成立福建师范学院，1972 年改为现名。福建师大附中历史更为久远，建校至今已 126 年，她与福州英华中学、华南附中、陶淑女中都是福建师大历史发展过程中重要的组成部分。

福建师大作为一所百年学府，不仅名师云集，学术底蕴深厚，培养了30 多万名优秀毕业生，为福建乃至全国的经济社会发展作出了重要贡献，而且也是一所具有光荣革命传统的大学。早在新民主主义革命初期，她就成为福建省重要的革命据点之一。1925 年建立了共产主义青年团组织，翌年成立中国共产党支部委员会。在中国共产党的领导下，广大进步师生奋起反抗帝国主义的侵略，反抗国民党反动派的黑暗统治。他们中的许多人，面对敌人的威胁利诱和血腥屠杀，不畏艰险，英勇奋斗，为了新中国的诞生，为了民族和人民的解放，流尽了最后一滴血，献出了年轻而宝贵的生命。《福建师范大学暨附中革命烈士传略》一书所收入的 62 位校友烈士的传略，都十分感人，其中有在炮火横飞的战场上和敌人浴血奋战、壮

---

* 《福建师范大学暨附中革命烈士传略》一书由陈毓洸主编，中国大百科全书出版社 2007 年11 月出版。

烈牺牲的，有在凄风苦雨的刑场上慷慨高歌、从容就义的，有在阴森恐怖的牢房中铁骨铮铮、宁折勿弯的，也有在长期恶劣的环境条件下坚持工作积劳成疾、鞠躬尽瘁的。烈士中既有在共和国黎明到来之前壮烈捐躯的，也有在新中国成立初期为保卫和巩固红色政权、争取实现祖国统一大业而英勇献身的。由于种种原因，有关校友烈士的资料收集十分困难，有的只是一些零星的记载，但从这些简要的叙述中，我们已领略到烈士的远大志向、高尚情操、卓越才干和献身精神。这是他们留给后人的一笔极其珍贵的精神遗产！我们为福建师大校友中曾经出现这样杰出的民族精英而感到无比光荣和自豪！

经过一百年的风雨洗礼，特别是改革开放近30年来，福建师大的面貌发生了巨大的变化，她不仅是福建省重点建设的一所著名大学，而且在海内外具有广泛的影响。今天，我们在欢庆学校的百年华诞时，深深怀念为革命献身的校友烈士。在建设中国特色社会主义的新的历史征程中，我们要大力弘扬校友烈士的革命精神，同心同德，真抓实干，为把学校办成一所综合性、有特色、开放型、高水平的大学而努力奋斗！

本书能够顺利出版，首先要感谢陈毓洸同志。她是我校一位退休老同志。1952年加入中国共产党，毕业于福建师范学院中文系，1960年任福建师范学院生物系党总支副书记，1973年起先后任福建师范大学生物系、教育系党总支书记，在福建师范大学学习、工作和生活了50多年。出于对校友先烈的怀念和景仰，以及对后辈进行革命传统教育的历史责任感，她几十年来一直坚持收集有关资料。1987年退休后，她全身心投入这一工作，不辞劳苦，四处奔波，并对搜集来的材料逐件进行考证核对。2004年6月，为了弄清一位烈士的史实，她远赴上海、南京调查，不慎跌伤骨折，住院达三个月之久，出院后又无怨无悔地投入紧张的工作。陈毓洸同志已经把本书的出版视为生命的一部分，日夜操劳，呕心沥血，令人肃然起敬！这是一位多么好的共产党员！本书是陈毓洸同志和所有参加编写的同志献给学校百年校庆的一份珍贵礼物，是我们深入开展革命传统教育的一份难得的好教材。依据本书提供的史实，我们在校史馆展列中增设校友先烈专栏，这不仅是为了缅怀校友先烈的光辉业绩，也是为了让福建师范大学一代又一代的学子接过校友先烈手中的火炬，在永恒的星光照耀下，沿着他们所开辟的道路，奋勇直前，创造更加美好的明天。

是为序。

2007年10月

祝贺福建师范大学
百年校庆丛书出版[*]

值此福建师范大学百年华诞之际，我们在这里隆重举行《福建师范大学百年校庆系列丛书》的首发式。

首先，我们要感谢丛书出版的编写和编辑人员，是他们的辛勤劳动，完成了丛书出版艰巨而又重要的工作。感谢关心和支持丛书编写出版的各级领导和各地校友，是你们的鼓舞和鞭策使丛书的编写出版工作得以顺利进行，还要感谢中国大百科全书出版社为本丛书的出版所付出的辛勤劳动。

同志们，福建师范大学百年沧桑，泽被当代。各主要前身校，办学伊始，筚路蓝缕，艰难创业；抗战期间，坎坷飘摇，坚持不懈。新中国成立初期，多校整合，几易校名，承前启后，吐故纳新，完成了从旧大学到新大学的转变，福建师范学院在曲折中探索前进。改革开放以后，福建师范大学进入了一个前所未有的发展时期。21 世纪之初，又实现了新的跨越。经过几代师大人的共同努力，奠定了宏博的文化底蕴，砥砺出"知明行笃，立诚致广"的校训精神，形成了"重教、勤学、求实、创新"的优良校风，确定了建设"综合性、有特色、开放型、高水平"的办学目标，形成了多学科协调发展的办学格局和学士—硕士—博士完整的人才培养体系，综合实力跻身全国高师院校和全国省属高校的先进行列。

---

* 这是笔者 2007 年 11 月 17 日在福建师范大学百年校庆丛书首发式上的致辞。

在福建师范大学喜迎百年华诞之际，为了进一步弘扬学校的优良传统，扩大影响，再接再厉，我们编辑出版了《福建师范大学百年校庆系列丛书》，推出《福建师范大学校史》（分史、志、大事记三编）、《世纪回眸——福建师范大学老照片》《福建师范大学暨附中革命烈士传略》《福建师范大学博士学位论文提要集》《福建师范大学优秀硕士学位论文提要集》《福建师范大学学报优秀论文集》《情怀长安山——我心目中的福建师范大学》《难忘的回忆》《情系马尼拉——福建师范大学赴菲律宾汉语教学志愿者五年活动纪实》等书。我们相信这套百年校庆丛书的出版，一定有助于读者更进一步了解福建师范大学这所百年老校的历史沿革、文化底蕴、学术传承、大师风范、教苑事迹、桃李情怀……也是百年华诞的各种庆典活动中最具深远意义者之一。

回眸往昔，环视当今，展望未来，我们自豪，我们自信，我们憧憬。福建师范大学新的百年到来，必将带来新的历史发展契机。我们一定要高举马克思主义、毛泽东思想、邓小平理论伟大旗帜，全面贯彻"三个代表"重要思想，牢固树立和全面落实科学发展观，以人为本，扎实推进教育创新与科技创新。我们一定能凝聚师大人心，构建和谐校园，继往开来，与时俱进，再创师大新的百年辉煌。

福建师范大学建校 100 周年
庆祝大会致辞

今天，我们在这里欢聚一堂，隆重庆祝福建师范大学百年华诞。这是海内外师大人欢欣鼓舞的盛大节日，也是检阅百年师大辉煌成就的庄严典礼！在此，我谨代表福建师范大学，向与会的各位领导、来宾表示最热烈的欢迎和最衷心的感谢！向广大海内外校友和全体师生员工、离退休老同志表示诚挚的问候并致以崇高的敬意！

1907 年，清朝内阁大学士、末代帝师陈宝琛先生因应世界潮流和时局变革，创办了福建优级师范学堂，这是福建师范大学最早的前身校。一百年来，福建师范大学见证了国家命运的跌宕起伏和沧桑巨变，书写了福建省高等教育的不朽诗篇。学校办学伊始，筚路蓝缕，艰难创业，在黑暗中求索，在挫折中前行。抗日战争时期，前身校大多迁往闽北地区，在逆境中求生存，难能可贵。解放战争时期，一批师生积极投身革命，为了人民共和国的诞生，用鲜血和生命谱写了壮丽诗篇。新中国成立后，七所前身校几经调整合并，于 1953 年成立了福建师范学院，1972 年更名为福建师范大学。改革开放以来，特别是进入新世纪后，学校抓住科教兴国的发展机遇，凭借建设海峡西岸经济区的春风，锐意进取，开拓创新，实现了跨越式发展。

回首百年，感慨万千。福建师范大学的百年史，是一部中国高等师范教育艰苦创业、励志笃行的发展史，也是一部全体师大人秉承传统、继往开来的奋斗史。今天，我们可以自豪地回顾先辈们历尽艰辛、开拓创新的光辉业绩，总结百年来的办学成就和经验。

——一百年来，我们始终以民族振兴和社会进步为己任，成为支撑起福建教育事业和经济社会发展的坚强脊梁。学校共培育了33万多名优秀人才，他们在不同历史时期的不同行业和领域里，为社会作出了卓越贡献。特别要提到的是，全省各中学校长、特级教师和其他教学骨干中60%毕业于我校。今天的福建师范大学，学科专业齐全，师资力量雄厚，科研成果丰硕，已经成为实施科教兴国战略、建设创新型国家以及为海峡西岸经济区培养高层次专门人才、开展科学研究的重要基地。

——一百年来，我们形成了独特的精神文化和优良校风，这成为师大人未来发展的重要力量源泉。大学的精神和文化底蕴是大学的灵魂，福建师范大学从不停息对学校精神文化的培育、探索和弘扬。在办学过程中，学校在继承先辈办学理念的基础上，逐步形成了"知明行笃、立诚致广"校训精神和"重教、勤学、求实、创新"的优良校风，这是学校在百年发展历程中所形成的突出的精神品格，是学校未来发展的重要理想追求。

——一百年来，我们始终百折不挠、艰辛求索，推动学校事业不断向前发展。历经百年的积淀、传承和发展，学校已从当初乌石山的一隅之地，发展到现在的仓山、旗山、福清、泉州南安四个校区，占地面积达到4300多亩；从最早的191名学生，发展到现在35000多名学生的办学规模；从最初少数几个院系、几个学科，发展到现在拥有28个学院、56个本科专业协调发展的办学格局和学士—硕士—博士完整的人才培养体系。近年来，学校在重点学科建设和科学研究方面屡有突破，尤其可喜的是，现代化的旗山新校区已经基本建成，在前不久进行的教育部本科教学工作水平评估中，我校获得了专家组的高度评价，这些都为师大新百年的腾飞奠定了坚实的基础。

——一百年来，我们始终以海纳百川、兼容并蓄的胸怀和气度，走对外开放办学之路。近年来，学校加快开放办学的步伐，与世界上50多个国家和地区的100多所大学和研究机构建立了合作与交流关系，先后向菲律宾等东南亚国家派出了5批共253名汉语教学志愿者，成为我国华文教育的一面旗帜。2007年1月16日，在菲律宾访问的国务院总理温家宝亲切接见了我校汉语教学志愿者师生代表。

厚重的百年历史，艰辛的发展历程，使我们深深感受到，大学教育事业的发展，必须坚持党的教育方针，坚持社会主义办学方向；必须始终依靠省委、省政府的正确领导；必须最广泛最充分地调动一切积极因素，最大限度地获取广大校友和社会各界的理解、帮助与支持。在这里，让我们再次对一向支持、关心我校建设与发展的上级领导、省市各部门、各地方政府、各兄弟院校、各有关单位、各位校友以及各位海内外社会贤达致以衷心的感谢，并致以崇高的敬意！

党的十七大吹响了夺取全面建设小康社会新胜利的号角。全党全国人民正意气风发，满怀豪情，为加快推进社会主义现代化而不断开拓创新。学校的发展躬逢盛世，展望新的百年，重任在肩，大有可为。我们将继承和发扬百年师大优良传统，坚持文明传承和开拓创新的统一，内涵提升和对外开放的统一，自我发展与服务社会的统一，朝着综合性、有特色、开放型、高水平大学的奋斗目标坚定迈进。

百年始铸千秋业，盛世再谱新华章。我们坚信，在党的十七大精神的指引下，在省委、省政府的正确领导下，在社会各界和广大校友的大力支持和全体师生员工的共同努力下，我们一定能够团结一心，开拓进取，建设更加美好的福建师范大学，谱写更加灿烂辉煌的篇章！

2007 年 11 月 16 日

附一：中共福建省委书记卢展工在福建师范大学建校 100 周年庆祝大会上的讲话

在全省上下深入学习贯彻党的十七大精神之际，我们在这里隆重集会，庆祝福建师范大学百年华诞。借此机会，我谨代表中共福建省委、省人大常委会、省人民政府、省政协，向全校师生员工表示衷心的祝贺！向各位离退休教师、老同志、海内外校友表示崇高的敬意和亲切的问候！向前来出席庆典的各位领导和嘉宾表示热烈的欢迎！

福建师范大学是福建省建校最早的高等学府，到今天它已经走过了一百年的不平凡历程。这是传承文明、砥砺品格的百年。百年间，福建师范大学见证了中华民族的兴衰与荣辱，在磨难中成长，在成长中壮大。虽历经世纪沧桑，但始终不渝追求科学、文明、进步与真理，薪火相传、教泽绵延，锻造了"知明行笃，立诚致广"的校训精神，孕育了"重教、勤学、求实、创新"的优良校风，历久弥新，永葆活力，这是锲而不舍、奋发图强的百年。福建师范大学始终秉承教书育人的根本宗旨，艰苦奋斗、开拓进取，立志高远、敢为人先，博采众长、兼容并蓄，积累了丰富的办学经验，形成了独特的办学风格，在福建省乃至全国高等教育界的地位越来越突出。这是奉献创造、硕果累累的百年。自诞生之日起，福建师范大学就始终以推动文明进步和社会发展为己任，培养造就了一批又一批符合时代要求的建设人才，创造出一批又一批造福社会的科研成果。特别是改革开放以来，福建师范大学自觉站在现代化建设前沿，为国家、为福建的振兴提供了有力的智力支持和人才保证，取得了令人瞩目的巨大成就。

不久前召开的党的十七大，是在我国改革发展关键阶段召开的一次十分重要的会议。大会科学回答了当代中国我们党举什么旗、走什么路、以什么样的精神状态、朝着什么样的发展目标继续前进的重大问题，为我们继续发展中国特色社会主义指明了前进方向。令全省人民备受鼓舞的是，支持海峡西岸经济区发展写入了党的十七大报告，成为中央的重大决策和全党的共同意志，这是党中央对海峡西岸经济区建设的充分肯定、大力支持和殷切希望。刚刚闭幕的省委八届三次全会认真学习贯彻十七大精神，以科学发展观为指导，进一步明确了全面推进海峡西岸经济区建设的新要求，强调围绕"四谋发展"的实践主题，坚持"四个重在"的实践要领，把握"四个关键"的工作要求，实施项目带动、品牌带动，着力民生、着力民心，努力把海峡西岸经济区建设成为科学发展的先行区、两岸人民交流合作的先行区，为全国作出更大贡献。

全面推进海峡西岸经济区建设，教育事业是基础、是保障、是后劲、是支撑。我们要认真学习贯彻十七大精神，充分认识教育是民族振兴的基石，教育公平是社会公平的重要基础，从全面推进中国特色社会主义伟大事业、全面推进海峡西岸经济区建设的战略高度，坚持好、落实好教育优先发展的战略地位，在经济社会发展规划中优先安排教育发展，财政资金安排上优先保证教育投入，公共资源配置时优先满足教育需求，做到教育优先走前头，教育公平求统筹，努力培养德智体美全面发展的社会主义建设者和接班人，建设人力资源强省，办好人民满意的教育，以教育事业又好又快发展推动海峡西岸经济区又好又快发展。

面对新形势新任务，福建师范大学站在了一个新的历史起点上。我们期望学校以学习贯彻十七大精神为动力，以科学发展观为统领，全面贯彻党的教育方针，坚持教育为社会主义建设服务、为人民服务，注重内涵发展，强化办学特色，深化教育改革，朝着建设综合性、有特色、开放型、高水平大学的目标，把学校进一步建设成为服务基础教育、造就优秀专门人才的重要摇篮，加强科学研究、推动科技进步和自主创新的重要基地；融入发展大局、全面推进海峡西岸经济区建设的重要力量，推动对外交流、弘扬传播中华优秀文化的重要窗口。我们期望各位教师继续发扬"胸怀祖国、热爱人民，学为人师、行为世范，默默耕耘、无私奉献"的精神，始终以对党的教育事业的无限忠诚和高度责任感，努力做学生健康成长的指导者和引路人，成为无愧于党和人民的"人类灵魂工程师"。我们期望广大青年学生与时代同步伐、与祖国共命运、与人民齐奋斗，树立远大理想，勤奋学习钻研，勇于创新创造，能够为建设海峡西岸经济区和实现中华民族的伟大复兴奉献青春和力量。

走过百年光辉历程的福建师范大学又翻开了新的一页。衷心祝愿福建师范大学在新的百年里，实现新跨越，创造新辉煌，谱写新篇章！衷心祝愿各位来宾、老师们、同学们身体健康，工作顺利，学习进步！

附二：教育部副部长吴启迪在福建师范大学建校 100 周年庆祝大会上的讲话

值此福建师范大学百年华诞之际，我谨代表教育部，向福建师范大学全体师生员工和海内外校友，表示崇高的敬意和热烈的祝贺！

福建师范大学是一所有着悠久的历史、深厚文化底蕴的高等学府。一个世纪以来，福建师范大学一代又一代的师生秉承优良的办学传统，风雨兼程，奋发有为，开拓创新，为国家培养了大量的高层次人才，特别是一大批优秀的教师。新中国成立后，特别是改革开放以来，福建师范大学全面贯彻党的教育方针，坚持社会主义办学方向，不断深化改革，突出办学特色，抓住各种机遇加快发展，取得了很大的成绩，学校的整体面貌发生了前所未有的变化，办学实力和整体水平有了显著提高。

长期以来，福建省委、省政府一贯高度重视与支持福建师范大学的发展与建设。在这里，我代表教育部，也代表我们教育战线，我想也可以代表福建师范大学的员工们向福建省委、省政府和各有关方面，向福建人民表示衷心的感谢！我相信福建师范大学能秉承百年传统，积极投身于海峡西岸经济区建设的伟大事业中，积极投身于全面建设小康社会的伟大进程中，以教学、科研和服务社会的优异业绩来回报祖国，回报福建人民。

党的十七大明确提出了要优先发展教育，建设人力资源强国，充分体现了党中央大力实施"科教兴国"战略和"人才强国"战略的坚定决心。

我们希望福建师范大学深入贯彻党的十七大精神，高举中国特色社会主义的伟大旗帜，继承和发扬优良传统，继往开来、求真务实、开拓创新，锐意进取，把福建师范大学办成一个高水平、开放型、综合性，具有鲜明师范特色的大学，为把我国建设成为人力资源强国和创新型国家作出更大贡献。

积极推动高等教育与区域
经济和社会发展的研究[*]

在福建师范大学百年华诞的喜庆日子里，我们相聚在美丽的海滨城市
——福州，隆重举行福建师范大学百年校庆"中外大学校长论坛"。这是
一次中外大学校长和学者、专家探讨高等教育发展的盛会。我谨代表福建
师范大学，并以我个人的名义，向百忙之中莅临我校的各位领导、来宾，
表示热烈的欢迎和衷心的感谢！

高等教育与区域经济和社会发展研究一直是各国高等教育界和经济学
界研究的重点课题，对此课题进行深入研究具有特别重要的现实意义和战
略意义。随着经济全球化和知识经济时代的到来，高等教育的重要地位和
作用日益突出，高等教育与社会的交流合作也日益频繁。高等教育充分发
挥人才培养、知识创新和服务社会的三大职能，有力地促进了经济社会的
全面、协调和可持续发展。高等教育越来越成为营造区域建设软环境和带
动消费需求、拉动区域经济增长的重要力量。与此同时，区域经济社会的
又好又快发展也为高等教育的发展提供了坚实的物质基础，促进了高等教
育办学规模的扩大、办学质量和效益的提高。实践证明，高等教育与区域
经济社会的互动发展是实现双赢的必由之路，是贯彻落实科学发展观、构
建高度文明社会的必然要求。

我校历来高度重视服务于区域经济建设和社会发展，特别是充分发挥

---

* 这是笔者 2007 年 11 月 16 日在福建师范大学百年校庆"中外大学校长论坛"上的开幕词。

高校的人力资源优势、学科专业优势、科技文化创新优势，主动融入海峡西岸经济区建设的主战场，在服务大局、服务中心工作中实现学校的持续发展，不断提升学校的知名度和社会美誉度，提升学校的综合办学实力。目前我校已经成为海峡西岸经济区建设中的一支重要力量，为福建省的经济建设、社会建设和文化建设作出了重要的贡献。我校高度重视开放办学，充分发挥地处海峡西岸经济区、毗邻台港澳、面向东南亚的区位优势，积极开展对外交流工作，与50多个国家和地区的100多所高校、教育科研机构及联合国教科文组织建立了友好合作关系。海外华文教育成效显著，在国际上产生了良好的影响。

长期以来，海内外各兄弟院校不断加强联系，积极开展各种形式的交流与合作，共同推动全球高等教育事业的改革与发展。今天，我们再次相聚在这美丽的榕城，互相学习、借鉴，研讨高等教育的热点、难点问题，进一步探讨当前高等教育改革与发展的思路与对策。这既是世界高等教育界的一大盛事，也为我校提供了向各兄弟院校学习的良好机会。衷心希望各位来宾畅所欲言，不吝赐教，同时，热忱欢迎各位来宾多到我校考察、指导，一如既往地关心、支持我校的建设与发展。

最后，祝福建师范大学百年校庆"中外大学校长论坛"取得圆满成功！祝各位来宾福州之行愉快！

关于大学更好地为社会服务的
若干思考[*]

世界上自有大学近一千年来，大学的功能经历了从单纯传授知识、培养人才到开展科学研究、服务社会经济文化发展的三个阶段的历史演变。早在 100 年前，我校的第一任校长陈宝琛先生就提出"温故知新可以为师，化民成俗其必由学"的校训，认识到大学在改造社会、"化民成俗"方面的重要作用。现在，大学要服务社会已经成为一种共识，但是如何更好地为经济社会服务，却是一个有待深入探讨的重要问题。这里我想结合我校的实际，谈一些看法，向各位校长请教。

我认为，大学要更好地为经济社会服务，必须解决以下四个问题。

一　坚持和扩大开放

大学是应社会的需要而设立的，因此必须和社会保持密切的联系，必须坚持和扩大对社会的开放。只有坚持和扩大对外开放，大学才能及时获得丰富的信息，不断更新原有的知识；才能开阔师生的视野，突破传统观念的局限；才能充分利用校内和校外两种资源，解决因办学资源不足而带来的一系列问题，增强大学自身的造血功能。坚持和扩大对外开放，不仅

---

*　这是笔者 2007 年 11 月 17 日在福建师范大学建校 100 周年举办的"中外大学校长论坛"分论坛"高等教育与区域社会和经济发展"上的讲演，发表于《福建师范大学学报》2008 年第 1 期。

对我校来说是十分必要和重要的，而且也是我校所处的地区——海峡西岸经济区发展的迫切需要。海峡西岸经济区的战略地位已经得到我国政府的高度重视和海内外的广泛认同，海峡西岸经济区的繁荣与发展需要全方位地对外开放，这就为我校的扩大开放创造了极为有利的条件；而我校的扩大开放也对海峡西岸经济区的繁荣与发展起到了一定的促进作用。迄今为止，我校不仅同国内的很多高校、企业和地方政府部门保持密切的联系，而且同世界上50多个国家和地区的100多所大学、科研机构建立了友好的合作和交流关系。今天，在这里召开的中外大学校长论坛，在有力促进我校发展的同时，也为海峡西岸经济区的文化教育发展起到了积极的作用。

二　充分发挥学校自身的优势

大学服务社会不能泛泛而谈，而要根据社会的客观需要和自身的实际，突出重点，发挥优势，这样才能取得显著的成效。我校自1907年在全省最早设立福建优级师范学堂起，一直没有间断过教师教育的教学和研究。一百年来，我校共毕业了近34万名学生，为福建省的基础教育培养了一大批的师资，现在全省各重点中学的校长、特级教师中有60%毕业于我校。我校是教育部在全国师范院校中最早设立基础教育研究中心的少数几个大学之一。我校教师，包括全国知名教授，承担国家和地方有关基础教育研究的重大课题，积极参与中小学课程改革，编写新教材，在职培训中小学校长和骨干教师，经常主持召开高层次、高级别的基础教育国际国内学术研讨会，在服务基础教育、创新教师教育上发挥了重要作用，在社会上产生了广泛的影响。

三　不断提升学校办学水平

大学为社会服务，首先是为社会培养、输送高质量的人才。我国已提出要从人口大国变为人力资源强国，大学承载着重要的使命。我校每年毕业的本科生、研究生都在5000人以上，要使这些学生在社会各条战线的各个岗位上都能胜任，广受欢迎，把好教学质量关是十分重要的，这关系到学校的品牌和声誉，也可以说是学校的生命线。为此，我校采取了一系列措施，如建设新校区，改善办学条件；充实师资队伍，提升师资水平；开展第二课堂活动，活跃校园文化生活等。前不久我校接受了教育部本科教学水平评估专家组的评估，获得了高度的评价。我校的研究生教育成绩斐然。

一所大学的办学水平，除了表现在教学质量方面外，还表现在学科建设和科学研究上。多年来，我校一直十分重视学科建设，通过校内资源的结构调整和优化配置，加强优势学科，扶持有发展潜力的新学科；重视学科带头人的引进和培养，努力建设科研创新团队；积极鼓励教师开展科学研究，并为他们从事实验和调研活动、参加国内外学术会议，创造必要的条件。现在，我校已拥有 7 个博士后科研流动站、5 个一级学科博士点、38 个二级学科博士点、14 个一级学科硕士点、120 个二级学科硕士点、1 个国家重点学科、6 个教育部重点研究机构、21 个省重点学科和重点实验室，近五年来在 SCI、EI 等检索期刊发表的论文在 600 篇以上。我校的综合竞争力已居全国同类高师院校和地方大学的前列。

四 找准服务社会的切入点和增长点

一个大学对社会的服务是多方面、全方位的，要使这种服务产生显著的成效和广泛的影响，必须找准切入点。我校的对外汉语教学就是这样的一个切入点。我校在十几年前就已开展对外汉语教学师资的培训。2003 年，我校向菲律宾派出了第一批汉语教学志愿者，至今已连续派出 6 批，共 253 人。志愿者以出色的表现受到了菲律宾华人华侨社会的一致好评，受到了国家汉办的充分肯定。2007 年 1 月 16 日，在菲律宾访问的国务院总理温家宝亲切会见了我校志愿者师生代表并合影留念；汉语教学也得到菲律宾政府的高度评价，2007 年 7 月 31 日菲律宾总统阿罗约视察了我校和菲律宾华商总会共建的中国语言文化学院首期汉语培训班，认真听取了任课教师我校赴菲汉语教学志愿者的教学汇报，并向该院副院长、我校章石芳老师亲切询问课时安排等细节，对我校赴菲汉语教学计划和所开展的工作表示赞赏。在我校庆祝建校 100 周年的前夕，阿罗约总统还特地发来了贺信。通过赴菲汉语教学，大大提升了我校乃至福建在菲律宾和东南亚的知名度，密切了双方的关系，加强了双方的对话与交流，也在一定程度上促进了海峡西岸经济区的繁荣与发展。

百年校庆给我们留下了什么[*]

经学校研究，今天我们在这里召开百年校庆总结表彰大会。今年学校的三件大事都取得了圆满成功，新校区建设已经基本完成工程建设任务，学校管理重心顺利实现了从仓山校区向旗山校区的转移，本科教学评估取得优异的成绩，百年校庆也已成功落下帷幕，我们要对百年校庆作全面的总结，给百年校庆画上一个圆满的句号。这两天学校分别召开了各学院院长会议、校庆 13 个小组组长会议，听取了校庆工作情况的汇报。我谈谈对百年校庆的三点思考。

一 关于百年校庆的特点

校庆的前两天，我和汪征鲁副校长应福建电视台经济频道《财富论坛》栏目的邀请，接受了一次电视采访，整个采访历时 20 分钟，我回答记者的第一个问题就是百年校庆究竟有什么特点，我当时概括了五个方面的特点。今天再补充两个特点，共七个方面的特点。

第一，我校的百年校庆是福建省本科大学历史最悠久的大学的百年校庆。全国全省很多大学也在办校庆，2006 年厦门大学举行 85 周年校庆，福建农林大学举行 70 周年校庆，2007 年 12 月 8 日福建医科大学举行 70 周

---

* 这是笔者在 2007 年 11 月 28 日学校举行百年校庆总结表彰大会上的讲话。

年校庆，2008 年福州大学举行 50 周年校庆等。但达到百年的本科大学省内迄今为止只有我校一所，全国为数也不多，因此我校的校庆是极为引人注目的，引起了社会各界、海内外广大校友、省内外媒体的高度关注。关于校庆，教育部有明确的规定，除了 50 周年、100 周年校庆，教育部一般不发贺信，也不派人参加校庆活动，可见百年校庆具有十分重要的意义。我们能够在有生之年经历一次百年校庆，都应感到十分幸运。

第二，百年校庆是在我校改革开放以来，特别是近几年工作取得一系列重大突破的情况下举行的。学校近五年来的发展应该是相当辉煌的，旗山新校区拔地而起，日新月异，校友、离退休老教师来到旗山校区参观以后都感到欢欣鼓舞；我校的学科建设取得一系列重大突破，尤其是前不久顺利通过教育部本科教学水平评估，取得了优异成绩；同时我们这几年坚持对外开放，结出了丰硕的成果。在这种情况下庆祝百年校庆，大家的心情是非常愉快的。

第三，百年校庆是在各级领导高度重视以及社会各界密切关注的情况下举行的。党和国家领导人都很重视我们的百年校庆，国务委员陈至立 2007 年 9 月 29 日在中南海国务院办公室亲自听取我校百年校庆的汇报；省委、省政府主要领导和相关领导都专门听取了我校百年校庆筹备情况汇报。11 月 15 日下午，省委常委、省委教育工委书记陈桦同志还亲临庆祝大会现场，检查各项准备工作情况，包括庆祝大会的主持词，她都一一看过，有些地方还亲自作了修改。16 日上午庆祝大典前，省委副秘书长李元兴同志亲临会场，对会场布置包括主席台名单等一一细看，有些地方还作了一些微调。可以说在校庆的最后阶段，不仅仅是我们在办校庆，省委、省政府和省教育厅也都在帮我们办校庆。另外，社会各界也非常关注这一盛会。2007 年诺贝尔文学奖获得者、英国女作家多丽丝·莱辛给我校发来贺电，她说自己年事已高，已经 80 多岁了，无法亲自莅会，预祝百年校庆取得圆满成功。国际知名思想家、日本创价学会的池田大作先生也发来了贺信。此外，海外的一些报纸很早就在报道我校的百年校庆。

第四，百年校庆是一次规模很大、规格很高、水平也很高的校庆。参加 16 日庆祝大会的人数，场内有 20000 多人，加上场外的人数远不止这一数字。第二天晚上的晚会，场内外将有近 50000 人的师生，这是相当空前的巨大规模。校庆的规格很高，2 位中央政治局常委、2 位全国人大副委员长、2 位全国政协副主席、国务委员及国家教育部都为百年校庆发来贺信或题词。国家领导人、教育部领导参加了庆祝大会，菲律宾总统阿罗约夫人给我们发来了贺信，这在一般大学中是不多见的。此外，整个校庆期间的各项活动水平是相当高的，尤其是传统戏曲文艺晚会，很多来参加"中外大学校长论坛"的校长、院士都告诉我这场晚会水平非常高，在其他大学校庆中都没有这样的节目安排，说明我们的审美趣味和价值取向有独到之处。音乐学院承担的"百年钟声"校庆文艺晚会也创造了很多第一，如百架钢琴、百把二胡等都很了不起。因此，百年校庆的确是一次规模很大、规格很高、水平也很高的校庆。

第五，百年校庆的内容非常丰富。除了庆祝大会和文艺晚会外，还有许多项目，有不少是我校的独创。因此，百年校庆是一个很大的系统工程，短期内是搞不出来的，实际上早在两年前就开始筹备了，关于百年校庆的一系列重大活动，包括高层学术论坛、文艺演出周、校友联谊、校庆展览、揭牌仪式、丛书首发式以及校内人文景观开发等等，可以说是精彩纷呈。

第六，百年校庆引起的社会反响十分强烈，且持续时间较长。首先是媒体对百年校庆报道非常多，校宣传部编印了百年校庆海内外媒体的聚焦报道，把收集到的百年校庆报道材料汇集成一本，包括海外报纸、省内外各地媒体的报道，报道数量之多是过去罕见的。其次是社会各界的反响很好，前一段时间我到省委、省政府参加会议，省直机关的有关领导都高度评价我们的百年校庆活动。我们的校友可以说是欢欣鼓舞，北京、上海等地的校友纷纷通过发短信或电子邮件等各种方式，高度关注百年校庆的进展情况，为百年校庆的每一项活动叫好。尤其是当天亲临大会的很多校友非常高兴，有的虽是领导干部、知名专家，但一到学校就与一般老师同学一样，积极参与各项活动。这种反响将持续比较长的一段时间。

第七，百年校庆是一次文明、安全的校庆。校庆期间我们接待了很多来宾、校友，整个接待工作安排非常有序，校友都感到满意。我们组织了将近一千名志愿者，这些志愿者都训练有素、彬彬有礼，发挥了重要的作用，海内外嘉宾、校友都可从志愿者、老师和每一位同学身上，看到福建师范大学的精神风貌。此外，整个校庆活动安全工作做得好。我们刚开始很担心用电的安全问题，后勤部门始终处于高度戒备状态，做了非常充分的准备工作，整个大型活动包括戏曲文艺晚会和庆典文艺晚会以及庆祝大会，照明、用电均没有出现任何故障。在人身安全方面，也没有发生一起事故，尤其是 2007 年 11 月 17 日晚上举行的庆典文艺晚会，观众多达 4 万～5 万人，不仅有本校的，还有周边大学如福州大学、福建农林大学、闽江学院、福建工程学院的学生，附近的村民都闻讯赶来，人数之多完全超出我们的预料。在下午 4 点多东区田径场就已经爆满，晚会开始后就更是黑压压一片，到处都是人，当时我们唯一担心的是安全问题。但晚会结束后，整个会场退场有序，没有发生一起安全事故，这是十分难得的。武装保卫处做了大量工作，福建省、福州市、闽侯县、仓山区的公安、消防部门，都给予我们很大的帮助。总体而言，虽然校庆规模这么大，参与人数这么多，但总体文明、安全，各方面进展比预想得顺利。

二 关于百年校庆所体现的精神

百年校庆获得如此巨大的成功，总结起来，原因是多方面的，包括领导重视、各方面策划周密、团结协作等等。我认为，任何事情的成功和失败，归结起来无非是天时、地利、人和三种因素。第一，从天时方面来讲，这也是很多人津津乐道的，庆祝大会期间天气很好，都是阴天，等庆祝大会快结束的时候，太阳才从云层中露出，大家都说老天爷帮了我们很大的忙。包括 11 月 17 日晚上的文艺晚会，天气很不错。第二，从地利方面来讲，我们应该感谢省委、省政府，感谢各方面的支持，建设了大学城新校区。如果没有旗山新校区，很难设想百年校庆该放在哪里举行。95 周年校庆我们就没法在校内举行，当时毅然决定在福建会堂举办，这也是破天荒的。事实证明，这样的决定是完全正确的。2007 年学校拥有这么漂亮的新校区，我们早就明确要在东区田径场举行庆典大会。校友、来宾参加庆典大会之后，可以参观环境优美的大学城新校区，他们都感到非常高兴。第三，从人和方面来讲，涉及上下左右、方方面面的问题，其中最关键的是学校内部的团结拼搏。我校事业能够发展得这么好，事情能办得这么顺利，其中的重要因素是我们拥有一直非常优秀的教师队伍，拥有一支非常优秀的干部队伍。毛泽东同志曾经说过，正确的政治路线确定后，干部就是决定的因素。我们的干部是非常优秀的，包括各学院的院长、书记，校部机关的各级领导干部，他们都乐于奉献、兢兢业业。在讨论时，有人就提出，为什么师大很多事情能够办得好，缘于有一种精神，这成为我们前进的力量源泉，并体现我们良好的精神风貌。那么这种精神究竟是什么？我想可以概括为以下三个方面。

一是志存高远、追求卓越的精神。我们做任何事情，不能做完就算了。要尽可能做到最好，不断追求卓越。从校庆的情况看，我们的起点比较高，眼光比较远，事情做得比较圆满。这次校庆我们比较早就进行了策划和运筹，一系列努力终于在校庆的时候开花结果。比如校庆系列丛书，两年前就着手进行安排。还有校庆展览，也一直在积极筹划，现在系列展览都搞得不错，综合展览馆有动植物标本展览、校史展览、教学科研展览；校部办公楼一楼有老照片展览，二楼准备再搞对外展览；图书馆有馆藏精品展览和本科教学成果展览等。通过参观展览，可以对学校的历史和发展有全面的了解，也可以从中得到一种审美享受。动植物标本展览搞得相当不错，在前几天的座谈会上，有的院长、处长提出学校安排参观一下，不仅自己参观，还要带上孩子参观，通过参观，可以受到科普、校史方面的教育。志存高远、追求卓越，就是要追求比较高的水平，要瞄准国际或国内水平，比如学科建设、科研创新，都要往这方面努力。我们学校也是按照这样的要求来办的，每一件事情都办得比较漂亮，不仅达到一般水平，而且达到国内较高水平。

二是知难而上、勇创奇迹的精神。这次校庆，我们不仅仅在可能的条件下办得最好，办到了极致，很多还是在不可能的条件下，我们也把事情办成了，在一定程度上说是创造了奇迹。在两年前，我们一举取得 20 个学科博士点，获得 5 个一级学科博士点，取得巨大的成绩，在学科建设总结表彰会上我就说了，我们如果不是在创造历史，那就将成为历史。也就是说，只能前进，不能后退。这次百年校庆，我们要做一些人家做不到的事情。比如，我们邀请全国政协副主席张克辉，在一般情况下是做不到的，但通过各种渠道、另辟蹊径，最终张克辉副主席亲自出席了庆祝大会。另外，邀请教育部吴启迪副部长出席校庆，也在我们的策划之中，但要把策划变成现实，要通过很多努力，在这一点上汪征鲁副校长是立了很大功劳的。我觉得师大人的确有一种精神，有很多看来不可能办到的事情最后却办到了，包括学科建设也是如此。一级学科博士点即使是在综合性重点大学都很难拿到，何况省属师范大学，但是我们一一攻克了。各学院当前取得的一些比较突出的成绩，过去是难以想象的，现在都变成了现实。这就是一种知难而上，一种别人做不到、我偏要做到、偏要创造奇迹的精神。闽南人说"爱拼才会赢"，这与我们提倡的精神不谋而合、一脉相通。

三是大局为重、团结协作的精神。我们有的同志平时也会发牢骚，但是遇到大事情的时候，大家都能以学校的事业为重，都能团结合作，本科教学工作水平评估也是如此，评估专家们给予了我们很高的评价。在百年校庆中，28 个学院、22 个机关部处都很努力，把校庆活动搞得有声有色。

此外我们还成立了 13 个专门工作小组，包括秘书组、联络组、捐赠组、庆典组、演出组、礼品组、安全保卫组等，13 个工作组工作上有交叉，但在学校大局面前，它们团结协作、互相配合，所以校庆就是一支宏伟的交响曲，整个校庆工作是宏伟、协调的。

总之，我校有一种非常宝贵的传统，有一种非常好的精神。百年校庆之所以能够取得成功，就在于我们拥有强大的精神动力。百年校庆体现出来的精神，我概括成以上三种精神，这也是百年师大留给现在和后人的一笔宝贵精神财富。

三　关于百年校庆的若干思考

校庆已经结束了，学校还要再前进、再发展。百年校庆以后，许多人都在考虑，师大怎样在原来的百年基础上继续前进？今后的路该怎么走？我认为百年校庆后，学校要继续做到以下五个方面的"坚持"。

第一，要坚持科学发展。学校的改革、发展、稳定都很重要，但发展要摆在第一位，没有发展就没有师大今天的一切，近几年来学校取得这么大的成绩，根本原因在于始终坚持发展是硬道理，将发展放在第一位。坚持科学发展观，发展是第一要务，对学校同样适用。发展必须是科学的发展，发展要考虑到规模、结构、质量、效益的辩证关系。同时，我们的发展要注意从外延式的发展向内涵式的发展转变，要在内涵的发展上狠下功夫。现在我们的办学规模、办学空间已经很大了，学生规模不可能大幅度增加，专业数量也不可能迅速增长。近期学校研究制定"十一五"专业建设规划，各学院报了不少拟新增专业，但专业方面一定要严格控制。2007年本科评估前，由于前几年申报的专业太多了，不得已采取"关、停、并、转"的措施，现在不能因为评估结束了，申报专业又开始反弹，这方面一定要经过严格论证和把关。我们必须坚持发展，而且要科学地发展，这是在任何时候都要牢牢记住的。

第二，要坚持对外开放。对外办学方面，这几年来我们做了很多工作，也取得很大的成绩。对外开放包括三个层次，第一是对政府、企业的开放。百年校庆得到了各级政府和企业单位的大力支持，从老校区到新校区这一路上有很多广告，这些广告都是企业支持我们的，如果我们去做这样的广告，要花费很大的成本。校庆欢迎酒会上大家喝的酒也是企业赠送的。生命科学学院、物光学院、化材学院平时与诸多企业共建，它们都给了很大的资助。第二是对国内高校开放，这里就不细说了。第三是对海外开放。近几年来学校坚持全方位对外开放，集中在两个方面，一是合作办学，二是开展华文教育。华文教育通过五年的努力，已结出了累累硕果，在国内已经成为一个很大的亮点，在海外也有很高的知名度。"中外大学校长论坛"期间，东南亚的菲律宾、印度尼西亚、泰国等国家，组成多个代表团参加，给我们带来意外的惊喜。坚持对外开放办学，不仅仅能够获得校内和校外两种资源，而且可以提高办学水平，这是我们应当坚持不懈的重要发展战略。

第三，要坚持高水平办学。我们的目标就是办一个高水平的大学，这一点无论如何要坚持。办高水平的大学，主要从两个方面入手：第一是抓学科建设，这几年我们坚持抓学科建设，实现了跨越式发展，这是大家有目共睹的；第二是抓本科教学，通过教育本科教学水平评估，应该把很多工作规范化、制度化，建立起长效机制，五年之后再评估，就可以从容应对了。这虽然累了一点，但一旦形成了制度，走上轨道，就能推动学校建设与发展。总之，只有抓好我们的本科教学和研究生教育以及整个学科建设，才能使学校永远立于不败之地。

第四，要坚持服务社会。大学具有培养人才、科学研究和服务社会三大功能。这次校庆得到社会的广泛支持，包括物质、道义、舆论和方方面面的支持。百年校庆戏曲文艺晚会费用是由企业赞助的，中央电视台第11频道先后转播了三次，校友看到后都感到很高兴，赞助的企业也值得一提。文学院获得社会的捐赠近300万元，学院领导很辛苦，跑了莆田、重庆等多个地方，付出了很大努力，取得了很大的成功。其他学院也非常努力，取得很大成效。争取社会的支持，首先要积极服务社会，然后才能得到社会的回报，所以我们要认真做好服务社会这篇大文章。要用我们的研究成果、人才培养以及方方面面的努力去回报社会。

第五，要坚持和谐构建。和谐包括校内和谐、校外和谐，也包括海内和谐、海外和谐，但在学校，最根本的是我们要依靠全体师生员工包括在职教职工和离退休老同志的力量。我们的事业之所以取得这么大成功，校庆之所以取得这么大成功，首先是全体师生员工团结奋斗的结果。从学校的校部机关到各学院，到每位辅导员，以及每位学生，他们都在为百年校庆和学校的发展尽他们最大的力量，这也是我们的事业取得成功的很重要的动力。在百年校庆戏曲文艺晚会上，主持人白燕升问我，在福建师范大学建校100周年之际，接力棒传到您的手中以后有什么感想？我说第一是责任很重，时时有如履薄冰之感。第二是充满信心，因为有全体师生员工、广大校友和社会各界的支持，这是我们取之不尽、用之不竭的力量源泉。我们的校友有 33 万之多，这是一个非常宝贵的资源，这次校庆，有很多校友非常热情，对师大非常热爱。教科院有一个校友在参考消息报社工作，听说校庆改期之后，主动提出要在《参考消息》上做一个广告，不收费用，这令我们非常感动。校庆之前，我们走访了各地的校友会，受到了他们的热烈欢迎。很多地区的校友在这次校庆中，都纷纷慷慨解囊，有的 100 元、200 元，还有的 5000 元，很不容易。在百年校庆座谈会上，有一些学院和机关部处的领导也提出，应该把校友联络工作常规化、规范化，经常与他们保持密切联系，这是我校事业不断向前发展的很重要保证。

现在，百年校庆已经过去了，但还有很多工作需要做。当前，我们要认真学习贯彻党的十七大精神，学习贯彻省委书记卢展工同志在我校百年校庆大会上的讲话，同心同德，团结一心，奋发有为，在百年办学历史的基础上，取得新的更大的辉煌。

学科建设篇

"重点学科是衡量一所大学办学水平的重要标志，也是一所大学综合实力和核心竞争力的重要体现。在学科建设中，人才是最重要的因素。没有人才，一切都是空的。"

——作者

重点学科建设和院系学科的调整[*]

一 重点学科建设

重点学科是衡量一个大学办学水平的重要标志，也是一个大学综合实力和核心竞争力的重要体现。国内一流的大学必须拥有若干个国内一流的重点学科。福建师范大学从 20 世纪 80 年代初就开始重视重点学科建设，经过 20 年的努力，经过几代人的奋斗，今天已拥有 2 个博士后流动站、8 个博士点、48 个硕士点、8 个省重点建设学科、4 个国家人才培养基地。从纵向来看，成绩是很大的。但是横向比较，尤其是同南京师范大学、湖南师范大学、首都师范大学等相比，还是有相当差距的。对这一点一定要有清醒的认识，不可盲目乐观，要有危机感和紧迫感。新班子要抓的第一件大事就是重点学科建设，这一项工作不是本学期就可以完成的，要一直抓下去。学校已经成立重点学科建设领导小组，校主要领导亲自抓，几位副校长和有关部处长都参加。各院系也要设立相应的领导小组，党政一把手亲自抓。

本学期的学科建设着重抓以下三件事。一是博士后流动站的申报，主要是地理、音乐、历史等院系。二是博士点、硕士点的申报，特别是博士点申报。这项工作上学期已经部署了，但发展不平衡，有的院系抓得紧，

* 这是笔者 2002 年 8 月 28 日在全校部署新学期工作大会上的讲话的一部分。

有的院系还抓得不够紧。开学后我们要加快步伐，进行全面总动员，然后逐一落实，包括学术带头人、学术梯队、研究方向等，要收集有关的动态和信息。有的人才急需引进，我们可采取特殊政策。申报博士点，首先要有实力，其次要宣传自己，让人家了解我们。不能孤陋寡闻，自我封闭。这一点研究生处要积极配合。再次是第二期省重点建设学科马上要开始申报，我们要确保八个学科，一个也不能少；还要力争增加若干个。同时，要采取措施，切实解决学科梯队老化、青黄不接的问题。

二　院系、学科的调整

为什么要进行调整？这是经济和社会发展的需要，适应教育发展的规律和学科发展的规律。现代学科的发展既高度分化，又高度综合，学科重组势在必行；新校区的建设规划，也要求我们要加快进行院系、学科调整；此外，这一调整也是应对高校激烈竞争、实现学校办学目标的迫切需要。

这几年我们已经进行了一些调整，如外语学院、大外合并，体育学院、公体合并，成立网络学院等。学校原有一个调整方案，也反复征求过院系意见。当前调整一是增量调整，二是存量调整。增量调整如成立软件学院，实行新的体制和运转机制，会从有关院系抽一些人，请予以支持。而存量调整则是对现有院系的调整，如化学系、高分子所、实验中心、数学系、物理系、经济法律学院、管理学系等，打破原有格局，进行重组。这种调整难度很大，首先是观念问题，其次是既有利益问题，还有调整后的人员安排，特别是干部的安排。但是困难再大也得做，与其久拖不决，贻误时机，不如当机立断，快刀斩乱麻。打算从 9 月份开始，成熟一个，解决一个，不搞一刀切。在程序上，要充分调研，稳妥进行，统筹兼顾，民主集中。

关于组建化学与材料学院的
几个问题[*]

我想谈几个问题，第一个问题是校党委、行政对院系、学科调整是十分重视的。2002 年 8 月 28 日，在全校部署新学期工作大会上，我提出了八个方面的重点工作，其中第一个是关于重点学科建设的问题，第二个是关于院系调整的问题。这两个问题既有区别又有联系，院系调整是为了更好地进行重点学科建设，重点学科建设必然会带来院系的相应调整。关于院系调整问题，我在代表校党委作的报告中说，这几年我们已经进行了一些调整，像外语学院与大外部合并，体育学院与大体部合并，成立网络学院等。学校原有一个院系调整方案，在反复征求各院系意见的基础上作了一些修改。

当前院系调整有两种方式，一种是新增加院系，如我们要成立软件学院。软件学院按照上级的要求要单独成立，要按照新的体制、新的机制来运行，这个工作我们正在做，争取近期内有个大体的框架出来。从教育部到省教育厅，对这个工作都抓得很紧。周济副部长提出要培养 20 万软件专业人才，所以各个有条件的院校都在抓紧这方面的工作。成立软件学院对我们学校是十分有利的，一方面有社会效益，另一方面又有经济效益。而且在招生等方面，有一些特殊政策。这种调整属于院系增加的调整。另一种调整是全面调整，即对现有的院系进行组合、合并。比如，我在上次报

---

* 这是笔者 2002 年 9 月 25 日在化学与材料学院领导班子人选民主推荐大会上的讲话。

告中提到的化学系、高分子所、实验中心、数学系、物理系、经法学院、管理系等，有的要打破原有的格局进行重组。这种调整难度相当大，涉及观念问题、既得利益问题、人员安排特别是干部安排问题。我们认为困难再大也得做，与其久拖不决、贻误时机，不如当机立断，快刀斩乱麻。我在 8 月 28 日提出，从 9 月份开始，成熟一个解决一个。在程序上要充分调研，稳妥进行，统筹兼顾，民主集中。

我们在部署工作时，已经把院系调整提到十分重要的位置上来。开学初工作很忙，我们原定校庆在 2002 年 10 月 11 日举行，后来考虑到比较仓促，与其应付搞一个校庆，不如经过认真策划，搞成一个讲实效的校庆。经过校领导班子研究，把校庆推迟到 11 月 23 日。2002 年 9 月 8 日，我参加了北京师范大学校庆，9 月 10 日参加了南京师范大学校庆，感到很受鼓舞。北京师范大学百年校庆，除了李鹏委员长在国外访问以外，其他 6 个中央政治局常委都参加了，而且在人民大会堂开庆祝会，江泽民总书记在会上作了重要讲话，整个校庆搞得红红火火，在全国产生很大反响。江总书记在讲话中提出要继续坚定不移地实施"科教兴国"战略，提出了教育创新的五点要求，对全国广大教师提出了三点希望，并提出了一个非常响亮的口号：百年大计，教育为本，教育大计，教师为本。这对我们来说，是深受鼓舞的。接着我参加了南京师范大学的百年校庆，江苏省的几套领导班子都参加了，而且在全省实况转播，引起了很大的社会反响。我们要借 95 周年校庆的契机来加快学校的发展。前一段时间我们都忙于校庆的重新策划、重新发动、重新安排。9 月 12 日，我们召开了全校中层干部参加的校庆工作动员大会。一星期来，工作进展比较快。校庆期间我们要举办中外校长论坛、特级教师论坛、长安学子高层论坛等。还在考虑促成省政府和福州市政府共建福建师大。教育部和北京市共建北京师大，各出了六亿元资金。我们不可能拿出那么多，但起码在政策上要对我们有所倾斜。再者，我们正在着手成立福建师范大学董事会的筹备委员会。到目前为止，成效比较好，董事已有 10 人左右，常务董事有三四个、副董事长也有三四个，加入董事会，要对我校教育事业有所支持。90 年校庆时发动所有的校友捐赠。这次我们不搞校友捐赠，换一种方式，到目前为止效果比较显著。这项工作花费了我们相当一部分精力。

我们既然说好了从 9 月份开始，院系调整要成熟一个调整一个，那么这项工作就不能放松。我们在做好其他方面工作的同时，开始着手院系的调整。院系调整包括文科的、理科的，究竟要从哪里着手呢？我们觉得化学系、高分子所、实验中心的调整是迫在眉睫的，应该从这里开始。学校成立了三个单位整合的调研小组，由校主要领导、校分管领导和有关部、处长参加。先后开了两场调研会，第一场是 9 月 18 日，采取单独交换意见的方式，听取了化学系、高分子所、实验中心领导班子成员的意见，整整开了一天的调研会。9 月 23 日，又召开包括教授、教研室主任、博士在内的 20 多位教师代表会议。经过两场调研会，我们对整个调整工作心中有数了，加快了调整方案的制订。我们考虑到时机不能再等待了，这个星期过去就是国庆节，一拖就进入 10 月份，放在后面解决不如放在前面解决，所以昨天（9 月 24 日）就把已经制订的方案提交校党委常委会议研究。研究过程中大家充分发表意见，最后达成一致意见，决定成立化学与材料学院。过去我们说要调整、要整合，也开了多次调研会，但是始终没有结果，或是有了方案没有付诸实施，对此很多教师、领导都很着急。究竟怎么办？要有一个说法，要有一个结论，但始终没有结论。再者，从新校区建设来讲，也需要我们尽快拿出一个方案否则新校区规划没办法制定。昨天（9 月 24 日）常委会研究并作出了决定。从整个过程来讲，校党委对这项工作十分重视。昨天常委会除了作出决定外，对后面的工作也作了部署。应该说，校党委对院系调整工作十分重视，把它提到重要的议事日程。

第二个问题是为什么要进行整合，组建化学与材料学院。从大的方面来说，学科的调整和院系的组建，是经济和社会发展的需要。经济和社会的发展，对高等教育提出了新的要求。高等教育的发展，不能闭起门来，要密切关注经济和社会的发展，我们的专业设置、学科建设、院系建设都必须跟社会的发展相平衡、相适应。改革开放 20 多年来，特别是近十年来，我们的院系组建、专业设置、学科建设应该说跟经济建设是相适应的，不论是被动的适应还是主动的适应。只有这样，我们的专业、学科和学校才能发展。这里就有一个与时俱进的问题。比如经济法律学院，原来是政教系，是专门培养中学政治课师资的。我们根据发展的需要，成立了经济法律学院，从原来单一的政教专业，到设立经济学专业、法律专业，后来教育部又批准成立了国家经济学人才培养基地，一直在不断地发展，现在又设立了金融学专业、行政管理专业，这完全是适应社会发展的需要。这些新专业成立以后，社会反响比较热烈。从 2002 年高考报名来看，这些专业都是热门专业，志愿爆满，录取分数比省里录取线高出很多。另外，通过组建，有些学科壮大了力量，就可以申报大的项目，对我们学科的发展有很大的好处。这是从大的方面讲的第一层意思。

第二层意思，学科的调整，院系的组建，也是遵循教育发展规律、学科发展规律的需要。李岚清副总理在 2002 年 5 月 10 日的讲话中谈到，今后高校要把改革重心放在学科结构调整和提高教学质量上来。要根据现代科学技术不断分化和不断综合的发展趋势，积极适应我国经济结构战略性调整对高等教育改革的迫切要求，充分利用高校改革以后的有利条件，以发展高新技术类学科专业与应用类学科专业为重点（高分子材料属于高新技术，这次调整化学与高分子专业，就体现了这个重点），全面进行学科专业的调整，促进学科交叉、融合，创建多学科、跨学科的研究中心，发展新兴学科和交叉学科（这里说得非常明确，通过学科结构调整要发展新兴学科和交叉学科）。同时要避免千校一面，坚持因地制宜，结合当地的实际需要和本校的具体情况，发挥自身优势，努力办出特色。也就是说不能人家怎么做我们也怎么做，要根据我们学校的特色、历史发展和实际情况，该怎么组建就怎么组建。组建过程中要发展自身优势，努力办出特色。这是我们进行学科调整、院系调整很重要的指导思想。

第三层意思，学科的调整，院系的组合，也是应对高校间激烈竞争、实现学校办学目标的迫切需要。高校之间的竞争，关键体现在人才的竞争、学科的竞争和学位点的竞争。现在人家一开口就问你有几个博士点，几个一级学科博士点，几个博士后流动站，衡量一个大学质量、水平的高低，很多指标是以此来衡量的。在人才引进方面，你有博士点，人家就愿意来。高层次人才要带博士生，如果没有博士点，人家怎么来？高校竞争是很激烈的，我们通过学科调整和院系组建，目的是要壮大学科的力量，努力去申报博士点，去申报第二期省重点学科，这对实现我们的办学目标是十分重要的。我们现在处在一个转型时期，原来我们是单一的师范院校，这几年不断增加综合性的成分。今后我们究竟要向哪个方向发展，原来校党委有个设想、有个目标，要把我校办成保持教师教育优势和特色、教学科研型的省属综合性大学。这次我去参加北京师大、南京师大校庆，看到它们在办学目标和办学理念上又有新跨越。两所大学都提出，它们首先要办成综合性大学。因为现在培养教师不仅仅是我们师范院校的任务，综合性大学也可以培养。厦门大学就有教育学院，福州大学也要承担培养教师的部分任务。省里又有漳州师范学院、泉州师范学院，它们都在培养教师，今后在培养教师这一块，我们的蛋糕会越来越小。一方面我们要继续保持优势，但是更重要的是要向综合性方向发展，要适应经济建设和社会发展的需要，增加非师范性成分。这方面我们已经有了相当的基础，今后还要加强。北京师范大学现在很自豪地说，它除了国防和医学，其他几大块都有了。南京师范大学也把一个动力工程专科学校合并过来，组成动力工程学院，使它往综合性方向发展有了更大的优势。其次，今后办学必须是有特色的。除了教师教育、教育科学这方面的特色外，还有文理基础学科。从我们福建来讲，还必须有地方特色，要适应福建省经济建设和社会发展的需要。前几天，我们到省教育厅拜访厅领导，要求在省二期重点学科建设问题上，要文科跟理科并重、基础学科跟应用学科并重。我们学校文科和基础学科占多数，如果省二期重点学科按省里的意见安排，我们原来的 8 个重点学科可能就保不住了。但是厅里解释说，你们讲得没有错，有道理，但是要是按照你们的要求办，省里可能就不会拨钱。要想让省里拿钱，必须让省里觉得学科对福建省的经济建设与社会发展有好处。这说明地方院校一定要紧密联系本地区的经济建设和社会发展，要把我们的项目、规划纳入福建省的发展规划，争取经费才比较容易，我觉得省教育厅的解释不无道理。今后要把我们的特色跟福建省经济建设和社会发展结合起来。从这一点来讲，我们的高分子专业、化学专业、环境科学专业可以跟福建省的经济建设和社会发展紧密结合起来，今后要往这方面发展。现在我们申请了一些大项目，这些大的项目体现了这种优势，也体现了这种特色。我们通过学科调整和院系组建，只会对这种优势和特色有更大的促进。

从近的方面来讲，院系的整合起码有两件事急需解决。第一，高分子材料专业已经申报下来，马上就要开学，进行教学和学生管理了。这个问题对别的院系来讲不是太大的问题，但对高分子研究所来讲则是不小的问题。因为它原来没有办过这个专业，现在要考虑新生进来后教室怎么安排。原来搞科研的现在还要搞教学，要考虑怎么适当安排才不至于削弱科研力量。管理人员怎么安排，教材怎么安排，一年级、二年级直至四年级的课程怎么安排，这些都要从长考虑，不能应付，要有一个周密的考虑。高分子所能把这个专业申办下来是一个很大的成绩，是适应经济建设的需要，培养这方面的人才，这些都值得充分肯定。但是，要把这个专业办好不是一件容易的事情。2001 年，教育部的专家来我校进行教学评估，对我校大多数专业表示肯定，但也对一些专业提出了批评。有些专业根本不具备条件。比如数学系会计专业，只有一个讲师，怎么能办一个专业？有些专业办得不合适，比如播音与主持人专业，专家认为最好办在文学院，怎么会办在音乐系呢？因为播音与主持人，首先不是人长得怎样，歌唱得怎样，而是文化气质、文化基础、文化底蕴怎样，不仅发音要准，更重要的是文化基础要好。我们有些专业办得不太理想。教育部已经下达一个文件，要求加强专业建设，包括对 2002 年申报的专业，都提出了相应的条件。比如申报一个专业，要有相应的教授、副教授和其他人员，包括管理人员，否则就不要申报。一旦申报下来，怎么建设好也是一个艰巨的任务。我们要对学生负责，要提高我们的教学质量。这方面我们确实要做很多工作。

高分子材料专业申报下来以后到底怎么办，大家都比较着急。我讲一个不是笑话的笑话。暑假期间我看到招生广告，高分子材料专业摆在管理学系工商管理专业的后面。我问怎么会摆在这个地方？回答是暂时没有地方依托。依托在高分子研究所嘛，人家会说研究所怎么会办专业？放在化学系吗，又不是化学系申报的。最后只好把它放在招生广告的最后面。本来放在最后面中间起码要隔开一行，它又没隔开，结果就摆在管理系后面。这不是闹笑话吗？管理系什么时候办起了高分子材料专业？这是一个很大的失误。作为一所具有近百年办学历史的大学，很严肃的招生广告上怎么会出现这样的失误？这从另一方面也说明我们没有协调好究竟谁来办这个专业，才会出现招生广告上的失误。为了这个问题，高分子所的领导和其他同志都很着急，一直要求学校要尽快解决好，因为新生要入学了，所以学校 2002 年 8 月 20 日开了个协调会，在这之前也开过一个协调会，高分子所和化学系对办好这个专业进行了分工。但问题是不是真正解决了？我看不见得。因为在实施过程中还存在许多问题，包括教师的调配问题、实验室问题、教室问题特别是利益的分配问题等等。如果两个单位考虑到利益问题，我是受损了还是获利了，一时还好解决，时间长了就麻烦了。本科是四年，从教学到毕业实习，一系列问题究竟由谁来负责？要办好这个专业，一个单位恐怕不行，要几个单位合作。尤其是理科专业，按照其他高校的思路，一年级、二年级是打基础，三年级、四年级才往专业方面发展。基础怎么打？我看光靠一个单位不行，需要化学系等有关单位一起来。从办好这个专业、提高质量、对学生负责这个角度来讲，应该抓紧解决这个问题。

第二个急着要解决的是学位点的申报问题。学位点申报，2002 年是非常好的机遇，我们希望申报学位点有个大的改观。2002 年全校准备申报 4 个一级学科博士点、14 个二级学科博士点。在申报的 14 个二级学科博士点中，有两个跟你们有关系，一个是高分子化学，另一个是物理化学。这个方案送到研究生处，研究生处明确表示，按目前的情况，只能申报一个，另一个条件不成熟，因为个别教师是互相借用的。与其报两个点，不如经过整合报一个点更好。拿下这个点后，对哪一方面都有利。与其分散力量去申报，不如攥紧一个拳头，这样才有较大的把握，避免做重复工作。学位点的申报时间很紧了，应该通过组建新的学院来加快这项工作。这也是迫在眉睫的一项工作。

第三个问题是如何进行整合和组建。学院的组建问题已经考虑一两年时间了，原来考虑成立两个学院，一个叫化学与材料工程学院，另一个叫环境科学学院。这次开调研会的时候，我们请参加会议的领导和教师代表发表意见，到底是成立两个学院好还是一个学院好，最后根据大家的意见，认为成立一个学院比较合适。原因是现在组建两个学院，时机还不太成熟，一是力量分散了，只是在原来的基础上重新挂牌，没有实现资源的优势互补、资源的重新组合，还没摆脱原来的局限性。申报学位点基本上还是原来的格局、原有的条件。这跟我们要通过院系的整合，达到资源的优势互补，达到资源的优化目标，还有一定的距离。二是单独组建环境科学学院时机也不太成熟。应当说在环境科学方面，我们有相当好的基础，有个环境科学研究所，还有一个环保工程中心。但是，现在如果要成立一个环境科学学院，那么不仅要以原来实验中心的这一部分为基础，而且化学系的这一部分也要过来，同时还要把地理学院、生物学院的有关部分划过来，这样牵动的面就比较大。如果在原班人马的基础上成立学院，力量还是比较弱小的。我们认为成立这个学院的方向是对的，但是现在时机还不成熟。可以分两步走，第一步先成立化学与材料学院，下设环境科学系，保留环保研究所。今后时机成熟后，再走第二步，把环境科学学院分离出来。这样做比较符合学科发展的规律，即先分后合，时机成熟后再分。就像我们以前在政教系的基础上成立经济法律学院，经济法律学院发展到一定规模的时候，有了法学、经济学和金融学这3个专业，然后再成立法政学院、经济学院，也可能再成立管理学院。学科发展的规律就是这样，不断地聚合、不断地分立，但是条件一定要成熟。成立环境科学学院应该说很适应经济建设和社会发展的要求，但是现在条件还不是很成熟。在这次调研过程中，多数人主张成立这个学院。但是调研小组在充分听取各方面意见后，进行了认真的研究，对各种意见进行了反复比较，也借鉴参考了其他高校的做法，最后认为还是要分两步走。

组建的学院名称叫什么呢？我们在调研过程中充分听取了大家的意见，也借鉴了全国其他高校的做法。我们把全国高校有关化学、材料、环境院系的目录全部弄来了，各个高校的名称都不一样。比如厦门大学、福州大学叫化学化工学院，南开大学叫化学学院，中国科技大学叫化学与材料学院，南京师范大学叫化学与环境科学学院，学院下设 4 个系：化学系、应用化学系、环境科学系、材料系，另外还成立了几个相应的研究所。在考虑学院名称时，一方面要借鉴，但更重要的是要根据我们自己的实际情况。我们的实际情况是：化学学科历史悠久，曾经辉煌过，在国内相当有名，出了很多人才，有几十个人在国外留学或搞研究工作，这是一种非常重要的资源。所以我们考虑化学这一"摊"要保留。另外我们考虑高分子研究所自 1984 年从化学系分离出来以后，发展也是非常引人瞩目的，也是从小到大、从弱到强，取得了很多成果，获得了国家级奖励和省科技一等奖以及许多高级别的奖励，还获得很多国家自然科学基金和高级别的项目，特别是在横向项目上取得了很大成就，尤其是进入省"211"重点学科，通过了教育部的评估。高分子这一"摊"在省内、国内和海外都享有一定的声誉，开了好几次全国性和国际性会议，影响还是比较大的。前不久在武夷山市召开的海峡两岸高分子会议，中科院化学部的院士对我们印象都非常深。这次我去参加北京师大百年校庆时，在北京拜会了中国科学院原副院长王佛松和化学部的主任，拜会了国务院学位委员会办公室主任周其凤院士，他们都认为我们高分子这一块有特色，应该把这一特色做强做大，特色和优势不能丢。

为什么我们最后确定叫化学与材料学院？第一，中国科技大学就设了一个化学与材料学院，说明有榜样可借鉴。第二，从我们实际出发，化学要突出出来，材料要突出出来。当然，这里有不平衡，环境科学要置于何地？是不是这个专业不受重视了，不是的。如果把环境科学也摆上去，人家会问这到底是个什么学院？再者，这个叫法也不科学，名字很长，内在逻辑联系不清楚，而且叫起来也不顺口。这并不是说我们忽视了环境科学。我们也要创造条件促进环境科学专业的发展，不仅是现有这些人员，我们还要调动有关的院系来参与这一方面的发展。这就像社会主义有初级阶段、高级阶段一样，我们到新校区就进入了高级阶段，就要来个大发展。经济学上有条定理，叫最优化、最大化，指的是在原有的基础不受侵犯、不被削弱的情况下增加了利益。环境科学要成立系，环境研究所还保留着，所以环境科学的基础和原来的优势没有被削弱，今后还要加强。环境科学成立了系，对外联系就好办了，以后再把化学系环境科学专业移过来，起码要有个本科专业，把这个专业建设好，把研究工作做好。我们在考虑确定学院名称的时候，要体现优势和特色。第三，我们的方案是通过调研小组充分讨论后确定下来的，是在原化学系、高分子所、实验中心的基础上成立化学与材料学院，下设三个系，两个研究所，一个中心。一个是化学系，现有本科专业化学教育，今后可以考虑申报应用化工专业，往这方面去努力发展。第二个是环境科学系，这是一个交叉学科，今后的发展中可以吸收其他理科院系参加。这是本科专业，以后可以申报环境工程本科专业和其他本科专业。第三个是材料系，这是我们的特色和优势。现在有一个高分子材料专业，以后可申报材料科学与工程专业和其他专业。两个研究所继续保留，一个是高分子研究所，一个是环境科学研究所。原来还有一个环保中心没有撤销。目前这个学院有 6 个研究生专业：物理化学、无机化学、高分子化学与物理、环境科学、材料学，还有一个教育硕士点化学专业。我们可以进一步申报有机化学、环境工程 2 个硕士点及其他硕士点。实验中心今后怎么办？除了一部分并到环境科学系、化学系和高分子专业外，今后它的功能、定位应该是独立开展对外服务的机构。它的职责主要功能是服务，所以就不再与教学和科研合在一起了。也就是说，实验中心的主要功能是服务，不要一部分人又搞教学，又搞科研，又搞服务，会影响服务工作的开展，具体人员怎么剥离，我们再考虑。第四，这种合并究竟是松散的合并，还是实质性的合并？在调研过程中，大家也提出这个问题，能不能搞一个"联合国""独联体"，有事大家开开会，开完会各自忙各自的去。这样表面上可以说已经合并了，实际上还是各干各的。我们说与其这样合并不如不合并，既然要合并就要实质性的合并，真正做到资源的优化组合，真正做到扬长避短，优势互补，真正做到原来的特色与优势能够保留。优势和特色不仅不能丢、不能冲淡，而且要在合并的基础上壮大。我们的目标是 1 + 1 + 1 要大于 3，等于 3 就没有多大意义，小于 3 就失败了。要达到这个目的，任务是比较艰巨的。在调研中，有人就警告过我们，要小心啊，弄不好就会 1 + 1 + 1 小于 3。我们认真地分析了这个警告，觉得这是对我们的提醒。从高校合并的情况来看，有成功的范例，也有做得不太好的情况，有的现在还在磨合过程中。集美大学合并已经几年了，开始时也是乱糟糟的，现在看来已经走上正常轨道了。我跟集美大学辜建德校长交谈时，他说总体上合并已经大功告成，当然后面学科建设、学位点建设任务还相当艰巨。回过头来看，集美大学还是合并了好，如果没有合并，几所学校都比较弱小，没办法形成一股力量。所以我们这次合并应该是实质性的合并，通过合并真正做到优势互补，做到 1 + 1 + 1 大于 3。

第四个问题是在组合中要认真解决的几个问题。合并得成功还是失败，关键是是否具备了条件。条件之一是班子问题。一个单位要搞好，关键在班子。组建一个新的学院，必须要有一个强有力的领导班子，既有群众基础，又有权威，能够调动各方面的积极性，办事公正，能为大家服务；既有开拓创新精神，又有学术权威，各方面都是大家信得过的班子，这样就可以把各方面的力量组合起来。我们充分意识到这一点，所以今天把大家请来开个动员会，希望大家也认识到班子的重要性。后面要进行投票，进行民主推荐，大家要认真地、慎重地投下自己的一票，推荐学院领导班子的成员，然后我们再进行考核。当然，我们也可以考虑采用省内外、海内外招聘的办法。清华大学就聘请了一个美国教授当系主任。我们现在时间来不及，以后也可以走这条路。不仅是我们这个学院，其他院系包括软件学院等，都可以走这条路子。

条件之二是人员安排问题。调整以后，势必会有一部分人进不了新班子，人员能安排的我们会尽量安排，实在不能安排的也要正确对待。班子不是固定不变的，要不断地更新，不断地调整。原来三个班子的人员都进新班子是不现实的。以前说其他高校合并的时候是什么"科长一操场，处长一礼堂，校长一走廊"，我想对大家都封官许愿是没有必要的，我们的教师也不在乎带什么"长"，关键是学术水平和教学水平有没有上去。进班子以后，说实在是忙得够呛的，要做很多的奉献和牺牲，行政管理要花很多的时间。我觉得要正确对待这个问题，要能上也能下，能下也能上。有一部分人现在担心，合并以后我怎么办啊？比如说实验中心搞计算机的这部分要考虑并到哪里去，归属怎么样？不要担心，我们会作妥善安排，搞计算机的大家都抢着要。另外，今后发展的思路问题，后面还要研究，包括人才怎么培养，研究工作怎么进行，资源怎么组合，实验室、资料室怎么组合，这由新班子来考虑。有的东西肯定要合并，比如说资料室不可搞两套，办公室也不能搞两套，实验室也要统一调配。这个问题，新班子成立以后马上要着手考虑。

第五个问题是如何对待这次整合。一个是思想观念问题，一个是利益调整问题，一个是干部安排问题。我觉得最难的就是这几个问题，其他硬件问题都比较好办。一是观念问题。首先强调一条，大家一定要树立大局意识、全局意识。学校是从全局的角度来考虑院系组建的。我们希望大家在组建学院这个问题上，能够以学校的工作为重，以大局为重，千万不能从自己原来所在部门的利益来考虑，只考虑自己是不是占便宜了。在调研中，有人说化学系原来穷得叮当响，这几年办班以后奖金也有了，大体上是小康水平，大家都比较高兴。过去请专家一餐饭都没办法，现在不仅可以在吕振万楼而且可以在福州大饭店吃饭了。这说明大家收入增加了，日子好过了，这是班子努力的结果。但也因此有人担心奖金会不会少了。高分子所也会考虑，我的研究很有特色，很有影响，化学系科研力量相对比较弱，也担心合并后会不会拖后腿。环境科学这边也考虑，现在日子过得很不错，一个课题就拿了100多万，几个人搞起来也有声有色，合并以后是不是要吃大锅饭啊？都考虑会不会吃亏了？作为领导，也会考虑合并以后自己的位置能不能保住，会不会调到另一个岗位。正职会不会变成副职，或者连副职都没了。副处级会不会变成正科级，正科级会不会变成副科级，或者连科级都保不住了。各种各样的想法都会有。我觉得大家要以大局为重，不要计较本单位的得失，个人的得失。我们的出发点是为了学科建设，不是跟哪个单位、哪个人过不去。我们是在开了两场调研会、听取了20多位同志的意见并经过各有关部门非常认真、非常慎重的讨论后，才拿出这个方案的。为什么这个方案这么快能拿出来？因为我们尊重大家的意见。如果有严重的分歧，我们是不会拿到常委会上研究讨论的。就因为大家意见比较统一，绝大多数都同意这个方案，所以我们认为这是顺应民心、符合民意的。既然这样，大家考虑问题时就应该以大局为重。这次整合，目的是要加快发展，是符合大家利益的，我们何乐而不为呢？所以大家考虑问题时，不能从个人出发，不然你会永远想不通。从大局来想，很多问题就会迎刃而解。

二是要有时效意识。既然要组合，就要加快速度，不能慢吞吞。从2002年8月28日学校提出这个问题到昨天，从学校这个层面讲，问题已经解决了，方案已经定下来了。真正开始是9月18日，从开座谈会到现在，仅一个星期就定下来了。一个星期时间，是不是很草率就决定下来了？不是的，因为这个问题的研究，前后经过了一两年的时间，应该说是瓜熟蒂落水到渠成了。所以我们昨天开常委会议，今天就开动员大会，把我们的想法和了解的情况原原本本地、毫无保留地告诉大家，把政策交给群众，然后发动大家一起来考虑这个问题，参与这件事情。今天动员会以后，组织部就要严格按程序办了，希望大家能配合。要有时间观念，拖下去对工作不利，班子早一天成立，工作就早一天运转起来，何况校庆还有很多事情需要大家配合来做。在校部机关，我们也要求各部门提高工作效率，办事不能拖拉。上午开后勤保障领导小组会议，我对几个部门也提出了这个要求，一定要提高效率观念。要确立主体意识，把教师放在学校中心的位置上，为广大教职工服务。班子的选配工作我们准备排出一个时间表，今天民主推荐，然后提交校党委常委会讨论，讨论以后进行考核，考核以后还要进行研究，要几上几下，最后才宣布。新班子上任后，马上开展工作，不能再延误。

三是一定要有纪律观念。党的组织制度是民主集中制。民主就一定要发动群众，所以我们召开调研会，听取各方面的意见。今天召开全体动员大会，把我们的想法告诉大家，两个方案也反复征求大家意见，到底是一个学院好还是两个学院好？大多数人都说一个学院好，采纳大多数人的意见，这就是民主。这不是我们几个人或校党委常委几个人的意见。我们充分尊重大家的意见，充分地发扬了民主，但之后还有一个集中，要把大家的意见集中起来。校党委常委会进行讨论，一旦形成决定，就必须贯彻执行。如果形成决定以后还要东讨论西讨论，我们什么事也办不成了，所以要加强纪律观念。在座的无论是党员还是团员，无论是干部还是群众，一定要加强纪律观念。该民主的要民主，有不同意见以后还可以提。但是决定已经作出了，大家就要服从，不能私下搞非组织的活动，如拉选票，我投你，你也投我，是很不光彩的，也是跟我们党的组织原则相违背的。如果是党员、干部出现这种情况，一定要严肃处理。另外，纪律观念还表现在，一旦新班子宣布后，大家要服从新班子的领导。如果还是各行其是，工作就没办法做下去，院系的组建工作就会面临很多困难，就不能达到预期的目的。所以要再三强调，一定要加强纪律观念。

最后我再强调几点。一是组建一个学院，架子可能几天之内就能搭起来，但是真正要达到我们的办学目标，达到整合的目的，还要走漫长的一段道路。要把学科做强做大，不断提高教学质量，不断壮大人才队伍，是很不容易的。尤其是新组建的学院怎么更好地体现我们的特色与优势，也是很不容易的。在这里我想向大家表明，今天我是受校党委的委托来做这个动员的。二是我们对学院组建的态度是坚定不移的，没有讨价还价的余地。我们前期做了很多工作，现在不要再讨论行还是不行了。三是我们对新组建的学院要在人力、物力、财力各方面给予大力支持。在引进人才方面我们要优先考虑。昨天我们讨论引进人才时，你们提出要引进搞高分子材料的某个教授，尽管其家属引进还有困难，但考虑到你们刚组建，需要人才，我们还是同意了。今后引进人才我们还是要给予政策倾斜。新组建的学院，我们一定要投入一笔资金，昨天我们商量了，这笔资金起码50万元，根据项目来投入。如果不组建新学院，我们就不会投入这笔资金。最后，省经贸委和有关部门通过校庆来支持我们，要给我们一个较大的项目，这两天就会落实下来，我们考虑把这个项目落在化学与材料学院。这个项目还是相当大的，而且马上就要申报。学校会尽全力支持化学与材料学院。我们希望组建以后，学院能在比较短的时间内实现正常运转，在新的基础上加速发展；希望通过化学与材料学院的组建，为全校的学科调整和院系组建树立一个典范。这有赖于在座的全体老师和同志们的共同努力！

对理工科新组建三个学院的
四点希望*

院系与学科调整是经济和社会发展的需要，是适应教育发展规律和学科发展规律的重要举措，也是我校新一轮创业与发展、新老校区规划与建设的需要，是我校实现向综合性、有特色、开放式、高水平的大学转型的内在要求。新班子上任以来，十分重视院系、学科的调整，把它作为本学年的重点工作之一，并在省委、省政府的领导下，在省教育厅的重视和支持下，从适应社会发展、经济建设和国计民生的需要出发，在充分调研、稳妥推进、统筹兼顾、民主集中的原则基础上，先后调整、重组、新建了一系列学院。成立化学与材料学院、物理与光电信息科技学院和软件学院，将有利于拓宽学科发展空间，有利于建立新的管理体制和运行机制，有利于学科持续健康发展，有利于教学、科研和人力资源的优化配置。希望化学与材料学院、物理与光电信息科技学院和软件学院的领导班子和全体师生，大力继承和发扬过去的优良传统，在新的起点上，"百尺竿头，更进一步"，把各项工作做得更好。具体要求是：一要大力抓好高层次的学科建设和学位点建设，争取尽快实现博士学位授权点零的突破；二要进一步加强师资队伍建设，坚持教育创新与科技创新，努力开创教学和科研工作的新局面，不断提高人才培养质量；三

---

* 这是笔者 2003 年 2 月 2 日在化学与材料学院、物理与光电信息科技学院和软件学院授牌仪式上的讲话摘要。

要在积极参与基础教育课程改革、服务基础教育的同时，适应经济和社会发展需要，大力培养社会急需人才；四要兴起学习宣传贯彻党的十六大精神的新高潮，坚持用十六大精神武装全体师生员工的头脑，继续抓好党建、思政等各方面的工作，为加快学院的建设保驾护航，为学校的发展作出新的贡献。

重点学科建设关键在于人才 *

关于重点学科建设的重要性，上学期已经说过了，这里不再重复。关于申报学位点，研究生处、各院系和学科都做了大量的工作，在方向的确定、梯队人员的组合、申报表格的填写等方面，都经过了反复多次的修改。从上个学期以来，有关院系、学科采取"请进来，走出去"的办法，不辞劳苦，多方面进行宣传，使更多的人了解我校的历史和学科建设的状况。新组建的化学与材料学院、物理与光电信息科技学院的有关同志从春节大年初二以来就没有停止过工作，令人感动。这次我校共申报3个一级学科博士点，13个二级学科博士点、30个硕士点，从目前情况看，2003年在指标上可能会有所松动，我们又作了比较充分的准备，这是有利的方面。但不利的方面是申报的单位、点数很多，竞争十分激烈。现在已经到了冲刺的阶段，昨天（2003年3月3日）我们又作了紧急动员，继续做好工作，争取有较好的结果。

博士后流动站的申报、准备工作也都在积极进行。2003年地理、历史是进入申报目录的，要志在必得，体育、音乐也要力争，希望能有所进展。省第二期重点建设学科的申报，已开过多次会了，有关院系都十分重视。除了省重点建设学科，可以考虑扶植一批校级重点建设学科。20世纪80年代到90年代中期，曾经扶植了一批校级重点学科，成效显著，不少

---

* 这是笔者2003年3月4日在全校部署新学期工作大会上讲话的一部分。

省重点建设学科就是在其基础上成长、壮大起来的。这学期可先摸底，提出规划，组织申报，再对申报学科进行遴选，并出台相关的扶持措施，使我校形成若干个有特色的学科群。

重点学科建设中，科研是极其重要的方面。没有高水平的科研就没有高水平的学科。2002 年我校的科研取得了很大成绩，获得国家自然科学基金项目 8 项、国家社会科学基金项目 8 个，还获得省科技进步一等奖，教育部人文社会科学一等奖，教育部推荐国家科技进步二等奖等，科研经费也有大幅度增长。本学期的任务：一是精心组织申报项目，包括国家级和省部级的；二是认真组织申报省第五届社科评奖；三是申报第九届"五个一工程"奖；四是科技成果产业化方面还要继续努力；五是开好国际民族音乐研讨会。

重点学科建设一方面要靠硬件，如空间、设备、投入等；另一方面要靠软件，如政策、环境等，但关键在于人才。江泽民同志指出，科学技术的发展，社会各项事业的进步，都要靠不断创新，而创新就要靠人才，特别是要靠年轻的英才不断涌现出来。20 多年来，我校重视师资队伍建设，重视年轻人才的培养，相继出台了一系列政策，使长安山下聚集了一大批的优秀人才，从而支撑起现有的博士点、硕士点和一批重点学科、重点专业。2002 年我校遴选出的教学科研重要岗位共 122 人，其中特级岗 4 人，一级岗 27 人，二级岗 33 人，三级岗 58 人；根据统计，40 岁以下的有 19 人；41～50 岁的有 49 人；51～60 岁的 36 人，61 岁以上的 18 人。55 岁以下的有 91 人，50 岁以下的有 68 人，都超过了半数。令人高兴的是，50 岁以下有 8 人进入一级岗，25 人进入了二级岗，35 人进入了三级岗。但是，我校的师资队伍也不能令人乐观，表现在：一是优秀人才总体偏少；二是冒尖人才相对缺乏；三是学科带头人年龄偏大；四是优秀人才的分布还不太合理；五是优秀人才的工作环境和生活条件还有待改善，他们潜在的积极性还有待进一步发挥，这些问题将逐步加以解决。

第一，要树立人才资源是第一资源的理念，把高层次人才队伍建设作为事关学校全局的一项重大战略任务抓紧抓好。学校和各院系、所、中心党政一把手都要亲自抓人才建设。第二，要统筹规划，形成金字塔形的人才体系。要以学科梯队建设为中心，构建三个层次的人才体系：第一层次是吸引、遴选和造就若干个在国内乃至在国际上有影响的学科带头人和学术大师，第二层次是培养、造就一批新一代优秀青年学术带头人的队伍，第三层次是吸引、稳定和培养一批有志于高等教育事业的中青年骨干教师。第三，高层次人才队伍的建设必须与学科建设的重点相结合。多年的经验证明：抓学科建设，应从教师队伍的建设抓起；抓教师队伍的建设，又必须把它融于学科建设。我们的人才政策应有利于支持优秀人才在第一线从事科研教学工作，鼓励在科研创新的同时体现教学导向，以保证学校培养人才根本任务的完成。第四，要深化改革，创新机制。要建立促进教师资源合理配置和优秀人才成长的有效机制，促进形成人尽其才、英才辈出的良好氛围。要进一步拓宽人才渠道和完善人才培养资助体系，努力开拓国内、国外两种人才资源。要进一步完善津贴分配改革制度，努力提高优秀拔尖人才和青年骨干教师的积极性。第五，加大对人才队伍建设的投入。学校决定今后几年每年拿出 1000 万元作为人才专项经费，主要用于引进高层次人才和培养优秀青年教师。

上学期我校组建了数学与计算机科学学院、化学与材料学院、物理与光电信息科技学院、软件学院。数学与计算机科学学院挂牌时，中国科学院杨乐等著名数学家都参加了，并给予充分肯定；其他三个学院 2 月 20 日挂牌，中国科学院王启明院士、省教育厅领导也亲临盛会，给了我们很大支持。至此，理科院系调整基本结束。本学期要加快文科院系的调整重组步伐，在经济法律学院和管理学系的基础上，拟成立经济学院、法学院和管理学院，音乐系正式更名为音乐学院，历史系的更名再作进一步的调研论证。自从 2002 年《民办教育促进法》颁布以来，社会力量投资教育的积极性大为高涨，不少企业纷纷来我校洽谈，探讨合作办学的可能性。我们的态度是：一要积极，二要慎重。在充分调研论证的基础上，有可能成立新的办学实体、新的二级学院，构建体现时代特色的综合性大学的院系布局。

关于部分文科院系、学科的
调整和重组[*]

学校在安排本学期的工作过程中，已把部分文科院系、学科的调整重组作为一项重要内容，2003 年 3 月底校党代会结束后加快了这一工作的步伐，上周二即 5 月 21 日校党委常委会已批准了校院系、学科调整重组领导小组提出的具体方案，并进入了具体的实施阶段。今天，根据党委安排，召开大会，把调整重组的有关事项向大家作一个说明。

我讲三个问题。

一 调整重组的必要性和重要性

1. 这是实现学校办学目标的迫切需要

作为一所大学，学校的定位是非常重要的。一般的大学是按教学与科研的关系来定位的，如研究型、教学研究型、教学型。作为师范院校特别是省属重点师范大学，都有一个要不要向综合性大学发展的问题。有一部分师范院校已经改名了，如湖北大学、苏州大学等；有的正在运作之中。我们学校的几任班子都在考虑这个问题。新班子上来后，一直把学校定位问题作为一件大事来抓。2002 年 95 周年校庆时提出的定位是：综合性、

---

* 这是笔者 2003 年 5 月 28 日在经济法律学院、马列主义教研部、管理学系、历史系等文科相关院系、学科调整重组动员大会上的讲话。

有特色、教学科研型、更加开放的大学。省长的致辞是：综合性、有特色、高水平。2003 年党代会前，又经过充分讨论酝酿，最后确定为：综合性、有特色、开放型、高水平。我们迫切需要解决的是脱帽改制——改成综合性的福建大学。从 20 世纪 90 年初就开始运作了。新班子上来后专门向省教育厅、省委、省政府打报告，省委、省政府很支持。2002 年 12 月 5 日，省政府正式打报告给教育部，要求把我校更名为福建大学。学校更名一事说快也快，说慢也慢。我校应该积极主动做工作，按照综合性大学的要求，对学校院系、学科的布局，下大力气进行调整、重组。上学期理工科成立了四个学院，本学期文科也要成立四个学院。

2. 这是重点学科建设、增强学校竞争力的迫切需要

学科建设是学校工作的龙头，各个大学都抓得很紧。衡量各个大学水平的高低，除了本科教学质量外，就是看它有多少硕士点、博士点，博士后流动站、国家和省的重点学科。前几天有一位省领导提到，学科建设是衡量大学办学水平的重要标志。有人说：大学没有规模就没有影响，没有层次就没有地位。学科建设要上层次，就要克服散、小、弱，进行结构重组，实行资源的优化配置。上学期把化学系、高分子研究所和实验中心一部分组成化学与材料学院，学科建设就上去了，博士点评审已入围，硕士入围了 6 个，占全校五分之一。我们现有的学科总体发展不错，但有缺陷，如经济学，一条腿长，一条腿短；报马克思主义理论与思想政治教育博士点，组成人员跨两头（即跨马列主义教研部和经济法律学院两个学院）；法学专业虽然办了多年，但太弱小，不成气候，没有影响；等等。但我们如果从全校范围内，包括吸收其他校外资源进行重组，那就可以大大增强实力，甚至可以实现跨越式发展。

3. 这也是师资队伍建设的迫切需要

现有的师资队伍总体很强，但也存在不少问题。一是高层次人才的引进有困难，原因在于院系设置、专业、环境有差距，如法学专业就无法引进高层次人才。二是学非所用，专业特长未能得到很好发挥，如思想政治教育"两课"教师搞工商管理、市场营销专业，疲于奔命。三是已有的师资力量严重不足，培养、引进都困难，如数学系办的财务管理专业。四是现有一批教授、博士未得到充分利用。五是相当一部分教师的发展方向不明确。通过院系、学科调整，大家都能各得其所，教师明确自己该干什么，不该干什么，该往哪个方向发展，等等。

4. 这也反映了有关院系绝大部分干部、教师的心声

我们已召开多次座谈会，充分听取大家的意见，无论是院系的领导，还是教师职工，绝大部分都对此次院系、学科的调整、重组持积极肯定的态度，这也增强了我们进行调整、重组的决心和信心。

二　调整、重组的具体进程和结果

从开始提出调整、重组，已经过去了三个月。大体上可分为三个阶段。

第一阶段是收集有关资料，了解与我们同类性质的大学院系、学科设置的情况，供我们参考。

第二阶段是座谈调研。大体经历了民主——集中——再民主——再集中的过程。首先是民主：充分听取有关院系的意见，包括要不要重组？为何重组？重组后学院该叫什么名称？人员如何分流？等等。调研中听到很多意见，有一些意见是我们原先未考虑到的，如离退休人员的归属等。其次是集中：由校调整、重组领导小组提出初步方案。虽然具体调整方案有三个，但我们有一定的倾向性。这里有三个原则需要遵循：一是有利于学科建设；二是既要借鉴外校的经验，又要根据本校的实际；三是把发展、改革和稳定统一起来考虑。再次是再民主：5 月 19 日上午我们又再次召开会议征求意见，大家比较同意第一种方案。最后是再集中：校党委 5 月 20 日召开常委会讨论，通过了第一个方案，即组建公共管理学院、经济学院、法学院、社会发展（历史）学院。

第一方案涉及面比较大，经济法律学院一分为三，马列主义教研部一分为二，再把数学系的财务管理专业，司法学校的资源结合起来。尽管调整的力度比较大，但在征求意见时，都一致赞成；有的甚至认为，这大大出乎人们的意料。为什么会有这种结果？我想有三个方面的原因。一是真正做到学科的重组，优化组合，弥补原来的缺陷。二是新设立的这三个学院（公共管理学院、经济学院、法学院）都有广阔的发展空间。三是新组建的三个学院专业、人员、学位点、创收水平大体平衡，利益上没有太大损失。

当然，这次调整、重组也存在一些不尽如人意的地方，但总的来说路子是走对了。

第三阶段是挂牌成立。这是下一步的事情，我们先把前面的工作做好。

三 调整、重组应正确认识和处理的几个问题

一是要从学校的大局出发。院系、学科的调整、重组具有其内在的客观必然性。比如，政治教育系从 1972 年复办到 1994 年 12 月更名为经济法律学院，这有其客观必然性；现在经济法律学院一分为三，与其他资源整合，成立经济学院、公共管理学院和法学院，也是学科发展的必然性。大家要正确看待这次院系的变动和个人的得失，对新组建的学院不宜采取抵触、排斥的态度。在院系、学科调整、重组中，人员会相应发生变动，我们会充分尊重个人的意愿，但又希望最后能服从组织的统一安排，要有大局意识。

二是要把目前的工作继续做好，保持稳定和有序。学位点建设和省二期重点学科的申报在工作移交前，不能撒手不管；在工作移交后，也要继续予以支持，如专业课程建设等。在组建中暂时会遇到一些困难，如法学院，要努力去克服。

三是调整、重组中涉及各院系的财产、人员等问题，要通过友好协商加以解决。大家要认识到，相互之间并无根本利益的矛盾，很多问题通过协商都可以得到解决。

四是思想政治教育的"两课"只能加强，不能削弱。下学期全校的"两课"教学工作要先安排好，有关领导要坚持站好最后一班岗。

五是严肃财务纪律。各有关院系的财务暂时冻结。

重点学科、重点实验室建设
与科研创新[*]

一年来，学校用很大的精力抓重点学科建设，进行了部分院（系）、学科调整，配备了新的领导班子，引进了一批人才，实施了重点岗位津贴，精心组织了第九批学位点的申报。经过全校上下的共同努力，这次学位点申报取得了可喜的成果，共获得 1 个一级学科博士点、10 个二级学科博士点，体现了三个方面的突破。第一是在一级学科博士点上填补了空白，拿到了中国语言文学一级学科博士点。第二是在理科方面实现重大突破。我校于 1993 年获得了区域地理学博士点，之后十年在理科博士点方面没有新进展，2003 年获得了高分子化学与物理博士点，这是一个重大突破，含金量很高，意义非同一般。第三是博士点在数量上翻了一番多。我校原有 8 个博士点，现在已经达到 18 个，在全国高校博士点总数排名中列第 80 位，提前超额完成了 2003 年党代会提出的任务。还需要指出的是，教育史及马克思主义理论和思想政治教育两个博士点的获得，使我校在教育学科和思想政治教育方面的优势和特色得到了充分体现，而经济思想史和中国近现代史两个博士点的获得则为下一轮冲击一级学科博士点打下了重要的基础。同时，我校硕士点申报也获得突出的成绩，新批了 21 个硕士点，硕士点由原来的 48 个增加到 69 个，增加的幅度接近 50%。尤其是获得了好几个工科硕士点，包括物理、化学材料、生物等，这是很可喜的现

---

[*] 这是笔者 2003 年 9 月 9 日在全校部署新学期工作大会上讲话的一部分。

象。有些硕士点的含金量比较高，如课程与教学论硕士点，可以覆盖十几个学科；成人教育学院申报的两个硕士点都获得了成功，其中成人教育硕士点是我校的特色，在全国也为数不多。这次学位点申报的成功，除了学校的重视以外，有关部门和院系都尽了很大的努力。研究生处的工作很认真、很深入、很到位、很有效率。各院系的同志十分辛苦，工作很有成效。有些院系、学科这次虽然没有拿到博士点、硕士点，但是也做了大量的工作。我们不能以胜败论英雄，应该胜不骄、败不馁，再接再厉，继续前进。通过这次学位点申报，我们也积累了经验，要在下一轮申报中发起新的冲击。8 月中旬，又从北京传来好消息，我校地理和历史申报博士后科研流动站分别在学科组中获得了通过。这样，我校就有了 4 个博士后科研流动站，进入了全国高师院校的先进行列。这也是非常可喜的成绩。

学位点、流动站申报的成功使全校欢欣鼓舞，但是我们也要保持清醒的头脑。首先，跟其他同类院校相比，包括省属综合性大学和省属师范大学，我校还有很大的差距。苏州大学已经有 43 个博士点；南京师范大学 20 世纪 90 年代中期跟我们差不多在同一条起跑线上，现在已有 38 个博士点，比我们高出一倍多；西北大学有 35 个，云南大学 33 个，湖南师范大学、华南师范大学分别为 26 个和 24 个，陕西师范大学有 26 个，首都师范大学有 26 个，江苏大学有 25 个，山西大学有 24 个，上海大学有 20 个。虽然我校已有 18 个博士点，但是不能坐井观天、沾沾自喜。其次，2004年下半年又将开始新一轮学位点的申报，我们现在开始就要做好准备。学位点申报有大年、小年，今年是大年，明年可能就是小年，大年要争取，小年也要争取。我们要未雨绸缪，制定规划，争取在一级学科和二级学科博士点方面有新的进展。硕士点申报也要继续努力，如计算机理论与实践、传播学、伦理学等等，争取下一轮申报时冲上去。最后，要尽最大的努力把已经批下来的博士点、硕士点、博士后科研流动站建设好，这是更为艰巨的任务。要克服那种重申报、轻建设的片面倾向，既要重申报，也要重建设，申报和建设要结合起来。本学期准备召开一次全校性学位点申报总结和建设工作会议，总结经验，表彰先进，寻找差距，准备下轮申报，特别是要认真研究已经获得的博士点、硕士点、博士后流动站的建设问题，讨论学校《2003 ~ 2010 年学科建设规划》。学位点、流动站建设以后都要进行评估，如果不合格而被黄牌警告甚至取消，恐怕就不好交代了。这个问题学校要重视，各院系也要重视，要一起研究如何加强建设的问题。

在重点学科建设过程中，要对实验室建设予以特别重视。我校要实现建成综合性、有特色、开放型、高水平大学的奋斗目标，发展理工科是非常重要的。学校文科的优势要发扬，理工科也要加强。理工科的发展，很重要的一个方面就是实验室建设。我校的实验室建设，长期投入不足，设备大多陈旧老化，管理也跟不上，在很大程度上制约了我校教学、科研的发展。每次上级领导来校参观，"保留节目"就是图书馆、网络教育学院，没法提供像样的实验室供人参观。2001年迎接教学评估时学校投了将近四千万元，但是没有建成一个上层次的实验室，这是很令人遗憾的。上学期，省科技厅批准我校建立光子技术和资源与环境两个省重点实验室，这是我校实验室建设的重要突破。从本学期开始，学校准备有计划、有重点、有步骤地建设若干个重点实验室。重点实验室建设首先要加大投入，加强硬件和软件的建设，做到仪器设备现代化、实验教学规范化，做到高效、开放、高水平。目前学校正在制定实验室建设规划，计划每个学期重点建设一两个实验室、一年重点建设两三个，争取经过两三年的时间，建成一批高水平上层次的理工科实验室。随着我们新校区理工楼群的建成，发展的空间就更大了。

重点学科建设还必须以科研创新为支撑。上学期我校的科研工作取得了很大成绩，尤其是在课题申报方面成绩不小。化学与材料学院申报的"863"项目有望获得通过，这是我校在国家级大项目上的一个突破。2003年国家社科基金项目评选，我校共获9项，其中艺术类2项，并获得省"十五"社科项目37项，国家自然科学基金项目也有望传来捷报。在省第五届社科评奖的学科组评审中，我校获得了11个一等奖、22个二等奖、39个三等奖，共72个奖项，还有五个项目候补，获奖总数几乎占全省的1/3。现在省社科评奖改为两年一次，我们现在就要为第六届社科评奖作准备，多出一些高质量、高水平的成果，多出一些有影响的精品佳作。这里有一点值得大家注意，在课题申报方面一定要解放思想。这次我们获得的9个国家社科基金项目中，并不都是很有名的专家。这说明只要选题好，有一定的基础，论证充分，都可以获得成功。我们学校缺少大课题，至今还没有500万元以上的课题，所以要协力攻关，争取在这方面有所突破。我校的闽台区域研究中心是教育部批准的省级社科研究基地，此次教育部打算评选十几个部级的研究基地，但是申报者有70多所高校，竞争非常激烈，闽台区域研究中心要努力再上一个台阶。基础教育课程研究中心作为教育部的研究基地，出了很多成果，教育部对它的评价很高，今后还要继续努力。本学期学校还将举办第八届科技节，表彰一批科研先进集体和个人，进一步浓厚学校的科研氛围，促进科研更上一层楼。

学校第九批学位点申报回顾与前瞻[*]

今天，我们隆重召开学位点申报总结与建设工作会议。首先，我代表校党委、校行政，并受汪毅夫副省长的委托，对我校在第九批学位点申报中获得 1 个一级学科博士学位授权点、10 个二级学科博士点和 21 个硕士点这一令人鼓舞的优异成绩表示热烈的祝贺！向长期以来始终如一地关心、支持我校事业发展的上级领导表示诚挚的谢意！向高度重视学位点建设、开拓进取、团结协作的院系领导、学科带头人和全体老师表示衷心的感谢！

一 成绩喜人，我校在第九批学位点申报工作中取得重大突破

学位点建设、学科建设是衡量一所高校办学实力的最主要依据，是构筑高校核心竞争力的最根本因素。大学校长在一起，首先比较的是学校的一级学科博士学位授权点有多少、二级学科博士点有多少、博士后流动站有多少，这是一个很重要的指标。一所大学，如果博士点还没"开户"，校长和书记的压力都很大。安徽师大也是一所老校，2002 年安徽师范大学校长亲自来我校参加 95 周年校庆，当时说他们学校的博士点还没"开

* 这是笔者 2003 年 9 月 28 日在全校第九批学位点申报总结和建设工作会议上的讲话。

户"。2003 年安徽师范大学一鸣惊人，不仅开户，而且一下子拿下了 4 个二级学科博士点。我校新一任领导班子上任以后，坚持解放思想，实事求是，与时俱进，下大力气加强重点学科和学位点建设，精心组织了第九批学位点的申报。在我校长期历史积淀的基础上，在全校师生员工的共同努力下，我们紧紧抓住这一难得的重要机遇期，在学位点申报工作中取得了可喜成绩和重大突破。这些成绩和突破主要表现在以下六个方面。

（1）本次学位点申报在获批数量上取得了前所未有的成绩，是我校获得博士点、硕士点数量最多的一次。博士点数由原来的 8 个增加到 18 个，翻了一番多，二级学科博士点数位居福建省省属高校首位，跻身全国师范院校前 10 名、全国高校第 80 名，提前实现了校第五次党代会提出的奋斗目标。硕士点数由原来的 48 个增加到 69 个，增加幅度接近 50%。这些博士点、硕士点的获得，大大地增强了我校的办学实力，为学校今后的更快发展打下了更为坚实的基础。

这里有个数字要向大家说明一下：在国务院学位委员会正式批文中，我们获得了 1 个一级学科博士学位授权点，5 个二级学科博士点。由于我们获得了中国语言文学一级学科博士学位授予权，这样除了中国语言文学原有的 3 个二级学科博士点外，其余的 5 个二级学科也同时拥有了博士学位授予权，因此我们说这次获得了 10 个二级学科博士点。在福建省学位委员会自行审批的硕士点中，我们获得了 19 个硕士点。由于我们获得了中国语言文学一级学科博士学位授予权，同样除了中国语言文学原有的 6 个硕士点外，其余的 2 个二级学科也同时拥有了硕士学位授予权，因此我们说这次获得了 21 个硕士点。

（2）获得了中国语言文学一级学科博士学位授权点，实现了一级学科博士学位授权点零的突破，这在我校学位点建设史上具有里程碑的意义。1993 年我校获得政治经济学和区域地理学两个博士点，也是具有里程碑的意义。原来我校没有一级学科博士学位授权点，现在有了，这是历史性的零的突破。目前，福建省除了厦门大学以外，福建农林大学、福州大学和我校都有了一级学科博士学位授权点。在全国高等师范院校中，也有一批学校已获得了一级学科博士学位授权点，如南京师范大学、湖南师范大学和首都师范大学等。如果我们这次没有获得一级学科博士学位授权点，那么我校与同类院校的差距就增大了。

（3）在理科博士点方面实现了重大的突破。自 1993 年我校获得区域地理学博士点之后的十年时间里，我校在理工学科博士点建设方面没有新进展。2003 年，我们充分发挥院系整合形成的强大实力，群策群力，精心设计，获得了高分子化学与物理博士点，这对我校来说是一个重大突破，为我校理工学科博士点建设带来了新的生机，也大大增强了我校理工学科博士点申报和建设的信心。省教育厅领导也充分肯定我校这个理科博士点含金量很高，意义非同一般。实际上，我校在 2003 年理工学科博士点申报中，有好几个点接近成功，比如说基础数学，上次申报差一票，这一次又差一票，下一次申报一定要把这一票填补上。

（4）在教育学科博士点方面实现了重大突破。对师范院校来说，教育学科的发展至关重要。教育是我校的特色和优势，尽管我校要发展成为综合性的福建大学，但是师范教育的优势和特色还要保持。教育学科没有博士点，我们一直很尴尬。南京师范大学不仅有教育学博士点，而且还有一级学科博士学位授权点。这一次我们也很争气，获得了教育史和马克思主义理论与思想政治教育专业的博士点（虽然马克思主义理论与思想政治教育专业是法学类的，但广义上也属于教育方面），我们与同类师范院校的差距正在逐步缩小。我校是福建省师范教育的龙头，教育学博士点的获得，进一步提升了我校整体办学实力和水平，对福建省教育事业的发展也有着重大的意义。

（5）随着马克思主义理论与思想政治教育博士点申报的成功，我校在经济学、法学、教育学、文学、历史学、理学等 6 个学科门类都拥有博士点，博士点覆盖门类逐渐增多。在获得的 21 个硕士点中，有 4 个理科硕士点、5 个工科硕士点。这样，我校就已经拥有了 8 个工科硕士点，文科、理科、工科硕士点全面发展，学位点的结构分布比较合理，这对于我校向综合性大学的方向发展具有十分重要的意义。

（6）本次申报，在全国学位与研究生教育中心评估所组织的通讯评议中，我校申报的外国语言学与应用语言学硕士点获得 100 分，有 4 个硕士点成绩在 90 分以上（其中，课程与教学论 93 分、微生物学 93 分、应用化学 93 分、发酵工程 90 分），这些分数是相当高的，说明这些硕士点在全国同类专业中位居前列，很不简单。此外，这次化学与材料学院不仅获得一个博士点，还一次性获得 5 个硕士点，这些都是前所未有的，成绩喜人。我们获得的有些硕士点，在全国高校中也是为数不多的，如成人教育学硕士点、图书馆学硕士点。有些硕士点的获得，不仅有社会效益，为社会培养人才，而且还有很显著的经济效益，如课程与教学论这个硕士点相当重要，我们追求多年、奋斗多年，终于取得成功。由于我们取得了这个硕士点，省教育厅发文委托我校培训 1000 名中小学骨干教师，每人培训费 7000 元，这一笔经费经济效益是相当可观的。旅游管理硕士点获得后，我们就可以对全省旅游业的管理人员和导游进行培训，既有社会效益又有经济效益。所以，这次学位点的申报成功，不仅对我们学校，而且对福建省经济发展和社会发展都有着重要的意义。

纵观我校学位与研究生教育发展史，经历了从无到有、从少到多、从低到高的发展历程，在校研究生规模从 1978 年的 5 名到 2003 年的 2500 多名，学位点数从 1981 年的 6 个硕士点，到今天拥有 14 个文科博士点、2 个体艺学科博士点、2 个理科博士点、35 个文科硕士点、8 个体艺学科硕士点、18 个理科硕士点、8 个工科硕士点，学位点不仅在数量上有很大变化，在质量上也有很大的提高。我校既不是有巨额经费投入的"211"学校，内部条件比较困难，又面临十分激烈的外部竞争；不仅要与同类师范院校竞争，还要与全国实力雄厚的综合性大学竞争，甚至要与全国重点大学竞争。在学位点申报方面，我们与其他大学是站在同一起跑线上，都是公平竞争的，在某些方面我们还有不少不利因素：一方面，我们是师范院校，大家对师范院校搞学位点建设本身就有些偏见；另一方面，我们是地方院校，别人对我们不了解，何况我们没有进入"211"学校，在经费投入等各个方面都存在困难。但是我们凭实力、凭水平，在激烈的竞争中取得了这样的成绩，实属不易。

这次学位点申报成功，我认为有以下几个方面的原因。

从外部客观方面来说，首先是党和国家对高等教育发展的高度重视和创造的良好环境。党中央提出"科教兴国"战略，把教育提到事关国家兴衰的战略高度，对教育给予充分的重视。2002 年，江泽民同志在北京师范大学百年校庆上代表党中央对教育问题、高等教育问题发表了重要讲话，提出"百年大计，教育为本；教育大计，教师为本"，这对我们是很大的鼓舞。另外，2003 年学位点申报指标数额上的增加是一个很有利的条件。其次是省委、省政府和省学位委员会、省教育厅领导对我校的长期关心和大力支持。特别是省教育厅、省学位委员会对我们一直都很支持，为我们解决了很多具体问题，给予了包括政策上和其他各个方面的指导。再次是兄弟院校领导、专家和同行的无私支持和热情帮助。在申报过程中，很多兄弟院校、专家对我们支持很大，特别是来过我们学校的专家，他们的支持帮助在申报过程中起了很重要的作用。

从内部条件方面来讲，首先是几代师大人和衷共济、众志成城、艰苦奋斗打下的坚实基础。学位点申报是几代人积累下来的，像接力赛一样，一棒接一棒。我校是百年老校，发展的后劲比较大，此次申报成功，是多少年来、多少代人努力共同打下的基础。其次是校党委、行政对学位点建设的高度重视。从2002年学校新班子上任以来，一直到申报成功，就学位点申报问题召开了十几次专题会议，不断解决在申报过程中出现的新问题，其中包括院系的调整重组，如高分子化学与物理博士点申报，学校把三个单位进行整合，成立了化学与材料学院，将原来要申报的两个博士点确定为只申报一个博士点，整合后力量增强了，把五个手指并拢形成一个拳头，一举获得成功；学校还采取了许多特殊的措施，如许多海外人才要回来，在职称评定方面时间不凑巧，学校就采取了校聘教授的办法，特事特办；此外，在申报学位点的经费方面，学校也给予一定的资助。总之，学校对学位点申报工作抓得比较紧，也抓出了成效。再次是研究生处等有关部门为学位点的申报做了大量工作。一年来，研究生处在收集学位点申报信息、与上级有关部门进行沟通、与兄弟单位进行联络、对各院系的申报工作进行具体指导等方面，夜以继日地工作，这次学位点申报取得成功，说明他们的工作是相当有成效的。所以，校长办公会议研究决定，在上学年校部机关部门的综合测评中，将研究生处列入优秀行列，这也是对他们工作的充分肯定。另外，在申报过程中，机关有关单位也做了大量工作，包括校长办公室、对外联络办、财务处、人事处、后勤管理处等各部门也给予大力支持和帮助，全校形成了团结协作的氛围，这是相当可贵的。最后，也是最主要的一点，是各院系党政领导和学术梯队的团结奋斗、拼搏进取以及全校师生员工的长期奉献和共同努力。申报学位点的关键在院系，在于院系领导和学术梯队的团结奋斗。这次取得成功的院系，都付出了很大的努力；没有取得成功的一些院系，也付出了很大的努力。在"非典"时期，很多领导、专家和老师，积极与校外有关专家联系沟通，宣传我校情况，某种意义上可以说是冒着生命危险，东奔西跑，走南闯北，很不容易。所以，第九批学位点申报取得成功，原因是多方面的，既有客观因素，也有主观原因，总的来讲，我想用几个词语来表达：我们发动了"千军万马"，想尽了"千方百计"，历尽了"千辛万苦"，最后取得了成功，现在学校对大家的感谢也是用"千言万语"难以表达的。在这里，我再次代表校党委、行政，对上级领导的热情关心、全校师生的团结拼搏表示衷心的感谢和崇高的敬意！

学位点申报成功，具有强大的辐射带动作用，所产生的作用、效益是多方面的。比如可以申报博士后科研流动站，因为要想获得博士后科研流动站，必须要有博士点并招收一届博士生。我们这次又有 2 个博士后科研流动站通过学科评议组的评议，一个是地理学博士后科研流动站，另一个是历史学博士后科研流动站，等到正式文件下达后，我们还要举行隆重的揭牌仪式，这样我们就有 4 个博士后科研流动站了。比如可以举办高校教师在职攻读硕士学位，我校原来有 8 个博士点，每 1 个博士点可以招收 60～80 名高校教师在职攻读硕士学位，这就是现在我校硕士生成倍增加的一个重要原因。学位点申报的成功，为我校向综合性、有特色、开放型、高水平大学发展提供了非常有利的条件，可以有效地促进学科建设的深层次发展，对于提高学校整体办学水平和增强综合实力具有十分重要的意义和不可替代的作用。如果没有博士点，很多高层次人才来不了，即使来了，也无法提供一个平台和良好的条件；我们要建立一些重点实验室、重点学科，没有博士点就无法体现出水平。所以，博士点、硕士点的取得，效益和作用是多方面的，影响深远，意义重大。

另一方面，我们在欢欣鼓舞的同时，一定要保持清醒的头脑，充分看到自身存在的差距和不足，一切从零开始，不敢有丝毫的懈怠。第一，我们要对形势进行分析，对我们自身存在的不足进行分析。我们与其他兄弟院校特别是重点高校相比，学位点数仍然不多，尤其是一级学科博士学位授权点还偏少。比如南京师范大学，1995、1996 年与我们差距不大，当时我们有 2 个博士点，它有 6 个博士点；而现在它有 3 个一级学科博士点、38 个二级学科博士点，我们只有 1 个一级学科博士点、18 个二级学科博士点，差距在一半以上。还有湖南师范大学、首都师范大学发展势头都很猛，苏州大学同样也是省属大学，这次一下子获得了 3 个一级学科博士学位授权点。所以我们绝不能坐井观天、夜郎自大，既要看到自己的成绩，也要看到差距，看到差距可以使我们有一种紧迫感和危机感。第二，我校各学科之间的发展仍然很不均衡。文科博士点、硕士点相对比较多，理科博士点目前只有 2 个，偏少。第三，我们已获得授权的学位点建设还存在一些不尽如人意的地方，存在重申报、轻建设的片面倾向。我们原来获得 8 个博士点、48 个硕士点，在学位点建设方面花的精力不多，今后要是检查评估起来，怎么办？2003 年又增加了 10 个二级学科博士点、21 个硕士点，怎么建设是个大问题。有的学位点没有认真规划，有的重视和投入不够，有的还缺少学科带头人，有的学术梯队青黄不接，有的学科获得硕士学位授权点后长达 20 多年仍未形成冲击博士点的强劲实力，这些问题都值得我们深思和探讨。第四，在研究生规模迅速扩大、层次类别丰富多样的今天，如何提高研究生的培养质量，增强毕业研究生的综合竞争力，也是很值得我们深思的课题。随着我校研究生规模的扩大，2003年我校招收858位研究生，全校研究生人数达到2500多人，如何提高研究生的教学质量问题，的确值得我们研究。第五，2004年又将开始第十批学位点的申报，这一次的竞争将更加激烈，各高校都已经发动起来。我校有哪些学科专业具有明显的优势可以申报一级学科博士学位授权点、二级学科博士点和硕士点？如何对这些学科专业加大投入和优先建设，积极引进高层次的突出人才，充实和加强学术梯队建设，都是我们从现在开始就必须认真考虑和筹划的大事，要未雨绸缪，马不停蹄。我们要把眼光看得更远一些，既要看到我们的成绩，又要看到我们的差距；既要看到目前的现状，又要看到将来的发展。我们是前有标兵（像南京师大就是我们的标兵），后有追兵，稍微不注意，就要落伍掉队。形势喜人，形势更逼人。在这种情况下，我们只能逆水行舟，迎难而上，坚定不移地走下去。

二　再接再厉，力争在第十批学位点申报和现有学位点建设上再创佳绩

2004年的第十批学位点申报工作，可以说是机遇和挑战并存。从机遇上讲，党的十六大把教育摆在优先发展的战略地位，学位与研究生教育迎来了快速发展的重要机遇期，这个时期，国家将积极发展研究生教育，一些重点高校的一级学科博士学位授权点日益增多，超强对手逐渐减少，这对我校学位点申报无疑是一个难得的历史机遇。从挑战上讲，许多原来与我们同层次的院校发展势头很猛，步伐很快；一些原先发展较慢的大学后劲也很足，有的整体实力甚至已经超过了我校；一些新"开户"的有博士学位授予权单位也不可等闲视之，如安徽师范大学一下子拿到了4个博士点。因此，我们面临的形势不容乐观，挑战依然十分严峻。

我校历来十分重视重点学科建设和学位点建设。在每个学期初的学校工作部署会议上，重点学科建设和学位点建设都是学校的重点工作之一。2003年我们在部署工作中，也将重点学科建设和学位点建设工作作为本学期的重点工作，并提出了具体要求。在此，我就第十批学位点申报和现有学位点建设工作提出几点意见，与大家一起探讨。

（一） 要高度重视学位点申报和建设工作

学位点申报和建设工作是我校事业发展的重中之重，也是各院系的中心工作之一。全校各级领导都要高度重视这项工作，以高度的使命感、紧迫感和危机感，把学位点建设摆在突出的位置，把它作为一项十分重要的工作切实抓紧抓好。第一，要加强领导，学校要成立重点学科和学位点建设领导小组，书记和校长亲自负责，其他校领导也要参加进来；各院系也要成立相应的领导小组，院长、书记要亲自抓这项工作。第二，要做好规划，既要做好申报规划，也要做好建设规划。有的院系已经发动起来了，如物理与光电信息科技学院在2003年暑假就已经做好了一个比较详细的规划；化学与材料学院也做了一个规划，从2004年开始一直到2009年，每隔两年要申报什么专业都已经安排好了。规划很重要，建设也同样很重要，包括已有的硕士点、博士点如何建设等都要予以认真考虑。第三，要采取相应的措施，包括人员、实验室等各个方面的措施都要跟上。最后，要抓好落实，目标、规划、措施等方面要逐个抓落实。

（二） 要及早做好第十批学位点申报的准备工作

学位点申报是一个系统工程，需要经过长期的准备和精心的建设。众所周知，我校获得博士学位授予权的任何一个学科专业，都是经过长期的建设，长期的积累，最后才厚积薄发，脱颖而出的。因此，各院系要从本单位学位点建设、学科建设的实际出发，从现在开始就要认真做好第十批学位点申报的前期准备；研究生处要科学规划，精心部署，帮助各院系做好申报工作。比如，我校的历史学、地理学、光学工程、理论经济学、体育学等就可以去冲刺一级学科博士学位授权点，当然这些都还需要认真论证；课程与教学论、发展与教育心理学、西方经济学、产业经济学、社会学、马克思主义哲学、中国古代史、体育人文社会学、英语语言文学、戏剧戏曲学、美术学、人类学、基础数学、光学、物理化学、材料学、环境科学、人文地理学、生物化学与分子生物学等学科应积极申报二级学科博士点；计算机理论与实践、传播学、伦理学等学科要拿下硕士点，尤其是计算机理论与实践专业很重要。还有一些今年（2003年）未申报成功的学位点，前面已经做了大量的工作，现在更应该胜不骄、败不馁，认真总结经验，在原有基础上再接再厉，继续前进，力争下一次获得成功。比如基础数学博士点，前面两次申报都差一点，功亏一篑，下一次申报一定要不达目的誓不罢休，一定要将博士点拿下来。

（三）要加大学术梯队的建设力度

在学科建设和学位点建设中，人才是最重要的因素，人力资源是第一资源，学术梯队建设在学位点建设中起着关键性的作用。评审专家在审阅学位点申报表时，首先要看学科带头人、看学科骨干、看这些骨干的学历、看取得的成果等。人才问题要引起我们足够的重视，没有人才，一切都是空的。各院系要根据第十批学位点申报规划，在学术梯队建设方面狠下功夫，该重点扶持的就下大力气重点扶持，该引进的人才就尽早引进。人才引进一定要早，现在有规定，如果人才来得太迟，原来的成果只能算原单位的，不能算引进单位的，这是个界限，要及时有效地加强学术梯队建设。要建立责、权、利相统一的激励机制，充分发挥学科带头人在学科建设中的积极作用，营造一个宽松的学术环境。各院系都要审时度势，使每一个学科和学位点都拥有一支结构合理、实力雄厚、教学科研水平较高的学术梯队，提高学位点申报的成功率。在人才引进方面可以采取多种方式，首先是省内引进。最近我们从福建农林大学引进了杨玉盛教授、林卿教授，杨玉盛教授是教育部优秀教师，林卿教授是农林大学申报农业经济管理博士点的第一学科带头人。我们从省内引进人才的原则是：第一不主动，第二不拒绝，与其让人才流失到省外，不如在省内发展。其次是省外引进。社会历史学院成功引进了江西师范大学文理学院院长温锐教授，作为申报中国近现代史博士点的第一学科带头人，申报取得了成功。文学院这几年之所以取得一个又一个博士点，包括一级学科博士学位授权点，他们在引进人才方面做了很多工作，取得相当成效，据不完全统计，在近五年时间里引进人才将近 20 位。再次，海外人才也要引进。生物工程学院引进了陈一平教授，作为闽江学者特聘教授，就是从美国引进的。人才引进的方式可以是多种多样的，一种是刚性引进，把人事关系转进来；一种是柔性引进，人事关系不一定要转进来，我们可以采取比较灵活的措施和办法。人才问题非常重要，从 2002 年开始，学校决定每年拨出 800 万元用于人才引进。各院系在考虑规划时，一定要把人才问题作为一个大问题来考虑。9 月 27 日，在各院系院长主任会议上，我特别强调各院系一定要把人才建设规划好，除了人才引进外，还要把人才培养好、使用好，要留得住人才。目前，有些院系的老师在外面读博士、博士后，外面有很多诱惑，毕业后不回来，这方面大家一定要一起做工作，把引进、培养和使用人才等几个环节抓好，这样学位点的建设才有比较坚实的基础。

（四）要进一步提高教学科研实力

教学科研实力如何，决定着学位点建设和学科建设的成败。只有切实提高教学科研水平，争创一流的教学科研成果，才能在十分激烈的竞争中以实力取胜，才能获得更多的博士点、硕士点。纵观我校每一次学位点申报工作，凡是申报成功的学科专业，其教学科研成果都是相当丰硕的，这也是有目共睹、众所周知的。一般来说，评审专家在审阅学校送来的申报材料时，感情上可能会有所照顾，但主要还是看学校的实力、成果和科研水平如何。申报博士点，科研实力要与博士点相适应，如果不适应，专家一般不会随便打分数的。因此，各院系要采取切实有效的措施，进一步提高本单位的教学科研水平。我们一再强调，申报博士点应该要有高级别、高层次的课题，包括国家自然科学基金、国家社会科学基金的课题。2003年，我校在国家基金项目上取得较大成绩，现在有国家社会科学基金项目7个，加上教育部的2个，共有9个社会科学基金项目，在自然科学基金项目方面也取得较大进展。另外，还要有高质量的论著、高水平的文章，在填写学位点申报材料时，首先要有在国家权威刊物、世界著名刊物上发表的文章，今后我们要往这方面发展。此外，还要有高级别的奖励，包括省部级以上奖励。2003年，我校在奖励方面取得很大成绩，在福建省第五届哲学社会科学评奖中，我校获得一等奖11个、二等奖22个，这是很不容易的。各院系现在就要为下一批学位点申报工作打造雄厚的实力，创造明显的优势。

（五）要进一步改善办学条件，加强实验室建设

学科建设和学位点建设，基础条件很重要。这就像一个城市，水、电、路、通信等各方面的基础设施很重要一样。一所大学，办学的基础条件涉及很多基础设施问题，尤其值得一提的是实验室建设问题。我校理工学科建设要取得重大进展，教学水平要提高上去，实验室建设应该说是一个很重要的问题。如果我们实验室还是很破旧、设备还是很落后、管理还是很原始，那么教学水平就不可能提高，学科建设和学位点建设就不可能得到发展，所以学校要下定决心，一定要把实验室建设好。有一位省领导曾经到过谢树森教授所在的物理与光电信息科技学院的实验室参观，他说

实验室条件比较差，但在比较差的条件下能够创造出一流的成绩（用三流的设备创造出一流的成绩）很不容易。前天，我在化学与材料学院的实验室参观，他们的一层实验室为了迎接教学评估建设得还不错，但是二层和三层实验室就不尽如人意，整体来讲条件比较差，特别是在水、电、气方面。搞化学实验，特别要强调的是气要排得出去，要排得合理，不能污染环境，这些问题都要予以解决。长期以来，我们学校在这方面投入不足，欠账太多。学校决定从今年（2003 年）开始加大对实验室的投入，争取在 3 年时间里，每年每学期重点建设一两个实验室，力争三年后能够把我校理工科的实验室建设到一个较高的水平。当然，除了理工科实验室以外，文科也有一些实验室，如经济学、法学、教育学等的实验室也要建设好。

（六）要积极开展对外交流活动

这次学位点申报成功，一些单位得益于对外学术交流方面的成效。例如，音乐系的王耀华教授很早就开展对外学术交流，与全国同行建立了非常好的关系；文学院召开了多次国际性和全国性学术会议，与全国同行、海内外专家建立了良好的关系；化学与材料学院举办了几次高规格会议，效果相当好，如中国科学院化学学部院士常务会议在我校召开，这些院士在我校博士点申报中起了很大作用；社会历史学院也召开了多次全国性会议，明年（2004 年）还要召开一个全国性学术会议。我们今后要加大对外学术交流活动，大胆走出去，积极引进来，做到互通有无、人为我用，使更多的人了解福建师大，了解我校的学科实力，这也是各院系加强学位点建设和学科建设必须做好的一项工作。所以，我们在规划学位点申报时，各院系一定要把学术交流活动认真安排好，至少每两年要召开一次全国性学术会议，有可能的话要在三年内举办一次国际性学术会议。

（七）要加大学位点建设的经费投入

经费投入是搞好学位点申报和建设工作的有力保障。第九批学位点申报在经费投入方面较往年有了很大的提高，但与其他兄弟院校相比，由于财力有限，整体经费投入还是较少的。对于第十批学位点的申报，学校将加大经费投入力度，确保申报工作顺利进行。各院系也要根据实际情况，开源节流，筹措资金，重点投入，为学位点申报工作提供有力的经费保障。此外，也要加强对现有学位点的建设，学校党委初步考虑，一个硕士点的建设至少投入 1 万元，一个博士点的建设至少投入 5 万元，一个一级学科博士学位授权点的建设至少投入 20 万元。学校要在学位点建设经费的投入上有一定的保障，各单位也要广开渠道、多方筹措，积极向国家、省政府、各有关部门申请经费，确保学位点建设有坚实的物质基础。

党的十六大为我们指明了继续前进的方向，我们一定要高举邓小平理论的伟大旗帜，在省委、省政府的领导下，明确目标，与时俱进，团结拼搏，开拓进取，使我校学位点建设工作再上一个新台阶，为学校百年华诞献上一份厚礼！

五个文科学院的成立是学校
发展的一件大事*

今天，我们在这里隆重举行福建师范大学经济学院、社会历史学院、法学院、公共管理学院、田家炳教育书院授牌仪式。我代表校党委、校行政，向五个学院的全体师生员工表示热烈的祝贺！

实行院系与学科的结构调整，提升学校的综合办学实力，是我校向综合性、有特色、开放型、高水平大学的奋斗目标大踏步前进的重要战略举措。一年半以来，学校按照充分调研、稳妥进行、统筹兼顾、民主集中的原则，重组了一批新学科，组建了一批新学院。五个文科学院的成立，是学校发展的一件大事，标志着我校院系与学科调整工作基本告一段落，其意义重大，影响深远。

第一，这五个学院的成立，标志着我校向综合性大学发展又迈出了可喜的一大步。2002年我校成立了数学与计算机科学学院、物理与光电信息科技学院、化学与材料学院、软件学院4个理工科学院，今天又成立了5个文科学院，目前我校已有7个理工科学院、9个文科学院，包括此前成立的研究生教育学院、职业技术学院、海外教育学院、继续教育学院、网络教育学院、协和学院、闽南科技学院、人武学院，我校共有24个学院，院系、学科的布局设置已经与综合性大学的学科框架基本接轨。

第二，举行这五个学院的授牌仪式，也是学校实行对外开放办学战

---

* 这是笔者2003年11月25日在五个文科学院授牌仪式上讲话的一部分。

略，扩大学校社会影响的内在要求。在今后的工作中，我们将围绕学校的奋斗目标，进一步加大开放办学的力度，充分拓宽学科发展的空间，促进学科建设在外延发展与内涵发展上再上一个新台阶。

第三，举行五个学院授牌仪式，也是向所有关心、支持我校发展的上级领导和社会各界朋友进行一次工作汇报。汪毅夫副省长十分关心和重视我校事业的发展，对我校的学科建设提出了许多宝贵的指导意见，并给予了大力支持。福建省人大常委会宋峻副主任长期以来都在关注我校的学科建设，并给我们带来了弥足珍贵的关爱和帮助。省教育厅站在全省高等教育发展的全局高度，对我校的院系组建与学科调整，从政策上和精神上给予了大力的支持和鼓励，有力地推动了我校事业的发展。省高级人民法院、省司法厅等有关部门也为我校的发展提供了多方面的帮助，特别是法学院的成立，得到了省司法厅的大力支持。

新学院的成立，仅仅是万里长征的第一步。希望五个学院的领导班子和全体师生，继承和发扬过去的优良传统，进一步团结各方面的力量，以党的十六大精神为指导，狠抓学科建设、师资队伍建设、教学科研工作、精神文明建设和领导班子建设，以昂扬拼搏的精神风貌和脚踏实地的工作作风，开创新的业绩，谱写新的历史篇章。

切实抓好省重点高校和
重点学科的建设*

　　2003 年 11 月 19 日，第 25 次省长办公会议作出了加快福建省高等教育发展、实施重点高校建设、推进高校管理体制改革、增加高等教育投入（即省政府在正常安排的教育经费之外，每年另行安排 1.5 亿元专项资金用于加快福建省重点高校和重点学科建设）等重大决策，我们深受鼓舞。之后，汪毅夫副省长主持召开全省重点高校书记、校长座谈会，研究贯彻落实省长办公会议的部署，加快推进福建省高等教育改革与发展的具体措施和办法。2004 年 1 月 5 日，省教育厅发出了 1 号文件《关于开展重点高等学校建设的通知》，强调了开展重点高校建设的重要意义，指出这是福建省高等教育发展的重大建设项目，通过一批重点学科和重要实验室建设，促进一批高等学校和重点学科成为福建省高层次人才培养以及解决经济、科技和发展重要问题的基地，在人才培养、科学研究和科技开发、社会服务等方面发挥带头和示范作用。1.5 亿元专项经费资助福建省 8 所重点高校，我校获得的经费为 1500 万元。重点高校建设时间为 2004 ~ 2007 年。

　　重点高校建设对于我校是一个鼓舞人心的好消息，对学科建设将起到极大的推动作用。"九五"期间，我校学科建设经费每年大概为七八百万元，通过几年建设已上了一个大的台阶。如果后面这四年每年都注入 1500

---

　　* 这是笔者 2004 年 2 月 17 日在全校部署新学期工作大会上的讲话。

万元，四年就有 6000 万元，对学科发展的作用非同小可。我们要感谢省委、省政府对高等教育的大力支持，要紧紧抓住这一难得的机遇，用好这笔资金。为此，有几个方面的工作要做。第一，一定要按照省里的要求，制订好三个规划，即学校发展战略规划、学科建设规划、教师队伍规划。各学院、中心则要制订好学科建设规划和教师队伍规划。有一部分学院已制订出来了，但要根据新的情况加以充实，尚未制订的学院则要抓紧。在学科建设上，我们已说过要搞三个层次，即国家级、省级和校级。国家级学科从省级学科中产生，省级学科要建立在校级学科基础上。这学期要在各学院申报的基础上对校级学科进行遴选。对省教育厅批准的省重点学科项目要抓紧建设，一定要有显著的成效，并争取近年内有 1 个或 1 个以上学科达到国家重点建设学科水平。第二，要抓紧理工科重点实验室建设。物光学院提出要申报"医学光子技术"教育部重点实验室，学校会大力支持。地理科学学院的亚热带资源与环境实验室也要积极创造条件向国家级实验室冲刺。化学与材料学院已从省科技厅申请到了 130 万元的设备经费，学校已决定投入 100 万元对化学楼进行改造，要通过这 230 万元的启动经费，结合博士点和硕士点的建设，高起点高标准地把实验室建设好，并积极申报省重点实验室。化学与材料学院在新区的本科生实验室，学校已投入 200 万元。化学与材料学院在春节前后仅用了一个月时间，就已建好并投入使用，这是很不简单的。因为按常规来讲，非得半年不可。什么叫跨越式发展？这就是跨越式发展；什么叫打破常规？这就是打破常规。学校已决定每年重点建设 1~2 个实验室，然后再逐步推进，争取用两三年的时间使我校实验室建设达到一个比较高的水平。所谓高水平就是要以国家标准来衡量，经得起同行专家评估，并出一批高水平的成果。第三，要开始第十批学位点申报的准备工作。研究生处要认真审核各学院的初填表格，对跨学科学位点申报进行协调。这项工作一定要抓紧。第四，要坚持申报与建设并重，努力把现有的博士点、硕士点建设好。这是比申报更为艰巨的任务。本学期学校将对现有学位点的建设进行一次检查，并帮助解决相关问题。学校将尽快出台学位点和重点学科建设经费的管理办法。第五，建设好博士后科研流动站。2003 年国家人事部又批准我校设立 2 个博士后流动站，即历史学和地理学，这样我校博士后流动站已达 4 个。2 月 18 日省人事厅将对新批的流动站授牌，这也是我校学科建设的一个重要突破。我校博士后科研流动站建站时间已有五年，本学期拟召开一次会议，对五年来的流动站工作进行总结，并提出下一步建设的意见。第六，学科、院系重组工作经过1年多的努力，基本上告一段落，但并未完全结束，因为事物在不断发展，我们的认识也在不断发展。目前，我们考虑组建2个新的学院。一是新闻传播学院，拟把文学院的广播影视专业和音乐学院的播音与主持人专业合并起来，并在此基础上申报新的专业。新闻传播学院的发展前景还是非常好的。当然，这要经过充分的论证，待条件成熟后成立。二是旅游管理学院，这已酝酿多年，省旅游局也十分关心。本学期可以考虑先挂牌，暂时挂靠地理科学学院，待条件成熟后再独立出来。

把哲学社会科学基础研究和应用
对策研究紧密结合起来*

《中共中央关于进一步繁荣发展哲学社会科学的意见》（以下简称《意见》）指出，要加强哲学社会科学基础研究和应用对策研究。要把基础研究和应用对策研究紧密结合起来，以应用对策研究促进基础研究，以基础研究带动应用对策研究。这对正确认识和处理哲学社会科学中基础研究和应用对策研究的关系，促进哲学社会科学的繁荣和发展指明了前进的方向。

为什么要把哲学社会科学基础研究和应用对策研究"紧密结合起来"呢？首先，这是因为基础研究和应用对策研究都有其特殊的重要作用，两者既不可偏废，也不可相互替代。基础研究的任务在于探索社会现象和精神现象的本质和一般规律，从而发现和开拓新的领域，提出新学说、新论点、新论据，目的在于提高人类的知识水平或综合认识能力。科学的基础理论的价值和作用是无法估量的，它不仅是一个时代的价值，而且对历史发展产生深远的影响。例如，马克思对唯物史观和剩余价值规律的发现，中国共产党人对共产党执政规律、社会主义建设规律的探索，就是如此。如果忽视基础理论的研究，对一个民族来说，是非常危险的，将造成多少年也难以挽回的损失，所以党中央十分强调要对全局性、战略性、前瞻性

* 这是笔者 2004 年 3 月应中共福建省委宣传部、福建省社科联、福建日报社联合举办的在《福建日报》开设《进一步繁荣发展哲学社会科学》专栏之邀所作的笔谈，发表于《福建日报》2004 年 4 月 27 日理论版，并载入《福建省社会科学界联合会年鉴》2004 年卷。

的问题进行研究。应用对策研究的任务在于探求理论与实践相结合的途径和方法，依据社会经济发展的需要，提出解决某一具体问题的方略和对策，为实际部门提供可操作的依据。根据国际权威机构的统计，近几十年来，在重大的社会科学进展中，有 3/4 是由实际和现实问题引起的，又有大约 3/4 的进展得到了实际应用，尤其是在国家政策方面。在美国，社会科学应用性成果已大大超过理论性研究成果。以社会学为例，美国历年来发表的社会科学论文中，理论性研究论文只占 40%，而应用性研究论文则达 60%。我国改革开放以来，哲学社会科学的应用对策研究，对社会和经济的发展所起的作用同样也是无法估量的。我国经济持续快速健康发展，在当今世界堪称一大奇迹，这与我们的应用对策研究关系极大。所以，哲学社会科学的基础研究和应用对策研究，不存在谁重要谁不重要的问题，应该是同等重要的，应该把二者紧密结合起来。

其次，基础研究和应用对策研究是相互联系、不可分割的，二者一起构成哲学社会科学研究的完整链条。基础研究是应用对策研究的基础，基础研究的水平和深度决定着应用对策研究的广度和效果，但基础研究最终要落实到应用对策研究上来。应用对策研究直接关系到社会科学成果的社会效用问题，在一定意义上可以说是社会科学成果能否进入社会经济领域转化为现实生产力的关键环节。因此，在现实工作中，必须正确认识和处理两者的辩证关系，不能顾此失彼，不能强调这一方面而忽视另一方面，而应该按照哲学社会科学自身的规律，把它们紧密结合起来。

再次，从当代社会科学发展的趋势来看，也必须要把基础研究和应用研究紧密结合起来。当代社会科学的发展趋势，除了东西方文化互补日趋活跃、社会科学与自然科学的联盟更加紧密等特点外，还有一个重要特点，就是整体性、综合性研究态势增强。近几十年来，由于人类认识自然和改造自然的能力空前提高，现代自然科学及科学技术得到了极大发展，促进了社会生产力的迅速发展，对社会生活的各方面产生了深刻的影响。过去许多潜在的甚至还不存在的问题现在都冒了出来。例如，一些全球性的问题（如人口增加、资源危机、环境污染、生态平衡等）日益尖锐，对世界各国乃至全人类的命运产生了日益明显的影响。对这些问题的解决，绝不能采取头痛医头、脚痛医脚的办法，而应该从整体上考虑问题，整合各部门、各学科的力量，既需要加强基础研究，解决"究竟为什么"的问题，也需要加强应用对策研究，解决"具体怎么办"的问题，这就要求把基础研究和应用对策研究紧密地结合起来。

最后，建设中国特色社会主义、实现全面建设小康社会的宏伟目标，也迫切需要把哲学社会科学的基础研究和应用对策研究紧密结合起来。把马克思主义的普遍真理和中国的具体实际结合起来，建设中国特色的社会主义，这是一项前无古人的伟大事业，是国际共产主义运动的伟大创举。十六大报告提出的全面建设小康社会的目标，是中国特色社会主义经济、政治、文化全面发展的目标，是与加快推进现代化建设相统一的目标，符合我国国情和现代化建设的实际，符合全国亿万人民的愿望。正如党中央一再强调的，哲学社会科学应该以我国改革开放和现代化建设的实际问题，以我们正在做的事情为中心，着眼于马克思主义理论的应用，着眼于对实际问题的理论思考，着眼于新的实践和新的发展。这既包含着对基础研究的期望，也包含着对应用对策研究的要求。只有把基础研究和应用对策研究紧密结合起来，才能使哲学社会科学不辱使命，发挥它"极其重要的作用"。

那么，如何才能更好地使哲学社会科学基础研究和应用对策研究"紧密结合起来"呢？可能有很多途径，这里着重讲四点。

第一，要更新观念，走出思想认识的误区。本来，基础研究和应用对策研究是相互联系、不可或缺的，但在现实生活中，却有人有意或无意地把它们生硬地割裂开来。有两种颇有代表性的观点：一是认为"基础研究无多大用处"，一是认为"应用对策研究没有什么学术水平"。这两种观点虽然表现不一样，但其实质都是否定哲学社会科学的重要作用。要繁荣发展哲学社会科学，首先必须破除这种思想障碍。《意见》提出，要充分发挥报刊、图书、广播电视、互联网等大众媒体的作用，大力宣传哲学社会科学研究的优秀成果，扩大优秀成果的社会影响力，这对克服上述错误认识，引起全社会对哲学社会科学包括基础研究和应用对策研究的重视，实在是十分必要的。

第二，加强学科建设，是实现基础研究和应用对策研究紧密结合起来的重要途径。高校是哲学社会科学研究的一个重要阵地和一支重要"方面军"。《意见》指出，学科建设是繁荣发展哲学社会科学的基础。高校历来把学科建设作为中心工作来抓。高校要加强学科建设，一是要正确处理好传统学科和新兴学科、交叉学科的关系。一方面加强传统学科建设，使传统学科增强活力，适应时代的发展；另一方面要积极支持新兴学科、交叉学科，使之成为哲学社会科学新的生长点，带动哲学社会科学的更新发展。二是学科建设要上水平、上层次。所谓上水平，就是要出高质量的成果，承担重要的项目和获得高级别的奖励。所谓上层次，就是不仅要成为校级重点建设学科，而且要成为省级、国家级重点建设学科，能够在国内外产生较大影响。三是学科建设要与学位点建设结合起来。学位点建设是学科建设实力、水平和影响的一个重要标志。经过多年的努力，福建师范大学哲学社会科学已有 3 个博士后科研流动站，1 个一级学科博士点，16 个二级学科博士点，在全校 69 个硕士点中，文科也占了绝大部分。学科建设既要鼓励基础研究，瞄准学科发展的前沿，又要大力推进应用对策研究，更好地服务社会，为地方经济社会发展发挥更大的作用。

第三，加大对哲学社会科学的激励力度。无论是基础研究和应用对策研究都应一视同仁。《意见》指出，要完善哲学社会科学成果的奖励制度，把奖励与充分调动哲学社会科学工作者的积极性、主动性和创造性结合起来，与鼓励多出优秀成果、多出优秀人才结合起来，与促进理论成果更充分地运用于党和政府决策、运用于经济社会发展结合起来。在福建师范大学，不论从事基础研究还是从事应用对策研究，凡是重要项目，我们一律积极扶持；凡是重要成果，我们都同样实行奖励，如发表在高级别刊物上的论著、被地厅级采用的应用对策研究成果等；凡是参加国内或国际的学术活动，我们都一概予以资助。在学校享受的重要岗位津贴中，既有长期从事基础研究成果丰硕的教师，也有在应用对策研究中作出显著成绩的教师。福建省对哲学社会科学的激励也在不断加强，如哲学社会科学的评奖由五年一次、三年一次改为现在的两年一次，就是一个可喜的进步。

第四，增加对哲学社会科学研究的投入。无论是学科建设，还是加大激励力度，都需要增加对哲学社会科学研究的投入。那种认为文科可以不投入或者少投入的看法是片面的、错误的。目前，尽管哲学社会科学的投入与自然科学相比还少得可怜，但哲学社会科学工作者还是兢兢业业，作出了力所能及、有目共睹的贡献。我们要通过各种机会和方式，大力呼吁增加哲学社会科学的投入，这不仅是为了哲学社会科学的繁荣发展，也是为了全面建设小康社会宏伟目标的实现，为了中华民族的伟大复兴。

加强重点学科建设，认真做好
第十批学位点申报的准备工作[*]

省政府决定从 2004 年至 2007 年，每年拿出 1.5 亿元来实施重点高校建设计划。这一计划以学科建设为核心，以创新平台建设为重点，集中资源，发挥优势，体现特色，通过支持一批省级重点学科和创新平台的建设，使之成为福建省高层次人才培养以及解决经济、科技和社会发展重要问题的基地，为建设海峡西岸经济区提供有力的人才支持、知识贡献和技术保障。重点高校建设的经费 2004 年初就已到位了，但时至今日仍无法动用，原因是有关文件还在修改过程之中。

本次重点学科将遴选 100 个左右，各有关高校在评定校级重点学科的基础上组织申报。为体现公平竞争和不搞终身制的原则，"九五"期间福建省重点学科名称自动取消，应重新参加此次重点学科的评选工作。国家重点学科建设的学科自动列为省重点学科。学校要建立重点学科的自我评估制度，并根据重点高等学校建设的目标要求，编制学科建设规划。在参加评选前须认真填写重点学科申请表，经组织有关专家对所建设学科进行评估论证后申报。重点学科评选工作采取学校申报、同行专家评议和行政审核批准的方式进行。省教育厅对学校申报学科按二级学科组织全国著名专家进行评审，提出重点建设学科的评议意见。省教育厅根据专家评审意见进行审核，经公示后公布重点学科名单。重点学科材料申报与时间安排

* 这是笔者 2004 年 9 月 7 日在全校部署新学期工作大会上讲话的一部分。

如下：学校于 2004 年 9 月 20 日前将申报材料送到省教育厅高教处；省教育厅将于 9 月 30 日组织有关专家进行评议，于 10 月 20 日前根据专家评议意见进行审核、公示并公布重点学科名单。我们要赶快行动起来，认真部署安排，对照规定的条件积极组织申报，同时论证要充分，填表要规范。如果能评上省重点学科，就要扎扎实实地把它建设好。

除了在全省高校遴选 100 个重点学科外，教育厅另外拨出一笔经费，准备建设若干个科技创新平台。原先文件中的科技创新平台都是理工科的，如电子信息、现代制造、化学化工、生命科学、生物制药和新材料等，人文社会科学连边都没沾上，这对我校十分不利。经过我们据理力争，最后总算增加了海峡西岸经济区和闽台文化研究、经济体制改革研究这一创新平台。因此，有关这一平台的项目，我们也要认真组织申报。

一旦省级重点学科确定下来后，我们还要组织校级重点学科申报工作。我们要通过学科建设这一龙头，来推动教学科研工作，推动教师队伍建设和公共服务体系建设，促进学校管理体制和机制的创新，实现学校的跨越式发展。

学科建设中的一个重要问题就是重点实验室建设。我们现在已经有一个国家级重点实验室，就是与农业部共建的生理生态与遗传改良重点开放实验室，前期的 400 万元经费已到位，我们一定要努力建设好。上学期，我们投入 1200 万元建设光子技术省重点实验室，效果很好，吸引了一些优秀人才，要在此基础上积极申报教育部重点实验室。本学期要重点建设高分子化学与物理重点实验室，和博士点建设结合起来。亚热带资源与环境重点实验室也要建设好。

按原来的工作安排，第十批学位点申报工作从 2004 年底开始。由于国务院学位办的人事变动，申报工作可能推迟到 2005 年初。我们的各项准备工作不能因此而有所懈怠，应该抓紧时间把准备工作做得更加充分。各学院领导要高度重视，及时了解申报的信息，组织好学科梯队，开展各种形式的学术交流活动，主动和国内同行专家进行联系，让他们对我们有所了解。研究生处在这方面做了大量工作，上个学期就召开了 13 次会议，认真做好申报的指导和协调工作，对学校现有的资源进行合理的整合。另外，对 2003 年获得的博士点、硕士点要努力建设好，不能重申报、轻建设，本学期要进行一次检查，切实解决在学位点建设中遇到的各种问题。

抓紧省、校重点学科建设，重视高层次创造性人才的培养和引进[*]

2005 年 3 月 12 日，省教育厅下发了今年第 27 号文件，公布了福建省高等学校重点学科名单。2004 年全省共申报重点学科点 164 个，省教育厅审定通过 111 个，加上厦门大学等 15 个国家级重点建设学科，共 126 个。我校共申报 20 个，审定通过 16 个，它们是：体育教育训练学、音乐学、中国古代文学、中国现当代文学、政治经济学、自然地理学、发展与教育心理学、课程与教学论、发酵工程、专门史、汉语言文学、光学工程、高分子化学与物理、基础数学、凝聚态物理、马克思主义理论与思想政治教育。这次我校申报的重点建设学科有三个特点：一是通过率比较高，达 80%，我校的重点学科数已比"九五"期间翻了一番；二是覆盖面大，除新组建的学院外，绝大部分学院都有省重点学科点，比较均衡；三是专家评议的分数比较高，本次评审委托教育部所属的有关评估机构和权威专家进行，比较严格。我校 80 分以上的有 7 个，其中 85 分以上的有 4 个，这在省属高校中是少有的。这说明几年来我们狠抓重点学科建设已取得了明显成效。

省重点建设学科点的获得来之不易，要建设和管理好更加不容易。各学科点、各有关学院一定要按照省重点学科建设评估的要求，抓紧修订学科建设规划，逐项予以落实。省重点建设学科是通过项目来实施的，上学期已评出十大项目（涵盖了 14 个重点建设学科），项目经费已下达。这次

* 这是笔者 2005 年 3 月 22 日在全校部署新学期工作大会上讲话的一部分。

新增的 2 个重点学科点，一个是凝聚态物理，一个是基础数学，也要按项目给予经费。省重点学科的项目经费属于省级专项基金，要单独核算，专款专用。要加强年度预算，增强科学性，减少随意性。省教育厅和有关部门一两年之后就要组织评估，现在就要认真考虑以后的评估问题。目前，我校在国家级重点学科方面还是一片空白。请各学科点、各学院一定要高度重视，切实把重点学科建设好，力争有 1～2 个学科进入国家级重点学科。现在，省里下了这么大的决心，连续五年每年资助 1500 万元用于我校的学科建设，我们要抓住这个机遇，积极创造条件，推动我校的学科建设再上新台阶。有希望进入国家重点学科的，学校将在政策、经费方面予以支持和倾斜。

在建设省级重点学科的同时，也要建设一批校级重点学科。学校已发出通知，准备遴选 20 个左右校级重点学科。校级重点学科的申报、评审、建设和管理，基本参照省重点建设学科的一整套做法。目前，各学院申报的积极性都很高，因为校级重点学科将列入学校建设与发展规划，学校将在政策、经费、人才队伍建设等方面给予支持。我们要通过重点学科建设，进一步创新管理机制，加强教师队伍建设，推动学校学科建设整体水平的提高，增强学校的核心竞争力。

关于第十批学位点申报工作，我们从 2004 年开始就进行了部署，研究生处也到每个学院召开会议，进行调研和指导，做了大量工作，取得了一定成效。原来得到的信息是只能报一级学科博士点，二级学科博士点不能报，但现在的消息是二级学科博士点仍可以报，还可以报一级学科硕士点。本学期开学伊始，我们就重点学科建设和学位点申报工作专门召开院长会议，再次进行动员部署。现在看来，大部分学院已紧张行动起来，采取各种措施，但也有个别学院重视不够，有一种畏缩不前、无所作为、守株待兔、听天由命的思想。这种思想若不改正，要想在学位点申报上有所突破，是很困难的。我们要认真汲取过去申报成功和失败的经验和教训，树立信心，敢打敢拼，争取最后冲刺成功。研究生处要继续加强沟通、协调和指导，要打破学科和学院的壁垒，在全校范围内进行资源整合。

本学期学校还要遴选新一批的博士生导师、硕士生导师和硕士点负责人。目前我校的博士生导师已有 65 人，而博士生招生指标才 70 多人，对新遴选的博导将考虑实行评聘分开。遴选要严格按照规定的程序进行，因为研究生导师的素质和水平直接关系到研究生培养的质量。

上学期，以公共管理学院为主申报的公共管理专业硕士学位点

（MPA），经过全校上下的共同努力，终于获得成功，这是继取得教育专业硕士学位点后的又一重大进展，对于我们这所地方院校、师范院校而言，意义非同小可。现在要广为宣传，认真做好招生准备工作以及学位点的建设工作，要体现高质量、高水平，创造良好的社会声誉。同时，有关单位还要争取做好体育和艺术两个专业硕士学位点的申报工作。今后还要继续加大力度，创造条件申报其他专业硕士学位点。

2004 年我们提出要实施"人才强校"战略，其核心就是要造就一批在国内外有一定影响的学科带头人和中青年学科骨干，这是保证我校快速发展、增强发展后劲的关键环节。令人高兴的是，前不久省有关部门评选国务院政府特殊津贴人选时我校有四位教师获得通过，他们是黄汉升、余文森、叶松荣、林金火四位教授，涵盖了文科和理工科，全部是中青年教师，这是非常不容易的。2004 年我校被列入教育部新世纪优秀人才资助计划的也有 4 人，也都比较年轻。我们希望有更多的中青年教师进入国家级、省级的人才队伍行列。这两年，物理与光电信息科技学院在高层次创造性人才的培养和引进方面迈出了较大步伐，取得显著成效。例如，李晖教授已被评为教育部新世纪优秀人才和全国优秀教师；最近被评为省重点建设学科点的凝聚态物理学科，其团队成员都很年轻，且多为博士、副教授，领头人是刚从南京大学获得博士学位的黄志高教授。这一批年轻人已在 SCI 上发表了几十篇论文，在国内外产生了一定的影响，并在激烈的竞争中跻身省重点建设学科，实属难得。还有特聘的闽江学者陈智浩教授，以及从国内名牌大学引进的一些高层次创造性人才，他们在学科建设中都发挥了十分重要的作用。学科建设要上台阶，教学、科研要上水平，优秀人才至关重要。现在高校之间对高层次创造性人才的竞争十分激烈，对此我们要积极应对，出台更加优惠的政策，同时妥善解决家属安置、子女上学、住房安排等问题。春节前，学校在仓山桔园洲大桥附近新购置了 20 套住房，每套面积为 100～130 平方米，用于解决引进人才的住房问题。前三年我校在上渡玫瑰苑购买的一批房子，现在已全部用于解决引进人才的住房。同时，学校正在周边物色一批二类房和三类房，作为引进人才和攻读博士学位学成归来的教师的临时过渡房。当然，我们还要感谢附中、附小，它们在解决校本部人才的子女就学上作出了贡献。

我们不仅要善于培养人才、引进人才，还要善于留住人才、用好人才。现在有个别学院高层次人才向外流动，这虽然也属正常，但如果把工作做得更好一点、更细一点，这是可以避免的。

关于学位点建设和科研
工作的几个问题*

一　关注第十批学位点的评审，加强
省、校重点学科建设

（一）第十批学位点申报评审情况

学校从 2004 年开始就部署第十批学位点申报工作，上学期在部署学校工作时又作了重点安排。经过近一年的努力，申报工作已基本结束，初见成效。2005 年的博士点评审工作大体上分两轮，第一轮是通讯评审，即每个学科请若干专家进行评审；第二轮则由国务院学科评议组成员进行讨论表决。通讯评审有两项分数，一是设立了若干指标，根据指标对各个学校申报的学科进行打分；二是直接投票。经过投票，只有得到通讯评审专家组 50% 成员的同意，即至少要 50 分才能入围。8 月底，第一轮通讯评审的结果已经出来，我校入围的情况是：4 个一级学科博士点入围，分别是理论经济学、历史学、地理学和光学工程，入围率达 100%；二级学科博士点申报 19 个，入围 6 个，入围比例近 1/3，分别是发展与教育心理学、英语语言文学、美术学、基础数学、光学、动物学。硕士点评审的情况是：一级学科硕士点成绩在 80 分以上的有 6 个学科，80～90 分的有 3 个，

＊　这是笔者 2005 年 9 月 8 日在全校部署新学期工作大会上的讲话的一部分。

90~100 分的 3 个，其中 2 个达到 100 分，分别是理论经济学和历史学。二级学科硕士点 80 分以上的有 19 个。从目前的情况看，学位点申报评审工作可以概括为四句话："成绩喜人、形势严峻、保持低调、继续努力。"

一是成绩喜人。从入围博士点的布局来看，有些在我校还是空白点，如外语、数学、美术等；有一些理工类的博士点入围，十分可喜，如光学工程、光学、数学、动物学等。在 80 分以上的硕士点中，有许多新的学科，如传播学、民商法学、计算机软件等。从省属高校博士点的入围情况来看，我校的入围情况名列前茅。从全国高师院校情况来看，我校一、二级学科博士点的入围情况也是很好的。尤其是硕士点，这么多一级学科、二级学科获得高分，比第九批申报情况有很大进步，省教育厅领导也向我们表示祝贺。

二是形势严峻。这主要表现在博士点方面。第二轮的评审中我校有两个明显劣势。一方面，我校毕竟还是地方院校，而竞争对手大都是部属重点大学；另一方面，我校属于师范院校，传统的偏见认为师范院校的学术水平比较低。这对我们十分不利。我们要做好严重受挫的思想准备，弄得不好，也有可能是空欢喜一场。

三是保持低调。除了硕士点在省里评，按以往经验来看比较乐观外，博士点评审确实未可乐观，一定要保持低调，现在还不是高兴的时候，因为有可能大部分被淘汰。有这么一句话，如果不是创造历史，那就成为历史，博士点申报就属于这种情况。

四是继续努力。我们要积极向有关方面宣传学校的情况和学科的优势。前几天我和美术学院的老师去找一位美术界的权威专家，向他介绍我校的情况，他原来还不太了解，后来才知道我校美术学科办学历史比较悠久，包括谢投八和徐悲鸿历史上还有关系，同时我校还培养了很多优秀人才，包括中央美术学院副院长范迪安教授，挺不简单的。因此，必须多宣传、多介绍，让专家多了解我校的情况，取得他们的支持。目前的申报工作正处在关键时刻，丝毫不可麻痹大意，要继续做好工作。

（二）做好申报马克思主义理论一级学科博士点的准备工作

马克思主义理论是我们党指导思想的理论基础，但长期以来，它在学科分类上属于政治学的二级学科，名称为马克思主义理论与思想政治教育，而宗教学也是二级学科，这是一种很奇怪的现象。理论界对此反应十分强烈，希望提升马克思主义理论研究的地位。党中央十分重视这个问题，2004 年下发了 3 号文件，提出要进一步繁荣哲学社会科学，重视马克思主义基础理论的研究，紧接着又开始实施马克思主义基础理论研究和建设工程。现在党中央已经决定把马克思主义理论提升为一级学科，据了解，下设 5 个二级学科，即马克思主义基本原理、思想政治教育、马克思主义发展史、马克思主义的中国化和国外马克思主义研究。该学科将单独进行申报。虽然文件还没有下来，但要积极做好申报的准备。从我校的情况来看，申报马克思主义理论一级学科博士点还是具有一定的基础。第一，我校的马克思主义理论与思想政治教育是省重点建设学科，在全省是唯一的。第二，我校有马克思主义理论与思想政治教育博士点，在全省也是唯一的。第三，我校具有马克思主义理论教学和研究的优势和特色。长期以来我校在马克思主义理论的教学与研究方面出了一批高水平的教材和论著，在省内、国内理论界都有一定的影响。因此，我们要积极做好准备工作。一是要加强博士点和重点学科建设，最终申报能否成功关键还是要靠实力。二是要扩大与理论界的交往。2004 年 9 月份，公共管理学院承办了全国政治学年会，扩大了影响，有力促进了申报 MPA 硕士点工作。2005年 9 月下旬，全国历史唯物主义学会年会将在我校召开，该领域的顶尖专家都会前来参加。我们要很好地利用这个机会，让专家了解我校特别是学科建设情况，这对于学位点申报是很有好处的。

（三）加强省、校重点学科的建设与管理

2005 年 6 月份，省教育厅与财政厅联合发文正式批复我校，同意我校申报的省重点高校建设项目，主要有：18 个省重点学科联合申报的 10 个建设项目，3 个公共服务体系建设项目、人才队伍建设项目，7 个科研创新平台，3 个重点实验室和现代工业生物技术工程研究中心。现在正在进行的省重点学科建设，对于提升我校的竞争力具有十分重要的意义。如何加强重点学科与重点建设项目的建设和管理？第一，高度重视。各学院党政一把手要亲自抓这项工作。重点学科与重点建设项目来之不易，是要经过多年的努力才能拿到的。例如，美术学院获得省重点建设学科，经过几十年努力才搭上了省重点学科的末班车，十分不容易。既然申报成功了，就要十分重视，把它建设好。第二，建章立制。要制定出台省、校级重点学科的自我评估体系和标准。省里有个评估标准，要根据我校的实际情况进一步细化。校级重点学科 2004 年才评审出来，我们也要制定相应的评估体系和标准，按照标准进行建设。第三，规范管理。建设经费都已下达，并

已分到各个项目。经费要专款专用，按规定要进行年度预算，切实把经费用好。本学期，我们将开展一次初步评估，相关的学院要做好准备工作。第四，要着手制定"十一五"学科发展与建设规划。2006 年就进入"十一五"时期，我们要在前期基础上，继续把学科建设工作抓好，做到协调、持续、健康发展。

二 推动科研工作再上新台阶，重视 研究生创新能力的培养

（一）加强重点实验室和科研创新平台的建设

首先报告一个好消息，上学期在物光学院召开二级学院建设与管理现场交流会时，谢树森院长提出学院的目标是实现"三大件"，分别为省重点学科、教育部重点实验室和博士点。目前，省重点建设学科已评上 2 个，博士点第一轮评审已入围，教育部重点实验室已正式下达文件，同意物光学院"医学光电科学与技术"重点实验室立项。9 月 16 日，省教育厅将组织专家进行论证，之后就要挂牌。这是非常不容易的，经过我们自己的努力，实现我校在教育部重点实验室上零的突破。在这里要特别感谢物光学院全体教职工的努力，以及有关部门的大力支持。同时也表明学校对物光学院实验室建设加大投入的决策已经取得了实效。

生物工程学院正在建设两个实验室。一个是现代工业生物技术工程研究中心，已获得省发改委立项，一期资金投入 500 万元，已到位 450 万元，争取在学校科技节期间挂牌。这一中心的建成，标志着我校在向综合性大学的发展方向上迈出了重要一步。如果物光学院光学工程一级学科博士点申报成功，将意味着我校在工学方面有了很大发展。另一个是我校与农业部共建的甘蔗研究所，已到位经费 550 万元。生物工程学院仅这两个项目，到位的经费就已达到 1000 万元。这两个实验室我们一定要建设好。数学与计算机科学学院正在筹建网络安全与密码技术实验室。这是一个新兴学科，一项世界尖端的技术，有广阔而重要的应用前景。数学与计算机科学学院已获得了省重点学科和校级重点学科，要发挥学科优势把实验室建设好。我在澳大利亚访问期间，认识一位校友就是搞网络安全和密码技术的，准备在 10 月份和我们一起举办国际性学术研讨会，数学与计算机科学学院要抓住机遇，把实验室建设推向学科发展的最前沿地带。

（二） 要认真组织好课题申报

2005 年我校课题申报工作取得很大成绩，到目前为止取得国家社科基金项目 7 项，其中有一项重大项目，即汪征鲁副校长主持的"唯物史观与中国历史研究"，经费 11 万元。国家自然科学基金方面也捷报频传，大概有 10 项左右，其中物光学院 4 项，生物工程学院 2 项，数学与计算机科学学院 2 项，经济学院 1 项。尤其是物光学院一举获得 4 个国家自然科学基金项目，在学术同行中引起了轰动，似乎有点不可思议，但毕竟是实现了。作为地方院校，只要有准备、下功夫，也可以与其他强校相抗衡。2005 年我校还拿到 1 个"863"项目，是生物工程学院陈由强教授的"能源酒精研究"项目，经费 75 万元。到目前为止，今年的科研经费已经达到 1871.8 万元。但我们不能满足于现状，要继续做好下半年和明年项目课题的申报，如全国教育科学"十一五"规划项目，省科技厅和教育厅的项目等。在积极申报课题的同时，要积极做好在研项目的检查，到期项目的结题、清理等。科研处对该项工作一直抓得很紧，各学院的老师也要积极予以配合。

（三） 做好科研成果评奖有关准备工作

福建省第六届哲学社会科学优秀成果评奖目前正在进行，我校申报项目有 187 项，第一轮评审已经结束，入围的有 120 项，将在本月下旬开始第二轮的评审，希望获得好的成绩。在省科技进步奖方面，经过努力，今年有望拿到 3 项，其中有 1 项可能是一等奖。因此，这方面的工作不可等闲视之。评判大学的科研竞争力，就是看课题、经费和实验室建设，以及获奖级别和高水平的论著，这几个方面可以形成综合科研竞争力，我们要朝着这一方向努力。

（四） 办好第十届科技节

2005 年科技节的主题是"科学·和谐·发展"，常规的工作这里就不说了，主要强调以下几点。一是几个文件要修订出台，如创新团队的建设、专利申请基金、学术著作出版、学术道德规范等。二是做好教学科研成果展览馆的更新。原有的内容已经陈旧了，该换的换，该添的添。这也是我校的"橱窗"。三是召开各种类型的学术讨论会，促进学科建设。各学院要珍惜这一机会，结合学校 98 周年校庆活动，积极邀请学术同行来校参加研讨会。已经确定的几个重要会议，如亚洲民族音乐研讨会、第九届闽方言国际研讨会等，要努力把会议开好。要在适当时候召开校社科联第四次代表大会，总结第三次代表大会以来的工作，选举新一届理事会。准备成立邓小平理论研究中心，有的重要文章可以以中心的名义发表。2006年是学报创刊50周年，学报要抓紧纪念活动的筹备。要加强闽台区域研究中心的建设。本学期配备好中心领导班子，在"十一五"期间中心要有大的作为，在社会上产生较大的影响。

（五）鼓励研究生积极参与科研创新工作

研究生是我校科学研究的一支重要力量，目前这支队伍在迅速壮大，2005年秋季入学的博士、硕士研究生达1526人，在校研究生总数达到3551人，其中博士229人。按这种速度发展下去，尤其是第十批学位点批下来后，2006年招收的研究生可能突破1700人，2007年研究生在校生总数将突破5000人。对这支庞大的队伍，我们要发挥他们在科研方面的生力军作用，要积极发动研究生与导师合作或独立开展科学研究，并为他们的研究提供比较好的条件。同时，提高研究生培养质量的问题也不容忽视。本学期学校要修订研究生培养方案，原来的培养方案是1999年制订的，要与时俱进加以修订，把一些反映时代内容的东西充实进去。要开展省、校优质硕士学位课程申报与评选，要建设研究生科研创新工程。几年来我们形成了一个比较好的传统，即每年在举办科技月活动时，都要开展研究生科研成果评奖活动；定期举办博士生论坛；评选校级优秀学位论文，而且评选论文实行"双盲评审"，效果很好。2005年的学位点申报结束后，学校在年底遴选新一批博导。6月份学校组织新遴选的博、硕士生导师进行了培训，收到了很好的效果。今后这方面的工作还要加强。

关于发展、科学与和谐[*]

今年科技节刚好是第十届，很有意义。本届科技节内容丰富，形式新颖，气氛热烈，大家都感到十分高兴。就今年的科技节主题，我谈几点感想。

首先是发展。今年科技节的主题是"科学·和谐·发展"，我把发展提到前面来讲。今年的科技节有两个时间概念。一是庆祝学校成立98周年，二是科技节举办10周年。98周年也好，10周年也好，都是发展，而且这个发展是跨越式的发展，是科学、和谐的发展。首先从学校招生规模来看，有三组统计数字。第一组数字，包括全日制本专科生3万多人，网络学院2万多人，成人教育2万多人，共7万多人。如果把附中附小都加进去，就有10万多人。第二组数字，包括福清分校、闽南科技学院、协和学院，凡颁发福建师范大学毕业证书的全日制本专科生共33000多人。第三组数字，老校区和新校区全日制本专科生共25000多人。从这几组数字来看，不管是哪一组数字，应该说都是空前的。以前我到国外，看到国外高校有几万人，就觉得规模很大，当时福建师大还不到一万人，可见我们的发展非常之快。从学院发展来看，现在有27个学院，61个本科专业，不仅有师范本科专业，还有大批的非师范本科专业，这也是很大的发展，而且有质量的提升。在本科专业中有四个是国家人才培养基础。虽然我校

---

* 这是笔者2005年12月7日在全校召开的第十届科技节开幕式上的讲话。

国家人才培养基地比起重点大学数量不算多，但在全省仍名列前茅，而且"品种"齐全，有文科、有理科，有经济学基地、有体育艺术基地，这是很多高校所没有的。经过第十批全国学位点的申报，我校的硕士点由 69 个发展到 112 个，博士点从 18 个发展到 36 个，一级学科博士点由 1 个发展到 5 个，省重点学科由"九五"期间的 8 个发展到 18 个。而且有一些项目填补了"空白"，如教育部重点实验室、省级工程研究中心等。

科技节十年，刚好是"九五""十五"的十年，学校科研工作取得巨大发展。科研项目立项数由 1996 年的 100 多项增加到 2005 年的 350 多项；科研经费由 1996 年的 300 多万元增加到 2005 年的近 2500 万元；国家自然科学基金项目由 1996 年的 1 项增加到 2005 年的 11 项，国家社科基金项目由"九五"期间不稳定的立项数到"十五"期间始终保持 8 项左右稳定的立项数；科研成果的数量成倍增加，质量显著提高，每届省社科优秀成果奖持续创新高；省部级重点实验室、人文社科重点研究基地等科研创新平台建设在"十五"期间实现了零的突破，并保持着良好的发展势头；学校举办的学术会议从 1996 年的 10 多场到 2005 年的 30 多场，学术会议的规格从全省逐步提升到全国、国际，等等。但是也应该看到，我们发展的过程是十分坎坷和曲折的。比如，今天在这个大会上为生命科学学院揭牌。生命科学学院原来叫生物工程学院，其前身为生物系。在 1994 年根据形势发展需要，更名为生物工程学院，当时更名是非常不容易的。上级主管部门不予批准，因为我们是师范大学，当时学校顶住压力，自己授牌。今天给生命科学学院授牌，教育厅领导莅临指导，我们非常高兴和感激。我们从师范性大学向综合性大学的发展过程是十分曲折的，十年来我们进行了科研管理体制的许多改革，其中很重要的是，对教师进行科研考核，要求每位教师在从事教学的同时也要开展科研，每年都有量的要求。刚开始，这项改革遇到很大的阻力，当时到学院进行调研的时候，反对的教师占大部分，但最后学校党委坚持把这项工作开展起来，并取得良好的效果。经过这几年的发展，我们切切实实地感受到，一个大学不搞科研，一个教师不搞科研，那么学校就不能有良好的发展，虽然发展的道路很不平坦，但是在发展的过程中我们也得到了上级有关部门的有力支持，尤其是科研工作得到了省委、省政府、科技厅、教育厅、社科联、科协等部门的大力支持，今天借此机会对它们的关心和支持表示感谢。

发展必须是可持续发展。学校正在制定"十一五"发展规划，总结过去的经验教训，并更好地规划未来。我们在查找原因分析问题时，不仅要跟过去作纵向比较，而且要跟省内外、国内外的其他大学进行横向比较，认真查找存在的问题。根据存在的问题及党中央和福建省委提出的"十一五"规划的建议，着手制定学校发展的"十一五"规划。这项工作现在已经开始动员布置，在 2006 年 6 月份之前完成。这是件非常重要的事情，因为规划包括未来五年奋斗的目标，在教学、科研、学科建设、人才队伍建设等方面的设想和措施。希望各个学院、各个相关部门认真对待这项工作，尤其在科研方面，必须把规划制定好，这样才能使工作更加合目的性、更加安定有序。

其次是科学。这次中央提出的"十一五"规划建议，有许多亮点，以科学发展观统领经济和社会发展的全局就是一个大亮点。全面贯彻落实科学发展观的关键是转变经济增长方式。"十一五"规划的建议特别强调自主创新问题。解决自主创新问题，关键在于具有自主创新能力的人才。解决人才问题，就必须认真贯彻"科教兴国"和"人才强国"战略，关注教育和大学的发展问题。大学发展要逐步由外延的发展到内涵的深化转化。1999 年以来全国各个大学都在进行"扩招"。扩招的历史作用不能否定，但由此带来的质量问题也不容忽视。2004 年底，党中央明确强调教育的重点要从外延扩张逐步转向内涵发展，这就要求我们注重教学质量的提高，注重科研实力的提升，注重师生素质的提高。学校在制定"十一五"规划时要特别考虑从外延的发展转变到内涵的发展。

再次是和谐。发展要科学，更需要和谐。和谐发展必须协调好以下几个关系。

第一，协调好教学与科研的关系。我校 2006 年下半年要接受教育部本科教学评估，各个学院必须做好自我评估工作。最近通过校领导听课周的听课，发现了不少教学上的问题。所以，我们在抓好科研的同时也要抓好教学质量。强调抓教学质量、抓教学评估，不能降低科研的地位和作用，不能以一个倾向掩盖另一个倾向，要辩证地处理好两者的关系。教学搞不好，就会严重影响人才培养质量；不以科研作基础，教学就难以提高水平。我们不能因为现在是科技节而强调科研的重要性，不能因为是开展教学评估而强调教学的重要性，教学与科研工作都一样重要，我们"两手"都要抓，都要硬。

第二，协调好基础研究和应用研究的关系。一所大学不搞基础研究就很难有发展的后劲，也无法进入学术的前沿。应该说，我们学校的基础研究是很有优势和特色的。搞好基础研究的同时，也要注重应用研究，特别是能够为建设海峡西岸经济区的经济和社会发展服务的应用研究。福建师范大学作为省属重点高校，必须要为海峡西岸经济区发展作出贡献。今天我们在这里为省社科联、罗源县和福建师大联合成立的"全面建设小康社会"调研基地挂牌，就是希望通过在这个基地的研究，为地方经济和社会发展作出贡献。今天，我们还与一个企业签订了产学研联合开发项目，这是应用研究出成果、出效益的重要体现。

第三，协调好物质条件和人际环境的关系。科学研究没有一定的物质条件，没有一定的经费投入，不可能有较大的发展。2005 年，物理与光电信息科技学院获得省重点学科、部级重点实验室和光学工程的一级学科博士点的三个突破，一方面靠他们的努力，靠他们科研的基础，另一方面也靠学校投入 1200 万元的巨资。为了促进科研发展，学校还会继续加大资金投入，包括生命科学学院、地理科学学院、数学与计算机科学学院等，会尽力改善它们的实验室条件。同时，我们也要积极创建和谐的科研环境和人际关系，使科研人员在良好的氛围中心情愉快地工作，调动和激发他们的积极性和创造性。

第四，协调好不同人才群体之间的关系。这几年，我校既有一批自己培养的人才，也引进一批从海外归来的人才，比如说生命科学学院的洪炎国教授，外国语学院的刘亚猛教授等，他们都非常优秀。刘亚猛教授 2005 年获得国家社科基金项目和第六届省社科优秀成果一等奖。洪炎国教授连续三年获得三个国家自然科学基金项目。这些海归学者对我们这次博士点申报成功起了很重要的作用。同时，我们也要重视本校的专家，既要重视老专家，也要重视中青年专家。令人高兴的是，今年有多个青年教师获得国家自然科学基金和国家社会科学基金项目，在学校表彰的第六届青年教师科研先进个人中，有的还不到 30 岁，他们就取得了骄人的成绩。

第五，协调好物质激励和精神激励的关系。对科研上做出成绩的教师要进行物质奖励，因为他们多付出了劳动，而且这种劳动是创造性劳动。这次科技节奖励的项目、人员的数量和力度都超过了以往任何一届，这是好现象。通过物质奖励，能够进一步调动广大教师的科研积极性，成效显著。例如，被 SCI 等四大检索系统收录的文章，前几年平均每年不到 40篇，2005 年却有 200 多篇。有的年轻教授，一年内被 SCI 等收录的共有 10多篇。另外，从 2005 年 196 个享受校内教学科研重点岗位津贴的人员看，除部分老专家外，80% 都在 50 岁以下，其中在 35 岁以下的还占了一定的比例。这说明我们的人才队伍是"长江后浪推前浪",显示了发展的后劲和希望。所以,我们在科研制度建设中,要有物质激励的规定,而且不能随意变更、取消。但是,在实施物质激励的同时,也要讲奉献精神,讲团队合作,不能急功近利,更不能投机取巧、弄虚作假。人是要有点精神的,我们要发扬科学精神,倡导和谐意识,不断提升思想境界。

以创新精神推进学科建设和科研工作

2005 年 10 月 17 日是个值得纪念的日子，这一天我国的神舟六号飞船从天外归来，创造了令世人瞩目的奇迹，举国欢腾；北京的京西宾馆也传出了我校入围的一、二级学科博士点全部获得通过的好消息，全校为之欢呼。当时我校各入围博士点的负责人都在北京（因为一级学科博士点的负责人按规定要参加答辩），其心情可以用杜甫的一首七律诗（《闻官军收河南河北》）中的头几句来形容："剑外忽传收蓟北，初闻涕泪满衣裳。却看妻子愁何在？漫卷诗书喜欲狂。"当时可以说是百感交集，不少人热泪盈眶，喜极而泣。在第十批学位点申报中，我校取得了历史性重大突破，共获得了 4 个一级学科博士点，20 个二级学科博士点，14 个一级学科硕士点，47 个二级学科硕士点。博士点数量比 2003 年翻了一番，比 2002 年翻了两番，硕士点增加了 1.5 倍。第十批学位点申报我校获得了三块"奖牌"：第一块是"铜牌"，即我校获得的一、二级学科博士点总数在全国高师院校排名第三（第一名是东北师大，第二名是华东师大）；第二块是"银牌"，在省内高校仅次于厦门大学；第三块是"金牌"，在全国省属地方院校中名列第一。目前我校共有 5 个一级学科博士点、36 个二级学科博士点、14 个一级学科硕士点、116 个二级学科硕士点，加上 4 个专业学位硕士点（教育、MPA、体育、艺术专业学

---

* 这是笔者 2006 年 3 月 7 日在全校部署新学期工作大会上的讲话的一部分。

位），我校共有 120 个专业可招收硕士研究生。通过这次申报，我们与先进院校的差距大为缩短，综合竞争力大为提高，社会影响力也大为扩大。这次学位点申报成功，原因是多方面的，从校内说，是历任校党政领导高度重视、几代师大人长期积淀和不懈追求的结果，是各学院、部门苦心经营、团结协作的结果，是广大教职员工积极进取、努力拼搏的结果。这里特别要提出的是研究生处在这次申报中发挥了重要作用，学校已决定对其进行嘉奖。各学院要对在申报过程中帮助过我们的单位和人员用不同的方式表示感谢。学校决定在 3 月 17 日召开总结表彰大会，并对下一步的工作进行部署。

在上学期的工作报告中，我曾经说过一句话："如果不是创造历史，那就成为历史，博士点申报就属于这种情况。"现在可以说，我们创造了历史，但更重要的是要续写好历史。要把这么多博士点、硕士点建设好，的确不是一件容易的事情。

本学期要做好新增博、硕士点的建设工作，其中包括研究方向的确定、培养方案的编制、学术梯队的建设和导师的遴选，积极准备明年的招生。学位点批下来大家很高兴，如果建设不抓紧，质量上不去，以后评估就会出问题，所以新增学位点的建设一定要引起高度重视，要采取切实有效的措施进行建设。

从这几年的情况看，学位点申报一般都是两年一次。从现在起，我们就要积极为 2007 年第十一批学位点申报作准备。首先要有信心和决心，正如毛泽东同志所说的，在战略上要藐视"敌人"；其次要认真对待，在战术上要重视"敌人"，要充分挖掘潜力，我校在这方面还是很有潜力的，如马克思主义理论、体育、艺术等，都可以冲击一级学科博士点。另外，经过这几次的磨练，也积累了不少经验和教训，这是一笔宝贵的精神财富。

我校的 18 个省重点学科批下来已经两年多了，学校遴选的 21 个校级重点学科也已经一年多了，省重点学科的建设是五年一个周期，现在已经时间过半。学科建设的进展情况应引起重视。本学期要组织一次校内自查，请校重点学科办公室作出具体的部署安排。

今年（2006 年）将开始第三批国家级重点学科的评审。第二批评审是 2001 年，我校有三个学科参与申报，未获成功。这是我校学科建设的一大缺憾。南京师范大学、湖南师范大学、华南师范大学都走到了我们的前面。经过这几年积蓄，我校各方面条件有了较大的改善。尽管申报难度很大，但也要下决心闯关，要举全校之力，争取在这方面能获得突破。

教育学科是我校的重点学科，也是办学特色之一。大家都比较关心与省教育学院的合并问题，特别是教育科学与技术学院比较关心，因为这直接关系到教育学科的建设与发展。这项工作上学期就已经进行了，两校领导进行了多次友好磋商，一致同意合并，并得到了省教育厅、省政府的肯定和支持。本学期，我们将积极推进这一工作。初步设想是，与省教育学院合并办学后，可以建立新的教育学院，其任务一是进行教育科学的研究；二是培养教育专业本科以上的人才，包括教育硕士；三是培训教师的教育职业技能。要使我校在教育科学研究和人才培养以及为基础教育服务方面发挥更大的作用。

党的十六届五中全会明确提出了我国科学技术发展的指导方针，即"自主创新，重点跨越，支撑发展，引领未来"，并把增强自主创新能力作为科技发展的战略重点。2006年1月份召开的全国科技大会，是党中央、国务院在新世纪召开的一次重要会议，会议讨论了中共中央、国务院即将作出的《关于实施科技规划纲要 增强自主创新能力的决定》（已作为中共中央2006年4号文件于1月26日正式下发）和《国家中长期科学和技术发展规划纲要（2006~2020年）》。有媒体评价说，这次大会如同1978年的全国科学大会一样，对推进我国科技事业发展乃至整个社会主义现代化建设将具有里程碑的意义。我们要组织全校师生员工认真学习大会的重要精神，全面理解自主创新的科学内涵，高度重视并切实加强基础科学、前沿技术和社会公益的研究，进一步完善激励自主创新的政策措施，在校园内形成激励自主创新的浓厚舆论氛围。

2006年2月21日，省科技厅组织了对我校化学与材料学院重点实验室的验收，省科技厅领导在与我校领导座谈中提出，坚持科技创新，要着重抓好三个环节：基地、人才和项目。基地也就是重点实验室、重点研究中心和科研创新平台等。在理工科方面，我校已拥有4个省部级重点实验室和1个省级工程研究中心。物光学院的医学光电科学与技术教育部重点实验室，已于2005年12月召开了第一届学术委员会第一次会议，按专家的要求正在抓紧进行建设。化学与材料学院的"省功能材料研究与技术开发公共实验平台"已顺利通过验收，可望成为我校第3个省重点实验室。生命科学学院的省现代发酵技术工程研究中心正在积极申报教育部工程研究中心，上学期末学校又拨专款1200万元支持建设。地理科学学院的省重点实验室学校也准备加大投入，和地理学科的一级学科博士点结合起来建设。应该说，学校决定每年重点建设 1～2 个实验室，实践证明取得了很大成功。数学与计算机科学学院已经对网络安全与密码技术实验室加大了投入，前景看好。

社会科学方面，2006 年 3 月 2 日，教育部基础教育司领导来我校视察，听取了基础教育研究中心主任余文森教授的工作汇报，十分满意，认为中心在为基础教育研究服务方面作出了重要的贡献。闽台区域研究中心领导机构上学期末经过调整，正按教育部的要求进行规范运作，在建设海峡西岸经济区中应有新的作为。2005 年 12 月 26 日毛泽东诞辰 112 周年之际，中国社会科学院成立了马克思主义研究院，这是一个专门从事马克思主义研究的科研机构，在海内外引起了广泛影响。我校率先响应，整合公共管理学院、经济学院、社会历史学院、法学院等相关资源，成立了马克思主义研究院，挂靠在校党委宣传部，其主要任务：一是研究马克思主义基本原理、马克思主义的历史发展、中国化的马克思主义以及国外马克思主义最新理论进展等，要出一批在全国有影响的理论成果；二是培养一批立志从事马克思主义理论研究的中青年优秀人才；三是为下一批申报马克思主义理论一级学科博士点作准备。

坚持科研创新，必须重视高层次创新人才。这几年我校科研工作取得了很大成绩，一个重要原因就是培养、引进了一批高层次创新人才，如陈一平、李松鹰、陈智浩等。最近又成功引进了澳大利亚的陈祖亮博士，南开大学的王晓德博士。后者的引进在南开大学和史学界引起了较大反响，对我校历史学科发展将起重要的促进作用。华南师大生命科学学院是国家级重点学科，2005 年一举拿下了 8 个国家自然科学基金项目，就是因为他们引进了多位高层次人才，当时他们只有一个二级学科博士点，但这次申报生物学一级学科博士点也一举获得成功。我校目前最紧缺的资源不是楼房、设备、经费，而是高层次创新人才。上学期学校已修订颁布了引进高层次人才的条例，各学院要有求贤若渴的心态，积极做好人才的培养和引进工作。

坚持科研创新，必须通过项目带动。2005 年是我校的项目丰收年，共获得各级各类科研项目 300 多项，总经费达 2700 多万元，尤其难得的是连续三年获得国家"863"计划项目，国家自然科学基金项目首次突破两位数，获得 11 项，国家社科基金项目 7 项，其中 1 项是重点项目；与外单位合作的国家级项目还有十几项。2006 年是否保持上年的势头，切实做到可持续发展，这是一个非常艰巨的任务。诚然，项目申报有大年小年之分，但这几年的实践证明，经过努力，是可以有新的突破的。2007 天我校将承办国家杰出青年科学基金项目结题验收暨中期检查会议，这是一次高规格、很有影响的会议。各理工科学院要抓住机会和国家自然科学基金委的领导和来自全国各地的专家接触，虚心学习，加强联系。

学校第十批学位点申报的重大
突破和面临的艰巨任务[*]

今天，我们在这里隆重召开第十批学位点申报总结表彰大会。在此我谨代表校党委、校行政，对我校在第十批学位点申报中获得 4 个一级学科博士学位授权点、20 个二级学科博士点、14 个一级学科硕士学科授权点和 47 个二级学科硕士点这一令人鼓舞的优异成绩表示热烈的祝贺！向长期以来始终如一地关心、支持和帮助我校事业发展的上级部门领导和有关单位表示诚挚的谢意！向高度重视学位点建设，团结协作、开拓进取的各学院领导、学科带头人和全体老师表示衷心的感谢并致以亲切的问候！

一 全面丰收，我校第十批学位点申报
取得历史性重大突破

学位点建设、学科建设是衡量高等学校办学水平和整体综合实力的重要标志，是决定高等学校在激烈的竞争中兴衰成败的重要因素。2003 年 9 月第九批学位点申报工作结束之后，校党委、校行政就开始着手第十批学位点的申报工作。两年来，经过全校各级领导和广大教职员工的努力拼

* 这是笔者 2006 年 3 月 17 日在全校第十批学位点申报工作总结表彰大会上的讲话。

搏，我校终于在第十批学位点申报工作中取得了历史性重大突破。与以往相比，本次学位点申报具有以下几个突出特点。

（一）数量较多

本次学位点申报在获批数量上取得了前所未有的成绩，是我校学位点建设史上获得博士点、硕士点数量最多的一次。本次我校一举获得理论经济学、历史学、地理学、光学工程 4 个博士学位授权一级学科点、20 个二级学科博士授权点、14 个硕士学位授权一级学科点、47 个二级学科硕士学位授权点。博士点数量比 2003 年翻了一番，比 2002 年翻了两番，硕士点增加了 1.5 倍。在本学期工作部署大会上，我曾经打一个比方，说我校第十批学位点申报共获得三块"奖牌"：第一块是"铜牌"，在全国高师院校中与陕西师范大学并列第三（第一名是东北师范大学，获得 6 个一级学科博士点、6 个二级学科博士点，第二名是华东师范大学，获得 5 个一级学科博士点、4 个二级学科博士点）；第二块是"银牌"，在省里众多高校中仅次于厦门大学，排名第二；第三块是"金牌"，在全国省属地方院校中名列第一。一级学科博士学位授权点的增加，既表明这些学科的整体水平在全国同类学科中位居前列，也表明了我校整体办学水平不断提高，特别是理工科一级学科博士学位授权点的获得，使我校向综合性大学的奋斗目标又迈进了一步。

此外，我校 2005 年上半年还申报并获批了公共管理硕士、体育硕士和艺术硕士等 3 个硕士专业学位。这样，我校博士学位授权一级学科点就由原来的 1 个增加到 5 个，二级学科博士学位授权点由原来的 18 个增加到 38 个，硕士学位授权一级学科点为 14 个，二级学科硕士学位授权点由原来的 69 个增加到 116 个，硕士专业学位由原来的 1 个增加到 4 个。这些学位点的获得，必将有力地推动我校学科建设的发展。

（二）结构较合理

我校是以文理科为主的师范院校，但这几年理、工科学科建设发展迅速，成效显著。这次学位点申报并批准的 4 个一级学科博士学位授权点中，理、工科共 2 个，占总数的 50%。我校光学工程一级学科博士学位授权点申报取得成功，填补了全国高等师范院校光学工程一级学科博士学位授权点的空白，这在我校学科建设史上具有里程碑的意义，令人备受鼓舞。地理学一级学科博士学位授权点和基础数学、动物学二级学科博士点的申报成功，对于进一步推动我校理工科发展具有重要意义。目前，我校理工科已有 2 个一级学科博士学位授权点（即地理学和光学工程）、7 个二级学科博士点（即基础数学、高分子化学与物理、自然地理学、人文地理学、地图学与地理信息系统、动物学和光学工程），学位点结构更趋合理和优化。

理、工科硕士点申报也取得重大突破。本次申报并获准的 14 个一级学科硕士学位授权点中，理、工科共 7 个，占总数的 50%，即数学、物理学、地理学、生物学、光学工程、材料科学与工程、环境科学与工程。这为我校今后申报一级学科博士学位授权点奠定了坚实的基础。

本次申报并获准的 48 个硕士点中，理、工科共 20 个，占总数的 41.67%。其中计算机软件与理论、计算机应用技术两个工学硕士点是由数学与计算机科学学院、物理与光电信息科技学院、软件学院联合申报获得成功的，填补了我校计算机硕士点的空白。这表明我校已进一步形成了文、理、工协调发展的良好态势，为今后我校的健康协调发展奠定了坚实的基础。

（三）学位点覆盖面较大

通过本次申报，我校在经济学、法学、教育学、文学、历史学、理学、工学等 7 个学科门类都拥有博士点，占 12 个学科门类的 58.33%，博士点覆盖面大大拓宽。同时，新增了 1 个农学门类的硕士点，填补了我校该门类研究生教育的空白。目前我校硕士学位授权点涵盖了 12 个学科门类中的 10 个，即：哲、经、法、教、文、史、理、工、农、管等（除军事学和医学外）。通过这次学位点申报，原来没有拥有博士点的外国语学院、美术学院、数学与计算机科学学院、物理与光电信息科技学院、生命科学学院均取得了新的突破。目前除了新设的传播学院、法学院、软件学院等还没有博士点外，其他原有的 14 个学院全部拥有了博士点，这也是我校办学历史上的新突破。令人欣喜的是，通过学科重组和院系调整组建的法学院和传播学院，不畏艰难，奋勇直追，通过这次学位点申报，也实现了硕士点零的突破。法学院获得了"民商法学" 1 个硕士点，传播学院获得了"传播学""广播电视艺术学""电影学" 3 个硕士点，在学科建设中迈出了可喜、坚实的一步。

（四）特色明显

我校这些年是以社会科学学科见长，这次学位点申报中，社会科学学科继续保持优势，特别是理论经济学、历史学获得了一级学科博士点，加上原有的中国语言文学一级学科博士点，共有 5 个一级学科博士点，还获得了多个二级学科博士点，显示了我校社会科学学科方面深厚的基础。另外，2005 年国务院学位委员会在第十批学位点申报中增设了"马克思主义理论"一级学科。由于我校 2003 年抓住了时机，取得了马克思主义理论与思想政治教育博士点，根据"马克思主义理论"一级学科的设置，我校原有马克思主义理论和思想政治教育博士点，被分为"马克思主义基本原理"和"思想政治教育" 2 个博士点，加上本次新增的"马克思主义中国化研究"博士点，这样，我校在新设置的"马克思主义理论"一级学科中就拥有 3 个二级学科博士点，这是全省唯一的。这大大增强了我校马克思主义理论研究的地位，对于发展繁荣我校哲学社会科学，建设好马克思主义研究院，对于切实加强我校思想政治教育工作，都将具有重要的意义。

发展与教育心理学博士点的申报成功，进一步强化了我校的办学特色。对于师范院校来说，教育学和心理学是两大重要学科，如果没有心理学科博士点，将是很大的缺憾。在第九批学位点申报中，我校获得了教育史博士点。通过本次申报，又获得了发展与教育心理学博士点，进一步强化了我校师范教育的优势和特色，缩短了我校与部属师范院校的差距。

（五）申报成绩优异

在全国学位与研究生教育中心评估所组织的通讯评议中，我校申报的 4 个一级学科博士点全部入围；申报的二级学科博士点有 6 个入围，占申报总数的 32%；申报的 8 个一级学科硕士点、26 个二级学科硕士点全部入围，成绩喜人：其中，我校申报的英语语言文学博士点的同意票率达 100%，这是相当不容易的。硕士点更是取得骄人的成绩，在我校第十批学位点申报中，得同意票率达 80% 以上的硕士学位授权一级学科点有 6 个，二级学科硕士点有 19 个。理论经济学、历史学 2 个硕士学位授权一级学科点，得同意票率均达 100%；中共党史、生态学、物理电子学 3 个硕士点，得同意票率也均达 100%。理想的入围情况，为本次学位点的最后取得起着关键性的作用。在国务院学位委员会 2006 年 1 月 23 日会议上，我校本次所申报的 4 个一级学科博士学位授权点、6 个二级学科博士学位授权点，均全票通过。总之，这次学位点的申报成功，不仅是对我校学科建设和学位点建设的一次大检验，也是对我校学科建设和学位点建设的一次重大鼓励和鞭策。

第十批学位点申报成功，意义重大，具体表现在以下三个方面。

一是大大增强了我校的办学水平和综合竞争力，使我校向综合性、有特色、开放型、高水平大学的奋斗目标迈进了一大步。学位点申报成功，具有强大的辐射带动作用，有效地促进了学科建设的深层次发展，对于提升学校整体办学水平、增强综合实力，具有十分重要的意义和不可替代的作用。

二是增强了我校的发展后劲，为今后我校聚集更多优秀人才提供了很好的平台。一个学科如果没有博士点，将很难引进高层次人才，即使引进来了，也无法提供一个良好的平台；我们要建立一些重点实验室、重点学科，没有博士点就无法体现出水平。本次学位点申报的成功，为学校的可持续发展奠定了坚实的基础。

三是增加了凝聚力和向心力，提升了我校的社会影响力和美誉度。博士、硕士学位点的增加，说明了我校学科建设成效显著，学位点数量大幅攀升，学校综合实力显著增强，将在社会上产生广泛的影响。

二 第十批学位点申报成功，是几代师大人
不懈努力、共同奋斗的结果

纵观我校学位与研究生教育发展史，经历了从无到有、从少到多、从低到高的发展历程。在校全日制研究生规模从 1978 年的 5 名增加到 2005 年 9 月的 3551 名，学位点数从 1981 年的 6 个硕士点，到今天拥有 31 个文科博士点、6 个理科博士点、1 个工科博士点、64 个文科硕士点、32 个理科硕士点、12 个工科硕士点、1 个农学学科硕士点、7 个管理学科硕士点和 4 个硕士专业学位。学位点不仅在数量上有很大变化，在质量上也有很大的提高。本次学位点申报中，我校在激烈的竞争中能取得优异成绩，实属难能可贵，是各方面共同努力的结果。

从外部客观条件来说，首先是党和国家高度重视高等教育事业，大力实施"科教兴国"战略和"人才强国"战略，为高等教育事业的发展创造了良好的外部环境。其次是省委、省政府和省学位委员会、省教育厅对我校长期以来的关心、指导和支持。特别是省教育厅、省学位委员会为我们解决了很多具体问题，给予了包括在政策上和其他各个方面的指导。再次是兄弟院校领导、专家和同行的大力支持和热情帮助。在申报过程中，各学院采取"走出去，请进来"的措施，与全国许多重点高校、研究机构和

不少知名教授建立了广泛的学术联系和深厚的友谊。很多兄弟院校和研究机构的专家学者给予我们很大的支持和帮助，这对我校此次学位点申报成功发挥了重要作用。

从内部条件来说，这是我校各级党政领导齐抓共管、广大教职员工努力拼搏的结果。

一是学校党委对学科建设和学位点建设工作高度重视，校党政领导齐抓共管。应该说，我们新一届校党政领导上任后，对学科建设、学位点建设工作抓得较紧，采取了各种强有力的措施。在每学期工作部署大会上，学校都将学科建设、学位点建设工作摆在学校各项工作重中之重的首要位置。特别是近年来，学校积极进行院系调整和学科重组，学科发展的内在动力持续增强。同时，学校多次召开各学院院长工作会议，认真研讨、部署、落实学科建设经费，采取专项措施，特事特办，并对参加申报的学位点建设给予一定的资助。校领导还多次带领研究生处及各学院领导到教育部、国务院学位办、各有关高校和研究机构联系第十批学位点申报工作的有关事宜。总之，学校对学位点申报工作抓得早，抓得紧，有规划，有策略，做了许多很有成效的指导性工作。

二是几代师大人和衷共济、众志成城、艰苦奋斗、努力拼搏积淀的结果。我校历任党政领导重视学科、学位点建设，长期以来，一代又一代的师大人迎难而上，奋发拼搏，不懈追求，为我们这次学位点申报成功奠定了坚实的基础。

三是各学院在申报中发挥了中流砥柱的作用。各学院党政领导和学术梯队尽心尽力，团结拼搏，为我校留下了一笔可贵的精神财富。申报学位点的关键在学院，在于学院党政领导和学术梯队的团结奋斗、积极参与。这次参加申报的学院都付出了很大的努力。各学院除精心组织外，还通过各种方式，积极主动与校外学术界加强联系。自 2003 年 9 月以来，各学院积极主办、承办各类国际性、全国性重要学术会议，邀请许多院士、知名专家学者来校讲学、举办讲座，派出不少专家学者参加国际性、全国性学术会议，建立了广泛的学术联系，扩大了学校、学科的影响，让更多人了解我校，了解我校的学科实力。此外，各学院领导、专家和老师，克服种种困难，积极与有关专家沟通交流，积极宣传我校情况，为学校学位点建设作出了重要贡献。

四是全校协同作战、团结奋斗。我们以各学院的学术梯队为基础，对校内学科资源进行了统一的整合，增强了学科优势和特色，极大地增强了学科实力，提高了学位点申报成功率。这一点我觉得很重要，申报学位点不仅仅是某个学院的事情，而是全校的事情，我们举全校之力来进行申报，在人才资源方面进行了调整和安排。另外，在学位点申报过程中，包括党办、校办、外联办、人事处、科研处、财务处、宣传部、后勤管理处等在内的各有关部门密切配合，通力合作，做了大量工作，全校形成了团结协作的氛围，这是相当可贵的。

五是主要职能部门研究生处起了非常重要的作用。研究生处具有强烈的工作责任感，较强的前瞻性，工作吃苦耐劳，能连续作战。两年来，研究生处认真按照校党委、校行政的工作部署，在收集学位点申报信息、与上级有关部门进行沟通、与兄弟单位进行联络、对各学院学位点申报工作进行有效协调和针对性具体指导等方面，做了大量工作。他们未雨绸缪，早准备、早谋划，先后召开60多次协调会，紧紧围绕学科建设、学位点建设及申报工作进行认真讨论、部署、落实，取得了良好效果。

总之，第十批学位点的申报成功，是各方面共同努力的结果。在此，谨对上级领导的关心、指导和支持，对历任党政领导的高度重视，对全校师生的团结拼搏，再次表示衷心的感谢并致以崇高的敬意！

三 未雨绸缪，清醒认识我们所面临的挑战

我们在欢欣鼓舞的同时，一定要保持清醒的头脑，充分看到自身存在的差距和不足，一切从零开始，不敢有丝毫的懈怠。第一，要认清形势，对我们自身存在的不足进行分析。我们与其他兄弟院校特别是重点高校相比，学位点数仍然不多，尤其是一级学科博士学位授权点还有差距；一些省属师范大学学位点建设前进的步伐也很快，发展势头很猛。显然，我们跟以往相比有很大的进步，但跟其他院校相比仍有很大的不足。所以我们一定要保持清醒的头脑，既要看到我们的成绩，也要看到差距，要有紧迫感和危机感。

第二，我校各学科之间的发展仍然不够均衡。文科博士点、硕士点相对较多，尽管这次我们在理工科方面有很大突破，但理工学科仍有待进一步加强，尤其是优秀学科带头人的引进、重大科研课题的立项、获省部级和国家级科研成果奖、教学成果奖、经费投入等方面还要更努力去争取。

第三，我们已经获得授权的学位点建设还存在一些不尽如人意的地方，有的学位点没有认真规划，有的重视和投入不够，有的还缺少学科带

头人，有的学术梯队青黄不接，个别还存在着重申报、轻建设的现象，这很不利于学位点的发展。国家为有效监督学位授权点的学科建设和研究生培养工作，巩固并不断提高学位与研究生教育质量，保证学位与研究生教育的健康、可持续发展，自2005年起对博士、硕士学位授权点进行定期评估。2005年我校政治经济学、专门史、音乐学、自然地理学4个博士点参加了评估，评估结果是全部合格，但我们今后有这么多的博士点、硕士点，怎么建设，如何顺利通过博士、硕士学位授权点的定期评估，确实是个大问题。这一学期，我们要做好充分准备，迎接省里硕士点定期评估。

第四，在研究生规模迅速扩大、层次类别丰富多样的今天，如何提高研究生的培养质量，增强毕业研究生的综合竞争力，也是很值得我们深思的课题。我校现有研究生培养类型已达到10种，招生规模不断扩大。2005年9月，全校研究生总数达到3551人。质量是研究生教育的生命线。如何推进管理创新，严格规范管理制度，确保研究生的教学培养质量问题，的确值得我们研究。2005年12月，学校召开了"第三次研究生工作会议"，出台了11个文件，在学位点建设、学科建设、导师队伍建设、研究生招生培养、创新工程、学位授予等方面提出一系列措施和规定，就是为了确保研究生的培养质量。

第五，今年（2006年）将开展研究生院、国家级重点学科申报，而明年又将开始第十一批学位点的申报，今后的竞争会更加激烈。我校有哪些学科专业具有明显的优势和特色可以申报国家级重点学科，有哪些学科专业可申请一级学科博士学位授权点、二级学科博士点、一级学科硕士学位授权点或二级学科硕士点，如何对这些学科专业加大投入和优先建设，积极引进高层次的突出人才，充实和加强学术梯队建设，这些都是我们从现在开始就必须认真考虑和筹划的大事，要未雨绸缪，马不停蹄。我们要把眼光看得更远一些，既要看到我们的成绩，又要看到我们的差距；既要看到目前的现状，又要看到将来的发展。应该说我们面临的形势不容乐观，面临的挑战依然十分严峻。

四　立足新起点，努力实现学位点和
学科建设的新跨越

第十批学位点申报成功，为学校今后的发展奠定了良好的基础，使我们站在了一个新的、更高的历史起点上。"十一五"期间，学校要更加重视重点学科建设和学位点建设，一如既往，加快建设，实现学位点和学科建设新的跨越式发展。下面，我就学位点和重点学科建设工作提出几点意见。

（一）加强学位点规划与建设

学科建设、学位点建设是学校各项工作的重中之重，也是各学院的中心工作之一。我们要以高度的使命感、紧迫感和危机感，认真总结近年来我校学位点建设的经验与教训，保持优势，继续努力，争取再上新台阶。第一，我们不仅要抢抓发展机遇，扩大学位点的数量，而且要扎实练好内功，促进学位点内涵式发展。各学院书记、院长在学位点建设、学科建设方面，要端正思想，集中精力，狠抓建设，切实把这项工作作为日常的、作为优先考虑的工作来做，不断提高我校学位点建设水平，通过学科建设提升学校整体实力。第二，要认真做好发展规划，立足当前，着眼未来，用前瞻的眼光，务实的精神，在充分论证的基础上既要做好申报规划，也要做好建设规划。这学期，各学院要尽快完成学科建设的"十一五"规划及具体实施方案。规划很重要，建设同样也很重要，包括已有的硕士点、博士点如何建设等都要予以认真考虑，要深入调研、充分论证，制订切实可行的建设方案。第三，根据学科建设需要，对新遴选的博士生导师、硕士生导师举办专门的岗前培训班，邀请一批有实践经验的教授言传身教。第四，要抓好落实，目标、规划、措施等方面要逐个抓落实，真正促进各学位点、学科建设的可持续发展。

（二）尽早筹划，全面开展新一轮学位点申报准备工作

1. 精心准备第十一批学位点申报工作

学位点申报是一个系统工程，需要经过长期的准备和精心的建设。众所周知，我校获得博士学位授予权的任何一个学科专业，都是经过长期的建设，长期的积累，最后才能得到专家的青睐，脱颖而出的。各学院要从本单位学位点建设、学科建设的实际出发，从现在开始就要认真做好第十一批学位点申报的前期准备，做到持之以恒，重在平时建设，并将学位点的申报与建设紧密结合起来，解放思想，扎扎实实把学位点建设好；研究生处要根据社会需要和学校教育资源情况科学规划，精心部署，进一步整合校内资源，优化学科结构，培养新的学科增长点，帮助各学院做好申报工作。在第十一批学位点申报中，我们要申报哪些一级学科博士点、二级

学科博士点、一级学科硕士点、二级学科硕士点，研究生处已经在做规划，也有了初步的方案。

2. 全力冲刺国家级重点学科

第二批国家级重点学科的评审是在 2001 年，我校"政治经济学""专门史"和"音乐学" 3 个学科积极参与申报，但未取得突破性进展。据悉，今年（2006 年）将开展新一轮国家级重点学科评审。《中国学位与研究生教育发展规划纲要》（2006～2020 年）指出："通过政府引导和市场推动，形成重点建设与全面发展相结合、优势学科与特色学科相结合、基础学科与应用学科相结合、传统学科与新兴学科相结合、自然科学与哲学社会科学相结合的学科协调发展的格局，按一级学科重点建设 500 个国家重点学科，在此基础上建成 100 个世界一流学科。"我们一定要及早筹划，早准备，要下大功夫，力争实现零的突破，提高我校重点学科建设层次。根据《中国学位与研究生教育发展规划纲要》（2006～2020 年）精神，我们初步确定若干个基础良好、实力雄厚的一级学科参与申报国家级重点学科。申报国家级重点学科当然难度很大，我们要积极做好前期准备，采取有效措施，强力推进。这是我校缩小与全国重点大学在国家重点学科方面差距的一次大好机会。各个有关学院要围绕凝练学科方向，建设好优势和特色学科，努力为国家重点学科申报集聚能量。希望有关学院做好充分准备，把此项工作摆在学院工作首位。

（三）推进研究生创新工程，积极申报研究生院

随着研究生教育规模的不断扩大，如何保证和提高研究生培养质量，是当前研究生教育面临的一个十分突出的问题。因此，当务之急就是要大力实施研究生教育创新工程，不断提高研究生培养质量。要继续积极参与"福建省研究生培养创新工程"，构建开放式研究生教育体系，在原来已开展的优秀学位论文评选、优质学位课程建设、研究生科研评奖活动和研究生论坛等建设项目基础上，进一步开展研究生教材建设、研究生科研基金、研究生导师论坛活动、研究生资助等建设项目，鼓励研究生在课程学习之余积极参加全国"挑战杯"大学生课外学术科技作品竞赛活动、数学建模竞赛等活动，着力培养实践能力和创新能力，提高研究生综合素质。认真探索专业学位教育改革，保证高层次应用型人才培养质量；加快研究生教学保障体系建设，提高管理水平，增强服务意识，营造良好有序的研究生教育环境。

申报研究生院是我校研究生教育创新与发展中的重大问题。2006 年教育部要组织申报研究生院，准备办 100 所，全国已有 56 所，还要申报 44 所。我校已于 2003 年 4 月成立了研究生教育学院，2006 年第 2 次校长办公会议已决定将研究生教育学院更名为"研究生院（筹）"，而且我们第十批学位点申报又取得了历史性重大突破，这些都为我们申报教育部组织的研究生院打下基础，是非常有利的契机。全校上下首先要认识到研究生院申报工作的重要性，进一步解放思想而不能墨守成规，要花大力气，抓住机遇，早规划、早动员、早准备、早建设，争取早日获准正式建立研究生院。

（四）抓好队伍建设，占领人才高地

学科建设和学位点建设都必须有充分的人才资源作为支撑和保证，人力资源是第一资源，人才队伍建设在学位点建设中起着关键性的作用。我们要大力实施"人才强校"战略，把人才作为推进我校事业发展的关键因素，建立充满生机和活力的人才工作机制，积极培养、引进高层次创造性人才。各学院要根据第十一批学位点申报规划，高度重视并不断加强人才队伍建设，在学术梯队、人才队伍建设方面狠下功夫，重视对现有师资的学科布局和整合，既要充分发挥现有人才的作用，及时有效地加强学术梯队建设，又要做好紧缺高层次人才的引进。对于特殊的旗帜性人才，可以采取特殊的方式，做到不拘一格。要建立责、权、利相统一的激励机制，充分发挥学科带头人在学科建设中的积极作用，营造一个宽松的学术环境。各学院要审时度势，使每一个学科和学位点都拥有一支结构合理、实力雄厚的学术梯队。

（五）强化教学科研，夯实学科基础

教学科研实力如何，决定着学位点建设和学科建设的成败。只有切实提高教学科研水平，争创一流的教学科研成果，才能在十分激烈的竞争中以实力取胜，才能获得更多的博士点、硕士点。纵观我校每一次学科点申报工作，凡是申报成功的学科专业，其教学科研成果都是相当丰硕的，这也是有目共睹的。因此，各学院要采取切实有效的措施，以迎评创优为契机，进一步提高本单位的教学科研水平。各学院要在高级别、高层次的课题，高级别的奖项，高质量的论著，高水平的学术论文等方面狠下功夫，为下一批学位点申报工作打造雄厚的实力，创造明显的优势。

（六）推进实验室建设，改善办学条件

我校理工学科建设要取得重大进展，教学水平要提高上去，实验室建设是一个非常重要、极其迫切的问题。2006 年以来，在校党委加大对实验室投入的推动下，实验室建设取得了重大进展。我校已拥有 4 个省部级重点实验室和 1 个省级工程研究中心。物光学院的医学光电科学与技术教育部重点实验室正在抓紧进行建设。化学与材料学院的"省功能材料研究与技术开发公共实验平台"已顺利通过验收，可望成为我校第 3 个省重点实验室。生命科学学院的现代发酵技术工程研究中心正在积极申报教育部工程研究中心，上学期末学校又拨款 1200 万元支持建设。地理科学学院的省重点实验室学校也准备加大投入，和地理学科的一级学科博士点结合起来建设。今后学校将按照既定部署，进一步加大对实验室建设的投入，这对于发展我校理工科、提升科技竞争力、促进成果的转化，具有重要的意义。当然，除了理科实验室以外，文科如经济学、教育学、法学等的实验室也要建设好。

（七）加强对外交流，扩大学校影响

我校虽是百年老校，但是由于是省属高校，知名度无法与国内外重点高校相提并论，因此，对外交流及宣传、展示学科水平在学位点申报中就显得尤为重要，这次学位点申报的成功就是很好的例证。下一阶段，我们要结合迎接本科教学工作评估、百年校庆等活动，加大对外学术交流与宣传力度，大胆走出去，积极请进来，做到互通有无、人为我用，使更多的人了解福建师范大学、了解我校的学科实力。各学院在加强学位点建设和学科建设时必须做好这项工作，在规划学位点申报时，就要尽早把学术交流活动认真安排好，至少每两年要召开一次全国性会议，有可能的话要在三年内举办一次国际性会议，要想方设法邀请国内外知名专家学者来校讲学，要千方百计选送校内优秀专家到国内外重点大学、科研院所进修、学习，参加学术活动，不断提高我校知名度和影响力。

（八）加大经费投入，强化条件保障

经费投入是搞好学位点申报和建设工作的有力保障。有关部门要对学位点和学科建设的经费投入方案进行专题论证，各学院要根据实际情况，开源节流，把有限的经费用到实处，不断提高资金的使用效率，为学位点

建设工作提供有力的经费保障。学校从第九批学位点开始，已对新增学位点投入一定经费加以重点扶持建设，这次学校仍会考虑对第十批新增学位点投入建设经费，但由于财力有限，整体经费投入还是较少，各学院不能"等、靠、要"，而必须建立多元化的建设投资体制，广开渠道、多方筹措，积极向国家、省政府、各有关部门申请经费，确保学位点建设有坚实的物质基础。

回顾过去，我们已经取得了可喜的成绩；面向未来，我们又将站在一个新的历史起点上。面对新的机遇和挑战，我们一定要高举邓小平理论伟大旗帜，在上级部门和各界朋友的关心支持下，"百尺竿头，更进一步"，满怀信心地开创我校学科建设与学位点建设的新局面，推动学校各项工作又好又快发展。

努力实现人口、资源、环境与经济 社会的协调发展*

近年来，在各位专家的大力支持和各界朋友的热心帮助下，我校地理科学学院各项事业取得较快发展，综合实力获得较大提升。2003 年，学院获批设立了地理学博士后科研流动站，福建省亚热带资源与环境重点实验室也获批立项建设。2004 年，地理学国家理科基地顺利通过评估，从试办转为全国六个该类正式基地之一；自然地理学被列为福建省重点建设学科。2006 年，地理学一级学科博士点申报成功，学科建设取得突破性进展；《亚热带资源与环境学报》经国家新闻出版总署批准办刊；湿润亚热带生态地理过程实验室被列为福建省高校重点实验室。三年来学校共投入 2000 多万元支持学院的学科建设，目前，地理科学学院在新、老校区已拥有 6000 多平方米的实验室和一批野外实验台站及国内外先进仪器设备。学院的科研工作成绩显著，三年来共承担了国家自然科学、社科基金项目 9 项，国家及国务院各部委项目 8 项，科研经费近 1600 万元；科研成果获省部级奖 36 项，发表相关学术论文 362 篇，其中被 SCI、SSCI、EI、ISTP 收录 20 余篇，出版学术专著 27 部。同时，学院还积极参与福建省的资源开发、利用、保护和资源科技创新研究，为福建省的经济社会发展作出了积极的贡献。

实现人口、资源、环境与经济社会的协调发展，是构建和谐社会的基

---

* 这是笔者 2006 年 11 月 1 日在中国自然资源学会 2006 年学术年会上的开幕词。

本要义，也是我们每个公民应尽的义务。今天，来自全国各地的资源与环境领域的专家欢聚在美丽的榕城，共同深入研讨资源、环境与经济社会协调发展等问题，对于进一步推动我校自然资源学科的建设与发展，对于创新福建省资源科技工作体制机制、建设海峡西岸经济区，对于我国建设资源节约型、环境友好型社会和构建和谐社会，具有积极的促进作用。

我们相信，各位专家通过交流与探讨，将会带来更多的新观念和新思路，结出丰硕的成果。同时，明年学校将隆重举行建校一百周年纪念活动，我们热忱欢迎各位领导、各位来宾届时莅临指导，共襄盛典！

学习王耀华教授的治学精神[*]

今天恰逢冬至，如唐代诗人杜甫诗中所写的"天时人事日相催，冬至阳生春又来"，预示着冬天即将过去，春天即将来临。在这充满喜庆和朝气的日子里，经过大家的共同努力，"多元文化视角的音乐研究学术研讨会暨王耀华教授从教 45 周年庆祝会"已圆满完成各项议程，即将闭幕。通过王耀华教授从教 45 周年的音乐教育和学术思想的研讨，我们认为王教授有三方面的精神和品德特别值得我们学习、宣传和推广。

首先是教书育人的敬业精神。45 年来，王耀华教授以一颗火热的赤子之心，几十年如一日，始终坚守着对教育事业的职责和神圣使命，以师者的崇高境界诠释了一代教学名师的风范。他的课堂教学生动活泼、深入浅出，受到学生的热烈欢迎和广泛赞誉；他热心教改，坚持以教改促教学，在音乐教育教学改革、教材建设等方面取得了一系列重要成果。他是我校目前唯一一位同时获得国家级教学名师奖、国家级精品课程以及指导的学生获得全国百篇优秀博士论文的教师。令人感动的是，即使在担任省级领导工作以后，王耀华教授工作繁忙，也仍然奋战在教学第一线，从来没有耽误过教学。王教授从教 45 年，培养了一大批品学兼优的学生，在各种岗位上作出了突出贡献，可谓桃李满天下、享誉海内外。

---

* 这是笔者 2006 年 12 月 21 日在"多元文化视角的音乐研究学术研讨会暨王耀华教授从教 45 周年庆祝会"闭幕式上的讲话摘要。

其次是为人师表的高尚品德。王耀华教授具有十分高尚的品德，他作为省政协的领导和知名学者，为人谦和，胸怀宽广，对每一位师生员工都一视同仁、以礼相待，深受广大师生员工的爱戴。他十分关心学校事业的发展，为音乐学科建设以及学校各项事业的发展作出了突出贡献。他关心爱护学生，甘为人梯，以师者高尚的人格魅力和学识魅力教育、影响学生，成为学生的良师益友。在王耀华教授身上不仅体现了学识的魅力，也体现了人格魅力，值得我们认真学习。

再次是开放创新的治学精神。在王耀华教授的学术生涯中，他严谨治学，开拓创新，不懈求索，硕果累累。多年来，他的研究与教学，以"中国音乐与日本冲绳（琉球）音乐之比较研究"、中国传统音乐研究、福建传统音乐研究、福建南音研究为特色。他是最早将研究视野扩至中日音乐领域的专家之一，也是新中国成立后最早到台湾进行学术交流的大陆学者。他独创的成果填补了中日两国在这一学术领域的空白，被中日学术界称为"划时代的崭新研究成果"。王耀华教授在学术研究中严谨求实的治学态度，开放多元的研究视野，开拓进取的创新精神，也是全校师生员工学习的榜样。

"多元文化视角的音乐研究学术研讨会暨王耀华教授从教 45 周年庆祝会"的成功举办，对于进一步推动我校音乐及相关学科的建设与发展，增进海内外学者在音乐研究领域的交流和合作，具有重要的促进作用。站在新的历史起点上，我校将认真学习王耀华教授所展示出来的教书育人的敬业精神、为人师表的高尚品德和开放创新的治学精神，推动学校各项事业健康发展，为实现学校综合性、有特色、开放型、高水平大学的目标而努力奋斗。

医学光电科学与技术教育部重点
实验室建设项目验收会致辞

近年来，我校根据建设综合性大学的发展目标，大力加强理工科和实验室建设，不断提高学校的科研核心竞争力。在医学光电科学与技术教育部重点实验室建设期间，学校共投入建设经费 1725 万元，用于设备购置、实验室改造、人才培养等，使实验室建设走上了快速发展的道路。实验室在学校的支持下，结合学科发展特色，突出研究重点，形成了生物组织光学、医学光谱与成像技术、光诊断光治疗及光保健新技术、信息光学及其生物医学应用四个明确的研究方向。同时，在学科建设、学术梯队建设、科研项目、专利申请、学术论文、开放课题和制度完善等方面也取得了优异成绩。比如，在原有两个福建省重点学科的基础上，获得了光学工程一级学科博士点，对实验室的长期发展产生了重大影响；形成了一支人员结构与学科布局合理、可稳定开展高水平科研的学术梯队；承担了 56 项国家与省部级科研项目，7 项成果通过省级鉴定；在国内外学术会议、刊物发表论文 204 篇，被 SCI、EI、ISTP 收录 167 篇次；通过举办国内外学术会议和开放课题的设立，加强了国内外学术交流，提升了整体的科技创新能力；等等。

今天，各位国内光学领域的权威专家济济一堂，指导我校重点实验室的验收工作，这对于我校进一步明确实验室的建设方向，促进实验室的科学管理、合理定位将起到极大的推动作用。验收会的召开，为我们向各位专家、学者学习、取经提供了一个难得的绝好机会，希望大家对实验室乃至我校的建设与发展多提宝贵意见，并在今后的工作中一如既往地对我校给予更多的关心和支持。

2007 年 10 月 13 日

深入开展生物医学光学学科发展战略的研究[*]

"生物医学光学研究"作为一个新兴的交叉学科,近年来得到了广泛而深入的研究,走上了快速发展的道路。为进一步推动生物医学光学学科发展,加强国内外同行的交流,提出我国"生物医学光学研究"学科在今后若干年内需关注的重大科学问题和优先研究领域,国家自然科学基金委员会信息科学部于 2005 年组织开展了"生物医学光学学科发展战略"研究,经过国内该领域权威专家的辛勤工作,已取得了良好的阶段性成果。

日前,国家自然科学基金委员会信息科学部委托我校医学光电科学与技术教育部重点实验室承办"2007 生物医学光学学科发展战略研讨会",这是我校继 2002 年 5 月承办"生物医学光子学前沿研讨会暨'十五'期间发展战略研究"之后,再次承办该学科领域的大型发展战略研讨会。近年来,我校致力于该学科领域的研究,取得了长足的发展。2005 年,我校"医学光电科学与技术省部共建教育部重点实验室"立项成功,并于 2007 年 10 月顺利通过了教育部的验收,成为我校品牌重点实验室,赢得了学界同仁的高度肯定和广泛赞誉。

本次研讨会的召开对于明确我国"生物医学光学"学科的发展方向,凝练今后一段时期国家自然科学基金的优先资助领域,促进国内同行单位

---

* 这是笔者 2007 年 12 月 18 日在福建师范大学召开的"2007 生物医学光学学科发展战略研讨会"上的致辞。

的合作研究具有十分重要的意义。同时，也为我们向各位专家、学者学习、取经，准确把握学科的最新研究动向，开阔眼界，博采众长，进一步推动我校"医学光电科学与技术省部共建教育部重点实验室"的建设和发展提供了一个良好的契机。我们衷心地希望大家在紧张的研讨之余对我校的实验室建设予以指导，多提宝贵意见，并在今后的工作中一如既往地对我校给予更多的关心和支持。

《海峡经济区发展探索》序[*]

海峡经济区以台湾海峡为纽带，连接海峡东岸的台湾地区与海峡西岸的福建省以及相邻的浙江省南部温州地区，广东省东部潮汕、梅州地区，江西省中东部地区。海峡经济区以其特殊的区位特征，肩负着协调区域经济发展、促进祖国统一大业的重任。同时，由于海峡两岸政治对立的背景，海峡经济区（尤其是海峡西岸经济区）的经济发展始终受到制约。在此特殊的背景下，适应世界经济全球化与区域经济一体化不断增强的趋势，研究海峡经济区应如何发展、应有怎样的政策导向，促进海峡经济区的发展，发挥其特有的区位优势，发挥其应有的与长三角、珠三角共同形成的亚太经济重要区域的作用，正日益引起各方面的关注。因此，海峡经济区的发展不仅是中国的区域经济发展问题，也是世界区域经济发展中值得重视与研究的问题。

在当前海峡两岸经济联系越来越密切，而政治还处于分离的状态下，先行建设好海峡西岸经济区，是推进海峡经济区发展的重要基础。2004年，福建省政府提出了《海峡西岸经济区建设纲要（试行）》；2005年11月，"海峡西岸"正式写入国家"十一五"规划之中；2006年3月，温家宝总理在政府工作报告中特别指出，要支持"海峡西岸和其他台商投资相

---

   [*] 《海峡经济区发展探索》是 2006 年 11 月由福建师范大学和相关单位举办的第二届海峡经济区发展高层论坛的论文集，社会科学文献出版社 2007 年 11 月出版。

对集中地区的经济发展"，"海峡西岸经济区"的发展构想得到了党中央的肯定与支持。

2005年5月，第一届"海峡经济区论坛"在福建省会福州市召开，来自香港、澳门、台湾和大陆的100多位学者参加了论坛。该届论坛对海峡西岸经济区的内涵与范围，海峡西岸经济区的定位、功能，以及海峡西岸经济区的规划与建设等方面的问题进行研讨。一年多来，海峡西岸经济区建设取得了显著的成就，也面临新的机遇与挑战，同时，海峡西岸经济区建设的理论与实践都有了更多的探索与发展。为汇聚诸专家的智慧，研讨海峡经济区进一步建设与发展的目标与途径，2006年11月18～19日，第二届海峡经济区发展高层论坛隆重召开。来自京、沪、赣、浙、闽及台湾地区的120多位专家学者聚集在福州，本届论坛对海峡经济区在中国区域经济发展、在世界区域经济发展中发挥应有的功能，以及对海峡经济区应怎样发展，应怎样发挥其功能等问题，进行了深入的研讨，在紧张、热烈、有序的研讨中，大陆学者与台湾学者，省内学者与省外学者，从不同的视角，不同的层面，充分阐述了创新性的思维与观点，建设性的途径与政策建议。论坛共收到论文60多篇，专著3部。我们选取了其中有代表性的论文，汇编成册，旨在用专家们宝贵的智慧，服务于海峡经济区的建设和发展。我们本着集思广益，让思路与观点在交流和碰撞中创新与发展的宗旨，将海峡两岸专家、省内外学者的不同观点，如实奉献给读者，如有不妥之处，敬请批评指正。

本届论坛由中国社会科学院经济研究所、管理世界杂志社、社会科学文献出版社、福建师范大学、厦门大学、厦门象屿集团有限公司联合主办。我们期待着"海峡经济区发展论坛"伴随着海峡经济区建设的实践持续举办下去，每一届都有更好的经验总结，都有创新的观点，都有可行的建议，使其成为推动海峡经济区建设与发展的一个重要的学术平台。

关于马克思主义经济学
研究的几个问题 *

　　和谐问题是当今社会的热点问题，而当前在马克思主义经济学研究中存在诸多不和谐的地方，这些不和谐与诸如城乡不协调、人与自然不协调等问题相比，更具有根本性，如果处理不好，就会容易使我国的社会主义现代化建设偏离正确的方向。因此，这种现象特别需要引起我们重视，深入思考和探讨，探究问题存在的原因，提出相应的解决方法和措施。

　　当前在马克思主义经济学研究当中主要存在十个不和谐的方面，需要引起我们足够的重视。①西方经济学成了主流经济学，而马克思主义经济学则成为非主流经济学。近年来，在理论经济学教学和研究过程中，西方经济学被当作主流经济学，而马克思主义经济学的地位和影响却逐渐削弱。②报纸、期刊、出版社等发表的文章、著作中西方经济学的占大多数，过分渲染，而关于马克思主义经济学的作品为数不多。③当前高校开设的有关马克思主义经济学的课程和教材安排逐渐减少，西方经济学的教学内容相应增多。④课题申报和评奖的过程中，不同程度上体现了对马克思主义经济学研究成果的漠视。⑤在教学和考试中，特别是博、硕士生入学考试，对马克思主义经济学内容的考核呈现不合理的安排以及在毕业论文的选题上多数是以西方经济学为研究对象，舍弃了对马克思主义经济学研究的拓展与深化。⑥年青一代中真正坚持马克思主义经济学研究的人为

* 这是笔者 2006 年 1 月 3 日在学校首届"经济学院双周学术报告会"上所作报告的摘要。

数甚少。⑦从学术报告的内容上看，探讨"西方经济学"内容的趋势比较明显。⑧马克思主义经济学也要与时俱进，而那种认为"批评马克思主义经济学就等于反对改革"的错误思想倾向仍比较明显。⑨大多数媒体关注更多的是轰动效应，因此媒体对西方经济学的倾向性也逐渐弱化了对马克思主义经济学的宣扬。⑩一些高校、研究机构的领导权被"西化"倾向明显的人士掌握，进一步冷落了对马克思主义经济学的研究。

这种理论上的不和谐，如果不加以重视，就会背离我国的意识形态教育，任其发展下去，会产生严重的后果，甚至可能导致亡党、亡国。可喜的是，这一问题已经引起党中央的高度重视，采取了一系列相应的举措，集中全国的研究力量来深化对马克思主义中国化的研究。2004 年 3 月 20 日，中共中央发出《关于进一步繁荣发展哲学社会科学的意见》（以下简称《意见》）。《意见》强调指出，在全面建设小康社会、开创中国特色社会主义事业新局面、实现中华民族伟大复兴的历史进程中，哲学社会科学具有不可替代的作用。必须进一步提高对哲学社会科学重要性的认识，大力繁荣发展哲学社会科学。同年 4 月启动了实施马克思主义理论研究与建设工程。近日，又把马克思主义理论作为一级学科来建设，对马克思主义基本理论的研究必将更加深化。2005 年 12 月 26 日，成立了中国社会科学院马克思主义研究院。这些重要措施，将极大地激励和鼓舞更多的研究者加入对马克思主义的研究中去，马克思主义仍将大放光彩。

当前要深化马克思主义中国化的研究，应着重从以下五个方面来解决这种不和谐问题。一是必须加强对马克思主义经典著作的研究。除了对经典著作本身的研究外，也要重视对不同版本的研究，重视对马克思手稿的研究，重视对马克思列宁有关笔记的研究，重视对各种版本的译文进行全面的核对和考证。二是必须重视马克思主义经济学方法论的研究。马克思主义经济学方法论应包括四个层次：①唯物史观，这是马克思主义经济学方法论的核心组成部分；②马克思主义经济学方法是一个辩证法体系，由客观辩证法和主观辩证法组成；③形式逻辑与数学方法；④从自然科学中移植过来的方法。这四个层次的方法，形成了一个完整的方法论体系。三是必须重视对马克思经济学经典著作的现代解读。马克思的经济学经典著作主要是研究资本主义经济运动的规律，那么，这些理论在当前我国建设社会主义市场经济的过程中是否已经过时？是否科学？是否有用？这是研究马克思主义经济学的学者必须回答与解决的问题。应该说，马克思主义经济学仍然是市场经济的"圣经"和"百科全书"，《资本论》揭示了资本主义市场经济乃至所有市场经济的一般规律，如价值规律、资本积累规律、平均利润率下降规律等，在现代依然具有指导意义，依然能够指导我国的社会主义改革和建设实践。同时，《资本论》也揭示了一系列市场经济的矛盾。四是必须重视对国外马克思主义思潮的研究。例如：匈牙利著名的马克思主义研究者卢卡奇有许多研究成果很有价值，特别是他在《历史和阶级意识》一书中，对马克思经济学方法论的新概括，即提出了总体性的概念；法国的结构主义者阿尔都塞对《资本论》有两种解读法；等等。这对国内马克思主义研究者都具有十分重要的参考和借鉴意义。五是必须重视以马克思主义经济学为指导，研究一些重大的理论和现实问题，来解释和处理现实经济运动过程中的各种矛盾和问题。

《马克思主义理论与现实研究文库》
总序[*]

神州大地风雷激荡，海峡西岸春潮澎湃。福建师范大学省重点高校建设项目《马克思主义理论与现实研究》文库与大家见面了。

本文库以坚持、发展和弘扬马克思主义为宗旨。这既是神圣的使命，又是历史的责任。马克思主义问世已经一个半世纪了，尽管她遭遇到各种各样的围攻、谩骂、禁锢、歪曲……但仍顽强地成长、广泛地传播、蓬勃地发展；尽管也有成百上千种理论、学说来与之较量，企图取而代之，但都无法得逞。"苏东剧变"虽然使世界社会主义遭受严重挫折，但无损马克思主义真理的光辉。马克思主义者在认真总结"苏东剧变"的教训后，将使马克思主义理论变得更纯洁、更成熟，朝着更健康的方向发展。

当 20 世纪即将结束的时候，英国广播公司在全球范围内举行过一次"千年风云人物"的网上评选。结果，马克思被评为千年思想家，得票数高居榜首。中国共产党人 80 多年来，坚持以马克思主义为指导，取得了革命和建设一个又一个的胜利，开创了中国特色社会主义道路，把一个贫困落后的中国，变成一个初步繁荣昌盛、欣欣向荣的中国。在进入 21 世纪后，中国共产党人再次庄严宣告，马克思主义是我们立党立国的根本指导思想，是全党全国人民团结奋斗的共同思想基础，并且以极大的决心和气

＊ 本文曾以"论马克思主义的生命力与竞争力"为题发表于《福建师范大学学报》2006 年第 6 期，现题目转载于中国社会科学院马克思主义研究院主编的《马克思主义文摘》2010 年第 11 期。

魄，在全国实施马克思主义理论研究和建设的宏大工程，在马克思主义发展史上留下光辉的篇章。

马克思主义之所以具有如此强大的生命力和竞争力，在于她具有以下五个突出的品格。

一是科学性。一种理论、观点能称为科学，它必须满足两个条件：一是合理地解释历史的发展，特别是其中的一些难题、怪象；二是有效地预见未来，并为尔后的实践所证实。列宁在评价马克思一生中的两大发现之一唯物史观时这样写道："马克思的历史唯物主义是科学思想中的最大成果。过去在历史观和政治观方面占支配地位的那种混乱和随意性，被一种极其完整严密的科学理论所代替，这种科学理论说明，由于生产力的发展，如何从一种社会生活结构中发展出另一种更高级的结构，例如从农奴制中生长出资本主义。"中国改革开放30多年的实践已向世人有力地证明中国所选择的建设中国特色社会主义道路及其指导思想马克思主义是完全正确的，而西方一些别有用心的人所鼓吹的"中国崩溃论"等论调则是完全错误的。

马克思主义是科学，这就要求我们以科学的态度对待马克思主义。针对林彪、"四人帮"肆意割裂、歪曲毛泽东思想，邓小平提出要完整、准确地理解毛泽东思想，这是十分正确的。同样，我们对马克思主义的主要创始人马克思的学说也要完整、准确地理解，在这方面，由于种种原因，我们还做得不够理想。例如，对马克思主义哲学，我们主要通过恩格斯、列宁甚至斯大林的著作来了解，而对马克思在《资本论》中应用十分丰富的辩证法思想，则研究得不多。《资本论》虽然主要是研究资本主义这一特殊的市场经济，但同任何特殊事物中都包含着"一般"一样，透过资本主义市场经济这一"特殊"，马克思也揭示了市场经济的"一般"，这个"一般"对社会主义市场经济也是同样适用的。因此，我认为要从现时代的观点重新解读《资本论》，挖掘那些有益于建设社会主义市场经济的东西。学术界有人提出要"回到马克思""走近马克思""与马克思同行"，但最重要的是要完整、准确地理解马克思。恩格斯在《资本论》第二卷序言中写道："只要列举一下马克思为第二卷留下的亲笔材料，就可以证明，马克思在公布他的经济学方面的伟大发现以前，是以多么无比认真的态度，以多么严格的自我批评精神，力求使这些伟大发现达到最完善的程度。"[1] 因此，我

---

① 马克思：《资本论》第二卷，人民出版社，1975，第4页。

们对待马克思的著作，对待马克思的一系列"伟大发现"，也要采取"无比认真的态度"和"严格的自我批评精神"。只有采取科学的精神和科学的态度才能产生科学的结论。

二是人民性。列宁指出："马克思学说中的主要的一点，就是阐明了无产阶级作为社会主义社会创造者的世界历史作用。"[1] 马克思主义从来没有隐讳，她是为无产阶级服务的，是无产阶级认识世界和改造世界的思想武器。但是，无产阶级又是人民群众的一部分——当然是核心部分，无产阶级的利益和广大人民群众的利益是一致的，而且，无产阶级只有解放全人类，才能最后解放自己。可以说，马克思主义不仅是反映无产阶级利益的学说，同时也是反映最广大人民群众利益的学说。阶级性和人民性本质上是一致的，只不过在不同的时期强调的侧重点有所不同罢了。在革命战争年代，强调马克思主义的阶级性，是完全必要的，也是十分正确的；在社会主义建设时期，随着社会主要矛盾的转换，在坚持马克思主义阶级性的同时，应该强调她的人民性，强调马克思主义反映最广大人民群众的根本利益要求。"三个代表"重要思想以及科学发展观、"执政为民"、"以人为本"、构建和谐社会、开展荣辱观教育等理论，一经问世就广为流行，受到了人民群众的热烈拥护，就是因为它们具有鲜明的人民性。过去很长一段时间中，由于受"左"的思潮的影响，我们把人权看成是资产阶级的观点，采取回避、批判的态度，结果在国际政治斗争中经常处于被动境地。这一情况在 20 世纪 90 年代发生了根本变化。1991 年 11 月 1 日中国正式公布了《中国的人权状况》（又称中国人权白皮书），高度评价人权是一个"伟大的名词""崇高的目标"，是"长期以来人类追求的理想"。以此为开端，中国掀起了研究人权、关心人权、维护人权的热潮，人权理论成了马克思主义理论体系的一个重要组成部分。人权理论在我国所发生的变化，说明人民性的确应该成为马克思主义的一个重要特征。

三是实践性。"强调理论对于实践的依赖关系，理论的基础是实践，又转过来为实践服务。判定认识或理论之是否真理，不是依主观上觉得如何而定，而是依客观上社会实践的结果如何而定。真理的标准只能是社会的实践。"[2] 毛泽东同志在近 70 年前写的这段话，至今仍十分正确。

---

[1]　列宁：《马克思学说的历史命运》，《列宁论马克思主义》，人民出版社，2003，第 62 页。

[2]　毛泽东：《实践论》，《毛泽东选集》第一卷，人民出版社，1991，第 284 页。

马克思主义是放之四海而皆准的普遍真理，因为她揭示了人类社会发展的客观规律，为人类进步、社会发展，为全人类的最后解放指明了正确方向；但在实际运用马克思主义的理论时，又要同各国的具体实践相结合，不能生搬硬套，不能搞教条主义。实践在发展，马克思主义本身也要随着实践的发展而发展。马克思主义虽然诞生于19世纪，但她没有停留在19世纪。作为一个开放的理论体系，150多年来，她始终与时代同行，与实践同步。党的十六大把"与时俱进"作为中国共产党新时期思想路线的重要内容，把能否始终做到实践基础上的理论创新当作我们必须长期坚持的治党治国之道，正是对马克思主义实践性的高度重视和深刻体现。

社会实践是检验科学与非科学、真理与谬误的巨大试金石。当苏联解体、东欧剧变时，西方一些人兴高采烈，并且迫不及待地兜售所谓的"华盛顿共识"，把它当成解决各国社会经济危机、走向繁荣富强的灵丹妙药。但实践表明，推行"华盛顿共识"的国家非但没有摆脱危机，反而陷入了更深重的灾难，"华盛顿共识"不得不宣告失败。与之形成鲜明对照的是，中国坚持和发展马克思主义，走中国特色社会主义道路，取得了令世人瞩目的伟大成绩。中国的成功实践已在国际上逐步形成了"北京共识"，这既是中国20多年来改革开放实践的胜利，也是中国化的马克思主义的胜利。

四是战斗性。马克思在《资本论》第一卷第一版的序言中写道："在政治经济学领域内，自由的科学研究遇到的敌人，不只是它在一切其他领域内遇到的敌人。政治经济学所研究的材料的特殊性，把人们心中最激烈、最卑鄙、最恶劣的感情，把代表私人利益的复仇女神召唤到战场上来反对自由的科学研究。"[①] 由于马克思主义公然申明是为无产阶级和广大人民群众谋利益的，所以从她一问世，就受到了敌人的百般攻击，在其生命的途程中每走一步都得经过战斗。马克思一生中的主要著作大多是和资产阶级思想家进行论战的记录，就连《资本论》的副标题也是资产阶级"政治经济学批判"。"正因为这样，所以马克思是当代最遭嫉恨和最受诬蔑的人。"可是，当马克思逝世的时候，在整个欧洲和美洲，从西伯利亚矿井到加利福尼亚，千百万战友无不对他表示尊敬、爱戴和悼念。恩格斯十分

---

① 恩格斯：《在马克思墓前的讲话》，《马克思恩格斯选集》第3卷，人民出版社，1995，第777页。

公正地说："他可能有过许多敌人，但未必有一个私敌。"[①]

在我国，马克思主义已经处于意识形态的指导地位，在马克思主义的指引下，全党全国人民正在为实现第三步战略目标、推进现代化建设而努力。但是，也要清醒地看到，在新的历史条件下，巩固马克思主义在意识形态领域的指导地位面临的形势是严峻的。从国际看，西方敌对势力把中国作为意识形态的主要对手，对我国实施西化、分化的图谋不会改变。从国内看，随着社会主义市场经济的发展和对外开放的扩大，社会经济成分、组织形式、就业方式、利益关系和分配方式日益多样化，人们思想活动的独立性、选择性、多变性和差异性进一步增强，在这种情况下，出现非马克思主义甚至反马克思主义的思想倾向，也就不可避免了。面对这种挑战，我们不能回避，不能沉默，不能妥协，更不能随声附和、同流合污。苏联、东欧的前车之鉴，我们记忆犹新。我们应该表明态度，应该奋起反击，进行有理有据、有说服力的批判，以捍卫马克思主义的科学尊严。例如，有人肆意贬低、歪曲、否定马克思的劳动价值论，企图动摇马克思主义政治经济学大厦的基石，难道我们能听之任之吗？有人千方百计地要把"华盛顿共识"推销到中国来，妄图使中国重蹈拉美、俄罗斯、东欧和东南亚一些国家的覆辙，我们能袖手旁观吗？当然不能！这不仅是党性立场所致，也是科学良知使然！在这一点上，我们应该向德国工人运动的老战士、杰出的马克思主义理论家佛朗茨·梅林学习，他在一个世纪前写的批判各种反马克思主义思潮的论文（已收入《保卫马克思主义》一书中，苏联 1927 年出版，中文版为人民出版社 1982 年版），今天读来仍然感到新鲜和亲切！

五是国际性。1848 年，当马克思、恩格斯出版《共产党宣言》，发出"全世界无产者，联合起来"的号召时，就注定了马克思主义是一种超越地域、肤色、文化局限的国际性的思想理论体系。当今，方兴未艾的经济全球化浪潮正深刻地影响着世界各国的经济社会进程，尽管这种影响有其积极的一面，但也会给许多发展中国家造成消极的甚至是严重的后果。这已为许多事实所证明。如何在经济全球化进程中趋利避害，扬善去恶，除了以马克思主义作指导外，别无其他更好的"主义"。因此，马克思主义的国际化，现在比以往任何时候都显得重要和迫切。西方垄断资本出于维

[①] 恩格斯：《在马克思墓前的讲话》，《马克思恩格斯选集》第 3 卷，人民出版社，1995，第778 页。

护其根本利益的考虑，竭力反对马克思主义的国际化，也就不足为奇了。

中国共产党人把马克思主义普遍真理与中国具体实践相结合，产生了中国化的马克思主义，指引中国的革命与建设不断取得新的胜利。随着中国改革开放的不断深入、综合国力不断增强、人民生活不断改善、国际地位不断提高，世界各国对中国的兴趣日益浓厚。因此，"北京共识""中国模式"逐渐成为国际论坛的重要议题。看来，中国化的马克思主义正在走向世界，这不仅是马克思主义在中国 85 年发展的必然，也是当今世界经济社会形势发展的必然。作为中国的马克思主义者，应该感到自豪，因为对马克思主义的发展作出了自己的贡献；应该要有广阔的国际视野，不仅要关注世界的风云变幻，也要了解和研究国外马克思主义研究的动态。要积极推进国际的学术交流与合作，让中国化的马克思主义为世界各国朋友所了解，并与他们一道，共同推进马克思主义的发展。

以上所述马克思主义的五大品格，也是本文库所遵循的指导思想。福建师范大学历来重视马克思主义理论的教学与研究，20 多年来在本科生、研究生中坚持开设《资本论》和其他马克思主义原著课程，出版、发表了许多用马克思主义立场、观点和方法分析问题、解决问题的论著。学校把马克思主义理论研究和学科建设紧密结合起来，迄今已获得理论经济学、历史学、中国语言文学等一级学科博士点、博士后科研流动站和马克思主义基本原理、马克思主义中国化、思想政治教育等二级学科博士点，培养了一大批有志于马克思主义理论教学和研究的学术骨干。2006 年初，学校整合相关院系师资，成立了马克思主义研究院。本文库是学校学习、研究、宣传马克思主义理论的重要阵地，也是开展对外学术交流的重要平台。

本文库初步安排 10 辑。大体是：马克思主义哲学研究、《资本论》与马克思主义经济理论研究、中国社会主义市场经济研究、马克思主义中国化研究、思想政治教育研究、马克思主义发展史研究、社会主义经济发展史研究、国外马克思主义研究、西方经济学与当代资本主义研究、建设海峡西岸经济区研究等。每辑出若干本著作，计划用 10 年左右的时间，出版 100 本著作。本文库的出版得到福建省重点高校建设项目的特别资助和社会科学文献出版社的大力支持，在此表示衷心的感谢！

胡锦涛同志十分重视实施马克思主义理论研究和建设工程，勉励参与这一工程的学者要进一步增强责任感和使命感，满腔热忱地投身这一工程，始终坚持解放思想、实事求是、与时俱进，大力弘扬理论联系实际的马克思主义学风，深入研究马克思主义基本原理，深入研究邓小平理论和"三个代表"重要思想，深入研究重大的理论和实际问题，为马克思主义在中国的发展，为全面建设小康社会、开创中国特色社会主义新局面作出新的更大的贡献。这段语重心长的话，也是本文库所追求的终极目标。

是为序。

关于马克思主义理论学科
建设的十点意见[*]

（1）要统一思想认识，充分认识马克思主义理论学科建设的必要性、重要性和艰巨性，增强信心，奋发有为。

（2）要加强学科规划，包括远期目标、近期目标，为实现目标采取各种保障措施。

（3）要控制规模，科学发展。本科、研究生的专业和招生规模要适当控制，不能盲目发展，片面追求数量。要有所为有所不为，要有重点，把质量和水平放在第一位。

（4）要对现有教师结构进行调整，合理定位。教师要把研究的重心放在马克思主义理论上，不宜单凭个人兴趣，四面出击。教师的研究方向要和马克思主义理论学科的方向相一致。

（5）要发挥学科建设的优势和特色。长期以来，我校的马克思主义理论学科研究逐渐形成了自己的一些优势和特色，在全省乃至全国都有一定的影响，我们要好好珍惜，进一步发扬光大。

（6）要处理好学科建设与教学的关系。马克思主义理论学科建设要上水平，我们所承担的全校马列主义公共政治课和专业课教学也要上水平，两者要相互促进，教研相长。

---

　* 这是笔者 2007 年 8 月 16 日在福建罗源县召开的由福建师范大学马克思主义研究院、马克思主义理论重点学科和公共管理学院联合举办的"福建师范大学马克思主义理论学科建设研讨会"上总结讲话的摘要。

（7）要加强人才建设与资源整合。老教师要继续发挥积极作用，重要的是要培养青年教师，可以在职培养，也可以送出去深造。要注意高层次人才的引进。现有人员配置不合理的要及时调整，使之学用一致，扬其所长。

（8）要对外开放，加强学术交流。不仅要"请进来"，定期请马克思主义理论大家来校讲学；也要"走出去"，鼓励教师参加国内外的各种有关学术活动。我们要积极争取申办全国性的马克思主义理论学术研讨会。

（9）要加强激励机制，调动各方面的积极性。要制订出一个文件，对这几年在马克思主义理论学科建设中作出贡献的教师进行奖励，而且这一制度要能够坚持下去。

（10）要加大学科的对外宣传。过去我们"只干不说"，结果人家对你不了解。今后我们要"又干又说"，既要重视实干，也要重视对外宣传，提高我们学科的社会知名度。

关于大力开展文本研究、推进
马克思主义理论创新的若干建议[*]

近年来，马克思主义文本研究在我国学术界越来越受到重视，大有成为马克思主义研究新的热点的趋势。2007 年 4 月 10 日，《光明日报》理论版周刊以"建立中国马克思主义研究的文本学派"为通栏大标题，刊登了北京几位学者等的一组文章。他们对马克思主义文本研究提出了一些看法、建议和主张，读后深有感触。特别是该刊的编者按强调指出："建立中国马克思主义研究的'文本学派'的主张，旨在对过去研究中存在的无视文本基础寻章摘句、断章取义的做法进行反省，以提升中国马克思主义研究的学术水准。"我认为讲得太好了，简直是一针见血！中国再不加快进行马克思主义的文本研究，不仅无法提高马克思主义研究的学术水准，而且还可能贻笑于人。这不是危言耸听，确实是心存忧虑。

我国学术界从 20 世纪 90 年代以来，不断有人提出"回到马克思""与马克思同行"，其意思很明显，就是要科学地理解马克思，把马克思的学说当作科学来对待。科学地对待马克思，其前提必须是，马克思的学说要有一个正确的、符合马克思原意的文本。但现存刊行传世的马克思文本未必都是正确的、符合马克思原意的，这就需要开展马克思主义的文本研究。所谓马克思主义的文本研究，依笔者所见，就是指通过对马克思主义

　※　这是笔者向 2007 年 11 月 10 日在我校召开的全国首届马克思主义学院院长论坛提交的论文的第三部分，该论文发表于《福建师范大学学报》2007 年第 4 期。现在文本研究已成为国际和国内马克思主义理论研究的重要趋势，也是我校马克思主义理论学科研究的一大亮点。

经典作家的著作、手稿、笔记、书信、版本、译本等文献的考证，弄清楚其思想的原貌和脉络，纠正编译者和学术界的一些不正确的理解，还其科学的本来面目，为后人对马克思主义经典作家思想的研究提供一个科学、正确的前提。

文本研究在国外已有近百年的历史了。无论是西方马克思主义者还是资产阶级思想家，都很重视马克思主义文本研究，尽管其目的不同，结论也未必正确，甚至还有存心加以歪曲、诬蔑的。苏联和东德联合出版的《马克思恩格斯全集》历史考证版（又称原文版）对开展文本研究提供了很好的便利条件，因为它不仅刊载了马克思恩格斯已经正式出版的著作，而且刊载了经过整理和未经整理的马克思恩格斯的一系列手稿、笔记。马克思主义文本研究在我国引起重视的时间不长，关注的人也不多。笔者从20 世纪80 年代初因为研究马克思《资本论》辩证法的关系，涉及马克思一些著作的文本研究，在这里不揣浅陋，谈一些想法，就正于方家。

……

开展文本研究但不能止步于文本研究，大力加强对马克思主义基础理论的研究，力求在基本理论上有所创新，这是我们深化马克思主义理论研究的重点所在。因此，在新的历史条件下，进行马克思主义文本研究，应从思想认识、方法选择以及人力、物力等方面切实予以加强，以全面提升中国马克思主义研究的学术水准。

1. 要进一步认识开展马克思主义文本研究的重要性

思想理论建设是党的建设的根本。一个政党，只有坚持以科学的理论为指导，才能制定正确的路线、方针、政策，才能凝聚全党、全国人民为崇高的理想和目标而奋斗。马克思主义就是我们党必须坚持并用以指导的"科学理论"。我们党历来强调，对马克思主义一要坚持，二要发展。但坚持和发展马克思主义都要以正确的、科学的马克思主义文本为前提。三年前党中央开始实施的马克思主义理论研究与建设工程，是加强党的理论建设的重大举措，具有重大现实意义和深远的历史意义。在这一过程中，理论界适时地提出开展马克思主义文本研究问题，不仅要引起马克思主义理论工作者的高度重视，更要引起各级领导的高度重视，切实把这一项工作抓紧抓实抓好。

2. 想方设法尽一切力量，收集开展马克思主义文本研究所需的各种资料

苏联和东欧一些国家，特别是东德，为了深入研究马克思主义，曾收集了大量有关马克思主义创始人的资料。一些发达资本主义国家的大学图书馆和科学研究机构，为了研究马克思主义，也不惜重金从国外购置有关资料。我国在马克思主义有关资料的收集上，也下了不少功夫，但与国外的一些研究机构相比，与国内的现实需求相比，还是有很大差距的。如果没有第一手资料，我们就很难深入开展马克思主义的文本研究。因此，建议党中央和有关部门应该重视马克思主义有关资料的购置、复制和方便读者借阅。比如，《马克思恩格斯全集》历史考证版的德文本，不仅中央编译局要购置，国家图书馆、一些大城市和大学的图书馆、一些重要研究机构也应该购置。这是开展文本研究的第一手资料，现在在国内几乎看不到。还有马克思散落在世界各地的手稿、笔记、书信、便条，刊登他们文章的报刊以及同时代人和后人所写的回忆录、有关的评述、著译，等等，要尽可能地收集起来。当然，这需要大量经费支持，有关部门应该舍得花这笔钱。

3. 加强翻译队伍建设，加快对《马克思恩格斯全集》历史考证版和其他有关资料的翻译

目前，《马克思恩格斯全集》中文版是按照俄文第 2 版翻译出版的。中文版从 1956 年到 1974 年陆续出版，共 39 卷（41 册）。1979～1985 年，又翻译出版了俄文版补卷 11 卷（12 册），即第 40～50 卷。至此，中文版"全集"全部出齐，共 50 卷（53 册）。1986 年 7 月，经中共中央书记处批准，中央编译局已着手准备《马克思恩格斯全集》中文第 2 版的翻译出版工作。第 2 版拟编 60 卷左右，分 4 个部分：第 1 部分为论著（《资本论》除外），第 2 部分为《资本论》及其手稿，第 3 部分为书信，第 4 部分为笔记。预定 20 世纪 90 年代初开始出书，用 20 多年时间全部出齐。但从目前的翻译出版情况来看，显然太慢，无法适应国内外马克思主义研究的需要。在笔者看来，一方面要加强中央编译局翻译人员的力量，不断培养和输送更多合格的翻译人才参与到对《马克思恩格斯全集》历史考证版的翻译中来，同时，也要切实改善中央编译局翻译人员的工作和生活条件，让他们能够全身心地投入加快马克思文本资料的翻译进程当中。同时，还要组织有关的专业人员对国外研究马克思主义的著作特别是西方马克思主义者的研究成果如卢卡奇、葛兰西等人的著作进行翻译和介绍。

4. 经常召开马克思文本问题研究的学术会议，加强国内外交流

虽然现在大家都认识到开展马克思文本研究有必要性和重要性，但毕竟国内从事这方面研究的人不多，成果也屈指可数。为了加强马克思主义文本研究，要把分散的研究人员通过一定的形式集中起来，经常召开学术会议，加强相互之间的交流。有关媒体要关注这一类的学术会议，并予以报道。有关报刊要刊登马克思主义文本研究的文章，对重要问题可开展讨论，鼓励探索和争鸣。各种科研项目，包括国家社科基金和教育部哲学社会科学研究项目，在马克思主义理论这一部分都要设置"马克思主义文本研究"的项目，以吸引更多的有志有才之士去从事这方面的研究。学术交流不仅包括国内的，也包括国际上的。我们应该有信心有决心，在马克思主义文本研究上与国外的同行一比高低。

5. 在北京尽快筹建马克思恩格斯博物院

在北京有故宫博物院、军事博物馆、历史博物馆、自然科学博物馆以及巴金先生倡导建立的中国现代文学馆，为什么就没有一个马克思恩格斯的博物院呢？这与我们这样一个以马克思主义作为指导思想和理论基础的共产党执政大国的地位是很不相称的。外国人来中国，不仅要看古董，看山水，看中国改革开放 30 年所取得的成就，其中一部分人还要看我们如何坚持和发展马克思主义，如何对待马克思主义，如何研究马克思主义。因此，在祖国的首都北京建立马克思恩格斯博物院，势在必行，而且要尽快。可以设想，这个博物院的功能是多方面的：一是收藏迄今为止尽可能详尽的有关马克思恩格斯的资料，包括他们的著作、手稿、笔记、书信；各种版本、译本；100 多年来马克思主义的传播和世界各国研究马克思恩格斯的论著，学术交流会议文集等。这部分主要是供研究马克思主义用的。二是收藏有关马克思恩格斯一生当中各种活动的照片、图片，用过的器具，刊登他们活动的报纸，100 多年来各国媒体对他们的评价等，这部分主要是供参观用的，可以成为对青少年进行共产主义思想和革命传统教育的重要基地。三是各种规格的学术报告厅和会议室，主要是用于召开学术会议和举办有关讲座用的。笔者相信，经过努力，该博物馆一定能成为全国乃至全世界马克思主义研究的一个重要中心，成为马克思主义者心中的一块"圣地"，成为北京的一大亮点。

马克思主义是一个发展着的学说，大力开展马克思主义文本研究是深化马克思主义研究的客观需要。在 21 世纪，马克思主义文本研究将越来越受到学者们的重视。特别是随着《马克思恩格斯全集》历史考证版各卷的陆续出版，可以大大拓展和深化对马克思主义思想的理解，推动马克思主义的理论创新，加快中国马克思主义研究的繁荣和发展。

开拓马克思主义经济竞争理论
研究的新领域[*]

—— 就省域经济综合竞争力研究

答《中国经济导报》记者问

2007 年 3 月 13 日，由全国经济综合竞争力研究中心福建师范大学分中心组织编写并由社会科学文献出版社出版的《中国省域经济综合竞争力发展报告（2005~2006）》蓝皮书（以下简称蓝皮书）在中国社会科学院学术报告厅举行新闻发布会，在海内外产生巨大反响。日前，《中国经济导报》福建记者站站长、主任记者王秋萍就相关问题采访了蓝皮书的主编之一——福建师范大学校长、博士生导师李建平教授，请他详细解读该蓝皮书的创作来源、研究情况和主要内容。

王：马克思主义是一个包含丰富内容的科学理论体系，在马克思主义经济学中是否也涉及竞争理论？省域经济综合竞争力的研究是否吸取了它的理论精髓？

李：竞争理论是马克思主义经济学的有机组成部分，始终贯穿并融合于马克思主义的整个理论体系之中。马克思以唯物史观为基础，从商品分析入手，层层递进，第一次深刻地揭示了竞争在资本主义商品经济运行规律中的作用。马克思认为，竞争是价值规律的实现形式，它的作用充分地体现在商品的生产、流通和分配领域。

---

* 本次访谈载程恩富、顾海良主编的上海《海派经济学》杂志 2007 年第 17 辑（2007 年 6 月出版），收入本书时有所删节。经济综合竞争力研究已经成为我校经济学学科研究的一大亮点，在海内外产生了较大影响。

同时，马克思也运用辩证分析方法，阐述了一个地区或国家只有积极参与世界经济，"才能摆脱种种民族局限和地域局限而同整个世界的生产（也同精神的生产）发生实际联系，才能获得利用全球的这种全面的生产（人们的创造）的能力"①。省域经济综合竞争力的研究坚持了马克思主义经济学说中竞争力理论的基本观点、立场和方法，运用经济学等多学科理论，全方位、多视角地阐明在社会主义市场经济条件下研究、评价、提升省域经济综合竞争力的重要性和必要性，充分借鉴国内外研究者的相关研究成果，科学界定省域经济综合竞争力的基本概念和内涵，深入分析当前历史时期处于不同发展阶段的我国省域经济综合竞争力的特点、变化趋势及动因，按照科学性、客观性、系统性、公正性、可行性、可比性的原则，建立起比较科学完善、符合中国国情的省域经济综合竞争力指标体系及数学模型。在此基础上，对 2005～2006 年中国除港澳台外的 31 个省级区域的经济综合竞争力进行全面深入、科学的比较分析和评价，深刻揭示不同类型和发展水平的省域经济综合竞争力的特点及其相对差异性，明示各自内部的竞争优势和薄弱环节，追踪研究各省、市、区经济综合竞争力的演化轨迹和提升路径，为提升中国省域经济综合竞争力提供有价值的理论指导和实践对策。

王：什么是省域经济综合竞争力？它的内涵是什么？

李：省域经济综合竞争力是由区域经济综合竞争力引申出的一个概念。所谓省域经济综合竞争力，是指一个省、市、区域在全国范围内对资源的吸引力和对市场的争夺力，也是一个省、市、区域对本区域内外资源的优化配置能力。显然，省、市、区域吸引资源和争夺市场的能力强，那个省、市、区的经济就有可能比其他省、市、区的经济发展要快，我国改革开放以来的实践已充分证明了这一点。

省域经济综合竞争力具有双层含义。省域经济是区域经济和行政区域经济互相交织的综合体现，正是这种综合体现赋予省域经济综合竞争力以双层含义，它既是一个具有鲜明市场经济特征的概念，也是一个具有鲜明行政区划特征的概念。

王：省域经济综合竞争力研究是如何形成与发展的？

李：任何经济活动都是在一定的区域内开展的，区域是人类一切经济活动的舞台，它是世界各国或一个国家内部开展经济活动的重要组成部

①《马克思恩格斯全集》第 1 卷，人民出版社，1972，第 89 页。

分。20 世纪 80 年代，区域竞争力的研究开始兴起，并引起了国内外机构、专家学者的高度重视。国外的研究主要集中于国际竞争力、区域产业竞争力、城市竞争力和企业竞争力等方面，而对于省域经济综合竞争力的研究相对较少。相反，中国各省级区域从历史上一直就是中央政府政治、经济、司法管理的基本区域单元，全国各省级区域都存在自身的优势和发展特点，都有相对独立的经济利益。所以，省域经济的发展在现阶段仍是中国经济发展不可缺失的重要组成部分，也是推动我国经济发展的重要动力源之一。鉴于此，我国在注重国际竞争力、城市竞争力研究的同时，省域经济综合竞争力的研究也越来越引起理论界、学术界和区域经济发展战略决策者们的重视。

王：研究省域经济综合竞争力有什么理论和现实意义？

李：研究省域经济综合竞争力的理论意义主要体现在：首次提出省域经济综合竞争力的概念，丰富了区域经济竞争力的理论，为区域经济研究开辟了一个新的研究领域。同时，还运用经济学等多学科理论，首次对中国省域经济综合竞争力进行理论论证，深刻阐明在社会主义市场经济条件下，研究、评价、提升省域经济综合竞争力的重要性和必要性，初步形成了比较系统的关于中国省域经济综合竞争力的理论体系。

研究省域经济综合竞争力的现实意义主要体现在：①提升省域经济综合竞争力是社会主义市场经济发展的应有之义；②提升省域经济综合竞争力是一个地区在经济全球化大潮中立于不败之地的必然选择；③提升省域经济综合竞争力是增强综合国力，实现中国"和平崛起"的迫切需要；④提升省域经济综合竞争力是牢固树立和落实科学发展观、坚持"五个统筹发展"的内在要求；⑤提升省域经济综合竞争力是为了更好地适应"又好又快"的经济增长要求。

王：省域经济综合竞争力的指标评价体系是如何构建的？

李：蓝皮书所建立的省域经济综合竞争力指标体系包含了四个层次，即设立省域经济综合竞争力一级指标 1 个，在宏观经济、产业经济、财政金融、知识经济、可持续发展、发展环境、政府作用、发展水平等八个方面设立二级指标 8 个，鉴于 8 个二级指标所涵盖的范围仍然较大，涉及的领域和产业较多，不便于进行更深入、确切的评价和分析，在每个二级指标之下再设置 22 个三级指标。根据三级指标的范围界定，按照代表性强和繁简得当的原则，选定 184 个有统计数据依据的指标作为四级指标，分属于不同的三级指标（四级指标的详细情况参见《中国省域经济综合竞争力发展报告（2005～2006）》）。

王：省域经济综合竞争力指标评价体系的设置是如何体现权威性、公正性和公平性的？

李：蓝皮书是"全国经济综合竞争力研究中心"的一项重大成果。该项目由国务院发展研究中心管理世界杂志社和福建师范大学经过充分论证并向国内同行专家征询意见而最终完成的一个重大研究成果。书中所采集的数据全部来自2005年和2006年《中国统计年鉴》以及相关部门提供的专业年鉴，这具有权威性。此外，蓝皮书采用的指标体系兼顾全国31个省、市、区的省情、区位优势以及资源禀赋等特点，能较为全面地考虑各省份的具体情况，是较为公正和公平的。本蓝皮书指标体系和数学模型的建立是公开、透明、正确的，指标体系和数学模型的使用有透明、公开的程序，做到指标体系和统计数据公开，指标权重公开，指标量化和转化公开，评价程序和过程公开，评价结果公开。

王：2005年四大经济区域（东部、中部、西部、东北）的经济综合竞争力是如何分布的？与2004年相比有何变化？

李：从2004～2005年全国各省、市、区经济综合竞争力的排名分布和变化情况，可以看出以下几个明显的特征：①排名在上游区的主要是东部省份和东北个别省份；②排名在中游区的主要是中部省份和东北省份以及西部主要省市，如陕西、四川和重庆；③排名在下游区的主要是西部省份和个别中部省份；④东部地区各省市在评价期内仍然保持强势态势，排名基本保持不变；⑤中部地区各省市在评价期内排名有升有降，如湖南上升了3位，安徽下降了6位；⑥西部地区部分省市在评价期内排名上升幅度较大，如四川上升了8位，陕西和重庆上升了3位；⑦东北地区三省市在评价期内竞争力排名变化幅度不大，但内部差异较大，如辽宁处于上游区，黑龙江处于中游偏上，而吉林处于中游偏下。

王：综观本蓝皮书的编写内容，它的特色主要体现在哪些方面？

李：一是形成了省域经济综合竞争力理论。在本蓝皮书之前，理论界和学术界尚未形成省域经济综合竞争力的专门理论，虽然也有一些专家学者对这一问题进行了一些研究和探索，但基本上是照搬国外竞争力研究的模型和评价体系展开研究的，既没有形成比较系统的理论，也没有形成比较完善的指标体系。本蓝皮书首次对中国的省域经济综合竞争力问题进行了理论论证，初步形成了比较系统的关于中国省域经济综合竞争力的理论。当然，这一理论创新是建立在学习、借鉴国内外已有研究成果基础之上的，绝不是凭空而起的臆断。

二是建立起国内首个指标最多、代表性强且基本不使用主观性评价指标的省域经济综合竞争力评价模型和指标体系。立足中国经济发展的具体实际，既考虑总量、增量和均量指标（如 GDP、GDP 增长率和人均 GDP）的作用，又考虑经济因素和非经济因素、直接因素和间接因素、显在因素和潜在因素、当前因素和长远因素，同时还考虑指标整体性、全面性和国家统计体系的可查阅性等多方面因素，建立了一个内容丰富、视野开阔、逻辑合理、比较科学完善、符合中国国情的省域经济综合竞争力指标体系，是迄今为止使用指标个数最多也最能经得起检验和评价的一个指标体系。

三是形成了省域经济综合竞争力立体化的研究模式。追踪国内外区域经济竞争力、产业竞争力、企业竞争力等研究动态，同时，立足竞争力研究的前沿方法研究，在本蓝皮书中第一次追加了竞争力地图的研究方法，使评价结果较为直观。此外，有别于国内区域经济竞争力研究的框架设置，本蓝皮书形成了省域省情分析、逐层对各级指标的评价、指标变化的动态综合分析、发展路线和对策建议等完整的研究结构，这在目前国内是最完整的研究体系。

四是建立了省域经济综合竞争力稳定性变化趋势评价模式。蓝皮书突破了以往只对区域经济综合竞争力进行静态分析的研究模式，既重视静态分析研究，又加强动态分析研究，在国内第一个开展对省域经济综合竞争力的动态性研究，通过沿时间维度进行跨度长达 6 年的追踪研究，对每个省域经济综合竞争力的变化趋势及稳定性作出结论，并指明每个层次中最具张力的指标、处于持续下降趋势的指标和变化最不稳定的指标，为深入认识和把握省域经济综合竞争力变化规律揭开了一个新的层面和领域，也为稳定、有效提升省域经济综合竞争力指明了方向和关键着力点。

五是重视从大区域经济竞争和发展的角度研究省域经济综合竞争力的提升问题，为省域综合经济竞争力研究开辟一个新的视野。本蓝皮书在国内第一个全面开展对东部、中部、西部、东北等四大区域的省域经济综合竞争力的比较研究，通过从一个大区域的经济竞争中观察区域内处于相同发展水平的不同省域经济综合竞争力的变化和不同大区域中处于相同发展水平的不同省域经济综合竞争力的变化，揭示出各大区域省域经济综合竞争力的发展差距及其相对差异性，为优化我国区域间竞争与合作关系和统筹区域发展开辟了一个新的视野。

王：你们除继续对省域经济综合竞争力进行研究外，在相关竞争力研究方面今后将作哪些拓展？

李：蓝皮书出版后，此研究越来越多地引起区域经济发展战略决策者们的重视，得到理论界、学术界越来越多的关注，同时也将为各省、市、区和各级政府职能部门进行科学决策提供有益的参考和借鉴；也会促成国内竞争力同类研究机构进行沟通与交流，最终建立起一个更加完善、符合中国国情且与时俱进的经济竞争力评价体系。此外，我们提供的全国各省（自治区、直辖市）经济综合竞争力的排名分布和变化情况分析，便于各国政府、国外学者、跨国公司加深对我国各省（自治区、直辖市）的了解，为国外政府和跨国公司进行投资决策提供有效的依据。

本研究中心将在本蓝皮书现有指标体系设置的基础上，按照科学发展观的要求，增加省域经济综合竞争力综合评价的部分指标，继续修改和完善竞争力指标评价体系。我们除了每年定期向社会发布年度《中国省域经济综合竞争力发展报告》外，还将陆续推出《中国省域经济综合竞争力预测》《中国省域环境竞争力发展报告》绿皮书以及其他相关问题的竞争力研究报告。

附：福建师范大学两项成果荣获 "中国优秀皮书奖·报告奖" 一等奖

2012 年 9 月 21~22 日，由中国社会科学院主办的"第十三次全国皮书年会"在江西南昌召开。中国社会科学院常务副院长王伟光研究员、副院长李扬研究员，江西省常务副省长凌成兴，国家新闻出版总署马永强司长，国家社科规划办副主任赵川东，以及中国社会科学院、国务院发展研究中心、民政部、国家信息中心、全国工商联、各省（自治区、直辖市）社科院、高校、科研机构皮书编撰单位的专家学者共 300 多人参加了会议。

会上举行了第三届"中国优秀皮书奖·报告奖"颁奖仪式，该奖项每两年评选一次，此次从近 400 份皮书研究报告中评选出一等奖 11 项。由我校原校长李建平教授担任主编的《中国省域经济综合竞争力发展报告（2009~2010）》蓝皮书中的总报告《2009~2010 年全国省域经济综合竞争力总体评价报告》和《二十国集团（G20）国家创新竞争力发展报告（2001~2010）》黄皮书中的总报告《2001~2010 年 G20 集团国家创新竞争力总体评价与比较分析》双双荣获第三届"中国优秀皮书奖·报告奖"一等奖，是此次评奖中唯一一个课题组同时获得两项一等奖。这是我校竞争力系列研究成果继 2009 年荣获第一届中国皮书"最佳影响力奖"和第二届"中国优秀皮书奖"之后，再次获得皮书奖中的最高荣誉，表明我校承担的该系列研究已处于全国先进行列。经济学院副院长、全国经济综合竞争力研究中心福建师范大学分中心常务副主任黄茂兴教授代表课题组领奖，并应邀在会上作了"关于竞争力研究的内容创新与学术规范"的主题报告。

　　此次会议还公布了对 2011 年出版的全国 200 多种皮书的综合评价结果，我校负责的竞争力系列研究成果均名列前茅。其中《中国省域竞争力蓝皮书》在经济类皮书中排名第 3 位，《G20 国家创新竞争力黄皮书》在国际类皮书中排名第 2 位，《环境竞争力绿皮书》在社会类皮书中排名第 3 位。六年来，全国经济综合竞争力研究中心福建师范大学分中心围绕竞争力研究这一特色方向，已连续出版了 6 部省域经济综合竞争力系列蓝皮书、2 部《环境竞争力绿皮书》、1 部《G20 国家创新竞争力黄皮书》和 10 多部研究著作，并即将出版《世界创新竞争力黄皮书》和《全球环境竞争力绿皮书》（中英文版），该系列成果引起了中央和地方各级政府、学术界、新闻界的广泛关注，在海内外产生了强烈反响。目前，中心已通过英国 Paths 国际出版社出版了《中国省域经济综合竞争力》英文版，并在 2012 年 10 月举行的德国法兰克福国际图书展上展出。

经济学院

载于 2012 年 9 月 24 日福建师范大学校办新闻网

大力推进中国区域经济综合竞争力的研究[*]

当前，我国综合国力大幅提升，国际地位显著提高。2007 年 5 月 10 日，瑞士洛桑国际管理学院公布的《2007 年世界竞争力报告》显示，在经济体竞争力排名中，中国的经济竞争力排名大幅提高，从 2005 年的第 31 位跃居到第 15 位，成为近年来全球排名上升最快的国家。党的十七大报告明确提出，要着力提升中国的国际竞争力，这就为我们继续深化和加强竞争力问题研究指明了方向。

全国经济综合竞争力研究中心是国务院发展研究中心管理世界杂志社、福建师范大学、福建行政学院为适应国际竞争力发展和国内区域经济竞争发展的需要，于 2006 年元月共同成立的，中心领导机构以年会形式运作，平时工作采取沟通协调方式。管理世界杂志社下设竞争力部，福建师范大学和福建行政学院各设立分中心。在这里，我还要特别告诉大家的是，中国社会科学院社会科学文献出版社也已被吸纳为全国经济综合竞争力研究中心的新成员。

当前，全国经济综合竞争力研究中心汇集了国务院发展研究中心管理世界杂志社、中国社会科学院社会科学文献出版社、福建师范大学、福建行政学院等一大批从事竞争力问题研究的专门人才，在不到两年的时间

---

  * 首届全国省域经济综合竞争力高层论坛于 2007 年 11 月 24～25 日在福州召开，主办单位为全国经济综合竞争力研究中心，福建师范大学为承办单位之一。这是笔者在 11 月 24 日论坛开幕式上所作的致辞摘要。

里，已经取得了丰硕的科研成果，特别是在省域经济综合竞争力研究方面取得了突破性进展。目前已由社会科学文献出版社陆续出版了六部著作，其中，全国经济综合竞争力研究中心福建师范大学分中心承担的蓝皮书《中国省域经济综合竞争力发展报告（2005～2006）》由国务院发展研究中心管理世界杂志社、中国社会科学院社会科学文献出版社、福建师范大学于2007年全国"两会"期间在中国社会科学院召开新闻发布会，研究成果引起了理论界、学术界、新闻界和各级政府机构以及海内外的广泛关注。参与报道的新闻媒体有中央电视台、福建电视台、《人民日报》、《中国教育报》、《中国经济导报》、《香港大公报》以及新华网、人民网、光明网、中国网等200多家新闻单位，港澳台和国外一些华文知名网站也纷纷予以报道，国家一些部门网站、行业网站和地方网站也都及时进行了报道或转载。据不完全统计，网上的报道和转载达到50万条以上。在此，我也代表全国经济综合竞争力研究中心向关心和支持中国省域经济综合竞争力研究的社会各界人士表示衷心的感谢！

本次论坛以"竞争·合作·共赢"为主题，我们诚邀全国各地的领导、专家全面探讨中国省域经济综合竞争力与中国经济的发展，省域经济综合竞争力理论和实践的发展与创新，全国各省域从竞争走向合作的新模式，海峡西岸经济区与长三角、珠三角、天津滨海新区、环渤海经济区等主体经济区域之间的协调发展等重大议题。同时，也希望能集中各位领导、专家的智慧，共同撰写好《中国省域经济综合竞争力发展报告（2006～2007）》，以期能大力推进中国区域经济综合竞争力的研究，为全面建设小康社会提供咨询建议和智力支持。

要坚持、发展和弘扬马克思主义的经济学说[*]

初冬时节，略有寒气，但在美丽的榕城，却暖意融融。党的十七大报告提出，十六大以来的五年是不平凡的五年，面对复杂多变的国际环境和艰巨繁重的改革发展任务，我们战胜了各种困难和风险，开创了中国特色社会主义事业新局面，开拓了马克思主义中国化新境界。今天，我们大家在这里欢聚一堂，隆重举行"全国马克思主义经济学说史学会第六届理事会暨第十一次学术研讨会"，可谓胜友如云，高朋满座。在此，我谨代表福建师范大学党政领导和全校师生向与会的各位领导、来宾，各位专家学者表示热烈的欢迎和衷心的感谢！

福建师范大学一贯重视对马克思主义理论的研究，特别是有一批学者长期致力于《资本论》和马克思主义经济学的研究，以我国著名经济学家陈征教授为代表的老一辈学术带头人，筚路蓝缕，历尽艰辛，开创了我校马克思主义经济学研究的新天地。现在《资本论》和马克思主义经济学研究的学术薪火相传，一批年富力强的中青年教师正在茁壮成长。历经近30年的艰苦努力，我校经济学学科建设取得了丰硕的成果，现已拥有理论经济学一级学科博士学位点和博士后科研流动站、6个二级学科博士学位授

---

   * 这是笔者 2007 年 12 月 1 日在全国马克思主义经济学说史学会第六届理事会暨第十一次学术研讨会上的致辞。

权点、理论经济学一级学科硕士学位授权点，以及产业经济、区域经济学等 8 个硕士学位授权点，国家经济学基础人才培养基地和省重点学科政治经济学等。近年来，我们在坚持马克思主义经济学基础理论研究的同时，还积极开展应用经济学相关问题的研究。特别是在省域经济综合竞争力研究方面取得了丰硕的成果。前一周，在我校刚刚成功举办了"首届全国省域经济综合竞争力高层论坛"，本次论坛得到与会代表的高度评价。目前，我校经济学学科建设已跻身全国高师院校的前列。

2007 年是《资本论》第一卷出版 140 周年，一个多世纪以来的实践证明，马克思主义只有与中国的具体国情相结合、与时代发展同进步、与人民群众共命运，才能焕发出强大的生命力、创造力和感召力。本次会议以党的十七大报告精神为指导，认真探讨马克思主义经济学的创新与发展、马克思主义经济学与经济全球化的相关问题以及纪念《资本论》第一卷出版 140 周年等重要议题，这对于进一步创新和发展马克思列宁主义经济学说不仅具有重要的理论意义，也具有重要的现实意义。

实践永无止境，创新永无止境。党的十七大全面阐述了中国特色社会主义理论体系，这个理论体系坚持和发展了马克思列宁主义、毛泽东思想，是马克思主义中国化的最新成果。坚持、发展和弘扬马克思主义，这既是神圣的使命，又是历史的责任。随着中国改革开放的不断深入、综合国力不断强大、人民生活不断改善、国际地位不断提高，世界各国对中国的兴趣日益浓厚。中国化的马克思主义正在走向世界，这不仅是马克思主义在中国 80 多年发展的必然，也是当今世界经济社会形势发展的必然。作为中国的马克思主义者，应该感到自豪，因为我们对马克思主义的发展作出了自己的贡献；应该要有广阔的国际视野，不仅要关注国际的风云变幻，也要了解和研究国外马克思主义研究的动态。要积极推进国际马克思主义经济学的学术交流与合作，让中国化的马克思主义为世界各国朋友所了解，并与他们一道，共同推进马克思主义的发展，让当代中国马克思主义放射出更加灿烂的真理光芒。

附一：花儿为什么这样红 [*]

——福建师范大学理论经济学学科发展纪实

《福建师范大学校报》记者　卢义杰　徐梦楠

- -

　　在荡漾着春意的客厅里，李建平教授为我们泡了散发着清香的绿茶。在这位国家有突出贡献专家、省社科联副主席、省科协副主席、我校原校长所坐的沙发边，摆放着一摞新出版的书籍，其中由他担任第一主编的《中国省域经济综合竞争力发展报告（2009~2010）》（蓝皮书）和《中国省域环境竞争力发展报告（2005~2009）》（绿皮书）前不久在北京中国社会科学院举行了新闻发布会，在海内外引起了巨大的反响。

　　对于我校理论经济学学科，李建平教授是再熟悉不过了。他既是现在这门学科的学术带头人，又是学科长期发展的历史见证人。话题就从理论经济学一级学科博士点说起。

几代人的追求与拼搏

　　李建平教授介绍说，我校能获得理论经济学一级学科博士点是十分不容易的。这是因为，理论经济学并非地方性院校特别是师范类院校的传统优势学科，虽然在社会上它是一门显学，在全国重点高校中是一门重要的主流学科。时至今日，在全国的地方院校和师范院校中，能拥有理论经济学一级学科博士点的高校，仍然是凤毛麟角；即便是全国重点高校也为数

* 本文刊于《福建师范大学校报》2011 年 3 月 31 日（第 511 期）。

不多。其原因在于：一是该学科对社会所起的作用比较大，即通常所说的经世济民，各所学校都很重视；二是优秀的经济学人才特别是在全国有影响的学术领军人物十分难得；三是高校之间竞争十分激烈，全国 2000 多所高校，几乎每一所学校都设有经济学专业。我校能在强手如林的激烈竞争中脱颖而出，凭的就是实力和影响，而这并非一朝一夕之功。我校理论经济学能有今天这样的地位，是 30 多年来几代经济学人努力拼搏的结果。"太不容易了！太艰难了！"在回首这门学科的历史发展轨迹时，李建平教授显得感慨万千。

学科的起步应该从 1979 年算起。那一年，福建师范大学政教系招收首届政治经济学研究生。学科的创始人、时任政教系主任的陈征教授亲自讲授"《资本论》研究"课程。李建平教授当时是马克思主义哲学研究生，有幸与经济学研究生一起聆听《资本论》课，这对他后来研究《资本论》辩证法、开展经济学和哲学的跨学科研究产生了很大的影响。这一届经济学研究生共 11 人，毕业后都成长为有关单位的领导和省内外知名学者，如严正、林述舜、张春霞、何干强等。

从 1977 年到 1982 年，陈征教授历经 20 个春秋撰著的《〈资本论〉解说》（五册）先后出版（以后又多次再版），在国内学术界产生了很大的影响。中国人民大学宋涛教授称之为国内第一部全面系统解说《资本论》的著作。该著作 1988 年获得全国高校优秀教材奖和其他大奖，被全国许多高校、党校、军事院校采用，影响深远。1982 年起，福建师范大学连续开办多期全国高校《资本论》教师进修班，这些学员后来也都成了全国各地马克思主义经济学学科的知名专家和领导骨干。1982 年上半年，刚通过研究生毕业论文答辩的李建平受陈征教授之命，给进修班学员和新一届经济学研究生开设"《资本论》辩证法研究"系列讲座，两周讲一次。"压力太大了，讲完 12 讲，我的白头发一下子增加了许多！"李建平教授笑着说。这些讲稿后来成了 1986 年出版的《〈资本论〉辩证法探索》（上册）的初稿，该书 1987 年获得福建省人民政府首次颁发的哲学社会科学"六五"规划重点项目优秀专著奖。

1983 年是马克思逝世 100 周年，全国掀起了学习、研究和宣传《资本论》的热潮。这一年陈征教授担任了福建师范大学校长，加快了政治经济学学科建设的步伐。此前，由于他在《资本论》研究方面的贡献和影响，被推选为全国高师院校《资本论》研究会的会长。为了纪念马克思逝世100 周年，陈征教授主编了两套《资本论》丛书，由福建人民出版社出版：

一套是"《资本论》教学研究参考资料",共 5 册;另一套是"《资本论》研究",共七种十一册。这两套丛书在全国产生了很大的影响。1985 年,福建师大政治经济学获得硕士学位授予权。在 20 世纪 80 年代,学科的对外交流相当活跃,国内知名经济学家大多来过福建师大讲学,该学科的教师也积极参加省内外的学术研讨会,并到多个国家进修访问,如严正去加拿大,郭铁民去苏联,而李建平则去了马克思的故乡——联邦德国。"送出国门进修访问,回到学校挑起重担,这是陈征教授培养学科人才的一条重要经验。没有战略的眼光和魄力是做不到这一点的。"李建平教授如是说。

20 世纪 90 年代是政治经济学学科高歌猛进的十年。1990 年陈征教授被国务院学位办批准为政治经济学博士生导师,挂靠厦门大学招收博士生。1993 年,福建师大在博士点上实现零的突破,获批的两个博士点其中之一就是政治经济学。李建平教授回忆说:"当时报博士点,按规定至少要有三个经济学教授,而且要在 60 岁以下,陈征教授已经是博导,不受年龄限制,60 岁以下就只有我一个人了。于是学校决定把刚调到省社科院的严正教授借调回来。现在经济学教授一大把,当时可真是稀缺资源呢!"

1994 年 12 月,为适应经济发展的客观需要,政教系更名为经济法律学院,李建平教授担任第一任院长。"当时省教育主管部门是不同意我们更名的。我们是顶着巨大压力,在学校的大力支持下召开大会、宣布挂牌的。若不更名,还在原来框架内,我们就无法开设经济学专业,无法扩大经济学的学术交流,无法获得学科的进一步发展。"李建平教授语气坚定地说。

1995 年 5 月李建平教授担任福建师大副校长后,仍积极协助陈征教授抓政治经济学学科建设。1996 年政治经济学获批福建省高校"211 工程"建设重点学科(当时学校仅 8 个);1997 年学科研究成果"主动适应市场经济发展需要,深化政治经济学学科的改革"获国家级教学成果二等奖;1998 年在与全国几十所重点高校的激烈竞争中,我校获得教育部批准设立"国家经济学人才培养与科研基地"(全国仅评出 11 所高校,后来增加 2 所,现在也只有 13 所高校);1999 年该学科撰写的论文获中宣部第七届"五个一工程"优秀理论文章奖,并居获奖文章榜首;同年该学科申报理论经济学一级学科博士后科研流动站获得通过。无论是经济学人才基地,还是博士后科研流动站,在当时的全国高师院校中都是唯一的。这表明,我校的政治经济学学科建设在全国高校中已居于前列。2000 年省教育厅邀请国内知名专家对福建省"211 工程"建设的

20 多个重点学科进行评审，我校政治经济学学科荣获第一名，省教育厅奖励 20 万元。

进入新世纪十年来，政治经济学学科继续向前发展，并取得了新的重大突破。2002 年 8 月，李建平教授担任福建师大校长，并从老校长陈征教授的手中接过学科带头人的接力棒。2002 年底，在李建平校长的主持下，经济法律学院一分为三，即分为经济学院、公共管理学院和法学院。恰逢第九批博士点申报，经济学院以李建平教授牵头，组织申报了"经济思想史"博士点，并取得了成功。同年，该学科又被评为省高校重点建设学科。2005 年，第十批博士点申报，经济学院再接再厉，在李建平教授的带领下，向理论经济学一级学科博士点发起了冲击。"当时不少人对此持怀疑态度，认为全国那么多重点高校都办不到，我们怎么可能呢？"李建平教授笑着说："但是，我们胜利了！成功永远属于那些脚踏实地、埋头苦干、不屈不挠、不懈追求的人！"

三十多载的时光转换，几代人的梦想与追求。其中有的已经离开人世，如林健教授、骆焉名教授等；有的已经调离学校，如严正教授、林述舜教授；有的已经"解甲归田"，如陈惠如教授等。郭铁民教授和李建建教授先后担任经济法律学院院长和经济学院院长各八年，他们对学科建设都作出了重要贡献。"当然，最主要的是学科创始人和第一任带头人陈征教授，没有他就没有学科的今天！2004 年，陈征教授被评为福建省第一届杰出人民教师，真是实至名归！"李建平教授用这段话结束了对学科发展的简要回顾。

在特色和水平上下功夫

在李建平教授看来，一个学科要在全国取得相当的地位和影响，必须依靠自己的特色和水平。凝练特色，追求卓越，这是贯穿政治经济学学科 30 多年建设的一条主线。

第一，坚持马克思主义经济学的正确方向。马克思主义政治经济学和其他学科不同的地方，在于它具有强烈的意识形态色彩。自从诞生的那一天起，西方资产阶级就千方百计地对它进行打压和篡改。改革开放以来，马克思主义经济理论已经成为党和国家一系列重大战略决策的理论基础。但是也要看到，随着西方经济学的引进，新自由主义等错误思潮也蜂拥而来，他们打着"现代""科学""时尚"的幌子，具有很大的迷惑性和欺骗性。于是，"《资本论》过时论""马克思主义经济学陈旧论"等论调一时甚嚣尘上，《资本论》的教学和研究受到了严重的冲击。李建平教授告诉我们："我校的政治经济学学科方向十分明确，'任凭风浪起，稳坐钓鱼船'。不跟风、不信邪，坚持马克思主义不动摇。"全国有三个高举马克思主义旗帜的经济学学术团体，一是中国《资本论》研究会，二是社会主义经济理论与实践研讨会，三是全国马克思主义经济学说史研究会，我校学科都积极组织教师撰写论文参加其学术活动，并多次主动承办会议，使我校学科的影响不断扩大。陈征教授和李建平教授先后担任中国《资本论》研究会副会长，李建平教授和郭铁民教授还担任全国马克思主义经济学说史研究会的副会长。学科还经常邀请全国知名马克思主义经济学家来校讲学，并建立了良好的学术关系。我国马克思主义经济学的泰斗、中国人民大学宋涛教授曾赞誉我校为"南方坚持马克思主义的重要阵地"，许多同行则亲切称我校为马克思主义经济学者的"精神家园"。古人云，得道者多助，学科的发展也得到了全国同行的大力支持。"特别是中国人民大学的卫兴华教授，他是全国最著名的马克思主义经济学家，和我们已有二十多年的深厚友情，他对学科发展的支持与帮助是极其巨大的，我们十分感谢他。"李建平教授动情地说。

第二，在基础理论研究上不断推出高水平的研究成果。20 世纪 90 年代中期，陈征教授集中研究社会主义城市地租问题，在《中国社会科学》《经济学家》等杂志上发表了十几篇论文，1996 年出版了《社会主义城市地租研究》一书。该书 1997 年获得福建省第三届哲学社会科学优秀成果一等奖。2000 年由陈征、李建平、郭铁民等撰著的《〈资本论〉在社会主义市场经济中的运用和发展》一书获得福建省第四届哲学社会科学优秀成果一等奖。在世纪之交的 2000 年，党中央提出要"深化对劳动和劳动价值论的研究"。陈征教授虽已年过古稀，但"鲲鹏有志惜生涯"，从 2000年到 2004 年，他潜心研究马克思的劳动价值论在现代历史条件下的新变化，陆续写了 40 余篇文章，特别是提出了"科学劳动"已发展为"现代科学劳动"的新概念、新理论，丰富和发展了马克思的劳动价值论，在国内理论界产生了很大的影响。李建平教授积极参加在北京、上海等地召开的有关劳动价值论的学术研讨会，坚决批判怀疑和否定劳动价值论的错误观点，并提出了马克思的劳动价值论具有抽象和具体两种形态的创新性观点，发表在《人民日报》等报刊上。陈征教授和李建平教授有关劳动价值论研究的新成果在 2003 年双双获得福建省第五届哲学社会科学优秀成果一等奖。

第三，重视经济学的应用研究，开辟省域经济综合竞争力研究的新领域。马克思主义经济学具有很强的科学性，也有很强的实践性。这就昭示学科既要重视基础研究，也要重视应用研究。李建平说："应用研究涉及面很广，我们不可能面面俱到。经过反复研究，我们选择了国内还鲜有人问津的省域经济综合竞争力，集中力量，把它做强做大。"该学科联合国务院发展研究中心管理世界杂志社、社会科学文献出版社、福建省人民政府发展研究中心等单位，发起成立了全国经济综合竞争力研究中心，福建师大设分中心，李建平教授担任中心主任，组建了一个以黄茂兴博士为负责人的年轻的学术团队。2007 年 3 月，《中国省域经济综合竞争力发展报告（2005～2006）》在中国社会科学院举行新闻发布会，引起了很大的轰动，成为海内外媒体和社会各界关注的焦点。该书 2007 年获福建省第七届哲学社会科学优秀成果一等奖。从 2007 年至今，每年都有一部新的蓝皮书问世，至今已出了五部，总字数达 1000 多万字。2011 年还推出了 120 多万字的《中国省域环境竞争力发展报告（2005～2009）》，填补了国内这项研究的空白，好评如潮。五年来，该分中心硕果累累，在论著、课题、获奖等方面都有骄人成绩，还参与策划和承办了多场全国性学术研讨会和高端学术论坛，如"2010 年中国经济社会形势报告会暨第十一次全国皮书工作研讨会""海峡两岸竞争力论坛"等。有评论说，省域经济综合竞争力研究已经成为福建师大在全国的一个知名学术品牌。

第四，积极服务福建经济与社会发展，为"海西"建设作贡献。福建师大作为一所地方性高校，为当地的经济与社会发展服务，是理所当然的。学科以多种形式介入和提供服务，并取得了较大的成效。一是积极参与高层筹划，为省委、省政府重大决策提供咨询。李建平教授是省政府经济顾问，廖福霖、郭铁民、李建建等教授也都是省直各有关部门的咨询专家，有机会直接与各级政府领导进行面对面的交流。学科也经常参加省社科联举办的社科"季谈会"，对福建的经济社会发展献计献策。"海西"经济区的成功设立，其中也包含着学科所作的努力。而如何建设新"海西"，更是学科面临的一项重要任务。黄茂兴博士等撰著的由中国社会科学出版社出版的《"十二五"时期海峡西岸经济区经济热点研究》一书就是学科交出的答卷之一。二是认真研究福建改革开放中出现的新情况、新问题，提出相关的对策建议。例如，廖福霖教授对福建生态文明的研究，郭铁民教授对福建"三农"和产业发展的研究，李建建教授对"海西"应对国际金融危机、闽江流域水污染治理和提升罗源港口经济竞争力的研究，林子华教授对构建虚拟科技园区和企业创新能力的研究，张华荣教授对"海西"创意产业的研究，陈少晖教授对国有资产保值增值的研究，祝健教授对加强福建省农村金融服务的研究，李碧珍教授对"海西"农产品物流模式创新的研究，等等。这一系列研究成果对"海西"发展都起到了积极的促进作用。三是在海峡两岸经济界的对话、互动与合作中发挥重要的作用。学科参与策划和承办了多次海峡两岸经济学界的高端论坛，其中与欧亚科学院中国科学中心联合举办的"海峡两岸经济发展论坛"（2008 年 5月于福州举行）影响较大。与会的有大陆、台湾、香港的知名学者、企业界高层人士、政府部门负责人以及新闻媒体记者共 120 多人。论坛围绕海峡两岸经济交流及互利共赢的愿景、机制与模式，两岸共同市场建设、闽台经济交流等问题，进行了深入探讨。最后由我校编辑、结集的《海峡两岸经济发展——新机遇、新思维、新视野》（李建平、廖克、林卿主编）公开出版。林卿教授多年来一直研究闽台农业合作问题，其成果多次获得省社科优秀成果奖，在两岸学界颇有影响。蔡秀玲教授、杨强教授等在闽台经济研究上也有不少成果。

第五，努力打造一支老中青相结合、富有战斗力的人才梯队，促进学科的持续发展。学科创始人陈征教授十分重视人才队伍建设。李建平教授说："我们这一批 40 后的，都得到陈老师的培养和提携，在学科建设中发挥了应有的作用。"现在学科的六个二级博士点，主要靠 50 后、60 后的一批教授在支撑，他们年富力强，很有责任感。令人可喜的是，一批 70 后的年轻人正在破土而出，茁壮成长，其中尤以黄茂兴博士为代表。黄茂兴现在是全国竞争力研究中心福建师大分中心常务副主任、经济学院副院长，工作努力，治学刻苦，成果显著，进步快速，已入选省青年社科优秀专家、全国百千万人才工程第三层次人选、教育部新世纪优秀人才支持计划等。他带领一支以 70 后、80 后为主体的 20 多人的学术团队，团结拼搏，成果迭出。"年轻人上来了，学科的发展就有希望了。"李建平教授欣喜地说。

学科的发展在于不断创新

对于学科未来的发展，李建平教授谈了以下几点看法。

首先，要处理好继承、创新和发展的关系。我们学科有好的传统，如坚持马克思主义、坚持《资本论》的教学和研究、坚持理论与实践相结合、与全国马克思主义同行保持密切联系等，这些都应该很好地继承。但更重要的是要依据形势的变化，不断进行理论创新。比如：采用文本分析等新方法，对《资本论》作进一步的研究；努力探寻社会主义初级阶段经济运动的规律；研究社会主义市场经济下竞争的作用、特点和趋势；等等。如果说科学的生命就在于创新，那么也可以说，学科的兴衰在于理论上的创新。只有不断地有所创新，学科才能在国内学术界处于优势地位，才能有更大的发展空间。

其次，要不断提高学科的国际化水平。李建平教授认为，作为中国的马克思主义经济学者，应该要有广阔的国际视野，马克思主义经济学的国际化，现在比以往任何时候都显得重要和迫切。2006 年我校学科参与建立了全国第一个国际学术团体——世界政治经济学学会，至今已在中国、日本、法国开过多次学术研讨会，我校学科成员与来自世界上十几个国家的马克思主义经济学家一起切磋交流。2011 年的会议在美国召开，主要研究资本主义经济危机与新自由主义，学科也收到了会议邀请信。因此，学科成员不仅要有坚实的专业理论基础，还必须有较强的外语表达能力；要了解和研究国外经济学研究的最新动态，积极参加国际学术交流与合作。林卿教授最近刚从欧洲回来，她在匈牙利作了半年的欧盟项目合作研究；黄瑾教授也即将起程前往美国，在那里进行为期半年的访问研究。李建平教授说："我们鼓励更多的教师到国外去参加学术活动，这对教师素质的提高，对学科的发展都是一件好事。"

再次，要进一步加强学科梯队的建设。现在学科成员中差不多都是博士了，今后要解决的，一是不断增强学科成员的整体素质，进一步夯实理论基础，提高分析、解决问题的能力，特别是创新能力；二是尽快补上某些专业人才的缺口，如经济思想史、西方经济学、经济史、世界经济等，改变学科内部结构失衡的状况；三是通过大胆使用、破格提拔、积极引进等措施，积极创造条件，使学科的骨干人才、领军人才更快地成长起来。"我劝天公重抖擞，不拘一格降人才。学科的发展说到底还是人才问题。"李建平教授说。

最后，各级领导的重视和支持是学科发展的重要保障。省政府实施省重点学科建设资助项目已 15 年了，对学科发展起了非常大的促进作用，理论经济学就是受益者之一。希望省政府能继续实施这一项目，并进一步加大资助力度。学校领导对学科的重视和支持，其重要性自不待言。现在问题是，学校增加了那么多博士点和新学科，都需要扶持。这一方面是大好事，另一方面也给学校出了道难题。"我们希望学校在统筹兼顾的同时，能够有所侧重。没有重点就没有政策。我们要继续埋头耕耘，使理论经济学这朵花儿开得更红。"李建平教授以爽朗的笑声结束了本次访谈。

附二：风展红旗如画[*]
——访福建师范大学马克思主义理论学科带头人李建平教授

《福建师范大学校报》记者　徐梦楠　张吟

在一个和煦的冬日上午，我们如约来到了坐落在闽江之滨的我校马克思主义理论一级学科博士点带头人李建平教授的家。我们首先问候他的健康状况，因为听说前一段他生病住院了。他笑着说，身体的个别"零部件"出了一点问题，不过现在好了。他请我们向所有关心他的各级领导和同志们转达衷心的谢意！在他明亮的书房里，首先映入我们眼帘的是挂在办公桌后面白墙上的一幅卡尔·马克思的画像，这表明了马克思主义创始人在书房主人心目中的崇高位置；四周的书架上，摆满了有关马克思主义的各种书籍。李教授高兴地说，1989年他从德国带回一批德文版的马克思恩格斯著作，如《哲学的贫困》《资本论》等，现在对深入进行马克思主义文本研究起了很大的作用。采访就从这种宽松的气氛中开始。

人道是"风展红旗如画"

记者：首先祝贺我校获得马克思主义理论一级学科博士点！据说这个一级学科和其他学科不一样，是经过党中央特批的，有这回事吗？

李教授：谢谢！确实如此。马克思主义是科学的世界观和方法论，是反映客观世界特别是人类社会本质和发展规律的科学，是关于无产阶级和

本文刊于《福建师范大学校报》2011年12月15日（第524期）。

人类解放的学说。马克思主义是我们立党立国的根本指导思想，是全党全国人民团结奋斗的共同思想基础。马克思主义理论学科是对马克思主义进行整体性研究的一级学科，它担负着马克思主义理论人才培养、科学研究、社会服务和文化传承创新的任务，同时为高校思想政治理论课教育教学提供学理支撑。在过去很长一段时间内，马克思主义理论没有自己的一级学科，而是一级学科"政治学"下设的一个二级学科，这显然是很不合适的。2004 年，以胡锦涛为总书记的党中央决定实施马克思主义理论研究和建设工程，提出要建设具有时代特征的马克思主义理论的学科体系；2005 年底，中共中央政治局研究决定，设立马克思主义理论一级学科，下设马克思主义基本原理、马克思主义发展史、马克思主义中国化研究、国外马克思主义研究、思想政治教育五个二级学科，并破例于 2006 年元月单独开评（其他学科的评审已于 2005 年底结束）。2008 年又决定增设第六个二级学科中国近现代史基本问题研究。这充分体现了党中央对马克思主义理论学科的高度重视。中共中央政治局常委、主管意识形态工作的李长春同志曾说，党中央实施马克思主义研究与建设工程已成为关系中国特色社会主义事业发展全局的战略工程、生命工程、基础工程。因此，马克思主义理论学科有其他学科无可比拟的重要性与特殊性。

记者：您不介绍我们还真不知道！那么，我校马克思主义理论学科建设进展如何？

李教授：我校马克思主义理论学科建设历经三十多年，但历史性转折是在 2003 年，那一年我们申报国务院学位委员会第九批博士点"马克思主义理论与思想政治教育"二级学科博士点（隶属于政治学一级学科）获得成功，开创了学科建设的新局面。凭借这一高端平台，我们乘势而上，同年被评为福建省高校重点建设学科，并获得省政府大力资助，迄今已连续资助八年的"海峡西岸经济区"建设，两个重大项目"马克思主义与三个文明协调发展研究"（2003～2007 年，负责人为苏振芳教授）和"马克思主义与'海西'经济社会协调发展"（2008～2012 年，负责人为何贻纶教授），为学科建设提供了厚实的物质基础。2006 年初，我们获得了马克思主义中国化研究二级学科博士点和马克思主义理论一级学科硕士点；经国务院学位委员会和教育部批准，"马克思主义理论与思想政治教育"博士点分设为马克思主义基本原理和思想政治教育两个博士点，使我校马克思主义理论二级学科博士点增加到 3 个。在"十一五"期间，本学科及其所在学院被批准为马克思主义理论一级学科博士后科研流动站、教育部高校辅导员培训与研修基地、福建省研究生教育创新基地、校国家重点学科培育建设项目，获得了公共管理专业硕士学位授予权（MPA）……形势一片喜人！2011年，在国务院学位委员会第十一批博士点申报中，我们又一鼓作气，以优异成绩获得了马克思主义理论一级学科博士点（全国仅33个）。2011年8月，经学校学位评定委员会通过，设立了中国近现代史基本问题研究二级学科博士点，并于2012年开始招生。8年来，本学科在全省高校中一直处于一花独放的领先地位，也位居全国同类高校的前列，有较大的影响。在这里，我想借用毛泽东主席1930年1月写的《如梦令·元旦》一词来比喻本学科的发展，即"宁化、清流、归化，路隘林深苔滑。今日向何方，直指武夷山下。山下山下，风展红旗如画"。这后一句可以形象地说明，我们充分借力党中央对马克思主义理论高度重视的东风，经过多年的团结奋斗，终于赢得今日的红旗飘飘、风景如画。

记者：作为师大人，我们也分享了这一胜利的喜悦！不过我们有一个疑问，您是否方便回答？

李教授：没问题。

记者：大家都知道，您是我校理论经济学一级学科博士点的带头人，怎么同时又是马克思主义理论一级学科博士点的带头人？担负如此繁重的学科建设任务，您会不会觉得很辛苦？

李教授：这个问题提得好，我想不少人恐怕都会有这个疑问。一身而兼两个一级学科的带头人，这在全国高校中虽不能说绝无仅有，但确实罕见。我之所以充当这个角色，当然是事出有因。其一，是学科建设的实际需要。自20世纪90年代末以来，本学科虽多次申报博士点，但均未获得成功，其中一个重要原因是缺乏在国内马克思主义理论学术界有一定影响的学科带头人。2002年底，学校开始组织第九批博士点申报，当时经济法律学院的党政领导和学科有关老师一致要求校领导让我担任"马克思主义理论和思想政治教育"博士点申报的学科带头人。开始我是极力推辞的，因为当时我已担任申报另一个博士点"经济思想史"的带头人，岂能一身而兼二任？学校领导再三权衡后，一致认为没有比我更合适的人选了，虽然有风险，但值得一试。从学校学科建设的大局出发，我只好勉为其难、匆促出征了。其二，马克思主义理论学科不同于其他学科的特殊性。马克思主义理论虽然是一个整体，但它又由马克思主义哲学、政治经济学、科学社会主义以及中共党史、思想政治教育等各个部分组成，而这些组成部分按传统学科划分，又分属于不同的一级学科。从理论上讲，凡是在这些

"组成部分"上有研究的老师都可以成为学科的成员乃至学科带头人。这种学科的整体性和交叉性也是其他学科所没有的。其三，本人专业研究的特点。我的专业原本是马克思主义哲学，开设过马克思主义哲学原著选读以及欧洲哲学史、现代西方哲学评介等课程，对《资本论》辩证法的研究，涉足了政治经济学。在学科壁垒分明的传统框架内，我这种"不务正业"的跨学科研究似乎并不太受欢迎，但好在我二三十年来一直坚持下来了，并在省内外具有一定的影响。上次访谈我已介绍了我的经济学社会兼职，这里说一下我的哲学社会兼职。我现在是中国历史唯物主义学会的副会长、中国社会科学院世界社会主义研究中心的常务理事、福建省哲学学会会长、福建省历史唯物主义研究会会长等。这些情况使我有条件去担任马克思主义理论学科的带头人。当然，一个人挑两副担子的确是很辛苦的，而我的身体状况也不允许我一直这样做，我迫切希望有合适的人选来接替这一工作，我很乐于"交棒"。

说不尽"路隘林深苔滑"

记者：如您所言，我校的马克思主义理论学科确实呈现出"风展红旗如画"的喜人景象。那么，这一景象又是如何形成的呢？

李教授：说来话长。虽然学科的突破性进展是在 2003 年以后，但学科的建设却经历了漫长的岁月，凝聚了几代人的心血。在我看来，有三个因素是很重要的。首先，这是学校长期以来高举马克思主义理论伟大旗帜的结果。福建师大恐怕找不出第二个学科像马克思主义理论学科所在的学院（系）经历了那么多次的分分合合。1975 年，政治教育系（简称政教系）一分为二，从中分设出专门承担全校公共政治理论课教学任务的马列主义教研室（1991 年改名为马列主义教研部，简称马列室或马列部）。1993 年5 月，马列部又挂牌管理学系（主任林可济），实行"一套人马、两块牌子"。1994 年 12 月，政教系更名为经济法律学院，我是首任院长。2003 年6 月，为了适应形势发展的需要，学校对经济法律学院、马列部（管理学系）和校内外相关单位进行学科整合和重组，分别成立经济学院（院长李建建）、公共管理学院（院长何贻纶）、法学院（院长林旭霞），并于同年11 月挂牌。2011 年 5 月，按照中宣部和教育部的要求，公共管理学院又一分为二，从中分设出马克思主义学院（陈永森副院长主持工作）。该学院除了担负思想政治教育专业的本科教学外，专门负责全校思想政治理论课的教学，并成为马克思主义理论一级学科博士点和博士后科研流动站的依托单位。三十多载的离合聚散，尽管机构、名称和人员几经变动，但是大家对马克思主义的信念没有变，对马克思主义基本理论的坚持、继承和发展没有变，对马克思主义理论学科建设的热情没有变。尤其是 2003 年以来，我们采取了一系列重大举措，有力地推进了马克思主义理论学科的发展。一是在 2006 年初，继中国社会科学院成立马克思主义研究院之后不久，我校在全国高校中率先成立马克思主义研究院。时任校长的我任院长，三位校领导担任副院长，并聘任了三十多位国内知名的马克思主义理论专家学者担任研究院顾问。这体现了学校领导对马克思主义理论学科的特别重视和大力支持。马克思主义研究院成立五年多来，开展了多项卓有成效的活动。例如：加入由中国社会科学院马克思主义研究院发起组织的"中国经济社会发展智库"，成为首届理事单位；多次参与筹办全国性马克思主义理论学术研讨会；加强与国内马克思主义理论知名专家学者的沟通交流；设立网站，编发马克思主义研究动态等，在国内产生了积极的影响。这几年，有的学校要成立马克思主义研究院，还专门来人来电向我校"取经"。二是与国家级出版社中国社会科学院社会科学文献出版社实行长期合作，隆重推出大型"马克思主义理论与现实研究文库"，由我担任总主编。文库初步安排 10 辑，它们是：马克思主义哲学研究、《资本论》与马克思主义经济理论研究、中国社会主义市场经济研究、马克思主义中国化研究、思想政治教育研究、马克思主义发展史研究、社会主义经济发展史研究、国外马克思主义研究、西方经济学与当代资本主义研究、建设海峡西岸经济区研究等。每辑出若干本，计划用 10 年左右时间出版 100 本著作。现在五年过去了，已经出版了 50 多本著作，其中多本著作获得了福建省哲学社会科学优秀成果奖。通过这一套"文库"的运作，既推出了一大批高质量的成果，又培养了优秀的年轻人才。三是加强与国内马克思主义理论界同行的学术交流。我在校长任上曾多次强调，凡是有关马克思主义理论的全国性会议和学术活动，福建师大都要争取承办，并且把它办好。2003 年以来，我们除了办好中国《资本论》研究会第十三次学术研讨会、全国马克思主义经济学说史学会第十一次学术研讨会、全国第二届马克思主义经济学的创新与发展论坛等经济学会议外，还承办了中国政治学学会 2004 年年会、中国历史唯物主义学会的"历史唯物主义和科学发展观"学术研讨会、全国首届马克思主义学院院长论坛、全国马克思主义理论学科博导论坛等。这期间，我们也邀请了大批全国知名的马克思主义理论专家来校讲学，累计达六十多人次，他们中有：卫兴华、吴宣恭、胡培兆、靳辉明、梁柱、杨瑞森、李崇富、张耀灿、顾海良、程恩富、逄锦聚、郑永廷、严书翰、陈占安、许耀桐等。这一系列高端学术交流活动既体现了我校对坚持和发展马克思主义理论的热情支持，也大大增进了国内同行对我校马克思主义理论学科的了解，促进了学科的快速发展。

记者：难怪有人说，福建师大是南方坚持马克思主义的重要阵地，是马克思主义理论学者的精神家园。我们还想听听您的第二个因素。

李教授：其次，三十多年来几代人的努力为学科的发展打下了坚实的基础。无论是原来的政教系、经济法律学院、马列室（部），还是后来的经济学院、公共管理学院、法学院都对马克思主义理论学科的发展作出了重要的贡献。1979年政教系和马列室开始分别招收政治经济学和哲学研究生。我当时是马克思主义哲学研究生，导师组中有陈金振、林仑山、林可济等老师。第二年马列室马克思主义哲学研究生设两个研究方向：唯物辩证法、辩证自然观和科学方法论。1987、1988年政教系和马列室联合招收马克思主义哲学硕士研究生，我是研究生导师之一。从1979年到1991年最后一届研究生毕业，共培养了三十多位哲学硕士研究生。由于当时学校并无马克思主义哲学的硕士授予权，所以研究生毕业后要到厦门大学去申请硕士学位，也正因为这个原因，1989年就停止招生了，但为研究生的培养积累了丰富的经验。

政教系（系主任李思）于1985年获得政治经济学硕士学位授予权，1987年设立非师范性质的思想政治教育本科专业。由于办得好，《光明日报》曾专门作了报道，认为福建师大这个专业培养了一批既掌握马列主义理论知识，又有做思想政治工作能力的政工人才。1992年2月，全国高校思想政治教育专业工作会议破天荒在我校召开，代表来自全国60多所高校。原国家教委副主任滕藤、思政司司长朱新均和福建省有关领导出席了开幕式，会议开得很成功。当时我是政教系主任，感到压力很大，但也备受鼓舞。1993年政教系获得了政治经济学博士点，实现了福建师大博士点零的突破。经批准，1990年在政教系设立马克思主义理论教育（中国革命史）硕士点，1993年下半年设立思想政治教育硕士点，1997年在马列部设立马克思主义理论教育（马克思主义原理）硕士点。1998年教育部对全国硕士点专业设置进行调整，上述三个硕士点合并为马克思主义理论与思想政治教育硕士点，这就为后来申报这一专业的博士点创造了必不可少的重要前提。1994年12月政教系更名为经济法律学院后，在政治经济学学科建设上不断有新的突破。马列部也于 2001 年获得马克思主义哲学的硕士点。从 20 世纪 90 年代以来，福建师大一直是福建省哲学学会、福建省历史唯物主义研究会、福建省辩证唯物主义研究会（会长郑又贤）的会长单位（2007 年又增加了福建省伦理学会，会长陈桂蓉）和福建省高校思想政治教育研究会的挂靠单位。在过去的三十多个春秋中，政教系、经济法律学院和马列部、公共管理学院的历任领导都为马克思主义理论学科建设作出了重要贡献，这两个单位的许多老师也倾注了自己的心血。在这里恕我无法一一列举他们的名字，但历史会记住他们，感谢他们！

记者：这三十多年学科建设走过的路，真可以用"路隘林深苔滑"来形容。那第三个因素又是什么？

李教授：再次，马克思主义学科建设也是我校各有关部门、学院团结协作奏出的一曲凯歌。一是马克思主义研究院发挥了特殊的作用。它作为跨学科、学院的研究机构，不仅可以协调校内与马克思主义理论具有密切联系的学科、学院，而且可以为那些已经调离福建师大但在校内仍承担教学和研究任务的高水平马克思主义理论专家提供一个理想的工作平台。福建省委教育工委常务副书记、教育厅党组副书记、副厅长、我校马克思主义研究院常务副院长郑传芳教授就是个实例。自 20 世纪 80 年代以来，他一直在我校马列室（部）工作，曾任党总支书记等。1997 年后任校党委副书记，分管马列部和学生思想政治教育。2002 年升任校外单位领导后，仍担任马列部、公共管理学院的研究生教学和指导工作。2003 年申报博士点，他是学科梯队的重要成员。2006 年初以他为带头人的"马克思主义中国化研究"二级学科博士点申报获得成功；2011 年申报一级学科博士点，他又是"马克思主义中国化研究方向"主要负责人；同年学校自设"中国近现代史基本问题研究"二级学科博士点，他兼任带头人。郑传芳教授在中共党史和马克思主义中国化研究方面有很深的造诣，多次获得国家和省部级优秀成果奖。2008 年 5 月被批准为中央马克思主义理论和建设工程"毛泽东思想和中国特色社会主义理论体系概论"教材编写组首席专家，2010 年担任教育部高校思想政治课教学指导委员会分委员会委员。郑传芳教授对马克思主义理论具有很深的感情，对我校这一学科的建设和发展作出了重要的贡献。二是校党委宣传部的有力介入。由于马克思主义理论学科所具有的鲜明的意识形态特点和为学校的思想政治理论课教学提供学理上的支撑，所以和校党委宣传部的工作职能有其相契合之处。党委宣传部在省委教育工委和本学科之间的联系协调方面，在贯彻落实校党委关于加强马克思主义思想政治理论课教学和研究方面做了大量实际工作。苏振芳教授长期从事思想政治教育研究，成果丰硕，他当宣传部部长的那几年（1998～2005），正是学科取得突破性发展的前后，他发挥了重要作用。2003 年申报"马克思主义理论与思想政治教育"博士点，他是思想政治教育方向的带头人；获得博士点后，申报福建省高校重点建设学科和"海西"重大项目，他是主要负责人，并具体组织实施。他现在是二级学科博士点"思想政治教育"的带头人，已指导和培养博士生、博士后多名。现任宣传部部长潘玉腾教授是"马克思主义理论和思想政治教育"专业的博士，基础扎实，成果颇丰（目前正承担国家社科基金项目"推动社会主义核心价值体系大众化研究"），善于把理论研究和本职工作内在地结合起来。自从他 2005 年 7 月任宣传部部长（2006 年初兼任马克思主义研究院副院长和秘书长）后，学科发展进入了快车道，学科建设任务繁多，学术交流空前活跃，不断有捷报传来。六年来，他为学科建设做了大量具体工作，对学科发展可谓功不可没。三是校内相关学院、学科的合作共建。马克思主义研究院副院长、原副校长汪征鲁教授是国内知名的历史学家，在历史研究中能自觉以唯物史观为指导。他承担的国家社科基金重大项目就是"唯物史观与中国历史研究"，其论文《唯物史观的历史命运》《中国马克思主义以人为本价值观的崛起》在学界产生了较大的影响。因此，在申报马克思主义理论一级学科博士点时，以他为"中国近现代史基本问题研究"方向的带头人，是很合适的人选。他也主动积极参与合作，并且不负众望。2004 年学科博士点设立了"马克思主义法学理论与实践研究"方向并开始招生，迄今已培养了十多位马克思主义法学博士，促进了法学院的学科发展，法学院也对马克思主义理论学科建设给予有力支持。

君知否"今日向何方"?

记者：您刚才引用的毛泽东主席词中有一句"今日向何方"，请问您对今后马克思主义理论学科建设有什么想法？

李教授：马克思主义理论学科建设不仅是我们学校的事，也是全党、全国的大事。党中央对马克思主义理论学科的建设和发展，大到方向确定，小到教材编写、教师培训等，都有明确的指示和要求。我们要努力学习，认真领会，坚决贯彻落实，这也是本学科和其他学科不一样的地方。但除了规定动作外，还有自选动作，我们要结合本校的实际，在今后几年中着重解决以下几个问题。

首先，要坚定对马克思主义的信仰。搞一般科学研究的，都要先强调兴趣。搞马克思主义理论研究光凭兴趣是不够的，还要讲信念、信仰。我年轻时读《革命烈士诗抄》，记得其中有一首是："砍头不要紧，只要主义真。杀了夏明翰，自有后来人。"闹革命为什么不怕艰难困苦、流血"砍头"？因为有马克思主义的科学真理在作支撑，这就是信念、信仰的力量！2011 年是苏联亡党亡国 20 周年，其中一个惨痛的教训就是当时苏联党和国家主要领导人，动摇乃至抛弃了对马克思主义的信仰。今天我们强调对马克思主义的信仰，并不是盲目崇拜，而是因为马克思主义是科学，是经过一百多年的实践所证明的真理。在全球具有很大影响的英国著名作家、记者弗朗西斯·惠恩在其 2009 年出版的《马克思〈资本论〉传》中说，马克思并未被埋葬在柏林墙的瓦砾之下，他真正的重要性也许现在才刚开始。他可能会成为 21 世纪最具影响力的思想家。这是很有远见卓识的！坚持、信仰马克思主义要反对两种错误倾向：一是"西化"，唯西方社会思潮马首是瞻；二是"僵化"，搞教条主义，照搬照抄，不实事求是、与时俱进。我们要求在建设中国特色社会主义的伟大实践中，不断推进马克思主义理论的创新和发展。这应当成为本学科成员的共识。

其次，要扎实推进马克思主义理论的研究，提高水平，形成特色。在马克思主义基本原理和马克思主义发展史方面，要注重对马克思主义经典作家原著的研究，用时髦的话来说，叫文本分析。马克思主义文本分析是国际上马克思主义研究的重要热点和趋势，国内是从 20 世纪 90 年代才真正引起重视。实际上我在 80 年代初就已开始运用这一研究方法，现在看来，我 1986 年出版的《〈资本论〉辩证法探索》（上册）一书应该是国内最早运用文本分析研究马克思经济理论和方法的专著，1991 年发表的论文《马克思 1844 年巴黎手稿文本研究》则是国内最早引证《马克思恩格斯全集》历史考证版第二版（MEGA2）中的马克思巴黎手稿原始文献资料（那是我从德国带回来的）。我们要充分利用这一先发优势。我打算和团队成员一道对马克思 19 世纪 40～60 年代的主要著作及其手稿、笔记、版本和有关通信进行认真的梳理和分析，对马克思主义基本原理和发展史的若干重大理论问题（如马克思哲学革命的实质、马克思主义哲学体系的构建等）提出自己的看法，推动马克思主义理论研究的深入。在思想政治教育方面，既要重视基础理论的研究（已出版《道德教育论》《当代国外思想政治教育比较》，分别由苏振芳教授撰著和主编），又要重视在新的历史条件下思想政治教育出现的新情况、新问题、新特点，深入研究社会主义核心价值体系对各种社会思潮和新媒体的方向指导、价值引领以及功能整合作用（已出版杨立英教授著的《网络思想政治教育论》《全球化、网络化境遇和社会主义意识形态建设研究》，潘玉腾教授著的《走向阳光——大学生心理健康指导》，曾盛聪教授著的《伦理变迁与道德教育》等），努力开拓思想政治教育研究的新局面。要加强海峡两岸学校思想教育的比较研究，促进彼此的思想文化交流，为祖国统一大业作贡献（已出版陈桂蓉教授等著的《海峡两岸道德发展论》等）。在马克思主义中国化研究方面，要重视对马克思主义"三化"（时代化、中国化、大众化）的内在联系研究，进一步开展中国特色社会主义理论体系研究，包括基本内涵、主要特征、基本规律、逻辑体系和历史意义等（已出版郑传芳教授主编的《毛泽东思想和中国特色社会主义理论体系概论》《邓小平理论和"三个代表"重要思想概论》及其撰著的《中国特色社会主义理论体系若干问题透视》、郑又贤教授著的《马克思主义中国化之思想方法透视》、赵麟斌教授主编的《"马克思主义中国化"研读》等），同时也要注重开展中国特色社会主义建设的实际问题研究，紧密联系新时期社会主义经济建设、政治建设、文化建设、社会建设、生态文明建设和党的建设等方面的实际（已出版王岗峰教授著的《走向和谐社会》，陈桂蓉教授等著的《和谐社会与女性发展》，何贻纶教授著的《国家安全研究》，林修果教授著的《宗法秩序变迁与行政现代化》，林旭霞教授著的《虚拟财产权研究》，吴宏洛教授著的《转型时期的和谐劳动关系》《劳资关系新论》等）；在中国近现代史基本问题研究方面，要注重研究中国在近现代历史发展进程中提出的一些重大而根本的问题，探索其基本经验和基本规律，批判歪曲党的历史、否定党的领导的各种错误观点（郑传芳教授已发表关于提高党的执政能力的系列论文，李方祥教授已出版《中国共产党的传统文化研究》《中国共产党与民族文化传统研究》两本著作，发表了批判党史研究领域历史虚无主义思潮的系列论文等）；在国外马克思主义研究方面，由于流派众多，限于条件，不可能面面俱到，可先选择少数有代表性的派别进行"麻雀解剖"，研究其理论价值以及对我国社会主义现代化建设的借鉴意义，然后逐步铺开（陈永森教授近年来致力于国外马克思主义和国外生态社会主义思想的研究，已在权威刊物上发表系列论文，在学术界有一定影响）。我们要努力创造条件，尽快设立国外马克思主义研究和马克思主义发展史两个二级学科博士点。这里需要特别提出的是，在对马克思主义理论各个二级学科进行具体研究时，切不可忽略了它们之间的内在有机联系，避免只见树木、不见森林，要努力把马克思主义理论作为一个整体来把握。

再次，要大力加强马克思主义理论的学术交流和社会调查。我们要延续前几年已经形成的好的做法，主动积极承办有关马克思主义理论的各种全国性学术会议，可以单独办，也可以马克思主义研究院、马克思主义学院、公共管理学院、经济学院、法学院等几个学院联办。通过举办全国性会议，可以及时了解马克思主义理论研究的最新动态，促进本学科教师研究能力和学术水平的提升，增进国内同行对我们的了解，扩大本学科的影响，可以说是一举多得。但会议一定要准备充分，发动教师撰写论文，鼓励他们和与会专家多接触、多交流。此外，也要办好由我们作为会长单位主办的几个全省性学术研讨会，如 2010 年在漳州召开的"马克思主义哲学与转变经济发展方式学术研讨会"，今年在泰宁召开的"公共伦理与社会管理创新理论研讨会"都办得很成功。在省外乃至国外举办的有关马克思主义理论的学术活动，我们也要积极派人参加，与有关学术团体保持经常性的联系。要有计划地定期邀请国内外知名马克思主义理论专家学者来校讲学，和教师、博士生座谈，开展面对面的交流。实践性是马克思主义理论的一个显著特点，理论联系实际是我们党的优良作风，我们搞马克思主义理论研究的，一定要经常深入企业、农村、社区，深入开展调查研究，感知我国改革开放的脉搏跳动。要牢记"没有调查就没有发言权"！马克思主义学院的领导对此要有足够的重视和周到的安排。

复次，要重视马克思主义理论学科队伍的建设，培养若干个在全国有一定影响的学术带头人。在本学科现有的学术骨干中，已过花甲之年的不在少数。因此，一方面要继续发挥这些老专家的作用，另一方面也要大力发现和培养中青年学术领导人才。"60"后的如潘玉腾、陈永森、林旭霞、吴宏洛等，正承担教学、科研甚至管理的重担，已在省内有一定的影响。要创造条件，让他们有足够的时间和精力，术有专攻，重点突破，争取在国内学术界有一定影响；"70"后的如李方祥、曾盛聪等，发展势头不错，要鼓励他们志存高远，夯实基础，知难而上，勇于攻关。十年来学科队伍中有博士学位的教师比例在显著增加，要鼓励他们在搞好教学的同时，不断提高科研能力。马克思主义学院领导要按照学科的特点和学院的实际，确立若干个学术方向，组织起老中青相结合的学术团队，定目标、定任务、定进度，务求实效。学院要对教学与科研表现突出、对学科建设作出贡献的老师给予必要的精神鼓励和物质奖励，包括送到国内外知名大学进修访问等。当然，也要在学校的支持下，主动积极引进优秀拔尖人才，包括已在全国有一定知名度的学科带头人。这在我们学校已有先例，效果很好。

更次，要充分发挥马克思主义理论学科对全校思想政治课理论教学的学理支撑作用。马克思主义学院担负着全校本科生和研究生的思想政治理论课教学任务，教师马克思主义理论水平的高低直接影响着思想政治理论课的质量。马克思主义理论学科的建设，不仅要出成果、出人才，还要为提高思想政治理论课教学的整体水平作贡献。一是思想上要重视，学科建设和思想政治理论教学不是两张皮，而是融为一体。马克思早就说过，过去的"哲学家们只是用不同的方式解释世界，问题在于改变世界"①，向学生传授马克思主义理论，影响他们的世界观、人生观和价值观，这也是"改变世界"的体现。二是和站在第一线的教师一起分析、消化思想政治理论课的教材，要把教学过程中提出的难点和疑点作为学科研究的重要课题。三是学科和学院承办的各种学术活动如学术研讨会、专家讲座等，都要求教学第一线的老师参加。要定期向老师介绍国内马克思主义理论学科建设特别是高校思想政治教育的最新动态，不断开阔一线教师的视野，提高他们的理论水平。四是要求学科成员中的青年教师向优秀的老教师学习。多年来，我校涌现出一批优秀的思想政治理论课教师，如郑又贤教授是全国首届"两课"优秀教师、綦正芳教授是全国优秀教师和全国思想政治理论课优秀教师、俞歌春教授是省师德标兵、李湘敏教授和吴宏洛教授是省教学名师等，他（她）们既是长期从事思想政治理论课的教师，又是学科梯队的骨干成员，有的还是博士生导师。我们要从中总结经验，加以推广。只有当学校的思想政治理论课教学水平显著提高时，才能说明马克思主义理论学科的建设确有成效。

最后，要自觉接受各级党委的领导。这里有三个层次。一是党中央的领导，主要是思想政治方面的领导。前面说过，党中央对马克思主义理论学科建设有一系列明确的指示和要求，我们要认真领会，坚决贯彻落实，风吹浪打不动摇，从而确保我们的学科建设沿着正确的轨道前进。二是省委教育工委的领导。这么多年来，马克思主义理论学科的建设一直得到省委教育工委的深切关怀和大力支持，我们十分感谢！在我校马克思主义理论学科蓬勃发展的今天，我们非常愿意承担省委教育工委交办的各项任

---

① 《马克思恩格斯选集》第 1 卷，人民出版社，1995，第 57 页。

务，为全省高校的马克思主义理论研究和思想政治教育作出自己应有的贡献！三是学校党委的领导。没有学校党委的特别关心和大力支持，就没有马克思主义理论学科的今天。我们希望学校党委一如既往，呵护马克思主义理论这一重要而特殊的学科。我们学科全体同志满怀信心，在新的征途上，将马克思主义理论这面"如画"的红旗，永远高擎，迎风飘扬！

记者：您也给我们上了一堂具体而生动的马克思主义理论教育课。谢谢您接受我们的采访！

李教授：辛苦你们了，谢谢！

人才培养篇

"教学质量是大学的生命线，培养创新型人才是大学的崇高使命。"

——作者

加强研究生科研创新能力的培养[*]

科研能力是衡量研究生培养质量的重要标准。创新是一个民族的灵魂，是推动科技进步的原动力。研究生的科研创新活动，对进一步加强研究生科研能力的锻炼，切实提高研究生的培养质量，促进我国高层次专门人才的成长成才，更好地适应我国经济建设和社会发展的新要求，具有极为重要的意义。认真组织研究生开展科研创新活动，这是研究生培养教育的中心环节，是高校研究生工作的一项重要任务，也是培养社会主义"四有"新人的必然要求。

21世纪将是我国实现中华民族伟大复兴的世纪。福建师范大学的研究生教育必须"注重科研创新，提高培养质量"，要按照教育部提出的我国研究生工作的基本方针的要求："深化改革，积极发展；分类指导，按需建设；注重创新，提高质量"，积极推进素质教育，突出培养研究生的创新能力和实践能力。要积极创造条件，引导研究生参加前沿课题及重大实际问题的研究，努力提高研究生的思想政治素质和科学文化素质。一要完善研究生教育的质量保证体系。要改革研究生的教学方法、教学手段和培养模式。研究生的教学要以研究生为主体，高度重视和促进研究生个性的健康发展，导师们要更多地采用启发式、研讨式、参与式等教学方式。要

---

[*] 这是笔者为福建师范大学研究生论文选辑《学苑集锦》一书（福建人民出版社 2002 年 11 月出版）所作的序，收入本书时有所删节。

进一步修订和完善研究生的培养方案，使研究生的课程体系有足够的宽广度和纵深度，并具有一定的前瞻性，切实提高研究生的培养质量。二要努力提高研究生的科研创新能力。学校要举办好一年一度的研究生科技月活动，积极营造以"科技创新"为主题的研究生校园文化氛围，各院系也要相应地召开研究生"科讨会"，并使之制度化。学校要进一步完善研究生参与科研的奖励办法，充分调动研究生、指导教师的积极性，鼓励研究生在国内外权威刊物上发表高质量的学术论文，要推荐优秀的研究生科研成果参加全国大学生"挑战杯"课外学术科技作品竞赛和"创业计划"大赛的评选，努力使研究生的科研成果再上一个新的台阶。三要努力提高研究生学位论文的质量。学位论文是研究生培养的重要组成部分，是对研究生科学研究或承担专门技术工作的全面训练，是培养研究生创新能力的主要环节，要对研究生学位论文的开题报告、论文评阅和答辩程序等环节作出具体规定。要切实加强导师对研究生学位论文的指导力度，学校每年都要推选出若干篇高质量博士学位论文参加"全国百篇优秀博士学位论文"的评选，力争取得好成绩。

在福建人民出版社的大力支持下，福建师范大学公开出版了这本论文集，作为中国共产党第十六次全国代表大会和福建师范大学 95 周年华诞的献礼。这也是福建师范大学公开出版的第二册研究生论文集，尽管其中的一些研究还不够成熟，但毕竟是广大研究生们深入研究、敢于创新、勇于实践的结晶。在 21 世纪的征途中，我们面临着千载难逢的机遇与严峻的挑战，我们相信在党的十六大精神的指引下，通过广大师生员工的共同努力，学校的研究生教育事业必将取得更辉煌的成就。

进一步提高教学质量已迫在眉睫 *

　　人才培养是高等学校的根本任务，教学是人才培养的主渠道。随着我国高等教育的快速发展以及应对加入 WTO 的挑战的需要，进一步提高教学质量已迫在眉睫。教育部 2001 年 8 月颁布了《关于加强高等学校本科教学工作　提高教学质量的若干意见》在全国高校产生了广泛而深刻的影响。为了贯彻这一文件精神，教育部高教司于 2002 年 8 月推出了《高等学校教学质量与教学改革工程》（简称"质量工程"），并把它作为将来《面向 21 世纪教育振兴行动计划（二期)》的重要组成部分。我校根据这一文件精神，从实际出发，拟订了相应的质量工程行动计划。学校定于 3 月中旬召开第三次教学工作会议，总结本科教学经验，分析存在的问题，明确今后工作的方向，通过"质量工程行动计划"。这一计划将在规范教学秩序、建立新的学生学习制度、加强师资队伍建设、品牌专业建设、精品基础课程、教材建设、英语教学、示范教学基地与实验室建设、教学质量管理、加大教学投入等方面实行全面改革，从而促进本科教学质量的提高。这里特别要提到的是，教育部新批了我校六个非师范专业，即工商管理、雕塑、生物技术、应用化学、信息与计算机科学、光信息科学与技术，这是我校向综合性大学迈进的非常重要的专业，一定要下大力气建设好。实验室的建设尽管我们在前年的教学评估中投了不少经费，但总体上还是差

---

　　* 这是笔者 2003 年 3 月 4 日在全校部署新学期工作大会上讲话的一部分。

强人意。本学期开始将有重点地进行建设，一个学期建设二至三个，几年下来就可以建成一批比较像样的实验室，要力争达到同类学校的先进水平。多媒体教学效果显著，很受学生的欢迎，要进一步加强和推广，本学期要组织专家审批并启动校多媒体的课件立项工作。

我校研究生已达1500多人，具有相当规模，本学期将要成立研究生教育学院。按照规定，成立研究生院一定要经过教育部批准，但是从管理角度来说，成立一个学院对加强研究生的教育和管理是十分必要的，因此我们就先成立研究生教育学院，这个想法已经得到教育厅领导的首肯。现在，研究生的质量问题引起了社会各界的关注，所以一定要加强管理，把好质量关，特别要重视毕业论文的水分等问题。另外，研究生的纪律问题也还要进一步加强，从本学期研究生报到情况来看，有相当一部分没有按学校规定的时间来校报到，对此问题，学校研究生处已进行了通报批评。对于纪律问题，该强调的要强调，该批评的要批评，该处理的要处理。我校将在4月份开第二次研究生工作会议，修改和出台11个相关文件，要依法治校，按制度办事。

另外，我校还有"四部一中心"，即成人教育学院、网络教育学院、海外教育学院、职业技术学院和高师培训中心，这些单位也同样存在提高教学质量的问题。这几年，"四部一中心"发展很快，目前，成人教育学院学生已2万多人，网络教育学院也后来居上，学生数已超过2万人，发展速度之快，出乎意料，它们对学校的发展作出了很大贡献。但是，规模扩大了，管理和质量也要跟上去，否则就会误人子弟，在社会上造成不良影响，损害学校声誉。这一点要特别强调。在师资队伍建设、课程讲授、考场纪律等各教学环节都要抓紧，尤其是招生工作。2002年有的单位乱招生、乱收费造成很坏的社会影响，学校新领导班子对这个问题进行了严肃的处理，情况大有好转。今年的招生工作要尽早准备，要协调好成人教育学院与各院系的关系，要按学校的制度办事。还有考风考纪问题，一定要采取必要的措施，进行必要的整顿，成人教育学院、网络教育学院在成绩面前要保持清醒的头脑，要看到问题所在，不能盲目乐观，要警钟长鸣。

深化教育改革，切实提高教学质量[*]

在谈这个问题之前，有两种现象值得我们关注。一是 2003 年我校的招生情况。2003 年省主管部门核定我校的招生计划为 9238 人，实际上录取考生 9416 人，完成招生计划的 102%，在社会上产生了很大的影响。2003 年我校招生和往年不同的是：①招生量是历年来最大的，占全省招生的 1/12，比上年增加了 2520 人，增幅达 36.5%。2003 年一年的招生数超过了 20 世纪 90 年代中期全校的在校生规模。②我校的生源质量是历年来最好的。文、理科基地首次全部在本一批重点线上录取，师范理科类也全部在本一批重点线上录取，师范文史类的最低录取线接近本一批重点线，高出本二线 58 分。非师本科特别是理工科也摆脱了过去生源质量参差不齐的局面。这说明我校的办学质量和声誉进一步得到了社会的认可。③我校招生涉及 21 个省市，为历年来最多。这表明我校的办学已摆脱地域的限制，跨过武夷山向全国延伸和扩展。

二是上学年我校有相当一部分学生因为未通过英语四级考试而未能获得学士学位。据统计，在 2003 届 2742 名本科毕业生中，竟有 584 人未能通过英语四级，占毕业生人数的 21.3%，甚至有的院系未通过英语四级的比例高达 40%！

这两种现象说明什么问题？前者说明随着我校办学规模的扩大、生源

---

* 这是笔者 2003 年 9 月 9 日在全校部署新学期工作大会上讲话的一部分。

质量的提高，对教学管理和教学质量的要求也随之提高。我校现在一年的招生等于以前全校的规模，而教学人员却没有相应增加，怎么办？这是一个严峻的问题。后者说明我校在以前的教学过程中的确存在一些薄弱环节（公共英语是个突出的例子），不仅影响我校的教学质量，也影响学生的就业，必须引起我们足够的关注。这个问题虽然出在上学期，但却是多年来已经形成的，学校未能采取有效的措施，使这一问题一直得不到解决。

上个学期，我校召开了第三次教学工作会议，启动了教学质量与教学改革工程行动计划，并郑重向教育部申请于2006年接受本科教学工作水平评估。教育部准备对各高校每五年进行一轮评估，从现在开始，我们就要做好迎接评估的各项准备工作。本学期，要认真贯彻学校第三次教学工作会议提出的各项教学改革措施，以修订教学计划为切入点，进一步优化课程体系和专业布局，积极构建适应学分制所需要的教学管理体制和运行机制，逐步稳妥地推进学分制的改革。要完善本科通识课程体系，增设大学生就业指导等课程，注重本科生综合素质的培养。同时，我们要认真做好"教学名师""精品课程""品牌专业"的建设工作。在此次国家级"教学名师"（100名）评选中，福建省共有两位教师榜上有名，我校王耀华教授光荣地当选为国家级"教学名师"，这不仅是他个人的荣誉，也是学校的荣誉。同时还评上2位省级"教学名师"、5位校级"教学名师"。目前我校共有8位"教学名师"，要在全校进行表彰和大力宣传。这学期，学校还要开展"精品课程"评选和建设，积极参评省级、国家级"精品课程"。此外，还要进行"品牌专业"的建设。通过"教学名师""精品课程"和"品牌专业"的建设，促进和推动我校教学改革的深入开展。

针对我校存在的大学生英语水平问题，对大学英语教学情况进行深入调研。我在校学位评定委员会上提出，一定要解决大学英语水平问题，不能每年让那么多学生因为没有通过英语四级考试而拿不到学位。我们要认真调研，寻找原因，然后采取有效措施，对2004年毕业的2000级学生中未通过四级的进行集中强化训练，努力提高2004届毕业生的英语四级通过率，切实对学生负责。

此外，要建立健全规范的教务管理软件系统，构建一个网络化的教学信息软、硬件平台，进一步提高教学管理水平。要进一步加强教学管理队伍建设，树立现代化的管理思想，掌握现代化的管理手段，提高管理素质与水平。除了本科教学以外，研究生教育学院和"四院一中心"也都要继续加强管理，不断提高教学质量。尤其是网络教育，这几年发展很快，规模迅速扩大，质量问题应该要特别重视。《福州晚报》8 月 20 日刊登了《警惕招生骗子又来了》的报道，点名批评我校某学院。8 月 26 日《福州晚报》又刊登了《招生骗子在大学校园里面真张狂》。事情发生后，学校领导立即采取措施，继续教育学院领导也主动到福州晚报社说明情况，为学校挽回了声誉。2002 年新班子上任时，我们对乱办班、乱收费现象采取了严厉的措施，对有关当事人进行了严肃的处理。上学期开学初，我们已经采取了一些预防性的措施。尽管这样，还是出现了这些问题，给学校造成了很不好的影响。我们要通过这件事，认真总结经验教训，2004 年绝不允许这类现象再次发生，否则要严肃处理，绝不姑息迁就。

坚持"规模、结构、质量、效益"协调发展，加快教学改革步伐[*]

教育部已发出今后五年对所有本科高校进行教学评估的通知，我校被安排在 2006 年。虽然离评估还有 2 年时间，但如果不抓紧，一晃而过，到时就措手不及了。从现在开始，我们要按照"以评促改、以评促管，评建结合，重在建设"的方针，对照教育部本科教学工作水平评估标准，逐条加强建设。学校要成立迎评的领导机构，教务处要制订相应的工作进度计划，明确每学期工作的重点和需要解决的问题，并定期向校长办公会议汇报。

要进一步贯彻落实校第三次教学工作会议精神，坚持"规模、结构、质量、效益"协调发展的方针，继续推进教学质量与教学改革工程行动计划。除了一般常规工作外，本学期要抓的工作有这几个方面。

一是抓好专业建设。我校现有 56 个本科专业，以后还要申报新专业。应该说，大部分专业建设得不错，但确实有一部分专业本来就先天不足，后天又营养不良，没有建设好，这样会误人子弟的。教务处要对现有的专业进行一番调研和梳理，对不合格的专业要提出处理意见。凡是不合格的专业所在的学院在整顿以前暂时不能申报新的专业。

二是加强精品课程建设。2003 年，教育部启动国家精品课程建设。精品课程要求很高，要有一流老师、一流教学内容、一流教学方法、一流教

---

[*] 这是笔者 2004 年 2 月 17 日在全校部署新学期工作大会上讲话的一部分。

材、一流教学管理等。2003 年各地共申报 494 门，最后评选出 151 门。福建省只有 1 门上榜，是省公安专科学校的"警察查缉战术"，而且是高职的。教育部副部长吴启迪在 2004 年 2 月 10 日的新闻通气会上指出，教育部要建设一个覆盖大多数专业，包含国家、省市、学校三个层次，惠及全国各个高等学校的精品课程建设体系。精品课程要全部上网，免费开放，做到优质教学资源共享。国家精品课程将连续评 5 年，评出 1500 门。各省市也要开展省级精品课程建设，一般规划 200～500 门。这样，经过五年时间将建成一个拥有几千门课程的开放体系，拥有丰富的优质教学资源，将大大缓解高等教育优质教学资源不足的矛盾，为不断提高教学质量奠定重要的基础。所以，我校一方面要尽快使用已经上网的国家级精品课程，提高教学水平；另一方面要积极申报下一轮省级和国家级精品课程（这次上榜的师范大学有 6 所），通过努力，争取占有一席之地。在精品课程建设方面，我校的 4 个国家人才培养和科学研究基地要起带头作用，这次评上国家级精品课程的有不少就是基地课程。

三是要有更多的教授走上本科教学的讲台。2001 年教育部 4 号文件强调教授要上讲台，国家级精品课程评选的前提之一也是教授上讲台，特别是名教授。以前有一段时间，不少教授不从事本科教学，转向搞研究生教学。这种情况要转变过来。国际上著名大学的办学经验告诉我们，教授特别是名教授从事本科教学很有意义，也是一种很正常的现象。春节期间，清华大学党委书记陈希回榕，就讲到清华大学物理系安排诺贝尔奖获得者杨振宁教授从事本科教学。这给了我们很重要的启示，就是教授也应该从事本科教学。请教务处落实一下现有教授从事本科教学的情况。除特殊原因（请教务处研究后拟出规定，并报学校批准），教授都要上本科讲台。教授上讲台，可以讲课程的全过程，也可以是部分，或者开讲座也可以。当然，在鼓励教授上本科讲台的同时，各学院要为教授配备好助手，助手可以是青年教师，也可以是研究生，批改作业、下班辅导之类的工作可由他们代劳。年轻的教授也可以配备好助手，以使他们有更多的时间和精力从事科学研究。

四是以公共英语教学改革为突破口，深化政治理论、教育理论、计算机等公共课教学改革。为了解决"哑巴英语"这一老大难问题，教育部从2003 年开始在全国 100 所高校（现已增至 180 所）开展大学英语教学改革试点，推广由清华大学出版社等四家单位推出的"大学体验英语"等四大教学系统。这次英语教学改革把原来以阅读理解为主改为以听说为主，全面提高英语综合运用能力。与大学英语教学改革相配套，备受关注的英语四、六级考试内容也将进行改革，总体方向是以听说为主、实用为主，试题要发生重大变化。专家对这次英语教学改革抱有非常乐观的态度。我校经过争取，已进入180所试点高校。教务处已和外语学院公外部研究，一定要把这一改革搞好。此外，要通过英语改革，促进我校双语教学活动的开展。按照教育部要求，今后大学双语教学要占一定比例，条件好的学校要100~150门的双语课，约占课程总数的5%。我们要努力创造条件做到这一点。政治理论课等其他几类公共课，也要探索教学改革的路子。本学期学校将对此展开专题研究，解决其中存在的问题，并对从事公共课教学的教师予以足够的关心。

五是加强师德建设。一个对国家和社会有高度责任感、具有强烈的敬业精神的教师，不仅能传授给学生科学文化知识，还能通过自身的人格魅力不断影响学生，给学生以战胜困难的勇气和智慧，帮助学生不断修正前进的方向。我校大部分教师都具有高尚的师德，在教书育人方面作出表率。但也不可否认，受种种因素的影响，在一小部分教师中仍然存在敬业精神缺失的现象，这应该引起我们的关注。师德建设要取得实效，除了加强思想政治教育外，还必须改变过去师德考核中系统性不够、渗透性不强、合理性不足、导向性不明的形式主义弊端，建立有效的激励机制和完善的考核评估体系。

六是加强学生的实践环节和第二课堂活动。这里有几个例子是很令人高兴的：上学期，我校在全国大学生"挑战杯"比赛中获得1个二等奖、3个三等奖的好成绩，这是我校参加该赛事以来成绩最好的一次，学校对参赛选手和指导教师给予了通令嘉奖。2003年，海外教育学院组织17名在学学生作为志愿者赴菲律宾进行汉语教学，得到了菲律宾华人社会的高度赞扬，也得到国家汉办和中国驻菲律宾使馆的充分肯定，填补了我国对外汉语教学的空白。2004年3月，这批学生就要回国，有关单位要认真做好总结和宣传工作，并安排好第二批赴菲学生（50人）的全方位培训及派出工作。2004年春节，我校音乐学院的器乐合奏节目《春潮》被中央电视台选中，并安排在中央电视台第3频道和中央教育电视台播出，为学校争得了荣誉。这三个例子说明，加强学生的实践环节和实验教学，对提高学生的素质，特别是综合能力会起到很重要的作用。本学期要在这方面继续加强。音乐学院准备成立民族管弦乐队和合唱队。团委可以牵头成立学校艺术团，不仅可在校内演出，丰富校园文化生活，而且可以到省内外甚至到海外去演出。这方面我校还是很有条件的。中国人民大学的学生艺术团就很有影响。另外，也可考虑组建一支有特色的体育代表队，参加校内外的比赛。华侨大学的学生篮球队在国内很有知名度。

七是认真开好毕业典礼。前复旦大学校长、现英国诺丁汉大学校长杨福家整整用了9天时间为毕业生颁发证书。我们要根据我校实际对毕业典礼进行改革，扩大学校影响，增强学校凝聚力。如果场地允许，本学期我们要召开隆重热烈的毕业典礼，邀请学生家长、政府各部门和社会名流参加。

以上所述加快本科教学改革的举措，也在不同程度上适用于研究生教育、海外教育、网络教育、继续教育、职业技术教育等。这几个学院都要在加强管理、提高质量上下功夫。网络教育学院已经成立三年，时间不长，但发展很快。本学期要很好地总结三年来走过的历程，部署今后的发展规划，控制规模，加强管理，保证质量，扎实前进。

学校2004年的招生任务已经下达，规模控制在1万人以内。上年招生9238人，2004年会比上年有所增长，但要适度。一所高水平大学的发展，与生源的质量密切相关。上年我校录取的考生分数很高，这是好事，但也可能对2004年的考生报考带来了一些不利影响，我们要及早采取应对办法，做好宣传等准备工作。在这里需要特别指出，2004年的各类招生都要加强规范，严格遵守学校规定，坚决杜绝乱招生、乱收费的现象。

2004年我校的毕业生总数有5976名，是毕业生最多的一年。与上年相比，2004年我校非师范毕业生增加1513人，增幅达33%，其中高职高专占90%；2004年全国毕业生也高达280万，比上年净增68万，增幅为32%，给就业带来了巨大压力。我校毕业生就业形势不容乐观，而且一年比一年严峻，在全省高校就业率排名中比较靠后，要引起高度关注。学工部（处）要加强就业指导：①加大毕业生就业工作的宣传力度；②加强就业指导，帮助学生树立正确的就业观念；③及时发布用人单位需求信息，提高信息发布工作的透明度和有效性；④组织形式多样、规模不一的专场招聘会，如小批量、多批次、灵活多样的供需见面会，提高服务质量，并定期向校领导汇报各学院的就业情况，努力形成全校上下都重视关心学生就业的氛围。2月17日上午召开的校党委常委会议还专门听取了学工部关于2004年毕业生就业工作的汇报，并作出了相应的决定，成立了毕业生就业领导小组，加强对毕业生就业工作的领导，学校在人员、经费、场地等方面都将给予大力支持。毕业生就业是一个系统工程，需要各个单位的大力支持，保证学生平时在学校里学得好，毕业后顺利走上工作岗位。

充分发挥导师在研究生培养中的
关键作用[*]

在我校全体师生员工的共同努力下，经过第九批学位点申报，我校已拥有 1 个一级学科博士点、18 个二级学科博士点和 69 个硕士点，研究生招生人数每年都以超过 30% 的速度递增，研究生教育规模不断扩大，仅 2004 年下半年入学的各类研究生人数就达 1380 人。

研究生教育是我校办学的最高层次，在研究生数量不断增加的新形势下，认真抓好研究生的培养质量，已成为当前研究生教育工作一项刻不容缓的中心工作。近几年来，学校在保证和提高研究生培养质量方面，制定了一系列的文件和措施，如关于研究生招生指标分配办法、博士生和硕士生培养工作的暂行规定、研究生学位论文通讯评议工作的实施意见、设立研究生指导小组的暂行规定、学位点建设经费管理与使用办法、研究生业务资金管理与使用办法等等，这些文件是提高研究生培养质量的重要制度保证。只有把研究生教育工作抓紧抓好，才能有利于促进学位点的建设，有利于把学科建设搞好。

抓好研究生培养工作，导师是关键。研究生导师队伍的发展壮大是研究生教育事业发展的根本保证。近几年来，按照有利于保证和提高研究生培养和学位授予质量，调整和拓宽学科结构与研究方向，有利于促进交叉学科和新兴学科发展，有利于改善学术队伍学历结构和年龄结构的三个

---

　* 这是笔者 2004 年 5 月 20 日在学校召开的首届研究生导师培训班上的讲话。

"有利于"原则，在坚持"高标准、严要求"的前提下，经过认真审核，学校新遴选了一批博士生导师和硕士生导师，目前有 66 名博士生导师，300 多名硕士生导师。学校提倡实行指导教师负责和指导小组集体培养相结合的导师制度，充分发挥研究生导师的积极性，鼓励组成多学科教师联合的导师组，发挥指导教师和学科点学术队伍群体作用，发挥我校整体优势，形成良好的学术氛围和育人环境。

导师是研究生学术上的引路人，在整个研究生培养过程中扮演着十分重要的角色。今天，我们在这里专门举办研究生导师的培训班，印发了一些学习材料，请老一辈的研究生导师介绍培养研究生的先进经验，目的在于让每一位导师尤其是新遴选的研究生导师明确责权利关系，以有利于提高和保证研究生培养质量，进而促进我校研究生教育事业的蓬勃发展。

要重视和加强马列主义
"两课"的教学[*]

进入新的历史时期，加强马列主义"两课"教学具有十分重要的现实意义。最近，胡锦涛总书记继对进一步繁荣哲学社会科学作了多次重要讲话和批示后，又对加强大学生思想政治教育特别是提高高校马列主义"两课"教学实效问题作了重要批示。中共中央发出《关于进一步繁荣哲学社会科学的意见》指出，在改革开放和社会主义现代化建设进程中，哲学社会科学与自然科学有四个"同样重要"，要求一定要从党和国家事业发展的全局高度，增强责任感和使命感，把繁荣发展哲学社会科学作为一项重大而紧迫的战略任务，切实抓紧抓好，努力推动我国哲学社会科学事业有一个新的更大发展。作为哲学社会科学重要组成部分的马列主义"两课"，肩负着提高学生政治理论素养和道德水平的重任，是坚持社会主义办学方向的重要保证。加强马列主义"两课"教学工作有着十分重要的现实意义。

我校马列主义"两课"教学工作取得显著成效。近年来，我校马列主义"两课"教师抓住有利时机，在教书育人、理论研究、学科建设、师资队伍建设、教学改革和基础设施建设等方面取得了显著成绩，对此应予以充分肯定。要进一步明确"两课"改革的目标。公共管理学院和马列主义"两课"教师提出的关于进一步加强"两课"教学的基本思路是可行的。

---

* 这是笔者 2004 年 6 月 17 日在学校召开的马列主义"两课"教学调研会上的总结发言摘要。

进一步认真学习宣传贯彻胡锦涛总书记一系列重要讲话和中共中央有关文件精神，进一步明确"两课"改革的目标，要认真研究如何进一步推动邓小平理论和"三个代表"重要思想进教材、进课堂、进学生头脑工作，认真研究如何增强马克思主义理论课的吸引力和感染力。要抓好"两课"师资队伍建设，着力培养一批教学名师，增强"两课"在同学心目中的分量。要加强学科建设，继续保持这一学科在省内、国内的优势地位，并进一步做强做大。

为了进一步加强马列主义"两课"建设，学校将采取以下具体措施。

1. 加强领导

各级党政领导要高度重视马列主义两课"教学工作，要作为"一把手"工程认真抓实抓好。学校党委、行政将定期听取"两课"教学工作汇报，认真研究解决"两课"教学中存在的问题。建立学校有关领导定期听课制度（每学期至少听1~2次）。建立"两课"教师与政工干部联席会议制度（每学期至少召开1~2次），及时沟通情况，促成"两课"教学与相关部门在开展大学生思想政治教育工作方面协调一致，齐抓共管。

2. 加大投入

"两课"教学既具有高校其他公共课相同的一般特性，又具有思想政治教育功能的特殊性。学校决定：①公共课教师校内津贴分配中由学院自筹的30%部分由学校承担；②全校各类办学单位的马列主义"两课"教学归口公共管理学院统一管理，并使责、权、利落实到位，相关办学单位在为任课的马列主义"两课"教师支付课酬的同时，须按照1∶1的比例付给公共管理学院教学管理费，具体方案由公共管理学院拟订后提交有关部门研究决定；③公共管理学院在学校院系、学科的整合中所承担的改革成本，学校将用大约两年时间予以适当补偿，每年10万元，列入学校预算；④统筹解决公共课超课时津贴问题由校分管领导牵头，教务处、人事处、财务处以及承担公共课教学任务的相关学院参加，本着公平、合理原则，提出解决方案。教学经常费按正规渠道拨给，教学资料费超出预算部分可申请专项；⑤教务处要根据实际情况，对马列主义"两课"多媒体课件建设问题尽快予以解决。

3. 加强马列主义"两课"教学改革

要努力培育精品课程，培养一批教学名师。要积极改革教学手段，配制先进的教学设施，充分利用多媒体等现代化手段开展马列主义"两课"教学。要加强社会实践，组织学生深入工厂、农村开展社会调研，使马列主义"两课"教学贴近实际、贴近生活、贴近群众，使理论密切联系实际。要推进教学改革，促进马列主义"两课"教学上水平、上质量。

4. 加强学科建设

要扎实抓好马克思主义理论和思想政治教育博士点、4个硕士点和1个教育硕士学科专业的建设。要有计划地安排教师参加各类培训。通过主办全国相关学术会议、出版马列主义"两课"教学与研究丛书，加强交流，扩大影响，所需经费从重点学科建设经费予以支持。学校在科研立项方面要给予政策倾斜。

5. 加强师资队伍建设

要根据学校即将召开的人才工作会议精神，认真规划马列主义"两课"师资队伍建设，加强中青年拔尖人才的引进工作，学校可从每年选派出国进修教师中安排若干名额给马列主义"两课"教师，所需经费从学校人才经费中解决。要处理好专业教师与公共课教师的关系，做到统一安排，合理使用，团结协作，互相支持。

6. 规范教学管理

各学院不得随意调整公共理论课上课时间，如因特殊情况确实需要调整的，要提前一周告知公共管理学院和有关任课教师。教务处要加强检查，发现问题要及时通报。教务处在马列主义"两课"排班上要做到"两个不超"，即每班公共理论课教学专业不要超过3个，每班上课人数不要超过180人。

加强综合素质教育，深入开展教学
质量与教学改革工程建设*

首先，谈谈 2004 年的招生情况。今年，我校经省主管部门核定的各类普通高校本专科招生计划共达 12100 人，目前已录取 11599 人，完成计划的 95.9%，未完成招生计划的主要集中在软件高职人才培养基地，9 月中旬要进行补充录取。加上今年录取的研究生 1339 人，共计录取 13400 多人，创历史最高纪录。今年招生有以下几个特点：一是数量大；二是类别多；三是批次全；四是时间长，第一阶段自 7 月 3 日至 8 月 27 日，9 月份还要扫尾；五是生源质量好。特别是提前批，第一轮文、理科最低投档分为 533 分、522 分，分别比省定的录取线高出 48 分、66 分。更可喜的是，文、理科平均录取分分别为 551.05 分、543.85 分，双双达到甚至超过省定本一录取线，这为我们往高水平大学方向前进奠定了一个很好的基础。今年的招生工作，我们准备得比较充分，宣传力度明显加大，在招生过程中严格执行有关政策，按章办事，因此至今未接到任何投诉。作为福建省首次接受教育部招生督察的受检单位，我校顺利通过，社会反应亦十分平稳。在规范执行政策的同时，又较好地解决了教职工子女的入学问题，这是很不容易的，校招生办和有关部门的同志工作是很辛苦、很出色的，经校党委研究，决定对招生办进行通报表扬。同时我们也要看到，2005 年的招生工作将更加艰巨，生源竞争将更加激烈，从现在起就要做好充分的准

---

* 这是笔者 2004 年 9 月 17 日在全校部署新学期工作大会上讲话的一部分。

备。2005 年研究生的招生录取时间更早，招生规模也不断扩大，招生考试的形式也有所变化，研究生处要积极做好应对工作，特别是教育硕士、高校教师、中职教师在职攻读博士学位的招生、宣传工作要跟上。

2004 年 9 月 1 日，教育部部长周济在一次会议上强调：百年大计，育人为本，学校的根本任务是培育人才；素质教育、德育为先，学校要全面推进素质教育，切实把德育放在首位。一段时间以来，媒体报道全国有不少高校的学生被卷入非法传销的旋涡中，难以自保。我校虽然还没有发现，但要引起警惕。现在的大学生受外界的影响很大，特别是网络等各方面的信息铺天盖地。因此，我们要深入分析学生思想政治教育工作面临的新形势、新特点，加强理想信念教育和爱国主义、集体主义、社会主义教育，坚持把学会做人贯穿在教学和管理的全过程。要帮助大学生形成健康的心理意识，建立和完善我校大学生心理健康教育的运行机制和心理危机机制。我校的工委、心理健康咨询中心、心理学研究所和女性学研究所在这方面做了很多工作，但还要进一步加强。要大力加强大学生心理健康教育工作队伍建设，提高政工干部从事心理健康教育的业务能力。当前，要抓住中国健儿在雅典奥运会上取得优异成绩这一契机，利用各种形式进行宣传教育，激发学生的民族自豪感，化为刻苦学习和加强体育锻炼的强大动力。

现在距 2006 年教育部本科教学工作水平评估还有不到两年的时间，我们的本科教学工作都要以此为目标，加快学校教改步伐，不断提高本科教学质量。要采取各种有力措施，继续开展学校教学改革与教学质量工程建设。要加强基础课教学，鼓励名师、教授上基础课。如果相当数量的教授不上本科讲台，那么本科教学的质量如何？这方面工作应该要加强。要抓好校级三个层次（基地、重点、一般）"品牌专业"的建设工作，逐步形成我校本科教育的专业品牌特色，并为申报省级和国家级品牌专业作准备。教务处在暑期很短的时间内组织各学院申报省级精品课程，共申报了 20 门，效率是很高的，结果评上了 8 门，其中还有 3 门冲击国家级精品课程，其他 12 门也都在省里立项建设。我们要很好地利用"精品课程"这一优质教学资源的作用，在建立学校"精品课程"网站的基础上，在全校范围内逐步推广网络课程建设，加快我校本科教学网络化进程。要认真做好 2004 年校级、省级及 2005 年国家级教学成果奖的申报工作，力争有大的突破。要加强四个本科"国家人才培养基地"的建设，本学期要召开基地建设工作研讨会，总结经验，相互交流，解决问题，发扬光大。对"基地"我们要倍加珍惜，建设工作要常抓不懈。要加强"双语"教学，加大扶持力度，扩大推广范围，要进一步推广多媒体手段在实际教学中的应用。要加强公共课教学，特别是马列主义"两课"教学。"两课"教学涉及思想政治教育问题，涉及马列主义的坚持和发展问题，已引起党中央的高度重视，上学期学校已召开专门会议，解决"两课"教学中存在的问题。据悉，马克思主义理论有可能会从二级学科升级为一级学科，这对马列主义"两课"教学是一个大好消息，同时也提出了更高的要求。对大学公共外语教学，2003 年我们作了一些改革，允许 2003 级本科生参加 6 月份的英语四级考试，结果成绩喜人，参加考试人数为 3250 人，通过 1462 人，通过率为 44.98%，其中通过率超过 60% 的学院分别为教育科学院（66.13%）、法学院（64.1%）、社会历史学院（60.2%），上 90 分的有 6 位同学，最高分为地理学院的陈芸同学，95 分。所以，不要把外语看得很神秘、很艰难，重点大学一年级的学生过六级的不在少数，如汪毅夫副省长的小孩在北京大学上学，一年级就过了六级。这方面我们应该向刘翔学习。有人说，亚洲黄种人在短距离直道跑天生不是这个料，刘翔就不信这个邪。公共外语教学部的领导要好好总结，再接再厉，采取行之有效的措施，争取 2005 届本科毕业生的英语四级考试通过率再上新水平。这几年学校对公共体育设施投入很大，教学条件有了很大改善。9 月 3 日《中国教育报》报道，高校高水平运动队将向全国高校开放，高校只要有积极性，无须申报和审批，就可以按有关规定自主决定办运动队。厦门大学已抢先招收了多名体育特长生。我校考虑筹建女篮，要抓紧动作。要继续抓好考风考纪，一方面要严格管理，另一方面要以人为本。要妥善解决这两方面的问题，有些文件要认真研究，进行修订。

要加强我校本科教学基础实验室的建设和改造工作，多渠道争取资金来源，分步骤、有重点地进行建设和改造。暑假期间，我校从上级有关部门争取到 400 万元经费，用于本科基础实验室的建设和改造。要建立全校实验室管理软件系统，进一步提高实验教学和实验管理的效益和水平。

要强化教学质量监督，保证本科教学工作的规范化和秩序化，完善教学质量保障体系。要加强课堂教学评估工作，学校准备在社会历史学院、生物工程学院、体育科学学院三个学院进行教学评估的试点，为在全校内开展这项工作奠定基础。本学期拟根据教育部本科教学水平评估的条件，各学院开展一次自评，2005 年下半年再进行一次，发现问题，寻找差距，切实加以改进，做好充分准备。

闽南科技学院、协和学院的在校生近 5000 人，其中闽南科技学院 2400 人，协和学院 2500 人，规模已相当于一个大学。在规模扩大的情况下，如何提高教学质量，办出自己的特色，需要认真加以研究。当前需要着重解决的，一是教师队伍建设，二是教学硬件设施，三是学院的管理体制和运行机制问题。现在民办学院的竞争非常激烈，这两所学院要在激烈的竞争中生存和发展，不仅要靠它们自身的努力，也需要学校各有关部门的大力支持。网络教育学院、职业技术学院、继续教育学院、海外教育学院、高师培训中心，也都面临各自不同的问题，但共同点在于：一是千方百计挖掘生源；二是加强教学过程的管理，确保教学质量；三是积极寻找新亮点，如继续教育学院，可否与网络教育学院合作，共商"大成教"问题？

对研究生的三点要求[*]

一要学会做人。首先，要做政治人，要把握正确的政治方向，用科学的理论武装头脑，在大是大非问题上与党中央保持高度一致，坚决反对"法轮功"等邪教组织，旗帜鲜明地反对"台独"，自觉把个人的前途与祖国的命运紧密联系在一起，为党的事业和中华民族的伟大复兴奉献青春和才智。其次，要做道德人，不断提高思想道德修养，注重社会公德和个人修养，加强道德自律，养成良好的卫生习惯，自觉维护公共秩序和环境卫生，做一名文明高尚、正直诚信的研究生。再次，要做社会人，要关心社会、关心他人，正确处理好个人、集体和社会三者的关系，正确对待集体、对待他人、对待自己，要具有强烈的社会责任感，勇于承担社会责任。

二要学会做事。首先，要把研究生自己的事情做好。在校期间要积极参加体育锻炼，强身健体，坚持"每天锻炼一小时，健康工作五十年，幸福生活一辈子"，以健康的身体和良好的状态投入紧张的学习、科研工作中，顺利完成学业任务。其次，要积极参加学校、学院举办的各类活动，认真完成交办的各项任务，把集体的事情做好。全体博士生、硕士生还应充分发挥自身的优势，积极投身学校科研创新活动，活跃校园学术氛围，

　＊　这是笔者 2004 年 9 月 13 日在学校召开的 2004 级博士生和硕士生（单独招收）迎新会议上的讲话摘要。

为学校精神文明建设添砖加瓦。再次，要正确处理好学习和工作的关系。我校研究生中在职人员占一定的比例，特别是有一部分在职博士生，他们不仅要完成研究生期间紧张的学业和科研任务，还要在本单位承担繁重的行政、教学、科研等工作，要合理安排时间，付出双倍努力，做到学习、工作两不误，努力把各项事情都做好。

三要学会做学问。首先要多读书，读好书。学科的交叉渗透，信息的飞速增长，知识的综合运用，是知识经济时代的重要特征。作为研究生要多读书，不仅要多学习本专业领域的知识，还要有选择地阅读一些专业以外的优秀书籍，扩大自身的知识面。文科的研究生要多学习一些理科的知识，理工科的研究生要多学习一些人文知识，努力做到文理相通。其次要潜心研究，做好学问。科研是研究生的核心任务，为提高研究生的科研能力，学校制定了研究生在校期间的科研要求，出台了研究生科研成果奖励办法。研究生从新生入学开始，思想上就要高度重视科研工作，平时要认真搞研究、做学问。最后要争取有所创新、有所突破。创新是一个民族进步的灵魂，也是研究生教育的最高要求和最终体现。研究生学习期间，要查阅大量的文献资料，吸收前人的优秀成果，把握最新的学术前沿动态，要善于发现新问题，敢于提出新观点，增强创新意识，努力提高学位论文的质量和创新水平，多出一批高水平的科研成果。

大学本科教学要以提高
人才培养质量为中心[*]

今大，我们在这里召开迎接教育部本科教学工作水平评估动员大会。根据教育部办公厅关于对全国 592 所普通高等学校进行本科教学工作水平评估的通知，2006 年教育部将对我校进行本科教学工作水平评估。校领导高度重视评建工作，列入学校重要工作议事日程，认真加以研究，统一部署。各单位对此已经做了大量基础性工作。召开本次动员大会，就是要进一步发动广大师生员工，统一思想，精心组织，明确分工，认真准备，扎实工作，确保获得优秀成绩，为学校百年华诞献礼。

教育部进行本科教学工作水平评估，其目的是深入贯彻"巩固、深化、提高、发展"的方针，进一步加强对高等教育教学工作的宏观管理和指导，提高人才培养质量。在此，我就迎接教育部本科教学工作水平评估谈两点意见。

一　要深刻认识迎接教育部本科教学工作
水平评估的重要性和艰巨性

（一）本科教学工作水平评估是我国建设高质量中国特色高等教育的一项重大举措

近几年，我国高等教育事业突飞猛进，体制改革取得了重大进展，教

---

* 这是笔者 2004 年 10 月 20 日在学校迎接教育部本科教学工作水平评估动员大会上的讲话。

育规模迅速扩大。1998 年全国普通高校招生 108 万人，2003 年则达到 382 万人，是 1998 年的 3 倍多，高等教育毛入学率达到 17% 以上，我国已经由一个高等教育基础薄弱的国家，发展成为世界范围的高等教育大国。但我国仍是穷国办大教育，随着社会主义市场经济体制的不断完善和经济结构的战略性调整，包括家长、学生、教师、用人单位在内的社会各个方面，对我国高校的教育质量问题给予了越来越多的关注，提出了新的更高的要求。周济部长在谈到高校教学工作时指出，在经历了近年来的大规模"扩招"以后，提高教学质量和人才培养质量成为我国高等教育面临的最主要的任务之一。

　　教育部一直十分重视高等教育质量工作。为全面提升高等教育人才培养质量，教育部已正式启动"高等学校教学质量和教学改革工程"，这将极大促进和推动我国高等教育改革，全面提升高等教育人才培养质量。目前，高等学校教学质量和教学改革工程的实施内容主要有四项。一是高等学校精品课程建设。2004 年我校选送的精品课程有 8 门进入省级精品课程，有 3 门选送参评国家精品课程，取得了喜人的成绩。二是大学英语教学改革。我校积极推进大学英语教学改革，并已初显成效，学生的英语四级通过率有了明显提高。三是高等学校教学名师奖。2003 年我校 1 名教师被评为国家级教学名师，3 名教师被评为省级教学名师。四是高等学校教学评估工作。为进一步促进教学质量提高，转变政府职能，教育部决定从 2003 年起，建立 5 年一轮的普通高等学校评估制度，对我国所有普通高等学校进行教学评估，并建立普通高等学校教学状态数据采集和发布制度，促进社会各界更全面地了解各高等学校的人才培养工作。教育部将把"质量工程"的有关内容纳入高等学校教学评估指标体系，作为国家和社会检查评估学校教学工作的重要指标之一。可见，本科教学工作水平评估是我国建设高质量中国特色高等教育的一项重大举措，立足点是本科教学，而着眼点却是高等学校的教育教学质量，对于加强高等教育宏观管理和指导、提升办学水平具有十分重要的意义。

（二）迎接教育部本科教学工作水平评估，是我校改革发展中的一次重要考验和发展机遇

　　这次本科教学工作水平评估，关系到我校在 21 世纪头 20 年改革与发展的根本大计，关系到我校进一步提升综合竞争力，加快实现综合性、有

特色、开放型、高水平大学的奋斗目标。

1. 迎接教育部本科教学工作水平评估，是对我校建校以来特别是2001年教育部本科教学工作随机性水平评估以来各项工作的又一次全面检查和验收

根据教育部修订的评估体系，新的评估体系共有 7 个一级指标、19 个二级指标（其中重要指标 11 项）、44 个观测点，涉及学校的办学指导思想、师资队伍、教学条件与利用、专业建设与教学改革、教学管理、学风、教学效果，涵盖了学校本科教学工作的各个方面。这些指标是教育部在总结九年来 200 多所高校评估实践的基础上制订出来的，体现了教育部对办好本科教育的总体要求。评估的程序十分严格，包括学校自评整改，报送自评报告，最后由教育部组织专家组到校实地考察、听取汇报、查阅原始资料、亲自听课、走访座谈、问卷调查、抽样检查等，许多活动直接深入教学和管理工作的第一线。这不仅仅是对本科教学工作的检查，更是对我校本科教学各项工作的一次全面检查和验收。

2. 迎接教育部本科教学水平评估，是我校创建办学品牌、强化办学特色的一个良好机遇

教学质量是学校的生命线，关系到学校的生存与发展。随着高校品牌、竞争的日趋激烈和教学改革的日益深入，在本科教育阶段如何体现我校的办学特色是摆在我们面前的一个重要课题。特色反映了质量，体现了水平，是学校办学的基石。通过迎评促建，进一步总结和强化我校办学特色，创建办学品牌，对于我校提升综合竞争力，提高人才培养质量具有重要意义。

事实上，本科教学水平集中反映我校的整体办学水平和社会声誉，对本科教学水平进行评估，也是对我校整体工作的评估，是对办学效果的一次检验。对照评估方案，我校的本科教育水平与"优秀"标准相比，还有不小的差距，一些与教学工作有关的深层次矛盾和问题亟待解决。在今后一年多的时间里，我们将有大量的工作要做，任务重，压力大，要求高，对此我们要有足够的思想准备，认真研究提出能够体现我校办学特色的发展思路，力争在教学改革方面取得较大进展。

3. 迎接教育部本科教学评估，争取获得优秀成绩，是为学校百年华诞献礼的一项重要工程

2007 年，我们将迎来建校 100 周年校庆。福建师范大学经历了百年沧桑，传承到我们这一代人手中，我们更应该让母校显示出她骄人的成绩，以此来庆祝她的百年寿辰。我们也希望能够用优异的成绩来证明百年师大的整体实力，证明百年师大风采依旧，欣欣向荣。

二 要周密安排，确保迎接教育部教学工作水平评估各项工作的顺利进行

为实现迎评创优这一目标，我代表校党委、校行政，提出以下三点要求。

第一，立足全局，把握重点，整体推进。各级领导、各单位一定要放眼全局、统筹兼顾、精心组织、逐项落实；同时，也必须明确重点，分出先后，将迎评工作作为今后工作的重点，认真抓紧抓实。要主动围绕迎评工作，发扬团结奋斗、不怕困难的精神，克服时间紧、任务重、难度大等问题，做到认识到位、任务到位、工作到位、责任到位，不折不扣地完成学校交办的各项任务，并结合本单位实际创造性地做好迎评工作。

第二，加强领导，广泛发动，全员参与。要切实加强对迎评工作的领导，充分发挥各级党政组织在迎评工作中的领导作用。各学院要相应成立迎评促建工作领导小组，并在党政一把手中确定一名迎评责任人。要切实加强迎评舆论宣传工作，将做好迎评工作与狠抓内涵建设结合起来，将做好迎评工作与实现学校的奋斗目标结合起来，充分调动全校师生员工参与评建工作的积极性，做到人人关心、人人参与、人人投入、人人有责。

第三，软件建设与硬件建设并举，校内与校外结合。迎评任务涉及方方面面，渗透到学校工作的各个领域，除了教学工作外，卫生、校容、校貌、校风等都要在评估中体现出来。我们要坚持在狠抓硬件建设的同时，也要切实加强各项软件建设，以迎评为契机，推动校园精神文明建设再上新台阶。要坚持实事求是和开拓进取的精神，把福建师范大学的良好校风、学风全面展示在领导和专家面前。要虚心向具有迎评经验的兄弟高校学习，充分利用一切积极因素，加大迎评促建的力度。

推进教育创新，深化教学改革，提高教学质量，是教学工作永恒的中心和主题，是一项常抓不懈的重要工作。抓好迎接教育部本科教学水平评估，提高本科教学质量，不能只停留在口头上，关键在于狠抓落实。面对

新形势和新挑战，全校师生要坚定信心，振奋精神，坚持贯彻"以评促改，以评促建，以评促管，评建结合，重在建设"的方针，认真落实学校的工作部署，以饱满的热情和高昂的斗志，投身迎评促建工作，以强烈的责任感和使命感扎扎实实地完成迎评促建的任务，为把我校建成综合性、有特色、开放型、高水平大学而努力奋斗。

一定要办好国家地理学
基础人才培养基地[*]

受教育部委托，地理学科的专家今天莅临福建师范大学，对我校地理学人才培养基地进行评估验收和指导，这不仅是对地理学基地工作的关心和支持，也是对我校整个教学改革和人才培养的支持。我代表学校对远道而来的专家们表示热烈的欢迎和衷心的感谢！为使专家更加深入了解我校地理学基地建设的背景，下面我就学校基地建设的总体情况向专家们作简要汇报。

我校是一所百年老校，现有 27 个学院、4 个博士后科研流动站、1 个一级学科博士学位授权点、18 个二级学科博士点、69 个硕士点，拥有文科（中国语言文学专业）、理科（地理学专业）、经济学（经济学专业）、体育与艺术（体育学、音乐学、美术学）4 个国家基础学科人才培养和科学研究基地，已形成了文、史、哲、理、工、教、经、法、管等多学科协调发展的办学格局和学士—硕士—博士完整的人才培养体系，整体实力名列全国高师院校和福建省省属高校的先进行列。目前，学校正朝着综合性、有特色、开放型、高水平大学的奋斗目标大踏步前进。

我校历来高度重视教学工作，通过实施专业层面与课程层面改革的结合，人才培养模式与课程体系改革的结合，教学内容与教学方法改革的结

* 这是笔者 2004 年 11 月 25 日在教育部地理学科专家组对福建师范大学地理学人才培养基地
   进行评估验收汇报会上的讲话摘要。

合，以及高师教育与基础教育改革的衔接，多层面地推进教学改革，不断提高教学质量和人才培养质量，努力培养"厚基础、宽口径、强能力、高质量、重创新"的高级专门人才，使得福建师范大学所培养的学生，能够以宽厚的基础知识、牢固的专业知识为底蕴，并以较高的综合素质，自信地迎接社会的竞争与考验。在全国第二届百篇优秀博士学位论文评选中，我校有一篇论文入选；中央电视台首届"荣事达"杯主持人大赛前八名的选手中，我校培养的学生就有三个；在2002年中央电视台青年歌手大奖赛中，我校培养的学生孙砾获得业余组美声唱法第一名的好成绩；在国际学生影展、国际（亚洲区）大学生程序设计竞赛、全国大学生挑战杯课外学术科技作品竞赛和创业计划大赛、英语竞赛、电子设计竞赛、数学建模竞赛、电视艺术歌曲演唱比赛以及全国青年学习十六大精神和"三个代表"重要思想征文活动等大赛中，福建师范大学的学生屡获佳绩。

与此同时，为不断推动学校办学水平更上一层楼，我校高度重视重点学科建设，坚持不懈地抓好师资队伍建设，并将重点学科建设与教学、科研和人才培养融为一体，充分发挥"龙头"的带动和辐射作用。并以此支撑本科专业教学和研究生教学，有力促进了我校本科教育和研究生教育的发展。目前学校形成了一批在教学、科研、学术梯队建设方面起示范作用、总体布局合理、基本覆盖了全校各专业的省级、校级重点学科，学位点建设取得了突破性进展。

特别是近几年，我校坚持把4个国家基地的建设作为本科教育改革的重点来抓，不仅要将其建设成为符合教育部提出的目标要求的人才培养基地，而且要充分发挥其示范、辐射作用，带动整个学校的本科教学工作上新层次、新水平。根据教育部关于国家基地建设必须做到"目标明确、改革领先、成果突出、师资优化、设备先进、教学优秀、质量一流"的要求，学校专门成立了以校长为组长，分管教学副校长和分管科研副校长为副组长，校办、教务处、科研处、研究生处、学生工作处、人事处、财务处、后勤管理处等职能部门主要负责人为成员的基地建设领导小组，多次就国家基地人才培养目标、生源质量、课程设置与教学改革、设备建设等问题进行了研究和讨论。特别是面对学校财务较为困难的实际，我们在多方筹集经费、确保资金到位等方面做了大量的工作，及时解决基地建设过程中所遇到的困难。

1998年6月，我校获准试办地理学基地，1999年秋季开始招生，现已招收五届学生。我校地理学基地是福建省仅有的2个国家理科基地之一，来之不易，我们倍感珍惜。坚持做好地理学基地建设，对于推动教学改革，提升我校办学水平，对于促进福建省高等学校教育改革与发展，增进海峡两岸地理学科的学术交流与合作，培养具有区域研究特色的地理学基础研究后备人才，具有深远的积极意义。6年来，学校高度重视基地建设，在教育部关于国家基地建设的基本方针指导下，在省教育厅的关心支持下，我校地理学基地建设已取得阶段性成效。在2002年教育部组织的基地建设中期评估中，专家组对我校取得的成绩给予充分的肯定，指出存在的问题并提出了许多中肯和宝贵的意见。经过2年多的自我整改和完善发展，我校迎来了第二次基地评估验收。几年来，我校地理学基地建设得到长足发展，总体水平得到提高，主要体现在以下几个方面。

一　指导思想明确，办学思路清晰

根据国家理科基地建设要求，按照教育部面向我国东南地区布设理科基地地理学专业点的意图，我校地理学基地充分发挥地方高师院校试办理科基地的有利条件和特色，努力建设具有我国东南地区区域和闽台交流特色的国家地理学基地。

地理学基地建设指导思想明确，办学思路清晰，坚持"体现基础性、强调区域性、做好示范性、发挥闽台区位优势"的思路，以高水平的科研支撑高水平的教学，大力推进以提高人才培养质量为目标的教育教学改革，不断更新教育观念，拓宽专业口径，革新内容方法，注意创新实用，突出特色、富有新意，努力培养基础扎实、知识面宽、能力强、素质高、富有创新精神、实践能力和区域特色的高层次专门人才。

二　建设措施切合实际，经费投入得到保障

地理学基地试办以来，学校和学院相应出台了一系列政策措施，坚持做到"机制保障、政策倾斜、经费到位、优化师资、改善条件、规范管理"，在突破省内师范类专业招生、吸引省内外理科优秀生源、实行滚动的中期分流制度、鼓励高职称教师任教、培养和引进师资、扶持教改教研立项、促进科研成果进入教学、配备学生导师、鼓励报考研究生等方面均取得较大成效。

经过几年努力，我校地理科学学院逐步建立了以培养创新能力为核心

的第二课堂活动指导体系。在学生社会实践活动方面，我们建立了一批极具区域特色的实验实践基地，如世界双重遗产武夷山基地、丹霞与岩溶地貌典型的永安基地、滨海岩浆岩地貌典型的漳浦基地、亚热带大河闽江河口段基地、我国近代文明发祥地马尾基地等。我校发挥地方院校办基地的优势，实行省教育厅、学校、学院共同建设国家基地的办学模式。2000～2004 年，省教育厅和学校、学院共投入建设经费 620 多万元，其中用于实验室实践基地建设 360 多万元，建成了实验设备达到国内同类院校领先水平的教学和科研实验室。

三 基地建设成果丰硕，区域办学成效显著

地理学基地试办以来，各项建设工作取得可喜的成果，形成了鲜明的区域办学特色。目前，地理科学学院发展呈现良好势头。拥有 1 个博士后科研流动站、1 个博士点、4 个硕士点、6 个本科专业、1 个省重点建设学科和 1 个亚热带资源与环境省重点实验室，已成为居全国高师同类院系前列、在我国东南部地区起学科辐射作用的地理、资源与环境领域人才培养基地和科研机构。学院师资队伍的职称结构、学历结构有明显改善，高学历、高职称教师比例名列我校各学院前茅。学院的科研水平有了明显提升，在课程教材建设、教学改革、教研论文发表等方面取得了可喜成绩，获得国家、教育部、省级等各级教改立项 22 项，省级和校级精品课程 5门，主编或参与主编教材 14 部，发表教学论文 68 篇。学院的人才培养质量不断提高，已毕业的两届基地班为地理学学科输送 38 位研究生，其中多数在重点大学继续深造；在国家级、省级各类评比、竞赛、表彰中有 54 人次获得奖励，142 人次获得学校的奖励，在正式刊物上发表 23 篇学术论文。

地理学基地在试办过程中充分发挥基地的辐射作用，闽台学术交流活动更加活跃。生源辐射江西、广东、广西、海南等省份。举办国家教育部全国高校地理学教学指导委员会工作会议等省级以上学术会议近 20 场；邀请近百名中外知名专家学者来院讲学；基地点老师参加国际、国内相关学术会议 300 多人次；地理学基地已成为全国高师地理院系系主任联席会议牵头单位；基地的办学经验和办学成果总结报告在《中国高教研究》等刊物上发表；2003 年在福建省国家基地建设研讨会上，本基地应邀作了主题报告，在学术交流、经验探讨、教学改革、人才培养等方面起到了很好的

教改教研辐射作用。

我校的地理学基地作为学校教学改革的试验田，虽然取得了一定成绩，但我们也应清醒地认识到：由于我校是一所省属师范大学，无论硬件还是软件与其他兄弟院校基地建设的投入相比，都有一定的差距。此次终期检查评估对于我们来说，既是机遇，更是督促与挑战。我校将严格按照检查组的意见，及时整改，缩短差距，积极探索，形成特色，以更扎实有效的工作，努力实现将我校地理学基地建成我国东南地区优秀基地的目标。

关于本科教学评建工作的两个问题[*]

今天，我们在这里召开本科教学评建工作领导小组全体成员第一次会议，借此机会，我说两点意见。

一　对迎评要进一步提高认识

2004 年 10 月，学校召开了迎接教育部本科教学工作水平评估动员大会。半年多来，全校各单位、各部门和全体师生员工，在校党政的领导下，精心准备，扎实工作，付出了艰苦的努力，取得了阶段性的成果。这次本科教学工作水平评估，跟过去有很大的不同，有很多新的特点。就教育部的评估方案来说，非常全面严密，7 个一级指标、19 个二级指标，涵盖了本科教学工作及学校工作的方方面面；就指标的标准来说，要求很高，各项指标都是教育部根据多年评估实践总结制订出来的；就程序来说，非常严格，从学校自评开始，必须经过自查整改、自评报告、提出申请、实地考察等很多环节；就过程来说，非常深入，专家组到校后，要听取汇报、查阅原始资料、亲自听课、走访座谈、问卷调查、抽样检阅等等，每一个环节都马虎不得。所以，这项工作有很大的挑战性和艰巨性，是一场大仗、硬仗，切不可掉以轻心。

---

* 这是笔者 2005 年 3 月 18 日在学校本科教学评建工作领导小组全体成员第一次会议上的讲话。

当前我们的工作中还存在一些问题：一是一些部门和单位认识不到位，没有看到评估对学校发展的重要促进作用，仅仅当作一项常规工作来对待；二是摆位不正确，把评估看成是某些部门、某些人的工作，对评估的全面要求理解不深；三是组织欠合理，出现了部分人搞评估，其他人等待、观望的现象；四是有些部门和单位对准备工作重视不够；五是任务未完全落实，虽然有的单位做了一些，但没有达到学校的要求。从现在起到正式评估还有一年多时间，我们要进一步提高对评估工作重要意义的认识，加强领导，精心组织，明确职责，有序推进，努力工作，推进学校各方面的建设、改革和发展，提高教学水平和教学质量，这就切实需要提高认识。

（一）教学评估是贯彻落实党的十六大精神，提高人才培养质量的具体体现

评估是为了抓教学质量，实际上是为了更好地培养高素质的人才。而要培养好人才，不仅教学和科研相互协调、教学各项环节之间要相互协调、学校的各项工作要相互协调，而且全校师生员工之间也要相互协调。培养高质量的人才是福建省经济和社会发展的一个重要方面。我校是一个大校、老校，我们的人才培养好了、多了，对福建省高等教育是一个促进，对福建省的社会、经济发展起到积极的推动作用，所以，不能就评估而论评估。

（二）教学评估是高等教育改革发展和高等教育管理方式转变的必然趋势

教学评估是为了抓质量，如何看待近几年我国的高等教育质量问题，应该坚持辩证观点。应该说，近几年我国的高等教育质量总体情况是好的，但是也有很多问题亟待解决。教育部领导提出了三个存在的问题：一是教学投入严重不足，二是教学管理相当薄弱，三是教学改革亟待深入。在这种情况下，评估显得尤为重要，实践证明这是保证教学质量行之有效的手段。从另一个方面说，评估也体现了高等教育管理方式的转变，从直接管理转向间接管理，以后每5年评估一次。所以对这一次评估我们要从容面对，把工作做好。

（三）教学评估是总结办学成就、提升学校总体水平的重要契机

我校是将近百年的老校，办学历史悠久，基础积淀深厚。新中国成立

以后，特别是改革开放以来，学校各项事业取得了很大发展，我们总结了一些办学的经验，但还做得不够。通过本科教学工作评估，可以促进我们对百年办学史进行认真总结，深入思考，进一步明确办学理念和学校定位。我们至今还没有校训，要请一些专家、教授来研究一下，总结大家的看法、经验，通过这次迎评制订出来。

本科教学工作评估实质是检验三个"符合度"：一是检验学校的定位和所确定的目标与国家、社会和学生全面发展的需要及学校实际情况的符合程度；二是检验学校的实际教学工作，包括教育资源的配置利用与教学过程的设计等与学校自己所确定的目标定位的符合程度；三是检验学校的教学效果，人才培养质量与学校自己确定的目标要求的符合程度。我们培养的人才必须符合实际，要能迅速就业，目前我校有 61 个本科专业，专业不能一直增长下去，要通过迎评好好检查一下，哪些是目前非常急需的，哪些是基本符合的，哪些是不符合、肯定要淘汰的。如果没有淘汰，就没有增长。

通过本科教学工作评估要进一步确立本科教学的基础地位。在教育部的 1 号文件中，有三句话非常明确：人才培养是高等学校的根本任务，教学质量是高等学校的生命线，教学工作是学校的中心工作。现阶段高等教育工作重心要从扩大规模转到提高质量上来，这就意味着整个国家高等教育的规模虽然也要扩大，但要控制节奏，目前重点是提高本科教学质量。

通过迎评还要探索如何建立教育质量宏观调控机制，推进学校整体建设与改革，推动校、院二级管理体制改革，促进学校在扩大规模的基础上保障人才培养质量。我校已有几万人的规模，教务处人员也没有相应增加，在这种情况下，怎样进行有效监控，抓好每一个环节，这是一篇大文章，是一个大难题。要通过迎评，建立长效机制，坚持"规模、结构、质量、效益"的协调，真正实现我校的可持续发展。

（四）教学评估是推进学校改革和发展的动力

接受教学评估对每个学校都是一个巨大的压力和严峻的考验。领导有压力，各学院和职能部门有压力，广大教师和学生也有压力。评估的过程是对学校教育教学质量的全方位检查，评估的结果直接关系到学校的持续、快速、健康、协调发展，关系到每一位师生员工的发展前途和切身利益。评估结果对学校的社会影响将产生重要作用。因此，我们必须认真做好迎评工作，把压力变为建设的动力。评估是实实在在的，通过迎评，学校的面貌将有很大的改变，包括硬件、软件，我们有很多长期以来没有解决的问题，通过评估得到解决。

要正确认识评估工作中遇到的困难。近几年来，在高等教育大众化的热潮中，我校的招生规模也急剧扩大，办学资源与不断扩大的招生规模的矛盾日益突出，给教学运行、教学管理等各项工作都带来了一定的困难。我们要正视这些困难，更要努力创造条件克服困难。从现在起，我们就要从日常工作抓起，找差距，补漏洞，切实做好迎评的各项工作，尤其要着力加强师资队伍、实验室、课程、教材、实习基地的建设，规范教学的管理与运行。总的来讲，对迎评要进一步提高认识。

二 迎评工作要扎扎实实地开展

（一）坚持正确的指导思想

一是坚持"二十字"方针："以评促建，以评促改，以评促管，评建结合，重在建设"。重在练内功，强内涵，不做表面文章，坚持实事求是，不搞弄虚作假；重在基础性工作、全局性工作、长效性工作，切忌急功近利。对评建办列出的问题，我们有能力、有信心——加以解决。二是明确迎评的指导思想：以评估总结办学成就，以评估推动各项建设，以评估规范制度管理，以评估促进教育创新，以评估提炼办学特色，以评估打造学校品牌。不要为了评估而评估，要推动我们的各项工作。

（二）加强迎评工作的领导

要把迎评工作作为"一把手"工程抓紧抓实，抓出成效。学校的领导很重视，各学院、各部门也要很重视，党政一把手要作为第一责任人亲自抓教学质量，解决评估工作中遇到的各种问题和困难。

（三）把迎评工作作为学校的重点工作

校各级领导干部对迎评工作要严肃认真，深入细致，不能粗枝大叶；要严谨扎实，不能敷衍塞责。在迎评工作中，任何轻视或者丝毫的松懈都是一种失职。每一位教职员工都要认真学习评估指标体系，领会评估指标精神，对照标准找出工作中的缺陷和不足，按照标准指导目前工作，要使评估真正对我们的工作有所帮助，有所促进。院系领导对评估标准一定要熟悉，对照标准找出本院系的差距在哪里，并落实解决。

（四）要合理分解任务，落实责任制

迎评工作的任务十分艰巨、十分繁重，落实评估指标体系涉及学校工作的方方面面。围绕这个中心工作，学校各部门、各学院、每位师生员工对迎评工作都承担着一份不可推卸的责任。特别是迎评进入第二阶段，要扎扎实实地开展工作。

（五）加强关键环节和薄弱环节的建设

关键环节和薄弱环节包括学科与专业的调整与建设、教学实验室的改造和建设、师资队伍特别是青年教师队伍和基础课教师队伍的建设、精品课程和特色课程的建设、品牌专业和特色专业的建设、"双语"教学推广与"双语"教材建设等。各院系、各职能部门一起来研究怎么解决，这些薄弱环节解决了，我们迎评就心中有数了。

（六）在"特色"上狠下功夫

特色就是质量，特色就是水平。办学没有特色就没有优势，就没有竞争力。特色体现在几个层面：第一是宏观层面，如办学思想、办学理念、办学风格；第二是中观层面，如人才培养模式、办学模式等；第三是微观层面，如某一个专业、某一个学科、某一门课程、某一种教学方法和手段，都可以成为一种特色的载体，都可以展现自己的特色。教务处、评建办、各学院要好好总结，提炼我校办学特色，做到"人无我有，人有我特，人特我优"。

（七）加强信息的交流

首先要进行校内的交流，其次要了解本科迎评的信息，特别是将最近一段时间迎评高校的一些好的经验和做法，及时提供给校领导和有关院系。在迎评过程中还要加大宣传力度，重视媒体的作用，使社会各界对我校有进一步的了解，提高知名度和美誉度。

（八）要齐心协力，分工合作，高水平、高质量地完成迎评工作

教学评估工作是一个系统工程，不是哪一个部门能够单独完成的，需

要全校各个部门相互理解、相互配合，需要全校每一位师生员工的参与和支持。

迎评工作重要而艰巨，建设之路任重道远。我们要建设综合性、有特色、开放型、高水平的大学，本次评估工作是一次重要的机遇和挑战。只要全校师生员工都行动起来，上下一条心，拧成一股绳，以迎评创优为动力，以饱满的热情和昂扬的斗志投身迎评工作，以强烈的使命感和责任感扎扎实实做好每一项工作，我们就能在评估中取得好的成绩，有力地促进学校的发展，为百年校庆献上一份厚礼。

要把提高本科教学质量作为
学校头等大事来抓*

2004 年 12 月，教育部召开第二次全国普通高校本科教学工作会议，会议围绕"大力加强教学工作，切实提高教学质量"的主题，全面总结了 1998 年第一次本科教学工作会议以来高校教学工作取得的成就和经验，研究了有关教学工作的一系列重大问题。在此基础上，制定了《关于进一步加强高等学校本科教学工作的若干意见》，作为教育部 2005 年 1 号文件下发。1 号文件明确提出了"三个牢固确立"，即"牢固确立人才培养是高等学校的根本任务，牢固确立质量是高等学校的生命线，牢固确立教学工作在高等学校各项工作中的中心地位"，并对加大教学投入、强化教学管理、深化教学改革等问题作出了具体规定和要求。高等教育正在进行工作重心的转移，即由前一阶段主要重视规模发展，转移到在规模持续发展的同时，更加注重提高质量。由于教学工作在提高教学质量中处于突出地位，因此，在工作重心转移的过程中，尤其要大力加强教学工作，切实提高教学质量。实现工作重心转移，既是时代的必然要求，也是高等教育发展的根本需要，更是高等教育领域贯彻落实科学发展观的必然选择。1 号文件对高校的本科教学管理和改革具有重要而深远的指导意义，我们要认真组织学习、贯彻落实。特别是当前高等教育需要正确认识和处理的几个关系，如规模与质量、成人与成才、统一性和多样性、规范管理和改革创

＊ 这是笔者 2005 年 3 月 22 日在全校部署新学期工作大会上讲话的一部分。

新等，都是十分值得研究的，对于我校工作很有启发和指导意义。2005 年第 3 次校长办公会议对于贯彻教育部一号文件精神进行了研究，教务处还将拟订一系列配套文件。

学习贯彻教育部 1 号文件的一项重要工作就是做好迎评促建。本学期已进入落实迎评促建重点建设项目阶段。具体而言，有以下五项任务。一是启动新一轮实验室和图书馆资料建设工作。上学期末，校党委已通过评建办提出的"一揽子解决教学科研实验仪器设备经费投入"和"关于图书馆图书资料建设经费投入"的测算方案，本学期要加紧落实。二是本学期各学院要制定学院发展规划、专业培养方案以及课程教学标准。三是落实与完成迎评促建的七个重点建设项目，如制定教学规划、实施优质教学和教案建设工程、设立教育创新基金，加强质量监控体系建设、毕业论文或毕业设计的质量标准建设等。四是举办我校办学特色论坛，探索我校本科教学的优势和特色。20 世纪 80 年代我校提出了"重教、勤学、求实、创新"的校风，难能可贵。我们要充分挖掘新中国成立特别是改革开放以来我校的办学特色和优势，也要追溯到各个前身校，有哪些好的特色和优势，好好加以总结。我参观过马尾船政博物馆，船政学堂在 100 多年前就培养出一批非常优秀的人才，成为当时中国海军的骨干力量。西方有位历史学家评价说，马尾船政学堂一个年级的同学就可以和日本的整个海军进行对抗，这些学生几乎都成了中国海军的重要将领。这其中就有他们的办学特色和经验。我们对近百年来的办学经验要很好地总结，上升到理论来认识。五是进一步落实迎评促建 65 项任务中有关数据的采集任务，一定要认真细致，来不得半点马虎。在 3 月 18 日的迎评促建领导组全体成员第一次会议上，我已经就迎评促建工作作了一次动员，今天在此再次强调，各学院、各有关单位在思想上要引起高度重视，在行动上要狠抓落实，要把迎评促建工作作为这两年学校的重要工作，扎扎实实地抓紧抓好。迎评促建的过程，实际上也就是强化学校管理、深化教学改革、加强教学投入、不断提高教学质量的过程，这和教育部 1 号文件的要求是相一致的。

本学期在教学工作中还需要抓好以下八个方面的工作。一是省、校级教学成果奖表彰和申报国家级教学成果奖。上学期学校共评出校级教学成果奖 40 项，其中特等奖 6 项、一等奖 14 项、二等奖 20 项。经过激烈竞争，在评出的省级教学成果奖中我校共获得 15 项，其中特等奖 1 项、一等奖 6 项、二等奖 8 项，获奖的数量和分量在省属高校中位居首位。现在有 7 项一等奖以上项目正在申报国家教学成果奖。我校已获得好几个国家级教学成果二等奖项目，但在一等奖方面还是空白，要努力在这方面取得突破。二是在专业建设上要进一步落实校级三个层次（基地、重点、一般）"品牌专业"的建设工作，对首批18个"品牌专业"进行跟踪，并充分发挥其辐射带动作用。对三个新增本科专业（运动训练、音乐表演、国防教育）要加强建设。要做好全校专业建设规划，开展本科专业评估工作。通过专业结构调整，不断提高办学效益和水平。三是认真做好2005年校级、省级以及国家级精品课程评选工作，力争在国家级精品课程评选中实现零的突破。四是加强国家人才培养基地的管理和建设。上学期，地理学国家人才培养基地接受教育部的评估，起初令人十分担心，到最后才转危为安。尽管最后通过评估，并从试办转为正式基地，但也暴露了我们在基地建设中存在的一些问题。基地建设重在平时，不能靠临时突击。从本学期开始，基地建设工作领导小组要每个学期召开一次会议，及时解决存在的问题。五是大力推进英语教学改革。教育部一号文件特别提到，要以大学英语教学改革为突破口，提高大学生的国际交流与合作能力。教育部领导强调英语教学一定要有大的突破，认为英语的重要性是不言而喻的，要加大大学英语教学改革的力度，整体提高大学英语的教学质量。由于英语的实用性、实践性很强，英语教学改革的方向是：第一，着力提高学生的英语综合应用能力；第二，改革大学英语教学模式和方法，提高教学效率，使英语学习能够事半功倍。作为高等学校一门重要的公共基础课，大学英语教学改革可以作为整个教学改革的突破口。这也说明，长期以来我国英语教学处于事倍功半的状态，成效不高。我校作为教育部大学英语教学改革的试点项目单位，正加大力度，采取多项改革措施，并已取得了一定的成效。这里提出一个问题：英语四、六级成绩到底要不要与学位挂钩？2005年2月25日，教育部召开新闻发布会，宣布大学英语四、六级考试将有重大改革，其中包括加大听力比例、不设及格线、不颁发合格证书（只发放成绩单），并反对社会用人单位把四、六级考试成绩作为新进人员的用人标准等。至于要不要与毕业证书、学位证书挂钩，这是高校自己的事情，教育部不干预。深入开展大学英语教学改革，提高英语教学的质量和效率，这对我校来说，是毫无疑义的，至于要不要把四、六级考试与学位挂钩，需要深入调研，听取各方面意见，权衡利弊后再作决定。学校每年都有几百人因为英语四级考试没有过而拿不到学位就离开校园，这对他们而言是终身的遗憾。尽管这几年学校采取了很多措施，每年英语四级的合格率提高了5个百分点以上，但仍有相当一部分人过不了关。可是，如果英语四、六级考试完全和学位脱钩的话，是否会影响到学生的考研、就业及学校的教学评估？在教学过程中，我们要做到统一性与多样性的统一，促进学生的全面发展。因此，改革是坚定不移的，但要充分听取意见后再作决定。六是两个独立学院要在上学期接受教育部专项检查的基础上，肯定成绩，增强信心，并对存在的问题认真整改。专家组对两个学院的评价总体不错，且各有千秋，也指出了不足之处，并提出了很好的整改建议，既包括硬件方面，也包括软件方面，特别是教学管理和师资队伍建设方面，我们要争取有大的改观，创出品牌，赢得良好的社会信誉。七是职业技术学院、网络教育学院、继续教育学院、海外教育学院在发展过程中都有自己的增长点和亮点，不断开拓出新的局面，但仍然要加强管理，保证质量，千万不可掉以轻心。八是要做好 2005 年的招生和毕业生就业工作。面对招生竞争日趋激烈的严峻形势，我校 2005 年普招工作面临着新的挑战，原有的一些优势和特色现在已很不明显。从现在起，要加强招生宣传工作，在宣传对象上要扩大覆盖面，包括考生及其家长和培养中学；在宣传上要有新的内容，如学校的最新进展要予以充分体现；在宣传形式上要更加多样化。2004 年搞了招生的新闻发布会，效果不错。请大家都来关心和支持招生工作。毕业生就业也要及早抓起，争取初次就业率有较大提高。

要鼓励研究生积极参加
社会实践和科研创新工作*

研究生的教学和管理正在改革，这一改革必须有利于研究生综合素质特别是分析问题、解决问题能力的提高。参加社会实践是研究生教学的重要环节，应予以大力支持。参加社会实践的研究生经过领导批准，能按时提交毕业论文，可不必推迟学业，这样做不仅不会降低反而会提高教学质量。研究生处对以往条例要作相应修订。

研究生是我校科学研究的一支重要力量，目前这支队伍在迅速壮大，2005 年秋季入学的博士、硕士研究生达 1526 人，在校研究生总数将达到 3551 人，其中博士 229 人。按这种速度发展下去，尤其是第十批学位点批下来后，2006 年招收的研究生可能突破 1700 人，2007 年研究生在校生总数将突破 5000 人。对这支庞大的队伍，我们要发挥他们在科研方面的生力军作用，要积极发动研究生与导师合作或独立开展科学研究，并为他们的研究提供比较好的条件。同时，提高研究生培养质量的问题也不容忽视。本学期学校要修订研究生培养方案，原来的培养方案是 1999 年制订的，要与时俱进加以修订，把一些反映时代内容的东西充实进去。要开展省、校优质硕士学位课程申报与评选，要建设研究生科研创新工程。几年来我们形成了一个比较好的传统，即每年在举行科技月时，都

---

* 本文第一段是笔者 2005 年 4 月 22 日对校研究生处一份函件的批示。第二段是笔者 2005 年 9 月 8 日在全校部署新学期工作大会上讲话的一部分。

要开展研究生科研成果评奖活动；定期举办博士生论坛；评选校级优秀学位论文，而且评选论文实行"双盲评审"，效果很好。2005 年的学位点申报结束后，学校将在年底遴选新一批博导。6 月份学校组织新遴选的博、硕士生导师进行了培训，收到了很好的效果。今后这方面的工作还要加强。

十分珍惜基地　努力办好基地

——对学校"国家人才培养基地"
建设的几点思考*

参加本次"国家人才培养基地"建设研讨会，有许多感想，在这里与大家一起交流探讨。

一　关于本次会议的特点

本次会议我认为有以下几个特点。

一是适时。本次会议选择了一个比较好的时机。第一，从理科来讲，我们国家的人才培养基地开办至今已 15 周年；从文科来讲，也已开办了十周年。理科是 1990 年发文件申报，1991 年开始招生，2005 年是 15 周年；文科是 1994 年发文件申报，1995 年开始招生，到现在已十周年。按照基地建设五年一个周期，理科已经过了三个周期，文科已经过了两个周期。在这个时候召开这一会议，是很有必要的。从我校的情况看，从 1995 年开始举办基地，文学院是第一批举办基地的院系；第二批基地 1998 年下文组织申报，1999 年开始招生，包括经济学和地理学基地；第三批是 2002 年下文组织申报，2003 年开始招生，即体育和艺术基地，有三个学院即体育、音乐、美术在办这个基地。总之，我校现有的四个基地涉及六个专

*　这是笔者 2005 年 8 月 19 日在福建闽清县召开的学校"国家人才培养基地"建设研讨会上的讲话，其摘要刊登在《福建师范大学校报》2005 年 11 月 15 日。

业、六个学院。所以今天在这里总结经验，是很有必要的。第二，地理科学学院经过 2004 年底的评估，现在由"试办"基地转为"正式"基地，可喜可贺。现在我们要总结办基地的经验，尤其是地理基地在评估的过程中反映出的不少问题，值得我们思考。的确，我们在基地建设方面采取了很多有力的措施，但还不够，而且有一些措施还没有到位。现在评估组专家提出来了，必须引起我们的警醒。其他学院的基地也存在类似问题，要引起我们足够的重视。第三，我校正在进行迎接教育部本科教学工作水平评估的准备工作，而国家基地是本科教学一个很重要的组成部分，所以研究基地的有关问题，也是为迎接 2006 年的本科教学评估做好准备。国家基地是本科教学的排头兵，是教学改革的试验田，基地办得成效如何，直接关系到本科教学评估。总而言之，这次会议的召开是很适时的。

二是认真。教务处为这次会议做了充分的准备工作，汇集了大量有关资料，包括教育部的有关文件、其他高校办基地的经验等。各个学院准备的汇报材料，也是比较认真的。教务处还准备了《福建师范大学国家人才培养基地建设规划（2005～2008）》和《福建师范大学国家人才培养基地建设管理办法》两个文件，供会议讨论，这两个文件的出台，将对基地建设提供制度和机制方面的保证。教务处要认真对待大家提出的意见，把文件修改好，尽早提交校长办公会议，通过之后尽快以学校的名义颁发实施。

三是务实。大家在汇报过程中都比较实事求是，既肯定在基地建设工作中取得的一些成绩，同时也提出了许多有待解决的问题。这次会议是要解决一些实际问题的，不仅是务虚，而且还要务实。希望教务处把大家提出来的问题汇总一下，逐一加以解决。能够解决的尽快解决，需要一段时间解决的，也一定要有所交代。

四是鼓劲。国家基地建设很辛苦，但也很光荣。出现一些问题也很正常，通过这次会议，大家可以进一步统一认识，明确方向，互相交流经验和教训，从中得到启发，并切实解决一些具体问题，进一步推进国家基地的建设与发展。所以这次会议是进一步统一认识，进一步鼓劲，进一步谋求发展的会议，必将对我校国家人才培养基地的建设起到积极的推动作用。

二　基地来之不易，应倍加珍惜

要建设好基地，首先必须了解，基地的获得是十分不容易的，我们一定要倍加珍惜。为什么这样说呢？第一，我校办基地，可以说是"省队办国家队"，实属不易。国家基地从一个侧面体现了我们学校办学的水平、品牌和特色。一般而言，国家基地的"门槛"是很高的，必须有一个博士点或五个硕士点才能申报办基地。十年前我校一个院系有五个硕士点的并不多。国家基地体现学科建设的水平，不是随便哪个学校都可以办的。同时，它也是一种品牌。经过激烈竞争获得基地之后，学校以此为荣。我们在对外介绍学校情况时，经常提到学校有几个基地，某个学科有什么基地，这是不能忽略的。基地从一定意义上体现了我校的办学特色。校评建办这段时间一直在考虑我校有哪些办学的特色，我认为依托学科的优势办国家人才培养基地就是一个重要特色。我校的基地数量不少，品种又多。从数量上看，我校的基地在省里仅次于厦门大学，居省内高校第二位；但从结构上看，我们有文科的、理科的，有经济学的，还有体育、艺术的，品种较齐全，这种结构是很多高校所没有的。例如，全国仅有 13 所高校拥有经济学基地，师范院校就我们一家，别无分店。就这一点而言，国家基地是我校的一个品牌和办学的一个重要特色，是并不为过的，因为"人无我有，人有我特"。第二，国家基地的来之不易，还体现在它是经过激烈竞争后得到的。国家人才培养基地的门槛虽然很高，但申报基地的学校仍然很多，其中多为部属重点大学。另外，基地有一定的指标限制，要经过激烈的竞争，最后经投票决定。以经济学基地为例，1998 年申报的时候，指标是 11 个，申报的学校有二三十个，多为部属重点大学，省属高校并不多。我校作为省属高校，能够在 11 个基地中占有一席之地是很不容易的。在省属高校中仅有我校和西北大学。后来增加了两个试办单位，分别是南京大学和辽宁大学。全国高师院校中我校是唯一的一所。南京大学和辽宁大学作为试办单位，一年之后才转正。目前全国也是 13 所高校，据说以后不再增设了。正因为竞争激烈，来之不易，所以就显得特别珍贵。第三，国家基地数量少，所以"物以稀为贵"。在省内高校，厦门大学 5 个，福建师大 4 个，农林大学 1 个，福州大学 1 个。在全国范围，拥有 4 个基地的高校并不多，除了一些部属重点高校外，省属高校能够拥有 4 个基地的就更微乎其微。体育艺术基地全国才 8 个，地理基地全国才 6 个，中文基地全国才 22 个。所以我们要十分重视，倍加珍惜。2004 年地理基地在评估时，我们是很担心的。如果被涮掉了，我们就无法向全校师生员工工作交代。在学校的大力支持下，地理科学学院经过努力，最后把基地保留下来了，并从"试办"转为"正式办"。所以要立足长远，倍加珍惜，常备不懈，切实把基地建设好。

三　关于基地的定位问题

国家的人才培养基地是干什么的？在基地学习有什么好处？它和一般本科有什么区别？人们常常会这样提出问题。实际上，教育部的有关文件对此都有明确的规定。国家基地与其他本科专业不一样的地方，按我的看法，表现在四方面。第一，国家基地是一种精英教育。大学本身也是一种精英教育，而基地是精英中的精英。我校的四个基地都是首批获得的，按教育部的要求是少而精、高层次，这就是精英。基地每年招生的数目不多，就二三十人。我校招收基地学生的分数都比较高，都是按照重点大学（本一）的分数录取的，所以是本科中的精英教育。第二，基地是一个教改特区。就如我国改革开放过程中深圳、厦门作为经济特区一样，实行一些特殊政策，这是其他地方所享受不到的。基地作为教改的特区，也要实行一些特殊政策，如大量保送研究生、加大经费投入等。有一些教改设想在其他专业没办法做到的，可以到基地里面来试验，所以它与其他的本科专业有很大的不同。第三，基地是一个英才摇篮。在某种意义上，它是一个"黄埔军校"。尽管我校一年的毕业生有几千人，但四个基地的毕业生才一百多人。在办基地之前，类似中国科技大学举办的少年班，也是培养了一批英才，最近报纸都在追踪少年班学生的情况。可以说，少年班也好，基地也好，都是培养少数高级专门人才的地方。第四，基地是一个"准研究生"班，是研究生的预科。有些国家，硕士生是博士研究生的预科。在我国，基地班的学生毕业后一般都要成为研究生，所以是"准研究生"。我校基地班的学生大部分要成为研究生，毕业后或者留校，或者进入有关科研机构。所以基地班的学生要有荣誉感和自豪感。每一个基地班的学生都必须为进入研究生学习作准备，如果我校基地班的学生能做到100%成为研究生，那将是最大的成功。这就是基地班的定位，根据教育部的有关文件，可以概括为以上几点。

四　我校基地建设面临的挑战与机遇

我校从举办国家基地以来，取得了很大的成绩，各学院做了大量工作，中文、经济学和地理三个基地都通过了教育部的检查评估，评估专家对我校的基地建设都作出了肯定的评价。基地班的学生这几年的就业情况也是相当好的，这方面有详细的统计材料，这里就不细说了。在此，应该感谢相关单位，如教务处，还有基地所在学院的领导。基地对学科建设也起了积极的推动作用。例如，文学院办基地时没有博士点，有了基地之后，获得了好几个博士点，2003 年获得一级学科博士点，还设立了博士后科研流动站。但也要清醒地看到基地建设所面临的各种新问题，这些问题有的是原来就存在的，有的则是形势发展带来的新问题。主要有以下几个方面。

第一，基地有逐步被淡化的倾向。有几个原因。一是本科生的招生规模迅速扩大，而教学资源没有相应增加，基地原来很显眼，现在学生多了，基地就被慢慢淡化了。所以有的学院提出导师制实行不了，为什么？就是因为学生多了，无法专门配备。这是客观事实。包括本科的教学质量问题，也因学生规模的扩大而受影响。二是研究生规模也在扩大。2005 年秋季会突破 3000 人，几个研究生班批下来之后，研究生更是成批量增加。在这种情况下，导师负担加重了。而基地处在本科和研究生之间，研究生要重视，本科也不能忽视，处在夹缝中的基地多少有些被冷落的感觉。三是这几年我校的经费空前紧张，这并不是说我们的收入支出在减少，相反，我们的收入和支出都在增加，但是用于非教学方面的经费在大量增加，主要是新校区建设，现在新校区已投入了好几个亿。不投入不行，但也不能无限度地向银行贷款。在这种情况下，我们的经费就显得很紧张。学科建设和实验室建设等各方面都需要投入，物光学院和化材学院分别投入了 1200 万。物光学院已被批准为教育部的重点实验室，应该说经费投得其所。现在还有一些学院在向学校申请经费。因此，基地建设的经费就不是那么充足。由于上述几个原因，出现了基地被淡化的倾向。

第二，基地有逐步被空心化的倾向。基地申报的时候讲得很好，但在申报成功后，承诺和兑现有一定差距，导致基地班与其他本科生的办学条件没有太大的区别。昨天有的学院就指出，他们学院基地班学生住宿从校内搬到校外，条件不是改善了，而是变差了。这些都是现实问题。

第三，出现了一般化的趋向。基地班与一般的本科生区别越来越小，以至于在座的同志说不出区别在什么地方。

以上所说的都是一些倾向，是苗头，应该引起我们警醒和重视。通过这次会议把问题摆出来，使大家有危机感和紧迫感，正视这些问题，积极加以解决。

同时，我们也应该看到，近几年在建设基地的过程中也形成了许多有利的氛围和条件。主要有三个，一是我校的学科建设在发展。1995 年我校只有两个博士点：自然资源学和政治经济学。现在已有 18 个博士点，还有 1 个一级学科博士点和 4 个博士后科研流动站。拥有 69 个硕士点，加上新批下来的三个专业硕士学位点：MPA、体育和音乐，共有 72 个硕士点。博、硕士点的增加为基地建设奠定了一个很好的依托基础。我校的 4 个基地涉及的 6 个学院都有省重点学科。特别是美术学，刚刚被批准为省级重点学科，这在美术学院的历史上也是一个突破。二是学校的整体办学条件在改善。很突出的方面是新校区建设速度正在加快，一座座高楼拔地而起，其中最引人注目的就是体育学院。体育学院的田径馆、篮球馆等设施下学期开学后就可以使用了。为了迎接 2006 年的全国高师运动会和全省大学生运动会，还有几个场馆都在加快建设中。可以说全部建成后，我校体育基地的办学条件是全国一流的。还有美术学院、音乐学院楼群的建设也都在加紧进行。所以现在很多困难是暂时的，办学条件在不断改善，存在的问题将逐步得到解决。此外，有的学院省重点学科批下来后，实验室的条件不断得到改善，如地理科学学院等。三是我校的影响在扩大。2005 年 9 月《中国青年报》公布的高校排名中，在省属 487 所高校中我们排名第三。第一是山西大学，第二是哈尔滨工业大学，第三就是我校。这是很不容易的。总之，我校的发展态势是好的，这就为基地建设创造了很好的客观条件，所以建设好基地我们是有充分信心的。

五 我校基地建设的思路

1. 加强对基地的领导

加强领导有几个层面，首先是加强学校对基地的领导。学校有基地建设的领导小组，要进一步充实。除了增加一些校领导外，各个学院分管基地的主要负责人要成为领导小组成员，定期开会解决问题。基地建设要有制度保证。本次会议的两个文件，一个是《福建师范大学国家人才培养基地建设规划（2005～2008）》，一个是《福建师范大学国家人才培养基地建设管理办法》，经过修改后以学校名义下发，以后就按照文件进行管理。校长办公会议每个学期至少要专门研究一次基地建设的问题。校领导要到本科生中听课，首先要去基地班听课。一般情况下，学校每年要开一次基地建设的研讨会，当然研讨会的形式可以多样化，有些问题可以通过研讨会来解决。总之，学校要十分重视基地的建设。

其次，从教务处来讲，也要加强对基地工作的领导。要有一位处领导抓基地工作，否则就不可能把工作做好。此外，教务处一定要协调好各个基地的建设，很多问题基地自己不可能解决，也不可能每件事都直接由校领导来解决。在教务处层面上能解决的，必须解决好，如教室的问题，电脑的问题等等。教务处要协调好各基地的问题，不能解决的才上报有关分管领导。此外，教务处要有完备的有关基地建设的文件资料，包括基地的批文、会议记录、讨论了什么问题、外校的有关资料等，都要有专人负责这项工作，教务处应该落实专门的科室来负责这些事情。学校 4 个基地 6 个专业，要有规划、合乎规范地进行管理。这会给教务处增加很多工作量，基地的建设是一项很重要的工作，教务处责无旁贷。

再次，要加强学院对基地的领导。现在各个学院都有一个副院长来分管基地工作，这已经落实了。有的学院行政领导配备一正两副，提出要不要跟其他学院一样一正三副。这个要求是合理的。自从有基地以来我校就有个不成文的规定，就是有基地的学院可以配备一正三副。地理、中文、经济三个学院都已经落实了，体育学院也是一正三副。现在剩下音乐、美术两个学院，我们可以尽快反映落实这个问题。另外就是各学院要不要成立一个专门负责基地班的类似学术委员会的机构，这个问题可以讨论。其他学校有这样的机构，有知名的教授参加进来，研究解决科研等方面的问题。比如中国人民大学，各个基地都有自己的学术委员会，另外还设基地班的主任和副主任，主任由校领导或所在学院领导担任，副主任由分管教学的副院长担任。我认为这个问题可以根据各学院的不同情况而定，不一定强求一律。另外，各学院要有比较完备的基地建设方案和教学计划。基地的方案是很重要的，它是基地建设的一个蓝图。各学院也要有专人来保存有关基地的文字材料。院党政领导什么时候讨论基地建设，讨论了什么问题，组织了什么活动，都要有记录。有可能的话，还可以搞基地建设的大事记。要有专人做这个事情，以后基地的所有活动就很清楚了。教务处要搞全校基地建设的大事记，做好基础性的资料准备。重视不是体现在口头上，而要落实在细微之处。

2. 对基地要实行政策倾斜

我刚才已经说了，我们建设基地是"省队办国家队"，要办得比人家有吸引力、有说服力，凭的是比重点高校更加灵活的政策。有这么一个指导思想，就可以大胆去探索，大胆去干。要使学校对基地有大的政策倾斜，要靠各学院提出来。提出的问题可以进行分类。如哪些已经解决了，哪些还没有解决，摆出来一一加以解决，即使现在不能解决的，那就留待下一步去解决。我刚才说了，基地是特区。为什么是特区呢？就是学校的政策比较灵活、比较优惠。有几个问题，一是招生问题，学校能解决的都给予解决。比如体育、音乐、美术三个专业，文化线的录取线问题，还有基地的非师和师范的界限要不要打破的问题，这些问题提出来，研究如何解决。二是保送研究生的问题，一定要加大力度。按照教育部的有关文件，基地班的学生大部分上研究生。但是不能让他们有依赖的心理，不能存在学好学差反正都能上研究生的思想。首先要鼓励他们考外校，特别是重点大学的研究生，考上的越多说明我们基地的办学水平越高。文学院在基地建设的过程中也提出这一问题，就是要尽量增加保送研究生的指标，我们当时也考虑过，如果给太多的名额未必是好事，所以就鼓励他们先报考外面的学校。如果考不上的话，学校再优先考虑。当然首先基础一定要打好，如英语方面，通过开小灶等方式予以加强。要保证学生一进入基地就是一脚跨入了研究生的预备行列，当然还要经过淘汰和竞争。至于奖助学金是否可以比教育部的规定更高一点，也可以灵活处理。4 个基地应该体现我校更为优惠的措施，如教室、实验室等都要优先安排。文学院基地需要有单独的资料室，学校就给予了支持。另外，大家在讨论过程中提出来的设立教改课题、科研课题，报优秀教学成果奖等，都应该向基地倾斜。还有，在学生交流方面，包括到校外，到国外，要优先考虑基地班。要给基地的学生创造比较好的条件，包括生活条件。

3. 关于基地的经费保障

基地运行过程中，要有足够的经费保障。关于投入问题，有几个渠道。一是省主管部门即教育厅要有经费投入，包括中文的文科基地、经济学基地、地理基地，按政策规定教育厅要有投入，然后我们按照 1∶1 进行配套。这方面我们要努力争取，校领导、教务处、财务处都要积极反映，据理力争。二是学校要进一步投入，要有一个各方面可以接受的投入数额。经与财务处协调，发现有个比较大的问题，发现有的基地每年只给一个年级的投入，也就是只给新生投入，可是二、三、四年级没有继续投入。所以为什么感到经费吃紧，问题就在这里。不但没有特别的经费，连正常的经费都没有了。所以我们要把问题搞清楚，把基地四个年级运转的经费列入年度预算。三是基地要依托重点学科。基地所在的重点学科要给予基地大力支持。这并不是说一定要划给基地多少经费，而是允许资源共享，这是另一种形式的投入，这一点各个基地一定要非常明确。四是要争取社会的支持。这个比较难，但是要做。尤其是美术和音乐基地，空间很大，可以发挥专业的优势，吸引捐赠或投资。办学要靠大家办，不能单靠学校的支撑。各个基地的经费一定要专款专用，每年都要有预算，这是财政厅所要求的，预算经过批准后才能拨款。基地的经费要合理使用，如购置必要的设备、参加社会实践、支持学生搞科研等。

4. 关于基地的创新和特色

基地全国各地都在搞，我们要特别强调特色。校评建办正在探索我校办学的特色。所谓特色就是人家没有我们有的，除了学校的特色以外，4个基地还应该办出自己的特色，每个基地都要有特色。而特色关键在于创造，如基地学生能不能提前毕业、提前考研究生，等等。基地怎样早出人才，快出人才，出大人才，这要鼓励和组织学生在实践中动脑筋去创造。

5. 坚持对外开放和交流

办基地要对外开放，否则水平就提高不了。要积极鼓励和组织学生参加全省、全国乃至国际的比赛。我校基地和省内高校的基地要定期进行交流。2003 年我校开过一次全省性的基地交流会，效果很好，以后可以多开展类似的活动。另外，和省外的基地之间也可以定期或不定期地进行交流。全国的基地在同专业内都有一个统一的组织，定期或不定期地开展活动，应该鼓励学生去参加。另外还可以搞一些访学，可以请外校基地班的一些知名教授来校开设讲座。基地班的老师可以互聘，我们可以聘校外的，校外也可以聘我们的。和国外高校也要进行交流，一般本科专业有的已经开展了，那么基地要不要开展？比如，我校软件学院的学生，2004 年去英国阿尔斯特大学的第一批学生现在已经毕业，这一批学生是很成功的，全部考上了英国的硕士研究生，影响很好。国际化是我校办学的一个特色，也应该成为办基地的一个特色。基地应该走出去，与国外开展合作办学。基地班的有利条件是学生英语水平都比较高，素质都比较好，人数也不多。在这方面我校已经联系了国外很多高校，包括美国的、英国的、澳大利亚的、日本的等等，要创造条件跟它们合作，出去交流，半年或者是一年，看看成效如何。还可以开展一些国际合作的项目等。我校的基地班要进一步走出去，否则水平高高在什么地方？通过国际合作和交流，就会极大推动基地的建设。再以软件学院为例，它开办才三年，可是学生到了软件学院以后，学习非常刻苦，外语水平相当不错，四、六级的通过率很高。基地班也要有这样的动力和压力，今后在参加国际交流方面应该加大工作力度。

6. 加强宣传，精心策划

首先是要加强对外宣传。每一个基地都要有自己的宣传小册子，介绍学校、学院情况，介绍师资配备、设备的情况等等。这个小册子要广为散发，尤其是在招生时要广为散发。另外，各个基地应该创办自己的刊物，创建一个平台。例如，经济学院的《经蕾》已经办了很多年了，效果不错。其他学校也有基地的一些刊物，很多习作可以发表在上面。另外，我校的各种媒体，包括电视、专栏、校报上要定期或不定期地介绍基地班的情况。现在基地的学生是不少了，在校生共有 600 人，这是一个可观的数字。所以各方面要好好进行宣传。校内宣传要注意一些问题，如基地班学生的带动和辐射作用究竟体现在什么地方？可以让一些一般本科的学生和基地学生一起搞学术研讨或竞赛活动，从中体现基地班的优良素质，扩大其影响。教务处要考虑一下，想一些办法，不能让其孤立地成长。要通过各种途径，使广大的本科生感觉到基地班的存在，感觉到它的影响。在今后招生的过程中，除了校内宣传外，可以大篇幅地介绍基地的情况。同时，要有组织地对基地的专业特色进行宣传介绍。总的来说，要进行宣传策划，扩大影响。

7. 鼓励竞争，促进发展

基地班的学生要有蓬勃的生气，有旺盛的生命力，必须引入竞争机制。所以基地在开始举办的时候，就实行了淘汰制，这是很有必要的。有些做法可以考虑，如在全国获奖的一般本科的学生是否可以直接进入基地班？特别优秀的学生只要他本人愿意，应该可以进入基地班。如果非基地班学生获得全省或全国比赛一等奖，而基地班学生却没有，这怎么行呢？出类拔萃的学生能够吸收到基地班，这是好事。还有就是基地班学生提前考研的问题，可以尽早实施。提前考研要早作准备，有能力的学生可以提前考研，这也是一种特色。对基地建设作出贡献的学生，学校和学院都要给予表彰。总之要形成一种人人争上游的状态。除此之外，基地和基地之间也要竞争。我校的 4 个基地，办好办坏也要进行评比。教务处要考虑 4 个基地怎么开展竞争，制订有关指标，张榜公布。比如四、六级外语考试，虽然不与学位挂钩了，但还是要鼓励学生参加考试，对取得好成绩的要给予奖励，同时加大奖励的力度。总的来说，基地班学生要竞争，基地和基地之间要竞争，在竞争中加强基地的竞争力，然后还要与外校的基地进行竞争。通过竞争不断提高我们的办学水平，不断推动基地的建设与发展。

教学工作要注重提高质量、
优化结构和凝练特色*

谈谈 2005 年招生工作的有关情况。2005 年招生工作是实施"阳光工程"的第一年，各级主管部门十分重视，社会各界密切关注，广大师生员工对此也寄予厚望。2005 年招生的特点，一是数量大。计划招生达 12098人，实际招生达 12341 人，完成计划的 102%，规模相当庞大。我们在制定招生计划时确定了"稳定规模"的思路，但数量还是十分惊人，一年的招生数相当于过去全校学生的规模，20 世纪 90 年代末全校学生才 8000 多人，现在一年就达到了一万多人，四年就四万多人，这还不包括研究生。二是生源质量好。提前批文、理科的最低投档分达 541 分和 528 分，分别比省定录取线高 49 分和 58 分。校本部"本二"批的文、理科最低投档分为 536 分和 514 分，也比省定录取线高出不少。尤其可喜的是，福清分校的本科专业一次投档率明显比 2004 年好，"本三"批的协和学院、闽南科技学院降分幅度严格控制在省定线下 20 分内，人武学院的生源也比去年好。比较好的生源，为本科教学质量提供了良好保障。三是社会反映良好，实现了"零投诉"。尤其是在招生数量大、时间长、批次多的情况下，能做到这一点的确十分不容易。招生工作取得成功，主要在于指导思想明确，校领导重视，准备工作充分，改革力度比较大，政策把握比较好，招生办做了大量工作，相关部门也予以积极配合。但我们也要看到存在的问

---

* 这是笔者 2005 年 9 月 8 日在全校部署新学期工作大会上讲话的一部分。

题。例如，"本二"批录取分数线与集美大学、华侨大学相比，有的专业持平，有的专业甚至不如它们，这要引起我们的警惕。要认真分析 2006 年的招生形势，采取相应的对策，做到未雨绸缪，与时俱进。其中很重要的一点就是要提高学校的社会知名度和美誉度，提升学校的公关形象。同时，在招生方式上我们要进一步加以改进，增加进入提前批和"本一"批招生的专业，扩大在全国的招生面，扩大按类招生的专业范围等。还要采取相应政策，如奖励报考我校的优秀学生，争取省里的艺术类招生优惠政策等。

加大改革力度，进一步提高本科教学质量。2005 年教育部 1 号文件《关于加强本科教学工作的若干意见》已经下发，学校在上学期已经作了部署，同时出台了我校《关于加强本科教学工作的若干意见》，进一步贯彻实施教育部的 1 号文件。根据学校实际情况，我们提出了 16 条意见，文件已印发给各个学院。本学期要继续贯彻执行教育部和学校的上述文件精神，已经讲过的就不再重复了。这里强调几点。

1. 加强国家人才培养基地的建设

我校有 4 个国家人才培养基地，十分宝贵，要倍加珍惜。国家人才培养基地代表了国家本科教学的水平，是本科教学"国家队"的品牌。这方面我校在省内排第二，厦门大学排第一，有 5 个基地，我校有 4 个，福州大学和福建农林大学分别只有 1 个基地。在全国来讲，与重点大学相比，我们的基地数量可能不算多，但结构合理、品种较齐全。例如，体育艺术基地全国仅有 8 所高校，经济学基地全国仅有 13 所学校，高师院校中我校是唯一拥有基地的。但是，也要清醒地看到，我校的基地建设也面临严峻的挑战。我们是一般院校办国家基地，即"省队办国家队"，要花加倍的气力。例如，2004 年底的地理学国家人才培养基地评估，一起被评估的其他院校都是部属重点大学，地理科学学院平时在国家基地建设上花了很多精力，做了不少工作，最后是涉险过关，惊出一身冷汗。但现在我校的基地建设面临着被边缘化、一般化的倾向，原来的"特殊"不再特殊了，措施需要强化的也不强化了。国家人才培养基地是本科教学的排头兵，要在全校引起对基地建设的重视。暑假期间学校在闽清召开了全校基地建设研讨会，基地相关学院的党政领导和有关部处负责人参加会议。会上，大家互相交流办基地的经验，在一些重要问题上达成了共识。首先是认识问题，要提高对国家基地建设重要性的认识。基地是精英教育，如果本科教育是精英教育，那么基地就是精英中的精英教育，是少而精、高层次的。

教育部的文件很明确地提出这一点：基地是教改的"特区"，在招生、考研等方面实行特殊政策；基地是英才的摇篮，基地的学生绝大部分都要考研究生，本科阶段就是准研究生，必须要有这样明确的定位。我们要加强对基地建设的领导，包括学校层面的、教务处层面的、各学院层面的。要在政策上向基地倾斜，如招生、保送研究生、奖助学金、教室安排、实验室和图书资料建设、经费保障等。我校基地建设的经费确实有欠缺，有遗漏之处，通过闽清会议搞清楚了，今后必须切实按有关文件规定进行投入。要形成基地办学的特色，鼓励创新。基地学生要进行广泛的学术交流，包括校内基地之间、全国高校之间的交流，努力增强基地办学的竞争力。要增强基地的辐射能力。基地在本科教学工作中是排头兵，其改革与发展要对其他本科教学起示范和辐射作用。过去我们在这个方面做得还不够，今后要加强，把它作为我校本科教学工作的一个重要优势和特色来看待。

2. 继续扎实推进教学质量与教学改革工程

①做好教学成果奖的总结表彰工作。大家都已知道，副校长黄汉升教授今天在北京接受国家级教学成果奖一等奖的颁奖，国家级教学成果奖一等奖是我校多年来的追求，我们获得过多个二等奖，但还没有一等奖，现在终于实现了历史性的突破。全省仅3所学校获得一等奖，分别是厦门大学、福建师范大学和省公安高等专科学校。明天李长春同志将接见获奖的代表，这不仅是黄汉升教授个人的光荣，也是我们学校的光荣。学校将隆重召开大会，对校级、省级、国家级的教学成果奖进行总结表彰，同时对迎评促建工作进入新的阶段进行部署动员。此外，也要着手开始准备，向4年后的教学成果奖发起冲击，希望取得更好的成绩。②抓好品牌专业建设。继续对我校18个品牌专业进行跟踪调查，积极开展绩效评价工作，做好专业建设规划，调整专业结构布局。③继续加强第一、二、三批省级、校级精品课程建设，争取国家级精品课程实现零的突破。现在我校国家级名师奖有了，国家级教学成果奖一等奖、二等奖有了，但还缺国家级精品课程，要发起冲击，争取突破。④加强"优质教学与教案"建设，鼓励老师设计精品教案，切实提高教师课堂教学水平。⑤对首批立项的"双语教学""多媒体教学"项目进行验收和总结。⑥进一步推进大学英语教学改革试点工作，继续加强公共外语教学的软件建设，建立个性化外语教学模式，切实提高我校学生英语综合应用能力。上学期末，校学位委员会正式通过了英语四级考试与学士学位脱钩，使几百位毕业生柳暗花明，获得了学位，这对他们的就业乃至一生都起到了重要作用。过去实行挂钩有其合

理性，现在脱钩也有其合理性。脱钩不等于就是放松了英语教学，这一点千万不要引起误解。一方面实行脱钩，这是我们综合考虑后作出的决定，有利于学生的全面发展；另一方面也要继续抓紧抓好英语教学，切实提高英语教学质量。我们已经采取一系列措施，通过"加法"的形式，以正面表彰、鼓励的办法，而非负面、惩罚性的办法来加强这项工作，充分调动学生学习英语的积极性和主动性。要继续鼓励学生参加英语四、六级考试，对成绩好的学生予以表彰奖励。要选拔一部分英语好的学生到菲律宾开展夏令营活动，本来暑假要成行，现在推到国庆节前后。要在校内组织英语朗诵、辩论赛，组织英语沙龙等，进一步营造英语学习的氛围，提高学生学习的兴趣。⑦全面开展学生网上课堂教学评价工作，汇总整理同行课堂教学评价数据。⑧认真组织教材编写与出版资助立项工作，切实提高教材建设与管理的水平和效益。⑨进一步加强本科实践教学工作。实践教学要成为本科教学的一个重要特色。我校长期以来都很重视本科实践教学，在校外建立了许多社会实践的基地，通过社会实践，大大提高了学生分析问题和解决问题的能力。学生毕业之后比较受用人单位的欢迎，其中一个重要原因就在于不仅专业基础比较扎实，而且分析问题、解决问题的能力比较强。近期学校有几个令人高兴的消息，说明我校学生的实践能力和创新能力得到有关方面的认可。其一，2005年5月份，我校学生参加第七届全国"挑战杯"大学生课外学术科技作品赛获得了3项二等奖、4项三等奖，总成绩与厦门大学持平。其二，暑假期间，在全国第一届大学生艺术展演中，我校全面丰收，获得了6个一等奖、8个二等奖、5个三等奖，获奖总数在全国高校中名列第二，仅次于清华大学。7月28日晚在人民大会堂进行颁奖，国务委员陈至立、教育部周济部长都参加了颁奖典礼，我校代表也光荣地上台领奖。7月24~28日在北京中华世纪坛举办优秀作品展演，总共有6件作品入选，其中有我校美术学院学生创作的一件，非常不简单。这次参加展演归纳起来有以下几个特点：一是获奖档次高，一、二等奖占我校获奖总数的73.7%；二是获奖门类多，所获奖项涵盖表演类和作品类，充分体现了百年老校的深厚文化底蕴；三是获奖学生涉及面广，全校共有14个学院的学生获奖，包括音乐学院、美术学院、文学院、教育科学与技术学院、网络教育学院、传播学院、外语学院、地理科学学院、生物工程学院、数学与计算机科学学院、法学院、职业技术学院、经济学院、协和学院。这么多学院的学生在全国性比赛中获奖，说明我校学生素质拓展计划取得了很大成效，令人振奋。其三，2005年3月份省里选派了 10 名高职生通过严格考试进入微软（中国）总部实习，其中我校职业技术学院学生有 5 人，福州大学 4 人，集美大学 1 人。在实习结束以后，这些学生都进入了著名的 IT 企业、软件企业工作，其中有一位留在微软总部，即在微软（中国）有限公司咨询服务部担任软件测试工程师。他就是我校职业技术学院的林立杰同学。这件事在国内引起了轰动。8 月 28 日《中国青年报》对此进行了专版报道，微软（中国）总部还专门编了一本书叫《在微软的日子》，收录了这些学生的日记，配发了他们的照片。开学初我随汪毅夫副省长到北京时，就听到微软（中国）总部的几位老总反映我校学生的思维能力、操作能力都很不错。一般学生要 3 个月后才能进行编程操作，他们只要 2 周就做到了。职业技术学院的学生为学校争得了荣誉，很值得自豪。取得这些成绩，实践能力的培养十分重要。要鼓励学生积极参加全省、全国性的比赛。对获奖的同学学校要给予表彰，对成绩突出者颁布校长嘉奖令。同时各单位要大力宣传这些学生的典型事迹，让大家都向他们学习。此外还要为学生参加社会实践创造必要条件，包括经费支持、选派好的指导老师、安排实验室等等。这里尤其要感谢上述获奖同学的各位指导教师，他们花了很大的功夫，尽了很大的努力，特别是在艺术表演比赛中有的老师生病，或家里有急事，但都坚守岗位。在此向他们表示敬意和感谢。⑩各个学院的教学要尽快走上规范化、制度化轨道。上学期学校在物光学院召开了二级学院管理与建设现场研讨会。明天下午教育科学与技术学院将召开教学工作会议，会议主要解决 4 个问题：一是编写发放学生学习手册，使学生获得充分的学习信息；二是编写发放教师教学工作手册，让老师也充分了解教学信息；三是开展学生评教工作，开展"学生满意的教师"评选活动，并准备在教师节表彰一批"学生满意"的教师，这既给教师施加了压力，也提供了动力，使学生更加热爱教师，教师更加热爱教学，效果不错；四是加强教研活动，在专业中设置核心课程，推选首席教师。通过首席教师把其他教师团结起来，定期开展教研活动，这对提高教学质量有很大帮助。教科院这些做法具有推广价值，我们将在适当时候在教科院召开现场工作会议。以上关于加强本科教学的几点要求，也适用于福清分校、协和学院、闽南科技学院、网络教育学院、职业技术学院、继续教育学院、海外教育学院等。

本学期开始，我校迎评促建工作进入了一个新阶段。自我评估既包括学院的自我评估，也包括学校层面的评估。各学院既要开展自我评估，也要抓好教改和项目建设。为促进本学期评建工作有序进行，将召开校评建工作领导小组全体成员会议，请教育厅有关领导专家来校指导工作。我们已经邀请了教育部评估所所长、原高教司副司长刘凤泰同志来校作报告。要开展"了解师大，支持评建"的宣传教育工作。受教育部的委派，我将于 2005 年 9 月 17 日至 23 日到青海师范大学参加本科教学评估，担任评估组组长。通过这一机会，可以深入了解教育部对评估的要求，借鉴兄弟院校好的经验，促进我校评建工作的开展。

注重创新，提高质量，实现研究生
教育的科学发展[*]

自 2003 年 4 月召开第二次研究生教育工作会议以来，我校学位与研究生教育得到了快速发展。我们这次研究生教育工作会议，是在第十批学位点申报取得重大突破的新形势下召开的大会，是推进学校学位与研究生教育事业进程中承前启后、继续往开来的大会。本次会议的主要任务是：回顾和总结第二次研究生教育工作会议以来取得的主要成绩与基本经验，认真分析当前面临的形势与存在的问题，研究确定今后我校学位与研究生教育工作的指导思想、奋斗目标及工作重点和主要措施，团结和动员广大师生员工围绕如何提高和保证研究生培养质量这一核心，与时俱进，深化改革，加快发展，为创建高水平有特色的研究生培养基地而努力奋斗！

为了开好本次会议，学校拟订了一些工作文件，欢迎大家提出修改意见，以便形成较为完整的措施和办法，作为今后一段时间培养研究生的制度性文件。

一　主要成绩与存在问题

（一）主要成绩

1. 学位点建设取得了跨越式的发展

通过第九批学位点申报，我校已拥有了 1 个一级学科博士学位授权点，

　＊　这是笔者 2005 年 12 月 28 日在福建师范大学第三次研究生教育工作会议上的讲话。

18 个二级学科博士点和 69 个硕士点。2005 年，经过全校师生的共同努力，我校第十批学位点申报又取得了重大突破，一举拿下了 4 个一级学科博士学位授权点、5 个二级学科博士点、13 个一级学科硕士点和 43 个二级学科硕士点，获得的学位点数排在东北师范大学之后，名列全国高师院校第二名。至此，我校已有 5 个一级学科博士学位授权点、36 个二级学科博士点、13 个一级学科硕士点、112 个二级学科硕士点，全校 15 个学院都设有博士点，理工科学位点建设得到了进一步加强；学科门类覆盖了哲学、经济学、法学、教育学、文学、历史学、理学、工学、农学、管理学等十大学科门类；同时我校 2005 年申报的公共管理硕士、艺术硕士和体育硕士等四种专业硕士学位全部获批，学位与研究生教育的发展空间得以充分拓展，大大增强了我校的综合办学实力，为今后的学位与研究生教育进一步发展奠定了坚实的基础。

2. 导师队伍建设成效显著，层次进一步提高

自 2003 年以来，我校共遴选了两批博士生导师，新增了三批硕士生导师，及时做好新遴选导师的岗前培训工作，明确导师职责，充分调动各学位点学科带头人的积极性。目前，已有博士生导师 82 人，硕士生导师 452 人。导师队伍的年龄结构更为合理，具有博士和硕士学位的导师比例有了大幅度的提升，导师队伍的学历层次进一步提高。导师队伍的发展壮大是我校研究生教育发展的根本保证。

3. 研究生规模发展较快，培养类型趋于多样化

随着学校事业的不断发展，我校对考生的吸引力越来越大，2005 年报考我校的全日制硕士研究生人数有较大的增长，已近 3000 人，比上年增长了 30% 以上。同时，我们采取有效措施，提高研究生入学质量，为保证研究生的培养质量打下了较好的基础。研究生招生规模发展迅速，至 2005 年 9 月，在校研究生人数已达到 3551 人，平均每年以超过 30% 的速度增长，预计到 2006 年 9 月，在校研究生人数将突破 4000 人。研究生教育培养类型趋于多样化。除了招收全日制博士、硕士研究生外，还有教育硕士、公共管理硕士、艺术硕士和体育硕士等专业学位，高校教师和中职教师在职攻读硕士学位研究生，举办以毕业研究生同等学力申请硕士学位研究生课程进修班。学术科研型研究生和应用型研究生协调发展，全日制研究生和非全日制研究生齐头并进，学术学位与专业学位同时并存。作为全国首批试办教育硕士专业学位的高校，自 1997 年以来，已招收近 1000 名在职攻读教育硕士专业学位研究生，其中已有 487 人获得学位，为我国尤其是福建省的基础教育现代化事业作出了较大的贡献。2005 年还将首次录取公共管理硕士、艺术硕士和体育硕士专业学位研究生。研究生培养规模不断扩大，办学效益日益明显，并在探索多元化的研究生教育形式方面积累了不少有益的经验。

4. 初步建立了研究生教育质量保证体系，高度重视研究生培养质量

质量是学位与研究生教育的生命线。在研究生不断扩招的新形势下，如何保证培养质量，是我们每一位从事研究生教育工作的同志都应该着力思考的问题。长期以来，我校一直高度重视研究生培养质量，并初步建立了学科门类比较齐全的研究生培养体系，制定了一系列研究生培养和学位授予工作文件。学校积极组织参加福建省和全国优秀博士学位论文的评选，参加全国博士点学科专业的评估和学位论文的抽查工作，参加全国研究生教学用书的申报与遴选工作，积极申报福建省优质硕士学位课程建设工作；学校还鼓励研究生在各类学术刊物上发表学术论文，每年定期举办研究生科技月活动，开展博士论坛和研究生科学讨论会以及邀请校外专家学者来校作学术报告；学校每年还举办研究生优秀学位论文评选和在学研究生科研成果评奖活动；积极开展研究生学位论文开题和双盲评审工作，采取有力措施，切实保证研究生学位论文水平；等等。就以 2005 年为例，我校获得全国优秀博士学位论文提名奖 1 篇，入选全国研究生教学用书 2 部，共有 7 篇博士学位论文被评为福建省优秀博士学位论文，16 门硕士学位课程获省学位委员会优质硕士学位课程建设立项，82 位研究生获得科研成果奖，83 篇学位论文获校优秀学位论文奖。在导师的指导下，我校 2003 级和 2004 级的研究生在省级以上学术刊物发表了 1300 多篇学术论文，部分研究生在国家核心期刊甚至在更高级别学术刊物上（如 SCI、EI）发表学术论文。据统计，2005 年第五届研究生科技月活动中，共开设博士论坛 55 场次，举办研究生科学讲座会达 43 场次，邀请校外专家学者来校作学术报告达 20 场之多；各学院还举办了一系列有特色的学术活动。这些都充分说明我校研究生培养质量得到了明显提高。今天，我们将对以上获奖的研究生和导师分别予以表彰。

5. 坚持德智体全面发展的方针，高度重视研究生的思想政治工作

2004 年学校专门成立了研究生工作部，加强研究生思想政治教育工作。在校党委的正确领导下，在全校上下的共同努力下，我校研究生思想政治教育工作总体情况是良好的，具有奋发向上的精神和集体主义荣誉感，社会用人单位对研究生综合素质的评价是"比较满意"。据统计，

2005 届毕业研究生的实际就业率达 99.21%。

6. 学位与研究生教育管理工作逐步走上规范化轨道，效益不断提高

我校于 1998 年成立研究生处，2003 年成立研究生教育学院，将有关学位与研究生教育管理工作的各项职能归口研究生处（部）管理，保证了研究生招生、培养、学籍管理、学位申请、思想政治教育、就业分配等各个环节顺畅与规范。随着研究生规模的扩大，学校正在考虑将管理重心下移，拟成立学院研究生工作办公室，依靠各学院党政领导和广大研究生导师，充分发挥他们的能动性，使研究生培养质量保证体系和管理体系逐步得以完善。

（二）存在问题

近年来，我校学位与研究生教育方面取得了较大的成绩，但也要看到我们还存在许多问题。最近一段时间以来，我们通过设计研究生问卷调查，先后召开了博士点学科带头人、硕士点学科带头人、各类研究生导师代表和公共课任课教师代表及各类研究生代表座谈会，对我校目前学位与研究生教育现状作了深入的了解，存在的问题归纳起来主要集中体现在以下几个方面。

一是博士、硕士学位授权点分布于十大学科门类，尽管门类相对较为齐全，但学位点的结构仍未得到明显的改善，基础学科仍占大多数，文科学位点多，理科学位点一般，工科学位点偏少；一些适应社会发展、经济建设需要的，与高科技发展密切相关的应用学科、新兴学科偏少；形成学位点群体优势、能够组成申报一级学科学位点的学科数量不多；具有鲜明特色、在全国处于领先地位的学科或研究方向仍然偏少。二是研究生教育的规模虽然发展较快，但研究生的生源质量普遍不高。学校还没有采取更有力措施来吸引优秀生源，各学院在招生宣传上做得不够；招生人数增多后，研究生导师和各有关学院都面临较大压力，并承担着较为繁重的教学任务；研究生培养质量亟待提高，特别是在创新意识和创新能力的培养方面仍有差距，研究生质量保证体系还不够健全。招收的博士研究生中，在职人员偏多，同等学力人员偏多，不脱产在校读书的也偏多，严重影响博士生的培养质量。三是学校教学资源相对紧张，研究生没有专门用于课堂教学、晚自修和举办学术论坛、学术沙龙的教室；校图书馆的图书资料、电子期刊与当前研究生教育的需求还有较大差距，相关学科的实验室设备建设投入上做得还很不够；研究生的住宿条件较差，还有待改善，活动场所较少，研究生培养经费投入严重不足。四是研究生培养方案及课程设置没有得到及时更新，部分教师的授课内容相对陈旧，没有及时跟上学科前沿；研究生导师的水平也参差不齐，导师队伍的数量与质量的矛盾日益突出，有些研究生导师承担的课题档次较低，课题经费较少，有些研究生导师甚至没有承担课题；研究生参与导师课题研究相对较少。五是在教书育人方面，没有充分发挥研究生指导小组的集体指导和学科带头人的作用，少部分研究生导师的责任心不够强，上课随意性较大，对研究生不够严格，有的导师对研究生的学位论文连一遍都没有看过；部分研究生缺课多，任课教师不抓考勤，听之任之，缺乏监控机制。六是在研究生科研创新方面，有些学科带头人抓得不紧，没有下大力气认真抓好研究生的科研创新工作；学术活动举办得较少，研究生导师和研究生的积极性也不是很高，研究生的科研学术氛围不够浓厚。七是研究生思想道德教育工作亟待加强，研究生的普通奖学金较低；研究生在校内外兼课和兼职现象较为突出，已严重影响了研究生正常的教学与学习秩序。八是研究生与本科生的比例偏低，博士生数量偏少；国际交流与合作项目较少；研究生管理与运行机制还不健全，管理职责不够明确，管理效率和效益有待提高。

以上这些问题，对提高和保证研究生的培养质量十分不利，在很大程度上制约和阻碍了我校学位与研究生教育事业的健康与可持续发展，应当引起我们的高度重视并予以认真分析、解决。

二　基本经验与主要体会

自"十五"期间到现在，我校学位与研究生教育工作有以下几点经验值得重视。

1. 各级领导高度重视，认识统一，措施得力

"十五"期间，学校以学科建设为龙头，以获得学位点为标志，始终把学位与研究生教育作为提高学校办学水平的重点工作来抓。2003年第二次研究生教育工作会议确定了"加快发展，提高质量，强化特色"的总体思路。2004年学校提出了建设综合性、有特色、开放型、高水平的大学的奋斗目标，进一步提升了学位与研究生教育工作的战略地位，确立了以学位点建设为核心的学科建设方针。在措施上，学校对有关院系进行了有效整合，优先保证学位与研究生教育的发展，在学术队伍建设、科学研究方向的规划与设置、学位点建设经费的投入等方面建立了行之有效的发展机

制，并尽力创造良好的教书育人环境。各学院高度重视学位与研究生教育工作，由学院党政主要领导亲自来抓，学位点的建设与发展更是党政一把手的中心工作。从我们的实际工作中，可以体会到各学院建设和发展学位点的强烈的意识、急切的心情和高涨的热情以及在工作中团结一致、努力拼搏的精神风貌。正是各级领导高度重视、认识一致、意识强烈、措施得力，广大师生员工艰苦奋斗、不懈努力，才使"十五"期间学位与研究生教育取得了很大的发展，以学位点建设为核心的学科建设的龙头地位得到了进一步强化。这也是今后我校学位与研究生教育发展的巨大动力。

2. 以加快发展为主题

我校学位与研究生教育的发展是以"解放思想、实事求是"和"发展是硬道理"为指导思想的。这种发展是一种不断创造条件、抓住机遇、乘势而上的"超常规"发展。学科建设和学位点建设中存在这样的现象，即大发展、小困难，小发展、大困难；不发展、最困难。我们只有通过加快发展，才能解决我校事业中存在的问题。例如，物理与光电信息科技学院，党政领导下大决心，团结一致，积极组织本院教师申请国家自然科学基金项目，申报并组建教育部重点实验室和省级重点实验室，加强学术梯队建设，集全院力量组织申报光学工程一级学科博士学位授权点，并一举获得成功。这是学院紧紧抓住发展机遇、奋力拼搏的结果。中国语言文学、理论经济学、历史学、地理学以及光学工程一级学科博士学位授权点申报的成功，经济思想史、马克思主义理论与思想政治教育、教育史、中国近现代史、高分子化学与物理、英语语言文学、美术学、动物学、基础数学二级学科博士学位授权点申报的成功，都是全校上下团结一心、努力拼搏的结果。尤其是各个学院党政领导齐抓共管，奋发进取，加快人才引进与培养步伐，在学位点申报过程中克服了种种困难，学位点建设取得了可喜的成绩。这种迎难而上、奋力拼搏的精神是值得大家认真学习的。

3. 以提高质量为核心

学位点的建设最终要落实到研究生的培养层面。我校始终坚持质量是学位与研究生教育的生命线的观点，坚持加快发展与提高质量的统一，以保证和提高研究生的培养质量为核心，努力为社会培养和造就具有创新意识和创新能力的高层次人才，并依靠高质量的毕业研究生赢得声誉，为学位点的发展增光添彩。学校和各学院积极探索符合学科发展规律的培养模式和体制，充分认识到必须处理好五个"统一"的关系，即坚持学位点申报与学位点建设相统一、坚持规模扩展与质量提高相统一、坚持学术发展与人格完善相统一、坚持课程组织与课程开发相统一、坚持工作规范与机制创新相统一。有些学院在研究生培养过程中采用拓宽专业口径、加强基础、形成按专业大类培养人才的模式，加强学科专业的渗透，培养复合型人才，坚持教学创新，提高教学质量，强化研究生个性培养等。

4. 以研究生教育的模式不断创新为特色

《中国学位与研究生教育发展规划纲要》（2006～2020年）指出，研究生教育的模式不断创新，培养目标多元化，形成了学术型（科学）学位和专业型（职业）学位并行的学位制度；质量与数量协调发展，建立与社会需求相适应的多样化的学位标准；研究生培养模式综合化和多样化，形成了学徒型、专业型、协作型和教学型等多种培养模式；教育类型多样化，全日制和非全日制协同发展。"十五"期间，我校在研究生教育模式方面不断创新，形成了学术型（科学）学位和专业型（职业）学位并行的学位制度；把握住了全日制和非全日制两者之间的辩证关系。教育硕士专业学位、高校教师和中职教师在职攻读硕士学位以及以研究生同等学力在职攻读硕士学位的研究生课程进修班是我校研究生教育的另一大特色。通过这四种非全日制研究生教育工作，有效地发挥了我校学科教学的资源优势，丰富了我校研究生教育的培养类型，短短几年时间，我校共计招收近3000人，为福建省乃至全国的基础教育输送了急需的高层次人才。专业硕士学位将是国家大力提倡发展的一种应用型研究生教育层次。我们除了要努力办好以上四种研究生类型外，还要努力办好公共管理硕士、体育硕士和艺术硕士三种专业学位。我们还将在2006年组织申报工程硕士、法律硕士、工商管理硕士等专业硕士，使这种应用型的研究生教育成为我校研究生教育的一大亮点。

5. 以加强组织、协调、管理为保障

学位点建设是一项系统工程，需要经过长期的建设。学位点申报一般为两年申报一次，要求学科专业在规定的时间内达到规定的目标和要求，因此，时间性强，建设任务紧迫。我校从2002年下半年申报第九批学位点以来，就在各个学院进行广泛的调研和论证，由研究生处组织的各种协调会就召开了80多场。学校在特聘教授的引进、高级职称的晋升、科研项目的申报、成果的发表和学位建设经费等方面，向有申报任务的学院和学科专业倾斜。做好学位点申报材料是申报成功的关键因素之一。在材料审核过程中，学校与学院领导上下精心组织、严格把关、不厌其烦，其间共进行了多次修改，保证我校上报的材料质量较高。

6. 以学术队伍建设为基础

任何社会活动，人都是首要的决定性的因素，人才资源是第一资源。我校学科队伍建设始终以"围绕中心、突出重点、举措有力、落实到位"为工作思路，抓好人才的培养和引进，努力提高学历层次，努力建设一支高水平、高学历、高层次、年龄结构合理的学术研究队伍。队伍建设好了，就能极大地推动学科队伍的建设与发展，对我校学位点的建设，尤其是学位点的申报起到了极为重要的作用。

三 面临的形势、机遇与挑战

21 世纪是一个充满希望和挑战的世纪。在未来的国际竞争中，一个国家的综合国力和国际竞争力将越来越取决于教育发展、科技进步和知识创新的水平。我国要在新世纪加快推进社会主义现代化建设，实现中华民族的伟大复兴，就必须坚定不移地实施"科教兴国"战略，大力发展教育事业，努力为现代化建设培养更多的高素质人才。

（一）研究生教育必须适应我国经济和社会发展的需要

随着我国经济持续高速增长和发展方式的转变，社会对知识和技术创新的依赖程度越来越大，对高等教育特别是研究生教育的期望值不断增大，对研究生的需求量也呈现出不断增长的趋势。同时，新技术革命与知识经济带来现代社会对研究生的规格要求日趋多样化，不仅要求研究生教育不断为社会培养现代化科技人才，而且需求大量高级管理人才和其他行业的高级专门人才。广大公众希望接受更高层次的教育和获取高学历、高学位的热情与愿望日益高涨。经济和社会的发展要求学位与研究生教育必须继续扩大研究生培养规模、改革研究生的培养制度与培养模式、不断进行知识创新和科技创新。

（二）研究生教育必须顺应 21 世纪国际研究生教育的发展趋势

《中国学位与研究生教育发展战略报告》中提出，在以信息技术为先导的知识经济时代，研究生教育具有新的特点和发展趋势，强调我国研究生教育必须实行"国际化""多元化""现代化""个性化"。所谓研究生教育国际化，即教师、学生、教学内容、实习场所、学位制度和研究生教育观念国际化。研究生教育国际化将促使大学办学更加开放，大学间的联系交流更加紧密，使大学教育与人才培养能够充分利用国际学术环境和条件，在国际交流的学术氛围中得到发展。所谓研究生教育的多元化，即培养目标、培养规格、培养模式、学科结构和经费来源多元化。这种多元化加强了学校与社会的密切联系，缩小了人才教育与社会需求之间的距离，适应了社会对各种规格人才的需要，调动了社会参与人才培养的主动性，增强了学校的办学活力。所谓研究生教育的现代化，即学习环境、教学方式、学科设备、科研手段、学术交流和教学管理现代化。特别是网络技术的发展，加速了知识的快速传递和交流，改变了科学研究的方式和教育手段，为学科与人才的超常规发展提供了条件。所谓研究生教育的个性化，即学校教育、导师指导、学生设计和人才需求市场个性化。学校在竞争的环境和自主办学条件下，更能体现办学特点，导师更好地体现自身优势和特长以及特殊的指导方式，学生更重视把握时代脉搏，根据社会需要和自身志向设计自己，以适应人才市场的不同需求。总之，研究生教育的国际化、多元化、现代化和个性化要求我们在研究生教育体制、观念、培养目标与规格、培养模式、教学方式与手段、管理等方面进行革新与转变，顺应 21 世纪国际研究生教育的发展趋势。

（三）学位与研究生教育的改革与发展使我校面临新的机遇和挑战

党和政府对教育事业的高度重视为研究生教育的发展带来了新的机遇。全国研究生培养工作会议提出"深化改革，积极发展；分类指导，按需建设；注重创新，提高质量"的 24 字基本方针，为今后研究生教育的发展指明了方向。

经过 20 多年的发展，特别是经过近几年来的省重点学科建设和学位点建设，我校学位与研究生教育在一定程度上具备了进一步发展所需要的基础和条件，实现了办学规模、办学层次、办学实力的跨越式发展，已跻身于全国高师院校先进行列，为我校在新世纪的发展奠定了坚实的基础。与此同时，我们也面临巨大的压力与严峻的挑战。从社会发展来看，各行各业对高层次创新性人才、创业人才和各种专业化高层次应用型人才的需求越来越大，对素质和质量要求越来越高。社会发展要求研究生教育与经济和社会紧密结合，直接为经济、社会发展作出贡献；同时，人民群众要求接受高层次教育的愿望也在不断高涨。从高校的发展来看，国家将于 2006 年开展第三批研究生院增设工作，其他兄弟院校也纷纷加大了研究生教育的发展力度，形成了较强的发展势头，高校之间的竞争将更加激烈。从我校学位与研究生教育的现状来看，学位点的结构仍然是基础学科占多数，新兴学科、应用学科、工程技术学科偏少，随着经济和社会的发展，这种不平衡性更显突出。学位点建设方面的旗帜性领军人才不足；学科之间缺乏交叉与融合，大多数学科的特色和优势不明显；研究生特别是博士生的培养规模很小，所占比例偏低，优秀生源偏少；社会对高层次人才的素质，尤其是对创新能力所提出的要求，现有的培养体制和培养模式等还不能完全适应；许多影响到我校研究生培养质量提高的一系列问题和矛盾有待进一步解决；如果研究生教育管理重心下移后，如何建立和健全研究生质量保证体系和管理运行机制，提高管理效率和效益，已成为亟待解决的突出问题。

机遇与挑战同在，压力与动力并存。我们要认清新的发展形势，要有强烈的危机感、使命感和责任感，要牢牢地抓住机遇，不断开拓进取，发扬同心同德、埋头苦干、务实创新的精神，为实现我校学位与研究生教育的新的发展而努力奋斗。

四 "十一五"期间的指导思想与奋斗目标

"十一五"期间，我校学位与研究生教育工作的指导思想和总体思路是：坚持以马克思主义及其中国化理论为指导，切实落实教育部提出的24字方针，适应为社会主义现代化建设培养大批高层次人才的需要，与时俱进，务实创新，坚持以科学发展为主题，以全力建设为保证，以提高研究生培养质量为核心，为把我校建设成综合性、有特色、开放型、高水平的研究生培养基地而奋斗。

"科学发展"是我校学位与研究生教育工作的重心所在，强调的是一种全面的、辩证的、协调的发展观。它包含这样五个方面的内容：扩大规模，提高质量，调整结构，形成特色，加强管理。"扩大规模"指学位点的增加、导师队伍和研究生规模的扩大；"提高质量"指提高研究生培养质量、导师队伍水平和学位点建设水平；"调整结构"指调整学位点结构和研究生中博士生、硕士生、专业学位研究生的结构比例以及导师队伍中学位、职称、学缘、年龄、学科的结构比例；"形成特色"指探索具有我校特色的研究生培养模式；"加强管理"指形成"规范、科学、创新、高效、简约"的管理机制与模式，提高管理的效益与质量，着重从作风、水平、人数三方面加强管理队伍建设。

《中国学位与研究生教育发展规划纲要》（2006～2020 年）指出，要在我国高等院校当中建设 100 个以研究生院为载体的高水平研究生培养基地。有计划地在全国部署 100 所研究生院，使之成为重大科研任务攻关和拔尖创新人才培养的基地，在研究生教育中发挥示范、带头和骨干作用。重点培育一批特色鲜明，具有国际影响的研究生院，使之成为体现我国研究生教育水平的标志；通过政府引导和市场推动，形成重点建设与全面发展相结合、优势学科与特色学科相结合、基础学科与应用学科相结合、传统学科与新兴学科相结合、自然科学与哲学社会科学相结合的学科协调发展的格局，按一级学科重点建设 500 个国家重点学科，在此基础上建成 100 个世界一流学科。结合我校实际情况，"十一五"期间，我校应分两个阶段来建设。

第一阶段（2006～2007 年）：将我校创建成福建省重要的综合性、有特色的研究生培养基地之一，达到研究生院的建院条件与标准，或争取成立研究生院。

（1）学位点建设。

到 2007 年，经过第十一批学位点申报，增加 1～2 个博士学位授权一级学科，博士学位授权专业达到 40～50 个，专业硕士学位增加 1～2 个，硕士学位授权专业基本稳定现有规模。工学博士授权专业争取有新的突破，工学硕士点有较大的发展。通过建设，力争有 1～2 个一级学科博士学位授权点进入国家级重点学科。

（2）研究生规模。

到 2007 年，在校研究生规模数达到 4500 人（全日制在校博士、硕士生 3500 人，专业学位学员 1000 人），研究生与本科生人数比例争取达到 1∶4 左右，博士生人数达到 300～400 人。

（3）导师队伍。

努力造就一批具有高尚人格、学术造诣高、在全国有较大影响的博士生导师，形成一支结构合理、学位层次高、懂得研究生教育规律的研究生导师队伍。到 2007 年，导师队伍的数量争取达到 550 人左右，其中博士生导师达到 130 人左右，具有研究生学历的人数达到 60%，具有博士学位的比例达到 40%。强化质量第一的观念，把保证和提高研究生质量放在更加突出的位置上，抓好培养的各个环节，完善研究生的教育质量保证体系，推进素质教育，突出对研究生创新能力、创新精神和探索精神的培养，不断提高研究生适应社会需求的程度，争取有 1 篇博士学位论文进入全国优秀博士学位论文的行列。

第二阶段（2008～2010 年）：到 2010 年，经过第十二批学位点申报，建成 10～12 个博士学位授权一级学科，博士学位授权专业达到 60～70 个，专业硕士学位增加 2～3 个，理工科博士学位授权专业有较大的发展，申报成立研究生院；研究生与本科生之比达到 1∶3，其中博士生数达到 500 人左右；学位点的结构更趋合理，特色更加明显；研究生导师队伍层次更高，结构更优化，数量与研究生规模相匹配。通过建设，力争有 2～3 个一级学科博士学位授权点进入国家级重点学科。

以上所述的"十一五"研究生教育工作目标，仅是初步设想，还需要进一步征求意见，深入论证，最后纳入学校的"十一五"发展规划中。

五　重点工作与主要措施

（一）加快学位授权点的建设与发展

学位点建设是我校发展的重点，是提高研究生教育水平的关键和核心。根据本校优势、福建省经济和社会的发展以及国家的需要，结合学科专业目录的调整，制定学位点建设与发展规划，立足于按一级学科来建设，进一步充实和提高学位点的内涵。重点建设若干个在国内有特色、有影响、高水平的学位点。在"十一五"期间，学校重点向以下三类学科倾斜：一是在国内外有明显优势，并且近年来优势地位得到巩固和发展的学科；二是发展势头较好，有可能形成学校新的特色与优势的学科；三是适应国民经济和社会发展需求的新兴交叉应用型学科。通过建设，力争有一批一级学科博士学位授权点进入国家级重点学科。在现有学位点建设方面，进一步加大投入。投入的经费全部用于改善研究生的培养条件，提高学位论文的质量等，并重点资助有明显特色和优势、发展势头较好的学位点和有望获得全国优秀博士学位论文的学位点。

（二）加强导师队伍建设，进一步完善导师选聘制度

一要加强导师的学风建设。导师必须具有强烈的科学道德意识和修养，自觉抵制学术腐败现象，坚持良好的学风，并坚持教书育人。二要加强导师队伍的质量建设。重点加强博士生导师队伍建设，逐步加大博士生

导师由博士学位获得者担任的比例。建立由不同研究方向，甚至是不同学科教师组成的导师指导小组，为研究生创造更为综合的学术氛围。要努力遴选一批在国内外有较大影响的专家、学者。三要完善导师的选聘制度。强化导师的岗位意识和责任意识，对新上岗的导师要进行培训，积极开展导师招生条件的审查工作。

（三）努力扩大研究生的规模，规范研究生招生工作

扩大招生规模，是经济建设和社会发展对高层次人才培养的需要，也是提高办学效益的重要途径。随着规模的不断扩大，我们有必要思考如何进一步改进和规范我校的研究生招生工作，提高生源质量。为此，研究生处应深入调查、研究，根据教育部文件精神并结合学校实际情况，制定我校招收攻读博士、硕士和专业学位研究生的有关管理规定。主要举措有：对同等学力考生将作更严格的要求；逐步加大硕士生复试成绩在录取中的作用；进一步扩大导师在博士生招生、录取中的自主权，加大面试成绩分在录取中的比例；将导师承担的科研项目、经费、成果作为是否招生以及分配招生名额的重要依据；加大招生宣传的力度。不仅通过寄发招生简章和在报刊上做招生广告，还要建成有鲜明特色的研究生招生网；开展国际合作办学，争取"十一五"期间获得1~2个合作项目。

（四）提高研究生培养质量，强化专业学位特色

不断探索高层次人才培养的规律和特点，建立有利于研究生素质提高、创新能力培养和个性发展的培养模式。在"规范、科学"的基础上，调整课程设置，体现宽口径、厚基础的原则，鼓励学生根据自身的特点选修本专业以外的课程。及时更新教学观念和教学内容，鼓励有条件的学院引进原版教材。改革教学方式和方法，革新教学手段，鼓励教师因课程性质、学习对象、教学目的的不同，采用不同的教学方式和方法。加强研究生教学、科研实践和社会实践的结合，鼓励研究生从事助研和参加科技开发活动，培养研究生独立从事科学研究和社会实践的能力。加强学术研讨和交流，营造浓厚的学术氛围。要进一步加强专业学位研究生的培养，根据行业和职业领域对专业学位人才知识与能力结构的要求，有针对性地制订培养方案和设置课程，逐步提高实验教学和案例教学的比重，继续聘请中学特级教师担任教育硕士专业学位硕士生导师，参与教学和论文指导。对开展公共管理硕士专业学位教育的学院，应筹建案例教学库。

要深化研究生教育教学改革，推动高等学校提高研究生的培养质量和自主创新能力，从总体上提升我校研究生教育整体水平。其主要举措如下。

（1）改革招生办法，吸引国内外优秀生源，扩大导师对研究生候选人的选拔权。建设一支高水平的研究生指导教师队伍，积极推进团队式指导研究生培养模式。合理确定分层次、分类型高层次人才培养目标。积极推进学分制和弹性学制，为研究生个性和特长发展创造更大空间。

（2）加强研究生课程建设。我校应充分利用综合性的学科优势，加强研究生的教材建设，及时将各个学科新的理论体系和前沿成果充实到研究生的课程教学内容中去。积极参加全国研究生教学用书的申报与遴选工作。从下学期开始，学校拟开展遴选校级优质硕士学位课程工作，投入适当经费建设50门左右的优质硕士学位课程。加强优质学位课程与优质教材建设，重视课程体系、教材内容和教学方法的创新，建立科学合理、与时俱进的课程体系。

（3）通过实施"研究生创新教育工程"计划，加强培养研究生的创新意识和创新能力，养成终身学习与探究的习惯。积极创造条件和营造环境，鼓励研究生参加各种学术组织和学术活动，致力于培养研究生的创新能力、创新精神、创新意识和创新思维，鼓励和引导研究生不仅要学会分析问题和解决问题，更要学会发现问题和提出问题。设立专项科研基金，鼓励研究生开展创新实践活动。建立和完善访学制度，支持博士研究生参加国际学术会议和国际合作研究。

（4）改革博士生培养制度，加强博士生的培养工作，强化博士生的知识体系和创新能力的培养，建立科学严格的博士学位评审制度，为博士生作出创造性成果创造有利条件，采取有力措施，确保博士学位论文水平。培养研究生的创新意识和创新能力，突出实践能力培养，为研究生参与社会实践和科研实践创造条件。我们还要建设科技创新平台、哲学社会科学创新基地和成果转化与服务平台，努力使学位与研究生教育融入国家创新体系建设，提高我校承担国家重大项目的能力和自主创新能力，明显地提高我校科研队伍和师资队伍的整体水平，显著地提高研究生的培养质量。参照学校关于重新制订研究生培养方案的若干原则性意见，认真做好培养方案的修订，使研究生培养工作做到有据可依，规范管理。

（5）加强研究生学位授予工作。学位论文是研究生科研能力和培养质量的集中体现，学校将进一步完善研究生学位论文的激励和监控措施，对国家、省级和校级优秀博士学位论文予以奖励。加大研究生学位论文抽查及"双盲"评审工作，以确保研究生学位论文质量。

（6）加强研究生思想政治、公民道德教育和心理素质教育，培育研究生的公民意识、民族精神、爱国情怀和科学精神。改进和完善研究生奖助办法，进一步激发导师和研究生的主动性和积极性，完善研究生培养中的竞争、激励机制。

（五）加强制度建设，建立和完善研究生教育质量评估体系

建立和完善我校研究生教育质量评估体系，目的是更好地接受教育部和省教育厅以及社会中介机构的评估。例如，实行过程性评估和终结性评估相结合，单项评估和综合评估相结合，奖惩性评估和发展性评估相结合，全国评估与区域评估相结合，等等。因此，我校应根据教育部评估体系认真制订出适合我校各类研究生情况的评估体系，例如，一级学科博士学位授权点自我评估体系，二级学科博士学位授权点自我评估体系，一级学科硕士学位授权点自我评估体系，硕士学位授权点自我评估体系，教育硕士专业学位点自我评估体系，公共管理硕士专业学位点自我评估体系，体育硕士专业学位点自我评估体系，艺术硕士专业学位点自我评估体系，等等。通过定期自我检查评估，可以不断地促进和鞭策我校各类学位点的建设。

（六）加强研究生思想政治教育及管理工作

1. 坚持德育为先，切实加强研究生思想政治教育

研究生教育是培养德才兼备的高层次专门人才，培养全面发展的科技文化创新的后备军，培养品学兼优的社会主义现代化事业合格建设者和可靠接班人。在提高研究生科学文化素质的同时，也要进一步提高研究生的思想道德素质和身心健康素质。当前，随着我校研究生规模的不断扩大，研究生思想政治教育工作面临许多新情况、新问题和新挑战，如研究生人数增多，思想复杂，年龄阅历差异明显，学习、生活和就业压力加大，思想政治工作队伍建设有待进一步加强。我们要充分认识到加强研究生思想政治教育工作的重要性和紧迫性，始终把它放在首要位置，高度重视和切实加强这方面的工作。

第一，要树立育人为本、德育为先的理念，全面贯彻落实《中共中央、国务院关于进一步加强大学生思想政治教育的意见》的精神，提高认识，统一思想，切实增强做好研究生思想政治教育工作的责任感、使命感

和紧迫感。第二，积极探索在新形势下切实加强研究生思想政治教育工作的有效途径和办法，认真研究在新形势下出现的新情况、新问题，制定适应新形势、新要求和符合研究生特点的有效措施，做到有的放矢，事半功倍，提高研究生思想政治教育工作的针对性和有效性。第三，不断完善研究生德育工作管理体制，建立学校和学院二级管理体制，形成党委领导、党政共管、全员育人、自我教育的研究生德育工作运行机制。增加研究生德育工作经费投入，做到领导、机构、队伍、经费四到位。第四，充分发挥指导教师教书育人的作用，坚持业务指导和育人相结合。导师不仅要以身作则，为人师表，更要关心研究生的专业学习、思想品德、日常生活等，帮助研究生解决实际困难，增强研究生思想政治教育工作的合力。第五，坚持以生为本，切实做好服务工作。研究生思想政治工作人员要经常深入研究生之中，开展谈心活动，做好细致的思想工作；管理人员要增强服务意识，提高服务水平，努力为研究生办实事、办好事，共同营造和谐的育人氛围，为研究生成长成才创造良好的环境。

2. 加强规范化管理，积极营造良好的学习氛围

修订、完善并出台研究生教育与管理的各项规章制度，逐步实现研究生学籍管理的电子化与网络化。以创新教育为目的，以营造良好的学习氛围为手段，每年继续开展研究生科技月活动，强化研究生的创新意识，培养创新能力；定期举办学术讲座、学术沙龙等活动，在全体研究生中形成一种比、学、赶、超的学术氛围；积极开展丰富多彩的文体活动，加大研究生文体活动设施的建设力度；积极开展研究生"三助"工作，认真组织、安排研究生的助教岗位，鼓励研究生参加助管工作或参与导师课题研究工作。

（七）加强研究生就业指导工作

加强对研究生就业政策、就业观念、就业心理及择业技巧方面的指导，帮助研究生树立正确的择业观，鼓励他们走科技创业之路；充分发挥学院、导师和教职员工在毕业研究生就业工作中的作用，增强责任意识，切实关心和帮助毕业研究生就业；加大就业信息的宣传力度，拓宽研究生就业渠道，确保研究生较高的就业率。

（八）加强条件保障建设

按照学校的校区功能规划，长安山校区将以培养研究生为主，在资源配置上优先考虑研究生发展的需要。其措施是：改善研究生的住宿条件，逐步达到博士生1人一间宿舍、硕士生2人一间宿舍；加强研究生教育基础设施建设，提高和改善研究生的培养条件。在教学用房、仪器设备、实验条件、图书资料、活动场所、现代教育技术手段和设施等方面加大经费投入；加强学校研究生管理信息网络建设，争取用2年左右的时间，建成研究生教育管理及服务计算机网络系统，其中，管理系统包括学校招生、学籍、培养、学位、管理等子系统，信息服务系统包括招生专业目录、专业导师信息、课程与目标计划等；加大研究生培养经费的投入，保证研究生各项经费落实到位。

（九）加强管理工作与队伍建设

我校要进一步理顺校、院两级管理运行机制，加强对研究生行政管理干部的培训，启发他们的改革开拓意识，进一步提高工作效率。要明确校、院两级研究生管理人员的工作职责，拟出台《福建师范大学研究生处（部）、学院、指导教师、研究生秘书及研究生班导师工作职责》。进一步充实和加强研究生教育管理队伍（包括研究生教育学院和各个学院的研究生教育管理干部队伍）。对于标准生数200人以上的学院至少配备一名专职研究生管理干部，负责研究生的教学、管理、学位点建设、政治思想工作和日常生活管理等。我们还要逐步提高管理队伍的学历层次，加强研究生管理队伍的培训，提高其业务水平。

我们在学位与研究生教育工作方面所取得的一切成绩已经载入我校史册。在我们的前面，还有更长的道路要走，还有更艰巨的任务要完成。我们每个师大人，都要有紧迫感和忧患意识，面对社会发展和经济建设的需要，要以高昂奋发的精神面貌，与时俱进，加强建设，注重创新，提高质量，为建设综合性、有特色、开放型、高水平的大学而奋斗！

切实抓好本科教学的教风和学风建设[*]

开学初，校党委常委会作出决定，我校的本科教学评估推迟到 2007 年 9 月下旬。为什么要推迟？主要原因是新校区还在建设中，本科教学的基本条件保障还不具备，如文科楼群、图书馆、实验室、学生活动场所、行政办公大楼等还在建设之中。如果按原来的时间迎接评估，创优的目标就不一定有把握。创优不能实现，对全校师生员工是无法交代的。因此，校党委在审时度势、权衡再三后，作出了推迟评估的决定。实践将证明，这一决定是正确的选择。推迟评估，并不表示工作可以放松，我们还要做到"三个不变"：目标不变、决心不变、力度不变。

从力度方面来讲，要进一步加强对评估工作的领导。开学第二周，我和廖福霖副书记等一行 10 人，三进华南师大，考察华南师大的评估工作和新校区建设，获得了许多有益启发。其中很重要的一条是实行校、院两级领导责任制，校（院）领导各负责一块，并向书记、校（院）长签责任状。评建办充实了六七名处级干部，也是各负责一块工作，如原教务处处长专门负责数据统计，学校所有数据，以他公布的为准。华南师大新校区建设的进度可以说是惊人的，仅 19 个月就完成了两期工程，共 54 万平方米，进驻了 1.2 万名学生，他们称之为"交钥匙工程"。各座楼房都安装了中央空调，信息化程度很高，来自全国各地的评估专家对此羡慕不已。

---

* 这是笔者 2006 年 3 月 7 日在全校部署新学期工作大会上讲话的一部分。

我校的本科教学评估时间推迟后，原来的评建工作安排有的要继续执行，有的要作相应调整，如请省外专家的预评估可安排在 2007 年 3 ~ 4 月份。2006 年要集中精力抓好教风和学风建设，这是本科教学的根本，也是评估的目的所在。在华南师大，给我们印象最深的就是以评促建，评建结合，真正推动教学工作的发展。因此，在教风建设方面，我们要着重抓好以下几点。一是师德建设，要在全校广泛开展向孟二冬教授学习的活动。二是教授上讲台，这一项工作已强调多次，请教务处把本学期教授上讲台和不上讲台的名单报给校领导，教授不上讲台的要说明原因。三是抓教师的上岗资格审查，上讲台的是否都具备了教师的资格，是否有冒名顶替、滥竽充数的？四是评选优秀教师与不合格的教师，争取评选百名优秀教师，对不合格的教师进行教育，限期改正，否则分流处理。五是对教师的课堂教学进行规范。在 2006 年 1 月 20 日召开的全校教学工作座谈会上，教学督导组的赵志清教授提出了对教师讲课的八点要求：要站着上课；对学生的一些不当行为要管理，如打手机、瞌睡等；内容要有科学性、系统性、逻辑性；要联系实际；要反映本学科的最新动态；利用多媒体但不能代替板书；启发式教学，重视互动；脱稿上课。这八点讲得很好，教务处要加以完善和推广。赵教授还建议，在文理科开两场公开课，让老教师来点评。本学期教务处将组织开展"青年教师教学技能大赛"，推动青年教师教学上水平。

学校已确定 2006 年为"学风建设年"，我们的口号是"内强素质，外塑形象"。素质包括政治素质、道德素质、文化素质、能力素质、身体素质等。在新的历史条件下，如何加强和改进大学生的政治思想和道德教育，是一个十分值得探讨的问题。文化素质除专业知识外，外语水平和电脑操作十分重要。能力素质包括策划、组织、表达、制作等能力，我们要积极创造条件，使学生经受锻炼。以后每学期都要组织百场学术讲座（仅法学院统计上学期他们就组织了 15 场）；实施"本科生课外科技活动计划"（第一批 127 个项目要进行结题，第二批要启动）；组织学生参加各种社会实践活动，本科生的社会实践基地要进一步健全；要积极组织学生参加海内外各种比赛，如 2006 年的第二届亚太大专华语公开赛、第四届世界合唱比赛、"挑战杯"福建省和全国大学生创业计划竞赛等。在"学风建设年"，四个国家人才培养基地要起示范辐射作用。在内强素质的同时，也要加强对外形象的塑造，使社会对我校的学生，特别是对我校毕业生有正面的积极的评价，这对于提高我校毕业生就业率具有十分重要的意义。

为加强对教学工作的领导，从本学期开始实行教学工作"月报告"制度，教务处要定期向校长办公会议全面汇报上个月教学工作情况，坚持日常监控和集中监控相结合，发现问题及时解决。3月底4月初，学校拟在教育科学与技术学院召开本科教学及评估经验交流会，该学院在本科教学和迎评方面创造了不少有益的经验，其探索精神和负责态度，值得大家学习。另外，在六月份学校还要召开第四次教学工作会议，总结三年来教学工作的经验，明确今后的方向，正确处理好新形势下教学工作中的各种新问题、新情况，为迎接2007年的评估和"十一五"期间教学工作的发展打下扎实基础。

学习和推广典型经验，把本科教学改革不断引向深入[*]

今天，我们在这里召开本科教学改革经验现场交流会。刚才，教育科学与技术学院的同志作了很精彩的发言，我想讲三点：一是教育科学与技术学院工作经验给我们的启发，二是前阶段校评建创优工作进展情况，三是下一阶段要开展的几项工作。

一 教育科学与技术学院在教学改革和评建创优工作方面给我们的启发

（一）高度重视，加强领导

几年来，教育科学与技术学院党政领导高度重视教学改革工作，每年都利用假期召开教学工作研讨会，进一步总结经验，明确方向；在评建工作中，每位院领导都重点抓部分迎评项目的落实，明确分工，一级抓一级，全面推进迎评创优工作。

（二）统筹安排，措施得力

教育科学与技术学院按照院级评估指标体系各个小项的具体要求，逐

＊ 这是笔者 2006 年 4 月 18 日在学校本科教学改革经验现场交流会上的讲话。

项分解任务，针对薄弱环节，集中力量，逐个解决，制定了"一二三四五"重点工作计划，即制作一张介绍学院概况的光盘；布置教学成果和科研成果两个展示室；开展教学质量月、教学反思月活动和完善学生满意教师评比制度等三项活动；进行文件档案、论文试卷、培养方案和基础实验室建设等四项工作的检查整改；开展学生创新工程、名著阅读工程、社会实践工程、青年志愿者工程、教授博士讲座工程等五项学生特色工程，扎实推进教学改革工作。

（三）积极创新，完善制度

教育科学与技术学院依托自身学科优势，遵循教育教学规律，结合学院实际情况，积极探索，不断推进制度创新，从领导层面、专业层面、课程层面、课堂层面、课外层面、师资层面等不同方面，实行教学工作研讨会制、系主任负责制、主讲教师（首席教授）制、学生满意教师评选制、新课程方案和课程标准制、教学质量月（教学研讨月）制度、多次实习制、四年本科专业教学（学习）反思月活动、学生专业拓展工程、青年教师培养工程等 10 项制度，建立健全各项教学管理制度，使教学改革的成果得到了制度保证。

二　学校评建创优前一阶段工作取得可喜进展

2004 年底，学校评建办组织有关人员对我校本科教学现状进行调查摸底，并根据教育部本科教学评估指标的优秀标准进行一一对照，发现和分析存在的问题。一年半以来，在学校各级领导的高度重视，各学院、各部门和广大师生员工的共同努力下，学校本科教学无论是硬件指标建设还是软件指标建设，都有许多明显的进步，评建创优工作取得可喜进展。

第一，召开两次评建工作会议，把学校的评建创优工作推向深入。2005 年 10 月 12 日，学校在校部小礼堂隆重召开评建工作动员大会。2006 年 1 月 20 日，即在放寒假的前一天，学校在吕振万楼再一次召开 2006 年本科教学迎评创优工作研讨会。今天，我们在这里召开现场交流会，目的是进一步总结经验，再鼓干劲，把评建创优工作做得更充分、更扎实。

第二，制定校院两级发展规划。这是教育部本科教学工作水平评估的规定动作，学校高度重视，由校主要领导亲自抓这项工作。目前，教育部评估方案中规定的四大发展规划以及各个学院、各个部门的发展规划初稿已经出来，进入论证阶段。

第三，贯彻落实"以评促改、以评促建、以评促管、评建结合、重在建设"的评估方针，促进本科教学工作的改革与发展。目前，学校优质教学与教案建设项目、教师课堂教学改革创新项目、教学管理改革创新项目等三个项目的立项工作基本完成。闽台区域文化研究成果的课程资源开发以及教师教育课程开发建设也都完成了立项工作。18 个学院 56 个专业的课程教学标准的制定和印刷工作全部完成；各个专业新的培养方案也全部修订。同时，经过半年多的筹划与实施，我校青年教师课堂教学技能校院两级大赛降下帷幕，取得了很好的效果。特别是各学院坚持求真务实，一边自我评估，一边谋划改革建设与发展，教学工作的中心地位进一步巩固。比如，近年来，学校先后有物光学院、地理学院、教科学院、生命科学学院等学院召开了学院教学工作会议，出台一系列教学文件和政策措施，进一步加强和改进本科教学工作。还有许多学院加大对教学改革创新项目的资助力度，设立学院教学改革和教育创新基金。比如，外语学院近年来设立 14 个重点教学改革项目，每个项目资助 5000 元到 10000 元不等。地理学院加大改革与资助力度，设立教师教学改革创新基金项目以及本科生科技计划项目，近年来，仅本科生课外科技创新项目就投入 8 万多元，对学校立项的科技计划项目按照 1∶1 的额度予以配套资助。

第四，高度重视课堂教学工作，想方设法提高教师的课堂教学水平和教学工作的积极性。各学院不仅重视课堂教学质量监控，而且重视发挥榜样作用，评选和表彰优秀教师或满意教师。比如，教科学院到目前为止已经连续评选和表彰两届满意教师，2006 年 9 月要再次进行表彰。生命科学学院重奖优秀教师，在 2003～2004 学年，学院就评选出 3 名优秀教师予以重奖，每人 5000 元；2004～2005 学年评出 10 名优秀教师，每人奖励 1000 元，同时对倒数三名的教师开展谈话和帮扶活动；2006 年准备再次评选和表彰。外语学院于 2006 年 3 月 22 日隆重召开学院优秀教学奖颁奖大会，表彰奖励一等奖 4 名、二等奖 10 名、三等奖 30 名，分别奖励 3000 元、2000 元和 1000 元。一年多来，各学院结合自身实际，采取各种积极有效的措施，努力提高教师课堂教学水平和参与教学工作积极性，收到良好效果。

第五，扎实推进"教学质量与教学改革工程"，不断提高本科教学质量。精品课程建设、双语教学项目建设、教学改革项目立项以及教学成果奖等工作，取得了可喜进展。现有国家级"精品课程"1门，实现了我校在该奖项上零的突破；省级"精品课程"14门，省级"精品课程立项"33门，校级"精品课程"6门。2004年共有4项课程资源入选"全国教师教育优秀课程资源和推荐使用课程资源"，其中1项被评定为"优秀课程资源"。《全国普通高等学校体育教育专业人才培养的改革、创新与实践》项目获得国家级"优秀教学成果"一等奖，实现了我校在该奖项上零的突破；另有省级"优秀教学成果"一等奖6项，省级"优秀教学成果"二等奖8项。同时涌现了一大批学高身正、为人师表、勇于改革、敢于创新的先进教师典型，共有8人被评为"教学名师"，其中国家级1名、省级2名、校级5名。我校重视以立项工作推动教学改革与研究，共有"福建省高等学校网络课程与多媒体课件省级研制项目"17个，"新世纪高等教育教学改革工程立项项目"55个（省级10个，校级45个）。学校还组织评选"教师教学改革与创新基金项目"和"教学管理改革与创新基金项目"166个，"优质教学与教案建设项目"304个，"多媒体教学立项"85个，"双语教学立项"18个。目前，"双语教学""多媒体教学"的首批立项正在结题验收，同时将启动第二批立项工作；精品课程的申报准备工作正在紧锣密鼓地进行，力争有1~2门新的课程入选国家级"精品课程"和更多的课程入选省级"精品课程"。

第六，理工实验楼群实验室建设前期准备和论证工作已初步完成。校基础实验室建设领导小组在本阶段一共召开14次会议，对各理科学院的实验室建设方案进行逐个研究，各学院密切配合，大家不厌其烦、精益求精地修改论证，不断完善建设方案。目前，理工实验楼群实验室建设进入实质性建设阶段，应用文科实验室的建设和设备添置，也早有安排和考虑，只要地点落实，很快可以进入实质性操作阶段。

三 下一阶段要开展的几项工作

（1）认真学习和推广教育科学与技术学院教学改革的经验。我们迎接本科教学评估，不能为评估而评估，做表面文章，搞形式主义，而应该切实做到以评促改，评建结合，重在建设，这是一种实事求是的态度。希望各个学院都要从今天的现场经验交流会中得到有益的启示，并结合本院的实际，把教学改革逐步引向深入，使本科教学质量通过这次评建有显著的提高。

（2）召开学校第四次教学工作会议，深化教学改革，进一步提升本科教学工作水平。

（3）加强学风建设和师德建设，全校开展"社会主义荣辱观教育以及师德建设大讨论"活动。

（4）加强新专业、实习实训基地建设和评估，特别要加强文理科实验室建设和教学设备满足教学要求的专项检查评估。

进一步加强教学工作，落实迎评促建的各项措施*

　　首先向大家通报今年的招生工作。2006 年我校招生工作按照"稳规模，优化结构，提高质量，讲求效益，科学发展"的总体要求，在招生数量上缩减了 1200 人，原因在于我校招生规模不断膨胀，同时面临迎评创优的压力。缩减计划的主要是高职专科、新设专业和长线专业，并得到了有关学院的理解支持。尤其是应用科技学院服从大局，为学校减轻负担，值得肯定。2006 年我校计划招生 11075，实际录取 11418 人，完成计划的 103%。多招的 3% 主要是独立学院的预扩招和大学城失地农民子女的计划外投档。2006 年的生源情况总体看好，特别是省内提前批。特别值得我们高兴的是，中国女排国手徐云丽也已预录取在我校，她本人和教练都欣然接受，暑期中国女排来校表演时我亲自为她发了预录取通知书。福清分校、协和学院和闽南科技学院的生源质量比上年有所提高，特别是福清分校 2006 年的情况确实不错，基本上一次投档就解决了生源问题。协和学院 2006 年招生基本上没有降分，也是十分可喜的。2006 年招生改革的力度也比较大，如继续扩大按类招生试点，增加进入本一批招生的专业，加大文理兼招的力度，同时还专门配备力量帮助解决教职工子女的录取问题。2006 年我校有 61 位教职工子女参加高考，学校在政策允许的前提下，经过多方努力，有 57 位教职工子女顺利地被录取。2006 年是实施高招"阳

---

* 这是笔者 2006 年 9 月 12 日在全校部署新学期工作大会上讲话的一部分。

光工程"制度的第一年，我校招生严格执行有关政策，积极做好服务工作，整体招生工作十分顺利，取得了"零投诉"的优异成绩。今后，我校招生工作要根据形势的发展，进一步加大改革力度，以后在考虑招生计划时，要以专业就业率、学费缴费率、考生专业选择率、办学条件满足率等指标综合论证和确定各专业的年度招生计划。

2006 年 6 月，学校召开了第四次本科教学工作会议，围绕"大力加强教学工作，切实提高教学质量"的主题，总结三年来的教学工作，部署今后的教学工作。第四次教学工作会议历时较长，从 6 月份开幕，到 10 月份闭幕。本学期要认真贯彻这次教学工作会议精神，着重解决会议提出的一系列问题。

一是专业建设问题。抓好品牌专业、精品课程建设，落实校级三个层次（基地、重点、一般）"品牌专业"的建设工作，对我校首批 18 个品牌专业进行跟踪检查，并充分发挥其辐射带动作用；要大力加强理工科专业建设，形成我校新的专业群体优势；要加强对毕业生不满三届的 19 个新办专业建设的领导，建立专业负责人制度，切实解决新办专业的师资问题，增加新办专业经费，不断改善教学条件。

二是加强本科英语教学。大力推广使用交互式的英语教学与多媒体课件，推进多媒体教学；加强外语教学的软硬件建设，建立个体化外语教学模式，在首批校"双语"课程教学立项的基础上，对所有立项课程进行评估，召开双语教学经验交流会；对首批立项的"双语教学""多媒体教学"和"网络课程"项目进行验收和总结。

三是进一步加强实践教学。在保证基础实验课开出率的基础上，加大综合性、设计性实验的比重；大力提倡实验教学与科研课题相结合，为学生较早参与科学研究和创新活动创造条件。采取措施切实加强本科实践教学。2005 年学校出台了《关于进一步加强我校本科实践教学的实施意见》，从加大建设投入和鼓励学生科研创新等方面加强各个环节的实践教学，确保本科教学质量的不断提高。以建设省级基础课实验教学示范中心为目标，进一步提高实验教学和实验室管理的水平和效益，重点建设若干个校级基础课实验教学示范中心，逐步缩小我校实验室建设水平与先进学校之间的差距。建立本科生科研创新实验室，为学生创新能力的展示和提高提供平台。对近年来开设的应用文科专业实验室建设加大投入。加强对大学生毕业论文（设计）工作的管理，采取有力措施，确保论文质量。进一步规范并加强与校外教学和教育实习基地的联系，保证实践教学的质量。要加大新校区理工楼群基础实验室的开放力度，并进行投入效益整体评估。无论是文科还是理工科实验室，都要建立资源共享新机制。组织校外专家对文科、艺术体育类基础实验室建设方案进行论证。积极组织相关学院申报省级实验教学示范中心，并充分发挥其示范带动作用，不断提高我校实验室建设的整体水平。完成首届本科生课外科技计划结题工作，做好对第二届本科生课外科技计划100个立项项目的组织管理及中期检查工作。

四是加强基地建设。我校已拥有经济学、中国语言文学、地理学和体育与艺术等4个"国家人才培养基地"，实际上涉及六个专业、六个学院，这在全国省属院校是不多见的。开学初我们在福清召开了基地建设工作研讨会，交流了一年来4个基地建设的经验（2005年暑期在闽清召开了基地建设工作会议），讨论了今后如何办好基地等问题。基地的定位就是精英教育，必须成为我校本科教学的排头兵。我们地方院校办国家人才培养基地，不是为了解决学生的就业问题，是要培养高层次的教学科研人才，培养的学生必须能考上研究生。所以，今后要对各个基地制订一个评估指标体系。首先是看外语四、六级通过率如何，这直接影响到考研和保研，所以必须达到相应的水平。再一个是看考研率，看达到教育部规定的研究生录取线的比例有多少。我们要求4个基地四级通过率达到100%，六级通过率也应达到较高的水平；确保学生考研100%达到教育部规定的录取线。

五是加强教学研究。2006年我们获得了国家优秀教学成果一等奖及一批省级优秀教学成果一等奖、二等奖。教学成果评奖四年一次，下一轮评奖现在就要开始作准备。学校将于本学期放假前召开全校教育教学理论工作研讨会，围绕构建高水平大学的本科教育模式、教育规律、学科建设、优化专业等一系列问题进行深入探讨。针对当前教育教学发展尤其是人才培养模式变革的重大问题和热点问题，通过招标组成若干教改理论研究团队，争取出较高水平的研究成果，并为申报下一轮国家级教学成果奖打好基础。

六是加强教风建设。上学期学校狠抓教风问题，情况有很大转变。本学期学校将出台《关于教授、副教授为本科生授课的若干规定》，把我校高级职称教师为本科生上课制度化，鼓励名师讲授基础课。要把师德建设放在教师队伍建设的首位，积极组织全体教师认真学习胡总书记给孟二冬女儿的回信，深入开展向孟二冬教授学习的活动。

七是加强学风建设。2005年新校区的教学秩序出现一些问题，采取措施抓了一下，有明显好转。学校相继推出了若干个文件，对如何加强学风建设采取了很多必要的措施。良好的学风应该使学生理论与实践相结合，培养学生的创新能力，而社会实践活动是教学过程中一个必不可少的重要环节。我们要组织学生参加各种社会实践活动，参加海内外各种比赛。2006 年以来，我校在一些国际国内重大赛事中均获得好成绩，如在国际大学生计算机程序设计大赛亚洲赛区获一等奖，获全国电子设计一等奖；2006 年 6 月，在新加坡南洋理工大学召开的第二届亚太华语大专辩论赛中，我校代表队表现出色，张书帏同学获最佳辩手称号；2006 年 7 月，校青年合唱队参加由 80 多个国家地区共 300 多支合唱队参赛的世界合唱比赛，获小组唱金奖银牌。特别值得一提的是，在暑期举办的全国高师第四届田径运动会和省大学生第十三届运动会上，我校在单项得分、团体总分上都取得了历史最好成绩。前者我校代表团的男子组、女子组、男女团体总分均为第一名，获金牌 15 枚；后者获公体组第一名，田径、女篮、武术、健美操都是第一名，体育科学学院获专业组第二名、协和学院获独立学院组第一名。学校已对获奖运动员和教练员颁发了嘉奖令。

关于评建工作。我校的评估时间现在推迟到 2007 年 10 月份，各单位要根据这一时间安排好各项工作。经过这两年的迎评促建，各方面工作有了很大进展，但从各个学院的情况来看，发展不平衡，评建工作还存在不少薄弱环节。6 月份以来，校评建办先后向校领导递交了 14 份报告，针对评建工作中存在的薄弱环节——提出了整改建议，如建立教学质量第一负责人制度，开展学生评价教师课堂教学质量，实施"双语教学"相关问题，加强学生基本技能培训、新办专业基本状况分析、图书分析等。本周的校长办公会将研究评建办提出的这十几个问题，逐步加以解决。本学期我校迎评促建的主要工作有：要进一步加强新办专业、实践教学基本理论与技能、毕业论文与毕业设计等几项指标或观测点的检查工作，务必把准备工作做细做好。2006 届的毕业论文（设计）工作情况不容乐观，其中有一些毕业论文不同程度上存在抄袭现象，个别论文抄袭的面达到了 80%，这些同学虽然已经毕业，但还是要严肃处理。今后各学院要加强对试卷、论文的复查工作，相应建立学院领导、教研室负责人、任课教师的责任制，把责任落实到每一份试卷、每一篇论文上，不能存有侥幸心理。学校将于 10 月下旬组织专家组进行检查。各单位要注意做好办学特色项目的总结，加强评建工作的宣传。评建办将在近期印发《福建师范大学评建工作宣传手册》，完成学校自评报告修改稿。总的来说，本学期的评建工作还十分繁重。

评建工作还涉及福清分校，今天的大会，福清分校的领导和全体中层干部都来了，应该认识到评建工作的重要性和紧迫性。可能前段时间福清分校认为评估与自己没多大关系，有点"太平盛世"的感觉。但福清分校如果纳入学校的评估工作范围，并按教育部的标准来评估，形势非常严峻。我们要通过这次教育部评估，把福清分校的评建工作切实抓起来。校领导最近会到分校召开动员大会。因此，福清分校现在就要紧急行动起来，按照校本部的一整套部署开展评建工作。要通过评建，切实推进福清分校的本科教学改革，不断提高本科教学质量。

评建创优要在广度、深度和 力度上下功夫[*]

校第四次本科教学工作会议经过全体教职工的共同努力，取得了丰硕的成果，今天即将胜利闭幕了。这次会议是对三年来我校本科教学工作进行全面回顾的总结会，是对今后三年我校本科教学工作进行全面筹划和部署的促进会，是评建创优过程中召开的以本科教育教学为主题的又一次动员会，意义重大。

第四次本科教学工作会议从 6 月 6 日开始，到今天圆满结束，历时三个多月。回顾整个工作会议，我觉得有以下几个收获点。

一是会议所取得的成效推动了本科教学工作的开展。第四次本科教学工作会议以"大力加强教学工作，切实提高教学质量"为主题，紧紧围绕教学改革、建设与管理，评建创优，"十一五"教学规划这三项重点工作，着重解决了专业建设、英语教学、实践教学、基地建设、教风学风建设的一系列问题。整个会议组织有序、内容丰富，先后举办了教育部评估中心刘凤泰主任专题报告会、精品课程和师德之星评选、组建第六届学校教学督导团、开展第二批本科生课外科技立项、抽查 2006 届毕业生毕业论文等十几项活动，还修订了《本科专业负责人制度》《教学事故认定和处理办法》等相关文件，有力地促进本科教学工作的开展。

二是总结了经验，明确了教学工作方向。这次会议是在我校的本科教

---

[*] 这是笔者 2006 年 10 月 18 日在学校第四次本科教学工作会议闭幕式上的讲话。

学取得很大成绩，在国家级教学名师、国家级教学成果奖、国家精品课程取得零的突破的背景下召开的，对于我们总结教学工作经验，站在新的历史起点上提出今后工作的思路；对于我校认真贯彻落实教育部 2005 年 1 号文件精神，进一步提高本科教学质量，有着深远的影响。在会议期间，我们专门安排了基地建设研讨会、学风建设研讨会、暑期工作会议等一系列会议，紧紧围绕如何提高本科教学质量这一中心工作，研究解决了教学工作存在的一些深层次问题，为今后的教学工作指明了方向。

三是形成了共识，对评建创优进行了再动员。会议实际上是对 2007 年迎接教育部本科教学评估的再部署、再动员。在会议期间，学校主要领导和各学院、各部处领导签订了评建创优工作责任书，进一步明确了各单位的责任。大家深刻认识到，对我校来说，本科教学评估既是挑战，也是契机，又是抓手，对学校的改革、发展至关重要。通过这次会议，切实转变了教育观念，激发了全体师生员工的工作热情，将推动学校的教学工作再上新台阶。

关于本科教学工作，我想就四个问题谈一些看法。

一　深化人才培养模式改革，提升
创新精神和实践能力

在年初召开的全国科学技术大会上，党中央提出了"加强自主创新，建设创新型国家"的重大战略。最近福建省也提出了建设福建特色的海峡西岸创新型省份的战略构想。建设创新型国家和创新型省份，对我校来讲既是机遇也是挑战。我们必须根据建设创新型国家和创新型省份的要求，确立起新的社会服务观和人才培养观，深化人才培养模式改革，全面提升学生的创新精神和实践能力。

第一，加强素质教育，着力培养大学生的创新精神和实践能力。党的十六届五中全会和《国民经济和社会发展第十一个五年规划纲要》明确提出了"十一五"时期我国教育工作的主要任务，概括起来就是十个字："素质教育，普及、发展、提高"。就是要以素质教育为主线，推进其他各项工作的开展。而素质教育的核心内容和主要任务，就是要以人为本，强调德智体美全面发展，努力使我们的学生既"成人"又"成才"。所谓"成人"，就是人格健全，懂得做人的道理。所谓"成才"，就是学有所成，学有所长。今后我校的人才培养工作，要以能力培养为重点，深化教育教学改革，着力培养大学生的创新能力、实践能力、就业能力和创业能力，帮助学生建立起合理的知识结构。

第二，加强专业建设，构建培养学生创新能力的专业体系。我们要重视巩固、调整和发展已有较强基础的传统专业，同时加强对新办专业的建设与管理。2006 年学校暑期工作研讨会的一个重要议题，就是研究新办专业的建设问题，从会议的情况看，新办专业确实存在师资队伍薄弱、投入不足、办学条件较差等问题，今后要采取措施予以解决。从本学期开始，我校实行了本科专业负责人制度，目的就是为了深化教学改革，实行权、责、利相挂钩，逐步完善教学工作责任体系，今后要狠抓落实，确保这一制度发挥应有的效应。

第三，优化培养方案，创新人才培养模式。要紧密结合我校实际，突出教师教育优势，科学制定人才培养目标和规格标准，加强文理渗透、理工结合、多学科交叉培养，不断完善我校人才培养模式。按照"厚基础、宽口径、强能力、高素质、重创新"的总体要求，继续完善"弹性学制""辅修制度""双专业、双学位制度"，逐步实行按学分选课、按学分收费、按学分毕业的真正意义上的学分制，为学生的个性化培养创造条件。经过 3~5 年建设，基本建立起适应学分制的教学组织管理模式。继续改革课堂教学的方法和手段，不断完善"以学生为中心、以教师为主导的教学新模式。

第四，大力推进实践教学改革。2006 年 7 月，在第三届中外大学校长论坛会上，加拿大阿尔伯塔大学的名誉校长在发言中说，他特别喜欢来自中国的一句谚语，大意是：你告诉我，我会忘记；你给我示范，我能记住；你让我自己做，我就会明白，而且一辈子都明白。知识来源于实践，能力来自于锻炼，素质更需要在实践中养成。所以我们切实采取有力措施，加强学生实践能力的培养。以后每学期都要组织百场学术讲座，实施"本科生课外科技活动计划"，组织学生参加各种社会实践活动；要鼓励学生参加各级各类学术科技竞赛和社会实践活动，促进我校学生的创新能力跃上新水平。要以示范基地建设为龙头，充分借助重点实验室、基础实验室等各方面力量，加大投入力度，组建校级实验中心和实践实习基地，巩固和扩展社会实践基地。

二 加大"质量工程"实施力度，全面提高教学质量

实施"高等学校教学质量与教学改革工程"，把高等教育发展的战略

重点转移到提高教育质量上来。我校近几年积极推进"教学质量与教学改革工程"，对于深化教学改革，提高教学水平和人才培养质量起到了显著的推动作用。面对新形势和新挑战，学校要继续大力实施"教学质量与教学改革工程"，为提升本科教学工作水平提供强有力的保障。

一要抓好品牌专业、精品课程建设，落实校级三个层次（基地、重点、一般）"品牌专业"的建设工作，对我校首批18个品牌专业进行跟踪检查，并充分发挥其辐射带动作用；要大力加强理工科专业建设，形成我校新的专业群体优势。学校已经出台了《品牌专业建设中期自评标准》，明确了中期检查时间表，要切实把这项工作抓紧抓好。

二是继续开展"教学名师奖"的评选表彰，进一步落实教授、副教授为本科生上课制度。经过各方面的积极努力，我校教授、副教授为本科生上课情况有了很大的改观。根据教务处的统计，2004～2005学年教授上课457门次，副教授上课1313门次；2005～2006学年教授上课639门次，副教授上课1572门次。但还有少数教授、副教授由于各种原因没有给本科生上课，要认真解决这一问题。要充分发挥教学名师的作用，鼓励他们开设公开课，发挥教学名师的示范效应。

三是进一步推进大学英语教学改革试点工作，继续加强公共外语教学的软件建设，建立个性化外语教学模式，切实提高我校学生英语综合应用能力。在2005年我校学士学位与外语过级脱钩后，学生学习英语的积极性和自觉性进一步得到激发，全校共有14519人报名参加2006年12月的大学外语等级考试，创造了新的纪录。2006年暑假期间，我校组织第二批71名师生赴菲律宾开展为期18天的英语教学实训活动，提高了认识，开阔了眼界，锻炼了能力，传播了友谊，扩大了影响，收获很大。教务处和外国语学院每周四晚上聘请外籍教师在新校区开设"英语角"，反响很好，很多学生都积极参与。我们还要采取有力措施，在校内组织英语朗诵、辩论赛等，进一步营造浓厚的英语学习氛围，激发学生学习的兴趣，提高英语教学水平。

四是加强国家人才培养基地建设。我校已拥有经济学、中国语言文学、地理学和体育与艺术等4个"国家人才培养基地"，这在全国省属院校是不多见的。本学期初我们在福清召开了基地建设工作研讨会，交流了一年来4个基地建设的经验，讨论了今后如何办好基地等问题。基地的定位就是精英教育，我们要进一步加强对基地的建设和管理，使之成为我校本科教学的排头兵。

三 以师德建设为抓手，加强教师队伍建设

党中央一直高度重视师德建设问题。2006 年 6 月 9 日，胡锦涛总书记在百忙之中给 2006 年 4 月去世的全国模范教师、北京大学中文系教授孟二冬同志的女儿亲笔回信。总书记在回信中对孟二冬同志的去世再次表示深切哀悼，高度评价了孟二冬同志把自己有限的生命全部用来报效祖国和人民的高远志向，教书育人、为人师表的高尚品德，勤勉踏实的治学精神；赞扬他不仅体现了学识的魅力，而且体现了人格的魅力；号召各行各业的人们学习孟二冬同志的崇高精神和优良品德。9 月 6 日，新华社播发胡锦涛总书记的回信，在全国教育系统引起强烈反响。教师节前后，全国教育系统掀起了学习宣传和贯彻落实总书记回信精神的热潮。9 月 28 日，教育部召开了深入学习贯彻总书记回信精神、加强师德建设工作座谈会，并就新时期进一步加强师德建设工作作了部署。我们要深入学习总书记回信精神，按照《教育部关于进一步加强和改进师德建设的意见》和师德规范的要求，坚定不移地将师德建设放在教师队伍建设的首位，常抓不懈、常抓常新，努力建设德才兼备的高素质教师队伍。

总的来看，我校教师队伍是一支政治素质和业务素质都非常不错的队伍，但在师德师风建设上，仍然存在一些不可忽视的问题。比如，有的教师信念不够坚定，怀疑党和政府的方针政策，有的公开宣传西方资本主义的价值观；有的只顾个人名利，将为人民服务的宗旨抛之脑后；有的不讲团结，文人相轻；有的不讲诚信，为了待遇弄虚作假；有的缺乏学术道德，剽窃他人成果；有的本末倒置，把本职工作当作副业应付了事，而把兼职作为主业精心经营；有的责任心不强，在课堂上将多媒体设备当作教材放大器，照本宣科，学生反映不好；有的一本发黄的教案年年依旧，一味地"填鸭式"满堂灌；甚至有极个别教师把商品交换原则引入师生关系中。上面列举的这些现象，虽属个别现象，但是影响很坏，必须引起我们的高度重视。在本次校、院领导听课周中，也发现了教师在课堂教学中的不少问题。所以师德建设要切实引起我们的重视，要采取有力措施，加强教师队伍建设，全面提高教师队伍的整体素质。

一要积极引导。要积极引导广大教师为人师表、教书育人。要积极引导广大教师自觉担当起提高教育质量的重任，潜心钻研、精心教学，及时总结和交流先进的教学经验，不断提高教学水平和教学效果；发挥老教师

的传帮带作用，坚持教授、副教授为本科学生上课；组织编写高质量的教材，研制高质量的课件，实行启发式教学，丰富教学手段，创新教育教学的方式方法，建立符合受教育者全面发展规律、激发受教育者创造性的新型教育模式。要积极引导广大教师做严谨笃学、诚实守信的模范。严谨治学，严守学术道德，自觉抵制学术不端行为，用实际行动践行社会主义荣辱观，推进和谐校园建设。

二要树立典型。2006 年，我校工会被全国总工会评为"全国师德建设先进集体"，共有 4 名教师被评为"省师德标兵"，6 名教师被评为校级"师德之星"，他们在师德建设方面为我们树立了很好的典范。要充分利用学校广播、电视、网络、报刊、橱窗等载体，大力宣传各级"师德之星"的先进事迹和崇高精神；组织教师听取优秀教师师德报告，开展"以身立教，为人师表"承诺活动，倡导"用爱和责任办好教育"，不断提高教师队伍的整体思想政治素质和职业道德水平，使弘扬师德、努力进取成为广大教师的自觉行动，积极促进校风教风学风建设再上新水平。

三要建立机制。要积极探索新形势下师德建设的特点和规律，在内容、形式、方法、手段、机制等方面不断创新，在加强针对性、实效性上下功夫；要提出我校教师职业道德规范，建立、完善师德建设工作评估制度、师徒建设工作奖励办法、师德建设工作监督体系等一整套行之有效的师德建设制度，这是使师德师风建设形成长效机制，促使师德师风建设逐步走上制度化、经常化轨道的有力保障。

四　全力抓好教学评估，确保实现创优目标

当前，本科教学工作水平评估是社会各界关注的热点之一，是推进本科教学工作改革与发展的重要举措。教育部对此高度重视，积极采取各项措施不断予以完善，着力提升本科教学工作的水平与质量。我校迎评创优工作任务重、困难多、压力大，全校师生员工要齐心协力，克服困难，狠抓落实，在评建创优的广度、深度和力度上下功夫，力争以优异的成绩向百年校庆献礼。

（一）明确现阶段的工作任务

根据学校的工作安排，评建创优工作目前正处于加强整改与建设阶段，2007 年 1 月份将转入临评准备及省外专家预评估阶段。可以说，我校

的评建创优正面临攻坚阶段，很多难点、瓶颈问题都要在这一阶段得到解决。能否抓住新机遇，经受新考验，实现新发展，取决于全校上下近一年的工作。这不仅是学校今后一段时期的中心工作，也是学校发展史上的一件大事。

（二）紧紧围绕"二十字方针"开展工作

开展评估是促进教学工作，进一步加强管理、改革与建设的重要手段，真正目的在于切实提升教学工作水平，提高人才培养质量。各单位要提高对本科教学工作水平评估重要意义的认识，深刻领会上级有关精神，坚持评估工作"二十字方针"，推动评建工作取得实效。

（三）积极发掘我校本科教学工作的典型与亮点

要重视抓典型，树立榜样，通过典型带动一般。要切实建设好4个国家科学研究与人才培养基地，充分体现基地在本科教学工作中的排头兵地位，发挥其辐射、带动作用；要宣传推广教学名师、教学成果、精品课程等教学亮点，鼓励广大教师投身教学改革，提高教学质量，丰富教学成果；要做强做大我校教学工作的特色项目，继续做好汉语教学志愿者、本科生科研项目等工作，不断形成教学工作的新亮点、新特色。

（四）下大力气解决评建工作的薄弱环节

6月份以来，校评建办先后向校领导递交了14份报告，针对评建工作中存在的薄弱环节一一提出了整改建议，如建立教学质量第一负责人制度，开展学生评价教师课堂教学质量，实施"双语教学"相关问题，加强学生基本技能培训、新办专业基本状况分析、图书分析等。2006年第11次校长办公会议研究了评建办提出的这些问题，积极采取对策，逐步予以解决。当前，要认真对照教育部评估指标体系，着力加强新增设专业建设、学生技能培训、教授副教授为本科生上课、双语教学、学生评价教师课堂教学质量等方面工作，积极采取措施，认真加以落实。此外，还要注意解决面临的新情况、新问题。昨天，我们在福清分校召开评建工作会议，学校有关领导、有关职能部门负责人、福清分校中层以上干部参加了会议。会议就福清分校开展评建创优工作作了动员和部署。福清分校从现在起要紧急动员起来，根据校本部的一整套部署，及时开展各项准备工作，切实推进本科教学改革，不断提高本科教学质量。

（五）建立健全工作责任制，促进评建工作任务落到实处

学校已决定，从本月起建立评建工作月报告制度，定期听取评建工作汇报，切实推动评建工作的深入开展。各级领导要进一步增强责任感、紧迫感和使命感，针对存在的问题加强整改，强化跟踪，统筹解决。同时，我们还要积极探索并不断建立健全教师队伍、图书资料、教学考核一票否决制、教学质量第一责任人制度等各项工作制度，以制度建设为依托，狠抓各项工作的落实。此外，各学院、部门还要按照评建工作信息月报告的要求，尽快提供翔实可靠的评估佐证材料，及时向评建办反馈情况。

（六）继续策划做好对外宣传工作

宣传部要制订对外宣传计划，通过多种渠道加强宣传，不断提高我校的社会认可度和影响力。2006年7月13日和17日，《光明日报》综合版相继用超过四分之一的版面，发表《整合资源，聚集人才——福建师范大学学科建设跨越式发展纪实》上下部分两篇文章，对我校的学科建设情况进行宣传报道，取得了很好的反响。今后要加强这方面的宣传工作，扩大我校评建创优工作的影响。

（七）坚持求真务实，扎实推进工作

教育部一再强调，学校在评建中要实事求是，绝不允许弄虚作假，一旦发现哪个学校有弄虚作假行为，将实行一票否决制，作不合格处理。评估事关学校发展大计，重视评估是必然的，但越是受到重视的事情，就越应该保持平常心态，从严要求，防止出现问题。各单位要杜绝弄虚作假，避免侥幸心理，要以更加扎实、更加有效的工作，推进评建工作取得实效，为迎评创优奠定坚实基础。

努力提高学生的科技
创新能力和水平[*]

很高兴参加数学与计算机科学学院（以下简称"数计学院"）2006 年学生科技创新总结表彰大会。数计学院经过长期的努力，在 **ACM** 国际大学生程序设计（亚洲区）赛、全国"挑战杯"大学生课外科技竞赛、全国大学生数学建模竞赛、全国计算机仿真大奖赛等一系列国际、国内赛事中捷报频传，获得了全面丰收，为学校争得了荣誉。学校 2007 年连续颁发 5份校长嘉奖令予以嘉奖，这在学校办学历史上是前所未有的。我谨代表校党委、校行政，向获奖的老师和同学表示热烈的祝贺！

今天我们在这里举行总结表彰大会，主要有三个目的：一是对数计学院取得的突出成绩进行表彰，努力在全校形成表彰先进、鼓励创新的浓厚氛围；二是认真总结数计学院在学生科技创新中的好经验、好做法，并在全校范围推广；三是对我校的学生科研创新工作提出具体意见，推动我校的学生科技创新水平迈上新的台阶。下面，我结合数计学院的经验，谈三点意见。

一　深刻认识开展学生科技创新活动的重要意义

1. 加强科技创新能力的培养，是建设创新型大学的需要

自从 2005 年 10 月党的十六届五中全会明确提出建设创新型国家的重

---

* 这是笔者 2007 年 1 月 17 日在数学与计算机科学学院 2006 年学生科技创新总结表彰大会上的讲话。

大战略构想后，党和国家领导人十分强调创新问题。国务委员陈至立就多次强调大学在建设创新型国家中担负着重要的使命，肩负着不可替代的历史责任；大学要成为培养和造就高素质的创造性人才的摇篮，要成为知识创新的发源地，增强对社会的服务能力和影响力。这是大学自身发展的必然选择，因此大学要主动进行变革，以促进这一发展。我们建设创新型大学最根本的目的，就是培养具有创新意识、创新能力的创造性人才，服务于创新型国家和海峡西岸创新省份的建设。我们要积极支持和鼓励大学生参与课内外创新活动，努力创造有利于学生创新的条件和环境，提高大学生的创新能力。

2. 加强大学生科技创新能力的培养，是评建创优的需要

学生的创新和实践能力在评建工作中占有极其重要的位置。教育部本科教学评估二级指标"实践教学"有四个观测点，分别是实习和实训，实践教学内容与体系，综合性、设计性实验的课程，实验室开放。其中"实践教学内容与体系"的 A 级标准是：注意内容更新，体系设计科学合理，符合培养目标要求，创造条件使学生较早参加科研和创新活动，效果好。这里面有两层意思：一是要追踪课程内容的更新，二是要加强对学生创新思维和综合能力的培养，要创造条件使学生能比较早地参加科学研究的创新活动。所以，我们要达到评建创优的目标，务必要在学生实践能力和创新方面有好的举措和实际的效果。数计学院在学生科技创新活动中所取得的成绩，将成为我校迎接教育部本科教学评估的一大亮点。

3. 加强大学生科技创新能力的培养，是提高学校综合实力和社会影响力的需要

近年来，随着全国高校的连年扩招，生源尤其是优质生源的竞争空前激烈，毕业生的就业问题也成为影响学校发展的一大问题。如果我们培养出的学生没有创造力，没有实践动手能力，只会死记硬背、照抄照搬书本教条，毕业后不用说发展，连生存都可能有困难。这样的学校就不会被家长和社会所接受，学校的生存和发展就会面临危机。就像刚才李永青院长提到的，大学有了大师，但不意味着就能培养出优秀学生，当前高校应把重点放到培养具有"大师级"潜质的学生身上。所以我们一定要通过各种途径，采取有效措施，加强学生科技创新能力的培养，从而提高学生的就业竞争力，提升学校的社会影响力和美誉度。

二　认真学习和推广数计学院的好经验

关于学生科技创新活动，数计学院总结了很多经验，我觉得最主要有以下四点。

1. 齐抓共管，措施有力

我们做好每一项工作，关键在于领导是否重视，在于各领导部门是否具有开拓进取的创新精神和新的办学理念。数计学院在这方面做得比较好。数计学院把创新型人才的培养作为学院长远发展的重要内容，重视提升学生的课外科技创新能力，投入大量的精力、人力、财力支持此类活动。学院还专门成立了以院长和书记为组长的学院学生课外科技创新竞赛领导小组，设立了学生课外科技创新孵化基金，成立六个竞赛小组，安排副院长、系主任牵头负责做好相关的竞赛活动，特别是在活动经费比较紧张的情况下，仍多方筹措支持参加各种比赛。学院建立了学生课外科技创新孵化基金，基金第一批启动资金为 10 万元，同时通过各种渠道筹措活动经费，累计至今经过此基金的活动经费已达 50 多万元。同时，学院还重视做好宣传工作，通过横幅、宣传传单、专题简报、专版喷绘等，营造了很好的宣传氛围。可以说是全院上下都十分关心、重视和支持这项工作，齐心协力，齐抓共管，为开展好学生的科技创新活动打下了坚实的基础。

2. 立足长远，科学谋划

学生的科技创新活动是一项系统工程，需要制定科学的计划，通过长期不懈的艰苦努力，才能取得好的成效。数计学院在学生科技创新方面制定了详细的计划，并且按计划逐步实施，周密安排，常抓不懈。比如，学院从 1999 年开始组织参加全国大学生数学建模竞赛，直到 2005 年最终获得国家一等奖；ACM 国际大学生程序设计竞赛，从 2002 年参赛，我们的队员第一次参赛一道题也没能做下来，2006 年在亚洲上海赛区我们就获得了铜奖。这给我们的启发是，抓学生的科技创新工作，应当立足长远，制定科学规划，同时要付出艰苦的劳动和不懈的努力，才能取得成功。

3. 点面结合，重点突破

我们开展的科技创新活动，必须点面结合，一方面是对学生创新能力和综合素养的培养，另一方面是通过在某些方面的突破，产生良好的社会效应，从而有力地推动这项工作。数计学院在组织活动过程中，十分注意扩大活动的参与面，在校内、院内组织各种竞赛活动时，注意把握技术难度，提倡参与文化和团队协作。同时，结合自身学生的专业特点，认真研究竞赛的评奖模式和机制，客观评价自身的实力，制订科学的预期目标，选择了数学建模、程序设计、仿真比赛等一些突破口，仅 2006 年就获得全国大学生数学建模一等奖 1 项、二等奖 2 项，获得全国研究生数学建模竞赛一等奖 1 项（我校是全省唯一获一等奖的高校）；获得第二届全国计算机仿真大赛一等奖 1 项（全国仅 10 项，福建省仅我校获此殊荣），在第 31 届 ACM 国际大学生程序设计竞赛亚洲上海赛区、西安赛区均获得铜奖的好成绩，产生良好的效应。

4. 教学相长，相互促进

数计学院开展学生科技创新活动的重要特点，就是把教学与竞赛紧密结合起来，以竞赛来寻找差距，促进教学改革，特别是推动课程设置、课程考核评价机制的转变。在本科专业中开设了素质拓展班和面向全校的数学建模选修课，以及经教务处审批的面向全校非毕业班同学的"算法与程序设计"素质拓展班；在学校开展学生课外科技立项的基础上，也开展院级的学生课外科技立项活动，启用课外科技创新实验室等，这都是我校教学工作中的亮点。同时学院还结合竞赛活动以及教学工作，邀请了近 30 位院士、专家来学院作学术报告、与学生座谈交流，其中包括美国科学院院士萧荫堂、陈世卿，中科院院士郭柏灵、林群、刘应明等等，进一步拓展学生的学术视野，提高学习兴趣，了解学科发展动态，也有力地推动了学生的创新科技活动。

三　群策群力，努力提高我校的学生
科技创新能力和水平

1. 提高开展学生科技创新活动重要性的认识

从我校的发展实践看，大学生科技创新已经成为我校提高人才培养质量的重要途径。各单位要从评建创优、培养合格人才的目的上来认识和推动这项活动，认真学习、借鉴数计学院好的经验和做法，完善鼓励大学生科技创新的各项制度，创造良好的环境和条件，使我校的大学生科技创新活动再上新台阶。

2. 提高学生科技创新能力和水平需要全校各单位通力协作、密切配合

各学院在这次大会之后要召开一次专题研讨会，认真分析本学院学生科技创新的基本状况，结合本学院的实际和专业特点，认真探索符合学院特点的大学生科技创新实践活动工作模式，合理确定本学院大学生科技创新活动发展的目标和方向。学校各部门都要进一步强化科技创新意识，优化创新环境，加大投入，相互支持，把我校的科技创新工作推上更高层次。同时，要更广泛地发动教师、学生参与这项活动，提高科技创新活动的参与度和影响力。

3. 以科技创新活动推动评建创优和本科教学工作

我校评建创优工作已经开展两年了，取得了很大实效，但还存在一些薄弱环节，如学生的科技创新能力相对不足，学生的实践技能较差。2006年11月初，评建办在开展31个新增设专业自我评估工作时，对学生的计算机应用能力和英语口语进行了抽查测试，结果是计算机应用能力、英语口语及格率都不高，专业实验技能的测试结果也很不尽如人意。这是令人吃惊的！各单位要高度重视，在开展学生科技创新活动的同时，千方百计下大力气加强学生基本技能训练，努力增强学生的创新意识和实践能力，确保学生的实践环节达到优秀标准。

在本科教学方面，我们要认真探索以大学生的科技创新活动促进教学改革、提高教学质量的方式和途径。要根据各学院的特点，以科技创新活动的开展提高学生课堂学习的兴趣和效果。同时，教学内容的改革也要寻求在培养学生创新能力上有所突破，使学生的科技创新基于深厚扎实的专业基础而不是一时的突发奇想，使学校的教学活动成为对学生创新活动的培养而不是死读书的灌输，使我校的教学科研两个方面都得到长足的发展。

狠抓迎评创优各项工作的落实[*]

2007 年 1 月 10 日，学校召开评建创优工作部署大会，各单位高度重视，都及时召开会议进行传达，进一步统一认识，明确要求，落实责任。教育科学与技术学院、公共管理学院、法学院、经济学院、物理与光电信息科技学院、数学与计算机科学学院等还组织了由院评建领导小组、评建办工作人员、专业技术人员参加的评建工作专题会议，全面检查和落实评建创优第四阶段以来学院评建工作情况，进一步健全组织和工作机制，落实薄弱环节的整改和重点项目的人员分工。当然，评建工作中也存在一些不容忽视的问题，主要是发展不平衡，有的学院做得比较好，有的学院做得不尽如人意，没有充分发动；一些工作不落实，如有的学院评建数据没有及时上报，影响了学校的整体统计。针对这些问题，评建办、教务处都在采取措施予以解决。以下着重强调几点。

一是高度重视评建工作。我们要充分认识到，评建不仅仅是为了评估，而是为了切实提高我校的教学质量。2007 年初，教育部和财政部联合下发了《关于实施高等学校本科教学质量与教学改革工程的意见》，社会对这一文件评价很高，可以说是继"985"工程、"211"工程之后，国家采取的又一个发展高等教育的重要举措，通过这一文件，我们可以切实体会到国家对高等教育教学质量的重视。我们要通过抓好评建工作，真正达

---

* 这是笔者 2007 年 3 月 28 日在全校部署新学期工作大会上讲话的一部分。

到提升本科教学质量的目的。

二是抓重点工作，抓薄弱环节。关于本学期的教学工作，分管副校长已多次进行了强调，归纳起来主要有以下几个方面。

（1）加强专业建设。上学期学校在新增专业整改方面采取了有力措施，概括起来就是"关、停、并、转"，数目占新增专业的三分之一左右，力度很大，在校内外产生了较大的影响。事实证明，我们的措施是积极有效的。但专业建设丝毫不能放松，要进一步加强。有些尚未设置专业负责人的专业要在本学期尽快补上。

（2）加强师资队伍建设。师资队伍建设很重要的一点就是学生教师比例问题，最新的数据为 15.78∶1，还不能太乐观。稍不注意，就可能超出 16∶1。根据兄弟院校的经验，要解决师资队伍问题，必须聘任一定比例的外聘教师，人事处已将外聘教师的任务下达到各个学院，有些学院配合得比较好，但还有些学院对外聘教师工作不太积极，希望各学院以学校大局为重，认真做好外聘教师工作。

（3）加强公共基础课教学，教务处正在抓紧做，这里就不细说了。

（4）加强本科实践教学。本科实践教学是教育部高度重视的问题，社会各界也十分关注，因为它关系到培养学生的创新精神和实践能力。由于各方面的原因，我校在学生社会实践方面还有待加强。要通过评估把这项工作抓紧抓实，有关专业都要设立社会实践基地。在教育部本科教学评估和预评估期间，评估专家将至少考察 3～5 个社会实践基地，除了附中之外，其他基地要建设好。每个学院至少要建设好 1 个社会实践基地。

（5）加强学生基本技能训练。我校学生的基本技能发展很不平衡。有的学院做得很好，如数学与计算机科学学院，获得了多项国际、国内的科技活动竞赛金牌，学校已经连续给学院颁发了 5 份校长嘉奖令。但也有一些学院、专业在这些方面不尽如人意。上学期在新增专业检查中专家反馈的意见让我们感到十分担忧，有的学生居然连天平都不懂得使用。学生的计算机技能、外语水平是教育部本科教学评估的必查项目之一。我们千万不能存在侥幸心理，要进行全面检查，从现在起教务处就要开始安排，所有学生在基本技能方面按照教学大纲要全部过关。虽然辛苦一点，但对提高学生基本技能是大有好处的。

（6）加强"盒子工程"建设。我校的盒子工程已经开展了一段时间，做得比较好的有生命科学学院、经济学院、社会历史学院、软件学院、音乐学院等，其他学院要迎头赶上。

（7）以实施"名师、精品、特色、示范四大工程"为抓手，有所侧重地加强教学建设。

（8）完善教学质量监督体系。

（9）继续加强就业指导工作。我校就业形势总体不错，有的专业甚至达到百分之百，上学期学校专门进行了总结表彰。学生就业工作关键在于广开渠道，多方收集信息，加强对学生就业方面的指导。我们必须继续把这方面的工作做好，因为目前的就业形势空前严峻，不仅本科生，连研究生就业都有困难。搬到新校区之后，要充分利用好新校区的有利条件，加强学生的就业指导工作。

（10）进一步加强教风学风建设。这一方面我们已做了很多工作，但还需要加强。开学初，我们在检查中也发现了一些问题。学风建设首先要从基础做起，从迟到、早退和违反课堂纪律抓起。各学院要对本学院的学风建设负责，哪个学院的学风出现问题要追究所在学院领导的责任。要进一步加强校园文化活动，学校已成立国学研究中心，本学期将开设国学系列讲座，一周一次，争取一年到头不断。要通过开展各种校园文化活动，活跃校园的文化氛围。

三是做好迎接预评估工作。下学期将迎接教育部的本科教学评估，本学期将安排省教育厅的预评估。预评估时间为 5 月 8～10 日，届时将邀请南京师范大学校长担任组长，华南师范大学、华东师范大学的副校长担任副组长，本次预评估邀请的都是很有经验的专家，他们的主要任务是挑毛病、找差距，便于我们及时进行整改。各学院要紧急行动起来，认真做好迎接预评估的各项准备工作。相关单位也要做好准备工作，如自评报告、校长报告、展览、光盘等。

从现在开始，迎接教育部评估已经进入倒计时阶段，教育部关于评估的文件已下达，2007 年全国共有 209 所高校参评，福建省有 4 所高校，分别为我校和福州大学、集美大学、福建中医学院，如果我们无法达到优秀标准，就无法向全校师生员工、向我们的校友和向关心和支持我校的社会各界人士交代。我们要在新校区设立一个倒计时牌，让大家切身感受到迎评的紧迫感。学校将集中对本科教学存在的薄弱环节进行整改，具体安排由教务处负责。

在 2007 届本科学生毕业典礼暨学位授予仪式上的讲话

伴随着成长的喜悦，洋溢着收获的激动，今天，我们在这山水相映的旗山校园隆重举行 2007 届本科学生毕业典礼暨学位授予仪式。这是一个非同寻常、令人终生难忘的日子，将在福建师范大学百年的办学历史上写下浓浓的一笔。作为 2007 届毕业生，你们是我校发展史上具有特殊意义的一届，恰逢我校办学百年华诞，又是入驻旗山校区的第一届；你们是学校百年深厚底蕴和优良校风的传递者，同时又是新校区校园文化的建设者；你们是近年来我校各项事业发展的受益者，同时又是师大人艰苦奋斗、大胆开拓的见证者。

在此，我谨代表全校师生和历届的校友，并以我个人的名义，向学业有成、即将踏上新的人生征途的 5111 名本科毕业生表示衷心的祝贺！向付出辛勤劳动的全体教师和用心良苦的广大家长表示崇高的敬意！

四年前，你们带着家乡亲人的殷切嘱托，带着母校老师的谆谆教诲，怀着对未来的无限憧憬，从五湖四海来到了福建师大这所百年学府，来到了当时刚刚诞生的旗山校区。四年来，旗山校区建设日新月异，学位点建设取得历史性突破，办学实力迅速提升，而你们也在这旗山脚下留下了辛勤的汗水、奋斗的足迹和激扬奋发的青春豪情。你们的艰辛与努力，已经在这片希望的田野上结出了丰硕的成果！你们出色地完成学业，是母校办学历史上的一件大事，你们的光辉表现将永远载入福建师大史册。

现在，你们就要离开这片充满梦想和希望的土地，离别朝夕相处的老师和同学，开始人生的崭新旅程。借此机会，我用四句话祝贺母校百年校庆并与你们共勉："闽水长流，仓旗卓荦。百年校园，花繁果硕。知明行笃，上下求索。立诚致广，前程广阔。"

我用"闽水长流，仓旗卓荦。百年校园，花繁果硕"，与在座的所有即将成为校友的同学们共同祝贺母校的百岁大寿。坐落在源远流长、奔流不息的闽江之滨，古老庄严、曲径幽深的仓山校区，令多少学子徜徉其间；背靠横贯南北、气势磅礴的旗山，中穿碧绿清澈、缓流静淌溪源江的旗山校园，又令多少年才俊流连。正所谓"闽水长流，仓旗卓荦"，新老校区都依山傍水，人杰地灵，地理环境相当优越，都是难得的风水宝地。这是母校之福，万千学子之幸，是机遇对这所历经沧桑、胸怀天下的百年学府的格外眷顾。

我校自 1907 年创办至今，百载春秋，薪火相传，人才辈出，虽然学校数度易名，几经迁徙，但我校始终坚持以培养人才为中心，以服务社会发展为己任，向各行各业输送了大量优秀人才。"百年校园"在一代又一代园丁的辛勤浇灌下，早已"花繁果硕"。"江山代有才人出"，我们完全有理由相信，在座同学们通过自己的不懈努力，都将创造更加辉煌的业绩，为母校增添新的骄傲和荣光。

我用"知明行笃，上下求索。立诚致广，前程辽阔"，与大家共勉。"知明行笃，立诚致广"是经过一代又一代师大人的共同努力，砥砺出的校训精神。我校培养的学生在知行关系上有着优良的传统，学生不仅勤于求知，而且身体力行，能很好地把认识和实践结合起来。同学们，你们如今已经学业有成，大多数人就要走上工作岗位了，但这并不意味着你们的学习生涯至此结束，而是新的学习领域的开始，学习之路，"路漫漫其修远兮"。希望你们要继续发扬母校"知明行笃"的传统，树立终身学习的理念，继续"上下求索"，不断求知、不断求新，让自己"知之愈明"；同时要热爱自己的岗位，热爱自己所从事的工作，干一行爱一行，爱一行精一行，并把所学与工作结合起来，让自己"行之愈笃"。只有这样，才能在激烈的竞争中找到自己的理想定位。"立诚致广"就是要学会做人与学会做事的统一，树立至诚的精神，不断探索真理，达到更高的境界。同学们离开校园，走上社会，要忠诚于国家、忠诚于人民，到祖国最需要的地方建功立业，同时要奉行立人以诚、立业以信的原则，才能在拥有"人和"的基础上最大限度地激发自己的潜能，才能让自己的前程更加广阔。

同学们，毕业典礼后，你们就要迈出校园，但你们的根已留在了师大。一日师大人，一生师大人，离开学校以后，你们就是"师大校友"了。在前行的道路上，母校将永远关注你们，支持你们，和你们一同奋斗、成长！我热忱希望大家多关注母校的发展，经常回母校走走。11 月份是母校的百年华诞，我们欢迎各位同学届时回校欢庆这一盛大节日，大家有什么事可以和学校的校友会联系，福建师范大学的校门永远为你们敞开。同学们，你们像出征的战士一样就要整装待发了，我衷心祝愿你们的生命之舟在新的岁月里起航，满载对未来的畅想和憧憬，直挂云帆，乘风破浪，到达胜利的彼岸。让我们谨记母校"知明行笃，立诚致广"的校训，携起手来，为祖国更加美好的明天，为母校更加灿烂的未来，为这所百年学府焕发青春活力而共同努力奋斗！

2007 年 6 月 22 日

关于加强"国家人才培养基地"
建设的若干问题*

在本次国家人才培养基地研讨会上，我校四个基地所在的六个学院分别作了介绍，同时，我们讨论即将出台的两个文件，包括基地评估的办法，有二十多人发了言。通过这次会议，大家交流了经验，提高了认识，并就相关的问题进行了一些深入的探讨。应该说，通过这次会议，大家感觉很有收获。现在我想就基地的建设问题谈一些意见。

一 关于一年一度的基地研讨会

第一，基地研讨会是很有必要的。基地研讨会从 2005 年到现在，每年都安排一次。大家普遍反映这个研讨会开得好。为什么呢？因为基地建设是我们学校的一件大事。我们学校有四个基地六个专业，数量在全省高校里面是名列前茅的。我们是地方院校办国家基地，而且能有这么多的基地，应该是很自豪的，所以基地建设是学校的一件大事。同时，基地建设又是学校的一件新的事情，在 20 世纪 90 年代我们开始有一些基地，到新千年以后又增加了一些。因此，基地建设是学校的一件新事。基地究竟应该怎样建设？多年来，我们有丰富的关于一般本科专业建设的经验，但是

---

* 这是笔者 2007 年 8 月 5 日在学校召开的暑期"国家人才培养基地"建设研讨会上的总结发言。

还缺乏基地的建设经验，思维还常常停留在地方院校本科专业的建设方面。所以今天在讨论基地的国家标准时，有的同志觉得要达到国家标准很难。的确是很难，因为基地本身就是国家基地，不是省级的基地。我们要有一个新的思维：因为面临的一些新情况是我们过去没有遇到过的，所以要进行研究，进行探讨，进行总结。既然是一件大事，一件新事，就要经常进行交流。通过一年一度的研讨会，可以达到"沟通信息，加强交流，深入探讨，解决问题，促进发展"的目的，推动基地的建设。所以一年一度的研讨会是很有必要的。

第二，关于一年一度的基地会议的主题，要使会议开得好，必须确定好会议的主题，即我们要解决什么问题。2005年以来我们开了三次研讨会：2005年的基地会议主要是解决基地的定位问题，也就是基地究竟是干什么用的。虽然基地办了很多年，但是对于这个问题大家并没有一个正确的很清醒的认识。所以在那次会上我谈了几点认识：基地是一种精英教育，基地是教改的先锋，基地是英才的摇篮，基地是准研究生教育，也就是说它相当于研究生的预科，进了基地就要上研究生。在那次会议上，对基地的定位问题，大家取得了共识。同时，在那次会议上，我也分析了基地所面临的一些形势，指出面临着三个危险：一是基地有被边缘化的危险，二是基地有被空心化的危险，三是基地有被一般化的危险。出现这些情况跟这几年大规模的扩招有关系，不仅本科生在扩招，研究生规模也在扩大，这在一定程度上冲淡了基地的影响，领导和有关方面分散了精力，在建设方面有了一定程度的削弱。所以，在那次会议上我们强调要加强对基地的支持和倾斜，记得我在那次会议上讲了七个方面对基地的倾斜政策，其中包括在经费方面。2006年我们在福清开会，当时学校已经加大了对基地的倾斜力度，2006年的经费预算也已经下达了，经费翻了一番多。那么我们的基地应该怎么办？我们的基地要不要达到国家的标准？这些问题非常鲜明也非常严峻地摆在我们面前：学校投入那么多钱，如果基地建设达不到国家的标准，那就白投了。这里的标准有很多条，起码要求在报考研究生和外语测试方面要达到两个100%，当然这两个100%是有难度的，但它表示一个趋势，一个方向。另外，要开展对这方面的评估，我们希望在2007年的会上对这个问题有个分晓。学校通过加大对基地的支持，最后结果究竟怎么样，这是2006年要解决的问题。那么2007年要解决的问题是什么呢？2007年我们面临着本科教学评估，我们的基地要在本科评估中起到排头兵的作用，起到示范的作用。怎么起到示范作用？这几年我们加大对基地的支持结果怎样？我们要进行检查。所以这次提交会议的两个文件要进行讨论，一个是福建师范大学《国家人才培养基地建设规划（2007～2010年）》，第二个是《国家人才培养基地建设管理办法（试行）》。管理办法的核心就是突出评估问题。我们基地的建设究竟怎么样？一方面可以通过学院的自我介绍了解，但关键还是要拿出来比一比，因为我们的基地以后也要接受国家的评估，在接受国家的基地评估之前，我们自己要先进行评估，自己要清楚自己的水平究竟怎么样，这是我们这次会议所要达到的目的。我们这两天讨论的评估办法、评估的奖惩力度，也是围绕这个问题展开的。所以说，我们的基地会议每年都有一个主题，会议围绕中心主题展开深入的探讨。

第三，关于会议的准备。一年一度的会议大家觉得很好，形式很好，成效也必须很好，大家要有收获。是否有收获取决于会议目的是否明确，会议的准备是不是很好。准备工作要认真、充分，首先是各个基地提交的汇报材料。这次我们的六个基地（实际上我们是四个基地六个专业，为了方便起见我们就称"六个基地"）所在的学院都很认真，都准备了相应的一些材料，通过这些材料反映了一年以来六个基地工作的进展情况以及所取得的成绩、在本科教学中发挥的作用、存在的问题和今后的努力方向。总的来说，材料的内容是比较充实的，但是材料的形式今后要进一步统一，我很仔细地看了全部基地的材料，有的材料内容不一样，有的这样写，有的那样写，有的写当年的，有的把往年的结合起来写，这个以后要进一步明确。每年提交的材料要有一个统一的要求，要有一个提纲，要有统一的格式，另外还要有统一的装订要求。以后基地的材料要入档，每年六个基地的材料都要装订成一本，进入专为基地设立的档案库。所以基地的材料格式和装帧都要统一要求，因为基地的建设一定要是很正规的。另外，基地的材料一定要翔实，要有充分可靠的一些数据。这次的材料中有的基地材料比较翔实，如地理基地，做了些什么，取得一些什么成绩，很翔实。有的材料就比较虚，我希望找到一些有价值的材料，却找不出来，有的材料是今年可以用，明年改一下又可以用的。另外，材料千万不要空洞、重复，材料要经过认真核实，数据千万不要出错。此外，要通过基地办公室作一些统一的数据分析，把一年来的基地建设通过数据来进行比较，如考研情况怎么样，外语过关怎么样，获奖情况怎么样，上报项目怎么样等，这些有待于进一步规范。最好有一些比较详细的表，便于说明。音乐学院汇报材料后面的附表，附上了2003、2004、2005年每个年级获奖的一些情况，申报项目的情况，这样看得就很清楚，究竟取得了哪些成绩，什么等级的，承担了一些什么项目，一目了然。另外，本次会议还印发了一份学习材料，这份材料与 2006 年比起来有很大的进展。材料里面大概有 20 篇文献，搜集了比较多的典型材料，包括全国各个重点大学基地建设的一些材料，基本都是 2005、2006 年的，比较新，也比较典型、比较详细。但材料有一个缺点，就是偏科比较厉害一些。比如，生物基地的占了 5 篇，物理基地的占了 5 篇，经济基地的占了 4 篇，体育艺术中文都没有涉及，地理的也比较少。所以以后提供材料要结合我们学校的一些情况，六个专业的材料都要有一些。

二 关于基地的培养目标

2005 年我们就基地定位的问题进行了研究和探讨，但是不等于说对基地定位了，认识的问题就解决了。可以说，从那次会议到现在对基地的认识问题还没有完全统一、没有完全搞清楚。这表现在什么地方呢？表现在这两天的讨论所提出的问题上。有的提出基地的学生大四要不要考虑就业，有的反映基地学生不念研究生怎么办，还有的反映基地人才要全面发展，过分强调考研率会不会导致基地人才的畸形发展，等等。这些问题都反映出对基地的定位和认识有待于进一步提高。

第一，是基地的学生要不要考虑就业的问题。这涉及关于基地培养目标的问题。我们为什么要办基地，这个问题可能并不是大家都很清楚。为什么教育部要办这个基地？基地究竟要解决什么问题，这里我想可以告诉大家——在文件中也可以找到根据——办基地不是为了解决就业问题，就业的问题主要是一般的本科专业；基地主要是为高校和科研机构培养从事教学和研究的拔尖人才，或者叫高素质人才。我参加过经济学基地的申报，知道基地是非常强调这一点的，首先是为高校（不是为中学），其次是为科研机构培养从事教学和科研的高素质人才。可能各个基地专业上有区别，但在这一点上是统一的，在高校从事基础学科的教学和科研的人才，是其他专业不涉及的，一般属于冷门专业，所以国家通过建立基地加以扶持，如理论经济学中的二级学科西方经济学是个显学，报考的人很多，就没有必要设这个基地。政治经济学是马克思主义的基础学科，还有中文、地理基地等，基本都是进行基础理论研究。它们是比较冷门的专业，教育部通过设立基地，加大力度培养这样的人才，这是很明确的。否则，国家没有必要花那么多钱，花那么多精力来办基地，解决基地班学生就业的问题。这说明我们的基地不是解决一般的就业问题，这一点必须明确。

第二，关于基地班学生考研的问题。基地班的学生必须考上研究生，这个问题前几年也许还有争议，但现在应该很明确了。这是为什么呢？我们知道，前几年本科毕业生还可以留校，现在已经根本不可能了。现在校部的机关干部、辅导员等都要求研究生学历。在这种情况下，要在高校从事科研和教学，本科生是根本不可能留校的。所以基地的学生考研究生在目前情况下是别无选择的，也可以说基地培养的学生就是华山一条路——考研。因为在高校从事教学研究，没有研究生学历是不行的，这点非常明确。另外，作为地方院校，我们学校在办学的一些指标上根本无法与重点大学比。比如师资配备，要求具备博士学位的要占40%，这一点我们现在都觉得很为难，可是重点大学达到70%～80%都没有问题；再比如教授、副教授为本科生上课，它们也没有问题，可是我们还有困难。所以很多指标，包括硬件方面、教改方面，我们都比不过重点大学。我们唯一可以比的就是上研究生，考研究生的比例我们要高一些。如果我们连考研的比例都低，那就毫无优势可言了。这一点希望大家能够统一认识，要从事高校科研和教学的高素质人才一定要走考研究生这条道路。在这种情况下，如果有的人想去就业，不想考研究生，那就不要进基地，必须转到一般专业；在基地班，非常明确就要走这一条道路。基地班学生宁缺毋滥，如果一个基地原来30位学生，最后不考研究生剩下27名或25名，那也不要紧。

第三，对基地培养的人才要进行跟踪考察。基地是一个新生事物，国家和学校花那么多的力气来培养，究竟能不能够使培养的学生成为人才？我们老的基地已经有好几届毕业生了，新的基地2007年也有毕业生了，要开始进行跟踪考察。每一个基地都要设立学生档案，跟踪学生毕业后的发展情况。有些问题我们可以反映到教改里，他们好在什么地方、缺在什么地方，要认真加以总结。基地学生取得了很大的成绩也是我们办基地的成绩。

三　关于基地的招生

办基地生源是非常重要的。地方院校的本科专业只能按"本二"招生，没法按"本一"招生，在质量上显得先天不足。比如，福州大学进入"211"工程后就按"本一"招生，在生源质量方面就比我们好，所以我们要花大力气才能在教学水平和教学质量上赶上它们。好在我们学校的国家人才培养基地是按照提前批来招生的，这就保证了比较好的生源。2007年的招生情况总的来说跟往年一样都比较好，根据招生办提供的情况，中文基地最高分是587，最低分是554，平均分561；经济学基地文理兼收，文科最高分587，最低分578，平均分581，理科最高分587，最低分579，平均分583；地理基地高分的挺高，最高分600，最低分552，平均分573；体育基地最高分97，最低分86，平均分89.5；音乐基地最高分92，最低分84，平均分86；美术基地专业文化考试综合分录取最高分75.4，最低分为68.3。总的来说，基地班的招生分数在我们全校范围内是最高的，优秀的生源也保证了基地班成为本科教学的排头兵。招生中还出现了大类招生，目前已经实行大类招生的有中文、体育、美术，地理也准备开始实行大类招生了。如何看待大类招生还要作一个利弊分析，好与不好不能一概而论。大类招生有利的地方就在于学生入学一年或两年以后进行好中选优，把最好的归到基地来，这能保证第一志愿的考生到基地班来。第二个好处在于比较稳定，既然是这个大类里的前20名或者前30名进入基地，应该说他们就会比较稳定。第三个是管理成本比较低，固为大类招生之后，基地的学生前两年跟其他专业一起管理，后面才进行基地管理，肯定管理成本要少，起码四年里前两年按一般本科管理，管理成本大为减少。但是我们学校给予的支持并没有减少，就等于说基地班只办两年，前两年没有按基地要求来办。当然头两年里也有一些措施，只是把重点放在了后两年。这是它有利的一个方面。但是也有弊。首先这样的基地班不是名副其实的基地班，而是后两年的基地班。其次就是基地班的学生两年没有办法享受基地班一些特殊的待遇和各种针对基地班学生的做法。比如，基地班学生有很多机会"吃小灶"，实行导师制等措施，大类招生后基地班的学生前两年与其他学生在一起，人数增如了一倍，就不可能实行这些政策，就不能享受基地班的待遇。再次，大类招生使我们无法进行四年的统一规划，本来基地班一进来就设定了一个蓝图，一年级、二年级、三年级、四年级分别侧重什么，四年我们有一个统一的规划。大类招生后，基地跟一般的本科在一起，就没办法进行统一规划，只能在三、四年级进行强化。最后，也是最关键的，是对考研很不利，因为既然是基地班，进来的第一天就要考虑考研，基地班前三年就是按照第四年考研这个目标进行培养，包括外语以及相应的一些课程等。如果到一般的本科专业去就没有办法，等到后两年分流以后再来考虑，为时已晚，因为在三年级以后就开始准备考研了。这和我们办学的目标有点不太合拍，因为我们十分强调上研究生的问题。为什么大类招生的考研率都比较低，这跟前两年没有实行精英教育是有关系的。另外，我们的大类招生参照的是一些重点大学，但是不要忘记了，我们跟重点大学是不一样的，重点大学不管是本科还是基地学生，进来的分数都是相当高的，所以它们大类招生对考研是没有影响的，而我们是地方院校，"本二"跟"本一"的分数差很多，如果一起招生，前两年就很难达到"本一"的教学水平。重点大学基地班跟一般本科专业就好像从一个房间进到了另一个房间，我们却很难。所以不能完全照搬重点大学的大类招生。我们可以经过一段时间的试验，从实际情况出发，已经实行大类招生的专业不要在两年后才进行分流，希望可以在一年之后进行分流，因为没有必要等到两年以后，两年以后就来不及了，一年以后完全可以进行分流。越早分流，对于我们进入基地班的学生来说就越有利，因为我们可以有针对性、有力度地对他们进行培养。根据教育部的规定，基地学生75%要考上研究生才算优，如果是两年之后再进行分流，这一考研目标可能就没办法实现。

四　关于基地的教学改革

教育部对基地的建设有很明确的28字方针，即"目标明确，改革领先，成果突出，师资优化，设备先进，教学优秀，质量一流"。这28字几乎都是与教学改革有关，所以基地的教学改革是十分重要的。

首先，要明确基地应成为本科教学的排头兵。在本科教学评估中要起到带头作用。带头作用表现在一系列方面，最起码的一点是基地班的班风要成为一般本科班的榜样。我们学校强调重教勤学、知明行笃，基地班在师生关系方面也好，各种活动也好，应该说在全校都要是一流的。再比如，学校倡导零作弊，基地班学生必须要做到，做不到是说不过去的。上个学期，地理基地有两个班级成为免监考班级，我觉得所有的基地都应该成为免监考班级，如果做不到零作弊，怎么算改革领先？这个问题每个基地都要保证做好，否则就不能成为榜样。还有论文零抄袭，也是起码的要求。对于这些我们不给奖，做不到怎么能成为基地班？基地班要有非常优秀的班风，才能成为排头兵，才能起到表率作用。六个基地差不多有24个班级，除大类招生外还有 20 个班级左右，教务处要把"免监考班级"的牌子挂在基地班教室门口。

其次，要有高水平的教学。所谓高水平就是国家级水平，这表现在六个方面。①每个基地都要有教改项目，最低的是校级的，要争取省部级的、国家级的。另外就是要争取获奖，包括学校奖、省级奖、国家级奖。如果这样的奖项太少，学校可以设立若干奖项，让大家申报，在此基础上再争取省部级奖，然后再争取国家级奖。没有项目没有奖，教改怎么领先呢？学校的基地也有获大奖的，如体育获得了国家教学成果一等奖，就充分说明了问题，我们要争取多拿一点。再一个就是要有校级、省级、国家级的精品课程。我觉得每一个基地都应该有，至少有校级，然后有省级。比如我校有国家级精品课程，还有两门课程列入国家新世纪教材计划，可以说达到了国家级的水平。地理有四门省级精品课程，一门校级精品课程，政治经济学也有省级精品课程和校级精品课程，基地的精品课程是越多越好。②基地的课堂教学效果一定要好，在强调教授、副教授要上本科教学、上基地班的课的同时，要保证课堂教学有好的效果。基地的课一定要讲好，校领导听课首先要听基地班的课，下学期教务处要作适当安排。③要编写一些优秀的教材，这个也是教改里面一个很重要的方面。④教学手段要进一步现代化，首先要在基地班体现，包括多媒体教学、网络教学等，双语教学的比例要逐步扩大。我看了一下统计的比例，双语教学的比例还是不高的。按照 10% 的要求，经济学基地可以达到，其他的都达不到。双语教学的比例要进一步扩大，这应该算是最低要求了。⑤实验教学改革要有一些成效。这一点有的基地不错，如地理，新建了一个水文实验室，在本科教学中起到了很大的作用，还有生态实验室和亚热带资源实验室的开放，给学生提供了一个很好的平台。⑥基地的教改要有特色和示范作用。大家提供的材料也都提到这个问题。六个基地可以出六份教改的经验，整理装订起来。要认真考虑一下，基地有哪些重点方面需要介绍，有哪些方面做得比较好，可以写成教改经验，装订成册。基地的教改应该成为本科教学的旗帜。

五 关于科研创新能力的训练

基地的目标是培养从事教学和科研的高素质人才，这种高素质人才除了基础比较宽厚之外，还要有很强的科研能力，有创新能力。创新能力不强怎么能成为基地人才？这几年各基地都在想方设法培养学生的科研创新能力，应该说有很大的进展。科研能力培养通常采取这样一些方式。第一，采取申报项目的办法。学校设立一些项目，鼓励基地的学生进行申报。我看了一下申报的项目，中文有六项，地理申报了七项。也可以通过师生共同申报的办法，如经济学基地，师生共同申报了9个项目，力度是比较大的。项目申报之后我们还要进行追踪，到底项目完成得怎样。第二，利用学科项目带动基地班的学生参加。比如，昨天听到文学院编写百年校庆的一个话剧，话剧也是一个科研项目，基地班里有两个学生参与，写得还是不错的，这是真刀真枪进行训练的。通过这种方式可以提高学生的科研能力。再比如，经济学院进行全国31个省市的综合竞争力比较研究课题，经过一年多的研究，在2007年3月份以蓝皮书的形式在北京社会科学文献出版社出版。全书上下两册，总共230万字。3月13日在中国社会科学院召开新闻发布会，几十家媒体参加。新闻发布会之后全国几百家媒体滚动进行报道，影响相当大，可以说是我们学校近年来在社会上反响最大的一部著作，这部著作主要是对全国31个省份的综合竞争力进行比较，涉及8个二级指标，22个三级指标，184个四级指标，涉及的数据至少几十万个。怎么完成这个庞大的数据测算呢？就是发动经济学基地班的学生，经过几个月的奋战，完成了数量浩繁的数据计算，没有基地班学生的参与这个任务是不可能完成的。这本书的后记里特别提到基地班学生参加这一部著作的撰写。通过这部著作的撰写，学生的科研能力提高了。所以，通过学科的项目带动，可以推动基地班学生的科研创新。各学院应该策划一些大的项目，请基地班的学生参加，通过老师的指导，学生的科研能力就能迅速提高。一定要拿出一些拳头产品，拿出在全省全国比较有影响的产品出来。第三，要加强社会实践能力的培养。实践能力也是科研能力中一个很重要的方面，我看到体育基地在2007年组织基地班的学生赴八闽大地进行农村体育调查，另外还参加了大量的体育赛事，当运动裁判等，这对学生能力的提高也有很大的好处。我们要鼓励学生多参加一些全国的、全省的以及校级的学术研讨会等。第四，可以为学生开辟一个专门从事科研的园地，经济学基地办了一份刊物叫《经蕾》，已经办了很多年了，各个基地也都要有自己的刊物，并且要有老师专门来负责指导。这样学生的一些文章可以先在自己的刊物上发表，之后再拿到正式的刊物上发表。同时，要为基地的学生提供出版和发表论文的机会和条件。就像中文基地提到的，他们联系学报和《福建论坛》，为学生提供增刊发表论文，这当然也可以，起码是为学生着想。但是要真正上国家水平，光靠这个恐怕还不行。这只是说明我们有科研成果，统计起来比较好看，真正上水平还是要鼓励学生自己争取发表。基地对科研上成绩突出的学生要进行奖励。此外，在科研方面要强调有显示度，这些显示度就是在科研上取得一些成绩，这些成绩不仅是学校级的，而且是省级的，最好是国家级的，因为我们是国家基地。这次提供的参考材料中，南京大学物理学基地有他们基地研究的成果，它的显示度就相当强，这才是真正的国家队、排头兵。我看了一下，应该说我们的基地也很不错，地理基地 2005 年发表了 11 篇论文，2003 级的一个学生参加全国大赛获得二等奖；2004 级的一个学生获得全国数学建模比赛福建省一等奖，2004 级一个学生参加校"挑战杯"比赛获得自然科学类第一名。我觉得地理基地的成果就有显示度。当然这个显示度可能跟南京大学比起来还有很大的距离，但我们要继续往这方面努力。这是我讲的科研能力方面，不能满足于已有的水平，要向高峰攀登。当然，困难还是很大的，但我们要牢牢记住我们是国家队，不是省队。

六　关于基地的经费使用和管理

经费从 2006 年开始大幅度增加，2004 年我校几个基地总共经费才 50 万元，2005 年升至 80 万元，2006 年增加投入以后达到 190 万元，2007 年也是 190 万元，可以说，投入的经费大幅度地上升。这里可喜的方面是学校重视基地的建设，就像刚才财务处处长说的，我们的经费本来是配套的，现在是从配套变成了全力支持、全部投入，这是一个很大的转变，是比较可喜的。但我们还是有一点担忧，一是基地的经费没有用完。根据统计，到目前为止，六个基地的经费剩余 269.6l 万元，扣掉 2007 年的 190 万，还有 70 多万元，这是一笔很大的数字。我们在拨经费的时候有很大的压力，人家会说为什么要给基地拨这么多经费，现在经费那么紧张，你们还给基地这么多钱，人家还用不完。拨款的时候压力是很大的，在预算的时候要不要再收回一些？那么在压力这么大的情况下，为什么还要拨这么多经费给基地？因为我们的基地要建设好，这些钱根本就是不够的，在这种情况下，我们的经费还没有用完，并且把没用完看成是一种成绩，是节约下来的，我不知道这是怎么考虑的，这是第一个比较忧虑的。第二是经费没有用到实处，还不太规范，没有专款专用。那么经费应该怎样合理使用？首先，基地一定要有年度的财务预算，预算要按照有关文件的规定，按照学院的规范去做。预算之后就知道这一年里要办些什么事，而不是走到哪里花到哪里。预算了以后要把拨下来的钱用完，这肯定不是用不完的问题，而是不够用的问题。这关系到有没有动脑子，有没有深化改革的问题。经费要有一个审计制度，每年都要有决算。所以 2007 年的经费，包括 2005 年的经费要有一个决算，要有决算报告，要进行效益分析，钱究竟花到什么地方，产生了什么效果。对经费的不当使用，要追究责任，因为我们的经费来之不易。所以这两天在讨论经费的问题，说到经费没有用完要追回 50%，就是要促使大家把经费真正用到实处，并不是说要鼓励你大手大脚花钱，这个大家不要误解。因为我们本身经费也不多，中文、经济学各 40 万元，地理学 50 万元，体育、音乐、美术总共 60 万元，平均一个基地才 20 万元，这个经费根本不算多，所以不多的经费我们要促使它用完。当然，有一些比较特殊的情况，如出版经费，已经预算好了，因为种种原因，推迟使用了；还有一种是没有着落的，包括基地购置的一些财产等。这些都说明要进一步加强管理，财务部门每年都要提供一份关于基地经费支出的清单。

七　关于基地的评估

评估是相当必要的，所以我们要开展基地的评估。第一，从国家基地的周期评估来看，我们要进行评估。因为国家几年就要来一次评估，我们自己先评估之后就准备迎接国家的评估。第二，从自己总结经验的角度来讲，我们也要进行评估。究竟我们办得怎样，每一年我们都要进行评估，要总结经验。第三，从经费投入的情况来讲，我们经费投入的效益究竟怎样，也要进行评估。所以开展基地评估是很正常的。

关于评估指标体系的制定问题。我们的评估应该根据教育部的评估指标体系，5 个一级指标还是按照教育部的，还有 23 个二级指标，不能降低标准。包括考研，包括教授、副教授上课要不要大于 75%，包括有博士学位的老师要大等于 40%，都不能降低标准。如果达不到就要争取达到，而不能光强调客观原因，因为达不到就不要办基地了。在评估体系上，我们在分数和权重方面根据自己学校的情况作了一些改动，这个我昨天在基地领导小组开会的时候也说了。为什么要作这样一些改动？第一，从一般性和特殊性来讲，教育部的指标是面对全国所有的基地的，但是我们是省属地方院校，省属地方院校有我们的特殊情况，哪些方面要重点强调，如考研，就必须要强调。不强调，与其他的重点高校相比就没有什么优势可言了。第二，从软件和硬件的关系来看，有些条件是软的，实际上是送分的，如人才培养方案、指导思想等，这个应该很难评出高低；有一些条件是比较硬的，包括考研，包括四六级考试等，就可以分出高低来了。第三，是过程和结果的关系。我们重视过程，但是我们更重视结果，有的学院会说我对基地采取了那么多改革措施，花了那么多力气，虽然没有成果，但你们应该理解我、原谅我，这个不行。基地建设的评估，结果经常是很残酷的。我们申报的时候是很残酷的，最后评估的时候也是很残酷的，这有点类似于体育比赛。中国队很用心，很努力，参加国际比赛输一场可以原谅，但是输两场三场，主帅肯定要下课。到时候可以讲很多理由，但是没有用。我们的评估也是这样，指标达不到国家的要求你必须要"下课"。在这方面很难有容忍之心，这项工作必须要达到国家的水平，这是毫无疑义的。评估的一些具体的指标体系在这次会议上征求大家的意见，最后再敲定下来。在评估过程中，要分类指导，四个基地六个专业可以分成两类，一类是文、经、地，还有一类是体、音、美，这两类既有共同性，又各自的特殊性，所以在制订指标的时候可以稍微有所区别。但是不能降低标准，这个要明确。第四，评估的结果出来以后奖惩力度一定要大，不大就不会引起震动，不大不会促进发展，就像本科教学评估，压力非常大，我们现在可以说是如履薄冰，战战兢兢。但是你必须这样，因为它的力度很大，公布之后，像我们百年老校评一个良的话，根本就没办法向社会交代。这是非常残酷的。我们的奖惩力度大，目的是引起大家的重视。有的人说，力度太大了，太残酷了，可是不残酷就不能促进事物的发展。再一个就是我们这个评估标准定下来之后我们争取在评估之前作一次 2006~2007 年的评估，我们要公布一下评估的结果，然后进行奖励。2007 年我们先奖励，不惩罚，营造一种祥和的气氛，到 2008 年再进行惩罚，先奖后罚。

八 关于加强对基地的宣传的问题

要加强对基地的宣传。为什么呢？一个是展示自己，一个是消除别人的一些误解。现在有些人对什么是基地都搞不清楚，我们学校里现在有各种基地，所以我们一定要进行宣传。到底什么是基地，基地能够享受什么政策，培养什么人才？宣传的内容包括我们基地的办学历史、办学成就、教改成就等等。宣传的形式可以通过黑板报、通过小册子，每一个基地我建议都要搞一个小册子，还可以通过网站和媒体来宣传。宣传方面要有专人负责，要有计划，这个我就不展开了。另外，宣传要有一定的经费投入。

九 关于加强基地对外交流

对外交流的含义有很多种，第一，要走向社会，包括社会调查也是一种。第二，要加强国内同类基地的交流，不要关起门来建设，一定要跟同类基地进行交流。我们是地方院校，门槛好像比较低，但是我们走出去后，不一定就比人家差。这点我校的地理基地做得不错。第三，要积极参加海外的一些交流。当然不一定是大规模地推动，但是有一些机会我们要去争取。比如到菲律宾参加英语夏令营，我觉得应鼓励基地的学生多参与一些；再比如到菲律宾进行对外汉语教学，基地也可以适当派一些人去，很有好处。有可能的话可在国外搞一些短期的实习，在经费方面我们也应该考虑一下，要开阔眼界。

十 关于加强基地的领导问题

我们基地的申报、建设、评估，包括接受评估这一系列的环节都是在学校的党委、行政以及各个部门的大力支持下进行的。这里也要对各个部门以及各学院表示感谢。我们的研讨会有这么多部门的领导来参加，大家都为了一个共同的目的，就是要把基地建设好，的确也很不容易。从学校这个层面来讲，加强基地建设首先是学校领导要重视基地，校长办公会议每个学期都要听取一次有关基地工作的汇报。9月份我们开学以后学校要听取一次有关暑期基地研讨会的汇报，有关部门要把材料整理一下，看看有哪些问题需要解决。其次，关于基地建设的领导小组，原来有一份名单，因为人事变动比较多，所以开学以后要立即发文，重新公布基地领导小组成员名单。学校为了加强对基地的领导，还专门成立了"国家人才培养基地建设办公室"，办公室主任享受正处级待遇，这也说明学校对基地十分重视。从学院的层面来讲，要设立基地的领导小组，由院长当组长，分管基地的院领导当常务副组长，分管教学、科研和分管学生工作的，都是领导小组成员。基地可以建立学术委员会，对重大问题进行讨论，特别是关于学术上的问题交给学术委员会去处理，还有科研项目的申报、学术成果的评定等。这项工作要进一步规范起来。

总的来讲，我们这两天的会议收获很大，大家通过讨论以后在很多问题上都取得了共识，当然，有一些问题还有待我们在以后的工作中进一步加以改进。祝我们的基地建设能够取得更大的成功！

对 2007 级新同学的四点希望[*]

在金风送爽、丹桂飘香的金秋九月，我们迎来了来自祖国四面八方的7434 名新同学。今天，我们怀着激动和喜悦的心情，在这里隆重举行 2007级新生开学典礼。首先，请允许我代表学校党政并以我个人的名义向全体新同学致以亲切的问候！对你们在激烈的竞争中脱颖而出、走进福建师大表示衷心的祝贺和热烈的欢迎！

同学们，属于你们的福建师范大学，已经在八闽大地上拼搏奋斗了整整一百个春秋。一个世纪前的 1907 年，清朝末代皇帝溥仪的老师陈宝琛先生本着爱国爱乡的热忱，创办了福建优级师范学堂，始开福建省高等教育之先河。历经百年的磨砺、积淀和发展，学校已形成了文、史、哲、理、工、教、经、法、管、农等多学科协调发展的办学格局和学士—硕士—博士完整的人才培养体系，整体实力进入全国高师院校和全国地方高校先进行列。学校现有本专科学生 3 万多人，研究生 5000 多人；设有 28 个学院、56 个本科专业；拥有 7 个博士后科研流动站、5 个博士学位授权一级学科点、38 个二级学科博士点，14 个硕士学位授权一级学科点，116 个二级学科硕士点，1 个国家重点学科、18 个省重点学科，4 个国家人才培养基地，是国家单独招收台湾学生试点学校、面向东南亚开展对外汉语教学培训基地、支持周边国家汉语教学重点学校。当前，学校正凭借"科教兴国"和

---

* 这是笔者 2007 年 9 月 4 日在福建师范大学 2007 级新生开学典礼上的讲话。

建设海峡西岸经济区的春风，朝着综合性、有特色、开放型、高水平大学的目标大踏步前进。

在百年的办学过程中，学校砥砺出"知明行笃，立诚致广"的校训精神，孕育了"重教、勤学、求实、创新"的优良校风，教育教学质量和学生综合素质不断提高，为社会输送了大量的优秀人才。如今，我们的校友已经达到 33.5 万人，遍布海内外，他们当中有世界知名的学者，如著名作家、教育家叶圣陶，语言学家郭绍虞，甲骨学家董作宾等；有享誉全国的科研工作者，如中国科学院院士林兰英、黄维垣、唐仲璋、唐崇惕、姚建年等；有各级党委政府的领导干部，如国务院港澳办副主任陈佐洱，劳动和社会保障部副部长华福周，重庆市委常委翁杰明，浙江省委常委、宣传部部长黄坤明，杭州市长蔡奇，以及福建省副省长汪毅夫、陈芸、叶双瑜等，有家喻户晓的艺术家、运动员和主持人，如音乐家章绍同、作家郭风、世界冠军郭跃华、央视著名主持人陈伟鸿等等。近年来，你们的师兄、师姐在国际学生影展、国际（亚洲区）大学生程序设计竞赛、全国大学生"挑战杯"课外学术科技作品竞赛和创业计划大赛、英语竞赛、电子设计竞赛、数学建模竞赛等大赛中屡获佳绩。2006 年暑假，第四届全国高师院校大学生田径运动会和福建省第十三届大学生运动会在我校隆重举行，我校运动健儿奋勇拼搏、笑傲群雄，取得了历史性突破，双双获得总分第一的优异成绩。2007 年，我校大学生辩论队再次获得福建省第八届大学生辩论赛冠军，并代表大陆高校参加了海峡两岸大学生辩论赛。

同学们，你们是特殊的一届，因为你们是见证学校百年华诞的第一届新同学，承前启后，继往开来；你们是幸运的一届，2007 年的 11 月 17 日，你们将有幸和成千上万的校友们一起见证我们这所老校的百年辉煌；同时，你们也是重任在肩的一届，2007 年的 10 月 21 日，我校将迎接教育部本科教学工作水平评估，你们的表现将直接关系到我校迎评创优目标的实现，希望你们能够以昂扬奋进的主人翁姿态，积极投入到迎评创优工作中去。

2007 级的全体新同学们，相信此时此刻，你们的心情是非常激动的，因为五彩缤纷的大学生活即将开始演绎，你们即将掀开美好人生的崭新一页。作为师长，更作为一名学长，我想借此机会，对你们提几点希望。

一是要知明行笃，不懈追求。"知明行笃"语出朱熹的"知之愈明，则行之愈笃；行之愈笃，则知之愈明"。朱熹认为：知行相须，不可偏废；相辅相成，相得益彰。我校培养的学生在知行关系的处理上有着优良的传统。同学们，你们虽然以骄人的成绩考上了大学，但这仅仅是你们人生旅途中的又一个起点，新的学习任务将更加艰巨。希望你们以只争朝夕的精神、滴水穿石的毅力、攀登不止的追求，发愤学习、刻苦钻研，同时继承和发扬我校优良传统，正确处理好知与行的辩证关系，做到既勤于求知，又身体力行，把知明行笃作为进德修业的内在追求。只有这样，才能努力掌握真才实学，打牢人生成长进步的根基，才能将自己的爱国之心、报国之志，变成复兴民族大业、铸造祖国辉煌的实际行动。

二是要立诚致广，志存高远。"立诚"，语出《易经》的"修辞立其诚"。"立诚"的现代含义可引申为：一是对真理、对国家和民族的忠诚；二是真诚待人、强调诚信，一身正气、光明磊落。"言必信、行必果""人以诚为本、以信为天"，诚信一向是我们民族引以为豪的品格。成大事，先立信，诚信既是一份社会责任，也是一笔取之不尽、用之不竭的财富。"立诚致广"就是要学会做人与学会做事的统一，树立至诚的精神，不断探索真理，达到广大的境界。同学们的理想抱负只有与全民族的共同理想相一致、与祖国发展的历史洪流相融合、与人民前进的伟大步伐相统一，才能真正得到实现。大学阶段是人生观定型的重要时期，同学们要自觉把个人的命运同祖国和民族的命运紧紧联系在一起，把个人的理想追求同全面建设小康社会的伟大事业紧紧联系在一起，自觉服务祖国，无私奉献社会，在火热的社会实践中创造出无悔、永恒的青春。

三是要自重自律，全面发展。从今天开始，你们就正式成为"师大人"了，你们既是师大的建设者，也是师大最朝气蓬勃的生力军。今后几年你们将在"福建师范大学"这个大家庭中学习、生活。希望同学们能够尽快熟悉学校的环境，以主人翁姿态投入学校的各项事业中去，为学校的发展贡献自己的力量；在入学教育活动中认真学习有关规章制度，增强自身的自律意识，明确进入师大后"哪些事应当做，哪些事绝对不能做"，遵守校规校纪，积极投身校园精神文明建设，共同建设"校风良好、举止文明、健康向上、整洁安全、环境优雅"的新家园。在即将开始的大学生活中，大家或许会面临学习、生活、心理等方面的许多新变化，会面临前所未遇的学习竞争、交友困惑、师生磨合、家长期望等许多新问题。在这个时候，希望你们不要彷徨、迷惘和失落，而要以一种积极进取、永不气馁的精神来应对种种挑战，不断锤炼自己抵御挫折的能力；要敢于竞争，善于竞争，同时也要注重团结、崇尚合作，培养良好的竞争意识和团队精神，扬长避短，共同发展；要坚持锻炼身体，学会保持健康的心理状态，积极培养对社会环境的适应能力。

四是要求实创新，勇攀高峰。求实是我们一贯提倡的重要精神，同学们要很好地继承和发扬。在大学的学习生活中，希望你们说实话、办实事、求实效，从自身做起，从小事做起，"勿以善小而不为，勿以恶小而为之"，在一点一滴中积累，在一言一行中培养，不断打牢自身综合素质的根基。"长江后浪推前浪，世上新人换旧人"——这是历史发展的必然规律。创新是推动人类历史前进的必然要求，青年人最少保守思想，最具创新潜能，许多杰出人物都是在风华正茂的青年时代就创造出一番了不起的业绩。你们要不断增强自身的创新意识，注重培养自身的创新精神，着重提升自身的创新能力，适应新的竞争和挑战。同时，大家还要有勇攀高峰的精神，做到学习上知难而进，科研上敢于尝试，力争在宝贵的大学阶段创造出骄人的业绩。

同学们，大学是一座殿堂，每个人都可以在这里不断享受知识的滋养；大学是一个舞台，每个人都可以在这里尽情展现自己的风采；大学是一面画板，每个人都可以在这里为自己的人生绘上绚丽的一笔；大学是一片天空，每个人都可以在这里怀着心中的梦想展翅翱翔。希望同学们珍惜机遇，奋发进取，挥洒青春激情，演绎青春魅力，奏出一曲辉煌的青春之歌！

全力以赴，夺取评建创优的
最后胜利[*]

一 关于评建工作的进展情况

我校迎接教育部本科教学评估已进入最后阶段。从目前迎接本科评估的进展情况来看，总体情况还是不错的。19 个新办专业的总结工作已经完成，并提出了整改措施，这在全国高校是有一定特色的，特别是对一些新办专业进行关、停、并、转，引起了较大反响。学校近三年的 12 项基本状态数据核实工作，也已顺利结束。学校的自评报告，已进行十几次修订，有关同志付出了很大努力，相当辛苦。要继续尽快完成修订工作，确保 9 月中旬正式提交教育部。各学院对近三年各门课程的试卷、毕业论文等进行了自查，教务处也进行了抽查，抽查过程中发现了一些问题，得到及时纠正。此外，学生基本技能的培训工作按照预定计划进行，这种培训对学生大有好处，至少在这方面补了很重要的一课。

评建工作还存在一些问题。上一学期期末考试还不能实现"零作弊"。我们本来认为在迎接评估前可以实现"零作弊"，但还是有个别同学违纪。在论文抽查、试卷抽查中也发现了一些问题。在学生技能培训和测试工作方面也不尽如人意。

_* 这是笔者 2007 年 9 月 4 日在全校部署新学期工作大会上讲话的一部分。

二 关于下一步的迎接评估工作

第一，各项工作要按照计划有组织地推进，在后面的一个多月中一定要加强领导、统一指挥，不可政出多门，大家要按照统一的部署，有条不紊地把评建工作推向前进。第二，要继续贯彻评估的 20 字方针，我们不是为了评估而抓评估，而是"重在建设"，重在提高本科教学质量。所以，在迎接评估的过程中，一要加强专业建设，打造品牌专业。要对 3 个层次 18 个品牌专业进行跟踪检查，积极开展绩效评价，努力实现预期的建设目标，为申报省级和国家级特色专业做好准备。要进一步加强新办专业建设，对 19 个新办专业的师资队伍、实验教学条件、学生的满意度等再进行一次专项检查，因为专家对新办专业的情况很感兴趣，我们的新办专业要经得起任何检查。二要加强精品课程建设。我们已经有两门国家精品课程，本轮评选争取再评上一门国家精品课程。34 门省级精品课程以及 52 门校级精品课程要开展自我评估工作，确保精品课程的建设水平。要进一步完善精品课程的网站，争取将部分具备条件的精品课程建设作为公共选修课向全校学生开放，实现优质教学资源的共享，同时要建设好网络辅助教学平台。三要加强实验室软硬件的建设。目前旗山校区本科教学的实验室即使不是全国高校最好的，至少也是全国高校比较好的，包括理科实验室以及文科方面的实验室。美术学院和音乐学院的实验室，都要抓紧进行建设，力争在 10 月份评估之前完成建设任务。中央和地方共建的实验室申报方面，教育部、财政部将于 2007 年 9 月 12 日来校检查，我们要认真做好准备工作。要组织理科学院编写好教学大纲、综合实验项目指导书等，同时提高我校实验室的开放程度，提高利用率。四要加强实习实训工作。继续完善各学院与实习基地签署的协议工作，已经成熟的要及时挂牌，要加强各专业学生学习情况的检查指导。五要加强本科生课外科技活动。我校学生的第二课堂活动开展得相当活跃，多次在国际性、全国性以及省内大赛中获奖，这是我校很好的优势和传统，也是非常好的特色，要进一步加强。现在旗山校区的条件已经得到很大改善，要大规模地深入开展好课外科技活动。我校上学期开始尝试的三个大讲堂，包括马克思主义理论与现实大讲堂（由宣传部负责）、当代学术前沿与社会热点问题大讲堂（由团委负责）、国学大讲堂（由社会历史学院和图书馆负责），本学期要进入正常的轨道，把整个学期的所有讲座计划全部排出来，并刊登在校报上，大力宣传，使学生了解讲堂的时间和地点，自觉前来听讲座，在全校形成浓厚的学术风气。六要加强教学质量的监控。及时采集、整理、公布 2006 ~2007 学年第二学期学生网上评价老师的数据，采取措施推动各学院科学使用评教的数据，加强教师师德教育和教师教学技能的监控，对学生评教数据排名前 5% 的老师予以表彰奖励，对排名后 10% 的老师予以帮助指导。多年来教育科学与技术学院在这方面做得不错，由学生对老师的上课情况进行评价，取得很好效果。我们要进一步推广教育与科学技术学院的经验，开展好网上评教工作。七要加强教风和学风建设。新学期比较可喜的现象，就是我们开学初检查发现学风非常好，没有发现迟到、早退现象，学生精神饱满地走进教室，开始新学年的第一课，这是十分令人高兴的。从新学年开始，所有的老师、学生都要佩戴校徽，佩戴校徽也是良好精神风貌很重要的表现，有关部门要尽快予以执行，希望各位老师予以支持。八要加强教室的管理。做好教学设备检查维护工作，对旗山校区所有教学设施进行全面的检查，确保所有教室都能正常使用。

三　要做好评估临战前的各项准备工作

首先，自评报告、校长报告、院长报告要进一步修改完善。其次，学校和各学院的网站要进行全面更新。9 月中旬，来我校评估的专家名单将要公布，一旦名单公布，专家做的第一件事情就是上网查询我校的有关情况，除了我校的网站之外，还包括各学院的网页，如果网站很差，肯定会给专家留下非常不好的印象。所以，网站的建设与更新问题已刻不容缓，学校有关部门包括党办、校办、教务处、评建办等要予以督促检查，要建设高规格、高标准、高水平的网站，各个学院的网页也一定要及时更新。目前有些单位不够重视，有些学院的网站内容还是前几年的，甚至电话号码还是老校区的，根本就没有修订，这种情况坚决不能再出现。网站的更新问题要提到重要议事日程上来，会后要紧急动员，及时开展网站更新工作，确保在 9 月中旬之前完成。"盒子工程"学校已经收集整理了 120 盒，要进一步完善、整理。各学院也要相应抓好"盒子工程"，校领导于本周分头与评建办、教务处的同志到各学院检查有关工作。此外，毕业论文（设计）、试卷大规模检查已告一个段落，要防止反弹现象，防止出现死角，学校还将对毕业论文（设计）、试卷等有计划地进行抽查，各学院要做好这方面的准备工作。同时要组织对学生基本技能进行抽查，大规模的学生技能培训也已告一个段落，但不等于这个问题已全部解决，要对学生技能培训工作进行补缺补漏。同时要做好基本技能测试的预案，确保学生基本技能在评估期间取得好的成绩。学校计划在国庆节后召开全校性动员大会。大家要万众一心，保证本科教学评估最后取得优秀的成绩。

四　加强平安校园建设

要不断加强学生法律法规教育、校规校纪教育和安全教育，努力提高学生安全防范意识和能力，严格执行各项制度，如信息报送制度、突发事件处置制度等，开通学生工作 24 小时服务热线，及时了解学生的思想动态，消除安全隐患，避免各类重大事故的发生。可以说平安校园建设事关评估的大局，一定要确保在评估期间、百年校庆期间各项工作包括安全保卫工作万无一失。要加强对经济困难学生、学习困难学生、少数民族学生、心理问题学生等特殊群体的教育和帮助，对他们的学习、生活和实践给予更多关心。平安校园建设方面，我们还要进一步完善安全措施，做好消防灭火等器材的更换，完成校园道路交通标线标识的设置。另外，要特别注意提高安全防范监控能力，虽然多花一点钱，但效果很好，如仓山校区校部以前发生了几起被偷案件，但自从安装了监控设备之后，就很好地解决了这一问题。

福建师范大学本科教学工作
水平评估校长报告[*]

一　学校发展概况

1. 历史沿革

福建师范大学是一所具有百年历史的省属重点大学。其最早前身校为1907 年由清朝末代帝师陈宝琛创办的福建优级师范学堂，新中国成立后，由华南女子文理学院、福建协和大学、福建省立师范专科学校等单位合并组成。经过一个世纪的努力，砥砺出"知明行笃、立诚致广"的校训精神，孕育了"重教、勤学、求实、创新"的优良校风，不断推动学校事业向前发展。改革开放以来，学校获得了新的发展机遇，进入了全面快速发展的时期。2003 年，学校被确定为福建省重点建设高校。

2. 学科专业

学校现有 56 个本科专业，其中教师教育类专业 18 个，非教师教育类专业 38 个，涵盖 8 个学科门类。学校拥有 4 个国家人才培养基地，覆盖 6 个本科专业，其数量居全国省属高校前列。

学校现有 7 个博士后科研流动站，5 个博士学位授权一级学科点和 38 个二级学科博士学位授权点，14 个硕士学位授权一级学科点和 116 个二级

* 这是笔者 2007 年 10 月 22 日代表福建师范大学向教育部本科教学工作水平评估专家组所作的汇报摘要。

学科硕士学位授权点，拥有包括教育硕士在内的 4 个专业硕士学位授权点。

学校现有 18 个省重点建设学科，其数量是五年前的两倍多。2007 年，中国现当代文学被评为国家重点建设学科，实现了我校国家重点建设学科历史性突破。

3. 师资队伍

全校现有专任教师 1524 名，其中高级职称占 47.0%，中级职称占 38.9%，具有博士、硕士学位的占 61.5%。学校教师的平均年龄为 38.5 岁，形成了以中青年骨干为主，老、中、青相结合的良好格局。教师学缘结构合理，有外校学历（学位）的教师达 52.7%。

学校教师中拥有陈征、朱鹤健、王耀华等一批在国内外具有一定影响和较高造诣的知名专家和资深教授，拥有一批在各自学科领域崭露头角的后起之秀；拥有一批团结合作、锐意创新的教学科研团队。

4. 人才培养

新中国成立以来，学校已培养全日制本科生近 7 万人，其中大部分从事基础教育工作。福建省各中学校长、特级教师和其他教学骨干 60% 以上毕业于我校。

学校现有全日制本科生 16847 人。学校始终致力于培养优秀的本科生，将其视为自身的第一使命，视为建设高水平大学的必然要求。学校具有良好的教风、学风，教师教书育人、严谨治学，学生勤奋好学、积极向上。文学院 2005 级学生叶超群被评为 2006 年全国十大优秀大学生之一。近年来，每年第一志愿报考我校的上线人数不断攀升，高分考生越来越多，生源质量越来越好，毕业生的专业技能和综合素质广受好评，在社会上享有很高的声誉。我校已连续多年被评为省大学生就业先进单位。

5. 科学研究

学校拥有教育部、省级重点实验室和研究基地以及国家级、省级重点学科多个，具有良好的科研条件和学术平台。广大教师在认真教学的同时，积极投身科研，科研氛围浓厚，重大课题立项和科研经费逐年增加，科研成果的数量和质量逐年提升。在教育部全国高校历届人文社会科学成果评奖中，我校都获得了较好的成绩。近年来，我校获得的国家社会科学基金和国家自然科学基金项目逐渐增加。学校先后获全国百篇优秀博士论文 1 篇，提名奖 2 篇。近五年，我校被 SCI、EI、ISTP 收录的论文 600 多篇，平均每年 120 多篇。自 2002 年以来，我校共获得部省级科研奖 190 多项，其中国家和部级奖近 20 项，科研竞争力居省属高校和全国同类院校的前列。

6. 办学条件

学校现有仓山和旗山两个校区，占地总面积为 3559 亩，建筑总面积为 114.8 万平方米，比 2001 年扩大了四倍多。教学科研仪器设备总值约 210000000 万元，生均设备值达 8153 元。学校拥有旗山校区与仓山校区两座图书馆，总面积约 5.6 万平方米，阅览座位近 4000 个，图书馆馆藏总量 286.7 万册，另有中外文电子图书 45 万册。我校具有丰富的动植物标本，植物标本达 154000 多件，名列全国高校第六。学校运动场总面积约达 27 万平方米（约 405 亩）。2006 年我校成功地承办了第四届全国高师院校大学生田径运动会和福建省第十三届大学生运动会，我校充足而良好的体育设施得到与会教练员、运动员的高度称赞。

二　学校定位和办学思路

我校在长期办学过程中，始终高度关注高等教育改革和发展趋势，结合福建省经济社会发展需要和学校发展实际，把握自身定位和发展方向。经过反复讨论，形成了如下共识。

（1）学校发展目标定位：努力建设"综合性、有特色、开放型、高水平"的大学。

（2）办学类型定位：以教师教育为主要特色的教学研究型大学。

（3）办学层次定位：以本科教育为主体，稳定现有本科教育规模，积极发展研究生教育和海外教育。

这些定位既立足于学校的现有基础，又为学校描绘了发展的愿景。学校坚持对外开放办学，与世界上 30 多个国家和地区的 100 多所大学和科研机构建立了合作与交流关系。同时，充分发挥地缘、人缘等优势，特别加强了与台港澳和东南亚的交流与合作，取得了令人可喜的进展。

学校在长期的改革发展中，形成了以下六个方面的办学思路：重视提升综合办学实力，始终强化教师教育特色，不断深化教育教学改革，加大开放办学力度，积极服务海峡西岸经济社会发展，努力构建现代大学制度。

三　本科教学工作及成效

我校一贯重视本科教学，始终强调人才培养的根本地位、本科教育的基础地位和教学工作的中心地位。在思想认识、制度保证、机制保障、管理服务、经费投向五个方面确保本科教学的中心地位。

1. 加强专业建设，改革人才培养模式

专业是本科教学和人才培养的基本单元，专业建设对本科人才培养具有全局性的导向作用。我校专业建设的主要措施是：加强国家人才培养基地建设，示范带动本科专业建设；遴选18个品牌专业加强建设，使其成为国家和福建省的特色专业；以社会需求为导向，改造传统专业，对少数不适应社会需求的专业或办学条件较差的专业坚决实行"关、停、并、转"，难度虽然很大，但效果很好；加强专业管理和评估制度，试行专业负责人制度，建立学校、学院、专业三级本科教学管理体制，强化专业负责人的管理权限。通过不懈努力，我校基本形成了门类齐全、数量适宜、结构合理、优势互补的本科专业体系。

几年来，学校按照"宽口径、厚基础、强能力、高素质、重创新"的人才培养目标，积极修订人才培养方案，探索新的人才培养模式：通过推行大类招生、大类培养，实行弹性学制，主辅修、双学位和跨专业选修制度等，进行了多样化人才培养模式的改革与实践。学校还启动了"人才培养模式创新实验区"项目研究，鼓励各专业探索人才培养新模式、新途径。我校主持的"国家文科基地中文专业人才培养模式探索"获得2001年国家级教学成果奖二等奖，"全国普通高校体育教育专业人才培养的改革、创新与实践"获得2005年国家级教学成果奖一等奖。

2. 加强课程和教材建设，推进教学内容改革

我校一贯重视课程和教材建设在本科教学中的基础和核心地位。多年来，我校先后五批对88门课程进行重点建设，其中排球、世界民族音乐和大学物理实验3门课程被评为国家级精品课程，高师公共教育学与心理学等34门课程被评为省级精品课程，数量居福建省省属高校首位。

与此同时，学校十分注重教材建设。一方面，建立科学的教材选用制度，优先选用最新出版的全国统编教材；另一方面，通过政策鼓励、立项资助、推荐评审，鼓励教师编写优质教材。我校教师主编"十五""十一五"国家级规划教材共11部，并且有九部教材获得全国普通高校优秀教材奖。

3. 积极开展教学改革，全面提升课堂教学质量

搞好教学工作是教师的天职。"上好每节课，把每节课作为一份最好的礼物奉献给学生"已经成为全体教师的共识。我校一贯注重教学改革，

通过以评促改，全面扎实推进教学改革。五年来，学校设立了"教师教学改革创新基金"等多种教改项目，投入经费 2000 多万元，有效地推动和激励了教师从事课堂教学改革研究，对全面提高教学质量起到了重要的作用；通过评选"教学名师""教学团队"，加强教师队伍建设，促进教学研讨和经验交流；通过设立"双语教学""多媒体教学"项目，推动教学方法和教学手段更新；通过开展"青年教师课堂教学技能大赛"和"青年教师课堂教学观摩活动"，促进青年教师投身课堂教学改革，提高课堂教学水平。学校设立领导听课制，让各级领导深入课堂，了解课堂教学情况。学校设立学生评教制度，强化教师的学生意识和服务意识，形成师生相互尊重的良好氛围。

4. 构建实践教学体系，培养实践创新能力

经过多年的探索和实践，我校已经构建并完善了由实验教学、专业实（见）习、科研训练三大模块组成的实践教学体系。

这几年，学校努力建设一批高标准有特色的实验室，增设综合性、设计性和研究性实验，实现了资源共享和实验室开放。学校现建有 1 个国家级（即物理学实验教学示范中心）和 5 个省级实验教学示范中心。学校启动了"本科生课外科技计划"，鼓励本科生参与科研创新，取得良好的效果。学生的专业水平、创新精神和实践能力得到不断加强。近几年来，我校在"挑战杯"全国大学生课外学术科技作品竞赛和创业计划大赛、ACM国际大学生程序设计竞赛、全国大学生数学建模竞赛、全国大学生电子设计竞赛、全国大学生计算机仿真大赛中都获得优异成绩。在 2005 年 7 月全国第一届大学生艺术展演中，我校共获得 19 个奖项，其中一等奖 6 个，获奖总数和一等奖数均居全国高校第二。从 1999 年以来，我校已连续八年被评为全国大学生社会实践先进单位。

5. 加大教学信息化建设力度，创设现代化教学环境

学校一直致力于教学信息化建设，不断更新教学手段，积极创建现代化教学环境，拥有教学用计算机 7361 台，多媒体教室 186 间，语音室 36间。通过引进"数字化课程网络平台"，与原有的教务管理系统进行了有效整合，完成了我校数字化教学支持环境一体化的建设。2002 年以来，学校累计投入 1500 多万元建设信息化平台和增加网络化资源，开办了 10 期多媒体技术和信息化使用培训班，受训人数达 1300 多人。据统计，我校有77% 的必修课程使用多媒体技术，深受学生欢迎。

四 办学特色

在长期的办学过程中，我校逐渐形成了自己的办学特色，突出的有以下两个。

1. 秉承百年传统，服务基础教育，创新教师教育

一是以教改实验推动基础教育教学改革。自 20 世纪 80 年代中期开始，我校在中小学主持开展了一系列的教改实验研究，其中，由我校主持的中小学"指导—自主学习"教改实验被列为全国教育科学"九五"规划项目和"十五"规划重点项目，在全省 100 多所中小学持续实验了十年，实验研究报告在《教育研究》上发表，被誉为素质教育的典范之一。这些教改成果分别于 1998 年和 1999 年获得教育部全国师范院校基础教育教改实验优秀成果二等奖（2 项）、三等奖（3 项），获得福建省中小学优秀教学成果奖一等奖（2 项）。

二是以课题研究带动基础教育课程改革。2000 年，国家新一轮基础教育课程改革启动，我校是当时少数设有教育部基础教育课程研究中心的高师院校之一。我校主持教育部新课程教学专业支持项目、新课程课堂教学改革研究项目以及以校为本教研制度建设项目，这三个项目都是教育部新课程改革的重大项目。其研究成果在《光明日报》《中国教育报》《教育研究》等国家级报刊上陆续发表，其主要观点被基础教育司采纳，特别是关于校本教研的核心观点被写进教育部的相关文件中，对全国中小学推进新课程发挥了很好的专业导向作用。这些研究成果在国内基础教育界产生了较大的影响，分别获得了中国高校人文社会科学优秀成果三等奖，全国教育科学研究优秀成果三等奖，福建省哲学社会科学优秀成果一等奖。

三是以师资培训促进基础教育教师成长。2000～2002 年我校承担并完成了多期教育部"跨世纪园丁工程"中小学骨干教师国家级和省级培训。2001 年新课程启动后，又承担了多期福建省义务教育和普通高中新课程的管理者培训和学科骨干教师培训，同时协助教育部基础教育司和师范教育司开展了多期国家级使用课程骨干教师和校长培训。2003～2007 年，我校承担了福建省 1000 名中小学中青年学科带头人的研修任务，还成立新课程"送培下县"讲师团，免费为福建省经济欠发达的县组织培训，受到当地教育行政部门和参训教师的热烈欢迎，《中国教育报》对此作了专题报导。

四是改革教师教育课程，为基础教育新课程培养合格教师。为了与基础教育课程改革相对接，2004 年我校率先组织编写了一套反映新课程理念的公共教育学和心理学教材。该套教材分别被评为全国教师教育优秀课程资源和推荐使用课程资源。依据教育部关于教师教育课程改革和建设的主要精神和基本要求，我校把教师教育课程教材改革和建设列为重大项目予以重点支持，着手构建体现素质教育理念和教师专业化要求的新的教师教育课程体系，编写了相应的教材，目前这套教材正陆续出版。我校一贯注重教师技能的训练，这几年，结合基础教育新课程的特点和要求，继续强化教师教育技能训练，受到中小学的好评。

2. 学科引领专业发展，科研促进教学改革，培养高素质本科人才

一是加强学科学位点建设，引领本科专业发展。依托学科建设促进专业发展是我校一贯的主张。

第一，依托重点学科、学位点建设国家人才培养基地。在学科与学位点建设的推动下，我校先后获批 4 个国家人才培养基地，覆盖 6 个本科专业。学校采取一系列措施，加强国家人才培养基地的建设，使之成为本科专业的排头兵，有力地带动本科专业建设上新水平。以地理学国家人才培养基地为例，自创建以来，每年的考研率都在 80% 以上，2007 届提高到92.6%，全班 27 人，25 人考上研究生，其中一半是中国科学院和重点大学研究生。

第二，依托重点学科、学位点建设一批社会急需的新办专业。近年来，我校坚持以学科建设为切入点，依托重点学科、博士点与硕士点，根据福建省经济社会发展的需要，及时发展一批优势专业和特色专业，培养经济社会发展的急需人才。例如：依托光学工程省级重点学科、光学工程一级学科博士点，发展光信息科学与技术专业；依托政治经济学省级重点学科、理论经济学一级学科博士点，发展经济学等多个专业。

第三，通过重点学科、学位点建设，凝聚一大批优秀人才，促进本科教学水平的提高。学校现有的国家级名师、省级名师和校级名师绝大部分都是重点学科、博士点、硕士点的学术带头人和骨干教师。2007 年我校一举获得 4 个省级教学团队，在福建省省属高校中名列首位。高水平的师资队伍有力地促进了本科专业的教学工作，提升了人才培养的质量。

第四，通过重点学科建设推动学术交流活动，促进本科教学质量的提升。近年来，学校学术交流空前活跃，每年举办的高规格的国际性或全国性的大型学术活动就有 20 多场次，每学期请校内外专家开设的学术讲座在一百场以上。这些学术会议和讲座不仅有力地促进了相关学科专业建设，也拓展了广大师生的知识面。

二是科研教学良性互动，提升人才培养质量。以科研促进教学也是我校一贯的主张。

第一，以科研成果更新和充实教学内容。教师通过科研活动，不断吸收新知识、创造新成果，并把这些新知识、新成果充实到教材中去，使教学内容具有先进性和超前性。我校教学效果好、很受学生欢迎的教师绝大多数科研能力强，科研成果丰硕。

第二，以科研活动深化和活化教学过程。教师积极把科学研究的态度、精神和方法贯穿在授课之中，有效地启迪学生的科学研究思路和方法，培养学生的科学精神。1996 年以来，我们已举办了 12 届科技节，每届科技节历时一个月，大大浓厚了学校的学术氛围。

第三，把科研课题向学生开放，吸引学生特别是高年级学生参与教师的科研课题。这是我校学生能够在一系列科技竞赛中屡屡获奖的重要原因。我校经济学院经济学专业高年级学生通过参加在全国具有很大影响的《中国省域经济综合竞争力发展报告》大型蓝皮书项目的研究，增强了科研意识，提高了科研能力。

第四，把科研平台向学生开放，培养学生的科研能力和创新能力。我校理工科学院每年通过科研实验室做毕业论文的学生占该学院毕业生总数的 2/3，学生毕业论文的学术水平有了较大幅度的提高。例如，我校化学与材料学院近几年已有 30 多篇学生论文在 SCI 收录的刊物上发表。

教学科研互相促进，相得益彰，有效地促进教学水平和人才培养质量的提高。以教学研究成果为例，在 2001 年、2005 年两届教学成果评选中，我校共获得省级优秀教学成果奖 25 项，国家级优秀教学成果一、二等奖 4 项，获奖级别和数量均居福建省高校和全国同类院校的前列。

五　存在问题与努力方向

几年来，通过迎接教育部本科教学工作水平评估，学校各项工作取得了明显的成效，办学指导思想进一步明确，教学工作的中心地位进一步确立，教育教学改革进一步深化，教学质量进一步提高，同时也看到了加强本科教学工作需要进一步解决的问题。

1. 进一步加强新校区管理，提高教育资源利用效益

新校区的管理是我校发展过程中出现的新问题，也是当前亟待解决的重要问题。面对办学规模的迅速扩大和教学仪器设备现代化程度的提高，学校的管理工作跟不上形势的发展需要，至今尚缺乏健全完备的管理机制，不能充分发挥现有教育资源的最大效益。因此，一方面，要加快校内管理体制改革的步伐，建立科学合理的管理机制，培养高素质的管理队伍，不断提高管理水平；另一方面，要进一步整合新老校区的教育资源，统筹安排，充分利用，使之发挥更大的效益。

2. 进一步加强师资队伍建设，提高教育教学水平

近年来，我校在师资队伍建设上虽然取得了一定的成绩，但还不能完全适应办高水平大学的需要。因此，必须继续采取超常规的举措，下大力气加强师资队伍建设，始终不渝地实施"人才强校"战略，会聚、培养和造就一支规模适当、结构优化、素质优良、富有活力、勇于创新的高水平教师队伍，努力造就若干大师级学科带头人、杰出知名专家和一大批名教授。

迎接评估的过程是我们自我剖析和发现问题的过程，是不断创新和完善制度的过程，是总结经验和规划未来的过程，也是反思自省和树立信心的过程。回顾过去，百年办学历史奠定了我校本科教学工作坚实的基础；审视现在，通过全面贯彻落实"以评促建、以评促改、以评促管、评建结合、重在建设"20字方针，我校本科教学质量得到了全面提高，教学工作呈现出崭新的局面；展望未来，我们将继续以建设高水平的本科教学和培养高素质的本科生作为自己的第一使命，不断努力，不断进步。

教育部本科教学工作水平评估意义重大，我们将积极配合教育部专家组的评估工作，对这次评估中发现的不足和提出的问题进行认真整改，严格要求，扎实工作。

以评建整改为契机，切实提高
本科教学质量*

上一学期，我校以优秀的成绩顺利通过了教育部本科教学评估。2007年我校在本科教学领域也取得了一系列具有标志性的建设成果，共获得国家级精品课程 2 门、省级 17 门，国家级实验教学示范中心 1 个、省级 2 个，国家有特色专业 4 个、省级 4 个，国家级人才培养模式创新实验区 1 个、省级 4 个，省级教学团队 4 个，省级教学名师 2 名，省级学生创新性实验计划项目 15 个。根据教育厅的最新统计，我校获得国家级、省级质量工程项目数排名第二，仅次于厦门大学。本学期的教学工作主要如下。

（1）深入进行评建工作整改。我们要把 2008 年作为"评建整改年""内涵建设年"，按照《福建师范大学本科教学工作水平评估整改方案》的要求，以评建整改为主线，切实落实整改措施，进一步加强教学建设，规范教学管理，深化教学改革，切实提升人才培养质量。

（2）以质量工程为中心，突出本科教学的亮点建设。从 2008 年开始，福建省质量工程各个项目的评选将集中在上半年完成。我们要以质量工程为中心，全面加强本科教学内涵建设，争取取得新进展。组织召开质量工程建设表彰和动员大会，对 2007 年在质量工程各个项目申报中取得优秀成绩的单位和个人进行表彰奖励，对 2008 年质量工程的申报、建设进行全面部署。即将迎来 2008～2009 年四年一度的省级、国家级优秀教学成果评

---

* 这是笔者 2008 年 3 月 18 日在全校部署新学期工作大会上讲话的一部分。

选，是教学质量工程的重头戏。我们要在检查 2007 年批准的 20 个重点教改课题进展情况的基础上，继续寻找新的教学改革亮点，做到找准目标、重点扶持、提前准备、争取突破。

（3）以本科教学内涵建设为中心，继续加强专业建设。科学谨慎地申报新专业，着重发展海峡西岸经济区建设急需的专业和高新技术专业。对原来进行"关、停、并、转"分类处理的新办专业进行再次检查、调研（共有 7 个专业，另外 3 个专业已经停办），对仍然存在的问题，经科学研究论证后提出进一步整改方案。进一步完善专业负责人制度，在对 56 个本科专业负责人进行年度考核的基础上，对不能完成工作职责的予以解聘，并进行补聘。召开专业建设研讨会，积极探索专业建设、改革、发展的新思想、新办法。组织 2008 年度国家人才培养基地建设研讨会，继续推动我校 4 个基地的各项改革深入持续开展。进一步加强 4 个国家级特色专业、5 个省级特色专业和 18 个校级品牌专业的建设，积极组织 2008 年度特色专业申报工作，努力形成优势特色专业群。

（4）以主干课程为重点，进一步加强教考分离工作。进一步完善并全面启动教考分离工作，从考试环节上严把教学质量关，促使期末考试成为较为客观公正的教学质量和教学水平评价标准，为提高人才培养质量提供有力保证。

（5）加强过程管理，进一步提高毕业论文（设计）质量。建立我校毕业论文（设计）工作长效机制，进一步完善质量监控保障体系，实现对毕业论文（设计）工作全过程、全方位的监控和管理。

（6）加强实验室建设，提升实验教学质量。继续推进旗山新校区实验室建设，组织软件学院、旅游学院、传播学院等单位按计划保质保量完成工作任务。对获准建设的 1 个国家级、5 个省级实验教学示范中心给予重点资助。争取在 2008 年度国家级、省级实验教学示范中心申报中取得新成绩。组织 2008 年度"中央与地方共建高校特色优势学科实验室项目"申报工作，进一步完善本科实验教学大纲。

（7）完善质量监控体系，提升课堂教学质量。举行 2008 年度"青年教师教学技能大赛"总决赛。及时采集、整理、公布 2007～2008 学年第一学期学生网上评教数据，采取措施推动各学院科学使用学生评教数据，加强教师师德教育和教师教学技能监控。继续开展课堂教学满意度调查工作，并建立起完善的奖惩制度，实现我校课堂教学监控从事后监控转向过程监控。

（8）加强信息化建设，完善教学资源共享平台。不断扩充综合教务管理系统，并以此为依托，建立数字化课程网络平台，实现高质量的教学资源共享，促进高水平的师生互动。以国家级、省级精品课程中期检查为契机，进一步完善我校88门精品课程内容的建设与共享。

为 2003～2008 届毕业生题词

与二〇〇三届毕业生共勉：

　　志存高远拓新路，脚踏实地成良才。

与二〇〇四届毕业生共勉：

　　做人做事做学问，求真务实永向前。

与二〇〇五届毕业生共勉：

　　立人以诚，做事以敬，治学以恒。

与二〇〇六届毕业生共勉：

　　知明行笃求学问，立诚致广写人生。

贺百年校庆并与二〇〇七届毕业生共勉：

　　闽水长流，仓旗①卓荦。

　　百年校园，花繁果硕。

　　知明行笃，上下求索。

　　立诚致广，前程广阔。

为二〇〇八届毕业生题词同二〇〇七届。

---

① 仓旗，即仓山校区和旗山校区，分别为福建师范大学的老校区和新校区。

开放办学篇

"坚持对外开放办学、不断提高国际化程度，这是建设高水平大学的必由之路。"

——作者

办校庆的三个目的[*]

2002 年是我校建校 95 周年，前任班子已为筹备校庆做了大量的工作，现在离校庆（10 月 11 日）只有一个多月了。一般地说，搞校庆有三个目的：①扩大学校的社会影响，提高学校的社会知名度；②通过校庆凝聚全校师生的人心和广大校友的人心；③能够上一些大的项目，取得实质性的效益。

但从目前的情况来看，要实现上述目的是比较困难的，主要是时间太紧了。

学校新班子经过研究，决定把校庆时间推迟一个多月，放在 11 月下旬进行。我们征询过一些原校领导的意见，他们也认为校庆活动重点在于效果，校庆时间变动可以理解。这方面已有先例，如北京师范大学 2002 年校庆的时间就从原来的 10 月份提前到 9 月 8 日。我们准备对校庆作进一步的策划，如召开高层论坛，充分发挥各院系、民主党派作用，制定有关捐赠的奖励政策等，力求使校庆能实现上述的几个目标。

---

* 这是笔者 2002 年 8 月 28 日在全校部署新学期工作大会上讲话的一部分。

一定要把建校 95 周年校庆办好*

8 月 28 日我在部署本学期工作时，已讲到了校庆问题，提出原来定的校庆时间要推迟。9 月 6 日下午，调整后的校庆领导小组召开第一次会议，就校庆有关问题进行了研究，确定了校庆的时间是 2002 年 11 月 23 日（星期六）。这里，我把 9 月 6 日领导小组讨论研究校庆工作的思路和安排，结合这次参加北京师范大学、南京师范大学两所高校的校庆体会，讲以下几个问题。

一　关于校庆的指导思想和目标

本学期工作的指导思想为"三个三"，这也是今年校庆的指导思想，但要具体化。

在校庆问题上，有两种思路、观点。一种是把校庆单纯看成一个仪式、一个庆典，花一点钱，开一个会，热闹一场，这没有多大意义。这样的校庆可以搞，也可以不搞；可以大搞，也可以小搞。另一种是把校庆看成学校发展的一个契机、一个新的增长点，这体现在我们所说的校庆的三个目标上。北京师范大学、南京师范大学的校庆很好地实现了这三个目标。

---

* 这是笔者 2002 年 9 月 12 日在全校教授和干部大会上关于校庆的紧急动员讲话。

一是扩大了影响。北京师范大学的百年校庆，媒体做了大量宣传报道。9 月 8 日在人民大会堂举行庆典大会，江泽民总书记发表重要讲话，随后在全国高校掀起了学习江泽民重要讲话的热潮。南京师范大学的百年庆典大会和晚会都在全省进行现场直播。这些都给学校带来很大的社会影响。也许有人要问：影响扩大有什么好处？可以说大有好处，这是学校的一笔巨大的无形资产，它可以给学校带来诸如招生、就业、合作办学、吸引优秀人才等意想不到的效果。特别是像我们这样一所地方高校，社会知名度不高，海内外也不太了解，所以要通过校庆和其他途径，逐步改变这一状况。

二是凝聚了人心。这里指的是全校师生员工和广大校友的人心。这两所大学的校庆，师生员工都热情高涨，北京师范大学校庆志愿者有一千多人，热情友好，给来宾留下很好的印象。校庆也是校友的节日。这次北京师范大学百年校庆校友来了两三万人，校内到处可以看到这样的标语："今日我以母校为荣，明日母校以我为荣"，这是很鼓舞人心的。要充分认识到，校友是学校的一笔重要社会资源。据了解，这两所大学的校友，对母校的感情很深，对母校的发展给予很大的帮助。相比之下，我校校内人心有点散，校友的凝聚力不太强。这种状况要逐步扭转。

三是加快了发展。北京师范大学、南京师范大学通过这次校庆，筹集到了不少资金，有力地促进了学校的发展。我校目前的办学条件比较差，希望通过校庆得到各方面的资助，使办学条件有所改善。

我们的态度是：95 周年校庆不但要办，而且一定要办好。

二　校庆的主要内容和工作

根据上述校庆的目标，原先安排的校庆活动要作相应的调整，还要增加一些新的项目。初步考虑有以下十个方面。

①高层论坛。初步定三个论坛：一是中外大学校长论坛，主题是"经济全球化背景下高等教育走势研究"；二是中学特级教师论坛，主题是关于素质教育问题；三是长安学子高层论坛，请一些杰出校友来校作报告，与大学生互动。②庆典大会。③科技节活动。我校从 1996 年开始每年办一次科技节，效果很好，每年的科技节要作为校庆的一个内容。④校园内工程奠基、落成仪式。⑤制订校训、校标、校歌，编写校史、校志等。⑥举办展览，如校史展、学校老照片展、新老校区模型展、师生书画作品展等。

⑦组织向老教师、老职工祝寿。⑧各院系的活动，如校友接待、校友座谈、学术讲座、成果展览等。⑨校庆文艺晚会。⑩筹备成立学校董事会。

三　举办校庆的可行性分析

首先要认识我们面临的许多困难。一是时间紧、任务重。现在离校庆只有 70 天，却有那么多任务要完成，确实不容易。二是校庆筹备的基础比较差，如校友录离要求还差得远。三是各项工作太多。我们也不能只顾搞校庆，学校的其他工作，如重点学科建设，院、系学科的调整，新老校区的规划和建设等，也都很重要。在这种情况下，如何统筹兼顾，的确是一种挑战。四是师生员工还未充分发动，特别是院系这一层次，他们是校庆的主体，没有他们的主动积极参与，校庆就很难实现预定的目标。

但是，在正视困难的同时，也要看到许多有利的因素。一是江泽民总书记 9 月 8 日在庆祝北京师范大学建校 100 周年大会上的讲话，引起了各级领导和全社会对高等教育的重视，我们要凭借这一东风。二是学校新的领导班子坚强团结，齐心合力。三是广大师生员工希望学校加快发展、不断强盛的愿望。四是作为一所有 95 年历史的老校，校友众多，他们会以各种方式支持母校。五是有其他高校办校庆的新鲜经验可供我们借鉴。毛泽东同志说过，矛盾的主要方面和次要方面不是固定不变的，在一定的条件下可以相互转化。我们现在面临的困难是大一些，是矛盾的主要方面，但是经过努力，困难逐个克服，有利的因素就会转化为矛盾的主要方面。

四　需要着重抓紧抓好的几项工作

首先是解放思想，更新观念。第一，要树立主人公意识。校庆是为自己做，不是为别人做，所以全校师生员工都要积极参与，不当局外人。既然是主人公，就要有奉献精神，不要老打学校的主意，斤斤计较。南京师范大学校友会的一位老师告诉我，他每年大年三十跑到各地区给校友拜年，使校友深受感动。我听了不仅感动，而且肃然起敬！我们要充分发动大家，给学校提建议，献计献策。我这几天收到一些来信，师生和校友们对校庆都很关心，提了不少好的意见。第二，要有全局观念。校庆是个系统工程，需要各方面配合。这个问题过去处理得不够好，院、系、所与校部的关系不是太正常，在一些人的讲话中经常出现"你们""我们"，有点对立；有些问题学校三令五申，但一些院、系我行我素，或者阳奉阴违。我们要强调，校庆是大局，各院、系要服从这个大局，如学校成立校庆办要抽调人员，各有关单位应该积极支持。对顶着不办的单位，我们要采取必要的措施。又如办展览，不要一开口就是给多少钱，漫天要价。第三，要有时间观念。现在已进入校庆倒计时，再也不能拖拉了。校园内的基建工程，该加班的就要加班。校庆办这一段晚上都是灯火通明，这是好现象。第四，要有效率观念。全体师生员工，特别是干部，要有一个好的精神状态。办事要讲效率，今天要办完的，不能拖到明天；原计划一周内办完的，在保证质量的前提下，能否提前办完？"效率就是生命"，我们要好好领会"深圳特区"的含义。第五，要有经营观念。要少花钱，多办事，用最低的成本，争取最大的效益。校庆的预算有限，又要增加很多新内容，钱不够怎么办？我们不能号召校友捐钱，过去搞的摊派，今年一律不搞。我们要换一种新的思维方式，要学会经营。比如，1996 年美国的亚特兰大奥运会，因为善于经营，不仅没有亏损，还有盈余。前几年上海举办东亚运动会，也有所盈余。2008 年北京办奥运会，据说总投资 200 亿元，政府投入才 19 亿元，不到十分之一。就以校庆纪念品来说吧，过去是学校拨钱做纪念品，既花钱，纪念品的数量、品种也有限，不能满足要求。我看北京师范大学的校庆纪念品有 40 多类 80 多种，放开销售，很受欢迎。我当场买了一千多元纪念品，装了一麻袋回来，给有关部门作参考。在校庆纪念品上，我们可不可以采取承包经营、向社会招标的办法，这样我们不仅不要投入，而且承包方还会给我们学校一笔租金，因为我们在一定范围内出让了学校的品牌和市场，这是无形资产，通过承包经营，它就变成了有形的资产。

其次，切实加强对校庆的领导。学校成立校庆领导小组，由校主要领导任组长，其他校领导各管一头。学校党委一位副书记兼任校庆办主任，并设专职副主任，处理日常事务。校庆办主要负责校庆的校外联络和校内协调，工作虽然繁杂，但很重要。各院、系也要成立相应的校庆领导小组，确定好联络员名单。院、系这一摊任务也很重要，如校友录应在规定的时间内完成。

再次，充分发动，人人参与，调动各方面的积极性。校庆是全校师生员工的节日，所以要进行全面的发动，不仅是在职的教职工、干部，还包括离退休的教职工、干部；不仅是在校的学生，还包括学生的家长和广大的校友。通过宣传发动，使他们了解学校、关心学校、爱护学校、支持学校。我们将组织对各院、系的校庆活动进行评比，对搞得好的要进行表扬；也要组织全校师生员工和校友对学校的发展建言献策，对一些好的建议要进行奖励。

最后，加强校庆的宣传活动。福建师范大学校报现有版面太小，容量有限，正决定扩版。有关校庆的标语、广告牌、宣传栏要尽快搞起来，营造校内的校庆气氛。要在《福建日报》上开辟《情系长安山》专栏，请校友写一些回忆文章。福建电视台要有关于福建师范大学的新闻。《光明日报》《中国教育报》要刊登关于福建师范大学办学成就的报道。要与香港《大公报》《文汇报》联系，欢迎它们的记者前来采访。校领导准备近期分批赴各地市和香港看望校友，召开校友座谈会。

积极推动海峡两岸"终身教育与社会进步"的发展与研究*

　　时值金秋送爽，又逢福建师范大学 95 周年华诞，由福建师范大学继续教育学院、福建师范大学终身教育发展研究中心主办，福建省成人教育学会、澳门成人教育协会、台湾成人教育学会协办的两岸"终身教育与社会进步"高级论坛在我校隆重召开。北京师范大学教育科学学院博士生导师成有信教授、中国成人教育协会常务理事、国家督学郝铁生同志亲临大会指导，台湾、澳门以及省内外各大学成人教育的专家学者汇集我校，为我校 95 周年华诞增添了喜庆的气氛，我代表福建师范大学党政领导以及全体教职员工表示热烈欢迎，并预祝大会取得圆满成功！

　　福建师范大学是福建省历史最悠久的大学，具有 95 年办学历史。经过几代人的共同努力，尤其是改革开放以来，学校的整体实力已进入全国高等院校的先进行列。目前，学校设有 16 个学院、28 个系，拥有本科专业49 个，硕士学位授权点 48 个，专业硕士学位 1 个、博士学位授权点 8 个、博士后科研流动站 2 个、省级重点建设学科 8 个、省重点扶持学科 2 个、省级重点实验室 4 个，国家基础学科研究和人才培养基地 4 个，教育部人文社会科学省级重点研究基地 1 个。此外，拥有国家中小学教师继续教育工程培训基地、全国重点建设职业教育师资培训基地、现代远程教育试点

＊　这是笔者 2002 年 11 月 12 日在福建师范大学主办的海峡两岸"终身教育与社会进步"高级论坛上的开幕词，后作为《终身教育与社会进步》一书（东方出版中心 2003 年 12 月出版）的序言。

学校、教育部基础教育课程改革福建师范大学研究中心、国家单独招收台湾学生试点学校、面向东南亚开展对外汉语教学培训基地、支持周边国家汉语教学重点学校、福建省高校师资培训中心等人才培养和研究基地。学校拥有一支素质优良、结构合理、充满活力的师资队伍。依托多学科的优势和高素质的师资队伍，学校的教学科研水平已连续多年名列全国高校百强。我校充分发挥地处福建对外开放综合实验区、毗邻台港澳、面向东南亚的区域优势，积极开展对外交流工作。1977 年以来，学校已与 20 多个国家和地区的高校、科研机构及联合国教科文组织建立了广泛的合作关系。

福建师范大学从 1956 年开始举办成人高等教育。数十年来，我校培养了数以万计的成人本、专科各专业专门人才，为福建省的基础教育事业和社会主义现代化建设事业作出了巨大的贡献。特别是改革开放以来，我校成人高等教育事业蓬勃发展，目前在校的函授、自考助学班、职业技术教育等不同专业、不同层次的成人教育学生多达 2 万人，是福建省成人教育的重要基地之一。1994 年我校被省教育厅、省考委评为高等教育自学考试工作先进集体；1996 年被国家教委评为高等教育自学考试工作先进集体；1997 年全国成人高等教育评估，被国家教委评为优秀学校。1997 年，我校创办了"终身教育发展研究中心"；2001 年创办了中国"终身教育"网站；2002 年，积极申报"成人教育学""人类学"两个硕士点，我校"终身教育"的发展与研究，已经走在全国同行的前列。

江泽民同志指出，终身学习是当今社会发展的必然趋势。要逐步建立和完善有利于终身学习的教育制度。学校要进一步向社会开放，发挥学历教育、非学历教育、继续教育、职业技术培训教育等多种功能。基础教育、职业教育、成人教育和高等教育加强相互间的衔接与沟通，为学习者提供多种多次受教育的机会。中国政府颁布的《中国教育改革和发展纲要》指出，成人教育是传统学校教育向终身教育发展的一种新型教育制度，对不断提高全民素质，促进经济和社会发展具有重要的作用。这就为成人教育的进一步发展指明了方向，继续教育和终身教育将成为成人教育在 21 世纪新的时代主题。本次在我校举办的"终身教育与社会进步"高级论坛，海峡两岸多年从事终身教育理论研究的专家学者，共同对这一主题进行交流、探讨和研究，旨在进一步推动"终身教育与社会进步"的发展与研究，宣传终身教育理念，推进学习型社会的形成，贯彻国务院已经提出的"2010 年在我国基本建立终身教育体系"的要求。我相信，本次的两岸"终身教育与社会进步"高级论坛，必将取得圆满成功，结出丰硕的成果！

以全球化视野培养全球化人才[*]

当前，经济全球化以迅猛的速度席卷全球，没有一个国家能摆脱外部经济的影响而独立生存与发展——这就需要我们以全球化的视野来理解高等教育的社会功能与未来走向。

21 世纪是人才资源激烈竞争的世纪。国与国之间、地区与地区之间的竞争与合作，已经从农业领域、工业领域逐渐跨越到人才资源开发与人力资源经营等领域。在这个背景下，高等教育的发展路径应该有创新性、开放性和前瞻性的战略目标，必须促进大学教育在本土化生长与国际化发展中寻求更为平衡更有活力的支撑点，从而迎接经济全球化所带来的各种挑战与机遇。这也正是我们倡导举办中外大学校长论坛、研究经济全球化与高等教育创新问题的本意。我们的倡议得到了海内外一大批高校的热烈响应，截至 2002 年 11 月 18 日，已有 30 多位大学领导欣然应邀出席盛会。他们将在论坛上作精彩发言，各抒高见妙论，为高等教育创新提供前瞻性的战略对策。

这是福建省教育界首次举办如此高层次、高规格的大型研讨会，时值福建师范大学建校 95 周年，论坛代表针对经济全球化与高等教育发展提出的各项政策与建议，势必对国际化人才的创新性培养模式产生良好而深远的影响。

＊ 这是笔者 2002 年 11 月 22 日在福建师范大学举办的"中外大学校长论坛"开幕式上的致辞。

建校 95 周年校庆工作的回顾与启示[*]

校庆已过去两周多了，这次校庆实现了 2002 年 8 月 28 日我代表校党委提出的校庆三个目标：扩大影响，凝聚人心，促进发展。11 月 28 日第 25 次校长办公室会议认真听取了校庆工作汇报，充分肯定了校庆工作所取得的成绩。会议决定召开一次全校性的教授和中层以上干部会议，对校庆工作进行总结。

9 月 12 日，我在这里进行校庆动员部署，一晃三个月过去了，但校庆筹备工作的日日夜夜还是历历在目，记忆犹新。今天的校庆工作总结会议并不是单纯地评功摆好，而是要达到两个目的，一个目的是学习宣传党的十六大精神。我们的各项工作包括校庆的筹备工作，都是在"三个代表"重要思想的指导下进行的。我们在新学期部署工作时，就指出这个学期工作的指导思想是三个"三"，即"三个代表"、三个协调、三个有利于。我们的任务就在于落实，切切实实地落实到学校八项工作中去。这次校庆工作所取得的成就，也是我们学校贯彻十六大精神的结果。因此，我们总结校庆工作第一个目的就是学习宣传十六大精神。第二个目的，回顾过去是为了展望未来，我们总结校庆成功的经验，可以得到很多启示，这些启示对学校今后的工作有很大的指导意义。我今天的发言分为三个部分，第一讲收获，第二讲原因，最后讲启示。

---

* 这是笔者 2002 年 12 月 10 日在全校教授和干部大会上的讲话。

一　校庆的收获

首先，谈校庆的收获。大体有以下八个方面。

（一）校庆的各项活动有新意、有特色，体现了师大人的创新精神

这次校庆活动项目很多，原来定了将近 20 项，后来又不断根据需要增加了好几项，加上各院系开展的活动，内容就更多了。这些活动大体可以分为两类。一类是过去也搞过的，现在还搞，但表现形式不一样。比如庆祝大会，每个学校的校庆都要搞庆祝大会，但我校今年的表现形式有很大的改变。再比如校庆晚会，过去搞过，每次大型活动也都搞晚会，但今年的表现形式也有很大的不同。第二类活动是以前没有搞过的，如中外大学校长论坛、特级教师论坛，在福建省都是第一次。校史、老照片展览在我校也是第一次，展出后很受欢迎。包括校标，也在此次校庆时重新设计过。这次校庆活动，应该说是丰富多彩、琳琅满目的。

（二）校庆工作引起了各级领导的高度重视

领导重视之一，很多领导人，包括党中央领导、省领导都为我们校庆发来贺信，写了题词。其中包括国家领导人、全国人大常委会副委员长周光召，全国政协副主席、中共中央政治局委员王兆国，全国政协副主席罗豪才，教育部部长陈至立以及福建省委、省政府的主要领导，如省委书记宋德福、原省长习近平、代省长卢展工等，宋德福书记的贺信还是亲笔书写的。这些充分说明了各级领导对我校校庆的重视。

领导重视之二，国家领导人参加我校校庆，这在我校历史上还没有过。周光召副委员长不仅参加校庆庆祝大会，还参加了中外大学校长论坛开幕式，发表了热情洋溢的讲话，并和全体代表合影留念。之后，在校主要领导的陪同下，驱车到我校参观。原来只打算逗留一个多小时，实际上参观了两个多小时。他饶有兴趣地参观了我校的教学科研成果展、校史老照片展，对老照片展览很感兴趣，因为我校历史上出了很多位院士。周光召副委员长还参观了陈宝琛书室，对我校比较悠久的历史赞叹不已，特别是观看了古籍库保藏的古字画，给予了充分的肯定，并在题词本上欣然写

下了自己的名字。

领导重视之三，省委、省政府对我校校庆十分重视和支持。校庆原本是学校行为，请上级领导参加就是了，但是校庆前几天，情况发生了变化。10 月 19 日，我校领导和省教育厅领导等被召集到省委政策研究室开会，被明确告知，福建师大校庆已经不单纯是学校行为了，要求全面检查我校校庆的准备工作。所以，11 月 20 日省委宣传部一位副部长来我校了解校庆的各项筹备工作情况。我到省教育厅汇报校庆工作，教育厅领导也明确表示师大校庆工作不仅仅是学校行为，师大要邀请什么人，可以通过教育厅联系；师大要开展什么活动，教育厅尽量提供方便。这些都体现了省委、省政府对我校校庆工作的重视和支持。

领导重视之四，表现在省委把福建会堂让给了我们开庆祝大会。11 月 21 日，省委七届四次全委扩大会议在福建会堂召开，22 日宋德福书记传达了十六大精神，对我省如何贯彻十六大精神进行了部署。根据原来的安排，23 日上午的全委扩大会议是先讨论，后开闭幕式，我校校庆大会原定于 23 日上午 10 点在福建会堂召开，这样就发生了冲突。作为基层单位，我们当然要服从省委、省政府的安排。但省委对我校校庆很重视，省委办公厅领导跟我们商量，能不能把会议改到下午开。我们说下午不行，下午有很多来宾，包括中外大学的一些校长、海外校友，都订好了机票，我们宁可挪个地方。我们事先已有准备，福建会堂开不成，就移到省体育中心或体育馆开。最后省委决定把省委全委会的闭幕式移到西湖宾馆二层的大会议室去开，这充分体现了省委认真贯彻十六大精神、坚定不移地实施"科教兴国"战略的决心，体现了省委、省政府对师大、对福建高等教育的高度重视。

领导重视之五，表现在省四套班子主要领导和 180 多位厅级领导参加了我校庆祝大会，可谓盛况空前。这是对我校很大的支持！

我们的校庆工作引起了各级领导的高度重视，这表明我们学校在社会上的地位上升了、影响扩大了，大大提高了福建师大在福建省的地位。另外，各级领导的重视，也使很多媒体不请自来，在报道领导活动的同时报道了福建师大。各级领导的重视也为今后我校对外工作打开了通道。社会各界包括企业界也通过这次校庆，对我们师大有了更多的了解。

（三）校庆激发了全校师生员工的热情，增强了全校的凝聚力

这次校庆工作得到了广大师生员工的大力支持。很多老同志、老教师

参加了庆祝大会，都感到非常激动。尤其是陈佐洱校友在会上的发言，非常感人，很多同志听了热泪盈眶。除了福建会堂主会场，我们还在校内设立了分会场，组织师生观看，有的老师在家里收看，大家都从中受到了很大的鼓舞。校庆晚会可谓是盛况空前，尽管前面已经演了好几场，但 23 日那天还是里三层外三层，估计有 2 万多人，规模之大，秩序之好，前所未有。晚会后还放了焰火，大家都感到非常高兴。通过这次校庆，广大师生员工的热情得到进一步激发，大家都为师大感到骄傲、自豪。

（四）校庆获得了社会各界广泛的关注和好评

就新闻媒体而言，从校庆开始筹备以来，媒体就陆陆续续报道了我校的情况，包括香港《大公报》《澳门日报》《光明日报》《中国教育报》和福建的各种媒体。11 月 13 日下午我们召开了新闻发布会，近 20 家媒体参加。之后各大媒体都很关注我校的校庆活动，有的还进行了现场采访，如采访参加论坛的中外校长等，影响很好。23 日的庆典活动，媒体也做了很多报道。《福建日报》11 月 24 日第一版头条报道的是省委七届四次全委会议闭幕的消息，紧接着就是师大的校庆，所占的版面也是比较大的。省电视台对我们的校庆大会进行了转播，校庆晚会也在第二天的省教育电视台作了转播，在全省产生了很大的影响。据统计，仅仅在校庆期间，就有 20 多家媒体发表了 50 多篇的报道。

有关我校校庆的报道，在社会上产了比较大的影响，社会各界加深了对我校和校庆工作的了解。包括普通老百姓，甚至的士司机，都知道我们的校庆大会在福建会堂召开。很多企业都很关注我们的校庆工作，希望今后跟我们打交道。

前来参加校庆的兄弟院校的校长，对我们的校庆工作也给予了很高的评价。日本一大学校长在来信里说，参加我校校庆感到非常兴奋，特别是参加了中外大学校长论坛，觉得非常值得，希望今后进一步加强这方面的交流。台湾东海大学教务长观看了我们的晚会，对晚会的节目赞不绝口，同时也对整个会场的秩序赞叹不已，认为这在台湾是不可思议的。到现在为止，我们还不断接到来电来信，对我校校庆表示祝贺并给予很高评价。这也说明了我校校庆得到了社会各界的广泛关注和好评，扩大了我校的影响。

（五）校庆极大地鼓舞了广大校友

95 年来，我校已经培养了 10 万多名校友，分布在海内外各地。他们虽然身在异乡，但都非常关心母校，通过不同的方式了解母校的现状。这次校庆，我们专门开设了校庆网站，校友们通过网络了解到师大现况，纷纷打电话或写信表示对母校校庆的祝贺。例如，我国驻圭亚那特命全权大使宋涛博士就发来热情洋溢的贺信。校庆期间，我们在《福建日报》开辟了《情系长安山》专栏，很多校友踊跃来稿，先后发表了原文化厅厅长李联明《长安山忆旧》、香港陈娟博士《爱在长安山》以及世界乒乓球冠军郭跃华等校友的文章。这些文章，字里行间都表现出对母校的怀念和热爱。很多校友看了都感慨万分，纷纷来稿要求登载，产生了很大的影响。有的校友打电话要我们的校报，希望先睹为快，校报的印数也在不断增加。

邀请香港校友参加校庆，对他们是很大的鼓舞。他们兴高采烈，来人增加了一倍。他们受到了非常热情的接待，出乎意料，都非常高兴。今天上午我接到了一封香港校友的来信，表示对母校的感谢，说了很多校庆的感受。全省各地、市都派了代表团来，因为名额限制，不可能太多，于是纷纷要求增加名额。他们参加校庆庆典后非常高兴，回去作了广泛的宣传，对扩大学校影响起了很好的作用。很多校友参加校庆后，都表示对师大的未来充满了信心，表示今后如果需要他们帮什么忙，他们一定会尽力而为。通过这次校庆，凝聚了校友的人心，对学校今后的发展会起很大的促进作用。

（六）校庆的筹资工作取得了突破性进展

校庆花钱容易筹钱难。90 周年校庆时包括在座各位同志的捐赠，总共才筹到 280 多万元。在这种情况下，提出筹资的目标，难度可想而知，何况时间这么仓促。所以，在 9 月 12 日校庆动员大会后，我们紧接着出台了校庆捐赠的规定，加大奖励力度，也收到了一定的成效。接着又尝试建立董事会筹委会，由汪征鲁副校长负责。他非常重视这项工作，接受任务后一个晚上没有睡着，考虑如何完成任务，第二天就拟定了董事会筹委会章程要点。9 月 14 日我们把章程初步定了下来。9 月 15 日从美术学院得到消息，有一位校友刚从国外回来，建议校领导见他一面。这个校友叫魏翔，现在匈牙利定居，企业做得很大，连锁店在东欧已经开了 500 多家，而且在北京开了文化公司。我们跟他交谈后，他对学校有了进一步的了解，非常慷慨地表示愿意捐赠。17 日他到北京后就打电话说要捐赠 20 万元，18 日汇单寄出来，19 日我们就收到了。

这是此次校庆的第一笔捐款，虽然钱不是很多，却是一个很好的兆头，预示着良好的开端。后来，我们的工作进展就比较顺利了。第二笔捐款是泉州一家企业集团的董事长，他的儿子也是我校美术学院的校友。通过美术学院、历史系几位领导的引见，9 月 21 日我们到了泉州，跟他一起过中秋佳节，介绍学校的有关情况，他热情地表示要成为我校正在筹建的董事会的第一个副董事长。

这样，我们的筹资工作就逐步展开了，各个院系也发动起来。全国政协委员、香港企业家邱季端先生捐赠 100 万元，11 月 22 日晚，我们在西湖大酒店举行了捐赠仪式。邱先生是北京师范大学毕业生，我们通过校友做了很多工作，终于使他了解我们学校并表示愿意捐赠。校庆结束后，捐赠工作还在继续，明天还有一家企业愿意向我们捐赠，还有好几笔要进一步落实。应该说，筹资这项工作在非常艰难的情况下取得了可喜的成绩。

（七）精打细算，用比较少的钱办了比较多的事

这次校庆的预算经费，2002 年上半年学校定下是 60 万元，省教育厅给了 39 万元，加起来是 99 万元。实际上我们现在的校庆项目比原来计划增加了好几倍。有的学校校庆花了很多钱。那么，我们这次校庆花了多少钱呢？根据财务处目前的统计，大概花了 104 万元，其中包括一些我们认为很值得的投资项目。例如，美术学院征集 104 幅书画作品编辑出版，出版经费包括其他费用大概十几万元，但这 104 幅作品知识产权归我校最少也得值几十万元，所以这是一件非常划算的好事。这些我们都算在校庆经费开支里了。如果把这笔钱除外，校庆费用不到 100 万元。

应该说，这次校庆是比较注意精打细算的。有人说，几百人住西湖大酒店这种五星级大酒店，开支一定相当大，大概要花几十万元。实际上，在"西酒"的几天时间总共花了 20.4 万元，包括中外大学校长论坛的场租和捐赠仪式的场租等。按照"西酒"的价格，标间为一天 350～450 元，甚至更高。因为我们是整批入住，经过多次讨价还价，该用的办法都用上了，最后降到 250 元。250 元是什么概念呢？250 元包括 2 个人的早餐，一顿早餐 60 元，那么，一个标间实际上是 130 元，一个床位也就 65 元，比

吕振万楼恐怕还便宜。所以虽然住在五星级大酒店，但我们的开销并不算很多。我们的工作人员好几个挤在简易房间里，工作相当辛苦，但他们都没有到"西酒"餐厅吃饭，而是到"西酒"工作人员的餐厅吃饭，一餐10元。工作人员的餐厅很小，我们的工作人员包括志愿者有几百人，只好轮批进去。开始"西酒"还担心秩序大乱，但我们的工作人员、老师、学生井井有条，一批走了，一批进来。这使他们感到师大的精神面貌的确不错。有的同志加班加点，晚上想买块面包，"西酒"四周都没有商店。我听说过这样一个故事，有一位同志饿了，想买块面包，但一看面包价格好像是50元，不敢买。后来认真看了一下，原来是3.50元。再举个例子，24日大部分来宾都撤离了，还有一些人包括香港校友住在"西酒"。我们及时做了工作，请他们撤离到吕振万楼。如果再住"西酒"，整个房价都要提高。香港校友也很理解，高高兴兴地回到吕振万楼。再比如晚会，有人说花几十万元——搭一个台子就花了二十几万元，其实，搭那个台子才花七万多元，包括音响、灯光等，这也是反复砍价砍下来的。那天晚上的焰火，有钱当然可以多放一些，但也要注意精打细算。按原来的价格是放三分钟3万元，结果放了8分钟，才1.8万元。大家的确都有主人翁的精神，一方面发动不同渠道捐资，捐资越多越好；另一方面开支越省越好，用比较少的钱办比较大、比较多的事。

（八）校庆为我校今后的发展打下了非常好的基础

通过这次校庆，大家认识统一了，精神舒畅了，尤其是学校的定位进一步明确了。我们今后要办成一个什么样的大学？有四个定语，即综合性、有特色、教学科研型、更加开放的大学。省领导给我校发来贺信，包括省委书记、省长的贺信都明确提出学校今后的发展方向是综合性大学。尤其是代省长卢展工同志代表省委、省人大、省政府、省政协在庆祝大会上的发言，非常明确地提出我校的发展方向，三个定语：综合性、有特色、高水平。这个星期的省长办公会议已经同意福建师大改名为福建大学，准备以省政府名义上报教育部，这为我校以后的发展开辟了新的通道。

另外，庆祝大会上的几个发言，对我校今后向综合性大学发展营造了比较好的舆论。例如：北京大学党委副书记、博士生导师王登峰教授的发言，影响很好；日本琉球大学校长森田孟进的发言，回顾了与我校合作的历程，并希望今后在国际化的道路上与我校更好地合作。我们安排教师代表、学生代表发言都围绕着综合性大学作了一些文章，起了非常好的效果。当然，综合性大学目标的实现任重而道远，我们还要不断努力。

这次校庆，我们加深了与国外几所大学和台湾几所大学的交流合作，他们也非常高兴。11 月 23 日，校外办专门安排了我校领导和日本、中国台湾的大学校长洽谈，讨论今后怎么加强合作，谈得很好。琉球大学校长到机场后还提到还有很多方面需要合作，意犹未尽。有的校长回去后还写信来谈今后如何加强合作等。

这次校庆在社会上产生了很大的反响，对我校今后的发展将起到很大的促进作用。目前我们不断接到一些人才来信来电要求调到我们学校来，对我们师大产生了很大的兴趣。我们认为办大学主要靠人才，人才靠吸引力，靠凝聚力。通过这次校庆，提高了学校影响力，增强了凝聚力，对今后的人才引进也起了很好的作用。

二 校庆取得成功的原因

这次校庆概括起来有 8 个方面的收获。那么校庆工作取得成功的原因是什么？有哪些经验可以总结？简单地说，就是六个字：天时、地利、人和。

从天时来讲，我们历来说"谋事在人，成事在天"。我们尽自己的努力，但最后成功与否要看客观条件的许可。我们把校庆的时间推迟到 11 月 23 日，等十六大召开后一段时间再举办，这个时间究竟怎样，我们心中也没有底。十六大 11 月 8 日召开，11 月 14 日闭幕。省委主要负责人从北京回来后，紧接着召开省委全委扩大会议。全委扩大会议跟我们原定的庆祝大会的场所和时间有冲突。我们定在 23 日上午举行庆祝大会，省委扩大会议是 22 日召开，23 日上午前半段讨论，11 点以后闭幕。我们把时间提到十点以前，这样就有可能把很多厅级干部吸引过来开会。要不，也不可能有那么多厅级领导参加。这也应该是一种天时。

另外，我们当时还担心那天会下雨，因为从省气象台了解到，那天的天气并不好。如果校庆放在大操场开，偏偏又碰到下大雨，恐怕就要砸了。所以天气也是一个大问题。还好，22 日下雨，23 日转晴，24 日下午又开始下雨了。如果 23 日那天真下雨的话，恐怕就很难办了。因此，天公亦作美。

再说地利。校庆几个活动的地点，应该说都选对了。比如中外大学校长论坛，当时考虑过在校内召开，让师生多参加、多了解，很有好处。但后来考虑再三还是决定在"西酒"开。事实证明，这样的选择是对的，整个规格比较高，引起了社会各界的关注，中外大学校长们也感到相当满意。尤其是周光召副委员长参加了校长论坛，影响就更大了。

又如庆祝大会的地点，北京师范大学选择在人民大会堂。我们也可以有多种选择，但最后定在福建会堂，现在回过头来看也是对的。如果不是福建会堂，省委主要领导恐怕就很难参加我们的庆典，因为他们还要开省委全委扩大会议。而校庆选在福建会堂，省领导就很方便了，参加完校庆马上就可以回去开会。这也是地利之便。校庆晚会的地点，最早的设想是在物理系前操场。过去晚会也都在那里办。但那个地方容量小，所以最后决定移到大操场，搭盖一个大舞台。大操场可以容纳两三万人，事实证明效果非常好。这也是地利的表现。

我们已经说了天时、地利，但关键还是人和。天时、地利讲的是客观条件，起决定因素的还在于主观上的努力。这次如果没有全校师生员工的团结拼搏，校庆是难以如此成功的。

这次校庆有几个不同于以往的特点。第一，时间紧。8月28日宣布要搞校庆，9月12日作校庆部署安排，离11月23日校庆才剩两个多月时间，时间非常紧。第二，项目多。在这么短的时间内，要完成20多个学校项目，还有近100个院系的项目。有些项目，时间太紧了，所以如画册、名家书画集、陶瓷笔筒等，直到校庆前一两天才运到。第三个特点，要求高。我们的态度是要么不干，要干就要干得漂亮，不能马虎应付、草率从事。中外大学校长论坛规格相当高，可以与国内其他国际会议相媲美。庆典大会的规格也相当高，晚会的水平也很高。其他各项活动，包括教学科研成果展、校史老照片展、特级教师光荣榜以及长安学子高层论坛、特级教师论坛等，要求都比较高。第四，任务重。我们不是单纯搞校庆，还有很多其他工作要做，如院系调整、校内津贴分配方案修订、学位点申报、精神文明建设、校园整治等，都在同时进行。在时间紧、项目多、要求高、任务重的情况下，能够实现校庆的目标，是相当不容易的。这靠什么？主要靠人。毛泽东曾经说过，在共产党的领导下，只要有了人，什么人间奇迹都可以创造出来。天时、地利毕竟都是次要的，关键还是人和。

第一，校领导班子的正确领导，是校庆成功的一个重要方面。

校领导作出了一个正确的决策，即不是把校庆看成是一个单纯的校庆，而是看成学校发展的一个机遇，这在观念上是一个很大的变化。另外，果断把校庆时间推迟，整个校庆活动计划定得比较周密。学校在每一个阶段都召开了相应的会议，对前一段工作进行总结，并对下一步的工作进行部署。9 月 12 日召开动员大会之后，中间又开了好几次会议，一直到校庆之前，9 月 20 日又召开了全校中层干部会议，对校庆的各项工作进行了紧急部署动员。学校领导班子团结合作，起到了核心、堡垒的作用。整个校庆期间政令通畅，学校的决定、政策都能顺利传达到基层，并落到实处，这就保证了整个工作都能齐心协力地干起来。

第二，各个部门之间通力协作，表现出一种特别能战斗的精神。

校庆期间，各个部门都树立起大局意识，服从学校的统一安排、统一指挥、统一调度。因工作需要，学校设立了校庆办，抽调了部分人马，各个单位都能积极支持，大家都以学校的事业为重，要人有人，要物有物。比如，图书馆不但抽出党总支书记薛璐玲担任校庆办常务副主任，对办好校庆起了很大作用，还支持了五台电脑。再比如，要建立校庆特别网站，科研处派人到校庆办后，很快就建了起来。在校庆期间，各位校领导分兵把口，齐心合力，团结协作，在一定意义上起了表率作用。学校领导走访了各个地市，拜访校友，对校友的联络起了很好的作用。有的校领导还负责一些重要的项目，都能很好地完成任务：有的负责捐资这一块，一直在考虑如何把这项工作做好；有的负责特级教师论坛，作了周密的安排；有的负责中外大学校长论坛，做了大量工作；有的负责校庆纪念光盘，也搞得不错。有的校领导同时担任校庆办主任和晚会筹备组组长，工作非常努力。校主要领导很多时候都跟大家一起熬夜，如校庆主席台排位，就跟其他同志一直工作到凌晨 2 点。

校庆办在校庆期间做了大量工作，校长办公会议对此作了充分的肯定。另外，校庆办设立了很多项目组，项目组的工作十分繁重，他们加班加点，有时通宵达旦工作，非常积极主动。这次校庆，校党委办公室和校长办公室在与省委、省政府以及省直机关联系等方面起到了上下沟通的作用，保证了整个校庆工作的顺利进行。宣传部在校庆期间也做了大量工作，如校报扩版，工作量相当大，他们在没有增加编制的情况下，很好地完成了任务。现在，校报的影响越来越大，有不少老师给宣传部打电话："校报怎么订不到？怎样才能够拿得到？"这说明校报已经引起了师生员工的广泛关注。宣传部在联系新闻媒体、晚会组织、画册修订等方面，都做得很好。现代教育技术中心的工作也是相当辛苦的，除负责校庆整个信息传播外，校庆光盘制作任务也很重，时间又非常紧，他们也是加班加点。

光盘放起来总共才二三十分钟，但需拍摄大量的镜头，有的过去就已经有了，有的需要补拍。脚本是由校领导负责重新进行修改的。拍一个镜头看起来很简单，可实际操作起来相当困难，还要录音、配音等等。学校要求庆典大会进行现场直播，难度相当大，通过与电视台、有关单位联系，最后把事情办成了，这是史无前例的。校庆晚会节目第二天要在省电视台、省教育电视台转播。晚会演出时间是100多分钟，但电视台要求不能超过69分钟，为此要进行剪辑，这可不是一件容易的工作。后来，包括音乐系、科研处等单位的同志加班了一个通宵，及时把剪辑后的片子送到电视台。如果没有一种特别能战斗的精神，确实很难做到。

其他部、处也都积极投入到校庆的各项工作中。人事处同志亲自跑到人事厅查阅有关档案，把特级教师光荣榜搞出来。学工部召集的家长联谊会做了大量的调查研究工作，起到了很好的效果。今天上午收到一封香港校友寄来的信，称赞统战部在校友来后，想方设法帮助联络他们失去联系的老同学，使他们得以相聚，他们十分感激。离退休处负责的老同志祝寿工作，也做得很好，老同志非常高兴。教务处把特级教师论坛组织得很不错。校外办和科研处承办的中外大学校长论坛，组织得相当有水准，影响很大，其中的组织工作非常麻烦，要联系的校长来不来、发言不发言，发言的题目是什么等，这里面有很多规矩都得与国际接轨，两个部门都费尽了心思。论坛的接待工作特别周到，有的校领导亲自到机场接送中外大学校长，使他们很感动。科研处在校庆期间还承办了第七届科技节、教学科研成果展等活动。团委在晚会筹备方面与音乐系等部门配合，做了大量工作，尤其是志愿者活动组织得很好。学生会、团委会都参加到整个校庆工作中来，做了大量工作。工会组织广大教师积极参与校史知识竞赛，校标的通过，工会也做了很多工作。正是大家通力合作，互相理解，互相支持，校庆工作才进行顺利。校史老照片展、教学科研成果展在图书馆举行，图书馆给予了大力支持。此外，图书馆还承担了学术报告厅的改造工作，完成得也很好。从国家领导人到各级领导，都参观了上述两个展览，图书馆认真做好接待和介绍工作。新区办完成了新校区模型的制作任务，老校区模型也作了修改，面向全校师生开放，使大家进一步了解到学校变迁的情况。财务处的工作量也相当大，一方面校庆要开支，另一方面有财务进账，财务处的同志做到了随叫随到。记得有一次，外国语学院介绍晋江的一位企业家来学校捐赠十万元现金，怎么办？后来打电话叫财务处的同志过来帮忙，他们马上就赶到。财务处的同志很辛苦，也很配合。总务处的同志也很辛苦，这次校庆积极主动予以配合。他们提出的口号是：在校内要"万盆鲜花""火树银花""美丽家园"，还进行校园卫生大扫除、清除垃圾、绿化23号楼等，效率是很高的。23日那天客车从学校开到福建会堂，指挥得当，36部客车浩浩荡荡，整个过程非常有序，没有发生拥挤现象。校庆期间的整个夜景工程，总务处也做了大量的工作。医院也在校庆期间发挥了很大作用，中外大学校长、专家来参加校庆，我们要保证他们的身心健康，这也是上级领导比较关心的问题。另一方面，开展这么大型的活动，如果出了事，怎么办？无论是在我们学校，还是福建会堂，都要保证校庆活动安全顺利地进行。因此学校有关部门作了比较周密的部署安排，这方面保卫处就做得很好。尤其是福建会堂和晚会观众两三万人的有序疏散，如果没有保卫处认真严密的工作，恐怕很难保证不出问题。这说明，保卫工作也是很有成效的。产业处和经济开发公司负责校庆礼品的市场运作，完成得很出色。还有其他一些部处单位，总体来讲都做得不错。通过这次校庆，证明管理可以出效益。几百人住在西湖大酒店才花了20多万元，就是通过讨价还价压下来的。如果要花40万元也是可以理解的，因为本来就是这个价格。所以说，要看到干部在学校发展建设中所起的作用。这次校庆如果没有广大干部的努力工作，校庆就不可能这么成功。

第三，各院系积极响应，大力配合，起了很大的作用。

美术学院在校庆期间表现得比较突出，他们积极响应学校的号召，许多老师主动参与校庆的有关设计活动，包括校标、手提袋等。尤其是名家美术画册，在很短的时间内要向全省征集100多幅画，还要进行装裱、展览，然后编辑好送到出版社出版，工作效率是相当高的。历史系在筹资方面也做得很好，全体班子出动，还参与校史老照片的收集工作。经法学院等其他几个院系在筹资工作方面也取得了很好的成效，经济法律学院通过校友捐赠100万元左右。地理学院充分发动师生，组建了百人义务导游团，并在校内设了很多导游站点便于校友回校进行参观。音乐系有34位教师、400多位学生参加校庆演出。参演的师生不怕苦不怕累，反复彩排。音乐系在校庆期间还举行了冼星海铜像的落成揭幕仪式，在校内外也产生了较大的影响。生物工程学院积极与企业联系，中远威公司表示要给我们价值100万元的药物。数学系配合校庆，成立数学与计算机科学学院，请了很多有名的院士，如林群院士、杨乐院士等，为校庆工作增添了一道亮丽的风景线。海外教育学院组织留学生在晚会上表演节目，反响不错。继续教育学院组织两岸终身教育高层论坛，也搞得很好。网络学院申请到福建省公务员培训等多个培训基地，并在校庆期间挂牌，还跟一些企业在合作投资方面取得了可喜的进展。毛泽东说，兵民是胜利之本。群众和师生的充分发动是校庆成功的一个重要保证，也是人和方面的重要一条。

第四，校庆活动得到了校友真挚的关心和大力的支持。

陈佐洱先生特地从北京赶来参加我们的校庆，并在庆典大会上发表了深情的讲话，反响非常好。他还联系了一家香港企业向我们学校捐赠。汪毅夫副省长很关心我们的学校，校庆期间给予了很大的帮助，并介绍了香港企业家李陆大向我校捐赠了30万元，用于资助贫困学生，在校庆期间举行的李陆大助学资金捐赠仪式，在校内外产生很大的影响。省工商联总会副会长陈峰校友，在联系企业家向我校捐赠上做了大量的有效工作。美术学院筹办的名家美术画册，就是赵麟斌校友向我们提的建议，他还召集闽江学院的师大校友给母校捐资。音乐系校友蓝金钟先生，特意向母校赠送了一架钢琴。总之，广大校友非常关心我们学校，尽自己的力量献爱心。

第五，校庆活动得到了兄弟院校的大力支持，如北京大学、日本琉球大学、冲绳国际大学、台湾东海大学等多所学校，都是我们的友好大学，它们都安排时间来参加校庆，对我们办好校长论坛和庆典大会起了积极作用。

第六，得到了省委、省政府的大力支持。

这次校庆，校主要领导专门向省委宣传部部长作了汇报，他表示会大力支持。省委一位副书记到我校视察时也表示对我校校庆要大力支持。校庆前夕，校主要领导到省委办公厅向朱亚衍秘书长作了汇报，那时，校庆已仅剩两三天了，会场和领导出席这两个关键问题都还没落实。汇报后，几位领导都给我们很大的支持，最后给我们一个比较圆满的答复。宋德福书记亲自出席庆典大会，卢展工代省长在大会上作了讲话，都体现了各级领导对我们学校的关心、支持，对教育事业的支持。

校庆的成功概括起来就是六个字：天时、地利、人和，但关键还是人和。"人和"包含以上六个方面。"人和"体现了我们学校作为一个老校的历史积淀和文化底蕴，以及改革开放20多年带来的勃勃生机。师大历任校领导带领广大师大人一步一步地前进，才有今天这样的局面。

当然，校庆工作也还存在一些不尽如人意的地方，对此我们要有比较冷静的头脑。大体上有以下三点：第一，师生总体上都发动起来了，但发动面还不够广，有相当一部分师生还游离于校庆的活动之外，有的对校庆情况还不太了解，特别是住在校外的一些老师，很少参加校庆活动，有的院系也没有通知到位；第二，各院系开展工作也不平衡，有的院系积极响应学校的号召，各项工作开展得有声有色，有的院系就比较一般化，应付了事；第三，从整体工作上看，还有很多疏漏，如校友接待难免就有疏漏，今后要好好加以总结。

三　校庆工作给我们的启示

这次校庆在党的十六大后举行。十六大在我们党的历史上是一个很重要的里程碑，十六大报告是一篇光辉的马克思主义理论文献。十六大闭幕后，全党全国人民都在认真学习宣传贯彻十六大精神。今天我们在这里总结校庆工作，也要以十六大精神为指导，总结对以后工作有借鉴意义的经验，促进学校工作的新发展，开创我校工作的新局面。通过这次校庆，有哪些方面可以给我们启示，对今后工作的开展有好处？我认为有以下几个方面。

第一，要坚持观念更新，与时俱进。

十六大报告提出，要使全党始终保持与时俱进的精神状态，不断开拓马克思主义理论发展的新境界。这里特别提到创新的问题。创新是一个民族进步的灵魂，是一个国家兴旺发达的不竭动力，也是一个政党永葆生机的源泉。要创新，就要不断地解放思想，实事求是，与时俱进。十六大报告讲"与时俱进"时，提到了"三个解放"，我觉得非常重要。要适应实践的发展，以实践来检验一切，就要自觉地把思想认识从那些不合时宜的观念、做法和体制的束缚中解放出来，从对马克思主义的错误的和教条式的理解中解放出来，从主观主义和形而上学的桎梏中解放出来。进行观念创新，首先要解放思想，要有点冒险精神。比如中外大学校长论坛，开始时省委宣传部还不太放心，所以在论坛召开的时候，省委宣传部一位副部长从头到尾都参加，后来高兴地说："你们开得很好，原先省里想开一个高等教育论坛，一直开不起来，现在你们做了我们原想做而没做的事情。"又如省委全委扩大会在西湖宾馆开，中外校长论坛和庆祝大会也在那里开，到时候出问题怎么办？这里就有个解放思想的问题。江泽民同志在"9·8"谈话中讲到，要进一步转变政府管理教育的职能和模式，进一步增强学校依法自主办学能力。我觉得这句话太重要了。当然，要做到这一点，需要各方面一起协作。另外，解放思想对大学来讲也是一种很重要的办学理念，任何一所高水平、高层次的大学，一定要有自己的办学理念，如厦门大学就提倡四种精神。我们学校要遵循什么原则？提倡什么精神？要认真考虑一下。高校的办学理念实际上是先进文化的具体体现，我们的办学思想要体现这种先进性。在校庆中，我们提倡了几种观念。第一，要有主人翁的观念。不是我替你干，大家都是师大的主人，大家一起来干，这样才能把事情干好。这次校庆就体现了这种主人翁精神，就像刚才所说的，大家都精打细算，不是想通过校庆揩一次油，捞一把，如果想捞一把就不是主人翁了。第二是全局观念，大家都要服从大局。第三是时间观念，这次校庆过程中，大家都扳着时间，加班加点，很多事情都是在校庆前一两天完成的。第四是效率意识，这种意识的树立本身就是一种观念更新。

我们在今后的工作中，一定要坚持与时俱进，坚持"三个解放"，从一切不合时宜的观念、做法、体制的束缚中解放出来。什么叫不合时宜的观念、做法和体制呢？如果遇到"不合时宜"，我们应该怎么办？是"听天由命，听之任之"，还是通过我们的努力去争取。比如，更名为综合性大学，可以说是"路漫漫其修远兮"，还存在很多问题，并不那么简单，但我们要努力，要积极发挥我们的主观能动性，去争取最后的胜利。

第二，一定要把发展作为今后学校工作的第一要务。

这也是十六大报告里讲的，必须把发展作为党执政兴国的第一要务，不断开创现代化建设的新局面。把发展作为第一要务，说起来容易做起来就不那么容易了。比如说校庆，可以有两种态度：一种是形式上过一过，大家热闹一番，开一个会就完了，对学校无非是花一笔钱，大家高兴就是了；第二种是把校庆看成学校发展的机遇、新的增长点，通过校庆达到我们的具体目标，推进学校的发展。我们采取了后一种态度。为什么呢？因为我们始终把发展作为学校工作的第一要务，只有发展才是硬道理。

我们必须认真做好校庆的后续工作。校庆已降下帷幕，是否已经结束了？不是的，还有很多工作要做，校庆仅仅是一个开端。所以校庆后我们的口号是：巩固战果，扩大影响，促进发展。外面已经答应捐赠的钱要催回来，战果要巩固。再一个要扩大影响，进一步宣传。校庆的画册、光盘要增印一万份，全校教职员工，人手一套，让大家了解。以后学校有客人来，也要向他们宣传，扩大影响。我们还有一些财务需要进一步结算。我们已经发展了一批董事，今后还需要继续发展。现在毕竟还是董事会筹委会，正式成立以后，不能只有二三十位董事，参照南京师大的做法，至少要 100 名董事。这次校庆给校友留下了一个非常好的印象，校友是很宝贵的资源，要充分重视，充分利用。校友工作要重在平时，细水长流，平时要多联络感情，保持紧密联系。要建设好校友数据库。这次各院系都大力支持校友录工作，资料收集得比较齐全，但也有不少遗漏的地方，我们要把它补齐、做好。另外，校庆中有些来不及做的事，以后要抓紧做，如校训、校史、校歌等。南京师大百年校庆写了 100 万字的校史，到我们百年校庆时，校史、校歌也要写出来。临时做是做不出来的，所以现在就要开始考虑。学校打算成立对外联络机构，做好这方面工作。

要把发展作为第一要务，就要做好本学期的各项工作。我们提出本学期有八项工作，党代会可能会推迟，其他七项加上更名为"综合性大学"，都是我们现在要做的工作，但这些工作本学期不一定都会完成。院系调整需要加快步伐，现在正积极筹办软件学院，还要成立研究生教育学院，其他几个院系的调整组建也在加快进行。津贴分配方案修订已经通过第 6 稿，还要提交教代会讨论。文明校园建设要认真做好迎评工作。要把各项工作做好，做到忙而不乱，突出重点。当然，在发展过程中还要坚持深化改革，把改革作为发展的动力。

第三，要充分调动一切积极因素，把各项工作做好。

十六大报告指出，必须最广泛最充分地调动一切积极因素，不断为中华民族的伟大复兴增添新力量。对我们学校来讲，把各方面的因素，包括党内的、党外的，教师的、学生的，在岗的、不在岗的，校内的、校外的各种因素调动起来，也是至关重要的。这次校庆，我们努力做到这一点，但还没有完全做到。要真正做到人尽其才，物尽其力，大家都能发挥自己的聪明才智。就像十六大报告里所讲的，要营造鼓励人们干事业、支持人们干成事业的社会氛围。我校要创造一种良好的氛围，放手让一切劳动、知识、技术、管理和资本的活力竞相迸发，让一切创造财富的源泉充分涌流。

在调动一切积极因素时，特别要强调教师的主体意识。所以这次庆祝大会，原来考虑让学生占多数，后来转变过来，充分考虑教师，特别是教授、博士、引进人员，应该给他们相应的地位，充分发挥他们的作用。包括今天和以后的会议，我们都要强调教授的参与。要发挥教师的积极性，也要调动干部的积极性。对干部，要特别强调两种精神，一是忠诚，二是激情。如果一个干部不忠诚于党的教育事业，不忠诚于学校的整体利益，那么他就会过多考虑个人的利益，就会讨价还价，就会消极怠工，就会缺乏创造性，很多毛病就出来了，事情就干不成了。这次校庆，我觉得广大干部对学校是非常忠诚的。他们加班加点，不计报酬，先公后私，有很多可歌可泣的事迹。这种精神是很宝贵的。没有这种精神，事情很难成功。每位干部都应该忠诚于党的教育事业，应该要有革命的热情。在各项工作中要狠抓落实。十六大报告提到：党要承担起推动中国社会进步的历史重任，必须始终紧紧抓住发展这个执政兴国的第一要务，把坚持党的先进性和发挥社会主义制度的优越性，落实到发展先进生产力、发展先进文化、实现最广大人民的根本利益上来，推动社会全面进步，促进人的全面发展。紧紧把握住这一点，就从根本上把握了人民的愿望，把握了社会主义现代化建设的本质。所以我觉得贯彻十六大精神不能喊在口头上，一定要落实、落实、再落实，学习、学习、再学习。我们在检查工作过程中，对有些部门、有些单位、有些同志工作不落实，进行了严肃的批评。当然，要调动同志们的积极性，作为校领导，一定要奖惩分明，政策要兑现。我们颁布了校庆期间的一些政策，包括捐资奖励政策，该兑现的要兑现，不能过后不认账。我们已讲过，要建设"信用师大"，做不到的就不说，说了就得做到。只有这样，学校的工作才能办好。

第四，树立开放意识，坚持更加开放的办学。

在中外大学校长论坛上，我有个发言，题目是"开放：大学教育发展的一个重要理念"。开放办学是相当重要的，尤其是在经济全球化的时代，国际性的人流、物流、信息流空前加剧。在这种情况下办学，必须睁大眼睛看世界，要和国际接轨，了解国际大趋势。不要坐井观天，夜郎自大。同时，现在高校的竞争很激烈，不了解其他高校，就可能倒退。前天的《光明日报》登了南京师范大学一整版博士招生章程，它现有 5 个博士后流动站，3 个一级学科博士点，28 个博士点。原来我们是在同一条起跑线的，现在落后了一大截。针对这种情况，我们要研究它、学习它、跟上它。所以对南京师范大学、北京师范大学等比我们强的高校，我们都应该感兴趣，要向它们学习，哪些东西可以为我所用，值得我们借鉴。在这种情况下，关门办学怎么行呢？所以，我们一定要开放办学。另外，从改革开放到现在，如果不进一步开放，有很多改革很难继续下去。从经济学方面来讲，国企改革，该改的都改了，改不了的都是那些不好改的东西。那怎么办呢？通过开放促进改革。因为与国际接轨，不改革不行呀！包括政府机构改革也是一样。所以，十六大特别强调要加强社会主义政治文明建设，要深化政治体制改革，这个问题已提到重要议程上来。这也只有通过开放，才能实现。2001 年，我国加入 WTO，有人问，这到底是祸还是福，是利大于弊还是弊大于利？一年来的实践证明，加入 WTO 应该是利大于弊。其中很重要的一点就是拓宽了人们的视野，促进了改革，促进了发展。在这种情况下，我们学校要进一步走向开放。所以我们学校的定位跟其他大学有所不同，加了"更加开放"这四个字，这里面是有很丰富的含义的。

那么，如何进一步开放呢？福建省提出了开拓三条战略通道的战略构想，一是省内通道，二是国内通道，三是国际通道，这是很有创意的。作为学校，我们也应该建构起三条通道。第一条是高校之间的通道。我们要了解高校之间的情况，福建省的高校、全国的高校在想什么、做什么。比如，福州大学这几年发展很快。福州大学现在的校长，原来是清华大学的教务长，有一整套办学思路；福州大学还有一位从中科院来的副校长，整个班子素质有很大提高。他们也在努力追赶名牌大学，许多做法值得我们学习。所以我们要加强高校之间的交流，才会明白自己做的到底是对的还是不对的，是进步的还是落后的。前段时间，我到北京和清华大学党委书记陈希交谈，对我非常有启发。他的一些思路、一些办学理念是相当先进的，他们是和哈佛大学、剑桥大学比。陈希书记答应方便的时候会来我校作一次报告。如果来了，希望全校中层干部、教授都来听，对于我们更新观念、拓展视野是很有好处的，是一个难得的机会。我们现在最重要的是更新观念，拓宽视野。如果视野没拓宽，很多事情根本不敢去想也不敢去做。比如说我们校庆的一些安排，我跟汉升同志到北京师范大学和南京师范大学参加了校庆，启发很大。所以要加强与全国高校的联系，包括本省的厦门大学、福州大学等其他大学，这是一条很重要的通道。第二条通道，作为一所开放的大学，一定要面向社会，加强与社会的密切联系，包括政府部门、企业和各种社会组织。我们一定要保持同各级政府部门的联系，政府掌握相当重要的资源，我们要想方设法利用。从企业来讲，我们要广泛与它们打交道，不仅是"产学研"，不仅是给它们担任科技顾问，不仅是到厂里实践，更重要的还是要跟企业联合办学，这在国外是很正常的事情，但在国内还是一个薄弱环节。总的来讲，要跟社会保持密切联系。第三条是一定要打通国际的通道。在经济全球化的情况下，我们不能孤立在一个地区，要经常跟国际社会打交道，融入整个国际社会。要经常派人出去考察访问，也要经常请国外专家来校讲学等。要通过国际合作办学，让福建师范大学走向世界，让世界了解福建师范大学，这项工作一定要做。这次校庆，我们举办了中外大学校长论坛，进一步沟通了与海外大学的联系，加深了了解。今后，还要在这个基础上进一步加强国际交流。

第五，管理学校要把计划管理与市场运作结合起来。

这是此次校庆值得引起重视的一个启示。校庆开始，我们就提倡经营观念。很多东西不能由学校全包下来，也包不下来。比如说礼品，你都包了下来，肯定要花很多钱，花了钱，人家还不满意。而且，你有，为什么我没有？平均主义和传统陋习是很严重的。针对这种情况，我们采取了比较特殊的做法。这次校庆礼品采取了两种做法：一种是学校赠送嘉宾的礼品，是定购的；另一种纪念品全部放开，进行市场运作，我们不花一分钱。这里还有一个协议，校内销售赢利所得的10%要交给学校。我们不花钱，又能挣到一些钱，何乐而不为！要善于开发学校市场，学校市场不是无价的，而是有价的，市场本身就是一种资源。结果证明，这种做法是比较成功的。我们花的钱不多，各类纪念品，包括T恤衫、手工艺品等都供不应求。这里要强调，学校准备加印校庆纪念光盘和画册，各院系应该考虑预订的问题。这些纪念品都是有偿的。作为一个负责任的领导，要考虑周到，不要老是送福州"三宝"，第一次还行，第二次人家就不稀罕了。昨天晚上，我们接待一位从匈牙利回来的校友，是他给我校第一批捐款。我们送给他校庆画册。他非常高兴地说："我最喜欢画册，因为这格调高雅，品位很高。"我们的陶瓷笔筒：武夷山玉女峰代表福建，榕树代表福州，中文系教授写的铭文，很有文化品位。这些礼品加深了校友、来宾对我们学校的印象，既有品位又合时宜。所以各院系要考虑预订。这不是做广告，是替大家着想，不然到时候就没有了。这次校庆市场运作比较成功，包括整版个性化邮票，我们一分钱都没花，在市场上自由销售。所以，要有经营的观念，不仅企业在经营，学校在一定范围内也要学会经营。一般地说，管理一个学校必须遵循两条规律：一是教育规律，二是经济规律。这跟教育的两重特性是分不开的。教育一方面是事业单位，具有行政事业单位的属性；另一方面，必须看到教育同时还具有产业的属性。既然有产业的属性，有的地方就要实行市场运作。我们过去纯粹把师大看成一个事业单位、教育单位，这种观点已不合时宜了。

第六，加快学校的发展一定要加强党的领导。

首先，各级领导要认真学习十六大精神。多年来的历史经验证明，党的领导、党的建设必须按照党的政治路线来进行，围绕党的中心任务来展开，朝着党的建设总目标来加强，不断提高党的创造力、凝聚力和战斗力。也就是说，党的领导不是喊在口头上。作为学校来讲，发展就是我们的中心任务，向综合性大学发展是我们的奋斗目标，要在实现这个目标中不断提高我们学校的创造力、凝聚力和战斗力。

加强领导，关键在于决策的领导。校庆之所以成功，重要一点就是决策上的正确。决策的失误会造成很大的浪费。所以决策是相当重要的。一个领导，如果你拍脑袋、拍胸脯，最后出了事情拍拍屁股跑掉了，这种"三拍"领导是非常不负责任的，会给国家造成很大的损失。一位负责的领导，首先必须把握好决策这一关。怎样做到决策正确呢？必须善于学习，要向群众学习，集中群众的智慧。所以，我们应该牢记毛泽东同志的教导，群众是真正的英雄，而我们自己则往往是幼稚可笑的。我们要不断听取大家的意见，也希望大家能够经常给我们提供建议和意见，使我们能够集中大家的智慧，把事情做好。

总的来说，校庆已经结束了，但校庆的后续工作还没结束。我们今后的工作任务还很繁重。所以，今天我讲话的主题就是，以十六大精神为指导，通过总结校庆工作，从中得出有益的启示，开创学校工作的新局面。

实行全面的对外开放办学 *

　　关于开放的重要性这里不多说了，主要讲开放什么和如何开放。所谓全面对外开放，它包括三个层次。一是对国内高校的开放。要和国内高校建立良好的合作关系，加强合作和交流，特别是一些高水平的大学，要多加强联系。20 世纪 80 年代我校曾发起组织华东几个省市师范院校的交流，很有益处，但我们与高水平大学的交流还做得不够。2002 年我参加北京师大和南京师大百年校庆，启发很大，我们 95 周年校庆的一些做法就是借鉴了它们的经验。没有参加它们的校庆，有些做法我们就想不到。北京师大把校庆放在人民大会堂举行，我们受到了启发，把校庆放在福建会堂，效果就很好。我们要关注高水平大学的改革与发展，如南京师大，1995 年和我们在同一起跑线上，现在跑得很快，已和我校拉开了很长一段距离，特别是"九五"期间快速向前发展。现在该校拥有 3 个一级学科博士点、28 个博士点、6 个博士后流动站、61 个硕士点，该校的新校区已有 15000 人，新老校区发展非常协调。新校区从 1999 年开始动工，仅 3 年就建成了，1 年进驻 5000 人，3 年 15000 人，速度之快令人惊叹！北京师大也有很多好的经验，如"4+2"培养模式就很值得我们借鉴。清华大学在办学理念上向国际知名大学看齐，2002 年用 100 万元年薪聘请美国教授到校任教，引起广泛的关注。事实证明这一人才引进方式是值得肯定的，因为他们把国

---

　　* 这是笔者 2003 年 3 月 4 日在全校部署新学期工作讲话的一部分。

际一流大学的新思想和新观念带到学校，同时也把学校的人才推向国际学术舞台，这些都是用金钱无法买到的。清华大学的党委书记陈希答应本学期来校作报告，我也邀请福大的吴敏生校长来校作报告，他是清华的老教务长。今后的校际合作办学要尽量与高水平的大学合作，这样起点就高了。

二是对社会的开放，重点是各级政府和各地的企业。各级政府掌握重要的资源，要主动与它们沟通与联系，在可能的情况下寻求帮助和支持。我校综合体育馆的国债和数字师大的经费等都是通过积极联系争取到的。我们要与教育部、财政部、计委、科技部等中央有关部委保持联系。与省里的各部门也要经常打交道。地方政府，如福州市和仓山区，我们都要主动联系，让它们了解学校，尽可能地争取它们为学校发展提供帮助。不去争取，可能连原本属于学校的经费都很难到位。在目前这种体制下，我们要善于利用政府部门的资源为学校服务。除了政府外，企业也很重要。95周年校庆成立董事会筹委会，已发展了几十个成员，都是企业。2003年初邱季端先生给我校汇来100万元捐款。邱先生是北京师大的校友，但我们通过多方努力和争取，让他了解我校的发展情况，邀请他参加我校95周年校庆，同时还派人参加他故乡晋江一所小学的校庆，多方面的努力终于有了结果。总之，对政府、企业的"开放"要进一步加强。

三是对国际的开放。95周年校庆期间，日本琉球大学校长森田孟进在"中外大学校长论坛"发言提到要与我校加强合作，赞赏我校在朝国际化方向发展。虽然是一所地方性大学，但我们不能局限于福建省，要向国内大学开放，也要向国际大学开放，要了解当前国际上高等教育发展的大趋势。我们应该鼓励学校的教职工多走出去，不仅到省外，还要到国际上去多看多学。海尔集团很早就用国际标准来规范企业的发展，所以才有今天的成功。海尔产品的销售，首先不是面向第三世界国家，而是面向欧美发达国家，这是很不容易的。我们学校的发展也要以国际知名大学作为参照，"他山之石，可以攻玉"，我校的软件学院正在作为一个试点。随着我们国家的强大，国外许多大学也开始关注中国的大学。本学期开学以来，不少国外大学来我校表示愿与我校合作办学，这是可喜的现象。过去我校与美国、澳大利亚等大学的交流与合作很不错，可惜后来中断了，现在要努力恢复起来，并增加尽可能多的国际合作伙伴。

如何实现全面开放？这是一个新形势下的新问题，要作进一步的研究。第一，要有开放的视野和开放的观念，这将决定开放的力度和开放的速度。前面提到的五大战略转变中就包括观念的转变。没有这些转变，学校就很难实现跨越式发展。第二，学校成立对外联络办公室，整合原有的校友总会等机构。外事办公室可考虑改名为"国际合作与交流处"，与国际接轨。改革与发展研究室也要进一步加强管理。要充分发挥统战部和各民主党派、留学生同学会、侨联、博士联谊会等组织的作用。但是，仅仅靠这些机构和组织还是不够的，还要像95周年校庆那样，把全校师生员工的积极性调动起来，打一场对外开放的"人民战争"。第三，要组织好对外交流人员。例如，我校几批派往教育部协助工作的同志都表现很好，获得好评，今后这项工作要做得更好。选派到国外学习、进修的人员，要积极宣传学校，并通过自己的出色表现为学校树立良好的形象。第四，要加大投入，保证对外开放工作的开展。校庆期间置办的纪念品，如邮票、光盘、画册等反响都不错。校庆光盘制作了一万套，全校教职员工人手一套，余下的作为学校礼品用于赠送，扩大影响。还考虑制作一张15分钟的学校简介光盘，在接待来宾时放给他们看。第五，要建立相应的数据库。例如，建立较齐全的校友录，收集各方面的有关信息、资料等，虽然工作量很大，但很值得去做。这个数据库各部处、各院系都可以共享，其作用是相当大的。第六，学校将出台有关全面对外开放的政策规定，使开放既规范有序又能大踏步向前。

进一步推动学校的开放办学

——访问加拿大、美国五所大学的汇报[*]

2003 年 11 月 3～15 日，我带一个代表团访问了加拿大的布鲁克大学、美国的俄勒冈州里德学院、波特兰州立大学、南俄勒冈大学、加利福尼亚州立大学洛杉矶分校。代表团成员有省教育厅高教处林征副处长和我校的几位同志。上周四向校长办公会议作了汇报，并决定今天以这种形式向在座的同志们汇报。为什么？一是具体贯彻落实校第五次党代会的精神；二是汇报不仅介绍我们做了什么，还要讲今后如何做，带有工作部署性质；三是花了学校的钱，要有个交代。汇报分三部分。

一 访问过程简介（略）

二 访问的主要收获

1. 促进了彼此之间的了解和信任

我们访问的五所大学，有公立的，也有私立的（如里德学院）；办学历史有长有短（如里德学院建于 1911 年，布鲁克大学建于 1964 年）；规模有大有小（如加州州立大学洛杉矶分校学生近三万人，而南俄勒冈大学

---

* 这是笔者 2003 年 11 月 27 日在全校教授和干部大会上所作的报告。

学生才 5500 人）；层次有高有低（有的有硕士点、博士点，有的则只有本科生）。但这些学校也有一些共同点：办学重视社会需求，与社会保持密切联系；办学条件先进，教学设施齐全；注重教学质量，学生素质较高；国际化程度比较高，对中国比较友好；等等。在访问中，我也感受到对方对中国的了解十分有限，连福建师范大学所在的福建省和福州市都不是很清楚。所以每到一个学校，我都会不厌其烦地向对方介绍中国改革开放以来所发生的变化，我们学校的地理、历史和现状以及今后的发展方向等。通过访问，在一定程度上促进了彼此之间的了解和信任。在访问期间，我向五所大学的校长及副校长发出了访问我校的邀请，他们都愉快地接受了。

2. 推动了双方的合作交流

我们与加、美两国五所大学都签订了加强合作交流的协议。与布鲁克大学商定，2004 年春季开始互派学者交流项目，合作举办教育硕士培训项目。与里德学院商定继续汉语教师与学生的交换项目，里德学院的教师或学生可以到福建师大的图书馆从事研究工作的合作与交流。与波特兰州立大学商定的合作项目有：把福建师范大学增设为波特兰州立大学在海外的学生实习点；福建师大接受波特兰州立大学学生到我校学习汉语，福建师大拟聘请波特兰州立大学历史系主任王琳达博士为客座教授，并邀请她到我校开设讲座。我校与南俄勒冈州立大学在 20 世纪 80 年代和 90 年代有过合作和交流，双方商定今后要进一步加强合作，包括培养教育硕士方面的合作，生物工程、环境保护、工商管理以及艺术方面的学者交流，双方同意将来两校举办的重要学术活动都要邀请对方参加。与加州州立大学洛杉矶分校的合作项目更为具体，包括互派音乐表演团队、共同申请地理学领域的课程与基金、英语教育硕士的合作培训、本科生的联合培养等。我能明显感觉到这五所大学对与我校合作交流表现出的诚意和热情。这种合作与交流对双方都有利，是双赢的。今后有关部门、学院要做好这些合作交流项目的落实。

3. 得到了学校管理的有益启示

一是精简的学校机构。布鲁克大学除校长外，副校长 3 名，分管学术、财务、国际事务三个领域。其中负责国际事务的副校长还兼学校国际处主任，我们访问布鲁克大学时，他亲自驾车到机场接我们。这几所大学的岗位设置中，行政人员比例很低，各系系主任仅一人，再配一个秘书，后勤已全部社会化，校内餐厅、宿舍、图书馆等单位用人大量使用兼职学生。

由于机构人员精简，大大节省了学校管理的成本。二是竞争的用人机制。这些大学需要的教职人员一般都要通过国内外公开招聘，一个职位往往有几十人乃至几百人申请，这也保证了人才引进的质量与多元化渠道。加州州立大学洛杉矶分校还特别指出，他们有 100 多名教授拿的是国外博士学位，以此证明他们教师队伍的素质。学校对教职人员的晋升和聘用都达到了程序化和规范化，并且很严格。副教授升不了教授就有可能被解聘，乃至退出教师队伍，因为别的学校也不可能聘用他了。所以，在职教师的压力都比较大，工作特别努力。三是较高的办事效率。这一点大家都感受到了。之所以如此，我想跟他们精简的机构有关，中间环节少，扯皮的事也就少了；各部门和有关人员权责明确，也都不会有推诿现象发生；教师与管理人员都很敬业，学校的许多活动多为教师或学校领导额外承担，并且不领报酬。我们到南俄勒冈州立大学，各个学院的院长不仅主动向我们介绍情况，推销自己的学院，还为我们驾车迎送，其敬业精神令人感动。四是优良的办学设施。我们每到一个学校都要参观图书馆、实验室和其他一些教学设施。在这方面他们确实舍得投入，因此设施不仅齐全，而且先进。比如南俄勒冈大学，美术、音乐是其优势学科，有提供给学生使用的公共画室、教师辅导画室，多媒体教室、大型电子艺术展室、艺术配乐室都有周全而高质量的设施。而音乐礼堂、电子琴和钢琴教室更是教学手段先进。加州州立大学洛杉矶分校是美国太阳能样车的实验基地、空间稳定支架的试验基地和机械模具的试生产基地，实验室设施都是一流的。五是美丽的校园。这五所大学校园布局合理，建筑风格贴近自然；树木花草都很茂盛，尤其是里德学院，校园内到处都有艺术雕塑，红黄杂色的枫树与修剪整齐的草地相映成趣，漫步其间，心情愉悦。在加州州立大学洛杉矶分校，校园中还安放了一座孔子铜像，并有"学而不厌，诲人不倦"的装饰底座，令我们倍感亲切。我们访问过的五所大学校门都不太讲究，进出随意。

4. 加强了新老朋友的友谊

加拿大布鲁克大学副校长兼国际部主任曾多次访华，也到过我们学校，他的妻子是个博士，中国天津人。访问该校全程都是他们陪同，他的妻子还当翻译，气氛十分友好。里德学院的吴千之教授毕业于北京外国语大学，在哥伦比亚大学获得博士学位，与我校多有来往。波特兰州立大学的林光平教授是我校经济学院的客座教授，历史系主任琳达教授也于 20 世纪 80 年代末带学生来我校实习过，老朋友见面格外亲切。加州州立大学洛杉矶分校研究生院院长西奥多尔·克罗弗洛博士多次访华，具有浓浓的中国情结，大力促进和我校合作，是一个可信赖的朋友。除了老朋友外，此行我们也结识了许多新朋友，为拓宽今后合作与交流打下了良好的基础。

5. 积极进行引进人才的宣传

我们所接触的加拿大、美国的一些华人学者，虽然在当地发展得很不错，但由于种种原因，特别是耳闻目睹祖国改革开放二十多年来的巨大变化，也很想有合适的机会回国工作。我们每到一所大学，都安排引进人才的宣传。在波特兰州立大学林光平教授夫妇安排的晚餐中，来了多位该校的华人教授，席间相谈甚欢，我也不失时机地向他们发出邀请，他们也都很高兴。在洛杉矶福建师范大学的校友能联系到的就有几十人，他们都很感谢母校的培养，并愿意用各种方式为母校作贡献，包括回母校讲学、工作。

6. 筹备成立福建师大美国校友会

在访问期间，我们看望了在美国进修的我校教师，他（她）们都十分高兴。在洛杉矶，借助我们访问的契机，很多美国校友相聚一堂，群情激昂。有一个校友告诉我，福建师范大学前身校协和大学第四任校长陈锡恩先生的遗孀住在洛杉矶，已101岁了，我很高兴，请校友拨通她的号码，向她表示亲切的问候，请她要多保重！校友们纷纷表示应加强福建师范大学美国校友间的交流和联络，为母校出力，为校友服务。我当即提议成立校友会，得到在场校友的一致赞同，当场推举出筹备组的组长和副组长人选，待登记手续办好并且联络更多校友后，将择时正式成立福建师范大学美国校友会。这是我们此行的一个重要成果，将对福建师范大学的校友工作及在海外的影响起到重要的推动作用。

三　访问之后的思考

1. 更新观念，充分认识开放办学的重要性

我们的目标是建设一所高水平的大学，但没有真正开放就没有真正的高水平。在经济全球化条件下，我们不能关起门来办学，既不能妄自菲薄、毫无自信，也不能闭门造车、夜郎自大。我们应该以积极的态度认真研究和学习美国、加拿大等发达国家的办学经验和运作方式。对我校而言，加强开放办学有着特别重要的意义。

首先，这有利于促进教学、科研水平的不断提高。我们访问的几所大学的学科建设都重视前沿性、应用性和国际性。加州州立大学洛杉矶分校虽然不是一流大学，但教师瞄准前沿搞创新，系里就为他们配实验室，学校也拨出 3100 万美元为其装修大楼，类似于我们的重点学科建设，但其成果又十分看重应用性，把转化和商业价值放在重要地位，他们研制的太阳能车获得了美国国防部 600 万美元的科研经费。即使是学生在实验室工作也看重创新性，如可以捡球的高尔夫球杆，虽然改进不是很复杂，但商业前途却很广阔。另外，院系专业的设立有利于科研水平和学生创造能力的提高，如南俄勒冈州立大学的环境保护专业不仅是理科的，也是文科的，强调文理相互渗透。我校各学院、专业，不仅要了解国内重点高校相关学科、专业的建设情况，也要了解国外大学相关学科、专业的建设情况，发现差距，取长补短。今后在全校有条件的院系，要逐步推广双语教学；有些理工科专业，可直接采用国外的原版教材。软件学院已先走一步，效果不错。

其次，有利于优化学校的师资队伍结构。我校现有的师资队伍，本科毕业的居多，近亲繁殖比较严重；来自国内重点大学的不多，从海外回来的就更稀缺。这种状况要通过开放办学逐步加以改变。

再次，有利于推动学校管理逐步与国际接轨。国外大学的人事管理、学校管理、财务管理、物业管理等有许多可资我们借鉴之处。比如财务管理，他们高度集中，学校任何活动都取决于财务预算计划，没有预算就没有活动开展，预算主要由董事会或学校领导当局预先设定。学校财务处支出学校所有活动的费用，包括工资、津贴、日常开支、设备添置和基建支出，院系均无小金库，也无创收，因为学校拨给全额的教学经费。个别院系即使有些课题创收也是由学校抽成，院系不抽成，课题组自主决定支出。教师多上课就从学校多拿津贴，教师可以在校外兼职或办公司，但学校所有办班收入包括成人教育、网络教育及海外教育均归学校财务处掌控，保证财务的统一和高效运行，也尽可能避免有关人员发生经济问题。类似的管理制度，我们不可能照搬，但确实能给我们有益的启示。

最后，有利于扩大我校在国内外的影响，这一点我就不多说了。

2. 我校实施开放办学的目标、策略和基本要求

我校实施开放办学的目标是"扩大视野，广交朋友，寻求合作，提高水平"。实施开放办学的策略，一是要"请进来"和"走出去"相结合。我们不能面面俱到，要侧重在三个区域，即欧美日、东南亚、港澳台，我校在这几个区域都有一定的基础，过去有过联系后来中断的，要把它恢复起来，同时开辟新的领域。我校要提高水平肯定是要走出去，迟走不如早走。目前，我们的一位校领导正在英国访问，并与阿尔斯特大学达成了以"3＋1"模式培养软件学生的协议，下个月对方就要派人来我校考察。二是开放办学必须是全方位、多形式的。愿意到我校长期工作的，我们要为其提供优良的工作条件和生活条件。短期来校讲学的，可以开设讲座，也可以几个人一起合开一门课程，清华大学就是采取这种做法，聘请到全世界著名大学的教授来为研究生、本科生上课。实行"请进来"和"走出去"，既可以是进修的形式，也可以是学位教育的形式；在交流人才方面，既可以是教师也可以是学生、学校管理人员。今后我们要加大管理人员的出国进修。出国进修的时间可长可短，教学科研骨干一般以三个月到一年为宜。三是项目带动是对外开放的重要环节。项目带动十分重要，我们开展对外合作要以项目为载体，没有项目的合作意义不大。国际合作与交流处已初步拟定了 33 个对外合作的项目，这样我们就心中有底、有数。我校实施开放办学的基本要求是：计划周到，措施有力，重在落实，务求实效。我们要有计划、有意识、分批分期地开展对外合作交流，所采取的措施要能保证开放办学的顺利开展，职能部门和各院系要狠抓项目的落实，使对外合作取得实实在在的效果，为学校的教学、科研和管理带来明显的好处。

3. 做好对出国留学预备对象的选拔、承诺和综合培训

我们实行开放办学，要把有限的资金用在刀刃上，就必须实行个人对学院的承诺，学院对学校的承诺，时间方面也要承诺，还要对预备对象进行综合培训，包括政治、业务、语言等方面的培训

4. 积极开展海外校友的联谊工作

我们要更好地吸引和利用海内外的教育资源，包括校友对学校发展的支持和帮助，有的是有形的，有的是无形的；可以通过间接的方式，也可以通过直接的方式促进学校的发展。对于我校出国留学的人员和教师在海外的亲属子女，要主动联系。校友们回国到学校，要热情接待，条件成熟时，就可以促进成立海外校友会。

5. 有关职能部门要努力做好开放办学的服务工作

国际合作与交流处是主要职能部门，要提高工作效率，做好校友资料收集、联系接待和出国人员服务工作。人事处要认真分析学校师资队伍结构，对出访留学工作进行统筹安排。对外联络办与校友会要做好校友联络工作，科研处、教务处、学工部、海外继续教育学院也要为联络校友做好

相应的服务工作。

6. 发动全校师生主动积极参与开放型办学

我们要进一步更新观念，进行体制创新，充分调动大家的积极性，打一场对外开放的"人民战争"。希望大家继续关心、参与开放办学，使我校在国际化道路上走得更快一些。

祝贺陈明金新外语教学楼建成[*]

今天，我们在这里隆重举行福建师范大学"陈明金教学楼"落成剪彩仪式。教学楼捐建者澳门实业家、慈善家、社会活动家陈明金先生，不辞辛劳，专程来我校主礼剪彩仪式。我谨代表全校师生员工，向陈明金先生一行表示热烈的欢迎和崇高的敬意！向拨冗参加落成典礼的各位领导、来宾表示衷心的感谢！

陈明金先生是创业名家、爱国明星、施仁典范。曾被推举担任中华人民共和国澳门特别行政区第一届政府推选委员会委员，现为澳门体操总会会长、澳门武术总会副会长、澳门福建青年联会会长、澳门镜湖医院慈善会监事、澳门现代文史学会理事、澳门基本法推广协会监事。目前，陈先生还担任内地多个社团的重要职务，现为全国青联常委、中华海外联谊会理事、中国儿童基金会理事、福建省政协委员、福建省青年联合会副主席、闽澳经济促进委员会委员。几十年来，陈先生以胆略和诚信取胜商海，年纪轻轻就在事业上取得了很大成功。尤为可敬的是，陈先生在事业有成之后不忘回报社会，热心赞助社会公益事业发展，至今已捐资数千万元。陈先生十分关心祖国内地教育事业的发展，从 1996 年至今已先后在福建省、广东省、江西省、陕西省和江苏省等五个地区的偏远山区捐建 9 所

---

　　* 这是笔者 2003 年 12 月 15 日在福建师范大学长安山校园陈明金新外语教学楼落成仪式上的讲话。

明金希望小学，1999 年在国立华侨大学捐资设立陈明金奖励基金。2003 年初，在福建省政协陈荣春副主席的牵线搭桥下，陈先生得知我校长安山校园最古老的 1 号教学楼作为危房拆除重建，急需建设资金，陈先生当即答应捐资 100 万元人民币资助兴建新的教学楼。如今，以陈先生名字命名的新外语教学大楼已巍然耸立在长安山下。它的建成，大大改善了我校外国语学院的办学条件，必将为培养高素质创新人才、推动福建省的教育事业发展发挥重要的作用。"桃李不言，下自成蹊。"新教学楼不仅是一座宏伟的建筑，也是陈先生高尚精神的丰碑，象征着陈先生自强不息、顽强拼搏的创业精神，爱国爱乡、兴学育贤的奉献精神，诚信俭约、薄己厚人的入世精神，必将鼓舞我校师生员工奋发向上，开拓创新。

近几年，在陈先生和各级领导的关怀厚爱下，我校的整体办学水平又有了新的进展，综合实力名列全国高校百强行列和全国高师院校前列，并与 30 多个国家和地区的大学及研究机构建立了正式友好的合作关系。目前，新校区已完成一期建设项目并投入使用，学校有着远大的发展潜力和广阔的发展空间。我们深信，陈先生的高尚精神，必将激励我校广大师生勤勉向上，拼搏进取，再接再厉，再创辉煌。我们衷心希望陈先生把福建师大当作自己的家，时常回来走走看看，继续关心学校的建设与发展。我们也将以自己的实际行动回报陈先生及各级领导对我校的无私关怀和厚爱，为实现中华民族的伟大复兴作出应有的贡献。

坚持对外开放，启动庆祝建校 100 周年筹备工程[*]

我们要建设一所高水平的大学，必须坚持对外开放，它包含三层意思：对国内高校开放，对社会开放，对海外高校和科研机构开放。我们要加强与国内高校的合作与交流，这方面已经做了很多工作，今后还要继续加强。本学期我校将承办第 29 届东南十一省（市、区）属重点师范大学书记、校长协作会议，要办好这次会议，并通过这次会议向南京师大、华南师大、湖南师大等先进院校学习。

在向社会开放方面，我们要继续加强与政府部门、有关企事业单位的联系。这里顺带介绍关于学校更名问题。社会上很关心我校的更名，有的人提出是否还继续这一工作，我们的态度是坚定不移的。现在学校更名已成为了政府行为，汪毅夫副省长也为我们做了很多工作。当然，由于种种原因，更名工作不可能马上实现，还要不断努力。更名问题一方面是形式上的改变，更重要的是内容上的改变。前面所讲的这些工作，包括一年来所做的工作，都是从实质上往综合性大学方向发展。在这个问题上，可以套用屈原的两句诗："路漫漫其修远兮，吾将上下而求索。"校友会的工作要继续加强，全省九个区、市的校友会机构要逐个健全。2003 年成立的美国和日本的校友会要进一步加强联系。下个月，香港校友会新选出的领导机构要举行就职典礼，我校将派代表团参加，并拜访吕振万、黄保欣等为

---

[*] 这是笔者 2004 年 2 月 17 日在全校部署新学期工作大会上讲话的一部分。

我校作出贡献的校友。另外，要成立部分学生家长的联谊会，鼓励他们为学校建设作一些力所能及的贡献。学工部已经把一些有代表性的学生家长名单开出来了，董事会筹备工作不要松懈，要抓紧进行。

我们要进一步加强与国外的合作交流。2003 年，我校派出了几个代表团到欧洲、美国、日本等访问，签订了若干合作项目，连同过去的项目，总数已达到 43 个，要逐步加以落实。软件学院和英国阿尔斯特大学"3 + 1"合作办学的问题，2003 年校领导访问时已基本确定下来，2004 年 3 月英方将来我校正式签订协议，我们要做好接待工作。

对外交流合作，一是请进来。我们现在已接到不少海外大学教授来函要求来校任职，这对我们提高办学水平特别是双语教学水平是很有作用的。要设法解决外教的住房问题，国际处要做出计划，掌握一批房子供他们短期居住，有关部门要协助解决。二是要走出去。各学院要根据学科建设实际，提出骨干教师出国进修、访问、研究的计划。学校已要求各学院在本月 20 日之前把拟选派教师名单报国际处。学校准备分期分批对他们进行英语强化培训，再根据需要分批派遣出国。

2007 年为我校建校 100 周年，届时将举行盛大庆祝活动，推动学校的更大发展。100 周年校庆是一项宏大工程，从现在就要开始筹备，一些基础性工作马上要着手进行。例如，拟出版一套丛书，包括校史、校志、学校大事记、老照片集、名教授小传、历任校领导小传、校友风采录（可搞若干本，如特级教师小传）等。这套丛书由校主要领导当主编，汪征鲁副校长当常务副主编，现在就要开始做，否则到时就来不及了。

香港校友会第三届理事、
监事就职典礼致辞

在这春回大地、鲜花竞放的美好时节，在这里隆重举行福建师范大学香港校友会第三届理事、监事就职典礼。首先，我谨代表母校全体师生员工，对各位理事、监事表示热烈的祝贺！向第一届、第二届理事、监事的辛勤工作表示崇高的敬意！向所有旅港校友表示亲切的问候！向长期以来关心、支持我校建设与发展的中央人民政府驻港联络办等单位以及香港各界朋友表示诚挚的谢意！

香港校友会自 2000 年 2 月 26 日成立以来，在理事会、监事会的领导和校友们的鼎力支持下，齐心协力，开拓创新，积极参与香港高校联谊活动，创办《香江校友》，呈现出团结友爱、生机勃勃的繁荣景象。你们不辞辛苦，热情工作，增进了校友同母校的感情。2001 年仲夏，70 余位旅港校友团莅临母校；2002 年金秋，又有众多校友出席母校 95 周年校庆活动，进一步加强了校友同母校的联系。你们身在香江，心系母校，为母校的发展作出了可贵的贡献。

值此机会，我也简要介绍一下母校的变化和发展。目前，学校设有 25 个学院，36 个系，拥有 4 个博士后科研流动站，18 个博士点，69 个硕士点，4 个国家科学研究和人才培养基地等。经过几代人的共同努力，学校已经形成了多学科协调发展的办学格局和学士—硕士—博士完整的培养体系，整体实力名列全国高等师范院校的前列和福建省省重点建设高校的先进行列。在新世纪新阶段，学校坚持面向现代化、面向世界、面向未来，大力推进素质教育和教育创新、科技创新，继续深化改革，加快发展，提高质量，朝着综合性、有特色、开放型、高水平大学的奋斗目标大踏步前进。福建师范大学的事业是我们全体师大人包括全体香港校友的共同事业，我们真诚地期盼各位校友对母校工作多加指导，一如既往地关心、支持母校事业的发展。

今夜华灯璀璨，群贤毕至。在这美好的时刻，让我们共同举杯，为香港校友会和福建师范大学的灿烂明天，为我们的友谊，为各位嘉宾、全体旅港校友的身体健康、合家幸福和事业发达，干杯！

2004 年 3 月 22 日

在"杨丽玲三姐妹专项基金"
签约仪式上的讲话

　　值此丹桂飘香、秋意怡人的美好时节，印度尼西亚（简称"印尼"）"艺成慈善基金会"代表团一行 22 人不辞辛劳、远道跋涉，专程返乡参加纪念杨式魁先生诞辰 100 周年纪念大会暨杨丽玲三姐妹专项基金签约仪式。我谨代表全校 3 万多名师生员工，并以我个人名义，向代表团所有成员表示热烈欢迎和衷心感谢！

　　旅居印尼侨胞杨明照先生为印尼著名实业家，其父杨式魁先生曾是当地德高望重的知名侨领。其家族创办的跨国公司艺成集团已有 50 年历史，总部设在雅加达，在全世界各地参股或控股 300 多家企业和公司，行业涉及房地产、生产制造、有色金属、化工、广告业、包装业等，在印尼社会具有很大影响。杨明照先生不仅是一位开拓进取、业绩卓著的商界领袖，更是一位心系华夏、热爱家乡的慈善大家。杨氏家族设立的"艺成慈善基金会"和"式魁慈善基金会"两家基金会，累计捐资 2000 多万美元用于印尼公益事业，捐资 1773 万元人民币用于福建省的教育及其他公益事业。杨氏家族这种崇尚教育、回报社会、回报家乡的精神，赢得了印尼政府、我国驻印尼大使和家乡人民的高度评价。2004 年 5 月，经福建省侨务办公室审定，以福建省人民政府的名义对杨明照先生进行立碑表彰，并授予"福建省捐赠公益事业突出贡献奖"金质奖章、奖匾和荣誉证书。今天，艺成慈善基金会组团返乡访问，促进中国与印尼两国人民加深了解和友谊，对于加强福建与印尼华侨各界的交流与合作，广泛吸引印尼侨胞回乡开展各种活动，形成推进家乡建设与发展的合力将具有积极的意义。

两年来，印尼艺成慈善基金会在经过多方考察后，对我校悠久的办学历史、斐然的办学成就和在海内外所产生的积极影响有了充分的了解。2004年，杨明照先生指示艺成慈善基金会主席杨勇辉、总裁杨勇泽昆仲以基金会的名义捐资500万元，在我校设立"杨丽玲三姐妹专项基金"，自2004年起连续10年，每年资助我校278名（次）品学兼优、家庭贫困的学生。该基金将为每位学生每年提供1800元的资助金，帮助他们克服经济困难，顺利完成大学学业。10年资助的总数为2780名（次）。这是我校迄今为止获赠的最大一笔款项，也是国内第一所得到艺成慈善基金会资助的高校。我们希望通过艺成慈善基金会的努力，使我校能与印尼的大学和学术机构建立友好的合作交流关系。我对艺成慈善基金会关于紧密联系、共同发展的设想很赞赏，并将召集学校有关单位提出具体方案。今天，通过艺成慈善基金会的多方努力，促成福建师大、南安一中、南安毓南小学签订三校协作协议，这也是艺成慈善基金会支持福建省教育事业的又一善举。希望南安一中、毓南小学能珍惜这一契机，加快学校发展，不辜负杨明照先生和艺成慈善基金会的厚望。希望"杨丽玲三姐妹专项基金"的设立将成为促进我校教育事业的发展、加深中国人民和印尼人民友谊的一座桥梁。

福建师范大学是一所具有近百年办学历史的老校，目前正朝着综合性、有特色、开放型、高水平大学的奋斗目标大踏步前进。近年来，我校顺应经济建设和社会发展的要求，适应国家人才发展战略需要，办学规模有所扩大，办学质量不断提高，为青年学生提供越来越多越好的学习深造机会。但由于城乡和各地经济发展的不平衡，我校和全国其他高校一样，出现了一定比例的困难学生。各级政府和社会各界高度重视解决贫困生入学问题，积极采取各种措施保障贫困生顺利完成学业。在各级政府和海内外社会各界的关心和支持下，我校通过奖学金、减免学费、特困补助、勤工助学、助学贷款等途径，建立了相对完善的困难学生资助体系。学校每年投入1000多万元，用于资助经济贫困学生。社会各界也纷纷伸出援助之手。此次艺成慈善基金会在我校设立"杨丽玲三姐妹专项基金"，在一定程度上解决了我校困难学生的经济问题，充分体现了海外有识之士的可贵爱心，体现了中华民族扶贫济困、捐资助学的传统美德。

我校师生员工十分感谢艺成慈善基金会对学校事业发展所作出的贡献，对杨氏家族情系华夏、尊师重教的高尚情操，造福民众、德泽四方的善行义举感到由衷的敬佩。杨式魁先生乐善好施的云水风度、杨明照先生兴学育贤的博大情怀，必将鼓舞我校师生员工奋发有为、开拓前进，也将对福建省教育事业的发展产生积极的影响。我们衷心希望艺成慈善基金会所有成员都把福建师大当作自己的家，时常回来走走看看，继续关心学校的建设与发展。我们也将努力为福建的教育事业、为福建的经济建设和社会发展作出新的贡献，以实际行动回报印尼侨胞对我校的关怀和厚爱。

2004 年 11 月 27 日

在对外开放中形成学校的
办学优势和特色[*]

　　几年来我们一直强调对外开放办学，这对于建设高水平大学是十分必要的。我们进一步加强与政府部门和海内外社会各界人士、校友的沟通和联系。上学期我们争取到了印尼艺成慈善基金会的一笔巨额捐资，总额500万元，用于资助经济贫困的学生，目前50万元已到位，明天将举行助学金颁发仪式，艺成慈善基金会还专门派人从印尼赶来参加。2004年我们还得到教育部等政府部门和有关事业单位的许多支持。对外开放办学，必须进一步加强对外宣传，2004年这一方面做得不错，2005年要做得更好。

　　我们已与国（境）外多所大学签订了合作与交流项目，要抓紧落实。地理科学学院的老师与欧洲几个大学联合申请欧盟的科研项目，已取得进展，要继续跟进。我校与美国佛蒙特大学联合举办的中美教育国际研讨会，要认真筹备。2005年秋季赴英国阿尔斯特大学深造的软件学院2002级学生，要认真选拔和培训。学校已提出，在三年内选派100名教师到国外大学进修，第一批6位教师已经去了澳大利亚阳光海岸大学，第二批还将派遣16位教师到美国北亚利桑那大学进修，争取秋季成行，本学期要强化英语培训。5~6月份汪征鲁副校长将率团访问英国伦敦大学，与其签订合作办学协议。

　　海外华文教育方面已取得突出的成就，并形成自己的特色。我校第一

---

* 这是笔者 2005 年 3 月 22 日在全校部署新学期工作大会上讲话的一部分。

批志愿者 18 人受到菲律宾社会各界的高度评价；第二批志愿者 50 多人，在菲律宾努力工作，他们还开展了各种有益的社会活动，产生了广泛的社会影响。为迎接第二批赴菲志愿者回国，学校将举行隆重的总结表彰大会，国家汉办主任许琳、菲律宾华人领袖陈永栽先生已答应参加，陈永栽先生还应邀担任我校海外华文教育研究中心名誉主任。网络教育学院与菲律宾国际科技学院已达成合作意向，在菲律宾国际科技学院下属的 52 个大学开展华文教育培训工作。为此，菲律宾驻华大使还专程来校视察远程教育的设备和教学方式，感到非常满意。学校与菲律宾中正学院联合创办了华文教育系，实行 "2 + 2" 联合办学模式。4 月下旬，我校有一个代表团将访问菲律宾，逐步扩大在东南亚的影响。7 月份，国家汉办将举办国际 "汉语桥" 讨论会，我校紧接着举办东南亚华文教育讨论会。总之，我们要乘势而上，进一步做强做大华文教育，使之成为学校办学的优势和特色之一。

"杨丽玲三姐妹专项基金" 2004 年度 助学金颁发仪式致辞

在这春暖花开的季节，我们在这里隆重举行"杨丽玲三姐妹专项基金" 2004 年度助学金颁发仪式，相信在座的每一位同学的心中更是如沐春风。我很高兴代表福建师范大学全体师生，向支持我校工作，为贫困家庭学生慷慨解囊的杨丽玲女士、杨美玲女士、杨慧玲女士及各位印尼艺成慈善基金会的善心人士致以崇高的敬意和衷心的感谢！

艺成慈善基金会自成立以来，一直以"教育能兴邦"为宗旨，十几年如一日地支持家乡的教育事业。这一善行义举不仅加深了中国人民与印尼人民之间的友谊，促进了两国科学文化事业的合作与交流，也为福建省实施"教育强省"战略、培养优秀人才提供了积极的支持。今天，我校首批278 名品学兼优、家庭贫困的学生得到了"杨丽玲三姐妹专项基金"的资助，这将对他们克服经济困难，顺利完成大学学业起到了很好的帮助。我相信，278 名接受资助的贫困家庭学生，在杨丽玲三姐妹关怀和厚爱的感召下，必能奋发向上，努力学习，成长为国家的有用人才。

为实现诸位善心人士捐资助学的心愿，我校制订了严格的资助申请程序：符合条件的困难学生在提出申请后，必须先经过班级的民主推选，由辅导员和班干部组成的评议小组进行初评，再由所在学院确定人选，经过校学工部的复核，最后由"杨丽玲三姐妹专项基金"理事会确认接受资助的名单。这一系列的规定，有效保证了"杨丽玲三姐妹专项基金"资助工作的公开、公平和公正。此外，"杨丽玲三姐妹专项基金"理事会还将定期、不定期地跟踪了解受资助学生的详细情况，确保基金专款专用，落到实处。

同学们，在你们困难的时候，艺成慈善基金会向你们伸出了温暖的援助之手，希望你们发扬爱拼敢赢的精神，抓住机会，发奋学习，通过自己的奋斗改变生活、创造生活。也希望你们在学成之时，要怀着感恩之心，回报国家，回报社会，将杨丽玲三姐妹的这份爱心传播得更远、更广。

我们衷心希望杨丽玲女士、杨美玲女士、杨慧玲女士及各位艺成慈善基金会的成员们都能把福建师范大学当作自己的家，时常回来走走看看，继续关心学校的建设与发展，继续关心资助学生的成长成才。

2005 年 3 月 23 日

大胆探索，加大对外开放办学的步伐*

一 要贯彻世界汉语大会的精神，大力发展对外华文教育

在扩大对外开放办学的过程中，学校不断形成办学的优势和特色，这里特别提到华文教育。几年来，我校在派遣对外汉语志愿者、创办华文报纸、培训来自东南亚国家的汉语教师、与菲律宾中正学院实行"2＋2"合作办学等方面，取得了引人注目的成绩。尤其是在派遣对外汉语教学志愿者方面可以说是独树一帜。2005年7月份在北京召开的世界汉语大会，是我国建国以来的第一次。大会在人民大会堂举行，规模相当大，邀请了许多来自外国的领导、大学校长、专家学者，还有国内几十所大学的校领导参加。党和国家领导人出席了会议，李长春代表党中央发表了有关华文教育的重要讲话，并接见了部分与会人员。我和李敏副校长以及海外教育学院沙平院长应邀参加了会议。大会还安排我作为第二分会场的主持人，之所以有此殊荣，就是因为我校在对外汉语教学方面做得比较好。在世界汉语大会召开当天的晚宴上，周济部长到各桌敬酒，来到我所在的那一桌时，国家汉办许琳主任对他说："这是福建师范大学校长，他们的对外汉语教学搞得很不错。"在世界汉语大会期间，国家汉办制作了一个5分钟

---

* 这是笔者2005年9月8日在全校部署新学期工作大会上讲话的一部分。

的片子在代表驻地滚动播出，向海内外来宾介绍我国对外汉语教学情况，其中有几个镜头是专门介绍福建师大的，我们看了都很高兴。说对外汉语教学已成为我校办学的优势和特色之一，这并不为过，我们要乘势而上，继续努力。世界汉语大会后，我校又紧接着在武夷山举办了东南亚对外汉语教学的小型高层研讨会，有6个国家的代表参加了会议，国家汉办、省教育厅领导、菲律宾侨界领袖陈永栽先生都拨冗赴会。陈永栽先生整整参加了两天，这也是很不容易的，说明他对这个会议非常重视。在这两个会议期间，我校主动和有关部门商谈有关华文教育项目，取得可喜进展。今后，我们要认真学习李长春同志代表党中央所作的重要讲话，认真部署下一步我校对外汉语教学工作，进一步做强做大华文教育，特别是把它提升到学科的层次来建设。对此学校要重视，各相关部门也要积极支持。

二　抓紧落实国际合作与交流项目

我校这几年多次组团到国外访问，与国外很多所大学签订了一系列合作项目，要抓紧进行落实。国外大学校长是很讲信用的，已经签的协议必须付诸实施。国际合作与交流处已做了不少工作，并在一些项目上取得了成效。比如，我校2004年和美国北亚利桑那大学签订了合作协议，其中有一个项目是我校派一些教师到该校进修访问。经过一段时间的英语培训后，我们已选拔了16位教师，后因签证问题，实际去了15位教师，我们还聘请了校友美国陈普教授担任督导师。另外，软件学院和英国阿尔斯特大学合作"3+1"，进展情况也很好，2004年去的几位本科生2005年都已经考上了英国名牌大学的硕士研究生，这表明软件学院的教学质量已经达到比较高的水平。另外，地理科学学院与欧盟的科研合作项目进展顺利。协和学院、闽南科技学院正在与澳大利亚和新西兰的大学甚至欧洲的一些大学搞"3+1"办学，有些项目还在商谈之中。网络教育学院与菲律宾国际科技学院合作，将对外汉语教学扩大到菲律宾52所大学之后，又考虑进一步延伸到北美的加拿大。总之，在对外开放办学方面，我校希望走得更快一些。根据新的形势发展需要，可以考虑做国际留学方面的工作。全国已有11所高校成立了留学预科学院，我们也要筹备成立，一方面招考高中毕业生进行语言培训后送到国外学习，另一方面在校的部分本科生也可以通过留学预科学院介绍到国外读硕士研究生、博士研究生等。对此海外教育学院的积极性比较高，也积累了一定的经验。可以考虑以海外教育学院为主，包括国际合作与交流处、外语学院、网络教育学院等其他一些单位在内，成立福建师范大学留学预科学院，将国际留学作为教育产业发展起来。

三　要进一步做好校友会的工作

目前校友会工作进展很好，从海外校友工作看，我们相继在美国、日本、澳大利亚、新西兰、英国成立了校友会，要进一步加强与他们的联系。在海外的校友很关心母校的发展。前不久美国校友得知福建省闽北发生洪水灾害，就通过美国校友会捐资帮助我校受灾地区的学生，这是令人感动的，我已请美国校友会会长转达对美国校友的感谢。暑假期间，香港校友会与福建 8 所高校校友会举行联谊活动。应香港校友会的请求，我校派出了一个艺术代表团，由廖福霖副书记带队，在香港演出取得了很大的成功。代表团在香港还拜访了我校顾问吕振万先生，看望了香港校友会前理事长施学共先生的亲属，并与香港校友会理事长林民盾先生等进行了座谈。另外，我们计划在条件成熟时在北京、上海、广州等大城市相继成立校友会。目前北京校友会已经搭起了筹备工作班子，参加筹备的几位校友热情很高，令人感动。经初步联系在北京的校友有 80 多人，准备适当时候在北京召开校友会大会，正式成立北京校友会。

四　要加强对外宣传工作

应该说，我校在对外宣传方面的工作是做得不错的，但与我们的要求相比，还有差距。今后我们要建立新闻发言人制度，凡学校重要的事项要向媒体和社会各界公布，这有利于扩大我校的深度报道，要积极为中央电视台、省电视台提供节目源。我们希望，从北京到福建，媒体上应该不断有来自福建师范大学的声音和消息，这样才能增强影响力。而影响力也就是竞争力，这是很重要的。另外，要继续做好百年校庆的准备工作，如校史校志的编写、知名教授的采访、杰出校友的传记等，要加快校史馆的筹建。

努力开创国外汉语教师
培训工作新局面[*]

　　七月的北京，艳阳高照。在这火热的季节里，我们迎来了第一届"世界汉语大会"的召开。这次大会是世界汉语教学界的一次盛会，也是中外文化交流史上的一次盛会。受大会的委托，下面由我主持"国外汉语教师培训规划"专题讨论并简单介绍我校在国外汉语教师培训及规划方面所做的工作。

　　首先，请允许我介绍福建师范大学。

一　福建师范大学开展对外汉语教学概况

　　福建师范大学位于中国东南沿海的著名侨乡福建省省会福州市，是一所具有百年历史的省属重点综合性大学，经过几代人的共同努力，福建师范大学已形成了多学科协调发展的办学格局和学士—硕士—博士—博士后完整的人才培养体系。改革开放以来，我校坚持开放型办学理念，不断推进教育创新，深化教育体制改革，积极开展对外汉语教学，2001 年被国家汉办确定为"支持周边国家汉语教学重点学校"。近年来，我校在国家汉办等有关领导部门的大力支持下，发挥师范教育的优势，在国外汉语教师培训方面开展了一系列创新项目，在周边国家产生了良好的影响，有力地促进了周边国家的汉语教学发展。

---

* 这是笔者 2006 年 7 月 21 日在世界汉语大会第二分会上的发言。

二 我校开展的国外汉语教师培训项目和今后的发展规划

1. "请进来""走出去"，大力培训国外汉语师资

自 2001 年以来，我校以"请进来"的方式，通过承担国家汉办"国外汉语教师来华研修项目"和福建省侨办、海外合作院校、华教机构、华人华侨社团等委托的长短期培训、学历培训等项目，培训了 800 多名国外汉语教师。同时，我校还以"走出去"的方式，外派教师到菲律宾、印度尼西亚、马来西亚、泰国、波兰、美国等国家任教或讲学，共培训了 1330 多名国外汉语教师。

"汉语言"是我校的优势学科，拥有"汉语言""对外汉语""中国语言文学（国家文科基地）""汉语言文学教育"4 个本科专业和"语言学与应用语言学""汉语言文学"的硕士点和博士点。2004 年，我校完成了国家汉办下达的《国外汉语教师来华培训大纲（初、中级）》项目，还完成了与教育部《汉语作为外语教学能力认定办法》相配套的《汉语作为外语教学能力认定（初、中级）考试大纲（现代汉语部分）》及其培训教材的研发任务。学科优势、师资优势和科研优势为我校开展国外汉语教师培训奠定了坚实的基础。

今后我校将继续以"请进来、走出去"的方式大力培训国外汉语教师，计划在未来五年培训国外汉语教师 5000 人，其中短期培训 3500 人，中长期培训 1000 人，学历培训 500 人。我校还将充分利用汉语师资培训的学科优势，逐步提高国外汉语教师培训的学历层次。

2. 发挥优势，积极开展汉语教学志愿者活动

2003 年 6 月 6 日，作为国家汉办"国际汉语教师中国志愿者计划的试点"，我校向菲律宾派出了 18 名汉语教学志愿者。这是我国建国以来首次成批量地向海外派遣汉语教学志愿者，此举在海内外引起了强烈的反响。我校派出的志愿者是经过严格挑选脱颖而出的，总体素质较高，加之出国前的强化培训针对性强，抵菲后教育管理工作到位，他们到海外后很快就克服了身处异国的孤独、生活习俗不同带来的不便，满腔热情地投入到汉语教学工作中去。他们在菲律宾的表现获得了菲律宾华社和汉语教学界的一致好评，被盛赞为"高学历、高素质、高觉悟的中国新生代"，志愿者们以青春活泼、富有朝气的当代大学生形象被任教学校的学生们誉为"来自中国的天使"。

迄今为止，我校已向菲律宾派出4批共198名志愿者，志愿者的旗帜飘扬在菲律宾最北部的拉允隆文化书院、最南部的纳卯佛教龙华学校、菲律宾华校中历史最悠久的中西学院、办学层次最高的中正学院和菲律宾主流社会贵族学校——拉刹中学等各类学校，足迹遍布全菲律宾。

我校志愿者们在菲期间不仅认真教学，努力弘扬中华文化，而且与菲律宾历史最悠久的华文报纸《商报》合作，创办了菲律宾首份完全使用简化字和汉语拼音的报纸——《汉语学习报》。志愿者们还精心制作了有24个专题的中华文化图片展，在菲律宾各地开展中华文化巡礼活动，并组织观后感征文比赛；回国前，志愿者们总结教学实践和心得，在菲律宾出版了《华教耕耘录》和《华教纪实与思考》两本论文集。

此外，我校还以毕业生就业的方式向印度尼西亚等国家输送了汉语教学志愿者。汉语教学志愿者活动在一定程度上缓解了周边国家汉语教师紧缺的燃眉之急。

我们今后将继续在国家汉办的指导下加强与周边国家汉语教学界的联系与合作，进一步完善汉语教学志愿者从选拔、培养、派出到海外管理的一系列规章制度，确保汉语教学志愿者活动的可持续深入发展。我校计划今后五年向周边国家派遣汉语教学志愿者500人以上，并在汉语教学志愿者活动内容上不断创新，把《汉语学习报》推向东南亚各国，让汉语教学志愿者活动产生更大的影响，使汉语志愿者活动更好地服务于周边国家的汉语教学，为中外文化交流作出更大的贡献。

3. 夯实基础，逐步扩大境外合作办学规模

从某种意义上说，解决国外汉语教师紧缺的根本之道，还在于帮助对象国通过师范教育源源不断地培养出自己的高素质的汉语教师，变"输血"为"造血"。基于这种认识，我校先后与菲律宾中正学院、印度尼西亚雅加达基督教大学、印度尼西亚雅加达新雅学院正式签订了以"2+2"或"3+1"模式合作创办华文教育系的协议。我校为合作创办的华文教育系制定了科学合理的教学计划，派遣骨干教师主持该系的汉语教学工作，并免费提供全部汉语教材。目前，菲律宾中正学院和印度尼西亚雅加达基督教大学已招收两届华文教育专业近90名学生。我校先后派出6名教师和13名汉语教学志愿者到合作办学的学校任教。

为了进一步增强国外汉语教育界自身培养高层次汉语教师的造血功能，我校在今后五年内将不断强化境外合作办学的教学和服务机制，提高合作办学的层次，在切实办好已有的境外合作办学项目的同时，力争把合作办学项目扩展到更多的国家。计划今后 5 年通过境外合作办学培养具有本科或本科以上学历的国外汉语师资 400 人左右。

4. 乘势而上，开拓国外远程网络汉语教育新领域

众所周知，师资匮乏是目前周边国家发展汉语教学的瓶颈。有人用"汉语教师荒"来形容周边国家汉语教师的缺口，所以无论是"请进来，走出去"培训，还是通过派遣汉语教学志愿者支持，或者是通过合作办学培养，都有"远水解不了近渴"之感。

我校是教育部指定的开展现代远程网络教育试点学校。近年来，我校一直谋求将面向周边国家开展汉语师资培训的成功实践与开展远程网络教育的软硬件优势结合起来，通过远程网络教育的手段向周边国家开展更为广泛的汉语教学和师资培训。2006 年 4 月，我校与拥有 52 个成员校的菲律宾高校华文学会的创会单位——菲律宾国际科技学院签署了《现代远程网络教育合作协议》，迈出了向国外开展远程网络汉语教育的第一步。

目前，我校第一期对外汉语远程网络教学课件已经制作完毕，并于 2006 年 8 月开始向菲律宾高校华文学会所属成员校开展远程网络汉语教育。我校将通过在菲律宾试点取得经验后，再向印尼等周边国家推广远程网络汉语师资培训。我们计划在未来 5 年内通过远程网络教育的方式为海外培训汉语教师 3000 人（包括中长期培训、短期培训和学历培训）。我校欢迎更多的国外高校或汉语教育机构与我们合作开展远程网络汉语教育和远程网络汉语教师培训。

5. 审时度势，高效运作海外孔子学院

"孔子学院"是零距离地向所在国社会推广汉语和中华文化、实现多元文化交融、增进世界各国人民对我国的了解和友谊的"汉语桥工程"重大项目。经国家汉办的安排和我们的接触，我校已确定与菲律宾著名高校雅典耀大学合作创办菲律宾孔子学院。我校将在国家汉办的指导下与合作方通力合作，举全校之力打造"孔子学院"这一我国向世界推广汉语的品牌项目。我们将充分利用"孔子学院"这个平台，在菲律宾开展多层次、形式多样的汉语师资培训，计划到 2010 年通过菲律宾孔子学院短期培训 500 名、中长期培训 100 名、学历培训 80 名菲律宾汉语教师。

三 我校开展国外汉语教师培训工作的几点体会

通过几年来的开拓创新、扎实工作，目前我校的国外汉语教师培训已

经形成了多层次、立体化、全方位的格局。回顾总结近年来我校的国外汉语教师培训工作，有以下几点体会。

1. 开展国外汉语教师培训工作要依靠国家汉办的有力领导

这次世界汉语大会云集了世界上许多国家的语言推广机构的代表，如英国文化委员会、法国法语联盟、德国歌德学院、西班牙塞万提斯学院等。世界上一些大国或主要语种的国家在推广本国语言和文化时都非常注重发挥本国强有力的语言推广领导协调机构，我校在国外汉语师资培训方面承担和开展的一系列项目，都是在国家汉办的有力领导和大力支持下实施的。可以毫不夸张地说，没有国家汉办的领导和支持，就没有我校乃至我们国家目前这种对外汉语教学欣欣向荣的新局面。

2. 开展国外汉语教师培训工作要有勇于创新、敢于实践的精神

"创新、跨越、集成"是我国新时期发展对外汉语教学、向世界推广汉语的工作方针，只有勇于创新、敢于实践，才能实现"跨越"和"集成"。我校一系列国外汉语教师培训项目都贯穿了创新的精神：向海外成批量派遣汉语教学志愿者是国内首创；与国外院校合作创办华文教育系培养汉语师资，之前也未见报道；率先与国外院校和中文教育机构合作，开展远程网络汉语师资培训，也体现了前瞻和创新的精神。正因为我校能够根据国外汉语教师的现状和师资培训的需求，不断提出具有创新意义的师资培训项目，我校的国外汉语师资培训工作才能不断深化，不断取得新的成果。

3. 开展国外汉语教师培训工作要有脚踏实地、一步一个脚印的工作作风

开展国外汉语教师培训光有思路和热情是不够的，还必须脚踏实地、一步一个脚印地做工作。以我校汉语教学志愿者项目为例：首先我们强调志愿者的志愿和奉献精神，在自愿报名的基础上，每一个志愿者都必须经过教师素质面试、心理健康测试、适应及应变能力测试、思想品质鉴定、才艺表演、跨文化交际能力考察等六个程序的考核选拔；对选拔出来的志愿者除了进行严格的业务培训以外，出国前还必须经过 20 天的全封闭强化训练，内容涉及团队精神训练、组织纪律性训练和反复的试教、评课、再试教的教学实践环节训练；整个选拔、培训、成行历时半年。为保障汉语教学项目的顺利实施，我们制定了一系列行之有效的管理规定，如《汉语教学志愿者守则》《汉语教学志愿者协议书》《汉语教学志愿者教学管理规定》《汉语教学志愿者生活管理规定》《汉语教学志愿者防突发事件的措施和预案》等，并在实践中不断完善。我校还为每一批赴菲汉语教学志愿者配备了高素质的领队和带队教师，负责日常教学指导和生活管理，保证我校汉语教学志愿者活动的顺利实施。

同样，我校对"请进来""走进去"培训项目、"2＋2"合作创办华文教育系项目、现代远程网络教育项目，也都是本着对国家和民族事业高度负责的精神，精心设计、精心组织，脚踏实地地去追求完美的结果。

福建师范大学的国外汉语教师培训工作之所以能够取得一些成绩，离不开国家汉办等领导部门的关心和指导，离不开兄弟院校的协作和支持，更离不开海外社会各界人士的通力合作。在此，请允许我向长期以来关心和支持我校海外教育事业、关心和支持我校建设和发展的各级领导和各位海内外朋友表示最衷心的感谢！

回首昨天，我们感慨万千；展望明天，我们豪情满怀。让我们携起手来共同架设汉语的桥梁、友谊的桥梁，为构建和平、友好的世界大家庭不懈努力，让汉语和中华文化之花开遍世界的每个角落！

附：首届世界汉语大会在京举行，
我校李建平校长等应邀参加大会[*]

　　首届世界汉语大会 7 月 20 日在人民大会堂开幕，来自世界 60 多个国家和地区的政府官员以及大学校长、汉学家和汉语教师欢聚一堂，围绕"多元文化架构下的汉语发展"进行了广泛的交流研讨。中共中央政治局常委李长春，全国人大常委会副委员长许嘉璐，国务委员唐家璇、陈至立等会见了与会代表。

　　李长春对参加大会的代表表示诚挚的欢迎，对世界各国政府、教育工作者和所有为世界汉语发展作出贡献的朋友们表示衷心感谢并预祝大会取得圆满成功。李长春指出，中国政府高度重视世界汉语教学事业的发展。我们将继续加大对推广海外汉语教学的投入，调动全社会的力量，支持对外汉语教学的发展，加强教材建设和汉语教师及志愿者队伍建设，加快建设海外孔子学院，为世界各国人民学习汉语提供更好的服务，为维护世界和平，促进各国人民的相互理解、友谊和合作作出更大贡献。

　　世界汉语大会主席、国务委员陈至立在开幕式上作主题发言。她希望各国代表能够通过此次大会，交流各国的汉语教学政策、汉语教学经验和科研成果，促进世界各国汉语教学的发展，进一步加强中外语言文化的交流与合作，携手共建语言之桥，共同促进人类多元文化的发展。

　　出席世界汉语大会的嘉宾埃塞俄比亚联邦院议长穆拉图、联合国教科

*　该报道载于《福建师范大学校报》2006 年 9 月 15 日，由海外教育学院供稿。

文组织助理总干事波切纳吉·牟尼尔、加拿大联邦政府多元文化部部长陈卓瑜、美国大学理事会主席卡伯顿、新加坡教育部政务部长曾士生、法国教育部汉语总督学白乐桑以及第四届"汉语桥"世界大学生中文比赛获奖选手代表在开幕式上发了言。

开幕式上，许嘉璐、陈至立等为分布在世界各地的 25 所孔子学院授牌。教育部长周济主持当天的开幕式。

7 月 22 日上午，首届世界汉语大会在热烈、愉快、融洽、团结、友好的气氛中，完成了各项议程顺利闭幕。全国人大常委会副委员长许嘉璐和埃塞俄比亚联邦院议长穆拉图·特肖梅、泰国公主诗琳通等出席会议。国务院侨办主任、国家对外汉语教学领导小组副组长刘泽彭主持了当天的闭幕式。

许嘉璐副委员长以"汉语—文化—友谊—和平"为题致辞。许嘉璐强调，今天的中国人和 600 年前的中国人奉行着同样的以孔子学说为代表的为人处世的哲学；和谐、平等地与一切民族友好相处，以期共同富裕，共同繁荣。中国政府和语言学家们真切而深刻地认识到自己所肩负的时代重任，愿意与世界各国的同行们一起，为搭建与各国人民沟通的友谊之桥而努力。他代表中国政府和中国的语言学家们对各国专家和朋友表示衷心的感谢。

泰国公主诗琳通发表了热情洋溢的致辞，她说，中国语言文化历史悠久，唐诗宋词言简意赅。正是由于对中国文化的热爱，她从 1981 年开始学习汉语；正是由于学习了汉语，当她到世界各地访问的时候，大大方便了她与当地中国人的交流。诗琳通公主在讲话中感谢中国政府为世界各国的汉语教学发展所做的努力，并认为孔子学院的建立是学习汉语最好的途径。她热情地祝愿汉语教学在世界各国不断发展，祝世界汉语大会取得圆满成功。

国家对外汉语教学领导小组组长、教育部部长周济在讲话中指出，目前很多地区汉语教学工作的基本矛盾是旺盛的学习需求与短缺的教学资源严重失调。因此，当务之急是要在数量和规模上满足日益增长的学习需求，要全面加快各种教学资源的建设，要依靠和团结各国的专家们，共同努力推进汉语教学的快速健康发展。为了帮助各国解决教师短缺问题，我们将采取"走出去""请进来"等多种形式，帮助各国加强汉语师资的培训和培养，与各国携手合作造就更多合格的汉语教师。中国政府和各有关教学机构还将努力培养和派遣更多的汉语教师和志愿者到世界各地提供教学服务。

　　近年来，随着中国进一步扩大对外开放和经济的持续快速增长，中国与世界的交往和联系日趋广泛和深入，不少国家出现了学习汉语的热潮。据了解，目前全世界学习汉语的人数已逾 3000 万。为了调动、集成全国和世界各方面的资源来满足世界各国、各个地区不同层面对汉语教学的需求，2004 年我国政府制定实施了加强对外汉语教学工作的"汉语桥"工程，在拓展各类对外汉语教学资源、大力支持在海外建设孔子学院、推广和完善汉语水平考试和加大汉语教师的培养和派遣等多方面取得显著成效。

　　在此背景下举行的这次世界汉语大会，旨在宣传我国政府对外推广汉语教学的政策，就有关国际汉语教学发展的若干重大问题，广泛听取国外各方面意见并统一认识，最大限度地凝聚国内外合力，使汉语更快更好地走向世界。

　　我校李建平校长、李敏副校长等应邀出席大会，李建平校长还被指定为第二分会场的主持人。这表明，我校的对外华文教育不仅在海外有较大的影响，也得到了国家汉办的充分肯定。

坚持走国际化办学道路，
抓紧筹备百年校庆*

　　坚持对外开放、走国际化办学道路，这几年已逐步成为我校全体师生的共识，成为重要的办学特色之一。软件学院 2006 年第二批 23 名学生到英国阿尔斯特大学学习，表明我校和英国阿尔斯特大学在软件专业方面的合作办学取得了很大的成功。外语学院、教育科学学院和英国伦敦大学金斯密学院的合作办学进展顺利。菲律宾中正学院和印尼基督教大学与我校合作办学，这两所大学的 22 名学生本学期已经到校学习。我们与国外大学合作交流日益频繁：开学两周以来，我校共接待 4 批国外、境外代表团，分别是洛杉矶加利福尼亚州州立大学代表团、印尼教育部代表团、台北市立教育大学代表团、日本京都信息大学院大学代表团，过几天西匈牙利大学代表团将访问我校。2006 年是我校与日本琉球大学开展合作交流 20 周年，1986 年在王耀华教授的牵头下，我校与日本琉球大学建立了良好的合作关系。2006 年 11 月份，日本琉球大学校长将率团访问我校，届时将隆重举行系列活动纪念两校合作交流 20 周年。

　　在国际化办学方面，特别要提到的是，我校的汉语国际推广和华文教育取得了显著的成效。2006 年 6 月份，我率学校代表团访问菲律宾和印尼，与多所大学签订了合作协议。2006 年 7 月，汉语国际推广工作会议、孔子学院大会先后在北京召开，党和国家领导人都出席了这两个大会，国

---

　　* 这是笔者 2006 年 9 月 12 日在全校部署新学期工作大会上讲话的一部分。

务委员陈至立还亲自担任了汉语国际推广工作领导小组组长，充分表明了党中央、国务院对汉语国际推广工作的高度重视。我和李敏副校长等应邀参加了这两个会议。这几年，我校在汉语国际推广特别是派遣对外汉语教学志愿者方面取得了很大的成绩，得到了国家汉办的高度评价。

国家汉办已发文要求各有关高校制定汉语国际推广"十一五"规划，海外教育学院准备在 9 月下旬召开对外汉语教学和海外教育工作会议，传达中央有关精神，研究下一阶段工作部署，采取有关措施，将汉语国际推广和海外华文教育进一步做大做强。2006 年 6 月份，经过长时间的酝酿，我校成立了留学预科学院，成立时间虽然不长，但已经取得很大的进展，介绍了部分学生到香港城市大学学习。前不久在厦门举行的"9·8"贸洽会上，我校通过留学预科学院与日本京都信息大学院大学签订了联合培养IT 研究生的协议，我校可推荐专科生、本科生到对方攻读本科和硕士，该项目得到了省教育厅和有关方面的大力支持。在开展对外开放办学时，要进一步加强对外宣传工作。校宣传部近期将召开表彰大会，对一年来在对外宣传工作上做出显著成绩的单位和个人给予奖励。

现在离百年校庆只有一年多时间，要抓紧做好筹备工作。汪征鲁副校长分管该项工作，已做了大量工作，将出版校庆丛书，校史已撰写 180 多万字，分上中下三篇，正在征求意见；还将出版革命烈士传、福建师大学者文集、福建师大书画集、校友文集等。该丛书将成为百年校庆的一份很好的礼物。校歌也是学校办学理念和办学特色的重要组成部分，要进一步修订，百年校庆时一定要唱校歌。校旗要规范、统一。此外，要进一步健全各地校友会，做好校友录的收集工作，特别是各个时期、各个方面的校友一定不要遗漏。百年校庆的纪念品现在就要策划，可以采取市场运作，通过招标，请企业和个人承包该项工作。这样不仅可以节约一大笔开支，还可以使学校有一定的收入。一些重要人物，现在就可以邀请，特别是海外大学的校长或社会贤达。一些大型活动，包括庆典、文艺晚会等，现在要开始策划。要在媒体上开设百年校庆的相关栏目，扩大学校的影响。百年校庆的筹备工作很多，任务很重，但我们一定要认真做好规划，分工负责，抓紧落实，稳步推进。

在汉语国际推广浪潮中
我校要有更大作为[*]

今天我们在孔子 2567 周年诞辰日召开我校首次汉语国际推广工作会议，这既是对以往我校汉语国际推广工作的回顾和总结，更是对将来工作的展望和部署，因此有着重要的意义。我校的汉语国际推广工作一直得到国家汉办、国侨办、省教育厅、省侨办、省侨联等上级和有关部门的大力支持，在此，我谨代表学校向它们表示衷心的感谢！

汉语国际推广是党中央、国务院高度重视的一项工作。胡锦涛、温家宝、李长春、陈至立等党和国家领导同志对汉语国际推广工作进行了多次重要批示，国务院办公厅还转发了教育部等 11 个部委《关于加强汉语国际推广工作的若干意见》，从国家战略的高度，阐明了汉语国际推广工作的重要性和紧迫性，提出了汉语加快走向世界的指导思想、总体规划及政策措施。据悉，胡锦涛同志对教育工作的批示总共有 3 次，其中就有两次是针对汉语国际推广工作的。2006 年 7 月在北京召开了全国汉语国际推广工作会议和孔子学院大会，也是新的国家汉语国际推广领导小组成立以来的第一次全国性工作会议和孔子学院成立以来第一次全球性大会。8 月份国家汉办又在云南召开落实北京会议精神的工作会议。从这些高频率、高密度的领导人批示与高层次会议，我们就可以看到中央对汉语国际推广工作的重视程度。

---

* 这是笔者 2006 年 9 月 28 日在学校召开的汉语国际推广工作会议上的讲话。

2006 年 7 月，福建省政府闻风而动，在全国率先成立了省级汉语国际推广领导小组，由副省长汪毅夫亲自担任组长，省政府副秘书长、省教育厅厅长、省人民政府侨务办公室主任分别担任副组长，成员单位包括省财政厅、省人民政府新闻办公室、省教育厅、省人民政府侨务办公室、省人民政府外事办公室、省发展和改革委员会、省外经贸厅、省文化厅、省广播电视局、省新闻出版局以及省语言文字工作委员会等部门，领导小组办公室设在省教育厅，简称"省汉办"。领导小组的成立为福建省汉语国际推广工作的全面发展提供了组织保证。受省汉办的委托，我校海外教育学院代为草拟了《福建省汉语国际推广"十一五"规划》《福建省汉语国际推广"十一五"规划经费预算》和《申请成立国内东南孔子学院的报告》。

我校的汉语国际推广工作始终走在全国兄弟院校的前列，我们有必要对这一工作进行总结与部署，提出更高的奋斗目标。为此，我校在全省高校中率先成立了校级汉语国际推广领导小组，由我本人担任组长，李敏副校长担任副组长，成员单位包括宣传部、统战部、学工部、团委、校办、教务处、研究生处、国际合作与交流处、财务处、海外教育学院、校语言文字工作委员会等部门，领导小组办公室设在海外教育学院，简称"校汉办"。本次会议也是省内高校召开的第一次汉语国际推广工作会议。我校开展汉语国际推广有着得天独厚的学科优势、地缘优势和经验优势，我们有责任也有信心，继续在国家汉办、中华华文教育基金会、省汉语国际推广领导小组、省教育厅、省侨办、省侨联等上级部门的指导和支持下，竭尽全力，开拓创新，为加快汉语走向世界作出新的更大的贡献！

我校长期坚持开放型办学、走国际化道路，对外开放办学正逐步成为全体师生的共识，成为我校很重要的办学特色。近几年来，我校在国际合作办学方面取得了很大的成绩。软件学院 2006 年又有一批 23 名学生到英国阿尔斯特大学学习，菲律宾中正学院和印尼基督教大学的 22 名学生已到我校学习，这也是我校与国外大学合作办学取得的一大进展。第四批赴美国北亚利桑那大学进修的 8 位教师于 2006 年 8 月出发，至今已有四批共 39 人。第二批师生赴菲律宾英语教学实训活动在全体成员的共同努力下，收到了比较好的效果，达到了预期目的，实训队队员提高了英语实践能力，开阔了眼界，传播了中菲友谊，扩大了我校在菲律宾的影响力。

在国际化办学方面，我校的汉语国际推广工作尤为突出。近年来，我校以"请进来"与"走出去"的方式，通过承担国家汉办"国外汉语教师来华研修项目"和外派教师到菲律宾、印度尼西亚、马来西亚、泰国、波兰、美国等国家任教或讲学，培训了 2300 多名国外汉语教师；2003 年以来，共向菲律宾派出 4 批 198 名汉语教学志愿者，志愿者的足迹遍及菲律宾。志愿者项目作为我校汉语国际推广工作的品牌项目，以其不断的大胆实践、推陈出新，取得了很好的效果，获得了海外华人华侨和华文教育界的高度赞扬，得到了国家汉办的充分肯定。2003 年以来，我校先后与菲律宾雅加达学院正式签订协议，以"2+2"或"3+1"模式合作创办了中文教育系，加强海外汉语教学界自身的"造血"功能，培养了"不走"的汉语师资。这一系列合作办学项目的实施，有力地加强了海外汉语师资队伍的发展后劲，进一步扩大了福建省海外华文教育的影响。2005 年 4 月，我校与菲律宾国际科技学院签订了《现代远程汉语教育协议》，实现了福建省远程网络汉语教育在海外的第一次实际"落地"，菲律宾首批已经有了 6 所高校的 500 多名学生利用我校的远程网络汉语教学平台学习汉语。另外，我校总结多年海外华文教育实践经验研发的"中华文化多媒体教学课件"已经在菲律宾华文学校全面试点并推广。

近年来我校常有代表团访问菲律宾、印尼等东南亚国家，无不深切感受到我校汉语国际推广工作在东南亚各国产生的积极影响，这从一个侧面反映了我校走国际化办学道路的正确与成功。

2006 年 6 月份，我率代表团对菲律宾、印尼的一些高校进行访问，与多所大学签订了合作协议。代表团在菲律宾和印尼期间，先后参访了与我校有友好关系或合作意向的菲律宾中正学院、侨中学院、国际科技学院、雅典耀大学、拉刹大学、印尼基督教大学、雅加达新雅学院、巴布尔基督教大学、阿拉加大学、建国大学等十几所院校。所到之处都受到了隆重、热情的欢迎和接待，所有参访院校无一例外地由董事长或校长亲自会见并会谈，菲律宾中正学院、侨中学院、印尼新雅学院的董事长、校长亲率全体中层干部在校门口迎候我校访问团并与我校访问团进行了深入的座谈，印尼基督教大学、阿拉加大学还组织学生为我校访问团表演了中文节目。

代表团还先后礼访了我国驻菲律宾大使馆文化处、菲华商联总会、菲律宾华文学校联合会、印尼国民教育部教师培养司、印尼国际策略研究院、艺成慈善基金会和印尼体育总会等机构，会见了陈永栽先生、李文正先生、郑年锦先生、杨勇辉先生、杨勇泽先生、杨丽玲三姐妹、陈大江先生等华社精英、社会名流，共商大计。

代表团访问菲律宾期间，恰逢菲律宾独立 108 周年和中菲第 5 个友谊日庆典，菲华各界在菲律宾国际会议中心举行了有数千人参加的盛大宴会，阿罗约总统亲临庆典发表热情洋溢的讲话。我们代表团全体成员应邀参加了这次盛典，我本人还应邀入座主席台，与阿罗约总统等同桌共进晚餐。我校代表团受到如此高规格的礼遇，应该说是与我校近年来大力推行开放办学、积极支持菲律宾的华文教育、迅速扩大在菲律宾的影响分不开的。

此次访问给代表团成员一个强烈的印象，就是新闻媒体高度重视我校代表团的这次访问。报道的密度、频度、信息量都出乎我们的意料：往往是代表团未到，新闻媒体已有预告，到达以后活动的报道及时充分，离开之后还有追踪报道。据不完全统计，短短 10 天的访问就有菲律宾《世界日报》《菲律宾商报》《印度尼西亚国际日报》《千岛日报》等十几家媒体几十篇报道我校代表团的访问活动。如此密集的宣传报道扩大了我校的影响，彰显了我校在菲印两国的知名度和美誉度。

成绩代表的是过去，展望未来，我们还有许多工作有待开展，还有许多设想要去实现。为了能在汉语国际推广的浪潮中更加有所作为，我认为要着重解决好几个问题。

第一，解决好认识问题。是抓住机遇还是等待观望，是积极主动迎接挑战还是被动应付，不同的思路、不同的做法，将会对每所高校的发展产生深刻的影响。我认为，我们党和国家、我们的民族从来没有像现在这样重视自己的民族语言和文化的国际推广；世界上学习汉语的热情也从来没有像现在这样高涨，在这前所未有的历史机遇面前，我们不能等待观望、被动应付，必须进一步提高思想认识，要有勇气和胆略，把我校的汉语国际推广工作向纵深推进。具体地说，就是全校上下对于汉语国际推广的重大战略意义要认识到位，像陈至立同志所说的那样，要有使命感和紧迫感；要研究和推进汉语国际教育的学科建设和华文教育改革，进一步提炼和突出办学特色，同时辐射、推动我校相应学科的教学改革，提高学生包括外语能力在内的综合素质水平。举例来说，我校应用科技学院高职专升本学生的入学基础相对薄弱，但是近几年来，通过参加国家汉办"国际汉语教师中国志愿者计划"项目，学生的各方面能力与素质得到很大的提高。在前三批志愿者中，有近 10% 的学生考入在菲律宾排名前三位的著名大学——拉刹大学攻读硕士学位，其中大部分是应用科技学院的毕业生。6 月份我访问菲律宾期间，就尝试着让这些学生担任翻译，看着她们对各种问题从容应答、思路清晰；听着她们用流利的英语为我们翻译传意、潇洒自信，我们感受到她们的成熟与成长，由衷地为她们感到高兴。这正像他们自己总结的那样，"在外十个月，胜读十年书"。可以这么说，志愿者项目就是我校人才培养的一条创新之路。

第二，解放思想、勇于创新，树立更加开放的教育观。邓小平同志很早就提出"教育要面向世界，面向未来，面向现代化"。"面向世界"是我们汉语国际推广工作及其实施"开放型"办学的理论基础。事业的成功发展要以思想解放为先导，落后首先是思想和观念的落后，只有解放思想、勇于创新才能充分发挥自身的优势。我校一系列汉语国际推广工作项目都贯穿了创新的精神，如向海外成批量派遣汉语教学志愿者；与国外院校合作创办中文教育系培养汉语师资；率先与国外院校和中文教育机构合作，开展远程网络汉语师资培训；等等。正因为我校能够根据国外汉语教师的现状和师资培训的需求，不断提出具有创新意义的汉语国际推广项目，使我校的汉语国际推广项目不断深化，不断取得新的成果。在今后的工作中，我们要进一步解放思想、转变观念，着重实现汉语国际推广工作的以下转变。一是从以对外汉语教学为主向全方位汉语国际推广的转变。今后要把推广内容拓展到语言、文化、经贸、旅游等诸多领域，把推广对象拓展到所有想学习汉语言文化、想了解中国的人群。二是从"请进来"学汉语向同时加快汉语"走出去"的转变。汉语国际推广的主战场在海外，必须采取有力措施，加快汉语国际推广的步伐，在海外大力发展孔子学院等汉语推广机构，增派出国汉语教师和志愿者，为当地提供丰富的教材和教学资源，为广大海外汉语学习者提供便利的、多样化的、高质量的教育服务。三是从专业汉语教学向更注重大众化、普及型、应用型教学的转变。要改革现有对外汉语专业的培养目标、课程结构，使教学内容和方法更加灵活。从教材开发和考试改革入手，切实克服过去过分强调学术性和系统性的弊端，采取喜闻乐见的形式和容易接受的方式，降低学习难度，增强学习趣味性。四是从纸质教材面授为主向发展多媒体网络等多样化教学的转变。要改变传统的课堂教学模式，适应教学手段信息化要求，开发贴近外国人思维、学习和生活习惯的多媒体网络汉语教材和各类有鲜明针对性的多媒体教学课件。要有效整合我校现有的网络教育资源，建设汉语国际推广教学平台。

第三，结合实际、脚踏实地，有针对性地开展汉语国际推广工作。要逐步实现华文教育工作重点的转移，即从非主流学校、非主流社会的华文教育向主流学校、主流社会的汉语国际教育的转移。要在主流社会学校中建立若干个根据地以辐射和扩大我校一系列汉语国际推广品牌项目的效应；要继续加强志愿者工作，建议志愿者队伍从覆盖少数学院到覆盖更多学院。志愿者队伍可以从单纯由学生组成变成由学生、教师或机关干部组成。志愿者队伍的建设要统筹考虑、长期规划，如对外出时间、组织课堂学习的能力、英语水平的培养与提高等问题都要提出切实可行的措施；加强与东南亚国家的合作、交流与研究，要选择适合于我校层次的大学进行交流与合作，特别是要在主流社会学校中寻找突破口。合作与交流的领域可以从华文教育扩大到其他领域，如合作研究，教师、学生、管理层人员的交流等。合作形式可以长短期结合，形式多样灵活；要加强对东南亚国家的政治、经济、文化等方面的研究，相应的研究与相应的机构应纳入学科建设的范畴；加强并做好东南亚华人精英阶层的工作，这一点对学校的发展至关重要；要进一步多渠道加强关于我校办学实力和水平的对外宣传，扩大我校在国外特别是在东南亚国家和地区的影响，提高我校的知名度；在汉语国际推广和华文教育方面，要积极与国务院侨办、国家汉办及外交部联系，争取上级有关部门的理解、支持与帮助；大力加强海外教育学院的建设，要给予多方面的扶持，特别是对该院的汉语国际推广与华文教育要制定倾斜政策，可以适当增加管理人员和教学人员的编制，扩大教学场所，增加或更新教学设备，做大做强我校的海外教育学院。

汉语国际推广是一项具有深远战略意义的大事，福建师范大学的汉语国际推广工作之所以能够取得一些成绩，离不开国家汉办、国侨办、省教育厅、侨办、侨联等领导部门的关心和指导，离不开兄弟院校的协作和支持，离不开海外社会各界人士的通力合作。今后，我们要进一步坚定信心，振奋精神，开拓创新，扎实工作，使我校在汉语国际推广浪潮中有更大作为，为让汉语和中华文化之花开遍世界的每个角落而不懈奋斗！

附：李建平校长率我校代表团 出访菲律宾、印度尼西亚纪实*

2006 年 6 月 7 日至 18 日，李建平校长率我校代表团出访菲律宾和印尼。代表团出访两国的主要活动如下。

1. 参访友好院校，取得丰硕成果

代表团在菲律宾和印尼期间，一路风尘仆仆、早出晚归，先后参访了与我校有友好关系或合作意向的菲律宾中正学院、侨中学院、国际科技学院、雅典耀大学、拉刹大学、印尼基督教大学、雅加达新雅学院、巴布尔基督教大学、阿拉加大学、建国大学等十几所院校。所到之处都受到了隆重热情的欢迎和接待，所有参访院校都无一例外地由董事长或校长亲自会见并会谈，菲律宾中正学院、侨中学院、印尼新雅学院的董事长、校长亲率全体中层干部在校门口迎候我校访问团并与我校访问团进行了较深入的座谈，印尼基督教大学、阿拉加大学还组织学生为我校访问团表演了中文节目。在会谈或座谈中，宾主双方愉快地回顾以往的友好交流与合作，对加强交流的前景进行了认真的探讨，并就进一步拓宽汉语师资培训、远程网络汉语教育、合作办学、我校师生英语夏令营等领域的合作达成了广泛的共识。

此次访问加深了我校与菲律宾和印尼两国友好合作院校的相互理解和友谊，取得了一批实质性的访问成果。访问期间，我校与印尼雅加达新雅

* 该报道载于《福建师范大学校报》2006 年 9 月 30 日，海外教育学院供稿。

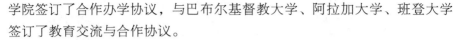

学院签订了合作办学协议，与巴布尔基督教大学、阿拉加大学、班登大学签订了教育交流与合作协议。

2. 礼访相关机构，加强双边关系

近几年我校在东南亚开展的一系列汉语国际推广工作得到了我国驻外使领馆的大力支持；在开放办学过程中，我校还与东南亚国家的一些政府教育机构、非政府社会组织、华人华侨社团建立了密切的联系，结下了深厚的友谊。这次我校代表团访问菲、印两国，礼访了我国驻菲律宾大使馆文化处、菲华商联总会、菲律宾华文学校联合会、印尼国民教育部教师培养司、印尼国际策略研究院、艺成慈善基金会和印尼体育总会等机构，会见了我校闽南科技学院董事长戴宏达先生和部分常务理事，出席了印尼雅加达华文教育协调机构和印尼圣道教育机构举行的欢迎晚宴。与我校合作实施菲律宾汉语教学志愿者项目的菲华商联总会召集各委员会负责人与我校代表团座谈并设午宴招待代表团一行；菲律宾华文学校联合会全体常务理事与我校访问团举行了座谈；印尼国际策略研究院特地为我校代表团的访问举办中国经济发展与印中关系专题研讨会，特邀李建平校长作专题演讲，李校长即席就中国经济发展与印中关系发表长篇演讲并回答了与会者提出的问题。

一系列参访、会谈和研讨活动加强了我校与菲印两国相关机构的沟通与交流，加深了我校与菲印两国相关机构的理解与友谊，扩大了我校在菲印两国的影响。

3. 会见华社精英，共商发展大计

在这次访问过程中，我校代表团会见了世界闽商大会主席、菲华商联总会永远名誉理事长、我校海外华文教育研究中心名誉主任陈永栽先生，印尼力宝集团董事局主席李文正先生，印尼新雅之光基金会董事长、马龙嘉集团董事长郑年锦先生，印尼艺成慈善基金会杨勇辉理事长、杨丽玲三姐妹，印尼中华总商会总主席陈大江先生等华社精英、社会名流。陈永栽、李文正、郑年锦先生及杨丽玲三姐妹分别设专宴招待代表团成员。杨氏家族在其豪宅举行的盛宴上请来了我国驻印尼大使和政务参赞、印尼政府前内政部长等政要、荷兰驻印尼大使和班登大学校长等各界要人和名流；李文正先生在他的高尔夫球场玻璃屋中用印尼菜肴款待代表团一行，欢宴中不时用莆田话与李校长和美术学院翁振新院长两位老乡谈笑风生。会见中，李建平校长向各位精英侨领介绍了福建师大近年来学科建设和事业发展的概况，盛情邀请各位华社精英莅临 2007 年我校的百年庆典。各位华社名流愉快地接受了李校长的邀请，李文正先生还欣然接受李建平校长的聘请，担任我校的名誉教授与校董事会名誉董事长。

4. 看望我校志愿者，带去母校问候

在菲律宾中正学院和侨中学院，代表团专程看望了我校的汉语教学志愿者，带去了母校师生对他们的亲切问候和殷切希望。李校长关切地询问志愿者们的工作、学习和生活情况，题词勉励志愿者发扬志愿者的奉献精神，传播中华文化，架设友谊桥梁。志愿者们在异国他乡见到来自母校的领导、师长格外激动，他们纷纷表示一定要牢记自己肩负的使命，谦虚谨慎、辛勤耕耘、无私奉献，不负祖国和母校的重托。在菲律宾主流社会名校拉刹大学，在菲律宾国际科技学院，在中菲友谊日宴会上，代表团还见到了我校前三批志愿者中返菲攻读硕士的同学。他乡遇校友，这些志愿者的先行者们用切身体会向母校领导和老师们讲述汉语教学志愿者经历对他们的磨练、给他们的机遇，抒发对母校的感激和怀念之情。看着他们充满青春气息的笑脸，听着他们用流利的英语为我们翻译传意，感受到他们的成长、成熟和成才，我们代表团一行感到由衷的高兴。

5. 出席盛大庆典，受到贵宾礼遇

代表团访问菲律宾期间，恰逢菲律宾独立 108 周年和中菲第 5 个友谊日庆典，菲华各界在菲律宾国际会议中心举行了有数千人参加的盛大宴会，阿罗约总统亲临庆典发表热情洋溢的讲话。我校代表团全体成员应邀参加了这次庆典，李建平校长并应邀入座主席台，与阿罗约总统等同桌共进晚宴。我校代表团受到如此高规格的礼遇，应该说是与我校近年来大力推行开放型办学、积极支持菲律宾的华文教育、迅速扩大在菲律宾的影响分不开的。近年来我校常有代表团访问菲律宾，无不感受到我校在菲律宾的存在和影响，这从一个侧面反映了我校走国际化道路的成功。

6. 一路跟踪报道，彰显我校美誉

此次访问给代表团成员一个强烈的印象就是新闻媒体高度重视我校代表团的这次访问。报道的密度、频度、信息量都出乎我们的意料：往往是代表团未到，新闻媒体已有预告，到达以后活动的报道及时充分，离开之后还有追踪报道。据不完全统计，短短 10 天的访问就有菲律宾《世界日报》《菲律宾商报》《印度尼西亚国际日报》《千岛日报》等十几家媒体几十篇文章报道我校代表团的访问活动。如此密集的宣传报道极好地扩大了我校的影响，彰显了我校在菲印两国的知名度和美誉度。

此次代表团访问菲印两国期间，不仅会见了一批老朋友，巩固和加强

了原有的合作与交流渠道，而且还结识了一批新朋友，开拓了新的合作与交流空间，访问取得了圆满的成功。主要收获有以下几个方面。

（1）进一步认识了汉语国际推广和华文教育的重要意义。搞好汉语国际推广和华文教育有利于我国与其他国家特别是华人华侨较多的东南亚国家的文化和经济交流。从学校层面上看，汉语国际推广和华文教育是我校的一大办学特色，加强汉语国际推广和华文教育能够推动相关教学环节的改革，推动我校的学科建设发展。

（2）进一步拓展了与菲律宾、印尼的大学和汉语教育界的交流与合作。新签了四个协议或意向书，并与多所大学进行了新的接触，探讨了与菲、印的大学不仅在汉语教育方面，而且在其他领域开展合作与交流的前景。令人可喜的是，此次代表团访问的不但有华文学校，而且有许多主流社会学校，如菲律宾拉刹大学、雅典耀大学，印尼的基督教大学、巴布尔基督教大学、阿拉加大学、班登大学和建国大学等。

（3）进一步接触了一批华人社会精英。包括陈永栽、李文正、郑年锦、杨丽玲三姐妹等人，对拓宽我校办学资源的渠道进行了新的努力。这些精英都给我校代表团以高规格的接待，并对我校进行了大力宣传。

（4）扩大了我校在菲律宾和印尼的影响。菲、印的多所大学和机构通过与我校的接触与交流，进一步了解了我校。在访问期间代表团还会见了政府教育官员、中国驻外教育文化机构，参加了菲庆祝独立节的国宴，而且还通过华人和华人组织结识了大批菲、印的社会名流。在菲、印访问期间，众多报纸对我代表团的活动进行了连续的追踪报道，大大提高了我校在菲、印的知名度和美誉度。

深化和拓展我校与琉球大学的
友好合作关系[*]

值此福建师范大学与日本琉球大学开展合作与交流 20 周年之际，我们怀着喜悦的心情，迎来了福建师范大学的老朋友、不辞辛劳远道而来的日本琉球大学校长森田孟进教授一行，并在这里隆重举行福建师范大学—琉球大学新世纪合作与交流研讨会。在此，我谨代表福建师范大学，向两校开展合作与交流 20 周年表示热烈的祝贺！向日本琉球大学校长森田孟进教授一行莅临我校表示热烈的欢迎和衷心的感谢！

首先，请允许我简要介绍我校的基本情况（略）。

福建师范大学与日本琉球大学的友好合作与交流历史悠久，源远流长。1986 年 8 月，我校王耀华教授获日本国际交流基金会资助，前往琉球大学留学访问，由此拉开了两校友好合作与交流的序幕。20 年来，两校在师生互派、学术交流、科学研究与教育管理等领域开展了一系列深入而卓有成效的合作与交流，不仅有力地推动了两校的建设与发展，而且加深了理解，增进了交流，结下了深厚的友谊。尤其令人难忘的是，2001 年 12 月，"日本琉球大学授予王耀华教授、曾民勇教授为荣誉博士"暨"福建师范大学授予森田孟进教授为名誉教授"仪式在我校隆重举行，日本琉球大学校长森田孟进教授率团访问我校并出席了仪式，有力地促进了两校合作与交流的深入开展。

---

* 这是笔者 2006 年 11 月 20 日在福建师范大学—琉球大学新世纪合作与交流研讨会上的讲话。

　　回首过去，我们心潮澎湃；展望未来，我们豪情满怀。站在新的历史起点上，我校将全面深化并不断拓展与日本琉球大学的友好合作关系，力争师生互派有新进展，学术交流有新突破，科学研究和教育管理合作有新拓展，并积极探索和创建高等教育合作交流新机制，推进两校在更宽领域、更高层次的合作与交流，实现两校互惠互利、合作双赢。

　　今天，日本琉球大学校长森田孟进教授再次拨冗率团访问我校，并在这里与我校召开两校新世纪合作与交流研讨会，之后还将举行授予本人日本琉球大学荣誉博士学位仪式，参观我校新、老校区，与我校师生座谈及文化考察等一系列活动，这是两校友好合作工作中的一大盛事，也必将成为两校友好合作发展历程中的重要里程碑，对于进一步密切两校的合作与交流，增进两校之间的深厚友谊，推动中日两国的民间教育文化交流，具有积极而深远的影响。衷心希望森田孟进校长一行对我校的建设与发展多加指导；希望贵我两校携手并进，共创辉煌，努力构筑全方位、宽领域、多层次的友好互利合作新格局。同时，2007 年我校将迎来百年华诞，热忱欢迎森田孟进校长及日本琉球大学的各位朋友届时莅临指导，共襄盛典！

在"琉球大学授予福建师范大学校长李建平教授荣誉博士学位仪式"上致答谢词

在这天高气爽、秋菊争艳的美好季节，日本琉球大学森田孟进校长亲自率领代表团访问我校，开展一系列很有意义的活动，纪念琉球大学和福建师范大学合作与交流 20 周年。作为其中的一项重要活动，就是授予本人琉球大学荣誉博士学位。刚才，我怀着十分高兴而激动的心情，从琉球大学森田孟进校长手里接过了荣誉博士学位证书。琉球大学的这一决定，不仅是对本人学识和工作的褒奖，而且也是两校 20 年合作与交流结出的又一重要成果，体现了两校之间真挚的信任和深厚的友谊。在此，我谨代表福建师范大学全体师生，向琉球大学森田孟进校长及访问团，表示衷心的感谢！

福建师范大学与日本琉球大学的合作和交流源远流长。在 20 世纪的 1986 年 8 月，我校王耀华教授获日本国际交流基金会资助，前往琉球大学留学访问，由此拉开了两校友好合作和交流的序幕。随后，两校在师生互派、科学研究、教育管理和学术交流等领域进行了多方面的合作，增进了相互的了解，加深了彼此的友谊，推动了两校的建设与发展。令人难忘的是，2002 年 3 月，我率团访问了琉球大学，受到了森田孟进校长和各院系教授的热情欢迎。琉球大学的美丽校园、优良学风、教授的敬业精神和富有成效的学校管理都给我留下了深刻的印象。同年 11 月，森田孟进校长应邀出席了我校为纪念建校 95 周年而举办的"中外校长论坛"和庆典活动。森田孟进校长代表来自海外的大学校长发表了热情洋溢和见解精辟的讲话，受到了广泛的好评。从那以后，在两校的共同努力下，合作更加密切，交流更加频繁，成效更加明显。在经济全球化的今天，走国际化办学道路已成为世界各个国家许多大学的共识。作为福建师范大学的校长，我将努力推进这一进程，坚持对外开放办学，进一步加强与世界各国大学特别是日本琉球大学的合作与交流，实现两校的互惠互利，合作共赢，共同发展。

20 年来，特别是自森田孟进校长上次访问我校以来的四年中，福建师范大学有了很大的发展。学校现有 8 个二级学科博士点，116 个硕士点，56 个本科专业，在校全日制学生近四万人，校园面积达 4300 多亩。即将建成的新校区预示着福建师范大学美好的发展前景。森田孟进校长这次率团访问我校，是两校友好合作的一大盛事，必将成为两校友好合作发展进程中的重要里程碑。在上午召开的两校新世纪合作与交流研讨会上，我们高兴地获悉，琉球大学的综合办学实力已跻身日本国立大学的十强行列，对此我们表示热烈的祝贺！森田孟进校长为进一步推进两校的合作与交流，提出了一系列很有远见的建设性意见，我们深为钦佩。我衷心希望，贵我两校继续携手并进，努力构筑全方位、宽领域、多层次的合作与交流新格局，共创新世纪两校的新辉煌。

2006 年 11 月 20 日

扎实推进百年校庆的各项筹备工作*

关于百年校庆的意义和指导思想，校党委常委会已经专门作了研究，这里就不说了。

一 关于百年校庆的具体安排

百年校庆的时间为 2007 年 11 月 17 日、18 日，庆典活动安排在新校区。主要活动有：一是庆典活动，正在策划中；二是学术研讨，包括学校和学院两个层面，学校将举办中外校长论坛、院士论坛等；三是各种展览；四是文艺演出，准备举办演出周活动；五是剪彩，新校区工程竣工后将隆重举行剪彩仪式；六是召开校友代表大会；等等。

二 校庆要全面发动、全员参与

校庆不是目的，而是手段，要通过校庆活动，进一步弘扬传统、凝聚人心、继往开来、再创辉煌，促进学校更好更快地发展。校庆是全体师大人的盛大节日，是师大百年发展历史中的一个重要里程碑，所以校庆不是少数人的事，而要全员发动、全员参与。这方面有些部门、单位已经先行

---

* 这是笔者 2007 年 3 月 20 日在全校部署新学期工作大会上讲话的一部分。

一步了。比如上学期末，统战部召集民主党派开会，发动他们为百年校庆献计献策，整理了一个材料，提出了很多有价值的点子。我建议各单位参照这个办法，积极为百年校庆献计献策。有些老师也积极行动起来，想方设法为百年校庆献爱心。比如1953届中文系的校友李铭坤一家三代都是师大人，现在已80高龄，人在病榻上打点滴，还惦记着母校百年校庆，专门托人带来2000元捐给学校，表达了他对母校的热爱，的确令人十分感动！前几天，物光学院的一位退休老师到校部来找我，他说他完整地保留了父亲1950年私立协和大学的毕业证书，可以借给学校。很多老师包括退休老师对学校的感情是很深的，他们用各种方式来表达对学校的热爱。我们一定要充分发动群众，让更多的人了解百年校庆的筹备情况。校友方面也是如此，前天我接待了连城教育局局长黄修桂校友，他说受连城全体校友的委托，了解可以为母校百年校庆做点什么。这是老区人民对百年校庆的一种深情的表达。因此，要进一步做好教职工、学生、校友和社会各界的宣传发动工作，发动大家为百年校庆献计献策。近期学校将启动百年校庆和本科教学评估志愿者的报名工作，包括研究生、本科生、青年教师等，都可以吸收到志愿者的行列中来。

三　百年校庆筹备工作进展情况

一是宣传方面。校长办公会议已经通过了百年校庆标，以后很多纪念品都要印上这一标志，应尽快申请商标保护。校歌正在征集中，已邀请著名的作曲家章绍同先生谱曲，校歌确定之后要进行传唱。领导题词、贺信等，正在征集之中。校宣传部正积极与媒体联系，省内外媒体从3月份就开始连续报道有关我校百年校庆筹备的消息。二是出版方面。即将出版老照片集，优秀博士论文、硕士论文、学报论文集，抓紧编写校史等。但总的说来，目前百年校庆活动还存在着氛围不够浓厚、分工不够明确、工作不够落实等问题，希望今天会议之后，要进一步做好宣传发动工作，使大家切实感受到盛大节日即将来临的气氛。

四　下一阶段的主要工作

1. 宣传出版方面

一是做好校庆画册的出版工作，包括重要领导的题词、学校介绍、重要活动等，目前要着手进行准备。传播学院提出制作部分老教授的光盘，反映他们的治学经历，这个建议很好，要着手实施。二是校史编辑工作正在加快进行，如大事记，有关部门查找了大量资料，形成第一稿约 30 万字；《文化名人与福建师大》一书正在编辑中，该著作记载了叶圣陶等很多文化名人与我校的关系；再如师大的革命史，记载了我校曾经出现的许多英勇烈士，还有长安山回忆录、书画集、学者文集等。三是媒体报道。要通过媒体的连续报道，不断营造校庆的氛围。我们已经发了校庆第 1 号公告，即将发布校庆第 2、3 号公告。要在《福建日报》《光明日报》开辟我校百年校庆的专栏进行宣传。要进一步做好宣传策划工作，可以聘请新闻顾问，做好新闻策划工作。四是在校园及周边做好宣传发动工作，营造浓厚的氛围，包括新老校区周边等都要充分考虑。五是学校网站包括各学院网页的内容要及时更新、充实，校庆办的网页要进一步充实内容。各学院、部处要有专人来负责网页的宣传工作。校庆办、评建办都要有专人负责报道百年校庆和评建工作信息。

2. 校友联络方面

一是建立和完善校友名册。校友联络工作已经开展很久了，各部处、学院的校友名册还没有上报，有的仅仅报送校友的名字。各学院要指定专人负责，收集好历届毕业生的工作单位、职务、联系方式等，有先进事迹的也要一并收集。校友名册是百年校庆的一项基础性工作，各学院一定要切实抓好。二是建立健全校友会。要逐步健全全省九个设区市的校友会。4 月份至 6 月份，校领导将分赴全省各设区市，了解校友会的建设情况，向校友通报校庆的进展情况。要进一步加强与省外校友会如上海、北京校友会等的联系，他们都很关心百年校庆的情况，纷纷来信来电询问。同时也要加强与国外如美国、澳大利亚、新西兰、英国等校友会的联系。百年校庆期间要召开各地校友的代表大会。三是举办杰出校友座谈会。本学期要举办的座谈会包括厅级领导校友座谈会、先进人物座谈会等，同时要收集好杰出校友的事迹。例如，社会历史学院 1993 届毕业生张岳在今年评出的"感动福建十大人物"中得票率最高，是很值得我们骄傲的；还有一位是从澳大利亚留学回来到顺昌办英语学校，共教了 5000 多名学生，是我校附中的校友。他们的先进事迹要广泛收集，广为宣传。传播学院提出要制作杰出校友光盘，值得考虑。

3. 筹办学术论坛

百年校庆期间，全校性高层次论坛有 5 个，包括中外校长论坛、院士论坛等，一定要筹办好。会议通知要尽快发出去。各学院召开的学术会议一定要及早安排，会议主题、参加对象等内容都要考虑好，并尽快汇总到校庆办。

4. 举办系列展览

展览是百年校庆活动重要的组成部分，校友可通过参观展览多角度、多层次地了解学校的历史和发展情况。百年校庆期间，学校将举办多个展览，包括校史、老照片展等，充分体现学校的百年进程。省委副书记王三运上学期末到我校调研，提出我校有"三个深厚"值得特别珍惜，即深厚的历史积淀、深厚的文化底蕴、深厚的发展基础，这是其他学校所没有的。要举办好教学科研成果展览，有关内容要及时更新，此外还要举办大学生素质教育展、自然科学展览、生物标本展，以及书画、摄影展等。

5. 举办演出活动

要通过演出活动展示百年学府的风采，体现学校的雄厚实力，体现师生激昂向上的精神风貌。我校拥有音乐学院、传播学院以及音乐学科博士点，演出的水平要与学校的实力相匹配。演出活动从现在起就要着手安排，有的同志提出搞"同一首歌"晚会，可以进行论证。其他活动如交响乐团演奏等都可以考虑。校庆演出活动要注意节约，尽量花小钱办大事，尽可能争取企业赞助。

6. 做好纪念品的制作工作

百年校庆非同一般，有着特别的纪念意义。纪念品由产业处、财务处负责，目前已制作了邮票、首日封、校园风光明信片等，要进一步做好策划工作。学校对纪念品制作工作要求非常明确，即实行计划与市场相结合，主要靠市场运作，学校不仅不给经费，还要求上缴学校一部分利润，因为百年校庆的市场空间相当大。要做好纪念品的订购和发行工作，纪念品征订清单出来后，各学院可从中挑选，如有需要可提前订购，因为在以后的对外交流活动中，这些纪念品都可以派上用场。

7. 做好筹资引资工作

筹资引资是校庆的一项重要工作。如刚才所说的，促进发展是校庆的重要目的之一，百年校庆是学校发展中一次难得的机遇。筹资引资确实存在很大的难度，但这项工作我们必须做好。当前要做好以下几项工作。①宣传发动。要做好教职员工、学生及其家长、校友、社会各界的宣传发动工作，告知百年校庆的有关事宜，并列出一些项目清单。②重点筹划。2007 年全国"两会"期间，国家出台了一个重要法案，对捐赠企业的税收免除从原来利润总额的 3% 提高到现在的 12%，这对于企业捐赠是一个利好的消息。我们要做好这些方面的宣传工作。四月初我校要在香港举行筹资活动，目前正在策划之中，包括香港中联办的有关负责同志也将参加，我们希望能有所收获。③扎实准备。在筹资引资过程中一定要做好扎实工作，提出有关项目，包括贫困家庭学生资助基金、教学科研基金、基建工程项目、实验室建设等。④回报奖励。要做好捐资的回报工作。写感谢信、刻碑纪念、颁发荣誉证书，考虑楼、堂、馆、所冠名等，方式多样。奖励方面，对于学院或者其他单位引资，要给予一定奖励，包括个人在内，在这方面学校要有相应规定。

五　抓好校庆各项工作的落实

第一，要正确处理好百年校庆与教育部本科教学工作水平评估的关系。2007 年对全校各单位而言是极为繁忙的一年，因此各单位领导一定要具备高超的领导艺术，学会"弹钢琴"，根据轻重缓急，科学合理安排。第二，要加强领导，专人负责落实。上午校党委常委会议已研究决定，校庆期间专门设一名校庆特别助理，代表校长处理校庆的有关事项，校庆办要立即挂牌办公，加强与校内外的联系，协调校内各项校庆工作。第三，注意处理好校庆的一般性和特殊性关系，要注意突出学校的特色，在校庆的形式和内容上都要有较大的创新。第四，各学院、各部处一定要狠抓校庆项目的落实，不能议而不决，决而不行。第五，要有时间安排表，根据总体方案排出月进度表、周进度表，并按计划抓好落实。

香港"纪念百年华诞，发展福建教育"新闻发布会致辞

春风徐来，紫荆绽放。在这莺飞草长、万物复苏的美好时光，我们欢聚在美丽的香江，隆重举行"纪念百年华诞，发展福建教育"新闻发布酒会。我谨代表福建师范大学全体师生员工，向各位嘉宾拨冗莅临表示衷心的感谢！向长期关心、支持我校和福建省教育事业发展的中央人民政府驻香港联络办公室、香港福建社团联合会、香港各界朋友和海内外校友致以崇高的敬意！

2007年对于香港来说，是喜庆和再创辉煌的一年，她即将迎来回归祖国十周年庆典；对福建师范大学而言，也是一个尤其重要而特殊的年份，2007年11月17日，学校将迎来她的百年华诞。沧海桑田，百年一瞬。一个世纪前，中华民族面临内忧外患的危急形势，兴学育才、求强思变成为国人的心声，清朝末代帝师陈宝琛先生顺应时代潮流，创办了福建优级师范学堂，始开福建高等教育之先河。其后，学校历经华南女子文理学院、福建协和大学、福建省立师范专科学校等沿革，于1953年成立福建师范学院，1972年易名为福建师范大学并沿用至今。

百载春秋，薪火相传。叶圣陶、郭绍虞、董作宾、林兰英、郑作新、黄维垣、唐仲璋、唐崇惕等一大批知名专家、学者曾在学校任教。百年来，学校数易其名，几度迁徙，虽饱经沧桑，却弦歌不辍，历久弥新，砥砺出"知明行笃，立诚致广"的校训精神，孕育了"重教、勤学、求实、创新"的优良校风，不断推动学校事业向前发展。特别是改革开放以来，

在社会各界贤达的关爱和瞩目下，学校抓住科教兴国、人才强国的发展机遇，凭借建设海峡西岸经济区的春风，锐意进取、开拓创新，实现了跨越式发展，整体实力跻身于全国师范院校和全国省属大学的先进行列。

一个世纪以来，福建师大始终以服务社会为己任，追求进步，关注民生，传播文明，滋兰惠树，哺育英华，在方方面面均以自己坚持不懈的努力与源源不断的成果，深情地回报和奉献于生于斯、长于斯的这片热土。百年来，学校不辜负全省人民的重托，为全省基础教育作出了巨大的贡献，被誉为福建省师资培养的"教育母机"，共培养各级各类合格毕业生20多万名，其中师范专业毕业生热爱教育工作，已经成为福建省教育事业的中坚力量。据统计，全省各中学校长、特级教师和其他教学骨干中60%毕业于我校，他们植根八闽大地的山山水水，开元启蒙，师承不断，缔造了福建教育史上一个又一个的辉煌。在新的历史时期，福建师大更是肩负起推动全省基础教育课程改革、提升人才培养质量之重任，成为支撑起海峡西岸基础教育的坚强脊梁。

百年花开花落，云舒云卷；百载冬去春来，时轮飞转。有风雨更有天晴，有挫折更有辉煌，唯有永恒不变的，是来自社会各界的关爱与支持。可以说，学校的每一步发展都凝聚着广大校友的智慧和辛劳，融汇了社会各界贤达对学校的深情关爱。尤为令我们感动的是香港的各位有识之士，他们以乐善好施、广济众施的云水风度，爱人以德、兴学育贤的博大情怀和情系桑梓、尊师重教的高尚情操，为家乡的教育事业作出了卓越贡献，彪炳史册，辉耀华夏。今天，为了表达对慈善大家的深切敬意和感恩之情，我们特意为吕振万先生、邵逸夫先生、田家炳先生、方润华先生、邱季端先生授匾，以表彰他们为我校改革与发展所作的杰出贡献。在此，再次向为福建师大事业发展作出杰出贡献的各界人士表示衷心的感谢，并致以崇高的敬意！

承赖前驱奠基业，继往开来展宏图。今天的福建师范大学，正立足新的起点，坚定不移地朝着综合性、有特色、开放型、高水平大学的奋斗目标迈进，努力为福建省的教育事业作出新的更大贡献。当然，在学校的发展过程中，也面临着诸多新问题和新挑战。譬如我校正在闽侯上街福州大学城建设2800亩的新校区，预计总投资将达20亿元人民币，绝大部分资金由学校通过银行贷款解决，这对于我校而言，无疑将带来沉重的负担；再如，我校在学科建设、教学改革、师资建设、科研创新上均取得了丰硕的成果，然而受资金投入瓶颈的制约，一批教学实验室尚无法投入建设，一批科研成果还不能得以转化，一批优秀教师的培养计划也无以实施，严重影响了学校的改革与发展；同时我校作为一所师范院校，拥有 27% 的家庭经济贫困学生，主要来自福建闽西、闽东的革命老区和边远山区海岛、福建省对口支援的新疆、宁夏等地区的农村等，这些满怀报国之志而又家庭经济贫困的学子们，尤其需要得到社会各界的关爱。我们热诚期待和欢迎社会各界人士、广大海内外校友以各种方式热情关心、鼎力支持学校的建设与发展。为了表达我们的感激之情，凡资助我校贫困家庭学生资助基金、教学科研基金、基建工程项目、实验室建设项目的，学校将根据有关规定，通过对新校区刚落成的楼、道、馆命名等各种形式予以回报。我们还将把你们的真情厚意转达给 6 万多名师生员工和 30 多万名校友，使大家时刻铭记着各位慈善大家为学校事业发展所作出的巨大贡献，并转化成为推动学校发展的不竭动力，为福建教育事业的发展作出新的更大贡献。

2007 年 4 月 2 日

要积极选送优秀青年教师
到国外进修培训[*]

刚才听了进修回国青年教师代表发言，他们介绍了在国外大学学习的情况，对即将赴国外培训的教师也提出了在国外学习生活的一些建议。我校在美国北亚利桑那大学特聘班的导师陈普教授汇报了赴北亚利桑那大学教师的学习生活情况，并特别介绍了我校的一位交换教师，她在本年度北亚利桑那大学教师教学质量评估中排名前十，展现了福建师大教师的良好精神风貌。上述同志的发言很令人振奋！

大家知道，我校办学的目标是建设一所"综合性、有特色、开放型、高水平"的大学，其中应抓住"开放型"三个字作为我校的办学特色。选送优秀青年教师赴国外培训是开放办学的一个具体体现。在经济全球化的形势下，如果我校不参加国际竞争，不吸纳国际信息，不实现学术研究的国际化，不实现教师队伍和学生队伍的国际化，那么我校就不可能成为高水平的大学。虽然目前我校离国际化大学的要求还有相当的差距，但是我们选送优秀青年教师出国进修的做法正是学校朝向这一目标所采取的一项正确措施，其大方向是正确的，应该始终不渝地坚持下去。

几年来，我们已选送了四批优秀青年教师赴美国、三批教师赴澳大利亚进修培训，参加汉语教学项目的15名教师和通过选拔出来的8名教师即将于2007年8月份赴美国进修。我校前几批赴国外进修的青年教师都有很

---

* 这是笔者2007年7月16日在参加赴美、澳进修教师座谈会上的讲话摘要。

大的收获。一是提高了英语水平。不走出去，外语水平是很难提高的，特别是在听说方面，因为缺乏良好的语言环境。到了国外就不一样了，既有压力，也有动力。二是亲身体验了外国文化，扩大了视野。我们常说要"读万卷书，行万里路"，行万里路不能只在国内行，也要跨出国门。20 世纪 80 年代我给学生上"欧洲哲学史"的课，对欧洲只限于书本上的了解。后来我去了联邦德国，在那里生活了一年，才对欧洲文化特别是德国哲学有不同于以往的认识。三是掌握了双语教学的基本知识和基本技能。我校要逐步增加国际化的比重，必须不断增加能进行双语教学的教师数量。出国进修培训的教师回来后必须担当这一责任。四是掌握和了解有关学科的最新研究动态，收集有关科研资料。我们选送出去的教师有各个学科的，他们充分利用国外先进的信息手段，了解学科的最新进展，有的听了多场学术讲座，还参加了有关学术研讨会，进入学科的国际前沿。五是结交了朋友，为今后的进一步合作与交流开拓了渠道。前几批进修回来的教师，仍与国外保持密切的联系，有的还邀请国外大学的教授来我校讲学。这样，与国外大学联系的渠道就畅通了，做到进修回国后能够持续发展。上面所说的这五点收获可能概括还不完全。当然，从短期来看，目前的选送工作还不会立刻显现出明显的或巨大的效果，但是可以相信，在五年至十年之后，在座的大部分教师一定会成为学校教学、科研和学科建设的栋梁之才。

借这个机会，我想对在座从国外进修回校的青年教师提几点要求：一是要保持与国外同行的联系，通过交流与沟通，不断获取新的教学、科研信息；二是要与本学院教师开展交流活动或举办讲座，介绍你们在国外学习的知识、外国同行的教学与研究方法及在国外学习生活的体验；三是要严格按照学校的要求，把双语教学的工作承担起来，人事处、教务处和国际处要对有关教师的双语教学工作进行跟踪、检查和落实。这里我想特别指出的是，校办、人事处、教务处、外国语学院及国际处在教师培训交流项目中做了大量的工作，应该给予肯定和表扬。在座同志们提出的有关成立海外进修教师联谊会的建议很好，应该尽快落实并开展各项活动，包括举办海外进修活动的图片展览等。

百年校庆的筹备工作已刻不容缓[*]

一 省委、省政府领导高度重视
我校百年校庆工作

近几个月来，已有三位省领导听取了我校关于百年校庆筹备工作的专题汇报，并作出明确指示。汪毅夫副省长多次听取我校百年校庆的筹备工作汇报；省委常委、宣传部长唐国忠，省委常委、教育工委书记陈桦分别于 7 月 5 日和 7 月 30 日听取了我校关于百年校庆筹备工作的汇报，并作了明确的指示。他们认为，百年校庆不仅是福建师大的大事，同时也是福建省高等教育发展过程中的一个重要方面。他们同时指出，福建师大百年校庆的指导思想、宗旨和原则都很明确，给予充分肯定；同意我校校庆的十项活动安排，指出我校百年校庆活动是比较有特色的。此外，他们强调要从各个方面给予支持。省教育厅也十分支持，指定杨辉副厅长直接和我校联系校庆的有关事宜。在帮助邀请党和国家领导人、会见贵宾等方面，省里将尽可能予以安排。在宣传工作方面，唐国忠部长已明确表示要把校庆宣传工作列入下一个季度省委、省政府的宣传提纲，作为宣传重点予以支持。在经费方面，通过设立一些项目给予一定的支持。当然，他们也强调在百年校庆的过程中，既要办得隆重也要注意节俭，不可大手大脚，铺张

---

* 这是笔者 2007 年 9 月 4 日在全校部署新学期工作大会上讲话的一部分。

浪费。

省委书记卢展工、省委副书记王三运、副省长陈芸等同志对我校百年校庆也十分支持。8月30日，我在参加福建省第七届科学技术协会代表大会时，向卢展工、王三运、陈芸等领导同志简要汇报了我校百年校庆的筹备情况。卢展工书记表示，百年校庆很好，一定要把百年校庆办好。我邀请卢书记来校作一次报告，他表示有时间将会到学校作一次调研。王三运副书记说，百年校庆一定要办好，省领导一定会来参加。陈芸副省长是我校中文系的校友，非常热情，他很关心百年校庆的进展情况，表示一定会予以大力支持。总而言之，省领导都很关心、支持学校的百年校庆。这也正如我刚才提到的，百年校庆不仅是福建师大的大事，也反映了福建省高等教育的一个侧面。

二 百年校庆的进展情况

一是项目进展方面。

——中外大学校长论坛。这项工作抓得很紧，目前已有 26 所海外大学校长表示将参加论坛，有 10 所大学校长表示要在大会上发言。

——文艺演出方面，这项工作也抓得很紧，大型演出筹备工作都在紧锣密鼓地进行。

——展览方面，几个展览也都在加快建设。生命科学学院负责动植物标本展览，该学院的动植物标本是稀世珍宝，由于受条件限制，很多人都没有看到，建成后将以全新的面貌展示在全校师生员工的面前，成为学校的一个特色和重要窗口。图书馆开设了馆藏珍品展览，将馆藏的精品包括古书画、重要历史文物都展示出来，很有观赏价值。此外，还有校史展览、教学科研展览、本科教学成果展览、对外开放展览等，都在抓紧进行。

——校庆系列丛书，包括校史、老照片、革命烈士传略等等都在抓紧编辑，有的已提交出版社。

——在旗山校区东大门内的百年大道上将设置三件有纪念意义的雕塑。第一件是百年学府宝鼎。百年校庆是师大的一大盛事，许多校友倡议，由各地校友会捐赠，设置百年学府宝鼎。学校目前有 20 个校友会，包括国内外、省内的，也包括前身校的一些校友会，如协和大学校友会、华南女子学院校友会等，通过设置宝鼎，祝愿母校健康发展、长久发展。第二件是"宝球"，直径 1.907 米，用铜铸造，里面将设置 100 件纪念性物件，由校领导、各部处、各学院和校庆办提供的物件组成，在 100 年之后开启，这是师生们提出来的比较有创意的点子，必将成为学校今后的一个亮点和一大景点。三是我校首任校长陈宝琛座像。在百年大道顶端的宝琛广场上，我们将设立一座陈宝琛座像。以上三件雕塑的经费全部通过校友和社会捐赠解决。

——在图书馆背面、理工楼一侧建立百年碑林，在石头上雕刻国家领导人以及院士、社会名人的题词等等，对学生是一种很好的爱国主义、社会主义以及人文知识方面的教育。福清分校已表示要在百年碑林园区内设立一座假山。

二是宣传工作也在加快进行。已在《光明日报》《福建日报》发表了校庆 1、2 号公告，校庆的相关文章将不断推出来。

三是校友录工作。经过认真统计，我校校友初步确定为 33.5 万人，估计还有可能增加。在收录校友的过程中，我们要注意校友新的变动情况，并予以收录。如原政教系校友黄坤明，现任浙江省省委常委、宣传部部长，蔡奇任杭州市市长；中文系校友翁杰明任重庆市市委常委、宣传部部长，等等。最近，刚刚任命的我校经济学博士、校友宋涛同志，将被派往菲律宾担任中华人民共和国驻菲律宾特命全权大使。这些新的人员变动，希望在校友录里面得到体现。

四是筹资工作也都在抓紧进行。筹资工作是百年校庆的一项重要工作。学校的发展需要资金，百年校庆活动的开展也需要资金，光靠学校自身的资金非常有限，要通过社会捐赠予以解决。这方面，学校通过积极努力已取得比较大的成效。目前各学院都在想方设法筹资引资，取得比较大的进展。

三　百年校庆当中也存在一些问题

如有些单位、部门的领导还不闻不问、不行不动，似乎与己无关。此外群众发动也不够，很多人的积极性还没有充分调动起来等。这些问题，都要在今后工作中予以解决。

四　百年校庆筹备的下一步工作

（1）要继续向省有关领导汇报百年校庆筹备工作情况，进一步争取他们的支持。

（2）切实抓好百年校庆的重点活动。百年校庆活动很多，但以下几项属于重点活动。一是 11 月 16 日举行的中外校长论坛，是百年校庆的重头戏，届时将有 100 多位中外大学校长聚集我校，讨论大家关心的教学改革热点问题等，这个活动搞得好，影响非常大。二是 11 月 16 日晚上的招待酒会，我们要招待来自四面八方、海内外的宾朋，不仅有国内的，还将有一些海外贵宾参加，包括菲律宾、印度尼西亚的政要和社会知名人士等，我们一定要把这个活动搞好，同时不能光靠学校的力量，要请省有关领导予以支持。三是 11 月 17 日上午的庆典大会，届时将有党和国家领导人，省委、省政府领导，以及来自四面八方的杰出校友、海内外嘉宾等参加，加上我校几万名师生，规模将十分庞大。因此，庆典大会是一项非常复杂的系统工程，我们只能办好，不能有半点闪失，这项工作我们将进行专门研究，然后再进行部署。四是 11 月 17 日晚上的文艺晚会，文艺晚会反映了广大校友对母校的一片深情，十分重要，音乐学院担负着筹划这台晚会的重大使命。此外，我们还将召开校董事会成立大会、校友代表大会等。我们的校庆活动丰富多彩、形式多样，但这几场活动非常重要，是我们的工作重点。

（3）校庆具有纪念意义的几项工作要抓好。一是做好画报编制工作。校庆画报全面介绍学校的历史和发展情况，要保质保量地抓紧进行。二是纪念光盘。要策划、制作好，时间长度在 15 分钟左右，简要介绍我校的基本情况。三是校歌。新校歌的初稿已完成，音乐学院正在进行排练。我们已邀请著名作曲家章绍同作曲，校歌将提交校长办公会议审定，审定后送到北京录音，然后在全校师生中传唱，百年校庆庆典大会一定要唱校歌。①四是师大百年赋。文学院的一位教授热情很高，已写了第一稿，这是一件非常有意义的事。五是百年碑林，包括人文景观建设要抓紧进行。六是纪念品工作。产业处和财务处联合推出了校庆系列纪念品，包括赠送参加校庆校友的纪念品、赠送贵宾的纪念品，还有教职工选用的纪念品。纪念品陈列室设在旗山校区行政楼二楼的财务处和产业处，大家可以去看一看。

---

① 福建师范大学校歌由夏冬、常祁作词，章绍同作曲。歌词是：闽水泱泱，长安葱葱，百年学府，弦歌传唱，难忘好时光。知明竹笃，立诚致广，全面求发展；重教勤学，求实创新，矢志成栋梁。海纳百川，名师璀璨，钟声响四方。福建师大，八闽之光，明天更辉煌。

如果想订购的话，可及早联系。我们也希望产业处开发出更好的、适应大家需要的纪念品，从而营造良好的校庆氛围。

（4）继续加强各地校友的联络工作。9 月份起校领导将奔赴 9 个地市，召开所在地市的校友会议，通报学校近几年的发展情况和校庆筹备工作，希望各地校友向母校献计献策，把校庆工作搞好。同时也要做好北京、上海、香港的校友会等的联络工作。

（5）要加强筹资引资工作。这是一项很艰难的工作，因为要使企业家为学校捐资，的确要做很多工作，想不少的点子。应该说我们前一阶段的引资捐赠工作取得了一定的成效，但是还要继续加强。

（6）要加强宣传工作。百年校庆网站要建设好。校内外媒体在百年校庆中要充分发挥它的作用。校外的宣传工作一定要跟上，户外广告要认真策划好。为扩大百年校庆的影响，将在学校和教职工所拥有的车辆后面粘贴百年校庆标识，这也是一个流动广告，希望各位领导、老师予以大力支持。报纸宣传工作也要有计划地进行。

（7）要建设好文明校园。无论是本科评估还是百年校庆都要加强文明校园建设，展示文明向上的良好面貌。要征集相当数量的学生志愿者参与百年校庆服务工作，这项工作请有关部门加快进行。

福建师范大学百年校庆
文学院校友捐赠仪式致辞

今天我们欢聚一堂，在这里隆重举行福建师范大学百年校庆文学院校友捐赠仪式。文学院的5位优秀校友向母校捐资捐物，兴教助学，为母校的百年华诞献上了一份厚礼，体现了各位校友对母校和老师的深厚感情，对母校和在学学子的殷切期望，对教育事业的真诚热爱。今天，我们举行校友捐赠仪式，就是为了弘扬广大校友爱校荣校、重教助学、无私奉献的高尚精神，以激励一代又一代师大人，办好教育，办好师大，服务社会，报效国家。捐赠仪式是百年校庆活动中的一项重要活动，将载入学校发展的史册。在此我们对这五位校友表示衷心的感谢和崇高的敬意，向长期以来热心资助母校发展的广大校友表示衷心的感谢和崇高的敬意！

兴教办学、重教助学是中华民族的优良传统，是党和国家大力倡导的社会美德，我们福建师大的首任校长陈宝琛先生就是兴教办学的楷模。正是在一代又一代师大人艰苦创业、奋发图强、办好教育的不懈努力下，在包括在座各位的历届校友的关心、支持、激励下，福建师大历经百年沧桑，不断壮大，目前整体实力已跃居全国高师院校和省属地方院校的前列。这些成就离不开广大校友包括在座各位校友的长期关心和大力支持。我们相信，在各位校友重教爱校精神的鼓舞下，我们福建师大一定能够遵照党的十七大精神，发展得更好更快，实现我们新世纪新的奋斗目标。

建设和谐文化，培育文明风尚，倡导互爱互助精神是党的十七大提出的重要任务，我们师大人、我校历届校友有着这方面的优良美德。在座各位校友历经多年艰苦奋斗，事业有成，但不忘回报社会，弘扬美德，有过不少扶贫助困的善行义举，诸位校友的事迹堪称是师大人文明风尚薪火相传、绵延不绝的一个缩影。我相信，这种精神风尚一定能在我们今天的师大人身上，在学弟学妹的身上发扬光大，开花结果。

站在百年校庆的历史时刻，我们深感责任重大。师大百年，是桃李芬芳、硕果累累的百年。我们这一代师大人一定能够在新的历史起点上担当起历史的重任，传承师大百年优良传统，弘扬师大百年深厚的人文精神，培养更多高水平的创新人才，培养更多像在座各位校友的优秀人才，为我国的教育事业，为经济建设和社会发展作出新的更大贡献。我深信，有各级领导对教育工作的高度重视和支持，有各位校友对母校的深切关怀与帮助，我们师大，我们共同的母校，必将拥有更加辉煌灿烂的又一个一百年！

2007 年 11 月 15 日

祝贺"杨勇辉国际学术交流中心"揭牌[*]

在举校上下共庆母校百年华诞的喜庆日子里，我们欢聚在这里，隆重举行"杨勇辉国际学术交流中心"的揭牌仪式，这是我们校庆期间的一件大事，也是全校师生的一件喜事。首先，我谨代表全校师生向关心我校发展、慷慨捐赠的印度尼西亚艺成慈善基金会贵宾杨勇辉先生、杨勇泽先生、杨丽玲三姐妹等致以崇高的敬意！

旅居印尼侨胞杨明照先生为印尼著名实业家，其父杨式魁先生是当地德高望重的知名侨领。其家族创办的跨国公司艺成集团已有 50 年的历史，在全世界各地参股或控股 300 多家企业和公司，在印度尼西亚社会具有很大影响。杨明照先生秉承父志，弘扬崇仁尚义之风，成立了"艺成慈善基金会"和"式魁慈善基金会"，几年来杨氏家族为我校教育事业的发展多次慷慨捐赠。我们对杨氏家族情系师大、尊师重教的高尚情操，造福民众、德泽四方的善行义举感到由衷的敬佩。

近年来，我校加大对外开放步伐，对外合作交流不断扩大，举办了多场国内外大型学术研讨会，与日本、美国、英国、澳大利亚等多所大学签订了合作交流协议，每年要接待几十个国内外高校访问团及海内外校友，国内外知名度日益提高。"杨勇辉国际学术交流中心"大楼的落成，不但能满足我校对外学术交流的需要，还能与繁华的"师大学生街"实现紧密的衔接，形成福州仓山地区的商业中心，具有长远的可持续发展的社会效益和经济效益。

最后，衷心祝愿杨氏家族事业更加辉煌壮大，祝各位来宾身体健康、工作顺利！

---

[*] 这是笔者 2007 年 11 月 16 日在"杨勇辉国际学术交流中心"揭牌仪式上的致辞。

纪念香港校友会创会会长施学共先生[*]

在举校上下欢庆母校百年华诞的喜庆日子里，我们在这里隆重举行"施学共楼"揭牌暨施学共塑像揭幕仪式，这是我们校庆期间的一件大事，也是全校师生的一件喜事。施学共校友是香港著名的企业家、优秀的社会活动家，1938 年出生于晋江龙湖镇，1962 年以优异的成绩毕业于我校外语系，1974 年只身到香港创业，并取得了不凡的成绩。施先生有着强烈的"长安山情怀"，虽然身在海外，但心系母校，十分关心母校的发展，在香港校友中享有很高的威望。2000 年初，福建师大香港校友会成立，施学共校友被推为创会理事长，在他的领导下，全体理事、监事和校友团结一致，开展了许多有意义的活动，为学校的发展做了大量的工作，使校友会在香港颇有声誉，耸立于香港高校校友会和社会团体之林。

施学共校友虽然已经离开了我们，但是他那种炽热的爱国情怀永远是每一个师大人学习的榜样，他那份浓烈的母校情结永远铭刻在每一个师大人心中！

---

* 这是笔者 2007 年 11 月 16 日在"施学共楼"揭牌暨施学共塑像揭幕仪式上的致辞。

要高度重视和充分发挥学校
对外宣传工作的作用[*]

今天，我们在这里举行 2006～2007 学年学校对外宣传工作总结表彰大会，这是我校近年来召开的第四次总结表彰大会。刚才校宣传部部长作了工作总结，汇报了一年来加强对外宣传工作的做法、成效和体会；表彰了一批在对外宣传工作中作出突出贡献的单位和个人。借此机会，我讲两点意见。

一 统一思想，深刻认识做好学校对外
宣传工作的重要性

对外宣传工作是学校全局工作的一个重要组成部分，可以反映出一所学校的对外开放程度和综合竞争力水平。近年来，我校的事业发展进入一个新的阶段，学科建设不断加强，教育教学水平不断提升，学位点建设不断取得新进展，党建和思想政治工作不断加强，基础设施建设和后勤保障不断取得新成绩。2007 年，我们在教育部本科教学工作水平评估工作中取得了好成绩，得到了专家组的充分肯定；在百年校庆中，我们大力加强对外宣传工作，在社会上树立了良好的形象，提升了学校的知名度和美誉度，为我们的事业又好又快发展创造了良好的舆论氛围和社会环境。可以

---

* 这是笔者 2007 年 12 月 28 日在 2006～2007 学年学校对外宣传工作总结表彰大会上的讲话。

说，对外宣传工作在任何时候都是十分必要和重要的。

1. 学校办学内涵的转变需要加强对外宣传工作

校第五次党代会提出把我校建设成为"综合性、有特色、开放型、高水平"大学的奋斗目标，这一奋斗目标的实现不是一蹴而就的，需要一个长期积累的过程，在这个过程中，我们有许多工作要做，关键是在办学内涵上要实现向"综合性"转变。从国际国内高等教育的发展趋势看，世界一流大学一般都经历了一个由单科性、多科性到综合性大学的发展过程。学校综合性趋势主要是强调多学科的交叉，只有学科交叉综合，才能有新的学科生长点，才能培育新兴学科，才能有深层次创新研究，才能有更新更广的开放。实现综合性的内涵转变需要对外宣传工作。只有对外宣传工作做好做足了，才能让社会了解我们，才能有更多更好的合作机会，进而促进开放办学；只有开放办学，才能在更广阔的领域里为学生提供更好的学习条件，才能培养经济社会发展需要的复合型人才，才能实现学生人文素质与科学素质的融合。从这个意义上说，做好对外宣传工作，是实现学校奋斗目标、深化办学内涵、提升办学水平的重要环节。

2. 提升学校的知名度和美誉度需要加强对外宣传工作

对外宣传工作承担着外塑形象、内聚人心的重要功能。刚才宣传部长在总结中提到，一年来，我们在《人民日报》、《中国教育报》、《福建日报》、中央电视台等各级新闻媒体（不含网络）刊发（播）正面宣传报道达605篇（则），其中，国家级52篇（则），省级185篇（则）。这说明我们的工作是很有成效的，在社会上产生了一定的影响力。2007年迎接教育部本科教学工作水平评估和百年校庆期间，我们在《光明日报》、《中国教育报》、《福建日报》、《中国经济导报》、香港《大公报》、香港《文汇报》等境内外报刊上推出系列宣传报道，有力地展示了学校的良好形象，提升了学校在社会上的知名度和美誉度。特别是11月11～14日《光明日报》先后推出三个专版，报道我校国家重点学科以及学科博士点，在社会上产生很大反响，使大家对福建师范大学的办学实力与办学水平有了进一步的了解，产生了良好的社会效应，也得到了省内外兄弟院校的赞许。

3. 提升学校综合竞争力需要加强对外宣传工作

大学之间的竞争就是综合竞争力的竞争，表现为办学规模、学科和学位点建设、教育教学质量、科研水平、招生与就业以及后勤保障等方面，其核心是学科实力和水平的竞争。学科实力除了要老老实实干事业外，还要靠宣传。"酒香不怕巷子深"的观念在当今时代要改变。学校事业的不断发展没有对外宣传，社会不了解你，就得不到社会的关注与肯定，学校的教育功能就得不到充分发挥，其发展潜力就会受到限制。因此，从这个意义上说，学校对外宣传的影响力已经成为综合竞争力的重要方面。做好学校的对外宣传工作对于学校的招生、就业以及取得社会赞助和投资等都起到至关重要的作用。今年百年校庆，通过校领导、各部门以及广大师生员工的共同努力，积极联系海内外校友和企业知名人士，大力宣传学校办学成就，充分展示我校的办学前景，让许多有识之士纷纷慷慨解囊，支持我校建设。

二 加强规划，进一步提高学校 对外宣传工作水平

各学院、各单位要高度重视学校对外宣传工作，要把做好学校对外宣传工作摆上重要议事日程，把对外宣传工作同学科建设、学位点建设、教学科研以及党建与思想政治工作一起规划、一起部署、一起落实，确保对外宣传工作取得实效。

1. 要科学规划学校对外宣传工作

学校的对外宣传工作是一个系统工程，仅靠一两个职能部门的努力是不够的，要整合校内有关部门的力量，齐心协力，科学规划，合理安排。校党委宣传部、新闻中心、对外联络办公室、现代教育技术中心等要通力合作，在校党委的领导下，每学期制定出对外宣传工作计划，确定对外宣传工作的主题，明确对外宣传工作的重点，在学科和学位点建设、教育教学改革、基础科学研究、党建与思想政治工作以及后勤保障等方面作出合理安排，点面结合，重点突破，争取在《光明日报》或《中国教育报》等国家级报刊上每月有一个专题宣传，在社会上树立学校的良好形象，不断提升学校的知名度和美誉度。

2. 要牢固树立主动宣传的观念

做好对外宣传工作，不能坐在办公室等、靠、要，而要主动出击，积极寻找好的外宣选题，好的主题就是好的卖点。最近几年，学校事业取得了长足进展，可以宣传的东西很多。比如，学校在重点学科建设、教学改革、人才队伍建设、招生就业等方面都取得了一定的成果和成功经验，有些是我们的特色，要通过对外宣传，使社会对其有进一步的了解。

3. 要注重内宣与外宣的结合

学校的宣传工作包括对内和对外宣传，两者一样重要。在开展对外宣传的同时，我们也要发挥校内宣传阵地的作用，向师生宣传学校的有关政策和办学成就，增强师生对学校的认同感和主人翁意识。校报、校电台、校有线电视台是校内宣传的主要阵地，校报是学校对外宣传的一个重要窗口，从 2002 年 9 月改版以来，在编辑排版和宣传报道方面有了很大的进步，发行量和影响面也越来越大，得到了省委、省政府、省委教育工委等有关部门的领导以及海内外校友的充分肯定，特别是它成为学校离退休老同志了解学校办学情况的主要渠道。希望广大信息员在工作中积极挖掘宣传资源，给校报提供丰富的稿件，帮助校报进一步提高办报水平和办报质量，扩大宣传效果。校报要加强与校外报纸媒体的交流与联系，把校内信息和工作亮点及时传送到校外媒体，扩大宣传效果。校电台要加强与校外电台的联系和沟通，通过选送优秀节目、参加有关活动比赛，宣传学校，扩大影响。现代教育技术中心也要加强与校外电视台的联系，及时把校内信息图文并茂地反馈给有关媒体，扩大学校影响，树立良好的社会形象。

4. 要加强对外宣传工作队伍建设

近年来学校对外宣传工作不断取得新成绩，得益于各学院、各部门领导的高度重视，得益于广大信息员的积极参与。校党委宣传部、新闻中心要继续建设好这支队伍，形成各单位、各学院分管对外宣传工作的领导、信息员组成的对外宣传工作主力军。要在提高队伍素质上下功夫，要适时举办对外宣传工作通讯员培训班，邀请专业教师作专题培训，开展经验交流，在适当的时候可以组织他们外出参观考察，拓宽他们的视野，帮助他们提高新闻宣传的业务水平。

5. 要建立和完善对外宣传工作机制

2005 年，我们成立了校新闻中心，建立了新闻发言人制度，制定了新闻中心管理办法，加强了对外宣传工作的管理，整合了校内对外宣传工作资源，统一了对外宣传工作出口。校庆期间，我们聘请了新闻宣传顾问，加强了对外宣传工作的指导和规划，密切了和新闻单位的关系，适时邀请新闻界朋友共同策划学校对外宣传方案，在大家的共同努力下，学校对外宣传工作取得了长足的进展。与此同时，我们坚持每年召开一次对外宣传工作表彰大会，对各学院、各单位取得的成绩予以充分肯定和表彰，激励后进单位进一步做好对外宣传工作。这些好的做法我们要坚持下来。今后，我们要进一步加大对外宣传工作的经费投入，把对外宣传经费列入学校的预算，按比例逐年增加，使学校对外宣传工作有一定的资金保障。要建立和完善对外宣传工作档案，积极探索特邀新闻宣传信息员制度。

我相信，在大家的积极参与和共同努力下，我校的对外宣传工作一定能取得更大的成绩，开创新的局面。

艰辛的探索　巨大的收获[*]

——五年来赴菲律宾汉语教学志愿者工作的回顾

在这春光明媚、充满生机的美好时节，我们相聚在旗山之下，隆重举行我校第五批赴菲律宾汉语教学志愿者暨五年志愿者工作总结表彰大会。在这里，我非常高兴地代表学校，向载誉归来的全体志愿者师生表示热烈的欢迎！向长期关心、支持我校海外华文教育工作的国家汉办、省人大、省教育厅、省侨办、省侨联等上级部门，以及我驻菲大使馆、菲华商联总会、海内外各界朋友表示衷心的感谢并致以崇高的敬意！

自从 2003 年 6 月我校向菲律宾派出了新中国成立以来首批汉语教学志愿者、拉开了国家汉办"国际汉语教师中国志愿者计划"的序幕以来，我校已先后向菲律宾派出 5 批共 243 名汉语教学志愿者，在海内外引起了热烈的反响。第五批赴菲汉语教学志愿者及领队、副领队、指导老师一行 60 人已经全部顺利载誉归国，这标志着我校五年的汉语教学志愿者工作取得了圆满的成功。

第五批志愿者不断开拓创新，锐意进取，多方位地开展了一系列的教学改革和文化宣传活动，充分展示了我校志愿者的风采，提高了我校志愿者项目的知名度和美誉度。志愿者们的辛勤工作，得到了全国人大何鲁丽副委员长、杨洁篪外交部长以及菲律宾总统阿罗约的亲切关怀与慰问，也

---

[*] 这是笔者 2008 年 3 月 18 日在校第五批赴菲律宾汉语教学志愿者暨五年志愿者工作总结表彰大会上的讲话。

为我校争得了荣誉，在此，请允许我代表全校师生员工向全体赴菲汉语教学志愿者表示衷心的感谢和亲切的问候！

改革开放近三十年来，中国的经济和社会发展取得了举世瞩目的伟大成就，综合国力显著增强，国际地位日益提高。海外人士和华人华侨学习中文、了解中华文化的热情空前高涨，对中文教育的需求十分迫切。在这前所未有的历史机遇面前，我们不能等待观望、被动应付，必须进一步提高思想认识，要有勇气和胆略，把我校的汉语国际推广工作向纵深推进。

今天，我们在这里隆重表彰第五批赴菲汉语教学志愿者，同时也要对我校五年志愿者工作进行全面的回顾、总结和表彰。下面，我就这五年来汉语教学志愿者工作作个简要的总结。

第一，五年的汉语教学志愿者工作有力地支持了周边国家的汉语教学，弘扬了中华文化，扩大了我校在海外的影响。

长期以来，我校作为国家面向东南亚开展对外汉语教学的基地学校和支持周边国家汉语教学重点学校，始终高度重视发挥地处侨乡的区域优势和开展师资培训的学科优势，积极开展汉语国际推广工作，大力弘扬中华文化。我校在国家汉办的指导下，派遣汉语教学志愿者赴国外进行汉语教学，充分体现了我校"综合性、有特色、开放型、高水平"的办学目标，提高了我校在东南亚和周边国家的知名度，扩大了我校在海外的影响。现在我校支持菲律宾汉语教学已形成全方位、多层次的布局：从华文学校到主流社会学校，从幼儿园到大学，从短期培训到学历教育，从派遣汉语教学志愿者到联合创办中文师范系，到远程网络汉语教学，再到合作建设中国语言文化学院，有的菲律宾报刊用"名声大振"来形容我校近年来在菲律宾华文教育界影响的急剧扩大。

五年来，我校向菲律宾派出的五批汉语教学志愿者在认真教学、积极探索华文教学改革的同时，还创办了菲律宾历史上第一份使用简体汉字和汉语拼音的《汉语学习报》，创建了志愿者网站，举办了多次大型中华文化巡回展，在海外弘扬了中华文化。我校派遣汉语教学志愿者支持周边国家的汉语教学，有力地加强了我校与对象国汉语教育界的交流与合作，并由此派生出我校一系列汉语国际推广重大项目。

例如，为增强国外汉语师资培养自身的造血功能，探讨从根本上解决国外汉语师资匮乏的问题，2003 年我校与印尼雅加达基督教大学合作创办了中文师范系，2004 年我校与菲律宾中正学院以"2＋2"模式联合创办了中文师范系。这两个合作办学项目的首批学生已于 2006 年 8 月到我校学习，是入读旗山校区的首批海外留学生。2005 年和 2006 年，我校又分别与印尼新雅学院和阿拉扎大学签订了合作办学协议，2007 年 9 月国外 3 所大学的近 60 名中文师范系学生到我校学习，中外合作办学培养国外本土化汉语教师项目有望成为继汉语教学志愿者项目之后我校开创的又一个汉语国际推广重大项目。

2005 年，我校与拥有 50 多个成员校的菲律宾大专华文学会签署协议，向菲律宾开展远程网络汉语教学。迄今已有 8 所大学的数千名学生在接受我校的远程网络汉语教学，成为我国为数不多的在国外落地的远程网络汉语教学项目之一。

2006 年 10 月 27 日，在菲律宾总统阿罗约、福建省委书记卢展工、省长黄小晶、中国驻菲使馆李进军大使等的见证下，在厦门我代表学校与菲律宾菲华商联总会陈永栽先生共同签署了合作建设"菲律宾中国语言文化学院"协议。经过周密的准备，该学院于 2007 年 3 月 6 日正式挂牌成立，时任驻菲大使李进军、文化参赞戴兴元和菲律宾马尼拉市长亚典沙等各界人士莅临揭牌仪式并观摩了课堂教学。一年多来，菲律宾中国语言文化学院卓有成效地开展了一系列面向菲律宾主流社会的汉语教学和中华文化推广工作，得到了菲律宾主流社会和我驻菲使馆的充分肯定，这将是我校海外汉语推广工作的又一个具有里程碑意义的品牌项目。

第二，五年的汉语教学志愿者工作有力地配合了我国在周边国家的外交工作，得到了国家领导人、国家汉办、我驻菲使馆的充分肯定，也得到了菲律宾阿罗约总统的赞赏。

我校汉语教学志愿者在菲律宾以良好的组织纪律性、虚心的工作态度、饱满的工作热情和突出的教学成果展现了中国当代青年的风采。他们所表现出来的谦虚谨慎、无私奉献的精神，得到菲华社会的一致好评，被当地华社盛赞为"高学历、高素质、高觉悟"的中国新生代。他们的行动增强了海外华人华侨对祖国和祖籍地的联系和感情。同时，汉语教学志愿者的行动还有力地遏制了"台独"势力对菲律宾华社和华文教育界的影响。许多原来由台湾建立或支持的华人华侨组织（如菲华商联总会）、华文教育机构（如菲律宾华文学校联合会）和华文学校（如菲律宾中正学院、描戈律大同中学等）在接受我校派出的志愿者以后，感受到祖国大陆对海外华人华侨和华文教育事业的关心、重视和支持，他们不满台湾民进党当局推行的"台独"政策，转而寻求日益强大的祖国大陆的帮助，希望祖国大陆能够帮助他们巩固和发展华文教育事业、传承中华文化。

　　我校的汉语教学志愿者活动得到了各级领导的高度肯定与赞扬。2006年6月21日，赴菲律宾访问的福建省委书记卢展工、副省长王美香看望了我校第四批赴菲汉语教师志愿者以及带队教师，并和志愿者们座谈、交流。卢展工书记对志愿者在菲律宾的工作表现给予了充分肯定。2007年1月16日上午，对菲律宾进行正式友好访问的国务院总理温家宝，在马尼拉大饭店亲切接见了我校第四批赴菲汉语教学志愿者师生代表，并与志愿者师生代表们合影留念。我校志愿者师生代表参加了接送温家宝总理仪式的全过程，我校师生严格遵守纪律、富有朝气、整齐规范的良好风貌，受到大使馆的充分肯定。2007年7月31日，我校3名在菲律宾教育部国家技能教育与技能发展署语言中心授课的志愿者受到了阿罗约总统的亲切接见。阿罗约总统认真听取了志愿者们汉语教学情况的汇报，详细询问了志愿者在菲的生活情况并热情地与志愿者合影留念。2008年1月16日，全国人大何鲁丽副委员长访问菲律宾期间，接见了我校第五批赴菲汉语教学志愿者师生代表，并与志愿者师生代表们合影留念。2008年2月5日，中国外交部部长杨洁篪访问菲律宾期间，亲切看望了我校志愿者。国家汉办先后多次组团赴菲慰问汉语教学志愿者，马箭飞副主任、王永利副主任及志愿者中心薛华领主任对我校的志愿者工作都给予了充分的肯定和赞赏。中国驻菲律宾大使馆前后4任大使多次在公开场合肯定和表扬我校志愿者，高度评价我校志愿者为"民间大使"，表扬我校志愿者"五星红旗为你们骄傲"，并鼓励志愿者们再接再厉，为传播中华传统文化，促进中菲两国人民的相互了解和世代友好做出更多努力。

　　第三，五年的志愿者工作有力地推动了我校的开放办学，锻炼了派出师生的才干，提高了他们的综合素质。

　　我校派遣汉语教学志愿者支持周边国家的汉语教学，极大地锻炼了我校外派师生的才干，培养了人才。志愿者师生面对复杂的形势和局面，独当一面开展教学改革、传播中华文化，许多志愿者明显感受到自己的成熟与成长，感慨10个月的志愿者活动胜读10年书。

　　通过汉语教学志愿者活动的实践锻炼，学生的能力和水平确实得到了很大提高。举例来说，我校应用科技学院高职专升本学生入学的基础相对较薄弱，但是近几年来，通过参加国家汉办"国际汉语教师中国志愿者计划"项目，学生的各方面能力与素质得到很大的提高。在我校派遣的五批志愿者中，有将近10%的学生已考入在菲律宾排名前三位的著名大学，攻读硕士学位，其中大部分是应用科技学院的毕业生。在2006年6月份我率团访问菲律宾期间，有的大学就让这些学生担任翻译，看着他们对各种问题的从容应对，听着他们用流利的英语为我们作翻译，我们切实感受到他们的成长、成熟与成才，由衷地为他们感到高兴。这正像他们自己总结的那样，"在外十个月，胜读十年书"。可以这么说，汉语教学志愿者项目是我校人才培养的一条创新之路。正像接受我校汉语教学志愿者的一所华文学校校长所说的那样：汉语教学志愿者活动是一项多赢的事业，参与汉语教学志愿者活动的各方都是赢家。

汉语国际推广是国家和民族的事业，支持周边国家汉语教学，不仅是贯彻执行"以邻为善、与邻为伴"的和平外交政策、创造和平周边环境的需要，也是争取海外侨心民心、建设和平世界的需要。党和国家领导人高瞻远瞩，对此项工作予以了极大的关注，胡锦涛总书记前后四次对海外华文教育和汉语国际推广工作发表讲话或作出重要批示。此外，温家宝、李长春、刘云山、陈至立等党和国家领导人都对汉语国际推广工作发表讲话或作出过重要批示。2007 年 4 月 1 日至 2 日，福建省教育厅和我校共同承办了国家汉办"赴泰国、菲律宾志愿者工作座谈会"，国家汉办许琳主任在会上传达了周济部长会前专门打给她的电话内容，周济部长说志愿者工作非常重要，但稍不注意就可能出事。从队伍上讲，我们有孔子学院的院长，有对外汉语教师，有志愿者，将来这支队伍整体要大幅度地扩大，但这支队伍中最重要的是志愿者。志愿者工作的重要性由此可见一斑。

因此，我们要从全局的高度来看待我校的汉语国际推广工作，要深刻意识到汉语国际推广是党和国家的一项重要战略部署，并予以高度重视。今天，我们在这里隆重集会，既是总结表彰第五批志愿者及五年志愿者活动的工作；同时也借此机会会聚朋友、加深友谊，进一步交流我校海外华文教育工作的措施、经验和成果，加强与上级部门、各界朋友在汉语国际推广领域的沟通、友谊与合作。

汉语国际推广已成为我校办学的重要特色之一，我校开展汉语国际推广有着得天独厚的学科优势、地缘优势和经验优势，我们有责任也有信心，继续在国家汉办、省人大、省教育厅、省侨办、省侨联等上级部门的指导和支持下，集中全校力量，抓住机遇，乘势而上，勇于创新，敢于实践，在实现"综合性、有特色、开放型、高水平"发展目标的征程上，不断创造无愧于时代的新业绩，不断铸造我校汉语国际推广事业的新辉煌。

坚持走开放办学道路，不断提升
国际化办学水平*

一　做大做强海外华文教育，使之在规模、
质量、层次上有新的飞跃

2007 年第五批志愿者选拔范围已扩大到全校十个学院，形成一定的规模和较广的覆盖面。本学期，要在总结以往五批志愿者选拔、培训和派出管理的工作经验的基础上，认真做好第六批志愿者的选拔工作，把汉语教学志愿者活动办成全国汉语国际推广的示范项目。

二　办好中国语言文化学院，筹建孔子学院

我校和菲华商联总会联合创办的菲律宾中国语言文化学院自 2007 年 3 月成立以来，已和菲律宾教育部、马尼拉大学合作开展各种培训班，产生了良好的社会效益和积极的社会影响，要在此基础上，继续深化合作，办好中国语言文化学院。福建省目前只有厦门大学与华侨大学在国外设立孔子学院，省属大学在这方面还是空白。本学期，我校将启动与美国费城教育局合作申办孔子学院的相关工作，同时与菲律宾孔子学院申办工作齐头并进，争取尽快实现我校孔子学院项目上零的突破。

---

*　这是笔者 2008 年 3 月 18 日在全校部署新学期工作大会上讲话的一部分。

三 深化交流合作，提升教育教学质量

上学年，我校迎来了首批国外 2 + 2 和 3 + 1 联合办学的学生，2008 年我校将迎来菲律宾中正学院、印尼雅加达基督教大学、新雅学院、阿拉扎大学等学校的合作办学学生，我们要履行承诺，把这些学生培养成优秀人才。2008 年，我校也将陆续派遣教师到国外进修或培训，并进一步做好赴国外大学深造的学生的选拔和培训工作。继续以海外华文教育为桥梁，加强与东南亚国家，如菲律宾、印尼等国家大学的交流与合作。同时，要积极开拓与欧美国家大学的合作，争取与更多的大学成为"合作伙伴"。

四 大力推进留学预科学院各项工作

通过一年多的努力，留学预科学院开展的代理香港城市大学所属学院在闽招生工作已形成良性发展的模式；我校与日本京都信息大学院"网络系统管理"和"计算机多媒体制作"两个大专专业的中外合作办学项目办学工作已步入正轨；我校与日本、澳大利亚的大专、本科和硕士多层次联合办学项目进展顺利，与英国朴次茅斯莫多克大学也签订了友好协议，联合办学项目即将启动；与澳大利亚昆士兰技术大学等高校的合作也在抓紧磋商当中。

学校管理篇

"管理是一门科学，也是一门艺术；它既是治国之道，也是治校之道。管理不仅出效率，也可以出效益。管理不善，流失的不仅是资金，而且是人心。"

——作者

关于加强学校管理的几个问题[*]

一 新老校区的规划和建设

新校区 2500 亩，是老校区面积的 3 倍多，办学前景广阔，是我校在 21 世纪的新增长点。新校区第一期规划已完成，图书馆、体育馆、教学楼已进入单体设计，同济大学的设计方案被采纳，但要作大的修改；现在修改方案也已出来了，下午还要研究，时间很紧。新校区第二期建设规划要及早考虑。哪些院系进新校区，要尽早确定下来，使大家心中有数。比如美术学院和音乐系，是否都到新校区？再比如，外语学院在老校区已盖了教学大楼，但社会对外语人才的需求量很大，校内公共外语教学也亟待加强，新校区要不要再设立第二个外语学院？这些都要研究。如果不确定，新校区第二期建设规划就很难办。这是剧本和彩排的关系。

有了新校区，那老校区今后怎么办？当然，2～3 年内老校区还要承担相当一部分本科生的教学任务。如果本科生绝大部分到新校区去，老校区的功能如何定位？老校区要不要继续发展、继续建设？值得研究。比如生物工程学院搬到新校区，那块地干什么？有人提出要办民办中学，这是否合适？老校区是福建师大的发祥地，是我们百年老校的象征和骄傲，不能

* 这是笔者 2002 年 8 月 28 日在全校部署新学期工作大会上讲话的一部分。

冷落它，要把它与新校区协调建设好，比翼齐飞。现在当务之急是老校区要有一个长远的校园规划。目前校园建设还有点乱。

二 分配改革方案的修订

分配问题涉及教职员工的切身利益，关系到学校的发展和稳定，不可掉以轻心。分配要体现按劳分配和按生产要素分配相结合的原则，既要体现效率，又要兼顾公平。分配搞得好，就能极大地调动教职员工的积极性；反之，就会产生消极作用。清华大学、北京大学开了个好头，但也存在不少困难和问题。例如，对关键岗位标准如何量化，如何正确处理科研与教学的关系、干部与教师的关系等。2001 年以来，校内开始了分配制度的改革，校内津贴改革方案经过上上下下很多次的讨论，大家表现出特别的关心，提出了很多有益的意见，校内津贴改革领导小组充分听取了大家的意见，现在已定下来了，进入关键岗位的有 92 人，主讲教师也已确定，考核也结束了。学校决定从八月份起兑现校内津贴。校内津贴改革方案的第二稿正在征求意见，我们争取尽快把它完成。尽管还存在一些问题，但我们的态度是很明确的：一是要坚定不移地继续把这项改革进行下去；二是校内津贴改革方案在实施中要不断臻于完善；三是要广辟财源，增强后劲，做到可持续发展。

三 整顿教学秩序，提高教学质量

我校 2001 年经过大家的艰苦努力，通过了教育部的本科教学随机性水平评估。根据从教育部得到的消息，以后每五年进行一次，把随机评估、合格评估和优秀评估合并在一起。所以，我们不能有麻痹思想和松懈情绪，要警钟长鸣。

教育部（2001）4 号文件指出，高等学校的根本任务是培养人才，教学工作始终是学校的中心工作。这几年来，我国高等教育的改革与发展取得重大进展，特别是本科教育的规模迅速扩大，随着社会主义市场经济体制的完善和经济结构的战略性调整，社会各方面都对高等教育人才培养的质量提出了新的更高的要求。本科教育是高等教育的主体和基础，抓好本科教学是提高整个高等教育质量的重点和关键。当前，必须高度重视高等教育的质量建设，把加强本科教学工作列入重要工作日程。教育部副部长赵沁平最近发表了一篇题为"要把学风建设作为学校的基础建设来抓"的文章，提出学风建设是高等学校建设的重要方面。没有好的学风，就没有好的人才培养质量，也难以出高水平的学术成果。强调要把学风作为学校创品牌、树信誉、谋发展的基础来抓；把学术道德建设和教师严谨治学、从严执教作为当前教风建设的重点，切实抓出成效。这对我们是很有指导意义的。

当前，教学中出现的主要问题是规模与质量、发展与投入的矛盾以及由此带来的一系列问题。从规模上说，我校在校生近 3 万人，加上自考、函授、网络学院学生近 5 万人，规模比前几年翻几番，但教师数量依然。过去强调师生比例一比几，现在似乎变得无多大意义，这必然带来教学质量的滑坡。发展与投入的矛盾表现在：发展速度太快，投入太少，不成比例，如图书馆、实验室、体育用地、实习经费、师资培训等都跟不上。教学设备条件太差，课桌椅有的还是 30 年前的。现在的情况有点类似我国的"二元经济"，落后的农村与现代的都市并存，破旧的设施与先进的仪器"齐飞"。

当前在教学中出现了一系列无序现象，值得关注。例如招生，招生岁岁有，今年不一般。长安山下，"分田分地真忙"，文科楼前招牌林立，十分热闹。这一方面说明各院系的办学积极性很高，另一方面也反映了招生办班已严重失控。《福州晚报》8 月 19 日、23 日、26 日连续发表报道，披露了乱招生乱收费现象，如 1 个 7 门课总共才考 110 分的初中生居然也收到了福建师大的录取通知书；有的学生被招进福建师大某个系，居然还可以随意选择专业；初中生是念中专或是念大专，取决于钱交得多或少：念中专 4000 元/年，念大专 5000 元/年，大专一律发福建师范大学文凭，如此等等。真是咄咄怪事！

乱招生、乱收费已造成很坏影响。一是败坏学校声誉。招生骗子以假乱真，已使有的考生对真的福建师范大学录取通知将信将疑。二是院系之间发生了不应有的恶性竞争。三是造成国有资产的流失，如有的单位私自把教室出租，租金也不上缴财务处。四是严重冲击计划内的招生和教学。五是导致腐败行为，连门卫、大楼管理员都可以搞"权"钱交易。针对这种情况，学校已采取紧急措施，如统一组织、统一招生；院系加强协作，考生自主选择；加强门卫管理，等等，对校内个别人在招生中的不法行为进行严肃处理。例如，有一个系的一位教师在校外办了一个中专学校，滥用校内部分院系的名义进行乱招生、乱收费，已造成恶劣社会影响。学校经研究决定对其缓聘，停发校内津贴，待问题查清后再作处理。

教学中存在不少问题，如课堂教学秩序有的比较乱，老师在上面讲课，学生在下面交头接耳者有之，呼呼大睡者有之，有的老师居然视而不见。2001年教学评估时，已查出有的系毕业论文雷同甚至抄袭的现象。有一部分院系教研室无开会地点，教研活动很少开展。对教师的教学考核有的院系马虎了事，走过场，对青年助教的指导培养也不落实，等等。对这些问题一定要花大气力进行整顿。一要转变观念，不能认为科研是硬的，教学是软的，应该是科研教学两手抓，两手都要硬。二是要通过制度进行规范，把激励和约束结合起来。三是要加强师资队伍建设，特别要提高年轻教师的素质，抓师德教育。四是各级领导都要重视抓教学。五是加大对教学的投入，改善教学的基础设施，同时大力推进信息技术在教育教学过程中的普遍运用。

四　加强校园管理，以法治校，
建设"信用师大"

我校有许多怪现象。一是商场多。有一首打油诗："区区长安山，到处是商场。抬头见广告，低头口香糖。"商店之多，在国内高校是少见的。二是一方面教室很紧张，不得已教务处排课从早上7：45一直排到晚上，另一方面校内单位却有教室出租，一年6000元到一万元不等。三是有的人一边领学校工资，一边整年在外干私活，甚至挖学校墙脚，无人过问。四是有的人在校内是有口皆贬但却先进照评，奖金照拿。五是有的个别人为非作歹，但却逍遥法外。六是本应教师是主体，部门是服务，但却反过来，有的部门工作人员对教师的服务态度很不友好，等等。

这些现象说明学校的管理亟待加强。朱镕基总理强调管理科学是"治国之道"，加强管理也是治校之道。管理出效益，管理不善，流失的不仅是资金，而且是人心。如何加强学校管理？一是制度建设，以法治校。管人管事都要靠制度，制度要科学，原来一些好的制度要坚持；一些制度要随着实践的变化，加以修订、完善；有的则要根据新的情况制定新的制度。但是制度再好，不去落实，也是一纸空文，所以，当前要狠抓制度的落实。对落实情况要进行严格的考核，把激励和约束结合起来，做到奖罚分明。二是信用建设。这几年，由于种种原因，信用严重受损，以致2002年全国"两会"上有的代表、委员提出了"信用危机"问题，引起了各方面关注。古人说"一诺千金"，"言必信，行必果"，说明讲信用在我国是一种传统美德。现在学校领导要讲信用，不讲套话，不讲大话，实话实说，说到就要做到，做不到就不说，取信于师生。各院系、部处领导干部也要讲信用，全校师生员工都要讲信用。信用贷款是解决贫困生的一个根本途径。如何加强信用建设，具体方案有待进一步研究。总之，要以法治校，信用治校。学校考虑聘请常年法律顾问，有许多问题要向法律顾问咨询，同时也要通过他们来维护学校的正当权益。

二谈加强学校管理[*]

一　新老校区的任务和建设

现在大家比较关心的是新老校区功能定位问题。学校已经研究决定，今年秋季入学的新生除个别院系外，绝大部分要到新校区去，本科的二、三、四年级还留在老校区。以后新校区的本科生四年级要不要回到老校区来接受长安山文化的熏陶，值得研究。我校过去的毕业生大都对长安山有一种特殊的感情，可称之为长安山"情结"。如果四年的学习都在新校区，就感受不到老校区的校园文化。研究生的一部分要到新校区，但大部分还在老校区；海外留学生、继续教育学院的学生、网络教育学院的部分脱产学生、职业技术学院的学生、进行合作办学的学生和短期培训的学员，一般都留在老校区。以后老校区的总体规模控制在 1.5 万人左右，现有资源是不会闲置的。

老校区的校园规划，原来打算请清华大学的专家来设计，现在考虑先从校内有关单位抽调老师来进行初步设计，因为毕竟本校教工对学校的实际情况比较熟悉，然后再请清华专家来指导。老校区原则上只拆不建，但拆了以后干什么，这就需要规划。老校区正在建设的几个工程，如综合体育馆、田径场、外语学院教学楼、医院等在保证工程质量的前提下，要加快进度，确保按期完成。基建处要每周报送基建进度表。要加快邵逸夫科学

* 这是笔者 2003 年 3 月 4 日在全校部署新学期工作大会上讲话的一部分。

楼的室内装修，邵逸夫楼现分为三个部分：一是地理科学学院，二是软件学院，三是校公共设施，如教学科研成果展厅、校史展厅、文物展厅、学术报告厅等。地理科学学院搬到邵逸夫楼后，旧图书馆要进行分配，学校已发出通知，要求急需用房的单位打报告，我们将按轻重缓急作出安排。地理科学学院搬出校部后，校部办公楼也要进行调整，现在先搞规划。在老校区，要继续推进精神文明建设，加强校内商场的管理，抓好绿化美化工作。

新校区建设是全省的重点工程。1 月 30 日下午，省长卢展工与其他几位省领导到大学城，实地了解工程施工进展情况，听取有关方面汇报，协调解决施工过程中存在的问题，明确要求大学城第一期工程在 8 月 25 日完成，确保新生入学。此后，黄小晶、汪毅夫等省领导又召开在榕各高校领导、有关部处长参加的大学城教育工作会议，对大学城的工程进度、职责分工作了具体安排。学校已经研究决定：要加强对新校区建设的领导，学校主要领导是第一负责人，校分管领导是第二负责人，调整成立新校区领导小组成员，充实加强校新区办的人员，各部处都要考虑和新校区建设的关系，要在新区办的协调下，进行必要的功能延伸，各院系也要考虑新校区的新生教学安排、师资调配等问题。新区办要列出每周工程进度表，提高工作效率，确保目标的顺利实现。此外，要积极做好二期工程的各项准备工作。

二 大力推进后勤社会化改革

后勤社会化改革已经酝酿了多年，在某些方面已经开始试行并取得一定的成效。由于这一改革牵涉面比较广，政策性比较强，所以还没有全面展开，但这一工作不能久拖不决。本学期我校要按照全国第四次高校后勤社会化改革工作会议和福建省《高等学校后勤社会化改革的实施意见》的精神要求，加快改革的步伐。后勤改革要坚持为学校教学、科研和师生服务的宗旨，遵循经济规律和教育规律，正确处理好经济效益和社会效益的关系。通过后勤改革，要达到三个目标：一是要提高学校后勤服务的质量和管理水平，使师生普遍感到方便和满意；二是努力减轻学校的负担，有利于提高学校的教育质量和效益；三是后勤职工的工作条件和生活水平不仅不低于改革前，而且还要有不同程度的改善。后勤改革的核心是政资分离、政企分开。要把后勤服务经营人员和相应资源从学校行政管理体系中分离出来，组建自主经营、自负盈亏、自我约束、自我发展的后勤服务集团，通过签订和履行合同，明确各自的职责权利。在后勤改革中总务处将代表学校行使组织、规划、管理、监督等职能，不再直接参与经营活动。后勤改革除了体制创新外，还要进行机制创新。后勤集团要改行政拨款为有偿服务收费，通过优质服务和劳务取得收益；要引入竞争机制，不仅要在后勤集团内部开展竞争，也要面向社会开展竞争，实行优胜劣汰。竞争带来压力，也会带来动力和活力。后勤改革的难度是很大的，我们别无选择，只能知难而进。第一，要进行观念更新。南京师范大学的一位同志告诉我，后勤改革一定要破除旧的思想观念，否则改革很难推进。对后勤职工，要把改革的道理讲清楚。后勤管理部门的领导也要树立全局观念，做改革的促进派。第二，要制订后勤改革的规划和方案，一方面符合中央和省里的要求，另一方面又要从我校的实际出发；既要有力度，也要考虑后勤职工可承受的程度；要排出一个时间表来。第三，学校国有资产管理处要对后勤资产抓紧进行清查、核实、产权登记和评估，以后可根据资产的使用性质，采取零租赁、低租赁或有偿转让方式交后勤集团使用，也可以作为学校的资本金注入。要确保现有后勤资产不减少，并努力做到保值增值。第四，在后勤改革中，人员的安排和处理是一大难题，要敢于破题，善于解题。在坚持"老人老办法，新人新办法"的基础上，对后勤职工的去留、待遇等一系列问题，人事处要同有关部门作专门的研究，提出妥善的解决办法。第五，开辟融资渠道，加大对后勤的投入。后勤要发展，不投入或投入太少都是不行的。学校当然还要进行必要的投入，但这是很有限的，因此还要积极向上级有关部门争取资金支持，还要努力吸引社会资金参与学校后勤建设，实现资金来源多渠道、股权多元化。第六，国家对高校后勤社会化改革有很多扶持和优惠政策，我们要弄清楚，并充分加以利用。比如，有关文件规定："城市水、电管理部门，应帮助学校创造条件，由目前向学校统一收费改为一户一表直接收取。水电管理部门接到建设、扩容、维护项目申请后，要优先安排施工；办理手续时，在费用上给予一定优惠。"我校水电费用逐年上升，负担很重，可考虑按文件要求把水电校内管理改为校外管理。

三　加强管理，提高效率和效益

学校管理是一篇大文章。我校的管理，从总体上看，还是有序的、规范的、有成效的，但是也存在不少问题：在人事管理方面，还存在"有人不管事，有事无人管"的现象，有的员工长期领着学校工资，在外面干私活或者不知去向；在财务管理方面，效率还有待提高，如学生学费还有相当一部分未收缴上来；在校园管理方面，文科楼老师反映比较强烈，特别是多媒体教室，设备的维护与使用不太方便。虽然采取了一些措施，如开设了教师休息室等，但仍不尽如人意，其他教学楼的管理也存在类似问题，问题在于多头管理，谁都管又谁都管不着，权限不明，责任不清。基建工程质量是大家比较关心的问题，比如正在建设中的篮排球馆，使用单位体育学院就有不少意见，如地窗、柱子等问题考虑不周全；体操馆木地板还出现因质量返工的情况，延误了工期。校内水电的浪费现象不容忽视；校内治安有待进一步改善；校部有关的办事效率也要进一步提高。

管理是十分重要的。管理是一门科学，也是一门艺术；它既是治国之道，也是治校之道。管理得好，既能提高效率，又能增进效益。如何加强管理？一要加强学习，提高理论素质和管理能力，《广大干部群众关心的25个理论问题》这本书值得一读，可以帮助大家理解我国当前的难点和焦点问题，提高理论水平和政策水平。我前些天接待一位企业家，据介绍他的企业每个月有两天固定的业务学习时间，我校的管理人员也要建立学习的制度。二要加强管理队伍建设，提高高学历管理人员比例。比如财务处本科毕业生只有1个，这对提升财务管理水平是很不利的。三要树立以人为本的观念，全心全意为师生员工服务。企业把顾客视为上帝，我们到超市购物感觉很好，是因为我们受到了尊重。我们的管理部门起码要对自己的服务对象予以尊重，要主动积极为他们排忧解难。要学会尊重人，能够解决的事情立即予以解决，今天能办的不拖到明天。四要加强信息化管理，加快建设"数字师大"的步伐。2002年我校的校庆网在很短时间内搞出来，效果很好。校内有一些单位很不重视网络建设，要加以改变。本学期要组织对机关各部门和各院系、所、中心的网站进行评比。五是对有的特殊部门实行特殊管理，如文科楼，可实行责任包干的试点。南京师大学生公寓引进多家物业公司进行管理，开展竞争，使管理水平总体上升，效果良好。这些都值得我们学习和借鉴。六要加强激励和约束机制。上学期校部机关各部处实行捆绑式考核，考核结果已经公布了，上A级的只有四个单位。本学期末还要进行一次考核，两学期分数加起来除以2就是这一学年的考核结果。捆绑考核主要是分出各单位的优劣，但在同一单位内如何对成员进行考核，还要采取相应的措施。对连续考核处于末位的单位和人员按照文件规定要实行淘汰制，希望大家对此予以重视。七要加强廉政建设。对干部要进行廉政教育，同时注意健全制度管理、加强审计和监督。

三谈加强学校管理[*]

一 关于新老校区的建设、规划和管理

自从 2002 年 12 月 31 日大学城工地打下第一桩柱后，经过八个多月的奋战，新校区一期工程已经胜利完成，明天省领导将在大学城举行一期工程竣工典礼。我校新区一期工程包括 A、B、C、D 四座教学楼群，建筑面积为 7.7 万平方米，共有 2 万多个座位，相关的水、电、道路、绿化等配套设施也已相继完成。教室宽敞明亮，通风采光都非常好，有的还安装了中央空调；教学楼周围的草坪面积非常大；学生宿舍、餐厅也相继完工，条件相当不错。

大学城一期工程在这么短的时间内完成，首先归功于省委、省政府的高度重视和有关部门的大力支持。卢展工省长和其他几位副省长都曾亲临工地，督促工程的进展。其次是施工单位日夜奋战。再次，我校新区办的同志做了大量艰苦的工作，学校有关单位也积极参与，在时间短、任务重、条件差、气候也比较恶劣的情况下，夜以继日地做了大量工作。在明天的竣工典礼上还要对大学城建设的先进个人进行表彰，我校有几位同志榜上有名。

同时，新校区面临的任务是相当艰巨的，首先是新生的入学报到问

---

* 这是笔者 2003 年 9 月 9 日在全校部署新学期工作大会上讲话的一部分。

题。9 月 14、15 日，2003 级的 3300 多名新生就要到新校区报到。教学安排、生活管理、安全保卫、后勤保障、与老校区的协调等，都将带来一系列新的问题。有些问题是可以预料的，有些问题是无法预料的。例如，军训条件不是太好，教学区和生活区还有一段距离，不少设施还不够配套，还存在这样或那样的问题。怎么使学生稳定下来，如何保证新生在新校区平稳、有序、安全地学习、生活，是摆在我们面前的一项重要任务，需要各位老师、辅导员和各个单位共同努力。其次，按照省里最新的要求，要在 2005 年 8 月之前完成 20 多万平方米的建筑面积设计和施工任务，实现新校区建设的提速。我校的理工楼群、文经楼群、艺术楼群、研究生楼群等等，都要比原计划提前建设，设计任务和施工任务都非常重，都要在比较短的时间内完成，艰巨性可想而知。再次，体育楼群和图书馆已经设计完成，将于 2003 年 10 月份进入施工阶段，周边配套设施的工程施工也在逐步推开。

面对新校区的艰巨建设任务，第一，我们在思想上要高度重视，要转变观念。各院（系）都要支持新校区的工作，教师也要有充分的思想准备。新生军训结束后马上就要上课，有的老师可能要在两个校区上课，不太适应，还有交通、休息等问题。学校会尽量想办法解决，但可能不是那么尽如人意，遇到一些困难是可想而知的。希望大家能够理解和支持这项工作，因为这毕竟是过渡期，存在的困难是暂时的。第二，各部门都要做好职能延伸工作。安全保卫是一个比较大的问题，要引起我们的高度重视。保卫处已经在新校区开展工作了，围墙要尽快建立起来。交通方面，现在已经开通一条公交线路，后勤服务集团也购买了 2 部大客车，来回接送老师上课。通信方面，包括电话、邮政等问题也正在想办法解决。医疗点已经设了，条件还不错。引进物业管理的工作也在筹划。图书馆正在安排设置分馆。机关、院（系）和辅导员办公场所等问题，正在安排之中。但全部解决这些问题需要一个过程，特别是在开始时可能不那么周到，希望大家能够理解。同时，有些工作也请大家一起协力做好，如新校区楼群、道路的命名等，请工会和教代会发动大家一起献计献策，集思广益。第三，要加强对新校区工作的领导，特别是在管理体制上要理顺关系。原来学校成立了新校区建设领导小组，下设一个办公室。经党委研究，决定充实领导小组，下设三个办公室：一是规划设计办公室，专门负责规划设计；二是建设办公室，由基建处负责新校区二期、三期的施工建设；三是管理办公室，负责新校区的管理和协调工作。在人事问题上也作了相应的调整和安排。总的来讲，我们要加强这方面的领导，既有区别又有联系，既有分工又有合作，齐心合力把新校区的工作做好。第四，要加大对新校区的投入。新校区的投资主体是政府，但有很多地方也要学校出钱，包括新生入学以后一些必要的配套设施等等。为了保证新校区的正常运转，学校应该加大这方面的投入，还要召开多次专题会议和协调会议，解决可能出现的各种新问题。

关于老校区问题，上学期搞了一个规划初稿，强调要体现我校百年老校的历史特征和文化底蕴。老校区原则上"只拆不建"。22 号楼准备 10 月份拆掉，21 号楼拟明年拆，拆掉以后作为绿化地。目前在建的几个工程有的已基本完工，有的接近完工，外语学院大楼已经完工，医院大楼已经封顶，田径场争取在 9 月底 10 月初完工，综合体育馆目前进展顺利。暑假期间，我们在老校区的一些单位进行了适当的修缮，如生物工程学院、物光学院、法学院等，面貌有了一定程度的改变。邵逸夫科学楼内的校史馆、教学科研成果展览馆、接待室已经完工，学术报告厅建得比较规范。关于老校区的建设，我们的意见是：第一，要进一步加强老校区规划的制定；第二，要对需要修缮的地方提出初步方案，学校分期分批加以解决；第三，在建工程要按时保质保量地完成；第四，海外教育交流中心大楼争取在本学期内立项；第五，要加强管理，引入物业管理机制，在管理方面达到新的水平。

二 关于民办二级院校和附校工作

2003 年全国人大通过了《民办教育促进法》，迎来了民办教育的春天。我校于 2001 年成立了闽南科技学院，2003 年又成立了协和学院，这是我校发展史上的一个新亮点，也是一个新的增长点。民办二级学院是一个新生事物，因为它的投资渠道、管理体制、运行体制、人事制度和传统的教育体制有着很大的不同，如闽南科技学院，它的投资渠道是多元的，吸收民间资本包括海外资本；管理体制是实行董事会领导下的院长负责制；运行机制和人事制度等也都与传统的不一样。因此也带来了很多意想不到的问题，有些问题要在办学实践中逐步探索解决。

闽南科技学院这学期的工作重点是：第一，执行董事会的决议，理顺学院和董事会、投资方的关系，分工协作，顺利实现管理体制的改革；第二，加强教学管理和学生管理，修订教学计划，改革"大一"课程，强化英语和计算机等公共课程的教学，努力提高教学质量，维护办学声誉和校园稳定；第三，重点建设实验室和图书资料室，争取投资方尽早修建运动场等配套设施；第四，联合办学的院（系）要做好 2001 级本科生来校本部学习的各项衔接工作。

协和学院办得非常不容易。按照教育部的规定，一所大学只能办一所民办二级学院。后来省政府特别是汪毅夫副省长考虑到大学城建设经费不足，提出允许大学城四所高校再各办一个民办二级学院。成立协和学院的时间很短，在两三个月内就把事情敲定下来了，之后开始紧张的筹备工作，目前运转基本正常。2003 年的招生情况还不错，原计划招 1000 人，后来招了 1100 人。这学期协和学院的工作重点，首先是建章立制。要制定学院章程、董事会章程、院务会议制度、学分制、学籍管理条例、专业培养方案、教学计划，以及人事、财务和学生管理条例等等，组建和召开首届董事会加以审定。其次，要理顺学校、专业院系和独立学院三者的责、权、利关系，建构民办二级学院的管理体制和运作机制，调动各方的积极性，共同办好协和学院。再次，要抓好教风和学风建设，建立教学评议制度和学生综合测评指标，试行以完全学分制为重点的教学改革。最后，要做好准备，接受教育部和省教育厅的检查评估。

除了民办二级学院以外，这个学期还有一项重要的工作，那就是附属学校的建设。福清学院这几年发展很快，规模、层次都上了一个新台阶。2003 年福清学院本科专业增加了不少，一定要保证教学质量。校本部要加强与福清学院的紧密联系，包括师资队伍建设等各方面，促进福清学院顺利实现转型。

附中这几年的发展势头很好，2003 年又获得一枚国际奥林匹克竞赛银牌，现有 14 块奖牌，占全省 28 块奖牌的 1/2。校本部应给予附中足够的关心和支持，包括学科建设、师资队伍建设等等。这次附中公开选聘校长，在全省引起了较大的反响。附中的新班子要进一步加强团结，集中全校的智慧，制定今后的发展规划，在原有基础上更上一层楼。同时，附中也要采取一些切实可行的措施，帮助解决师大教工子女的就学问题。

附小多年以来办学质量不断提高，尤其在解决师大教工子女入学问题上做了不少工作。关于今年"择校生"的问题，我们正在积极向省、市有关部门反映，争取妥善加以解决。

三 实施人才强校战略，加快
学校人事管理制度改革

人才问题是一个非常重要的问题。在当今时代，国际的竞争归结为经济的竞争，经济的竞争归结为科技的竞争，科技的竞争归结为教育的竞争，教育的竞争最后落实到人才问题上。中央对这个问题也非常重视，政治局专门开会研究人才战略问题，这是改革开放以来的第一次，也是新中国成立以来的第一次。我们省也提出了"人才强省"战略，并制定了相应的措施。

各个高校之间的竞争，归根到底也就是人才的竞争，包括清华、北大这样的一流大学，也都在想方设法引进高层次人才。我们学校在人才问题上面临的形势，一方面有可喜之处，如我校有一批在国内外、省内外有一定影响的学术带头人，有一批优秀的中青年骨干教师；高职称人员达到626人，高级职称比例超过50%；有100多位博士，还有100多位在读博士；这几年又引进一批骨干人才，包括学科带头人。但是也有令人担忧的地方：我校真正在国内外有影响的学术带头人毕竟比较少，有的学科出现青黄不接的情况，有的骨干人才外流，有的单位人际关系和工作环境都有待改善，有些同志评上职称以后就不思进取了，如此等等。如不正视这些问题，就会使学校的竞争力受到很大的影响。因此，随着高校之间竞争的加剧，我校的改革必须逐步深入到人事制度这个层面上来。

2003年，北有北京大学，南有中山大学，东有青岛海洋大学，还有其他一些高校，都进行着很有力度的制度改革。这方面的情况，我已在平潭会议上介绍过。像北京大学，拿出一定的教授、副教授岗位向社会公开招聘，不从本校选留博士生，实质上就是引进竞争机制，促进人才流动，在北大震动相当大。中山大学的人事制度改革是另外一种模式，虽然没有北大的影响那么大，但力度也不小。中山大学主要是实行职位聘任、岗位管理，它的职位全部拿出来重新聘任，聘期3年，3年以后再根据各种指标进行考核和聘任，打破终身制，打破铁饭碗。南京大学一年拿出200个副教授以上的岗位，向海内外、省内外公开招聘。人事制度改革是高等教育改革发展的必然趋势，因为一所大学要办成高水平、一流的大学，最终取决于人才，要有大家、大师和结构合理、创新力强的学科梯队。我校也要考虑如何进行新一轮的人事制度改革。比如，如何引进一流高校即将向外转移的人才？如何选择引进的人才？如何加大引进人才的力度？人才要不要进行分类，如有的学校把人才分为教学型、教学研究型和研究型三类？如何不拘一格降人才，大胆提拔和使用人才？如何克服学术上近亲繁殖的问题？如何解决一些老专家的进退问题？如何防止人才流失？如何创造一个让人才想干事、能干事、干成事的环境？如何培育团队精神联合攻关？等等，这些问题都要逐步加以解决。本学期我们将就这些问题进行深入的调研，参照其他高校的做法，从我校的具体情况出发，起草有关人事制度改革文件，召开人事制度工作会议，实施校党代会提出的"人才强校"战略。

四　加强管理，深化改革，增强服务意识，为师生多办实事、好事

我们学习贯彻十六大精神，很重要的一点就是为了实现好、维护好、发展好广大人民的根本利益，把本校的事情办好，为师生员工造福。学校各个单位都要牢固树立为教学、科研和学科建设服务的观念，想方设法解决群众生活和工作中的实际问题，从师生最关心、最盼望的事情做起，多做雪中送炭的事情。

"群众利益无小事"，凡是涉及师生切身利益和实际困难的事情，再小也要竭尽全力去解决。正是从这个基本点出发，我校从上学期开始进行了多方面的改革，这些改革目前还在不断深入。

第一是后勤改革。上学期从两个方面着手，一方面是整体推进，另一方面是重点突破。整体推进方面，学校将原总务处一分为二，成立了后勤服务集团和后勤管理处，后勤服务集团还内设了若干服务中心。学校后勤部门要千方百计为师生员工服务，为他们提供各种各样的方便。重点突破方面，文科楼引入了物业管理，在卫生保洁、多媒体教室使用、电梯运行等各方面都有了较大的改观，师生反响总体还是好的。比如电梯运行，从以往的8个小时延长到十几个小时，节假日照样运转，大大方便了师生。我们还选择两个学生食堂在校内外公开进行承包招标，经过承包（承包人分别为福州真味包点公司和我校职工）后一段时间的运行，服务态度、饭菜品种、质量、卫生等方面都有了很大的改善。这一做法以后可以考虑向其他食堂逐步推广。在校外教师宿舍区实行一户一表管理的问题，要列入议事日程，按照先易后难的原则，分期分批进行。在后勤如何更好地为大

家服务方面，希望各位老师和工会、教代会多提意见和建议。

第二，关于财务管理方面。这几年我校的资金盘子增长很快，有力地支持了学校的发展。但在财务管理方面也存在不少问题，有些单位财务管理不太严格，浪费现象比较严重，财务部门的服务态度也有待改进，这些问题都要认真加以解决。要做好增收节支这篇大文章，广辟财源，尽量增加学校的收入。要规范管理，堵塞漏洞，提高工作效率，增强服务意识，更好地为师生服务。

第三，关于资产管理方面。一是要进行资产清查，摸清家底；二是要保值，防止国有资产流失；三是要增值，使学校资产更好地发挥效益。现在全校各单位在资产的占有、使用和收益方面很不平衡，有很多矛盾也是由此而来的，这方面还有很多关系需要理顺。

第四，关于机关效能建设方面。这个问题也是与师生员工密切相关的。尽管在这方面已做了不少工作，但仍不尽如人意。我们准备逐步解决这一老大难问题。校办发了一个通知，关键在于落实。

五　加强领导班子和干部队伍建设

一年来，院系调整工作已基本告一个段落，还有个别院（系）的干部也在抓紧配齐。这项工作要在本学期内完成。

毛泽东同志说过，政治路线确定之后，干部就是决定的因素。实践证明，一个单位工作开展得好坏，跟班子、干部关系密切。本学期，学校要以《党政干部选拔任用工作条例》和省委《建立选人用人公正机制的若干意见（试行）》为依据，进一步加强和改进干部队伍建设。第一，学校准备举办"处级干部研讨班"，争取将处级干部全部轮训一遍，进行十六大精神和法律知识、管理知识的学习，进行党规党纪方面的教育。第二，根据省委组织部《关于省管党政领导班子后备干部工作暂行规定》，开展校级后备干部的选拔和充实工作。后备干部选拔要按照（闽委办〔2003〕3号）文件规定的原则、条件、数量、程序的要求进行。第三，按照省委《建立选人用人公正机制的若干意见（试行）》中关于内设机构领导职位出现空缺时一般应通过竞争上岗来确定人选的要求，开展部分空缺处级和科级岗位的公开选聘工作。第四，按照党政干部应当具备的六项基本条件，全面、客观、准确地衡量干部的思想政治素质和作风、领导能力和业务素质、创新意识和工作能力、工作实绩和群众公认程度以及廉洁自律的情况，做好个别院（系）领导班子的调整、充实工作。关于领导干部的廉洁自律问题，应该引起我们的高度关注。林继挺副书记交代我在会上一定要强调，我们的领导干部一定要在廉洁奉公方面做好表率，要守住底线，以免给国家、集体造成损失，给本人和家庭造成危害。第五，按照校党委关于干部任职和轮岗交流的有关规定，积极稳妥地做好任现职满 6 年的部分处级干部的轮岗工作。

四谈加强学校管理[*]

一 加强干部队伍建设，加快人事制度改革

一年以来，我们进行了部分院系的重组和调整，组建了新的领导班子；对部分领导岗位进行了民主推荐和公开竞聘；对任期超过六年的处级干部进行了轮岗，等等。这对我校干部队伍的更新和活力的增强起到了积极的作用。这些走上新领导岗位的同志都很有事业心，干劲也很大。但也要看到，其中一部分同志还缺乏行政管理的经验，政治素质还有待提高。因此，组织部准备举办处级干部理论学习班，进行中国特色社会主义理论、领导艺术、管理科学、法律知识的培训；还考虑文、理科各选择一个学院，召开如何加强学科建设和院系管理的经验交流会。通过学习和交流，增强政治意识、大局意识、忧患意识、竞争意识和创新意识，提高干部的行政管理能力，切实担负起领导学校事业的重任。

党风廉政建设和反腐败工作是加强干部队伍建设的一项重要内容，按照省委主要领导同志最近在省纪委第五次全体（扩大）会议上的要求，要做到四个到位。一是认识到位，始终保持头脑清醒，把党风廉政建设与服务发展、执政为民、求真务实结合起来。二是责任到位，始终坚持责任制的建设，建立健全责任追究制度，让所有负责任的领导干部感到责任的分

---

* 这是笔者 2004 年 2 月 17 日在全校部署新学期工作大会上讲话的一部分。

量，真正形成权力正确行使的有效机制。三是协调到位，要致力于党风廉政建设合力的形成。在这方面，纪检、监察部门责任重大，要认真履行自身职责。四是表率到位，要始终注意领导示范作用，既要干事又要干净，树立自重、自省、自警、自励，自己首先做到、自己首先做好的形象；树立严格执行党的民主集中制，认真开展批评和自我批评，自觉接受各方面的监督，自己不断修正失误，守责、尽责、负责的形象。

2003 年底，中央专门召开全国人才工作会议，这在我们党和新中国的历史上是第一次。2003 年 12 月 26 日，中共中央、国务院发出了《关于进一步加强人才工作的决定》，强调实施人才强国战略是党和国家一项重大而紧迫的任务。高等学校一方面是培养高层次优秀人才的重要阵地，另一方面又要不断吸收高水平的人才，更好地完成自己的使命，提高自己的竞争力。人才资源是所有资源中的第一资源，人才强校战略则是学校发展的第一战略。我们要紧紧抓住培养、吸引、用好人才这三个环节，大力加强教学、科研、管理三支队伍建设，努力构建结构优化、素质良好、富有活力、勇于创新的高水平人才队伍。关于人才强校战略的具体内容，我在以前几次会议上都已讲过了，这里不再重复，问题的关键在于落实。本学期学校将召开人才人事工作会议，总结人才人事工作的经验，肯定成绩，寻找差距，明确今后的工作思路，并出台人事制度改革方案，制定或修订人才引进（包括刚性引进和柔性引进，引人和引智相结合）、教师聘任、教师进修、教职工退休、考核奖惩等一系列条例，使人才人事工作规范化、制度化，提高人事管理的效率和水平。

二 加强新老校区的规划、建设和管理

本学期新校区规划和建设的任务十分繁重。二期工程除图书馆、体育楼群三馆一楼 5.6 万平方米正在施工外，其余 18 万平方米建筑设计已于 2003 年底发标，2004 年 2 月 9 日开标。第一批设计的建筑单体有公共建筑楼群（包括行政办公大楼、后勤保卫楼、现代教育技术中心、师生活动中心）、理工楼群（包括各理科学院办公楼和专业实验室）、体育楼群二批（包括体育综合楼、体操训练馆、武术训练馆）、东大门，计划 5 月底完成施工图设计，6 月份交付施工。第二批设计的建筑单位有文经楼群、美术楼群、音乐楼群、网络软件楼群、综合体育馆、游泳馆等，计划 7 月底完成施工图设计，9 月份交付施工。此外，4 月底还要完成校内 2 公里主干道

及周边景观施工设计，5 月份交付施工。关于第一批的设计方案，新区规划办已把投标单位的建筑设计方案摆在校教工活动中心和新校区 A 区展览厅展出，并分别召开座谈会，发放调查问卷，征求修改意见。新校区建设是百年大计、千年大计，任务重大，责任重大，投资多达十几个亿元，所以规划设计非常重要。希望全校师生都要重视、关注此事，各学院都要组织师生前往参观，以主人翁的精神提出设计修改意见。这样，学校才可以根据实际情况设计出大家都满意的建筑。

关于新校区河西的规划，原来计划建设研究生楼群、科研楼群等，后来学校觉得协和学院放在河西比较合适。前不久，福建工程学院希望将原福建建筑工程高等专科学校（简称建专）跟我校新区河西地区进行置换。建专教学用地大概 168 亩，如果把我校小操场圈过来大概有 300 亩，建设协和学院还是比较合适的，建专的很多建筑经过改造也可以利用。省领导对这件事情也比较关心。具体如何置换，我们正在协商，双方都组织了一个工作小组，力争做到双赢。学校领导认为，这件事要向全校通报，请大家一起讨论这样合适不合适，置换合理不合理。

本学期新校区建设第一、二期工程中需要竣工并交付使用的工程有：弱电综合布线工程，学校投资 1100 多万元，4 月份要在新校区开通校内有线电视频道，转播 8 套卫星电视。田径场、篮排球场、体育训练用房、国家体育与艺术基地楼等要在本学期内完成。图书馆项目要完成框架结构和部分装饰工程。第二期其他楼群的"三通一平"和开工准备工作也要在这个学期完成。

面对新校区第二期建设征地、设计、施工的一系列艰巨任务，新区规划办和建设办同志的工作非常辛苦，也非常努力，希望这个学期进一步恪尽职守，把工作做好做细，确保工程质量，尽量不留遗憾。各学院也要理解和支持新校区工作，全体师生员工要有充分的思想准备，共同克服过渡时期存在的暂时困难。

关于新校区的管理，这是一项新的工作。半年多来，新区管理办和学工部、教务处、保卫处、后勤集团等部门以及各院系紧密配合，使 3000 多名新生能够在一个安定的环境中生活和学习，这是很不容易的。尤其是安全问题，不仅我们担心，省领导也担心，汪毅夫副省长多次到新校区视察工作、看望学生。本学期，新校区在管理上要继续抓好"人身、饮食、财产、交通、用电"等五大安全工作，加强教学管理，培养良好学风，努力营造浓厚的学习氛围。要进一步开展"情系新校区，功在育英才"活动，做好新校区与周边地区的共建工作。要关心到新校区任教的教师，在交通、休息、用餐等方面为他们提供便利。我们根据老师的意见，对新、老校区班车制度作了一些调整，老师反映存在什么问题我们就解决什么问题。同时，从 2003 年 10 月份开始，凡是到新校区工作的同志，学校每天给 10 块钱的补贴。

老校区的几个在建工程要抓紧在本学期内完成，并能交付使用，如校医院、综合体育馆。老校区还有几项工程需要考虑。一是校前区的建设。待体育馆建成以后，校前区究竟如何建设，学校正在规划，也将征求大家的意见。二是综合体育馆的周边，特别是靠校部一侧的建设问题。三是海外教育文化交流中心大楼，投资 5000 多万元，是老校区的压轴工程。经过多方努力省教育厅在 2003 年最后一天批下来了，福建省计委 1 月份批准立项。我们现在要抓紧办好各种手续，做好功能规划，争取下半年能够开始施工，2005 年底前完工。这座大楼盖起来之后，校前区的整个面貌就会有比较大的改观，且对学校的教学、科研、海外教育等都会起到比较大的促进作用，并便于离退休教职工和校友的活动。这是一项艰巨的任务，要一步抓紧。

三　加强二级学院和附校建设，加快
校内管理体制改革

闽南科技学院已经逐步走上正轨，资金逐渐到位，改建的工程争取在这个学期内陆续建起来。现在，学院面临的一个很重要的问题，就是加强师资队伍建设。一个学院办得好不好，跟师资队伍关系重大。目前有相当一部分教师是校本部下去的，学院本身也应要有一支比较过硬的师资队伍，这一点要进一步加强。另外，闽南科技学院也要加强与当地政府、校董事会的沟通和交流，创造良好的办学环境。尤其是现在还有"2 + 2"模式，如果没有"2 + 2"模式了怎么办？对这些问题都要进行充分考虑。

协和学院从 2003 年到现在，经过将近一年的努力，取得了较好的成绩。目前需要解决的问题是，要进一步理顺与学校的责、权、利关系；要建章立制，制定学院规章制度；要召开教学工作会议，修订教学计划，制定新增专业教学计划；加强教学管理，确保教学质量。

福清学院的班子已经调整。福清学院这几年发展比较快，面貌变化很大。现在，要继续提高办学层次，逐步扩大本科规模，专科招生要逐步缩小；要不断提高教学质量，提高学生英语四六级通过率和专升本升学率；要下大力气抓好师资队伍建设，学院已制定了若干鼓励办法，有的力度比校本部还要大；要强化办学特色，加强与地方政府的联系，多渠道筹措资金。

人武学院要抓好专业学科建设，办出特色，办出精品，争取人武专业由专科升为本科学历教育。

附中新校长上任以后，和附中领导班子一起，提出了"文化兴校"的办学理念，这一点是很有特色的。附中要争取成为全省12所示范性高中的龙头，辐射东南沿海的中学教育，成为全省一流、国内前列的中学。附中要加强同校本部的联系和沟通，依托校本部的优势加强师资队伍建设，提高教师的研究生比例，也可以培养或引进博士，改善教师的学历结构。要理顺附中与马尾二附中、康桥中学、时代中学的关系。附中和附小都可以通过合作办学的形式，扩大学生规模，拓宽资金来源渠道。

为加强附校建设，学校决定每学期至少听取一次附校工作汇报，解决一些实际问题，促进附校和独立学院健康顺利地建设和发展。

关于校内管理体制改革，本学期要做的工作如下。

一是财务管理。这几年我校的资金增长很快，有力地支持了学校发展。但是，财务管理方面也存在不少问题，有些单位财务管理不大严格，浪费现象比较严重，财务部门的服务态度有待改进，也出了一些经济案子，大家都很痛心。这些问题要认真加以解决。要认真做好增收节支这篇文章，广辟财源，尽量增加学校收入。要盘活学校资金，支持新校区和海外教育文化交流中心大楼等工程的建设。要规范管理，严肃财经纪律，堵塞漏洞，提高工作效率。要增强服务意识，更好地为师生服务。要加强财会队伍建设，提高层次和素质。要逐步改善办公条件，方便老师报销。计划4月份召开校财务工作会议。

二是后勤改革。继续实施重点突破、整体推进的策略。一是原来重点突破的几个点要进一步完善，如文科楼物业管理、食堂承包经营、教工住宅一户一表等，并逐步扩大重点突破的范围。二是整体推进方面，后勤服务集团的经济指标要尽快明确下来。经济指标包括两个方面，一方面是服务型和经营服务型的，后勤管理处要从历史和实际出发，确定承包经济指标；另一方面是经营型的，要逐步从后勤集团中脱离出来，通过市场来运作，公开招标。三是后勤集团要转变观念，增强市场意识、竞争意识，努力寻找新的增长点，如家政服务、旅游服务、驾驶员培训等，而且在新校区食堂管理和物业管理方面还是大有可为的。

还有资产管理、机关效能建设等，这里就不细说了。

四　为师生员工排忧解难，多办实事、好事

以人为本、求真务实，具体落实到师生员工，就是为他们多办实事、好事。本学期有 8 件事情需要加以落实。

1. 教职工子女上附中、时代中学的问题

上学期我们到附中调研，跟附中领导交换了意见。他们对此非常支持，意见非常明确，我校教工子女在附中或时代中学就学的，费用减免问题可以协商解决。附中由此产生的利益损失，可以通过其他渠道进行弥补。例如：康桥中学的办学权、收益权都可以转让给附中；附中教师攻读研究生和来本部进修，可享受和本部教师相同的待遇；等等。这个学期要处理好这个历史遗留下来的问题。

2. 长安山大门口的交通安全问题

由于车流量大，车速快，过往的人多，已出了不少事故，老师们也多次向教代会提交提案。汪毅夫副省长多次来我校，提出要认真加以解决。我们要尽快做出方案，到底是建天桥还是建地下通道好，大家都可以发表意见。当然，这事要积极争取福州市的支持。

3. 校内停车场问题

过去这不是问题，但现在已经成为问题，以后问题还会越来越大。据门卫反映，现在我校私家车已经超过 300 部，而且还在不断增加。新校区建设已经考虑了这个问题，但是老校区怎么办？可以考虑在综合体育馆靠校部一侧腾出一大块地方作为停车场，校内其他地方也要作相应的安排。还有教工住宅区的停车问题，汽车无序停放，妨碍交通。对此要进行重新规划，包括阳关新村、康山里新村和其他一些住宅小区，要有停车的场地。

4. 离退休老同志健身活动地点和部分教工早晚健身活动地点问题

学校经过调研，决定在 12 号楼前建设老年健身活动场地，老同志们对此还是比较满意的，本学期要尽快把它建好。校门口田径场边上的一块空地可作为部分教工早晚健身活动场地。

5. 校内路桥网道改造问题

我校是一所老校，欠账太多，路桥网道都要改造。比如，实验中心到

外语学院有条通道，很不好走，这学期要把它修起来。其他的一些道路也要修缮，以方便师生。

6. 机关健身场所问题

机关职工有200多人需要健身活动。我们打算把机关地下室改造为健身房，向社会（包括省体育局和其他一些单位）争取部分资金，尽量少花钱、多办事，让大家在工作之余进行健身锻炼。

7. 三高路教师住宅的产权问题

上学期已着手解决，这学期要把它做好。

8. 进一步关心校内弱势人群问题

社会有弱势群体，我们校内有弱势人群。这里面既包括教师，也包括学生，如经济困难的学生、空巢家庭的教师等，有关部门要进行调研，伸出援助之手。以人为本，求真务实，就要落到实处，使大家都在福建师范大学这个大家庭里感到温暖。

大力实施"人才强校"战略，
深化人事管理体制改革*

福建师范大学首次人才工作会议今天在这里隆重召开了。我受校党委的委托，就实施"人才强校"战略、深化人事管理体制改革问题作主题发言，供大家讨论。

自从北京大学 2003 年 5 月 12 日推出《教师聘任和职务晋升制度改革方案》后，不仅在未名湖畔，而且在海内外高校，都引起了强烈的反响。尽管实行教师聘任和职务晋升制度的改革，北京大学在国内高校并非第一家，但其影响却是最大的。北京大学人事制度改革的目的就是使北京大学能拥有世界一流的人才，尽快跻身世界一流的大学。国以才立，政以才治，校以才强。无论对一个国家，还是对一个学校来说，人才都是最宝贵的资源。党中央高度重视人才问题。2003 年深冬，新中国历史上第一次全国人才工作会议在北京举行，并于 12 月 26 日正式颁布了《中共中央、国务院关于进一步加强人才工作的决定》，这是新世纪新阶段我国人才工作的行动纲领。学校召开这次人才工作会议，是对党中央、国务院这一文件的具体贯彻。

为了召开这次人才工作会议，我们做了比较充分的准备。一是认真学习《中共中央、国务院关于进一步加强人才工作的决定》，领会其精神实质。二是深入调研。三月份先后召开了各学院领导、教授代表、博士代

---

* 这是笔者 2004 年 6 月 30 日在学校首次人才工作会议上的讲话。

表、民主党派代表四场座谈会，听取有关人才工作的意见和建议。三是广泛收集各高校重视人才工作、进行人事制度改革的信息。4月下旬，我校承办东南十一省（市、区）属重点师范大学第29届书记、校长协作会议，会议主题就是关于人才工作和人事制度改革问题，从中我们学习了不少有益的经验。5月26日，校党委召开五届二次全体（扩大）会议，学习贯彻全国人才工作会议精神，研究部署学校党管人才的工作。几个月来，人事处、改革与发展研究室等部门的同志就我校人才工作和人事制度改革的具体思路进行了多次研讨。6月17日，校党委研究并原则同意人事处提出的关于我校人才工作和人事管理体制改革的指导思想、基本要求和基本思路。我今天的发言集中了几个月来大家共同讨论的成果，也是对校党委五届二次会议精神的具体落实。

一 深切认识实施"人才强校"战略的重要性和紧迫性

（一）实施"人才强校"战略正面临着千载难逢的历史性机遇

有人说，美国的大学校长主要就是做两件事：一是筹钱，二是挖人。教育部周济部长则认为，中国高校领导应当做三件事：第一是谋事，思考学校的发展思路；第二是谋人，想办法延揽更多的人才；第三是谋钱。其中核心是谋人。我们与世界一流大学的最大差距，是教师队伍水平的差距。但是，要"谋人"，说起来容易，做起来却很难。为什么？这既有认识上的滞后，也存在既有利益格局的维护，还有令人望而却步的体制性障碍。高校现行的人事管理体制基本上还是在计划经济的模式下形成的，过去二十多年的时间里，虽然也不同程度地进行了一些改革，但并没有从根本上解决问题。人员只能进不能出，职务只能上不能下，待遇只能高不能低，缺乏外部竞争力和内部发展动力，是现行学校人事管理体制的基本特征。由于这一体制年深日久，盘根错节，因此非得有一场猛烈的风暴，才能把它撼动。

这场期盼已久的风暴终于来了。2003年春夏之交，被称为"癸未变法"的北京大学人事制度改革方案出台，如同在坚固的高校人事管理体制的堤坝上拉开了一个大缺口。新闻媒体闻风而动，各种报道铺天盖地。在这之前之后发生的中国其他高校的人事管理体制改革，也都相继浮出了水面。改革的大潮有力地冲击着传统体制的大坝。但是阻力比预料的还要大。在改革的关键时刻，党中央召开了全国人才工作会议，颁布了《关于进一步加强人才工作的决定》，明确提出，以推行聘用制和岗位管理制度为重点，深化事业单位人事制度改革。按照政事职责分开、单位自主用人、个人自主择业、政府依法监管的要求，建立符合各类事业单位特点的用人制度。推行聘用制和岗位管理制度，促进由固定用人向合同用人、由身份管理向岗位管理的转变。研究制定事业单位人事管理条例，规范按需设岗、竞聘上岗、以岗定酬、合同管理等管理环节，逐步做到人员能进能出、职务能上能下、待遇能高能低。这是对正在开展的高校人事制度改革的强有力的支持，并为进一步改革指明了前进的方向。对高校人才队伍建设事业，还有一个难得的机遇，就是《2003～2007年教育振兴行动计划》已经全面启动。可以说，中国高校的改革和发展，正处于历史上最好的难得机遇期。能不能抓住以上这些十分难得的机遇，关键在于我们有没有强烈的机遇意识、责任意识。正如教育部领导所指出的："这个机遇是摆在大家面前的，各个学校都同样面对，但恐怕不是每个高校都能很好地抓住。"我们必须从国际国内形势的新变化、高等教育面临的新任务出发，重新审视人才工作面临的新任务新要求，深切认识加强人才工作、实施人才强校战略的极端重要性，增加紧迫感，以高度的政治责任感和历史使命感，把人才队伍建设摆上高等教育改革与发展的重要议事日程。

（二）实施"人才强校"战略是应对日益激烈的高校竞争的迫切需要

中国高校之间的竞争从来没有像今天这样激烈，由此产生的压力也从来没有今天这样巨大。这种竞争的压力是来自多方面的。一是教育部组织的各种评估。既有教学的整体评估，也有对某一方面的单项评估。评估就要排名次，有名次就有压力。当然，社会上也有各种中介机构在做评估工作，不管其合理与否，都会产生一定的影响。二是学科方面的比较。我们2003年上了两个博士后流动站，一个一级学科博士点，10个二级学科博士点，21个硕士点，有两个省重点实验室挂牌，这跟自己的过去相比，成绩还是不小的，但是横向比差距就出来了。我校的国家重点学科、重点实验室还是空白，一、二级学科博士点与南京师范大学相比，一半还不到。理科的博士点还太少。三是在科研方面，重点课题、高级别奖励、高质量论著还为数不多。科研经费尽管增幅很大，但与省内的福州大学、农林大学相比，还相差很多。这些差距和压力，归根到底是人才，也就是由教师队伍的水平造成的。因此，人才问题始终是高等学校改革与发展的核心问题和头等大事。北京大学之所以下定决心进行改革，正是因为切实感到非如此不可能形成一流大学的师资队伍，不可能实现其建设世界一流大学的目标。它有一种潜在的危机感。中国高校相继开展的人事制度改革，在相当大程度上都是由于这种激烈的外部竞争造成的危机感而"逼上梁山"的。正如教育部一位领导所说的，在新的形势下，我们高校既面临千载难逢的发展机遇，也面临着前所未有的严峻挑战，不进则退，慢进也是退。怎样使我们的高校特别是重点高校持续、健康、协调发展，最关键和决定性的一条，最现实、最根本的途径和办法，就是千方百计培养、吸引、用好人才，大力加强教师队伍建设。这话真是说到点子上了。

（三）实施"人才强校"战略是实现学校宏伟办学目标的有力保证

在新世纪新阶段，中国的每一个高校都在认真思考着两个问题，就是"建设怎样的大学"和"怎样建设这样的大学"，认真制定学校的"发展战略计划""学科建设和师资队伍建设规划""校园建设规划"，谋划发展，规划未来。两个问题的思考和三个规划的制定，那必须有充分的人才资源作为支撑和保证。在2003年召开的校第五届党代会上，新一届校党委审时度势，重新思考学校的战略定位，提出了建设综合性、有特色、开放型、高水平大学的奋斗目标，并要大力推进五个战略转变。但是，要实现这一办学目标，其困难是可想而知的。这两年我们在进行院系、学科的调整，感到最匮乏的还是办综合性大学所必需的学科和专业的优秀人才，如应用文理科型人才，播音与主持专业办了三年，只有一个专业教师。学校要办得有特色，首先必须拥有特色学科的特殊人才。比如，福建省提出要建设海峡西岸经济区，闽台关系应该成为我校办学的一大特色，我校也已有一个教育部审批的闽台区域研究中心的人文社科省级研究基地，这个基地中研究闽台历史、文化的有一些人，但专门研究闽台政治、经济的人才却很匮乏。现代大学必须坚持对外开放办学，走国际化的道路，但这必须有相应的人才储备，这种人才在我校还为数不多，这就限制了我们的国际合作与交流。高水平的大学必须是与高水平的师资相联系的。抗战时期的西南联大之所以能在办学条件很差的情况下培育了一代在科技、教育和文化等领域发挥了重要影响的优秀人才，最主要的原因就是人才荟萃、大师云集，使得只有短短九年历史的西南联大成为中国高等教育史上的一座丰碑。国际上这样的事例也非常之多。远的如 19 世纪末的牛津大学，因为罗素在哲学研究方面的成就，使得牛津的哲学学科成为当时世界哲学的研究中心。再如美国的得克萨斯州奥斯汀大学，原来在美国大学中很不突出，但后来学校采取超常规办法，引进了若干顶尖人才，带动了若干学科的跨越性发展，使得奥斯汀大学的面貌在较短的时间内发生了根本性的变化。这都是教育部领导在一次讲话中举的例子。这些事例充分说明，人才对高校的发展具有特殊意义，是我校实现办学宏伟目标的基础、前提、关键和保证。

（四）实施"人才强校"战略是我校多年来人才工作和人事管理制度改革的进一步深化

早在 20 世纪 80 年代，为了增强办学活力、提高办学水平，我校就在人事管理体制改革方面进行了初步的探索，取得了一定的成效。比如，破格晋升一部分中青年教师的职称，这曾在省内高校传为佳话。大胆选拔一批中青年学术骨干到国外大学攻读学位或进行进修访问，这些人学成回国后在学科建设中发挥了重要作用，有的成为学科和学术带头人。这几年学校根据形势发展的需要，就加大了人事管理体制改革的力度。一是在人才培养上，选送一大批青年教师到国内外知名大学、科研单位、大型企业进修访问或在职攻读博士学位，从事博士后科研工作，其中仅攻读博士学位的就有 230 人，已学成回校工作的有 100 多人。一批留学人员学成后相继回校工作，不少人已成为我校的学科带头人和学术骨干。二是在人才的引进上，这五年来学校出台了有关引进人才的条例，引进了具有博士学位及副高以上职称人员 100 余人。其中，国际欧亚科学院院士 1 人，教育部"高校青年教师奖" 1 人，"闽江学者特聘教授" 3 人，校特聘教授 6 人，学科带头人 4 人。现在具有博士学位的专任教师中，近 1/3 为引进人员。三是在人才的使用上，一批年富力强、很有发展潜力的骨干教师和政工干部通过竞聘和民主推荐被提拔到学院和机关部处的领导岗位，很快就开创了工作的新局面。四是制定并实施了校内重要岗位津贴的条例。通过严格的考核，享受校内重要岗位津贴的有 120 多人，占全校教学科研人员的10%。学校还通过绩效奖励，对教学科研作出重要贡献的教师予以特别奖励。这几年来，教职工的工资福利在不断提高，1997 年我校人均年国家工资收入为 6690 元，2003 年增长到 17328 元。2004 年则超过 2 万元，达

20427 元。1997 年除国家工资外人均年收入学校支付部分为 600 元，2003
年提高到 6070 元。此外，根据国家的相关政策，我校还开支近千万元为教
职工办理了住房公积金、医疗保险、失业保险等。五是实施教师岗位科研
考核条例，对第一年不合格的教师予以"黄牌"警告；连续两年科研考核
不合格的教师予以缓聘或高职低聘；连续四年科研考核不合格的教师不予
聘用或按自动离职处理。这几年来，我们顶住压力，坚决实施这一条例，
取得了良好的效果。在上一周校长办公会议上，已决定不再聘用连续四年
科研考核不合格的两位教师。改革，要么不搞，要搞就必须动真格的。

但是，毋庸讳言，由于种种原因，我校的人事管理体制改革还没有完
全到位，人才问题已成为制约我校实现跨越性发展的最大瓶颈。在几次调
研座谈会上，所反映的一些问题确实存在，有的还比较严重，如一些领导
干部的人才意识不强；教师队伍结构不合理；学历总体层次偏低；学科间
发展不均衡，有的学科已出现人才断层；在国内有影响的旗帜性人才还很
缺乏；人才环境有待于进一步改善；人才的团队意识需要加强；人才的管
理还存在一些体制性障碍；对人才的投入要进一步加大，等等。这些问题
要引起我们的高度重视。我们要在已有改革的基础上，总结经验教训，在
新的形势下，认真贯彻全国人才工作会议精神，结合学校的具体情况，大
力实施"人才强校"战略，进一步深化人事制度改革，努力开创人才工作
和事业发展的新局面。

二 实施"人才强校"战略的基本思路

（一）实施"人才强校"战略的指导思想

以邓小平理论为指导，学习贯彻党的十六大及全国人才工作会议精
神，按照校党委五届二次全体（扩大）会议的要求，大力实施"人才强
校"战略，把人才作为推进我校事业发展的关键因素。深化人事管理体制
改革，建立充满生机和活力的人才工作机制，切实加强高层次人才队伍建
设，开创人才辈出、人尽其才的新局面，增强我校的核心竞争力，为把我
校建设为综合性、有特色、开放型、高水平的大学提供坚强的人才保障。

（二）实施"人才强校"战略的基本要求

（1）以邓小平理论统领人才工作，按照科学发展观的要求，把以人为

本贯穿于人才工作的始终，突出人才资源是第一资源，人才问题是关系党和国家事业发展的关键问题，要在全校形成"尊重劳动、尊重知识、尊重人才、尊重创造"的浓厚氛围。

（2）把促进发展作为人才工作的根本出发点。发展是学校的第一要务，历史上和现实中存在的许多矛盾和问题，只有通过加快学校的发展才能从根本上加以解决。因此，人才工作的目标任务要围绕发展来确定，人才工作的政策措施要根据发展来制定，人才工作的成效要用发展来检验。

（3）要积极借鉴国外大学和国内高校人才工作和人事制度改革的经验，但不生搬硬套。要坚持从本校校情出发，求真务实，不图虚名，不搞形式，一步一个脚印，扎扎实实地推进人事制度改革。

（4）"人才强校"战略是一项复杂的系统工程，要加强全局性和前瞻性的研究，做好统筹规划，同时需要各有关方面大力支持和配合。

（5）实施"人才强校"战略、深化人事管理体制改革由于其复杂性和艰巨性，不可能在短期内毕其功于一役，计划用三年左右的时间，采取渐进方式，分阶段有重点、有步骤地进行。既要克服畏缩不前，也要防止急躁冒进。

（三）实施"人才强校"战略，深化人事管理体制改革的基本思路

1. 定编定岗

我校于 1987 年开始正式核定编制，当时的生师比是 7.5∶1，此后曾经微调过，到 1996 年，生师比提高到 8.2∶1，目前我校仍沿用这个编制。近十年来，学校的情况已经发生了很大变化，全日制学生的规模在校本部已达到 19977 人，比 1996 年翻了一番多，原有的定编定岗已滞后于形势的需要。为了适应社会主义市场经济对高等教育改革和发展的要求，优化我校人力资源，增强办学活力，提高办学效益和办学水平，必须重新核定我校的人员编制。编制的核定是我校人才建设和人事制度改革的基础，是我校各项事业持续、快速、协调发展的关键环节。如何核定？这是个难题，太高，人手不足；太低，成本太大。要根据教育部对普通高校生师比不得超过 18∶1 的要求，从学校的实际情况出发，设定比较合理的生师比（如 16∶1）。我们必须结合学校的长远规划，按满负荷工作量的要求定编设岗，合理配备和使用人员，重点保证教学、科研第一线的需要，适当对重点学科、新兴学科和重点扶持学科倾斜，加强对部分老学科老专业的调整，更

好地适应发展的要求。通过编制的重新核定，形成结构优化、配置合理、精干高效的教职工队伍，提高办学效益。

在定编过程中采取总量控制、微观放活、统一管理、分类核算的原则。将固定编制与流动编制相结合，以固定编制为主，逐步扩大流动编制的比例。要充分利用各种人力资源，专职教师和兼职教师并用，并注意挖掘校外专家、学者、企业管理人员和校内离退休教师的潜力。特别值得一提的是，我校在读博士生、硕士生 2000～3000 人，利用它 10%，就有二三百人，这是个很可观的数字。学校可掌握 10% 左右的流动编制，用于学校发展和学科建设所急需的专业，特别是用于引进急需的具有高水平的人才及其配偶的安置。原则上各学院在本单位核定编制数全部使用后，方可向学校申请流动编制指标。一旦单位的核定编制数出现空额，则利用流动编制数获得的职位，一般要转为本单位的核定编制，该职位所占用的流动编制由学校收回。教师编制的核定根据"基础数"和"调节增加数"两类指标。"基础数"根据各学院拥有本科专业、在读本科生数、博士点学科、硕士点学科、在读研究生数、全校公共课教学等情况确定；"调节增加数"根据各学院拥有的重点学科、重点实验室、重点研究基地、人才培养基地等情况确定。

在定编的基础上实行定岗。学校根据编制和学科需要确定各级各类岗位的配置框架，将岗位的设置权力下放。各学院根据学校确定的各级各类岗位的配置框架，组成专门小组认真研究本单位的岗位具体布局，并经院党政领导集体研究后上报学校审核确定。编制的核定与教师职位设置、岗位津贴包干相结合。可考虑在个别学院进行定编、定岗和工资、津贴总额总承包的试点。总承包的试点单位，可以在学校下达的编制范围内，自行设置流动岗位，用于招聘行政辅助岗位、学生思想政治辅导员岗位、因科研大项目临时所需的合作科研人员、实验室工作岗位等人员。

2. 实行教师分类管理

为了合理地配置教师资源，平衡教师的综合工作量，根据岗位性质和任务，将教师分为专任研究型、教学科研型、专任教学型三类，进行分类管理。教学科研型岗位教师是学校教师队伍的主体，承担研究生、本科生教学和科研的双重任务；专任研究型教师的主要职责是科学研究和部分研究生教学；专任教学型教师的主要职责是本科生教学和进行教学改革研究。学校对教学型岗位教师和研究型岗位教师的编制将严格按照各单位工作性质和教学工作量需要进行总量控制。原则上，全校专任研究型教师、教学科研型教师、专任教学型教师三者的比例大致为 10% 、70% 、20% 。

对于三种类型的教师岗位的管理、考核、岗位津贴均按不同的标准进行。考核结果同岗位津贴等挂钩。对于专任研究型教师的考核侧重于对其科研工作质和量的考核，主要是申请到的科研项目、到位的科研经费、发表的科研论文、申请专利及科研获奖情况等；对于教学科研型教师的考核既要考核其完成科研工作量的情况，又要考核其完成教学工作量及其效果等；对于专任教学型教师的考核，在教师完成规定基本教学工作量的基础上，把"教学评估合格"作为教师职务晋升的基本条件，同时把教学奖励、教改立项、教材编写作为其职务晋升的重要参考条件。对三种类型的教师岗位实行动态管理，允许教师在编制范围内于聘期满后进行调整。

教师分类管理的目的是让那些因工作需要不得不承担繁重教学任务并且教学效果好的教师用主要精力搞教学，不需要在专业的科研上花费过多的时间，同时适当减轻专任研究型教师的教学工作量，让他们有更多的时间从事科研工作。这样可以在不增加教师编制的情况下，对现有的教师进行优化配置，形成一个合理的结构，从而使我校的教学质量和科研水平都得以提高。

3. 实行教师聘任制，鼓励竞争，促进流动

聘任制并不是什么新概念，在 20 世纪八九十年代，也都搞过所谓的聘任制，教师一年一聘，但实际上并没有多大意义。因为大家都知道，除非触犯法纪，否则干好干坏、干多干少你都得聘。人们都痛切了解这种体制的弊端，但又无可奈何。教育部于 1999 年 11 月颁布了《关于当前深化高等学校人事分配制度改革的若干意见》，提出要用 2～3 年的时间，在高校全面推行教师及其他专业技术人员聘任制，实现由"身份管理"向"岗位管理"的转变。但是几年过去了，聘任制改革仍不了了之。这说明聘任制作为人事制度改革的核心，阻力最大、难度最大，也说明改革的时机还不够成熟。

2003 年北京大学的人事管理体制改革就是首先从教师聘任制破题的，其引人注目之处在于：一是实行教师公开招聘，内部申请人和外部申请人平等竞争，择优聘任；二是不搞近亲繁殖，各院系原则上不直接从本单位应届毕业生中聘用教师；三是非升即走，建立教师队伍的稳定层和流动层，让流动层真正流动起来；四是建立"教授会"评议机制，充分发挥各单位教授在教授聘任和职务晋升中的作用，外单位要占一定比例。北京大学的人事改革方案在经过将近一年的酝酿后，终于在 2004 年 4 月 7 日正式启动，拿出 95 个教授岗位面向海内外公开招聘。2003 年 5 月，南京大学决定新增近 300 个教授岗位和副教授岗位全部向海内外公开招聘。第一批获聘的教授 81 人，副教授 117 人。2003 年 8 月，复旦大学面向国内外招聘 102 名在职教授，这些教授岗位基本覆盖了复旦的所有学科。中国人民大学早在三年前就启动了人事改革，2004 年公布了考核结果：全校 1000 多名教师中，33 名考核不合格，其中 6 名转岗，27 名高职低聘，另有 58 名在下一聘期作为"试聘"，这一段媒体报道聘任制改革比较成功的还有清华大学、中山大学、上海大学、青岛海洋大学等。

"竞争"和"流动"是实行真正严格意义上聘任制的两大特征。高校教师的选聘不能全部在本校，可向海内外公开招聘，这就是竞争。聘任的老师必须在规定的时间内有所作为，并为学校和院系所认可，从讲师向副教授、教授不断晋升。如不能按期晋升，就将失去教师这个岗位。这种"非升即走""非升即转"的新型人事制度打破了教师职务的终身制，增强了教师队伍的活力，已成为当前高校人事制度改革的重点、难点和亮点。

我校的教师聘任，最终要按照"按需设岗、公开招聘、平等竞争、择优录用、严格考核、合同管理"的原则，实行严格意义的全员聘任，切实做到人员能进能出，职务能上能下，待遇能高能低。但是考虑到我校的具体情况，马上全面铺开是不现实的，只能通过试点，逐步推开。下一学期我们将在定编定岗的基础上，选择一两个条件较为成熟的学院作为试点，按照新的编制方法和新定的职位数，拿出部分岗位，向国内外公开招聘。在取得经验的基础上，逐步在全校推开。学校与受聘人员在平等志愿、协商一致的基础上签订聘任合同，并实行合同管理。聘任合同分为固定期限合同和无固定期限合同。固定期限合同每一聘期一般为 3 年。聘任岗位按专任研究型、教学科研型、专任教学型岗位进行分类设置。根据一定的条件，一部分岗位被设置为无固定期限聘任岗位，其他岗位一般为固定期限聘任岗位。固定期限聘任岗位在学校规定的聘任期满后，未能受聘为更高的职务岗位，将按聘任合同转聘为其他岗位或作其他安排。至于什么岗位为无固定期限聘任岗位，可以进一步讨论。

为了使学校人事管理从繁杂的事务性工作中解脱出来，加强人力资源开发，形成富有生机和活力的用人机制，今后，对于新进校的副高以下职称（不含副高）或硕士研究生以下学历（不含硕士）的人员部分实行"人事代理制度"，使"单位人"变成"社会人"。人事代理分为两类，一类是事业单位编制人事代理，尝试委托人才市场办理有关手续；一类是企业编制人事代理，由聘用单位自行到人才市场办理有关手续。

面对人才竞争日趋激烈和人才流动日益频繁的新形势，为推动重大科学研究的开展，更好地克服急功近利、学术浮躁的不良倾向，让一部分学术骨干和学术带头人能够安下心来潜心研究，多承担重大项目，多研究对社会经济发展有重大意义的项目，按照高校教师职业自身的特点及教育规律，我校将尝试实行终身教授制。拟遴选一批政治思想好、职业道德素质高、治学态度严谨，在本学科研究领域有相当的学术造诣，在国内外具有较高的学术声望或影响，对本学科的建设和发展作出了突出贡献，在学校的教学、研究生培养工作中成绩显著，科研成绩突出，近年来承担过重大研究项目或获得过重要的学术成果奖励的教授，聘为终身教授。终身教授的称号，既是一种荣誉，也是一种压力。终身教授一经聘任，聘期可以直至退休，在职务聘期内，学校无正当理由，不得随意解聘终身教授。终身教授除享受国家规定的有关工资福利待遇外，还可享受学校重要岗位津贴，如终身教授担任其他职务的，津贴采取就高原则。

4. 突出重点，切实加强高层次创造性人才队伍建设

"人才强校"战略的重点是建设一支高层次创造性人才队伍。主要的思路有三：一是实施"15100"高层次创造性人才工程，即培养和会聚15名左右在国内外具有领先水平、有较大影响的旗帜性人才和学科带头人，培养和造就100名左右具有创新能力和发展素质的中青年学术带头人和学科骨干；二是要大力推进创新团队建设，抓好学术梯队，培养和建设一批特别能战斗的创新团队、优秀群体；三是要设立几个学科特区。

高层次创造性人才是高校教师队伍建设的重点，也是战略抓手。千军易得，一将难求，帅才更难求。旗帜性人才、学科带头人、学科重点骨干往往决定一个学科的兴衰成败，决定一个学科在国内外的地位。对于特殊的旗帜性人才，可以采取特殊的方式，做到不拘一格。

创新学术团队是以杰出人才为学术带头人、以优秀中青年拔尖人才为骨干组成的紧密型创新研究群体，在某一学术领域围绕某一重要研究方向进行基础研究和应用研究。创新学术团队是获取和整合资源的有效形式，是科技创新和科研攻关的重要载体，是优秀人才的创业平台。学校要把创新团队的建设放在教师队伍建设的重要位置，充分发挥我校多学科的优势，进行组织创新和管理创新，搭建教学科研大平台，积极推进创新团队建设。对于创新学术团队计划开展的重大研究课题，学校将根据情况给予专项科研资助；对于从海内外引进的创新学术团队，学校将根据实际需

要，从实验室建设、科研启动费等方面给予配套经费支持。同时，学校将积极创造条件，支持创新学术团队成员开展国内外学术、技术交流活动，并根据创新学术团队承担的任务需要，面向国内外招聘急需人才。建设好创新学术团队，一要打破用人单位之间的行政壁垒，打破影响团队形成和发展的制度壁垒。二要在前一段工作的基础上，对部分学院的学科专业、人才作进一步调整和整合，加强重点学科、重点实验室和重点研究中心的建设，使之成为攀登科技高峰和带动相应学科领域发展的重要基地。三要进一步探索有利于团队建设和发展的内部管理和考核体制，赋予团队负责人更多的管理自主权，注重考核以团队负责人为首的创新团队的整体绩效。

学科特区是参照国内外学术机构设置管理（南京大学已建立了几个学科特区），按照国际惯例，采用学科负责人（带头人）全面负责制，在用人、经费等方面享有充分的自主权，无须报经学校审批，只需将结果报给学校备案，学校将按学科特区提出的要求提供服务。学科特区不再是"有了人再去找课题"，而是"有了课题选择合适的人"。在实施目标考核管理方面，工资、待遇等与工作绩效挂钩，学科负责人可以解聘考核不合格者。至于什么样的学科可以设立"特区"，需要进一步研究。实施学科特区就是要集中学校的优质资源，创造最好的条件，全力构建高水平人才的"绿色通道"，使之成为培养、吸引、用好优秀人才的热土。

5. 实施人才培养计划，强化人才继续教育

切实推行青年教师个案培养计划和助教限期培养计划。加强中青年教师教学能力、科研能力、创新能力以及外语、计算机能力的培养，坚持严格培养和激励成才相结合。加大高层次创新人才和学科主要骨干到国内重点大学或出国留学的选派力度，下决心在三年内选拔 100 人到国内外大学进修访问。重点选派高级研究学者、博士到国内外高水平大学或学术机构参与重大科技计划和科学工程。继续实施"博士工程"，在三年内使我校具有博士学位的教师达到教师总数的30%。要充分利用博士后制度这一平台，为学校挑选和培养高层次后备人才，加强学科建设。

实施学术假制度。对担任行政领导职务的学科带头人和学科骨干，在三年内可享受六个月的学术假，专门从事学术研究工作。学术假为带薪假期，在享受学术假的学年，所负担的行政管理工作由他人代管。实施学术假制度，目的是使双肩挑的教师从繁忙的行政事务中解脱出来，让他们有一个相对安静、自由、放松的时间段，专心进行学术研究。

6. 注意发挥老专家、老教授的作用

《中共中央、国务院关于进一步加强人才工作的规定》在谈到"加强高层次人才队伍建设"时，特别提到要"注意发挥老专家、老教授的作用"。老专家、老教授有丰富的治学经验、深厚的学术积累、显著的社会影响和广泛的同行联系，他们在学科建设和发展中的作用在相当一段时间内是难以替代的，如陈征教授、朱鹤健教授等。这些老专家、老教授是本已稀缺的人才资源中更为稀缺的一部分，应当予以珍视，而且事实上他们已经发挥了重要作用。例如，胡炳环教授在担任化学与材料学院院长后，团结全院同仁，在很短的时间内拿下高分子化学与物理的博士点。我校第一个省重点实验室——光子技术实验室的建立，则是与谢树森教授的作用分不开的。因此，对老专家、老教授的退休采取一刀切的办法是不可取的。应根据不同的情况，区别对待。这次提交会议讨论的《关于教职工退（离）休暂行规定》的修订稿，对符合一定条件的老专家、老教授，特别是博士生导师，可适当延长其退（离）休年龄。其中还有一条请大家注意："对学校发展贡献大，学术造诣高，在社会和国内外同行中有重要影响的专家，达到上述规定的延长退休年龄时，如确需要延聘的，经本人同意，由所在学院提出，报学校研究批准。但从严掌握，原则上每个学科不得超过一人。"对这一条，我们是经过广泛的调研后提出来的，即使像北京大学、中国人民大学、厦门大学这样人才济济的名校，尚且聘任若干个年届高龄的学术大家，我们作为一个地方大学，更应该注意发挥一些在全国很有影响的老专家、老教授的作用。

7. 加大对海外高层次人才的引进力度

《中共中央、国务院关于进一步加强人才工作的决定》强调，要"充分发挥国际国内两种人才资源"。2003年我到美国几个大学访问，发现我们的校友很多，他们对母校很关心，很愿意为母校作贡献。通过宣传，不少华人学者甚至外国学者，都愿意到中国来发展，到我们学校来工作。这与我们国家的强盛有关，也与我们学校的发展有关。我们要花大力气动员一批海外高层次人才来校工作。考虑设立"福建师范大学引进人才奖"（伯乐奖），对帮助学校引进高层次人才作出突出贡献的人员予以物质、精神奖励。实行灵活的柔性引进机制，积极鼓励海外高层次人才短期回国讲学或进行合作研究和学术交流，开展多种形式的为国服务。要为海外回国人员创造良好的工作条件，努力营造会聚人才并使他们建功立业的良好环境氛围。

8. 建立科学合理的人才考核评价机制

根据不同类别、层次岗位的不同要求，制定以业绩为核心，把品德、知识、能力和业绩等要素作为教师的考核评价标准和指标体系，进一步完善有利于尊重和保护创新思想的学术评价制度，实现三个转变，即由重视过程管理向重视目标管理转变，由重视年度考核向重视聘期考核转变，由单纯的数量评价向更加注重质量评价转变。扩大选人用人的视野，不拘一格地选人才，不唯学历、不唯职称、不唯资历、不唯身份。鼓励人人都要作贡献，人人都能成才，充分体现人才的发展性、多样性、层次性和相对性的"大人才观"。

党政人才的评价重在群众的认可。要树立科学的发展观和正确的政绩观，坚持群众公认、注重实绩的原则。进一步完善民主推荐、民主测评、民主评议制度，把群众的意见作为考核党政人才的重要尺度。专业技术人才的考核评价要重在社会认可、同行认可。后勤服务集团及校内一些以企业模式管理的单位经营管理人才的评价要重在市场及出资人的认可。完善反映经营业绩的财务指标和反映综合管理能力等非财务指标相结合的评价体系，围绕着任期制和任期目标责任制，突出对经营业绩和综合素质的考核。

9. 进一步完善分配激励机制

下学期要在充分调研论证的基础上进一步修订校内岗位津贴分配方案，提高绩效奖励额度，加大对高级别、高质量文章、成果的奖励力度。继续遴选教学科研重要岗位人员，要重实绩、重贡献，分配向关键岗位和优秀人才倾斜，对从事基础研究、高新技术研究、涉及社会公共事业的重大战略性课题研究等方面的教师给予重点支持。要积极探索知识要素按贡献参与分配的实现形式，鼓励通过专利许可、技术转让、技术入股、创办高新技术企业等方式取得回报。要探索多种灵活多样的形式，对于特殊创新人才可以实行年薪制，对于短期聘任的教师可以实行协议工资制。要强化思想政治教育，既重视思想政治教育，又重视精神的强大动力。

10. 努力营造有利于各类优秀人才施展才干的良好环境

人才的创造活力既可释放，又可以关闭，在一定程度上，它取决于人才的内心状态。从这个意义上讲，尊重人才、关心人才、爱护人才、支持人才，是赢得人才的关键。人才资源的拥有量与人才效能的发挥程度是两个不同的概念。各类人才"心情舒畅指数"才是衡量人才环境优化与否的标志。我们要提高认识、更新观念，动员各方面的力量关心人才工作，努力营造尊重劳动、尊重知识、尊重人才、尊重创造的校园氛围，对一个人的尊重比任何待遇都重要；把事业留人、感情留人、适当待遇留人的要求真正落到实处，热情支持各类人才的工作，真诚关心他们的生活；尊重人才成长的规律，既鼓励他们大胆探索、积极创新，又不以单纯成败论英雄，保护他们的创新热情。如何看待人才的缺点？金无足赤，人无完人。进一步完善人才工作的政策体系和法制环境，严格依法办事，为营造良好的人才环境提供政策和法律保障；坚持"百花齐放、百家争鸣"的方针，鼓励学术争鸣，保护不同意见，创设团结、和谐融洽的人际环境、民主活泼的学术环境；鼓励年轻优秀拔尖人才脱颖而出，发挥老专家、学者的传、帮、带作用；各级领导要有容人之量，要有海纳百川的胸怀。要在全校范围持续开展讨论与学习活动，使全校上下了解和掌握人才和人才流动规律，这样才能使有关人才政策获得绝大多数人才的心理认同、行为理解、实际支持。

三 实施"人才强校"战略必须加强党的领导

（一）要坚持贯彻落实"党管人才"的原则

充分发挥校党委的领导核心作用，在校党委的统一领导下，组织人事部门牵头抓总，有关部门各司其职，密切配合，其他各方广泛参与。在具体工作中，要重点抓好协调关系、疏通思想、化解矛盾、强化服务、建章立制、依法治校的工作。要将教师队伍建设和人才工作放在事关学校发展全局的战略位置，要将人才工作与学校各个方面的工作紧密联系起来，特别是与学校发展战略规划、学科建设与队伍建设规划和校园建设规划紧密结合起来，切实做到谋划发展时考虑人才保证，制定规划时考虑人才需求，研究政策时考虑人才导向，部署工作时考虑人才措施。

（二）要认真总结人才工作经验，制定和完善人才工作规划

不论是学校还是各学院，都要在认真调查研究和科学分析的基础上，准确把握人才情况，立足当前，着眼长远，提出人才工作的原则、方针和措施，制定切合实际的工作规划。把人才工作规划纳入学院和学校的总体发展战略规划，并通过规划的实施，不断增强学校的核心竞争力。

（三）要制定完善的人才工作配套政策措施

要根据学校和各单位制定的人才规划，在建立开放的人才吸引机制，建立科学的人才培育机制，建立有效的人才使用、激励机制，提高人才资源的配置效率和优化人才环境等五个层面上下功夫，进一步制定和完善人才工作的配套政策和配套措施，真正做到政策配套、措施到位、保障有力。

（四）要加大对人才工作的投入

要建立以高层次人才队伍建设为龙头配置各种教育资源的工作机制，充分发挥人才、资金、设备和项目的综合效益。坚持内育外引的方针，从2004年开始，每年至少自筹1000万元用于人才队伍建设。同时在省重点高校建设经费中，划出一定份额用于人才队伍建设。加大人才引进的优惠力度，继续在校园周边购置住房，用于引进人才。广开经费渠道，积极吸纳社会资金，建立多元化的人才经费投入机制。加强经费监督与管理，切实提高经费投入的使用效益。

（五）要加大对人才工作的宣传

对中央决定、教育部有关文件、有关高校人事改革动态要大力宣传。对学校发展作出重要贡献的人才，要通过各种渠道、形式加以宣传。学校和学院都要设立人才工作网站，宣传我校的办学成就、有关人才工作的改革，公布人才招聘信息等。

五谈加强学校管理[*]

一 实施人才强校战略，稳步 推进人事管理体制改革

2004 年 5 月，校党委召开了五届二次全体（扩大）会议，学习贯彻全国人才工作会议精神，研究部署学校"党管人才"的工作。上学期放假前夕，学校又召开了人才工作会议，提出要大力实施"人才强校"战略，用三年左右的时间进行人事管理体制改革。8 月上旬，校党委在闽清召开了暑期学校工作研讨会，进一步讨论人才工作问题。可以说，人才问题从来没有像今天这样引起全校上下的关注和重视。现在，关于"人才强校"战略的基本思路已经明确，关键是抓落实。我们也知道，人事管理体制改革现在是背水一战，只能前进，不能后退。当然，前进不是冒进，不能搞"大轰隆"，而是要采取渐进的方式，先易后难，稳扎稳打。

本学期要进行全面的定编定岗，这是我校人才建设和人事管理体制改革的基础，是我校各项事业持续、快速、协调、健康发展的关键环节。定编就关系到生师比多少算合理，我们的初步意见是 16:1，对此大家可以讨论。在定编的基础上实行定岗，可以考虑在个别学院进行定编、定岗和工资、津贴总额总承包的试点。同时进行试点的还有聘任制。按照"按需设

---

* 这是笔者 2004 年 9 月 7 日在全校部署新学期工作大会上讲话的一部分。

岗、竞聘上岗、以岗定酬、合同管理"的原则，实行全员聘任；要拿出部分岗位向国内外公开招聘。聘任岗位可按专任研究型、教学科研型、专任教学型进行分类设置，每一批的聘期一般为三年。聘任期满后是否续聘，要视其是否达到了聘任合同的要求，最终实行非升即转、非升即走，聘任制要真正体现"竞争"和"流动"这两个特征，不能再流于形式，要搞就要真搞。聘任制马上全面铺开是不现实的，只能通过试点逐步推开，这其中需要一个过程。在暑期学校工作研讨会上，已有一些学院表示愿意"吃螃蟹"，如物理与光电信息科技学院、经济学院、体育学院等。搞试点的单位，虽然风险会大一些，但是学校对它们的支持力度和给予的政策空间相应也会大一些。本学期，学校还将尝试实行终身教授制。终身教授不是不要退休，而是在学校规定的退休年龄之前，在职务聘期内，学校无正当理由不得解聘。第一批终身教授拟遴选 10～20 人，具体条件再研究和拟定。

"人才强校"战略的重点是建设一支高层次创造性人才队伍。我们提出实施"15100"人才工程，即培养和会聚 15 名左右在国内外具有领先水平、有较大影响的旗帜性人才和学科带头人，培养和造就 100 名左右具有创新能力和发展素质的中青年学术带头人和学科骨干。从本学期开始进行酝酿，待时机成熟后进行公开遴选。在此，我要告诉大家几个喜讯。一是黄汉升教授上学期末被评选为全国"百千万人才工程"第一层次人选，目前为止，福建省跻身这一层次的专家还是屈指可数的。二是物理与光电信息科技学院的谢树森教授前不久被评为福建省杰出科技人员，省政府奖励一辆小轿车，省委、省政府即将召开全省人才工作会议，要在会上进行表彰。这不仅是他个人的光荣，也是我们学校的光荣。三是教育部决定从2004 年开始启动实施"新世纪优秀人才培养计划"，培养支持一批学术基础扎实、具有创新能力和突出发展潜力的优秀青年学术带头人，分配给福建省的名额为 5 个，福州大学 2 个，福建农林大学 1 个，福建医科大学 1 个，福建师范大学 1 个。经各学院推荐、校学术委员会投票，确定教育科学与技术学院的余文森教授作为我校的推荐人选。我们要大力推出一些优秀中青年教师，让他们及早走上全省、全国的学术平台，这对学科建设和学校发展是很有好处的。高层次创造性人才队伍建设，除了自己培养外，还必须加大从国内和海外的引进力度。学校将设立"引进人才奖"，对帮助学校引进高层次人才作出突出贡献的人员予以物质和精神奖励，人事处要拟定具体的奖励办法。生物工程学院、文学院、物理与光电信息科技学院等在这方面做得很不错。建设高层次创造性人才队伍，还要注意发挥老专家、老教授的作用。本学期要出台关于教职工退（离）休的暂行规定（修订稿），对符合条件的老专家、老教授，可适当延长其退（离）休年龄；特别突出的，在达到学校规定的延长退（离）休年龄时，可继续延聘或分别由校院两级进行返聘。

在实施"人才强校"战略的过程中，也涉及如何发挥激励作用的问题。我校的岗位津贴分配方案已经试行两年多时间，总的反映还是比较好的，对人才队伍的建设也发挥了较大的激励作用。根据实践的发展和形势的变化，学校准备对这一方案进行修订，并继续遴选教学科研重要岗位人员。校工会要广泛征求教职工的意见，人事处要注意收集省内外高校岗位津贴分配的最新动态，结合本校的实际，提出方案的修订稿。对人才和知识的尊重，不仅要体现在物质的待遇上，更重要的是要体现在环境和氛围上。在这方面我们还存在不少薄弱环节，应引起我们的重视，切实加以改进。

"人才强校"战略的实施，也包括福清分校、协和学院、闽南科技学院、人武学院和附中、附小。这些单位要根据自身的实际，制定师资建设规划和"人才强校"战略实施细则。

二 加强新老校区工程建设，加强新校区的管理

2004 年暑期，福州的气温居高不下，都在 36℃~38℃。在这高热的天气下，我校新老校区的工程建设仍在如火如荼、日夜兼程地进行。2004 年基建任务特别繁重，新老校区共有 11 个项目，包括校医院移交整改、长安山消防工程、校前区道路和广场改造、综合体育馆收尾工作、新校区图书馆、体育艺术楼群、田径场、篮排球馆工程等，特别是新校区第二学期学生公寓，建筑面积 6.1 万平方米，工期 137 天，任务重、工期短、要求高，但在全体工作人员的努力下，目前该工程建设进展顺利，预计 9 月 15 日完工，确保 5200 名新生能如期入住。省领导和省重点办、大学城办对此都很重视，多次到工地视察。在暑期，与新区基建办一起并肩战斗的还有新区管理办、规划办部门的同志。对于他们这种特别能吃苦、特别能战斗的精神，学校决定进行通报表扬。

本学期规划办除了抓紧一期工程结算外，还抓紧进行二期第三批建设项目的规划设计。新成立的传播学院原来未纳入总体设计，现在要重新考

虑。与农业部共建的生理生态与遗传改良重点开放实验室大楼也要进行规划设计。生活区第三期工程 6 万平方米，可容纳学生 5500 人，是由基建办负责设计的，2004 年要提早设计，争取年底开工建设。新区河西的规划也要抓紧落实。河西规划涉及与福建工程学院的土地置换问题。汪毅夫副省长很关心这个事情，前几天专门到学校和我们商议，要求我们认真讨论。另外，要加强征地和交地工作。目前国家很重视土地问题，将土地作为宏观调控的一个重要手段。要认真考虑河西土地的规划问题，尽快确定下来。

本学期基建任务比以往任何时候都繁重，在建和开工项目高达 17 个，建筑面积 23.5 万平方米，总投资 5 亿元，包括公共楼群（即校行政办公大楼、现代教育中心、师生活动中心）、理工楼群、体育楼群、文科楼群、美术楼群、音乐楼群、网络软件楼群和三期学生公寓等。建设办的同志要按照"质量、工期、造价、安全"四个方面的要求，总结经验，健全制度，规范程序，强化管理，确保工程建设顺利进行。

今年 2004 级新生将于 9 月 25 日报到，有关准备工作正在紧锣密鼓地进行。新校区二期学生公寓和食堂将于 9 月中旬竣工验收，一定要注意质量问题，新区建设办、新区管理办、后勤服务集团要仔细进行检查，发现问题并及时提出整改意见，避免新生入住后再来返工。新生入学教育和军事训练要认真抓好。现在入住新校区的学生将近 9000 人，安全问题十分重要，要创建"平安新校区"，切实抓好"人身安全、饮食安全、财产安全、网络安全、交通安全、用电安全"六大"安全"，把安全问题放在第一位。2003 年以来，新校区管理办一直开展与周边和各有关单位的共建活动，这是新区管理办的一大创举，效果很好，应予坚持。新校区要培养良好的学风，努力营造良好的学术氛围。新区管理办的工作是很出色的，保卫处、后勤服务集团、各学院政工干部的工作也都很到位。一年来，新校区运转比较平稳，和他们的努力工作是分不开的。本学期，将有更多的教师到新校区上课，后勤服务集团新添置了三部客车，解决教师的往返交通问题。现在买小车的教师越来越多，这是好事，应予以鼓励，我们也要解决教师自己开车去新校区上课的油费补贴问题。新校区楼堂馆所和道路的命名，文明办等部门做了很多工作，还要广泛征求意见，先易后难，抓紧进行。

老校区的几个基建项目即将完成。新落成的校医院朴素大方、经济实用，条件有很大改善，现已开业。郭鹤年先生捐赠了 200 万元，用于校医院的建设，要认真筹备落成典礼，届时邀请他参加。综合体育馆工程将于

9月底之前竣工验收并交付使用，欢庆新中国成立55周年的文艺晚会可在那里举办。有可能的话，争取邀请中国女排来我校举行一场表演赛，让大家一饱眼福。校前区改造工程正在抓紧进行，目前做了前半段。后半段建设涉及与开发商的土地置换问题，要争取尽早解决。工会是否暂时迁到综合体育馆办公，21号楼也要进行拆迁，这样校前区的后半段就可以设计施工了。后半段究竟如何规划设计，是一条道路还是两条道路，还要广泛征求教职工的意见后再行确定。

海外文化教育交流中心大楼，省计委已经批下来半年多了，但是因为种种原因，特别是与教会的历史遗留问题，给我们添了很多麻烦。该项目要求应该2005年底竣工，但至今尚未开工，的确很着急。这不仅是一座楼的问题，还涉及校友楼、工会办公场所、教工活动场所以及海外教育发展的问题。

三 加强校园精神文明建设，进一步
改善学校的各项管理

2004年是第20个教师节，校工会已安排了一系列的庆祝活动。最近，福建省开展了"感动教育"十大杰出人物评选活动，9月10日福建电视台将播出颁奖活动的盛况。这说明教育在社会中的地位和作用日益突出，尊师重教逐渐成为新的社会风尚。这是现代文明的一个重要标志。

我校的精神文明建设已有良好的基础。在新的形势下，必须加以发扬光大。我们要走开放型的办学道路，但要坚持以马克思主义为指导，处理好国际化与本土化的关系，坚持正确的政治导向，这是精神文明建设的一项重要内容。比如"法轮功"问题，还要引起我们的高度重视。非法传销问题，虽然目前我校尚未发现，但在全国有很多高校都出现了这个问题，也要引起我们的注意。诚信教育要进一步加强。要加强依法治校，学工部准备成立学生申诉处理委员会，建立相关听证制度。依法治校，建设法治文明，这是精神文明建设的重要内容。在精神文明建设中，要树立良好的校风、教风和学风，这也是学校办学的一大特色。学生的思想道德教育，特别是网络文明教育，要引起我们的关注和重视。学校关心下一代工作委员会和学生工作部在这方面做了很多工作，应该予以充分肯定。要大力加强校园文化建设，积极开展优秀电影展播、优秀书籍推荐、优秀歌曲传唱等各种课外活动。要大力实施学生素质拓展计划。我们的学生总体上是很

不错的，特别是在全国和全省各类竞赛中经常榜上有名。去年和今年，我校学生在各类竞赛中获得了许多奖项，既有科技学术类的，也有校园文化类的。例如：参加第三届"挑战杯"福建省大学生创业计划大赛，我校选送的作品获得一金、二银、九铜的好成绩，位居在榕高校之首；参加第28届 ACM 国际大学生程序设计竞赛，我校是唯一获得中国赛区优秀奖的学校；参加教育部高等教育司、中国工业与应用数学学会主办的全国大学生数学建模竞赛，获福建赛区一等奖。在校园文化类方面，我校学生参加全国和全省的竞赛也都屡获佳绩，这也是体现我校学生综合素质很重要的一个方面。下半年，我们要继续组织学生参加各类赛事。2004 年 11 月在厦门大学举行的第四届"挑战杯"中国大学生创业设计竞赛中，我校三件作品入围决赛；首次参加 2004 年 10 月 15 ~ 30 日由教育部高教司、中国计算机用户协会、中国自动化学会联合举办的全国计算机仿真设计大赛；2004 年 11 月 12 日在北京大学和上海交大举行的第 29 届 ACM 大学生程序设计邀请赛，我校准备组织 4 个队参加；参加 10 月中旬由教育部、信息产业部主办的 2004 年全国大学生电子设计竞赛；参加 9 月 18 ~ 20 日由教育部高等教育司、中国工业与应用数学学会主办的全国大学生数学建模竞赛；选送 6 件作品参加由团中央、全国学联、中国电视艺术家协会主办的首届中国大学生 DV 纪实作品大赛。组织更多的学生出去参加比赛并获奖，既扩大了学校的影响，又体现了我校学生的培养质量。之所以能取得这样的成绩，与我们有关学院的支持是分不开的，物理与光电信息科技学院、数学与计算机科学学院、经济学院、公共管理学院和社会历史学院等都做了很多工作，希望能再接再厉。要特别关注新校区的精神文明建设，新校区管理办提出"校园文化、高雅艺术、专家论坛、社团活动、网络宣传"五进新校区的要求，努力把新校区建成"文明、向上、温暖的新家园"，这项工作上学期就已经做了，希望能持之以恒。

精神文明建设要有相应的载体。综合体育馆建成后，一些大型活动可以在那里举行。我校是一所百年老校，对能体现我校历史的建筑要加以妥善保护，不论是一个城市还是一个单位，这一点都是很重要的。比如我校的校部行政办公大楼，要配有文字说明和图片说明，大家一看就知道这座楼是 1911 年建成的，已经有 90 多年的历史了。音乐学院大楼是 1903 年创建的，比我校办学历史还要长，要加以维修。生物工程学院的几十棵老树，现在毁坏严重，要加以保护。可以和企业联系，由企业进行养护。图书馆的古籍、古字画如何发挥它的作用，如何保护和开发，值得研究。校史馆的文字说明已几易其稿，争取在本学期定下来，先展出，听取意见后再作修改。

管理是一门科学，既是治国之道，也是治校之道。管理涉及学校的方方面面。一是后勤管理。这些年我们推行了后勤社会化改革，取得了一定的进展。本学期，要继续深化改革，真正做到政企分开，政事分开，按现代企业管理方式来运作；要提高员工素质，要争取引进一些能人，并提高现有员工的素质；要改善服务质量；要拓展新的增长点。二是财务管理。要开源，要扩大收入渠道，注意制止拖欠和流失；要节流，要节约开支，要十分注意资金的安全，在最近的党风廉政建设会议上，教育部领导同志反复强调了这一问题；要盘活资金；要提高人员素质，改善服务态度。本学期将召开校财务工作会议。三是资产管理。要清查结算，摸清家底，要特别注意国有资产的保护；要优化资源配置，处理好集中与分散的关系，如协调处理好教室安排问题；要防止校有资产流失；要规范采购招投标；要提高效率，方便学校工作。四是机关行政管理。要求真务实，要提高效能，进行人性化管理。以人为本、求真务实，要贯彻到具体工作中去。比如解决教职工子女进附中、进时代中学问题，学校和工会都做了很多工作，附中也给予了很大的支持，包括学杂费的减免等，我们应该向附中的领导表示感谢，当然我们对附中也给予了大力支持。对贫困生，要及时关心。帮助他们解决实际问题，确保不能让一位学生因贫困而辍学。对空巢家庭、孤寡单身，要予以重视，特别是对离退休老同志要给予足够的关心，包括他们的健康问题、文体活动问题、继续教育问题、活动场所问题等，要逐步加以解决。

六谈加强学校管理[*]

一 新老校区的工程建设要提速，管理要协调和加强

新校区建设已经过去三年，2005 年是极其关键的一年。新校区的建设首先在规划，而规划的前提在于新老校区的功能定位。2004 年改革与发展研究室已经对新老校区的功能定位进行了充分的调研，本学期学校会尽快予以明确。2005 年新校区的建设任务很重，建设项目共 26 项，建筑总面积 29 万多平方米，其中在建项目 6 项，建筑面积 19 万多平方米。在建项目包括图书馆、体育与艺术楼群、二期道路、三期学生公寓等，计划于 2005 年 8 月份全部完成。待建项目 20 项，建筑面积 9 万多平方米，包括师生活动中心、体育楼群二期，计划年底或 2006 年春季完成。新校区建设不仅任务很重、时间很紧，而且整个基建环境也不尽如人意。新校区建设推迟的一个重要原因就是征地、交地进展迟缓，施工经常受阻。省、市领导很重视这个问题，春节期间福州市市长到新校区现场办公，并表示今后每周举行一次例会，及时解决大学城建设过程中的一些具体问题。

要加快新校区建设的速度，首先要在思想上高度重视，把它作为学校的一件大事来抓。其次要加强领导，校党委已决定新到任的廖福霖副书记

---

* 这是笔者 2005 年 3 月 22 日在全校部署新学期工作大会上讲话的一部分。

全面负责新校区的规划和建设工作。再次要紧密配合和依靠当地的领导，新校区的很多工作需要通过他们来协调解决，因此要进一步加强与他们的沟通与联系。此外要团结奋斗，目前条件比较艰苦，春季雨水多，夏天气温高，要在半年到一年的时间内完成那么多建设项目，任务是十分艰巨的，要有打一场硬仗的思想准备。

老校区的基建任务主要有两项。一是校前区和长安山大道的改造。长安山大道上校工会的教工活动中心、后勤服务集团的"110"服务中心等建筑都已被拆除。在拆除这些建筑物的过程中，有关单位如工会、后勤管理处、后勤集团、体育科学学院、传播学院等都能服从学校的大局，该搬的搬，该拆的拆。通过改造，校前区和长安山大道将有大的改观，但有一个问题，就是进入学校大门后，可以看到岭后的新建高层住宅直接进入我们的视线，影响了校园的整体形象，大家都想想如何解决这一问题。二是海外教育文化交流中心大楼的建设问题。这幢大楼立项至今已有 11 个月，但一直无法动工，原因是与教会的房产纠纷一直无法解决。这件事情最终要依靠当地政府协调解决、支持，必要时可诉诸法律。我们已经耽误了一段时间，但工作还要抓紧做。

新校区现在已有 9000 多名学生，下学期将达 14000 多名学生。我们接待了很多到新校区参观的领导和来宾，他们对新校区的建设和管理工作都给予充分肯定。新校区管理要着重解决以下问题。一是加强师生之间的互动，使学生有更多与老师接触的机会。老师与学生互动少是一个很大的缺憾，我们要尽量弥补这个缺憾，其中一个办法是在交通方面提供方便。这学期后勤集团已增开了两部车，下午和晚上各增开一部。后勤集团要尽量为师生提供优质服务。二是图书资料供应问题。新校区现有的图书资料供应非常有限，这是暂时性的。上学期图书馆已经购买了一部工具车，加快新老校区图书资料的流通和周转，新校区学生借书难的问题有所改观。图书馆新馆落成之后，这个问题将得到彻底解决。三是新校区安全问题，包括人身安全、饮食安全、财产安全等，新区管理办和后勤集团等部门在这方面做了大量的工作，取得了明显成效，但还要继续加强，特别是要积极营造新校区的校园文化、学术氛围。

二　正确处理改革、发展和稳定的关系，构建和谐校园

我们要树立和落实科学发展观，就要把发展作为第一要务，这是毫无

疑义的。但要实现更好更快的发展，就必须确保学校的安定稳定。要构建和谐社会，首先要实行民主政治，保证公平正义。在高校，推行校务公开是加强党风廉政建设和民主政治建设，提高各级领导班子决策科学化、民主化，推进依法治校、依法执政，使学校的各个项目主动接受大家监督、努力做到公平正义的一项重要工作。多年来我校在校务公开方面，采取了很多措施，取得了一定成效。例如：党委常委会议纪要、校长办公会议纪要等学校文件都直接印发到各个单位或张贴到校园公告栏；设立了校长信箱，收到了很多老师、学生的意见和建议，并及时加以处理；举行重大决策的教工听证会、座谈会等，广泛听取各方面的意见；等等。今后要进一步加强宣传教育，完善工作机制，不断创新校务公开的内容和形式，使广大师生有更多的知情权、参与权和监督权，使学校各项工作能够得到广大师生更多的理解和支持，从而加快学校的改革和发展。

这两年学校对院系进行了调整重组，组建了一批新的学院，一些专家学者走上了学院的领导岗位。今后二级学院在学校管理中，将发挥越来越大的作用。在新的形势下，如何管理好一个学院，是一个很重要的问题，需要学习和探讨。我们计划在文科和理科各选择一个学院召开现场经验交流会，一方面听取经验介绍，一方面相互学习交流。本学期将于 4 月中下旬左右，在物理与光电信息科技学院召开二级学院管理工作的现场经验交流会，请物光学院做好有关准备工作。

财政是学校发展的重要物质基础。当前我们面临的形势比较严峻。一方面支出在增加。比如新校区建设 2004 年已贷款 2.7 亿元，2005 年估计要贷款 3 亿元，总共 5.7 亿元，一年利息就要付出 3180 万元。再如岗位津贴，原来总量是 1700 万元，2005 年要进行调整，总量会超过 2000 万元，这两项合起来就是 5000 多万元。另一方面，各种收费都有严格规定，不能乱收费。而且对学费收入有很多硬性规定，如用于教学经费多少比例、用于资助贫困生多少比例等，学校可支配的收入并不多。从目前情况看，财政赤字已不可避免。在这种情况下，我们要十分重视开源节流，严格收支预算，同时要严肃财政金融制度和纪律，防止乱收费和私设"小金库"，特别是预算外资金这一块要十分注意。争取在 4 月底召开全校财务工作会议，总结经验，摸清家底，规范管理，深化改革，严格执行二级财务预算制度，使财务工作更好地为学校的改革和发展服务。

我校后勤社会化改革已取得一定进展，后勤服务集团也正在不断做大做强。后勤集团一方面要苦练内功，增强自身竞争力，提高经济效益；另一方面也要增强服务意识，竭诚为师生员工服务。以人为本的前提是人与人之间要相互尊重，后勤集团为师生员工服务，首先要尊重师生员工，同时我们也要尊重后勤员工的劳动，努力营造人与人之间相互尊重的良好氛围。资产管理处成立以来做了大量工作，当前在设备采购方面要进一步提高办事效率，想师生之所想，急师生之所急。

师大的校园应该是安定、文明、和谐的。一方面要对弱势群体给予足够的关心，特别是对经济贫困的学生。学校高度重视这项工作，已采取了很多措施。春节期间，全国妇联陈秀蓉副主席到我校看望了五位贫困生，体现了党和政府以及社会各界对贫困生的关爱。另一方面，要确保校园的平安，建设"平安师大"。最近一个时期，校园内偷盗诈骗案件时有发生，保卫处要采取措施严加防范。2005 年又有一批教职工子女进入附中和时代中学就学，附中要继续给予支持和优惠政策。对离退休教职工也要给予足够关心，切实解决他们的实际问题。

三　切实加强大学生思想政治教育

大学生思想政治教育已引起党中央的高度重视，2004 年中央发出了两份文件，分别是 8 号文件《关于加强和改进未成年人思想道德建设的若干意见》和 16 号文件《关于加强和改进大学生思想政治教育的意见》。以中共中央的名义一年内连续发出两份有关青年学生思想政治教育的文件，这在过去是从未有过的。2005 年 1 月份，中共中央在北京召开全国加强和改进大学生思想政治教育工作会议，胡锦涛、李长春、陈至立等党和国家领导人都发表了重要讲话，这表明中央已经把大学生思想政治教育工作摆到非常重要的位置。省委在 3 月初召开全省大学生思想政治教育工作会议，卢展工书记就加强大学生思想政治教育作了重要讲话，教育厅还作了专门的工作安排，我校也有具体贯彻文件，这里就不重复了。

大学二级学院管理与建设的着重点
——从物理与光电信息科技学院的成功经验说起[*]

今天下午学校在物理与光电信息科技学院（以下简称物光学院）召开加强二级学院管理与建设现场交流会，大家参观了"光子技术福建省重点实验室"，听取了谢树森院长、翁祖雄书记和陈荣副院长的介绍，大家参观和听完介绍后一定会有所感受、有所收获。我有两点比较深的感受，可以说被深深地感动了。

第一个感动是，物光学院自成立以来创造了一流的工作。一流的工作表现在方方面面，最突出体现在重点实验室建设上，仅用一年的时间就完成了建设任务，并达到了国内先进水平。我参观过不少国外大学的实验室，与之相比，光子技术实验室并不逊色，在某些方面还有超越。在很短的时间内做了这么多的工作，取得这么大的成绩，令人感动！

第二个感动是，物光学院为本次会议做了大量的准备工作。本学期初在部署学校工作时，就提出要加强二级学院的建设与管理，并且首先安排在物光学院举行现场交流会。物光学院非常重视这项工作。我们今天看到，物光学院三位领导的报告都准备得比较充分。为了接待今天实验室的参观，从开学初以来，实验室的工作人员就紧张地做准备工作。就以实验室的介绍来说，一个房间只能介绍5分钟，就这么5分钟的解说词，他们不知道练习了多少遍，而且他们都是教授、副教授、博士，这是不是十分

＊ 这是笔者 2005 年 4 月 15 日在学校召开的加强二级学院管理与建设现场交流会上的讲话。

令人感动?! 今天现场会的效果，应该是相当不错的，我们要感谢物光学院。

物光学院总结了很多经验，我觉得主要有以下四点。

一　方向明确，中心突出

党中央提出科学发展观，坚持以人为本，做到协调、快速、可持续发展。科学发展观的第一要务是发展，这是任何时候都不能动摇的。所以胡锦涛总书记要求各级领导干部要聚精会神搞建设，一心一意谋发展。学校和各学院一定要把发展放在第一位。我们现在有很多矛盾，学校和每个学院、每个系都有很多矛盾，这些矛盾只能在发展中得到解决。比如物光学院，实验室建设起来了，科技人员就有一个充分施展他们聪明才智的平台；如果没有这一平台，大家都挤在一起，意见就一大堆。如果这次博士点申报成功，教育部重点实验室申报成功，那么发展的空间就更大了。各学院的工作可以说是千头万绪。学校属于基层单位，事情很多，各学院更是基层的基层，事情就更多了。学院工作最重要的是什么？我认为最重要的应该是教学、科研工作，而教学、科研工作集中体现在学科建设上。在这个问题上我们有一个认识的过程。我校本来有一些硕士点、博士点可以早一点拿到。为什么拿不到呢？值得深思。在一段时间里，有些学院的中心工作似乎是办班抓创收。创收是必要的，没有创收，就不能为我们的发展提供重要的、强大的物质基础。但是不能把创收看得过重，投入太多的精力，从而影响了学科的发展。物光学院在这方面认识非常明确，把教学、科研特别是学科建设作为中心工作来抓，从物光学院成立到现在，始终没有动摇过，而且不是强调的时候抓一下，不强调的时候就不抓，而是一以贯之，这是非常难得的。在抓教学、科研和学科建设方面，物光学院提出了自己的要求，即"高标准、高水平、高效率、高质量"，体现出四个方面的"高"，也就是说学科建设不能停留在一般的、低层次的水平，要有更高标准、更高层次的追求，所以物光学院提出了近期目标、中期目标和远期目标，并且都有时间界限。可以说他们的目标是远大的、超前的。有了明确的奋斗目标，就可以把大家的力量都聚集到这方面来，并充满了信心。

从总体上看，物光学院提出了抓紧抓实"三大件"（重点实验室、学位点、学科建设），中心工作是明确的，重点十分突出；从实验室的建设看，物光学院已经拥有了省重点实验室，现在的目标就是瞄准教育部重点实验室；从博士点申报看，物光学院的目标也非常明确，虽然经历了四次挫折，但他们已经发起了第五次的冲击，"天若有情天亦老"，在此预祝物光学院的努力获得成功。在资源的配置上，物光学院能做到科学谋划，统筹兼顾，协调发展。学院近三年来，一方面以光子技术实验室建设为重点，同时又不排斥其他学科，积极支持鼓励其他学科的发展。例如，"凝聚态物理"是一个新的、年轻的学科群体，在物光学院的扶持下茁壮成长起来，这次也被评为省重点建设学科，实属来之不易。目前学院已经有了"光学工程"和"凝聚态物理"两个省重点学科，正筹建"信号与信息处理"学科，拟申报校重点学科。如果"光学工程"学科能成为教育部重点学科，就形成了教育部重点学科、省重点学科、学校重点学科的学科系列，实现了学科建设的协调和可持续发展。

我们强调重点抓学科建设，就是要重视科研，但并不是忽视教学，相反，教学始终是学校的中心工作。学校正在贯彻教育部的一号文件，着力加强本科教学工作、提高本科教学质量，本科教学是各项工作的重中之重。物光学院抓重点学科建设，抓重点实验室建设，也是为了提高教学质量。一个有力的证据是，在刚刚结束的省高校教学成果奖评奖中，物光学院一举拿到了两个省教学成果一等奖，目前正申报国家教学成果奖，这是很不容易的。因为教学成果奖特别是省级教学成果奖，不是一朝一夕就能获取的，需要经过多年的努力才能达到较高的水平。此外，物光学院在学生科技活动的开展方面，也取得了优秀的成绩，在全国大学生"挑战杯"课外学术科技作品竞赛中屡获佳绩，为学校争得了荣誉。因此，物光学院并没有因为重视学科建设而忽略教学，而是注重全面发展。

总之，物光学院办学方向明确，中心突出，同时也注意做到统筹兼顾，协调发展。这是物光学院给我们的一个重要启示。

二　千方百计，聚集人才

关于人才问题，我们已反复向各学院强调过。根据学校提出的"人才强校"战略，各学院在人才引进和人才培养方面做了很多工作，但是物光学院在这方面有几个引人注目的特点。第一，已经形成了某种人才群落。比如"光学工程"学科，就聚集了一批人才，形成了人才群落现象。人才群落不是一两个人才，不是单兵作战能够相比的，这点很重要。我们不仅要引进高层次人才，还要逐步形成一个人才的群落，这对学科建设非常必要，没有这种群落，学科就难以形成整体优势。第二，物光学院的人才队伍是"老中青"相结合。院长谢树森教授相对是老一辈的物理学家，他带出了一批中青年的学科骨干，如副院长陈荣教授等。再比如李晖和黄志高教授，他们都很年轻，但在学术上却很有建树。还有比他们更年轻的。从全校学科的人才结构情况来讲，总体不错，但也有一些学科不尽如人意，出现了断层现象，青黄不接，如果学科带头人退休或者调离，这个学科就垮了。物光学院的人才队伍结构比较合理，后继有人，这是很可喜的。第三，人才来自五湖四海，不仅注意培养本学院的人才，还注意尽量引进校外的、国内的，甚至海外的高层次人才。物光学院重视进行本院人才的培养，如黄志高教授被选送到南京大学去攻读博士，读完博士以后得到很好的发展。物光学院还积极选派教师到国外进修访问，有的到德国，有的到加拿大等，回来以后都发挥了很大作用。作为理工科的教师，不到国外去，就无法了解国际科技发展前沿的情况和本学科的发展水平，无法开阔视野。当然到国外留学、访问也不都是学校出资，有的是教师自己联系，各相关单位资助。物光学院很用心地考虑这个问题，给教师创造条件，让他们在国内或者国外进修提高，回来以后就能够发挥更大作用了。现在大家都觉得引进人才很重要，但又觉得高层次的人才很难引进，因为不仅我们在努力，其他大学也在努力，所以人才方面的竞争相当激烈。我们提出了比较高的引进条件，人家提出的比我们的条件更高，我们无法在这方面与人家进行攀比。我们要通过感情联络，通过真诚和真心来感动对方，感动这些人才。刚才物光学院的翁祖雄书记介绍了引进北大博士后陈建新夫妇的经验，他们本来是要到厦门去的，路过这里看一看，通过我们的工作打动了他们，为他们准备了较好的工作条件，他们觉得比较满意，可以在这里发展，学校也很支持，就留下来了，陈建新博士在光子技术实验室建设方面发挥了难以替代的作用。除了陈建新以外，还有"闽江学者"陈智浩博士，我校原来已经没有"闽江学者"的名额，但是物光学院坚持要聘陈智浩为"闽江学者"，我们尽量向省教育厅反映，通过多方努力，省教育厅终于同意我校再增加一个"闽江学者"。如果没有"闽江学者"的名额，可能就很难引进陈智浩博士。通过国内知名专家的评审，他完全达到了"闽江学者"的水平，并在学院发展中发挥了很大的作用。此外还有谢树森院长介绍的滕忠坚博士，是一位在计算机方面很有造诣的专家，从美国被引进来的。第四，充分利用各种人才资源。各种人才资源包括省里的，如省光学所；包括国内著名的物理学界的学者，与他们多年来保持良好的合作关系，如这几年来物光学院与南开大学前校长母国光的联系就很密切，学院做了很多工作；此外还有王启明院士，专门为学院的发展写了一段寄语，寄予物光学院很大的期望。物光学院已经聘请了22名学者作为学院的客座教授或兼职教授，其中有的是国务院学科评议组的重要成员，要加强沟通、联系，多争取他们的关心、指导和支持。学校的发展关键靠人才，而且人才强校不能只是挂在口头上，而要通过实际工作来实现。现在有些学院也在强调人才的重要性，但近几年引进的高层次人才一个都没有，或是为数极少，过一段时间又调走了。像我们这样的老大学，引进中低层次人才是没有困难的，关键是如何引进高层次的人才，这也是最让我们感到揪心的。引进一个高层次创造性人才，整个学科就活起来了，就腾飞了，我们要千方百计地做好这方面的工作，物光学院在这方面给我们树立了榜样。在第一次校人才工作会议上，有几个学院也介绍了他们很好的经验，今天我们听取了物光学院的经验介绍，又从中受到很大的启发。总之一句话，就是要千方百计地聚集人才。

三　创新制度，规范管理

二级学院的工作事无巨细、纷繁复杂。一些院领导可能会有这样的体会，一是非常忙，如今二级学院的规模少则千人，多则2000人以上，相当于过去的一个大学；而且现在办学的层次比较多，事务也特别多。现在的院领导，包括行政方面和总支方面，都忙得团团转。二是比较乱。很多事情在制度不太明确的情况下，最后都是找书记或找院长，一些书记、院长叫苦不迭，觉得做一件事情、处理一件事情常常会得罪人。所以有些院领导感到挺为难。怎么解决这些问题呢？关键在制度，要进行制度方面的创新。因为现在管人、管物、管事和过去不一样，现在必须坚持法治，必须加强制度方面的管理。物光学院比较重视制度建设，在体制方面进行了很多改革。学院建立了三个系、一个部的建制，同时对三个系、一个部的领导进行了聘任制的改革。应该说他们聘任制的改革是很成功的，应聘者报名非常踊跃，而且都进行了认真准备，最后的结果是"我要做"。现在有些学院的系主任是学院"要你做"，本人不愿意做，积极性不高。而物光学院的情况已经转变过来，受聘者的积极性和主动性很高。另外，物光学院在责、权、利方面都非常明确。院领导的责任是什么，系主任的责任是什么，甚至实验室管理员的责任是什么，都区分得很清楚。另外，制度也非常规范。实验室的制度有很多方面是按国际惯例来考虑的。举个简单的例子，省重点实验室走廊的大门问题，他们不用通行的铁门，而是采用了玻璃门，用刷卡就可以进入，既解决了跟国际接轨的问题，又解决了只有一部分人能够进去，其他人不能进去的问题（因为全院教师都有卡）。从今天学院提供的材料就可以看出，物光学院制定了一整套规章制度，同时制度比较完善，并且公之于众。此外，学院在制定制度时，比较注意处理好"物本"和"人本"的关系。在管理过程中，一个是对物的管理，一个是对人的管理，究竟哪个更重要？物光学院充分重视对人的管理，通过对人的管理来加强对物的管理。党中央提出要做到"四个尊重"，即尊重劳动、尊重知识、尊重人才、尊重创造，物光学院在"四个尊重"方面做得比较好，首先是要尊重人。举些例子，物光学院班子上任以后，就开始改善物光学院的工作环境和工作条件。今天我们从物光学院的大门进来，就给人一种焕然一新的感觉，觉得这像个大学的学院，像个大学的研究所。到了大厅以后整个布置也像个大学的二级学院，包括办公室也布置得很好，就是厕所也搞得不错，很干净。这实际上是人性化管理很重要的一个方面。物光学院一开始就注意这些细小的问题了，这是很正确的。虽然是小事，但小事不小，反映一个学院的管理水平。另外，要处理好集权和分权的关系。一个学院事情很多，把权力作适当的分散，把权力下放到系里，给系里充分的自主权。这样就不会把所有事情都集中到学院主要领导身上，大家各负其责。正如翁祖雄书记介绍的，物光学院特别强调责任制，大家各负其责，把该做的工作做好。这样，虽然工作千头万绪，但真正做到了充满活力、安定有序。

四　团结合作，和谐发展

要做到团结合作、和谐发展，关键在于领导班子，在于党政一把手要有高度的责任感和使命感。物光学院的党政领导，特别是党政一把手，使命感和责任感很强。他们上任以后，就感到自己肩上的担子很重，压力很大。所以谢树森院长上任以来，连节假日都很少休息，基本上每天从白天干到晚上，非常难得。翁祖雄书记也是紧密配合，不敢有所懈怠。他们感到学校给了1200万元的经费，要对得起学校对物光学院的支持，所以就拼命干。有很多工作没有拼命干，事情就干不起来。第十批学位点的申报成功，就是要靠拼命干干出来的。光子技术省级重点实验室通常需要两年半的时间才能建设起来，物光学院一年就把它拿下来，没有拼命干怎么行？所以毛泽东同志说要"只争朝夕"，就是这个道理。有很多工作不抓紧干就可能失去重要的机遇。正是因为拼命干，一年之内就把实验室建起来了，现在正好抓住了申报教育部重点实验室的良好机遇。因此，党政一把手的高度责任感和使命感是很重要的。

此外，党政领导要高度团结和配合。我校有 27 个学院，大部分学院党政领导都配合得不错，但是也有少数一些学院的党政领导配合得不是太好。这种情况下工作怎么干呢？即使一时干起来也不能持久，因为不能充分发挥合力的作用。物光学院这方面做得不错。翁祖雄同志默默无闻，扎扎实实；谢树森院长有事情都和他一起商量，党政领导班子共谋大事，重大问题科学决策，紧密配合。党政班子是整个学院的领导核心，领导核心高度一致，有什么困难克服不了？有什么问题解决不了？物光学院的领导班子高度团结，很多问题都是科学决策、民主决策的，很多工作都是公开、公正、透明的，不搞暗箱操作。比如竞聘 12 个系正副主任，列出条件后向全体教师公布；实验室的项目向海内外公开发布，搞开放实验室，符合条件的就可以进来做项目。正因为很多工作都能做到公开、公正、公平，体现了民主政治、亲民政治，这样矛盾内讧就少了，大家心往一处想，劲往一处使，事情就比较好办。物光学院在这方面是做得很不错的，所以，整个学院充满活力、朝气蓬勃，全院上下是一条心的。今天本来是学校的中层干部参加的会议，物光学院特别要求学院的全体老师也来参加，这可以使他们进一步了解学院领导的意图和部署安排，也进一步了解学校领导对物光学院工作的肯定评价，从而进一步调动大家的积极性，为共同的目标而奋斗。

总而言之，物光学院有很多经验，根据我的体会主要有上述四个方面。

本次会议结束后各单位要认真学习贯彻，下面我谈几点贯彻意见。

第一，各学院、机关部处要认真组织讨论，结合本单位的实际情况，明确要向物光学院"学习什么"。当然，各学院都有自己的长处和优点，但通过今天的参观和学习，的确有很多给我们启发的地方。人总是互相学习才能不断进步。今天来参加会议的是院长、书记，有些情况还要传达到班子里面去，甚至要传达到各学院的老师中。

第二，要认真考虑我们目前该"做什么"。要学习物光学院给我们的很多有益的启示，结合自己学院的情况，认真考虑自己该怎么做，包括规划的制定和修订、目标的确立、阶段实施和要采取的各种措施等一系列问题。当然，有些学院也做得很不错，我们不是说物光学院就做得最好，没有最好，只有更好。但是有很多地方我们确实要向物光学院学习。

第三，要紧紧抓好当前的几项重点工作。其中很重要的一项工作就是第十批学位点的申报。现在已进入冲刺的关键阶段。学校已在院长会议上作了部署，在这里进一步再作强调，一定要紧紧抓住这一个月的时间，机不可失、时不再来，要再接再厉，争取第十批学位点申报取得更好的成绩。另外，迎评促建工作还要继续抓紧。最近评建办人员外出学习考察，回来以后也要介绍一下其他学校开展工作的情况，再作部署、安排。新校区建设工作最近正在提速……总的来说，我觉得今天的会议开得很好，大家会后要认真学习、宣传、贯彻。

附：一位信念坚定、勇于创新、 善于管理的光学大家*

前几天，我接到学校光电学院打来的电话，得知谢树森教授的众多学生从海内外各地赶来，要为他从教五十周年举行一个庆祝活动。他开始并不同意，但学生一直坚持，盛情难却，只好让步了。学院邀请我参加活动并安排发言，我欣然应允。

谢树森教授是我国著名的光学家，是我国"医学光学技术"与"激光医学技术"及其基础理论"组织光学"的开拓者，为我国医学光电领域的发展作出重大贡献；他 1962 年毕业于浙江大学，留校任教，1973 年调到福建师范大学，为光学学科的发展作出了重大的贡献。他是全国优秀教师、全国优秀科技工作者和全国劳动模范，2012 年福建省省总工会举办庆祝五一劳动节大会还特地安排他作为知识界的代表上台发言。对于这样一位享有盛誉的杰出科学家、优秀大学教师和学科带头人，在他从教五十年的时候，确实应该举办一个庆祝活动，这不仅仅是为了他，更重要的在于弘扬尊师重教和人才强校的精神，在于激励后学，把事业不断推向前进。

我和谢树森教授相识多年，今天我以同事、朋友的身份，谈谈我对谢树森教授的几点印象。

第一，他是一位具有坚定信念、热爱祖国、热爱自己所从事工作的人。他出生在新加坡，从小在那里长大，祖父是新加坡福建同乡会常务副

---

* 这是笔者 2012 年 11 月 9 日在谢树森教授从教五十周年庆贺活动上的讲话。

会长，在当地颇有影响。后来随母亲回故土探亲，就留在福州上学，并从此扎下根来，以致 1990 年中新两国建交时，他和母亲毅然放弃了新加坡国籍，成为地道的中国公民。他曾经有很多次机会留在新加坡、美国工作和生活，尽管这些地方有更好的生活条件和工作环境，但他还是选择回到祖国。科学无国界，科学家有祖国，谢树森的爱国情怀是根深蒂固的。谢教授深深地爱着他的祖国，也深深爱着他工作的大学，自 1973 年从浙江大学调到福建师范大学，再也没有离开过，即使在他的工作、才能并不受重视的时候。他生性乐观，无论是处于顺境还是逆境，都是默默地努力工作。他热爱自己从事的工作，在光学领域里埋头耕耘了整整半个世纪。2006 年，他从院长岗位上退下来后，至今仍为光学事业奋斗不息。毛泽东曾说过，人是要有一点精神的。从谢教授身上，我们看到了精神、信念的强大支撑作用。

第二，他是一位长年累月、孜孜不倦、努力攀登科学高峰的人。我听一位从美国回来的科学家说，一位有成就的科学家，每天的大部分时间都是在实验室里度过的。说起谢教授和实验室的故事，可能要装几箩筐。他每天早上带着夫人给他备好的午餐准时到实验室，中午就在实验室用餐、休息，晚上工作到十时左右。天天如此，月月如此，年年如此，几十年如此！他所在的实验室大楼，周末或节假日晚上还亮着灯的，那就是谢教授的实验室。现在他已年逾古稀，并且身患多种疾病，仍一边服药，一边坚持工作。我曾经在江西瑞金做社会调查，当年苏区干部都是"自带干粮去办公"；20 世纪五六十年代，提倡干工作要有"革命加拼命"的精神，这些好的传统和作风都在谢教授身上得到了生动的体现！谢教授不仅刻苦攻关，而且勇于开拓创新，把基础理论研究和应用技术研究紧密地结合起来，在我国率先把光学和医学这两个不同的学科领域紧密地结合起来。马克思说过，在科学上没有平坦的大道，只有不畏劳苦沿着陡峭山路攀登的人，才有希望达到光辉的顶点。谢教授先后主持或参加国家及省部级科研项目三十多项，在国内国际重要刊物发表学术论文 300 多篇，主编了 200 万字的全国首部《光子技术》专著和编撰其中英文辞书，获省级以上科技成果奖励 15 项，其中全国科学大会奖 1 项，国家科技进步二等奖 1 项，省科学技术一等奖 2 项，二等奖 5 项等。谢教授现在仍担任学校激光与光电技术研究所所长，医学光电科学与技术教育部重点实验室学术委员会常务副主任和福建省光子技术重点实验室主任，兼任中国光学学会副理事长等十多个重要学术职务。对于一所地方大学来说，像谢树森这样在学术上有重大建树、在全国乃至国际上有相当影响的专家，确实不多见。

第三，他是一位视野开阔、团结包容、敢于担当的优秀管理者。

谢树森教授不仅在学术上是个大家，在管理上也显示出卓越的才能。他曾担任过学校的工会主席，工作搞得有声有色，开展了包括评议学校中层以上领导干部的一系列别开生面的活动，大大增强了广大教职工的主体意识。学校工会曾被评为全国职工模范之家，成为福建省唯一获此殊荣的一所高校。2003 年元月，他就任物理与光电科技信息学院的首任院长，就提出"三大件"的奋斗目标，即在他院长任期内实现省重点学科、二级学科博士点、教育部重点实验室的三大突破。在 2006 年，这"三大件"目标都已实现或超额实现，如获得了全国高等师范院校唯一的"光子工程"一级学科博士点等。这是何等的胆量和气魄！他深深懂得，优秀人才对学科建设的重要性，所以千方百计引进和培养人才，短短的几年时间，形成了来自海内外、老中青相结合的"光学工程"人才群落。这次作为福建省高校唯一的党的十八大代表的陈建新博士、教授就是其中的杰出代表。谢教授在国外知名大学实验室工作多年，所以在学院和实验室的管理上，很注意与国际"接轨"，提出了"高标准、高水平、高效率、高质量"的管理要求，实施聘任制、责任制等多种制度改革，强调要体现人性化管理等。在我担任校长时的 2005 年 4 月 15 日，曾在该学院召开关于二级学院管理与建设现场经验交流会，我有一个发言，后来刊登在校报上，题目是："大学二级学院管理与建设的着重点——从物理与光电信息科技学院的成功经验说起"，当时"三大件"目标还没有完全实现，但已曙光初现，预示着光明的前景。俗语说，千军易得，一将难求。在我看来，谢教授不仅是将才，而且是帅才。

第四，他是一位文理兼通、温文尔雅、具有高尚情趣的人。谢教授是搞自然科学的，但是对人文科学却都很有兴趣且基础扎实。在他家里，关于文史哲的书籍有好几书柜。21 世纪初的几年中，省人事厅组织国家有突出贡献的专家暑期到国内风景胜地疗养考察，我们都安排在一个小组内，他经常触景生情，吟诵古典诗词、名篇佳句。近年来，他和历史学家、原学校副校长汪征鲁教授多有接触，两人史林漫步，相谈甚欢。今天，汪教授还专门写了几副祝贺对联，其一是："春华秋实嘉惠后学，闲云野鹤无欲人间"，这确实反映了谢教授的人生志趣和云水胸怀。谢教授先后培养博士、硕士 66 人，其中有的已成为蜚声国际的学者，有的在大学研究机构里担任领导、骨干，有的在新兴产业的大海里扬帆起航，他把学生的成长、成才看成是人生最大的快乐。谢教授在生活上讲求简单和俭朴，反对奢侈和浪费。几十年来，他身体力行毛泽东所倡导的，做一个高尚的人，一个有道德的人，一个脱离低级趣味的人，一个有益于人民的人。

最后，衷心祝愿谢树森教授健康长寿，为祖国为人民作出新的更大贡献！

关于学校两个改革方案的说明[*]

本次教代会的重要议题是审议、讨论大学英语四级考试与学士学位脱钩和校内津贴分配方案修订两个改革方案，现在我就两个改革方案的一些主要问题作简要说明。

一　大学英语四级与学位脱钩问题

大学英语教学改革是一个重大的、有争议的问题，关系到人才培养和办学理念，关系到一部分学生的切身利益，关系到如何提高学校综合实力等一系列问题。要遵循"实事求是、以人为本、保证质量、循序渐进"的原则，积极稳妥地推进大学英语教学改革。

1. 脱钩的背景

大学英语四、六级考试是改革开放以来高校大学英语课程实行分级教学的一项重要配套措施。该制度适应了社会的需求，得到了社会的普遍认同，产生了良好的社会效益，也为我国大学英语教学质量的提高作出了巨大贡献。近年来四级考试引起大范围争议，受到各方面的批评，主要是很多高校把四级考试与毕业证书和学士学位证书挂钩，社会用人单位把四级

---

* 这是笔者 2005 年 6 月 21 日在学校七届一次教代会暨十届一次工代会上所作的学校工作报告的一部分。

证书作为录用毕业生的重要标准，四级考试所负担的教学功能逐渐弱化，很多大学生抱着应试的态度，过分关注英语考试技巧，忽视了听说能力的训练，这在一定程度上影响了大学英语的教学质量，也影响了专业课和其他课程的学习，同时由于四级考试涉及就业等学生重大利益，屡次出现泄题、作弊现象，玷污了社会风气。正是在这种背景下，社会各界纷纷呼吁各大学把四级考试与学士学位脱钩。

2005 年初，教育部公布了大学外语教学改革的方案，主要是修订考试大纲，突出加强对学生英语综合能力特别是听说能力的测试；全面改革分数报道方式，由原来的 100 分制改为 710 分的记分体制，不设及格线，不颁发合格证书，只发放成绩单，并且逐步将考生范围限制在校内，同时明确表示不提倡外语考试与学位挂钩。近期全国高校纷纷采取措施，推进大学外语教学改革，如黑龙江、江西等省高校已决定脱钩。其他一些高校也正在拟订脱钩方案。当然也有部分高校考虑就业等方面的因素，表示暂时不会脱钩。

2. 脱钩的利弊分析及相应措施

我校从 1987 年开始实施英语四级考试与学士学位挂钩的制度。该制度对于提升人才培养质量，提高我校的外语教学水平曾发挥了重要的作用。但随着大学外语改革的深入，挂钩制度逐渐出现了很多不合理和不适应性。在我国上下推动外语教学改革的大背景下，结合学校的实际情况，我校倾向于将大学英语四级考试与学士学位脱钩。外国语学院、教务处等单位对此做了大量的调研工作，为推进大学英语教学改革奠定了良好基础。

从目前情况看，脱钩有利的方面。一是脱钩将逐步使大学英语教学回归本位，不拔高也不贬低大学英语的地位和作用，将其作为一门重要的公共基础课程予以加强和提高。二是为推进我校的大学英语改革营造了良好的外部环境。四级考试与学士学位脱钩，将进一步突出考试为教学服务的功能，避免应试教育的倾向；将有助于大学生开展英语课程的自主学习，切实提高大学生的英语综合应用能力，特别是听说能力。三是减轻一部分学生因未通过英语四级考试拿不到学士学位证书造成就业困难的心理压力，有利于安排各门功课的学习，促进学生的全面发展。四是强化四级考试的教学功能有利于改善考试环境。我们也要充分考虑脱钩可能产生的负面影响，如降低大学英语教学的地位，造成大学英语教学质量滑坡；大学生学习英语的积极性下降，影响部分学生的考研和就业；等等。

脱钩是为了更好地提高英语教学水平，提高学生的英语综合应用能力，绝不是削弱大学外语教学。针对脱钩可能产生的不良影响，我们要积极应对，采取有力措施，切实提高我校英语教学水平。一是改革大学英语教学检测和评价系统，建立适应时代要求的大学英语教学评价体系。脱钩后我校大学英语教学评估拟采用过程评估和终结评估相结合的测评体系。同时根据《大学英语课程教学要求》，实施与大学英语课程相对应的四个级别课程教学考试等。二是正确把握大学外语教学改革的方向。要以脱钩为契机，改变目前的教学模式，将单纯依靠课本、粉笔、黑板、老师讲、学生听的模式改变为计算机（网络）、教学软件、课堂教学三位一体、综合运用的个性化、主动式学习模式；将原来以阅读理解为主转变到以听说为主、全面提高综合应用能力。三是加强本科英语教学。进一步做好课时保证、教师进修、分层次教学、加大投入、丰富第二课堂英语学习活动、建立英语等级考试激励机制、强化各类英语辅导、开展英语教学评比等各项工作，继续提高我校的大学英语教学水平。四是积极稳妥推进外语四级考试与学士学位的脱钩。我们分别提出了从 2005 届、2003 级和 2005 级开始实施的三种方案，三种方案均有利弊，且涉及近千名学生的切身利益，请代表们予以审议。

二 校内津贴分配方案的修订

1. 三年来校内津贴分配改革方案执行情况简要回顾

三年前，我校进行的校内津贴分配制度改革，顺应了当时高等教育发展的大趋势，符合我校的实际情况和广大教职工的根本利益，因而进展较为顺利。三年来，该制度对于提高教职工的收入水平，调动教职工的积极性，对于稳定骨干教师队伍，吸引人才，促进学校改革、发展与稳定，提高学校综合实力发挥了重要的推动作用。同时也应看到，由于我校的改革启动较早，可供借鉴的成功经验不多，难免存在某些局限和不足。因此，我们要以辩证的、发展的观点，不断深化和完善校内津贴分配改革方案，促进学校事业可持续发展。

三年来，学校用于津贴分配支出经费年均近 1700 万元（不含津贴自理单位全额自理部分和差额补助单位 30% 自理部分），三年前第一次评选出 120 位教学科研人员进入重要岗位，目前实际在岗 126 人，其中特级岗 4 人、一级岗 26 人、二级岗 38 人、三级岗 58 人。

需要说明的是，这三年实际用于津贴分配的年均经费总量远大于 1700

万元这个数字，因为各学院（含创收单位）用于津贴分配的经费包含两个部分，一是上述由学校拨付给学院基本岗位津贴的 70% 部分，二是学校根据《福建师范大学事业收入管理办法》规定，将相关收入按规定比例划归各单位支配的可用于分配的部分。根据财务处统计，三年来，17 个学院用于课酬及其他各类补贴共计 4830 万元。当然，各学院的创收能力不尽相同，教职工的收入差距也比较大，如何平衡各学院之间的收入差距，这正是本次分配方案修订工作要探讨的问题之一。

2. 本次修订工作的开展情况

第一，本次校内津贴分配方案修订工作的指导思想是三个有利于：有利于提高学校的教学、科研、管理等各项工作水平，增加学校的综合实力；有利于吸引、稳定高层次人才，调动广大教职工的积极性和创造性；有利于学校的可持续发展。

第二，我们在修订中把握了以下几项原则。一是民主、公开、公正的原则。分配制度改革事关学校大局和教职工切身利益，要充分依靠广大教职工，坚持民主集中制，反映和符合广大教职工的利益。二是继承与发展相结合的原则。我们要在总结经验的基础上，认真听取教职工的意见和建议，吸收其中合理、可行的部分，使方案更趋于科学合理。三是实事求是的原则。增加津贴分配总量，这是大家的共识，但增加多少合适，要权衡全校各项事业发展的需要，要有利于学校的全面、协调、可持续发展。四是普遍与重点相结合的原则。津贴分配既要考虑广大教职工的普遍利益，也要突出重点，激励先进，使有突出贡献的高层次人才得到较高的报酬。五是离退休人员生活补贴"两个不低于"的原则。保证调整后的补贴标准不低于上一轮的标准，保证人均补贴标准不低于省内其他高校离退休人员的中上水平。六是简便易行的原则。分配方案要力求科学合理，也要力求简便易行，在符合大部分教职工利益的前提下，求同存异。因此，有些条款宜粗不宜细，以便操作。

第三，我们具体开展了以下工作。一是调整充实津贴分配改革领导小组。二是认真做好修订前的调查研究工作。人事处搜集了兄弟院校津贴分配改革的最新动态，结合教职工所反映的意见，提出修订意见；财务处对津贴资金总盘子进行了论证，做到心中有数。三是广泛听取教职工的意见与建议。校津贴分配改革领导小组先后组织召开了学院领导、教师代表、机关干部代表、政工干部代表、民主党派代表、离退休老同志代表座谈会，还召开党政工联席会议，多方听取各方面的意见，拓展思路。四是认真分析研讨，不断修改完善分配方案。5 月份以来，校津贴分配改革领导小组先后多次召开会议，对分配方案进行认真推敲、反复修改，现在提交各位代表讨论。

第四，本次修订工作主要体现在以下几个方面。一是增加津贴分配总量，学校支付的津贴总量从原年均近 1700 万元增加至 2500 万元，增加约 50%。二是对教学科研重要岗位津贴办法作了较大调整，提高了岗位津贴标准；根据学科建设和教师队伍、师资结构变化等情况，适当增加了重要岗位数，增设了四级岗，为青年教师提供更多进岗位的机会；在继续执行定性与定量相结合办法的同时，以定量为主、定性为辅，定性进岗的条件有增有减，严格控制，进一步淡化人员身份，重在实绩。三是加大对于增加学校综合实力的重大成果的奖励权重。同时，吸收了教师合理又切实可行的意见，使积分办法更趋于合理。四是进一步发挥津贴分配在加强教学工作中的导向作用，如增加教学工作的积分权重，对重要岗位人员为本科生上课作出规定，对以教学为主的公共课教师实行扶持政策。五是采取财政转移支付办法，扶持创收特别困难的学院，使他们的津贴水平能达到"保底线"。六是吸收教职工的合理意见，不断完善机关部处考评办法。

本次津贴方案的修订，涉及学校的发展和大家的切身利益。希望方案修订的结果，对增强学校综合实力，促进学校事业可持续发展，进一步激发教职工的积极性和创造性，起到良好的效果。但是，既然是改革分配办法，必然是利益分配的调整。坦率地说，校津贴分配方案很难做到人人满意，绝对平衡，但只要是符合"三个有利于"的，我们就要努力去做，不断去探索。所以，大家在讨论修订方案时，要看方向、看主流、看大局，不要拘泥于细枝末节。希望大家发挥聪明才智，建言献策，形成一个凝聚人心、鼓舞斗志、广纳人才、激励创新的好方案，推动学校更快更好地发展。

七谈加强学校管理*

一 新老校区工程建设要继续提速，
管理要进一步协调和加强

首先通报新校区建设的进展情况。2005 年初校党委作出了新校区工程建设全面提速的决定，是完全正确的。第一，现在国家已把土地作为宏观调控的重要手段，如果不提速的话，闲置两年的土地就要被国家收回。第二，随着石油的提价，能源、原材料的价格行情看涨，建筑成本将不断提高。第三，目前大学城建设得到了省委、省政府以及省重点办、省大学城办、福州市、闽侯县的重视和支持。如果错过了这个时期，许多工作将难以开展。现在提速，有关各方都十分赞同和支持。第四，目前学校存在的许多矛盾和问题，都和办学空间狭小相关，这已经成为制约学校事业发展的一个瓶颈。新校区建设的提速，扩大了办学空间，使很多矛盾迎刃而解。半年来，新校区建设大大加快，变化很大。尤其是理工楼群、图书馆即将建成，将大大改变新校区的整体面貌。据统计，新校区已竣工投入使用的工程有 8 项，面积达 18.7 万平方米，包括新校区田径场、国家体育艺术基地楼、体育训练房、二、三期学生公寓等。在建的工程有 5 项，面积11.9 万平方米，包括图书馆 3.8 万平方米，理工楼群 6.2 万平方米。师生

---

* 这是笔者 2005 年 9 月 8 日在学校部署新学期工作大会上讲话的一部分。

活动中心、现代教育技术中心、体育综合楼1.9万平方米，还有围墙、道路工程等。理工楼群和图书馆都已进入内装修阶段，有关单位要做好设备的采购和搬迁的准备工作。校工会要抓紧做好新校区道路、楼群的命名工作。拟开工的工程有15项，面积达46.5万平方米，包括东大门、北大门、行政大楼、文科楼群、音乐楼、美术楼、传播学院大楼、河西地区教学楼群、五期学生公寓、招待所和青年教师公寓、中心绿化带、中心广场、医务所等。经过一、二期的建设，新校区已建成的、在建的和拟开工的总面积将达到85万平方米，2006年将基本建成新校区，在百年校庆之前完成大部分建设任务。

新校区建设过程中有几个问题值得重视。一是空间的合理布局，做规划时要遵守"从周边到中间，留地不留房"的原则。二是资源的优化利用。各学院建设不要搞大而全、小而全，要实现资源共享，不要造成资源闲置、浪费。三是要减少借贷的压力，注意规避金融风险。到目前为止，新校区建设已投入5.6184亿元。其中，省政府投入1.7919亿元，学校自筹资金3.7219亿元，其中盘活校内闲置资金2.9612亿元，向国有商业银行贷款7607万元，加上老校区综合体育馆利用教育国债2320万元，现在学校一共向银行实际贷款9927万元。为了加快新校区的建设，2005年需要向国有商业银行贷款4.4827亿元，2005年学校的预算超支，超支部分就是新校区建设的金融贷款。我们的还贷压力还是很大的，所以要尽量节约，精打细算，千万不要铺张浪费。在新校区建设中一定要从实际出发，不要搞一些表面好看但并不实用的东西。这一点希望引起大家的重视。

新校区建设的迅速进展，要特别提到新区规划建设办、新区管理办、保卫处、后勤集团等有关部门的领导和员工，他们整个暑假都奋斗在新校区建设的第一线，为新校区建设出力流汗，非常辛苦。2005年新生入学准备工作比较充分，这和他们的努力是分不开的，在这里向他们表示敬意和感谢。

老校区建设方面，大家比较关注的是国际学术交流中心大楼的建设问题。这座大楼的前期准备工作太坎坷了，现在总算有了眉目。在与教会多次谈判后，他们最后同意撤出去。这中间，福州市市委、市政府都做了大量工作，争取最近有新的进展。国际学术交流中心大楼的设计工作也要加快，全校师生都希望早日见到这座大楼崛起在长安山下。

九月中旬新生入学后，新校区共有两个年级的学生近15000人，原来设置的新区管理办的责任更重、工作量更大了，但显然仍不能适应目前这种新的形势。由于行政办公大楼尚未建成，校部机关迁向新校区还不现实，但一些主要部处如教务处、学工部、后勤管理处等必须在新校区开设办公室，安排人员上班，以解决新校区教学管理、学院管理、后勤管理等问题。校领导也要在国庆节后安排在新校区值班协调和加强新校区的管理。这一工作校党委还要作进一步的研究。

二　开展"三定"和聘任制的试点，实施
第二轮岗位津贴分配方案

（一）开展"三定"和聘任制试点

2004 年暑假前，学校召开了首次人才工作会议，对人才工作和人事制度改革作了全面部署，其中包括定编定岗、定工资和聘任制的工作。经过近一年的酝酿，现在准备开始实施。从本学期开始，我校有几个单位要参加"三定"和聘任制的试点，分别是物光学院、软件学院、文学院、经济学院、传播学院、体育学院、海外教育学院。应该说，"三定"是大势所趋，人事制度改革必须走这一步。根据省教育厅有关部门的领导透露，"三定"将在全省推行，只是时间迟早的问题。我们经过这一阶段的筹备，准备开始试行。人事处拟定了几个文件，已经讨论并将报校党委常委会研究。近一段时间人事处正在与有关学院进行沟通，具体讨论"三定"和聘任制问题。

（二）实施第二轮岗位津贴分配方案

我校的岗位津贴分配方案修订工作上学期就着手进行，召开了很多场座谈会，听取了各方面的意见，6 月 21 日还在七届一次教代会和十届工代会上作了汇报并提交讨论。现在修订工作已接近尾声，最后的修订稿要提交校党委常委会研究，争取 10 月份在全校实施。与原来的方案相比，本次修订有较大的变化。第一是津贴的总量，原来 1700 万元左右，现在要增加 800 万元，增幅为 50%，达到 2500 万元左右。第二，教师津贴相应增加。教授增加 50%，副教授幅度可能还要高一些。第三，提高了重点岗位津贴标准，增设了四级岗，为青年教师提供更多进入重点岗位的机会。设岗的条件进一步规范。第四，加大了对于增强学校综合实力的重大成果的奖励权重，进一步发挥了津贴分配在加强教学工作中的导向作用，如对重要岗位人员为本科生上课作出了规定，对公共课教师实行扶持政策等。第五，

离退休同志的生活补贴有一定程度的增加。第六，拟采取财政转移支付办法，扶持创收特别困难的单位。第七，进一步完善机关部处考评办法。

（三）进一步吸引海内外高层次创造性人才

学校发展需要各方面的人才，但相比较而言，高端人才我们更需要。因为一个高层次人才来了，可能一个学科就发展起来。这方面的事例是很多的。我们既要重视国内培养的人才，也要重视国外留学回来的人才。开学初我接待了美国加利福尼亚大学的一位教授，他参观了物光学院的实验室，感到非常惊讶，认为我校能吸引这么多优秀中青年专家来，的确很不简单。物光学院申报教育部重点实验室成功、学位点申报入围、2005年一举获得4个国家自然科学基金项目等，都与高层次人才引进有很大关系。没有高层次人才，学科建设很难上一个新台阶。所以本学期我们要加大人才引进力度，想方设法吸引海内外高层次人才到我校工作。2005年6月份我访问澳大利亚，在南澳大利亚大学会见了20多位毕业自国内不同大学的学者，我向他们介绍了学校的情况，他们表现得非常踊跃，希望能够到福建师大来，通过不同方式开展合作，包括开设讲座、联合申报科研项目等。昨天上午我接待了澳大利亚中国学者联合会的副主席、南澳大利亚大学的陈祖亮教授，他是一位很有作为的中青年化学家，化学与材料学院准备推荐他作为"闽江学者"特聘教授上报。现在省内的一批研究机构正面临着改制，一些老牌研究所也有不少重要的人才，我们要根据学科建设的需要将他们吸引过来，或者把整个研究所合并过来，这也是人才引进的一个好机遇。

此外，对一些历史遗留下来的人事问题也要妥善处理好。要按照国家的有关规定政策作相应的处置，切实维护学校的发展、改革和稳定。

三 加强人本和效率管理，努力建设节约型校园

人本管理要求在管理中突出人本关怀，对受管理者以充分的理解、尊重和爱护。这是管理的很高境界。人本管理体现在很多方面。上学期学校决定英语四级考试与学士学位脱钩，很受学生和家长欢迎。当然，我们要抓英语教学的质量，但不能因为四级考试成绩这一票而否决了学生四年的努力。这学期我们要进一步做好英语六级考试与硕士学位的脱钩。但是脱钩并不意味着研究生英语就可以少学、不学，相反，英语的教学还要进一步加强，这一点必须明确。

人本管理还表现在一定要做好毕业生的就业工作。现在就业市场的竞争空前激烈，我校作为百年学府，应该要有比较高的就业率。这一方面学工部已经做了大量工作，取得了较大的成效，但是不能松懈。当然也要看到，毕业生就业是一项系统工程，需要校内校外各个部门的积极配合。

2005 年教育部颁发了新的学生守则。同原有的守则相比，新守则有很多变化。学工部和研究生处要根据我校的实际制订新的学生守则。既要坚持原则、加强管理，又要从实际出发、与时俱进，体现以人为本的精神。

要改进服务态度，提高办事效率。目前大家反映比较多的问题，一是设备采购问题。设备由政府集中统一采购，这有其合理性，是反腐倡廉的一项重要举措，但在实施过程中也存在不少问题。许多学院提出，能否把采购时间缩短一点、环节减少一点、效率提高一点，对这种呼声需要认真进行研究。总的原则是，既要按有关文件和规定办事，不能有法不依、明知故犯，又要从实际出发，提高工作效率，方便广大师生。二是在财务报销方面，老师也反映比较多。这似乎是一个老大难的问题，财务处要深入调研一下，找出问题的症结所在，切实加以解决。例如，老师在课题经费中报销买书的发票，是否还要开列清单？七八年前就不搞了，现在还在要求，老师能接受吗？如此等等。

这里要特别指出关于学生学费的收缴问题。学费收缴也是一个老大难问题。2005 年初廖福霖副书记分管这项工作以后，取得了很大的进展。据统计，截至 2005 年 4 月 20 日，全校全日制本科生欠缴学费、住宿费 1774 万元，加上应缴而未上缴的联合办学经费 2669 万元，两项合计 4443 万元，而我校一年的津贴原来才 1700 万元，欠缴学费足够发两年半的津贴。之后学校采取了一系列有力措施，到 2005 年 8 月 18 日，全校全日制本专科学生欠费降为 864 万元，加上未上缴的联合办学经费 699 万元，两项合计 1563 万元。经过各方面的努力，短短几个月，追缴近 3000 万元，成效很大。尽管如此，我校还有 1500 多万元没有上缴，这是很不应该的。所以在新学年开学时要进一步加强和改进学费收缴工作，要加强宣传、统一认识。从本学期开始，要实行注册制度，学生注册必须缴费，才能够上课，希望各有关学院积极予以配合。当然，学费追缴和资助贫困家庭学生是两回事，不能混为一谈。对于贫困家庭学生，我们还要加大资助力度，通过各种渠道关心、爱护、帮助他们。

从本学期开始，在学校管理中要大力倡导建设节约型校园。建设节约型社会是党中央、国务院作出的一项重大战略部署，具有重大的现实意义和深远的历史意义。我国是资源短缺型国家，所以在加快发展的同时要尽量节约资源，杜绝浪费。建设节约型校园，包括节水、节电和节约行政办公经费等。我们要进行一次全面摸底，究竟有哪些方面造成了不必要的浪费，然后研究采取相应的对策。例如，我校有 3 个年级的学生已经到新校区了，但老校区的教室为什么还十分紧张，要调一间教室都很难？这到底是怎么回事？资产处、教务处要调查一下。如果有些资源被某个单位占用了，但又没有充分利用，就会造成浪费。大家要本着建设节约型校园的精神，正确认识和处理这类问题。

关于建设节约型校园，学校已发出一个倡议，即发动全校师生员工向新校区图书馆捐赠图书。新校区图书馆马上要投入使用，它的面积比老校区图书馆大一倍，达 38000 平方米多。学校 2005 年准备采购 20 万册的图书，但采购也要有一个过程。如果把老校区图书馆的图书搬过去，这边的书架也就空了。发动全校师生员工捐赠图书，是一个很好的办法。因为现在教师家里都有些闲置的图书，与其当作废纸卖出去，倒不如捐赠给学校。有的教师退休了，不搞专业了，图书放在家里也占地方，也可以捐赠给学校献爱心。另外，2006 年学校将迎接教育部本科教学工作水平评估，我校的生均图书拥有量还有一定的差距。如果大家都能够来捐赠图书，就可以缓解这方面的压力。我们发动的全校性捐赠图书活动，包括在岗教职工、离退休老师、校友和学生的家长。捐书活动主要以捐赠为主，有的实在不能捐赠，也可以采取收购的办法。捐书活动要加强领导，学校已经成立了领导小组，需要相关部门的积极配合。对于捐赠图书，要加大宣传力度。特别值得一提的是，汪毅夫副省长在这方面作出了非常好的榜样。汪副省长已连续多次为我校捐赠图书。据统计，他捐赠的图书已超过 1000 册，而且很多是价值不菲的。例如，国家民族宗教局赠送给他的乾隆《大藏经》168 册，非常宝贵，他把这套书送给了社会历史学院，《闽台文献汇刊》共 100 册，价值数万元，也送给了母校。前几天我去他办公室汇报工作，回来又捎带了他送给学校的一箱书。他的精神确实值得我们学习。我个人表示至少可以捐赠图书 1000 册，也算带个头。希望全校教职员工行动起来，把家里的图书清点一下，捐赠给新校区图书馆，为新校区的建设献一份爱心，作一份贡献。

四　切实解决师生员工普遍关心的实际问题

校党委在研究本学期的工作时，特别强调要以目前正在开展的先进性教育活动为动力，切实解决大家普遍关心的实际问题。

第一，关心贫困家庭学生。我校作为地方师范院校，虽然生源质量比较高，但还有数量相当庞大的学生来自贫困地区，他们的经济状况相当困难，来到学校后遇到了不少问题。省委、省政府已经采取了有力措施资助贫困家庭学生。前不久，我校 60 名获得政府资助的学生联名写信给卢展工书记，感谢省委、省政府对家庭贫困学生的关怀，卢展工书记在来信中作了重要批示，《福建日报》等有关媒体已有报道，引起了全省对资助贫困家庭学生工作的关注。2005 年新生入学后，我们要对他们进行全面摸底，对部分家庭比较贫困的学生要伸出援助之手，热情帮助他们渡过难关。要畅通绿色通道，进一步完善社会资助体系。我们的原则是：绝不让一位学生因经济困难而辍学，或者影响学习。

第二，要进一步改善师生员工的学习、工作和生活条件。由于新校区还在建设过程中，一些条件还不尽如人意，但要尽量予以解决。比如，新校区的交通问题，教职工反映比较多，现在已有 9 部大客车，要合理调配，确保老师往返新老校区的交通问题得到解决。此外，大家反映新校区没有教师宿舍，与学生的互动机会少，学校已考虑在新校区建设招待所和青年教师公寓，逐步解决这方面的问题。新校区学生宿舍的网络问题有的已经解决，有的正在解决。老师反映比较多的新老校区治安问题，我们要把它作为一件大事来抓，增加警力，加大投入，确保一方平安。对离退休老师的健康状况、活动场所、学习条件等，以及如何进一步发挥他们的作用，都要引起我们的关注，采取切实有效的措施加以解决。

第三，在加快发展的同时，也要进一步加强党风廉政建设。前不久中共中央颁发了《建立健全教育、制度、监督并重的惩治和预防腐败体系实施纲要》的通知，强调《实施纲要》是当前和今后一个时期开展党风廉政建设和反腐败工作的指导性文件。教育部非常重视这个问题，专门召开电话会议进行贯彻。反腐倡廉也是广大教职工普遍关心的热点问题。20 世纪90 年代中期以来我校发生了多起经济案件，一些干部受到了法律的惩处，我们一定要引以为鉴。我们要深刻认识贯彻《实施纲要》的重要意义，深入学习，广泛宣传，坚决贯彻，把建立健全惩治和预防腐败体系的工作纳入学校的工作部署，切实把反腐倡廉的各项工作落到实处。

八谈加强学校管理[*]

一　加快新老校区工程建设，加强新校区的管理

自 2005 年初校党委作出新校区工程建设全面提速的决定后，新校区的面貌日新月异，进展良好。已竣工的项目有 7 项，建筑面积达 31 万平方米。图书馆共 3.8 万平方米，正在进行二次装修，要求 5 月 8 日部分开馆；理工楼群 6.2 万平方米，正在进行装修和购置设备，下学期可投入使用；师生活动中心（0.4 万平方米）、现代教育技术中心（0.5 万平方米）正在装修，本学期就可投入使用。至 2006 年底都要完成的在建项目有 8 项，建筑面积 15.3 万平方米。其中体育艺术楼群二期（1.0 万平方米）和东区体育场 5 月份可完工，以迎接第四届全国高师田径运动会和第十三届省大学生运动会。原来认为难度很大，但是廖福霖副书记和新区规划建设办想了很多办法，做了很多工作，终于扫除了障碍，可以在 5 月份完工，并如期投入使用。此外还有行政办公大楼、文科楼群、音乐楼群、医务所、东大门、北大门、师生公寓 4、5 期等。2006 年开工、2007 年上半年竣工的有 7 项，共 18.8 万平方米，包括美术楼群、河西地区一期、软件学院楼、传播学院楼、旅游学院楼、南区学生公寓、青年教师公寓、招待所、溪源江大桥、公共教学区中心广场等。以上各类项目总建筑面积为 60 多万平方米，加上原来已经竣工的项目，2007 年 7 月份前完工的新校区建筑面积将达到 90 万平方米左右。

---

[*]　这是笔者 2006 年 3 月 7 日在全校部署新学期工作大会上讲话的一部分。

2006 年是新校区工程建设任务十分繁重的一年，也是我校发展至关重要的一年。通过 2006 年的建设，我校办学空间的瓶颈将从根本上得到缓解，新校区的办学条件将从根本上得到改善。为了加快新校区工程建设的步伐，学校要求切实做到立体式规划、交叉式施工，一环紧扣一环；凡是涉及新校区建设的人和事，要特事特办、急事急办。在新校区建设过程中，还要强调不搞铺张浪费，求真务实，量力而行，尽量减少学校的借贷压力，尽可能规避财务风险。这里向大家报告新校区建设经费的投入情况。截止到 3 月 3 日，新校区建设已投入 7.72 亿元，其中省政府投入 1.79 亿元，学校自筹资金 5.93 亿元（用于支付基建工程款 5.31 亿元，用于教学设备 0.62 亿元）。在自筹资金中，银行贷款 9045 万元，其他 5.02 亿元靠盘活校内资金来解决。所以，校内现有资金有时不到 1 千万元，甚至还有负数。2006 年学校准备向银行贷款 6 亿元，一年应付利息 3013 万元，当然是分期分批贷款，以节省利息支出。2006 年学校财政预算支出初步估计为 9.8 亿元，其中教育事业支出 3.6 亿元，新区建设费 6 亿元，预算赤字达到 6 亿元，完全是用于新校区建设，这给学校带来沉重的负担。华南师大的新校区建设是政府贴息贷款，我们要通过各种渠道，积极向上级有关部门反映，希望能较好地解决这一问题。

新校区管理要进一步加强。理工楼群办公楼南楼是理工各学院的办公场所，北楼则是校部的临时办公场所。本学期校领导、两办、教务处、学工处、团委、后勤管理处、保卫处等与学生关系比较密切的部门已搬到新校区办公。学校的行政管理重心将逐步向新校区转移。在新校区上课或上班的教职工的补贴从本学期开始作了调整，以调动大家的积极性。

老校区建设方面，海外教育文化交流中心大楼在解决与教会的房产纠纷之后，正在抓紧建设。这座大楼施工的难度很大，但我们要求在 2007 年 7 月 1 日前投入使用试运营，9 月份正式开业，以迎接本科教学评估的专家和百年校庆期间来自四面八方的广大校友。这是一项比较艰巨的任务，务必要抓紧。

老校区 11 号、13 号、14 号、15 号、20 号等 5 座旧学生楼要分批拆旧建新，这几幢学生宿舍楼几十年来培养了一批又一批人才，但目前已不适应要求，需要拆除重建。学校已成立老校区旧楼拆建工作领导小组，要尽快作出规划，分期分批动工，争取在 2007 年百年校庆前全部完工。文科大楼和其他楼群的修缮要列入日程。文科大楼是老校区的标志性建筑物，但目前已锈迹斑斑、显得破旧。要通过修缮，以崭新的面貌迎接百年校庆。

关于生命科学学院校园的处置问题。生命科学学院要搬到新校区，原来的校园要腾出来，主要基于三个方面的原因。第一是生命科学学院学科建设发展的需要。上学期末学校决定投入1200万元用于生命科学学院的重点实验室建设，这笔资金应该集中投放到新校区，这有利于重点学科的建设，有利于生命科学学院教学、科研和今后的发展。第二是附中与公安专科学校的租赁协议2006年上半年已经到期，迫切需要寻找一个时代中学的办学场所。第三是新校区建设需要巨额资金支出，根据省领导的有关精神和兄弟院校的做法，对老校区校园要适当进行处置，以争取一些经费用于新校区建设。鉴于这几个方面的考虑，处置生命科学学院校园最好的选择是租赁给附中作为时代中学的办学用地。校党委常委会已研究过，原则上同意，但要做好细节的工作。学校已成立领导小组，负责协调这项工作。现在要进行调研，充分征求生命科学学院教职工、校教代会、民主党派等各方面的意见，然后起草相应的租赁协议，交校党委常委会研究。我们要理解和照顾生命科学学院的利益，也希望生命科学学院全体教职工要有大局意识，从学校的整体工作考虑；要认识到这项工作对学院的发展是大有好处的；认识到整体搬迁到新校区并非不可行，如华南师大就有九个学院整体搬到新校区，我校其他一些学院如美术学院、音乐学院也要整体搬迁到新校区，生命科学学院无非是先走一步。因此要搬得积极，走得高兴。

二　加强学校的科学管理，建设平安校园和文明校园

要加强科学管理。科学管理是治国之道，当然也是治校之道。第一，要加强效率管理。我校有的部门办事效率的确不敢恭维，比较低下。其中一个突出方面就是"公文旅行"的周期太长。校办要对文件周转进行跟踪，领导批文要进行督办，有些事情要特办、急办。上周学校召开了各学院院长例会，廖福霖副书记提到"公文旅行"问题，指出不能因此而耽误工作，各学院有关文件在送职能部门的同时也送一份给他，并在会上公开自己的手机号码，很受院长的欢迎。今后公文呈报，回复原则上不超过一周。这要作为一项制度执行，有关职能部门要高度重视，举一反三，切实提高办事效率。

第二，要加强法治管理，切实解决乱收费问题。2月19日，国家发改委公布了8所乱收费学校，其中4所是高校，引起全国关注。这8所学校都要限期进行整改。2月21日，省委教育工委、教育厅召开全省教育纪检监察工作会议，有关领导在会上讲话，十所大学校长代表学校在责任状上

签字。这里向大家通报一下责任状的内容，请大家一起来遵守。责任状的内容共有十条，现原原本本抄录如下。

一是高度重视治理教育乱收费工作，按照"谁主管、谁负责"的原则，坚持把治理工作与业务工作一起部署、一起检查、一起落实，"一级抓一级，层层抓落实"的责任体系；二是加强宣传教育工作，大力宣传国家有关教育收费的政策和规定，开展违规收费典型案件的警示教育，完善规章制度，认真开展治理教育乱收费工作；三是认真落实国家有关高校收费的各项政策规定，继续保持高校收费标准稳定，全面清理规范收费项目和标准，严禁擅自设立收费项目、提高收费标准、扩大收费范围；四是严禁高校以任何理由搞"双轨"收费、降分高收费或收取"点招费"，严禁学校收取或变相收取与招生入学挂钩的赞助费等；五是严禁高校在按学分制收费中变相提高收费标准；六是进一步规范高职"专升本"收费，禁止向学生收取"转专业费""赞助费""扩招费""定向费""跨地区建设费""答辩费""重修费""补考费"等费用；七是进一步规范高校举办各种培训班的收费行为，严格管理；八是严格规范服务性代办项目收费的管理，按规定及时向学生进行结算；九是实施高校招生"阳光工程"，严格执行收费公示制度，规范公文办法，及时向社会公示学校收费项目、标准和依据，规范教育收费票据的使用管理，主动接受学生、家长和社会的监督；十是加强监督检查，对学校的违规乱收费问题，要按照《福建省关于对违反教育收费管理政策法规行为纪律处分的暂行规定》进行严肃查处。

现在党中央、国务院高度重视教育乱收费问题，我校这几年认真抓了一下，成效很大，但不能说就没有问题了。经校党委常委会研究，决定在3月20日召开校廉政建设、依法治校会议，希望引起大家的重视，切实按上述要求办理。

第三，要加强节约管理。党中央、国务院高度重视节约型社会建设。我校在这方面也做了不少工作，取得了很大的成绩。这里举几个例子。一是财务处近两年通过盘活校内资金用于新校区建设，减少借贷利息3728万元。二是基建处、新校区规划建设办通过招投标，在工程建设和材料项目中严格把关，为学校节约开支2.5亿元。比如，理工楼群绿化工程，原来预算为150万元，招标控制价为104万元，最后工程中标价为67.88万元，节约了82.12万元；再如体育训练房钢构钢筋，原预算价为197.85万元，审核价为33万元，下调了164.85万元，为学校节约了很多资金。可见，建设节约型校园并不是一句空话，而是靠各部门各单位点点滴滴干出来的。三是开展向新校区图书馆捐书活动。截止到上学期末，累计捐书147542册，收到捐书款2.6万元。捐赠很踊跃，仅教职工捐书就达2581人，涌现出许多非常感人的事迹。各单位在职教职工人均捐书数前6名的单位是：图书馆、社会历史学院、音乐学院、化学与材料学院、公共管理学院、机关分党委。离退休教职工、在校学生、广大校友，包括部分学生家长，都表现了很高的热情。图书馆为捐书活动做了大量的工作。今后这一活动还要继续进行。

建设节约型校园，要从我们做起，从现在做起。我们在看到成绩的同时，也要看到我校的浪费现象还比较严重，如新校区教室的晚上电灯管理，食堂学生饭菜的浪费等。

建设节约型校园要特别注意防止人力资源的浪费。在人事管理上，本学期要加快推进定编定岗定工资工作。要充分发挥离退休老同志的作用，在保证健康的前提下使他们老有所为。前不久学校召开了离退休老同志座谈会，会上对此反映比较强烈。这一工作目前正在逐步推进，包括请离退休老教授为研究生、本科生上课，组织他们参加督导队和教学评估等，这也是人力资源方面的节约。尤其是关工委在这方面做了很多工作，帮学校解决了很多问题。

建设平安校园是省教育厅2006年的一项重要工作。3月份要在全省对平安校园进行评估验收。这几年在平安校园建设方面，我校做了不少工作，校园秩序比较稳定，但也存在不少问题，如校内、教师宿舍区及学校周边的抢劫、偷盗时有发生。建设平安校园是维护全校师生员工生命财产的一件大事，一定要加强安全教育，提高认识，加强领导。要强化保安队伍管理，加大安全基础设施投入，提高校园技防能力。要做好重点部位的消防安全工作，如办公楼、学生宿舍区、教师宿舍区的消防安全等。要完善安全管理规章制度，对过去一些好的制度要加以恢复，有的制度要根据新的情况加以修订。比如，不能让任何车辆都可以随便进出校园，另外，佩戴校徽要再次予以强调。要提高广大师生应对突发公共事件的能力，认真做好饮食卫生和安全工作。要进一步取得地方公安、城管等执法部门的支持，保障周边地区的治安秩序，坚持群防群治。

上学期我校获得全国精神文明建设先进单位，这是全校师生员工长期努力的结果。福建省高校仅我校和福州大学获此殊荣。但我们也要看到存在的差距，如公共卫生方面还存在一些死角，校园内还有违章搭盖现象，车辆随便进出校园等。省运输公司车辆进出校园是否可行，要经教代会讨论决定。在校园精神文明的建设过程中，要充分调动各方面的积极因素，包括发挥各民主党派、统战团体的作用。要关心教职工的身体健康，办好校医院，逐步改善离退休老同志的体育健身条件等。

三　加强大学生的思想政治教育和干部队伍建设

如何在新形势下加强大学生的思想政治教育，这的确是一个新的问题。当代大学生的思想比较复杂，主流倾向是健康向上的，但也存在不少值得注意的问题，如对待马克思主义的态度不一、社会公德缺失、缺乏感恩意识等。前不久教育部发出了《关于开展向洪战辉同学学习的通知》，决定在全国教育系统广泛开展向洪战辉同学学习的活动。洪战辉同学在非常困难的情况下，携妹求学12年，将实现自我价值和关爱家人、服务社会统一起来，体现了中华民族的传统美德，展示了当代大学生的崭新精神风貌。我们要组织广大学生向洪战辉同学学习，学习他自强自立、勇于进取的坚韧品格，学习他克服困难的坚强意志和战胜困难的顽强毅力，学习他面对困难不低头、面对挫折不放弃的奋斗精神，学习他刻苦学习、严于律己、诚实质朴的高尚品质，学习他乐观向上、积极进取的人生态度和高尚的思想品德。要充分挖掘、大力宣传学校涌现出来的大学生先进事迹群体和个人，从细处着眼，实现"润物细无声"的教育效果。要依托我校的学科优势，充分发挥广大教职员工尤其是"两课"教师的作用，形成思想教育工作齐抓共管的良好态势。要分析新形势，把握新特点，采取新形式，开创新局面。要组织广大学生观看《神圣的使命》电视专题片，引导广大学生进一步提高思想道德素质，努力学习科学文化知识，服务祖国、报效社会，成为德智体美全面发展的社会主义合格建设者，承担起全面建设小康社会和实现中华民族伟大复兴的历史重任。

要办好学校，必须建设好教学科研、政工和管理三支队伍。要进一步加强干部教育培训工作，积极探索建立教育培训、考试考核、选拔任用一体化的干部教育培训新模式，增强干部队伍的凝聚力和战斗力。要加强干部的理论学习。李瑞环同志最近出版了一本书——《学哲学，用哲学》，用很普通的语言解说很高深的哲学道理，解决很复杂很重要的现实问题，值得我们认真学习。要进一步调整优化干部队伍结构，增强学校事业的发展后劲。要继续推行干部任期轮岗制度，增强干部队伍的活力。本学期要对一部分处级干部进行适当调整。要建立健全适合我校实际的干部考核机制，不断规范干部选拔任用工作。干部队伍建设有很多工作要做。有一支好的干部队伍，才能推进我校各项工作全面协调可持续发展。

九谈加强学校管理[*]

―――

一 进一步抓紧抓好新老校区的工程建设

半年多来,我校新校区已经完成了一批工程项目,并投入了使用。例如,已建好的体育场馆,为承办好全国高师运动会和省大学生运动会发挥了很大的作用,包括东区塑胶田径场;游泳池、足球场、网球场和体育二期楼馆等,都是在两运会前完成的,很多省内外兄弟院校的领导和老师到我校参观后,都赞叹不已。现在我们可以自豪地说,目前我校体育设施已位居全国高校一流水平。在很短的时间内能把这么多场馆建设好,的确是很不容易的。东区塑胶田径场那一大片,半年前还是荒地,是没日没夜硬赶出来的。再如,理工楼群投入使用后反响很好,特别是生命科学学院的实验室,可以和国外发达国家的实验室相媲美。此外,还建成了4、5期学生公寓,2006年新生已全部顺利入住;建设了文化一条街、医院门诊部等。

新校区在建的一些项目近期可望竣工,如音乐学院大楼(1.35万平方米)、文经楼群(2.35万平方米)、行政办公楼(2.45万平方米),按照计划将于2006年10月份竣工。在时间短、任务重、情况复杂的情况下,能取得这样的成绩,确实十分不容易。新区规划建设办的全体同志为完成新校区的工程建设任务,付出了很多心血和努力,要给予充分的肯定。

---

[*] 这是笔者2006年9月12日在全校部署新学期工作大会上讲话的一部分。

新校区工程建设今后要着重抓好以下几项工作。

一是征、交地任务必须十分抓紧。新校区土地面积共 2800 多亩,目前还有河东 280 亩、河西 270 亩共 550 亩没有完成交地工作。如果地交不上来,我们就无法开工建设。尤其是现在随着国家土地政策的相继出台,土地管理会越来越严格,土地会越来越紧张。闽侯县的有关领导已表示要尽快将已征地全部交到我们手里,这项工作务必抓紧,不容有一点马虎。

二是拟开工项目要一抓到底。拟开工项目包括美术学院楼、软件学院楼、传播学院楼、旅游学院楼、教育科学综合楼、南区学生公寓、青年教师公寓、招待所、溪源江大桥等,要尽快完成规划和有关程序,尽快施工,有关方面的领导要切实负起责任,一抓到底。

三是二次装修要有明确的限定时间。新校区部分工程项目已经建设完成,但是有些工程的二次装修没有跟上,衔接工作没有做好,包括学生活动中心的学生活动大厅、图书馆的学术报告厅和文艺演出厅、现代教育技术中心大楼等。关于这个问题,学校已经召开了协调会专门进行了研究。我们要求在本学期放假之前一定要装修完毕,有的要完成搬迁工作。每个项目都要确定责任人,分管领导是第一责任人,使用单位领导是第二责任人,大家都要负起相应的责任。行政办公楼一定要赶在 2006 年 1 月 20 日前分配、装修、搬迁完毕,下学期校部机关大部分要搬到新校区办公。后面建设的一些楼群的二次装修一定要提前介入,不可贻误时机。

四是要做好新校区的绿化、美化、香化和规范化工作。首先,新校区面积比较大,绿化工作要跟上,特别是从新校区宿舍到教室,夏天非常热,要多种一些树,形成林荫道。其次,要进行美化,包括自然景观、人文景观等,要予以充分考虑。再次,要适当香化,要种一些散发香气的树木和花草,让大家在新校区感到清新、舒畅。最后,要进行规范化。要统一各种建筑物的标识,做好形象设计,包括路、桥、园、亭、楼台、馆所等,这项工作要抓紧做好。

老校区工程建设方面,国际学术交流中心大楼已开始施工,现在要加快工程进度,争取在 2007 年 5 月前封顶。老校区的一些筒子楼,学校在上学期工作部署大会上已作了部署,该拆的拆,该建的建。14 号、15 号楼拆完后可盖研究生楼。有的旧楼拆完后就不再建设了,如文科楼后面的 12 号楼拆掉后可作为离退休老同志的活动场所,以便为他们的体育健身活动创造较好的条件。目前体育学院已整体搬迁到新校区,所以 11 号楼和体育学院的健身房等,拆掉后可考虑建停车场,以缓解老校区停车场紧张问题。

此外，要对老校区历史比较久的楼如校部办公大楼进行装修。文科大楼在我校办学过程中起到很重要的作用，但毕竟已久经沧桑，所以也要进行修整。另外，科学会堂的外观大家早有微词，要适当改造。通过整修，迎接百年校庆。

上学期以来，我们对老校区生命科学学院的租赁问题进行了多次的研究、讨论和谈判，中间虽然有一些曲折，但总体上进展顺利。我校已和附中、时代中学正式签订了租赁协议。附中和时代中学的领导、老师都非常高兴，生命科学学院也比较满意。可以说，这是一个双赢的协议。对老校区其他一些地块，如原艺术系地块等，是否可以置换或租赁，大家可以就此展开讨论。

现在大家比较关心的是新校区的债务问题。到 9 月 10 日为止，新校区的建设经费已投入约 10.5 亿元，其中政府一期投入近 1.8 亿元，学校自筹 8.7 亿元，包括银行贷款 3.1 亿元，盘活学校资金 5.6 亿元。如果没有盘活学校资金，我们贷款的数额将相当庞大。但不管如何，我们盘活的资金毕竟还是有限的，下半年还要再贷款，2007 年一些再开工的项目也要不定期地进行贷款，因此，新校区建设的债务是十分沉重的。如何正确看待这一问题？第一，要看到我校在新校区建设中的确背了很沉重的债务。2006 年新校区全部完工后，将总共投入约 20 亿元，其中政府投入约 2 亿元，我校自筹资金投入 18 亿元，其中盘活资金最多不超过 6 亿元，共需贷款约 12 亿元，这对于我校来讲的确是一个非常沉重的负担。第二，从长远来看，新校区建设对我们是十分有利的，尤其是现在国家对土地的政策调控越来越紧。前几天福州市拿出几个地块进行拍卖，浦上大道两边的土地价格正在飙升，其中一个地块大概卖到 9.7 亿元，每亩高达 357 万元。就按每亩 300 万元来算，我校新校区的土地 2800 多亩，可值 80 多亿元，再加上我校投入约 20 亿元的建设资金，也就是说，新校区建设形成的固定财产已超过 100 亿元，所以尽管目前债务比较沉重，但为学校未来的发展创造了一个很好的空间。第三，通过各种方式采取措施应对面临的债务问题。要向省政府反映，争取省政府的理解和支持；同时也要挖掘潜力，如对老校区部分地块进行租赁甚至置换等。

二 加强新老校区的科学管理

新老校区要进行合理的资源配置。新校区的资源从无到有、从小到大，目前的确比较丰富，拥有相当数量的教室、实验室、活动室、操场、体育馆等，但新校区的资源配置中仍存在不合理乃至浪费现象。比如，尽管建了那么多教室、实验室，但是调配起来依然很紧张，经了解，发现使用率比较低，存在一定的闲置现象，没有充分发挥现有资源的最大效益，这是不符合建设节约型校园的要求的。老校区也存在同样的问题，尽管现在除美术学院、音乐学院外，本科四个年级的学生全部都到新校区，但老校区的教室、宿舍依然紧张，要调整出一间教室或办公室仍然相当困难。所以，新老校区的资源配置问题要引起我们的高度重视。资产管理处要进行全面摸底，尽快提出解决办法，如实验室和行政办公用房的定额使用，大型仪器设备的共享等等，报校长办公会议研究后实施。

新校区的物业管理既要服务到位，又要节约开支。新校区工程建设要花巨额经费，物业、水电、保安、维修也要花一大笔经费。从 2004 年 9 月到 2006 年 8 月，新校区物业费开支从 278 万元增加到 432 万元，预计到 2007 年 8 月将增加到 614 万元；水电开支 2003 年为 22.3 万元，2004 年为 89.5 万元，2005 年为 174.2 万元，2006 年预计为 300 万元，费用直线上升。同时，新校区建设从 2003 年至今，有一些建筑物已进入维修期，这也是一笔可观的开支。因此新校区的物业管理既要考虑如何服务到位，又要厉行节约，避免重复设置、人浮于事、不计成本、不讲效益。后勤管理处和新区管理办要提出相应的解决措施。

要及时妥善地解决新老校区之间的交通问题。任何大学的新校区都存在交通问题。这两年来我校一直在努力解决这一问题。总的方向是以福州市公交为主，以后勤集团的车队和老师的私家车为辅。学校将出台若干政策，积极引导私家车用于协助解决新老校区的交通问题。比如，教师到新校区上班（课）每天补贴 15 元，其中 9 元是用餐补贴，6 元是交通补贴；如果坐校车去就每人发一张卡，凭卡上车，扣除每天 6 元的交通补贴；如果自己开车去就全额发放交通补贴。另外，我们鼓励老师买私家车，浦上大桥年底前通车后，从老校区到新校区大约 15 分钟，如果老师开私家车，往返将十分便捷。后勤集团要加强对车队的管理，合理调度车辆，改善司机服务态度，每部车上都要张贴投诉电话。特别强调的是，新老校区交通车辆要确保用于新老校区的交通运输，不能随便挪作他用。

要规划和建设好新老校区的停车场。现在我校教职工的私家车越来越多，新老校区的停车场已成为比较突出的问题。老校区的停车场正在逐步解决。新校区要认真规划，在每座大楼周边都要安排相应的停车场所。

要加强国有资产的管理。我校家大业大，如果稍不注意，就会造成国有资产的严重流失。现在新老校区周围的一些单位和居民，都在不断蚕食我校的资产，要加强这方面的防护工作。欢迎教职工以不同方式及时反映这方面问题，对有较大贡献的要实行奖励。另外，考虑成立资产运营公司，认真经营好学校的资产，实现保值增值。

要加强廉政建设。这里特别强调，严禁各种形式的教育乱收费现象，教育部对此已三令五申，各有关单位不能知法犯法、顶风作"案"。一旦发现有违规现象，我们将予以严肃处理，决不姑息迁就。

三　调动各种积极因素，建设和谐校园

我们要坚持以人为本，正确处理好各种关系，大力构建和谐校园。首先在学生工作方面，要加强新时期大学生的思想教育，要特别注意网络对他们的思想影响，研究如何加强他们的心理健康教育。我校学生中有 20% 的家庭比较困难，我们要采取各种措施，切实解决他们的经济困难问题。中央、省里对此都非常重视，9 月 15 日，省委、省政府将在我校综合体育馆举行"与爱同行"大型文艺晚会，晚会的主题就是资助贫困生，希望通过这项活动，唤起社会对贫困大学生群体的关注。同时，学生的就业问题也要引起我们的重视。

关于教师群体，除了要大力加强师德教育、强化职业工作规范外，工会组织也要开展各种各样的活动，如办太极拳、健美操训练班，开展体育比赛、歌咏比赛、集体登山、周末郊游等，密切教师之间的关系，增强集体认同感，使广大教职工在紧张工作之余，获得放松和乐趣。校医院要定期为教职工开设保健讲座、定期进行体检。对广大教职工，既要调动其工作积极性，也要保障其合法权益，满足其合理要求，提高教师的身心健康水平，使广大教职工在紧张工作之余，心情舒畅愉快。

在我校教工和学生中有一大批女性群体，包括女教工和女同学，我们要予以特别关注。我校设有女性学研究所，有一支专门研究女性学习、就业、健康和权益保护的理论队伍，要充分发挥她们的作用，同时予以大力支持。我校还有一批女教授自愿组织起来，成立"爱心社"，从思想上关心、从经济上资助贫困女大学生，产生了较大的影响，应予鼓励和提倡。

干部队伍发挥着很大的作用。为适应新时期工作的需要，要进一步加强干部队伍的理论学习，不断提高理论修养和政策水平，当前要学习的内

容主要有《江泽民文选》、中共中央宣传部编的《理论热点面对面2006》等。加强对干部的培训，也包括各民主党派的领导骨干在内。对附中、附小等附属学校的干部队伍建设，也要列入本学期学校工作计划。

要给予离退休老同志足够的关心。离退休老同志是学校的宝贵财富，中央、省里都出台了一系列文件，我们要进一步贯彻落实上级有关文件精神，充分发挥好它们的作用。有些教师离退休后仍在为学校作贡献，如林可济教授，聘请他给博士生上课，反映相当不错。在百年校庆筹备工作中，一些老同志主动帮助做好校史和有关文史资料的编撰工作，难能可贵。2006年的老年节一定要办好，要多为老同志办好事、办实事。

要继续做好对口扶贫和校际合作。近几年，我校在对口扶贫村——福安市领先村的帮扶方面，已经做了大量工作。最近，省教育厅决定由我校负责贫困县永泰的教育帮扶工作，我们要尽力而为。此外，2005年省教育厅要求我校与泉州师范学院、省公安学院（筹）两所新办本科学院建立支援协作关系，相互之间已草拟好了有关合作协议，10月份学校准备派出一个代表团到泉州师院，与其签订两校合作协议，大家一齐努力，使我校与这两所大学在今后的合作中相互学习、相互支持、互利互惠、共同发展。

十谈加强学校管理[*]

一 继续加快新校区工程建设，实现
学校管理重心顺利转移

（一）关于工程建设

新校区工程建设从 2001 年开始规划算起，至今已有 6 年了；从 2002 年 12 月 31 日打下第一根桩算起，到现在也已 4 年多了。4 年来，新校区工程建设进展迅速，目前总建筑面积已达到 80 多万平方米，工程进度相当于每年建设一个老校区，这是相当可观的。2007 年必须完成新校区建设任务，也应该要完成，上学期末校党委副书记廖福霖同志已经在有关会议上作了全面的分析。新校区建设在保证质量和安全的前提下，要突出"快"字，即又好又快。上一学期末学校在这里召开了两个动员大会，一是评建创优工作进入新阶段动员大会，二是加强新校区建设与管理动员大会，这也是新校区建设以来第一次召开的全校性动员大会，目的在于振奋精神，抓紧春节期间的宝贵时间完成工程建设任务。

在新校区规划建设办和有关单位的共同努力下，工程建设取得了很大的成效，尤其是新校区规划建设办的全体同志春节期间不放假，坚守工作

---

* 这是笔者 2007 年 3 月 20 日在全校部署新学期工作大会上讲话的一部分。

岗位，确保了工程进度，这是十分难得的。

关于新校区的工程建设情况，从整体进展而言可以说是形势喜人。大家到新校区看了以后，应该感受到与上学期相比有了很大的变化。校门口的校牌即将建好，校部办公楼即将装修完毕，人工湖即将蓄水，等等。当前要抓紧以下几项工作。

1. 交地工作要继续抓紧

新校区规划建设办做了大量工作，克服了各种困难，交地进展情况还是比较好的，但仍有大约100亩地尚未交给我校。闽侯县、上街镇非常重视这个问题，前几天闽侯县委书记、县长来校访问，表示要尽最大的努力，支持我校的交地工作。我们要继续取得闽侯县、上街镇的支持，采取有力措施，尽快完成交地工作。

2. 加大工程建设力度

新校区工程建设方面，美术楼即将竣工，传播学院、软件学院、旅游学院、教学科研综合楼、6期学生公寓等也将开工。目前新校区建设时间很紧，同时建筑环境十分复杂，我们在新校区的建设过程中遇到了各种难以想象的困难，对此，一要高度重视。新校区建设关系到本科教学评估，关系到百年校庆，所以一定要在9月份前全面完成，这也是广大师生员工和海内外校友所企盼的。二要加强领导。校党委常委会议已经作出决定，调整、充实了新校区规划建设办的部分领导，切实增强了领导力量。三要发挥连续作战的精神。规划建设办的同志经过多年的奋战，确实非常辛苦，一定要发挥连续作战的精神，群策群力，同心同德，攻克最后的堡垒。正如廖福霖副书记在加强新校区建设与管理动员大会上所提出的，要攻坚克难，抢抓机遇，我们要有这种良好的精神状态，才能顺利完成新校区的建设任务。四是新校区各项工作要交叉进行，包括规划设计、招投标、二次装修等，目的在于抢抓时间，确保工程进度。五要继续强调质量、安全和廉政建设问题。百年大计，质量为本，我们任何时候都不能忽视质量问题。规划建设办、监理、现场人员、施工员都要十分注意质量问题，确保工程质量，同时要注意安全问题，不要出任何事故。要切实加强新校区建设过程中的廉政建设。坚持阳光作业，一切按程序办事，按制度办事。六是在新校区建设过程中，要尽量规避债务风险。在2007年全国"两会"期间，大学新校区建设的债务问题成为热点问题之一，新闻媒体作了大量报道。据报道，目前全国高校这几年新增债务达到2000亿元左右，有些报纸甚至说有的高校已经濒临破产的边缘，这个问题要引起我们的重视。目前高校新校区建设大多向银行贷款。从我校的情况看，经过多方面的努力，应该说做得比较好。到目前为止，我校新校区建设总投资达到 11.8 亿元，除了政府投资 1.8 亿元外，其余 10 亿元由学校承担。我们通过盘活校内资金，实际向银行贷款 4 亿元，2007 年预计将再贷款 4 亿元，这样在新校区建设全面完成后，学校将贷款大约不超过 10 亿元。虽然比预期的要少，但是贷款压力还是相当大的。近期央行贷款基准利率又有所提高，意味着我们的负担将更为沉重，面临着更大的债务风险。我们还要通过各种渠道来努力解决这一问题。财务处做了大量工作，各有关单位积极配合，通过有效盘活校内资金减轻了学校的还贷压力，对此应予以充分肯定。

（二）关于新校区的二次装修

开学初我们到新校区了解一下，已竣工的几幢楼都在抓紧进行二次装修。校部办公大楼面积近 2 万平方米，二次装修进展很快，目前已基本装修完毕。后勤管理处、党办、校办等部门春节期间都在加班加点，确保了工程进度。图书馆学术报告厅正在抓紧装修，争取 4 月 8 日完成，可容纳 1000 多人的演出厅也将于 5 月 8 日完工。现代教育技术中心大楼装修已接近尾声。文科楼二次装修正在积极进行，部分学院如经济学院抓得比较紧，但也有一些学院抓得不够紧，需要进一步加强。音乐楼群二次装修已提上议事日程，美术楼群要进一步抓紧装修设计和施工。即将完工的几幢楼的使用单位要提前介入二次装修。

（三）关于搬迁工作

校部搬迁标志着学校管理重心从老校区向新校区转移。实际上，我校搬迁工作从 2006 年就已经开始，教务处、学工处、校团委等和理工楼所在的各学院已先期搬到新校区。最值得一提的是生命科学学院，他们是整体搬迁到新校区，行动干净利落。学校已经决定，从 4 月 1 日至 15 日进行校部机关的搬迁，4 月 16 日在新校区正式上班。文科楼要争取与校部机关搬迁同步进行。整个搬迁工作要严格按照学校的安排，做到步调一致，各部处、有关学院都要作出具体安排，搬迁过程中要十分注意节约，可用的办公用品要继续使用，搬不动的要登记造册，同时做好资产移交手续，坚决杜绝浪费现象。

（四）关于新校区自然和人文景观建设

上学期学校已经提出加强新校区的绿化、香化、美化、科普化，工作正在抓紧进行。"好雨知时节，当春乃发生"，当前正处于绿化的最佳季节，有关部门要进一步抓紧做好绿化工作。从上学期以来，后勤集团承担了新校区的绿化工作，他们想方设法节约资金，用比较小的成本完成了大量绿化任务，效果相当不错。要进一步加强新校区的人文景观建设。有人认为新校区比较偏僻，远离城市和老校区，似乎是"文化沙漠"，我们要通过人文景观建设，切实改变这一状况。学校已经对人文景观建设作了整体部署，各方面正在抓紧进行，尤其是理工楼群人文景观建设抓得比较紧，已开了多次会议，分别就设计原则、设计内容、楼内外布置等进行论证，一些细节问题比如指示牌、信箱如何设立等都考虑得很周到。西方国家一些大学的室内设计很简洁，讲求人性化，到过国外的一些同志可介绍有关经验，合理之处可以借鉴。新校区要尽快启动"夜景工程"，包括校部办公楼顶部的霓虹灯要亮起来。在人文景观建设中，一定要结合教育部本科教学评估以及百年校庆，充分发动应届毕业生为校园人文景观建设作贡献，学工部、团委要进一步做好宣传发动工作，同时把任务分解到各学院。相信通过大家的努力，新校区的人文景观建设将取得更为丰硕的成果。

（五）关于新老校区的交通问题

交通是每一个拥有新校区的大学必然遇到的问题。校党委、行政高度重视新老校区之间的交通问题，多次开会进行研究论证，也征求各方面的意见，总的思路是以公交车为主，校车为辅。有些同志认为坐公交车很麻烦，最好用校车全部包下来，这是很不现实的。省外高校和福州大学、农林大学等几所省内高校也主要采用公交车的办法。当然，我们还要利用好校车，充分发挥它的辅助作用。学校解决新老校区交通的基本原则是为师生往返新老校区提供方便，为师生的教学、科研和日常生活提供方便。引进公交车之后，我们将尽量解决师生所反映的问题，敦促公交公司为教职工提供优质服务。

（六）新校区的后勤保障和安全保卫问题

经过后勤集团几年来的精心经营，新校区食堂的服务质量正在不断提升，虽然由于成本价格等多方面原因有所起伏，但他们都在想方设法提供良好服务。从本学期开始，后勤集团将在新校区开辟新的教工食堂，中午专门为教职工服务。本学期校医院新校区门诊部也将开始运行，招待所和单身教师周转房即将投入使用，招待所目前有 150 个床位，学校已明确招待所的服务对象为本校教职工、学生家长和周边客流，一些老师晚上回不来可住在招待所，以增进师生之间的交流互动。新校区文化一条街办得不错，学生的生活必需品基本上都可以在那里买得到。后勤保障的一个重要问题就是物业管理要跟上，一些楼群建设完成，开始进行二次装修，就要考虑大楼的物业管理问题。文科楼从 3 月 15 日起已安排物业管理人员，各学院可进行装修、搬迁。

要进一步规范新校区的车辆停放秩序。新校区停车场要进行统一规划，尤其是文科楼和南部地区一定要规划安排好，同时要建立、完善新校区的交通标志，此项工作由保卫处负责。要进一步加强新校区的安全保卫工作，校党委常委会已同意保卫处在新老校区分别设立保卫一科、二科，进一步加强新校区的保卫力量。保卫处要对保卫人员进行上岗培训，提高保卫队伍的素质。本学期初，我校与福建公安学院开展共建协作，公安学院校长表示要帮助我们对保卫人员进行全员培训，保卫处要尽快制订培训计划，抓紧实施。

二　美化长安山校区，优化学校资产的配置

长安山是我们休养生息、学习、工作和生活的地方，尽管学校管理重心即将转移到新校区，但我们仍对长安山十分依恋，长安山校区在学校今后的发展中仍将发挥着不可替代的作用。

（一）关于海外教育文化交流中心大楼的建设情况

海外教育文化交流中心大楼已经封顶，尽管她的面纱没有完全去掉，但大家很快就可以领略到她的雄姿。大楼按原计划于 3 月 15 日封顶，建筑面积 1.65 万平方米，高 16 层。产业处、基建处和有关部门同志为了这座楼的如期竣工做了大量工作。大楼目前已全权委托专业酒店管理公司即粤海国际酒店管理集团公司进行经营管理，按协议每年上交学校 600 多万元。该公司也是华南师大国际学术交流中心大楼的经营管理公司，学校 2006 年派出几批人员前去考察，他们的管理水平较高，管理很规范，在全国也有

一定影响。同时学校对原有大楼的使用功能作了相应的调整，原定在附楼办公的校工会、离退休处等单位的办公地点调整到校部和综合体育馆。为经营管理留下更多的空间。大楼的三次装修已招投标完毕，装修工作要抓紧，确保 8 月 15 日前全面完工并投入试运营。

（二）老校区要进行整修

老校区经历了太多的沧桑，在百年校庆前要适当整修，以新的面貌迎接四方校友。文科楼已建成使用 20 多年，有一些外墙砖破旧脱落，需要更换，门窗要进行修缮；外墙也要进行清洗；校部大楼需要进行适当修缮；科学会堂连廊外观要予以调整修缮；部分旧楼要拆除重建，如长安山 12 号楼拆除后可作为老同志的健身场地；原体育科学学院宿舍旁的边门附近要修建停车场，学校已经作出安排，本学期要建设好；长安山公园作为老同志和教师的休闲健身活动场所，年久失修显得破旧，要作适当整理；要利用 7、8 月份的时间，对长安山校区的道路进行全面整修；各种违规建筑均要拆除，如游泳池旁搭盖了一些违规平房，要坚决拆除；长安山 14、15 号楼拆除后可作为研究生宿舍，由于时间紧张，以后再作安排。

（三）优化学校资产配置，加强管理

资产处上学期做了两件事，一是对全校的公房面积、土地面积、店面等进行摸底，并做了相关统计工作；二是出台若干个管理方案，包括公用房管理办法、大型仪器设备管理办法、经营性资产管理办法等。本学期要认真执行好这些文件。当然，老校区的管理也出现了一些新的问题，主要是随着学校管理重心向新校区转移，老校区的资源逐步腾了出来，要归还学校。如不处理好，会造成一定的资源闲置、浪费。当然部分学院还处在搬迁过程中，在过渡阶段要给一定的时间。要看到随着学校的发展，不断有新的增长点冒出来，在重新分配房产资源时要统筹兼顾，留有余地。

要进一步加强老校区的管理。一是老校区的房产等资源要继续进行全面摸底，做到无一遗漏。如有个别老师在校园很偏僻的角落办班，无偿使用学校的场地和水电，资产处要一查到底。二是老校区搬迁完毕后，全部资产要上交学校，进行重新登记，然后根据实际需要重新分配。三是老校区管理要提倡资源共享，有偿使用，如几个部门可共同使用一个会议室，避免资源的浪费。各单位使用面积超过学校的规定就必须交费，这叫有偿使用。四是要厉行节约，在资源使用上千万不要大手大脚，总体上做到够用就行。大家一定要有大局意识，不要搞互相攀比。

三 加强道德教育，实行科学、民主、以法治校

关于构建和谐校园，校党委十分重视，专门印发了《关于加强和谐校园建设的意见》，提出了 21 条建设意见。在加强道德教育上，我们一定要在师德建设上具体加以落实。前不久，我看到了《海峡都市报》登了一篇报道，反映我校支教教师情系西部学子的事迹，说有一位教师去西部支教回来后，听到甘肃有个孩子得了肾病，不仅不能上学，生命都无法维持，她就积极发动募捐，后来也得到有爱心的企业家的赞助，帮助孩子顺利完成了手术。这是很高尚的，因为这位老师在西部支教的任务已经完成了，她可以不过问这件事情，但当她得知孩子生病的消息后，仍然很揪心，想方设法来解决问题。这是师德建设的一个典型例子。我们要广泛宣传这样的老师的先进事迹（这位老师就是外国语学院的陈榕锋）。关于教学的协调发展问题。我们学校很大，层次很多，除了本科教学、研究生教学，还有独立学院，如协和学院、闽南科技学院以及应用科技学院、海外教育学院、人民武装学院、附中、附小等，所以就要考虑整体协调发展的问题，这方面工作做得不错，但仍要继续加强。关于科学、民主、依法治校的问题，在民主治学方面，一些学院进行了可贵的探索，如地理科学学院实行教授治学，很多重大的带有学术性的问题由教授会来研究解决。文学院也实施教授治学多年，效果很不错。我们在取得好的经验以后，可以逐步推广。学校管理重心转移到新校区后，管理方面的一些问题如要不要恢复师生接待日和设立书记、校长信箱，可以广泛征求各方面的意见，如可行就办起来。建设和谐校园的一个重要方面就是要维护广大师生员工的根本利益，关心离退休教职工的学习、工作和生活，尽可能创造条件，为离退休老同志的办事、健身、就医和其他有益活动提供便利。学校已建设了门球场、气排球场等，很受欢迎。今后可考虑将综合体育馆的一些场所以及其他体育场馆调剂给离退休同志使用，同时在老校区的整修过程中，要充分考虑到离退休老同志活动所必需的场所，给予合理安排。关于资助贫困家庭学生问题，学工部、团委做了大量的工作，应该说解决得比较好，要进一步加强。2006 年底，学校已决定在 2007 年招生中，要对报考师范专业成绩优秀的 100 名学生学费全免、100 名学生学费半免。这一点要广泛宣

传。关于建设节约型校园问题，我们要再三强调，对人、财、物一定要注意十分节约。人事处要在本学期对全校在册教职工进行全面清查，同时将清查结果和处理意见报告学校，学校将统一进行处理，该停薪的停薪，该除名的除名，绝不允许出现吃空饷等人事浪费现象。

在和谐校园建设中，要特别强调加强党风廉政建设。关于党风廉政建设，中央已经三令五申。学校关于加强和谐校园建设的文件也专门提到了党风建设问题，我们要根据文件要求，认真做到：切实加强党风廉政建设，坚持党要管党、从严治党，贯彻标本兼治、综合治理、惩防并举、注重预防的反腐倡廉战略方针，大力推进教育、制度、监督并重的惩治和预防腐败体系建设，坚持不懈地加强党风廉政建设，坚定不移地开展反腐败工作，为加强和谐校园建设提供坚强的纪律保证。要加强党员干部特别是领导干部党性锻炼和思想道德修养，在工作中大力倡导八个方面的良好风气，即勤奋好学、学以致用，心系群众、服务人民，真抓实干、务求实效，艰苦奋斗、勤俭节约，顾全大局、令行禁止，发扬民主、团结共事，秉公用权、廉洁从政，生活正派、情趣健康。要深入开展"廉政文化进校园"活动，不断改进廉政教育的形式和方法，使正面教育更有感染力、反面教育更有警示力、自我教育更有约束力、经常教育更有说服力，增强领导干部廉洁自律意识，筑牢拒腐防变的思想道德防线，做到为民、务实、清廉。进一步落实党风廉政建设责任制，促进反腐倡廉各项工作协调推进，以优良的党风促教风带学风，营造和谐的党群和干群关系，进一步构建和谐校园。

十一谈加强学校管理[*]

一　大力推进新老校区工程建设和校园修缮

（一）新老校区工程建设情况

两个月来新校区建设有了可喜变化。从河东地区看，音乐学院和美术学院顺利实现搬迁。在建工程方面，大部分集中在 9 月份，因此 9 月份是我校工程建设最紧张的一个月。

河东地区的工程主要有：青年教师公寓将于 9 月 10 日正式进行综合验收，教师公寓一套有 2 个小间，设有厨房、客厅和卫生间，租赁办法已经确定：房租为第一年 10 元/平方米，第二年 12 元/平方米，第三年 15 元/平方米，三年后可实现周转；招待所将于 9 月 5 日验收，现在初步命名为"福建师大旗山接待中心"，由产业处负责装修，即将投入使用，以后学生家长来新校区就可以住在接待中心，部分老师晚上在旗山校区工作得比较晚，也可住在接待中心；综合展览馆已经落架，并交付使用单位进行二次装修。展馆可举办多个展览，包括校史展览、教学科研展览、动植物标本展览等，其中动植物标本展览已由生命科学学院进行二次装修，将于 9 月底竣工；南区 400 米塑胶田径场将于 9 月 10 日验收，学校已同意在南区田

———————————

* 这是笔者 2007 年 9 月 4 日在全校部署新学期工作大会上讲话的一部分。

径场附近增建卫生间和器材室，以方便广大师生；应用学科楼群，包括软件学院、旅游学院、传播学院，建筑面积为 10560 平方米，目前都在加紧进行，最迟将于 11 月份竣工；南部地区六期学生公寓的建设，有利于学生公寓的南北均衡分布，将新建 10 座学生公寓，1 座食堂，建筑面积为 7.5 万多平方米，预计于 11 月中旬完工；与其他高校相比，我校有一个值得骄傲的地方就是有一条河流横穿旗山校区，将旗山校区划分为河东地区和河西地区，今后可能会建设若干座桥，目前在建的第一座桥即溪源江大桥将于 9 月 10 日验收；新建的旗山校区南大门预计于 10 月 15 日建成；南大门进来的道路原来路面比较窄，现在已经拓宽了，以后将成为百年大道之后的另一条主干道，于 9 月 30 日完工；河东地区的景观水底工程，已于 8 月 17 日验收，并投入使用。

河西地区占地 600 多亩，主要为协和学院用地，协和学院信息大楼已于 8 月 15 日落架，9 月 20 日验收，即将投入使用。协和学院教学楼共有 3 座，即 1、2、3 号楼。1、2 号楼在 9 月 30 号之前要完工，任务还是相当繁重的。行政办公楼也将于 9 月底完工，实验楼群正在抓紧建设。黄小晶省长在视察大学城时明确指出，在 2007 年底前一定要把新校区建设好。经过努力，是完全可以实现的。

仓山老校区方面：海外教育文化交流中心大楼建筑面积为 1.7 万多平方米，高达 16 层，由于诸多原因，工期受到一定影响，现在工程正在加紧进行，争取在校庆之前，即 10 月底前竣工，11 月上旬投入使用。

（二）老校区的修缮工程正在加紧进行

老校区的科学会堂已经修整一新，正以新的面貌展现在人们面前。文科楼这座曾为福建师大的发展作出很大贡献的教学办公大楼，正在进行修缮，外墙已粉刷完毕，教室也经过维修。文科楼的 11 层办公大楼分配已告结束，每一层都已安排了相应的学院和部处。离退休处在 1 楼，研究生处在 2 楼和 3 楼。老年活动中心共有 3 个，一是设在文科楼一、二楼的老年学习和阅览中心；二是老年健身与休闲中心，设在综合体育馆；三是老年室外体育与健身活动中心，长安山 12 号楼拆掉后，其旧址及周边、门球场将作为老同志的室外体育与活动健身中心。老校区的道路要在 9 月 30 日之前整修完毕。长安山公园历经多年风雨的洗礼，有的地方已经破损，现在也正在加紧整修。老校区校部办公大楼现在主要作为海外教育学院和继续教育学院的教学办公场所，两个学院已利用暑假时间进行整修。吕振万楼承担着接待教育部本科教学评估专家以及百年校庆期间海内外校友的任务，学校将进行彻底翻修。后勤集团在时间紧、任务重的情况下，迎难而上，勇挑重担，负责做好吕振万楼的装修工作，可望 9 月 26 日前完工。

新老校区的建设过程中也存在一些问题，如新校区还有几十亩地没有交，有 29 户民房没有彻底完成拆迁，难度很大，要继续抓紧；再如有的使用单位先期介入不够，还存在着观望现象，这些问题都要在今后的工作中加以解决。

（三）关于新老校区工程建设的下一步工作

一要提高认识，新校区工程建设事关学校的大局，务必抓紧。二要在保证工程建设质量的前提下，加快工程进度。要根据时间节点，在规定时间内完成工作任务，同时确保质量，不能粗制滥造、出现"豆腐渣"工程。三要加强新校区的管理。新校区的管理问题比以往任何时期都显得重要。新校区面积是老校区的几倍，管理好新校区不是一件容易的事情。目前新校区处于初创时期，很多工作都需要重新开始。比如一些新建设施的命名问题，包括学术报告厅、南大门进来的道路等，党办、校办、工会要尽快做好这些设施的命名工作。新校区的"四化"即美化、绿化、香化、科普化要继续抓紧，进一步增加新校区的人文景观和人文底蕴。理工楼群环境建设得不错，但文科楼群各学院环境建设开展得不平衡。各学院要多动些脑筋，创造一个比较好的环境。新校区的夜景工程要按计划加紧实施。新校区的交通管理问题一定要加强，交通标识要进一步完善。有关部门对停车场的问题要规划好、安排好。校内的广告栏、海报栏要逐步完善。要进一步加强新校区安全保卫工作，营造平安、文明、和谐的旗山校园。四要加强廉政建设。8 月 29 日下午教育部召开了加强高校管理、进一步治理商业贿赂专项工作视频会议。教育部党组书记、部长周济在讲话中强调加强高校党风廉政建设，必须坚持党委统一领导、党政齐抓共管，把中央部署与高校实际紧密结合起来，把反腐倡廉作为先进性建设的长效机制，作为班子建设和队伍建设的重要内容，常抓不懈；特别提出 2007 年是教育部确定的"高等学校管理年"。高校党委、行政要联系实际，把规范管理和加强党风廉政建设紧密结合起来，在坚决惩治腐败的同时，更加注重治本，更加注重预防，更加注重制度建设。当前尤其要重视加强高校收费、财务、校办产业、基建工程、科研经费等方面的管理工作。严格执行国家的法律法规和各项制度，认真查找"有令不行、有禁不止"的突出问题，切实整改。要实行严格的党风廉政建设责任制和责任追究制，党政一把手要亲自抓、负总责，不断推进高校党风廉政建设，积极营造风清气正的育人氛围。学校对这个会议很重视，正在认真贯彻执行，希望大家对廉政建设要警钟长鸣，常抓不懈。

二　加强领导，同心同德，攻坚克难，务求全胜

（一）对形势和任务要有清醒的认识

本学期的工作有以下几个特点。一是时间紧。评估专家进校距现在不足50天，离校庆只有70多天，时间非常紧迫。二是任务很重。有一个特殊的情况是几个任务交叉在一起，既有评估又有校庆，还有新校区建设的扫尾工作，任务相当繁重。三是有些程序、环节是刚性的，如招投标程序不能随意更改。但我们要团结一致，群策群力，有信心、决心战胜面临的困难。我们面对的困难很多，一定要面对困难，正视困难，敢于挑战困难。

（二）加强领导，统一指挥

既然面临如此繁重的任务，在完成任务的过程中，一要加强领导，保证政令畅通，做到令行禁止。在这方面总体上是好的，但有些领导对学校的要求、通知不闻不问，置之不理。甚至有的学院领导连学校每周会议表都没有看，什么时候有活动都不知道，这是很不应该的。这一段时间一定要做到令行禁止、政令畅通，不能各行其是，否则就乱了章法了。二是各级领导都要敢于承担责任、狠抓落实。任务领回去要抓落实，而不是说的一套，做的又一套。三要注意统筹兼顾，弹好钢琴。我们面临的任务很多，各级领导干部要不断提高领导水平和领导艺术，要像毛泽东同志所讲的学会弹钢琴，这种方法也就是中央一直强调的统筹兼顾。统筹兼顾是科学发展观的根本方法，在完成学校的三大任务过程中要始终掌握好这一方法。四要加强计划性，做到忙而不乱。学校要有计划表，各学院、各单位都要有计划表，确保各项工作有条不紊地进行。五是全体共产党员要起模范带头作用，党支部要起战斗堡垒作用。如果不是这样，我们将无法完成如此艰巨的任务。

（三）提高认识，统一思想，振奋精神

在暑期学校工作研讨会上，我提出要增强几个意识。一要有责任意识。在抓好学校三件大事的过程中，有些同志相当有责任感，这种责任感来源于对学校深厚的感情。这里特别要提到社会历史学院的林金水院长，学校交办的工作都能努力完成，如在香港筹资期间，他做了大量的工作，学校交办的宝鼎、宝球、宝琛塑像等的制作任务都能主动承担起来，体现了很强的责任感。希望大家都能有这样一种责任感，有这样一种对学校的深厚感情。二要有大局意识。在局部与全局发生矛盾时，一定要局部服从全局。在这里要特别表扬文学院申报国家重点学科，在申报的三个学科都有机会的情况下，其中两个学科自动放弃，最终确保中国现当代文学学科申报取得成功。这里就有局部服从全局的问题，办任何事情都要有大局意识、整体意识。三要有时间意识，今天能办的事不能拖到明天。这实际上也是个信用问题。四是要有创造意识，办好三件大事，我们面临很多新情况、新问题，要提出新办法，不断开创新局面。各级领导干部要善于学习，勤于学习，不学习不可能有创新。不仅要学习，而且要勇于超越，不仅超越自己，还要超越别人，这样才能开拓一个新局面。五是要有节俭意识。我们学校这么大，花的钱这么多，如果不节俭，一是不符合科学发展观，二是会给学校带来很大的损失。根据目前的统计数字，到 2007 年 8 月 31 日，新校区已投入 14.2 亿元，省政府投入 1.8 亿元，学校自筹 12.4 亿元，其中商业银行贷款 5.5 亿元，学校自筹资金 1.23 亿元，拆借校内资金 5.63 亿元。新校区从 2004 年到 2007 年 8 月 31 日已支付银行利息 3068 万元，其中 2004 年 50 万元，2005 年 375 万元，2006 年 1022 万元，2007 年 1 月到 8 月猛增到 1661 万元，利息逐年提高，而且是大幅度提高。预计到 2008 年新校区银行贷款将达到 12.2 亿元，按照利率 7.02% 计算，需要支付银行利息 7511 万元。新校区建成大家都很高兴，但债务是沉重的。关于还债，教育界、学术界、政府都在讨论。暑假期间我们与清华大学陈希书记交换意见，也探讨了债务偿还的有关问题。但省领导对高校债务问题始终没有松口。暑假期间，教育部周济部长来校考察，也详细询问了债务偿还情况。在这种情况下，我们除了必要的开支外，一定要量入为出，强化节俭意识，不可大手大脚，不可多多益善，不可动不动就向学校伸手，能节约尽量节约。例如，新校区的"三宝"即宝鼎、宝球、宝琛塑像，有一家单位提出要花 100 多万元，经多方询价，最后价格降到 40 多万元。在完成三件大事过程中节约问题要引起我们的高度重视，并切实身体力行。

抓好学校今年三件大事，
推动事业又好又快发展[*]

一 一年多来的工作回顾

七届二次教代会以来的一年多时间，全校师生员工在校党委、行政的正确领导下，同心同德，艰苦奋斗，努力促进各项事业协调发展，学校呈现出加快发展、和谐发展、科学发展的新局面，取得了"十一五"的良好开局。

（一）办学实力不断增强

重点学科建设取得重大进展，中国现当代文学被批准为国家重点学科，实现了我校国家重点学科零的突破。新增了马克思主义理论、体育学、艺术学博士后科研流动站，至此，我校博士后科研流动站已达 7 个。大力实施研究生教育创新工程，研究生教育水平和人才培养质量进一步提升。加强省、校重点学科建设与管理，学科建设的内在动力持续增强。积极准备第十一批学位点申报工作。顺利通过了国务院学位办组织的教育硕士专业学位教学合格评估。成功举办了 2007 年闽晋研究生人文社会科学论坛和华东、华南片重点师范大学研究生创新教育论坛，开展了研究生科技

＊ 这是笔者 2007 年 9 月 12 日在学校第七届教职工代表大会第三次会议上所作的学校工作报告。

月等活动，研究生学术活动更加活跃。

科研竞争力持续攀升，2006 年，学校共获得各级各类科研项目达 402 项，科研经费 2092 万元，其中国家自然科学基金项目 10 项、国家社科基金项目 9 项。2007 年又喜获国家社科基金项目 14 项、国家艺术科学规划项目 3 项，再创历史新高。重点实验室和科研平台建设取得新的突破。"工业微生物教育部工程研究中心""福建省改性塑料技术开发基地"获批建设。由我校主持编写的中国省域经济综合竞争力蓝皮书《中国省域经济综合竞争力发展报告（2005～2006）》一书在北京举行新闻发布会，出版后引起巨大社会反响。不断加强基础教育课程研究中心、闽台研究中心、中外关系史研究中心（加拿大研究中心）的建设。产学研工作不断加强，在第五届"中国·福建项目成果交易会"上，与福建普华电子科技有限公司等企业签约项目 8 项，技术合同额超过 200 万元。自主创新能力持续增强，2006 年通过评审，马克思主义理论与现实大讲堂、当代学术前沿和社会热点问题系列讲座等相继开讲，邀请国内外专家、学者来校举行了近百场学术讲座，举办了 30 多场学术会议和第十一届科技节，校园学术氛围进一步浓厚。

（二）评建创优扎实推进

评建创优已进入临战状态，各项工作有序展开。建立评建工作月报告制度，及时反映和解决评建工作中存在的问题。积极开展新增设专业自我评估和整改，对相关专业进行"关、停、并、转"分类处理。接受了省教育厅组织的本科教学水平预评估，根据专家组的反馈意见，学校及时提出 12 项整改措施，目前各项措施正在有序进行。

召开第四次本科教学工作会议，全面总结三年来的教学工作经验，明确加强本科教学工作的思路。组织开展第四次教育思想和教育观念大讨论活动，进一步明确了办学思想和办学理念。召开国家人才培养基地建设研讨会，提出基地建设的新举措。全面实施专业负责人制度，进一步提高专业建设水平。"教学质量与教学改革工程"扎实推进，成效显著。精品课程建设再创佳绩，王耀华教授负责的"世界民族音乐"被评为国家级精品课程，另有 17 门课程被评为省级精品课程，20 门课程被评为校级精品课程。教材建设获得新突破，黄汉升教授的《球类运动——排球》等 7 部教材选题入选教育部"十一五"国家级教材规划。此外，还开展了青年教师教学技能大赛，进一步强化课堂教学效果；评选校级教学名师 8 人，另有

2 人获得省级教学名师称号。

实践教学环节不断得到加强。2006 年度获得中央与地方共建基础实验室专项资金 1000 万元，经费总额为历年之最。物理学、化学和生物学实验教学中心被评为"福建省实验教学示范中心"，标志着理科实验室建设上了一个新台阶。网络辅助教学平台正式启用，有力地推动了师生互动和教学资源共享。召开首次实验教学与管理工作研讨会，切实加强对实验室的管理。学生积极参与课外科技学术活动，在全国"挑战杯"大学生课外学术科技竞赛和创业计划大赛、全国大学生数学建模竞赛、ACM 国际大学生程序设计竞赛、全国计算机仿真大赛、全国大学生电子设计竞赛等国内外大赛中屡获佳绩。2006 年，校合唱队参加第四届世界合唱比赛获金奖银牌（金牌空缺）。2007 年校大学生辩论队获得全省高校辩论赛冠军，并代表大陆高校参加海峡两岸大学生辩论赛。协调发展各级各类教育，支持福清学院、闽南科技学院、协和学院、人武学院办学，予以师资等方面的有力支持，附中、附小的办学再上新台阶。

（三）人才战略稳步实施

继续实施"高层次人才引进工程""博士工程"等，进一步加大师资队伍建设力度，"外引内育"工作取得显著成效，教师队伍的职称结构、学位结构、学缘结构和年龄结构进一步优化。生师比达到了教育部本科教学评估优秀标准。进一步加大人才引进力度，一年来引进具有博士学位或高级职称人数 59 人。聘请名誉教授 2 名，兼职教授、客座教授 36 人，兼职副教授 104 人。一年来新增享受政府特殊津贴人员 2 人，入选新世纪百千万人才工程国家级人选 1 人，入选教育部"新世纪优秀人才支持计划" 1 人。加强中青年教师的培养，启动了新一轮优秀青年骨干教师的培养计划，遴选出 100 名优秀青年骨干教师进行重点培养，同时选送教师在职攻读博士学位 70 人、硕士学位 32 人、公派出国 41 人。

（四）旗山校园日新月异

正在加快旗山校区建设步伐，确保 2007 年底前基本完成工程建设任务。召开了加强新校区建设与管理动员大会，对加快旗山校区工程建设作了全面动员和部署，加强了旗山校区建设的质量、安全、速度、效益和廉政建设等工作。截止到 2007 年 8 月，旗山校区已竣工建设项目 20 余项，可统计建筑面积 66.2 万平方米；在建项目 9 项，可统计建筑面积 17.3 万平方米，学校办学条件明显改善。交地工作进展顺利，2006 年以来完成交地 950 亩。办学主体和管理重心顺利往旗山校区转移，校部机关和大部分学院已完成搬迁工作。43 路公交车正式开通，形成"以公交车为主，校车和私家车为辅"的格局，逐步解决新老校区的交通问题。旗山校区人文景观建设逐步到位，服务和管理措施不断完善，校园文化学术氛围日益浓厚。海外教育文化交流中心大楼正在加快建设，仓山校区修缮工程进展顺利。

（五）管理水平不断提升

学校管理重心向旗山校区转移后，学校不断加大仓山校区资源调配力度。经多方征求意见，出台了《仓山校区房屋资源整合方案》，仓山校区房产资源得到科学合理配置。开展全校资产清查和全校性经营性房产的专项调研工作，制定了《福建师范大学公用房管理暂行办法》《福建师范大学经营性用房暂行管理办法》，使房产管理逐步走上规范化轨道。制定了抗台风、防洪排涝应急预案和饮食卫生应急预案，应急处置能力进一步增强。

继续落实财务工作会议精神，强化财务预算管理，增收节支，2006 年财政总量达到 5.9 亿元，增幅为 5.39%；完善财经工作领导小组议事规则，严格控制差旅费、邮电费、办公费、接待费开支。开源节流的观念在全体教职工特别是领导干部中得到增强；开源渠道有了新拓展，财政收入的亮点增多；同时节流的制度、措施也得到加强和完善，学生缴费工作进一步加强。严格控制贷款总量，注意规避金融风险，继续通过盘活资金，提高资金使用效益。进一步规范了工程、仪器设备招投标工作程序及合同会签的具体制度和要求。采取措施控制食堂物价，加强食堂卫生检查，确保饮食安全。校办产业逐步迈入良性轨道，企业效益稳中有升。

（六）校庆筹备进展顺利

全面启动百年校庆工程，各项准备工作正在有条不紊地展开。分别发布了百年校庆第 1、2 号公告，确定了校庆日以及庆典大会、高层学术论坛、百场学术讲座、文艺演出周、系列展览等十大项目。校友录修订和知名校友收集工作取得重要进展，基本摸清校友数量为 33.5 万人。与美国和中国香港、北京等地和省内各地市校友会的联系更为密切，组团赴中国香港、澳门和菲律宾、印度尼西亚、德国开展百年校庆宣传活动。连续在

《光明日报》《中国教育报》《福建日报》进行系列报道，校庆系列宣传计划逐步实施，校庆氛围日益浓厚。《福建师范大学校庆丛书》和《福建师范大学学者文丛》编撰工作进展顺利，部分已交付出版社编印。校庆筹资取得重大突破，在香港校友会和有关方面的大力支持下，4 月 2 日在香港展览中心成功举办了"庆祝百年校庆，发展福建教育"大型酒会，获得了930 万元捐赠；学校 6 月份组团赴菲律宾、印尼开展校庆宣传活动，得到当地华人华侨社会各界的热烈响应和积极支持，获得近千万元捐赠。各学院筹资引资工作也有很大进展。校庆论坛、纪念品、校庆展览、校庆演出等筹备工作全面推进，进展顺利。

（七）对外开放步伐加快

继续开拓东南亚华文教育事业，第 5 批汉语教学志愿者已经成行，至此，已先后派出 5 批共 253 名志愿者，在海内外引起了热烈的反响。2007年 1 月 16 日，正在菲律宾访问的国务院总理温家宝亲切接见了我校汉语教学志愿者师生代表，充分体现了国家领导人对我校对外汉语教学的关心与支持。我校与菲律宾中正学院"2 + 2"和印尼基督教大学"3 + 1"联合办学的 22 名学生已到校学习。2007 年秋季又有印尼新雅学院、阿拉扎大学的联合办学学生到我校就读。2006 年 10 月 27 日，在菲律宾阿罗约总统、福建省委书记卢展工等的见证下，我校与菲华商总签署了合作建设"菲律宾中国语言文化学院"协议，目前该学院已正式挂牌成立。全景式展示志愿者活动的长篇纪实报告文学《情系马尼拉》一书正在编撰之中，并将作为百年校庆系列丛书出版。

对外交流与合作日趋活跃，一年来我校共接待来访代表团 70 个，来访人员 425 人次；与 25 所大学（机构）签署了交流与合作协议或意向；因公临时出国（境）讲学、留学、访问和参加学术会议达 212 人次。两批共25 位赴美国、澳大利亚进修的教师已学成返校，另有 9 位赴美国北亚利桑那大学进修的教师已于 8 月成行。与英国阿尔斯特大学、伦敦大学史密斯学院、澳大利亚阳光大学的联合办学进展顺利，本学年有 28 人赴这些学校学习；与芬兰应用科技大学的联合办学已取得实质性进展，2007 年首批 10名学生将到该校学习。留学预科学院成立后取得重要成果，与澳大利亚莫多克大学、日本京都信息大学院大学、香港城市大学专上学院合作项目已正式招生。成功举办了第四次国际生物数学学术会议、亚太地区迁移研究网络第八次国际会议等 4 场国际学术会议，进一步加强了国际学术交流。

（八）和谐校园初见端倪

加强理论学习，形成有层次性的理论学习制度。高度重视思想政治理论课建设，实施"一把手工程"。2006 年 10 月，省委常委、宣传部长唐国忠深入我校课堂听课，高度评价了我校思想政治理论课教学改革，《中国教育报》报道了我校加强思想政治理论课的情况。高度重视和谐校园建设，出台了《关于加强和谐校园建设的意见》。召开了五届九次全委（扩大）会议，专门研究了保持共产党员先进性长效机制工作，提出了具体实施意见。根据中央和省委的部署，开展治理商业贿赂专项工作和贯彻中央纪委《关于严格禁止利用职务上的便利谋取不正当利益的若干规定》的学习教育、对照检查和清理纠正工作，广大党员干部廉洁从政的意识进一步增强。根据工作需要，及时增置基层党组织，成立了海外教育学院党总支；调整充实了新校区建设规划办党支部，配备专职书记，加强新校区建设办的党建工作和党风廉政建设。以师德建设为重点，积极开展"师德建设年活动"，出台了《关于进一步加强和改进师德建设的意见》，2006 年荣获"全国师德建设先进集体"荣誉称号。扎实推进"平安校园"创建活动，实行机动车辆进出校园通行证制度，加大技术防范力度，获得省"平安校园"称号。重视和加强了离退休工作，获得了省离退休工作先进集体荣誉称号。积极推进高雅文化进校园活动，中国歌剧舞剧院、宁夏艺术团先后来我校专场演出。由我校拍摄的《百年学府，青春风采——福建师范大学魅力校园行》在中国教育电视台展播，并荣获全国二等奖。努力拓展实践教育领域，提升社会实践和青年志愿者工作水平，已在全省建立 49 个学生社会实践基地，连续 8 年获得全国大中专学生志愿者暑期"三下乡"社会实践活动先进单位。研究生西部支教团在甘肃漳县扶贫接力的同时，还援建了"福建师范大学支教团希望小学"和中小学教师培训中心。教育部高校辅导员培训和研修基地获准建设。高度重视学生心理健康教育，开展"心理素质拓展月"等形式多样的学生心理健康教育活动，我校被评为全国心理健康教育先进单位。建立健全了"九位一体"的家庭经济困难学生资助体系，加大了国家助学贷款工作的力度，比较好地解决了经济困难学生上学所需经费问题。积极做好毕业生就业指导工作，毕业生就业率较高，获得省毕业生就业工作先进单位称号。坚持为师生员工办实事、办好事，在医疗健身、子女入学入托等方面帮助解决实际问题。

各位代表，一年多来学校所有成绩的取得，是校党委、行政正确领导的结果，是全校各级干部和广大教职工辛勤努力的结果，得益于学校百年发展奠定的坚实基础，得益于各学院、各部门的密切配合、通力协作，得益于社会各界的大力支持。在此，我代表学校向在各个岗位上辛勤工作、作出贡献的全体师生员工，向给予我们支持的各民主党派、无党派人士、离退休老同志表示衷心的感谢和崇高的敬意！

回顾总结工作，我们也清醒地看到，学校事业的发展还存在诸多矛盾和问题。①办学资金紧张问题更为突出。旗山校区建设面临巨额贷款的压力与风险，资金管理水平与资金使用效益不高，一些单位节约观念淡薄、浪费现象比较严重，加剧了学校办学经费紧张的程度。②师资队伍建设还须加强。高水平学科带头人数量不足，领军人物、大师级人才尤其缺乏，优秀年轻人才的"储备"不够。③管理水平有待提高。随着学校事业的快速发展，我校管理的体制、效率和质量，已经不能适应形势发展的要求，不太适应规模大、校区多、综合性强的大学管理需要，等等。对上述问题，我们要高度重视，迎难而上，采取切实措施加以解决。

二 发动全校师生，抓好学校今年的三件大事

各位代表，今后一段时期是学校办学历史上具有非凡意义的重要时期。具有里程碑意义的中国共产党第十七次全国代表大会将在 10 月 15 日召开，它标志着我国社会主义现代化建设又进入了一个崭新的历史阶段。在今后不到三个月的时间里，也是完成学校三件大事的关键时期：旗山校区建设即将全面竣工，标志着学校迎来一个新的历史发展跨越；评建创优迫在眉睫，学校人才培养和办学实力面临着全方位的检阅；而备受社会各界瞩目的百年校庆，更是学校弘扬传统、凝聚人心、继往开来、再创辉煌的契机，寄托着无数师大人和海内外校友的美好梦想和殷切期盼。使命荣光，重任在肩。我们必须以更加振奋的精神状态，更加饱满的工作热情，更大的魄力和更为艰苦的努力，圆满完成各项工作任务。否则，我们无法向海内外校友交代，无法向社会交代，更无法向历史交代！

（一）奋力攻坚，完成新老校区建设任务

旗山校区建设是学校发展进程中具有里程碑意义的盛事，是学校办学空间、发展后劲得到极大提升的基础工程，是开创我校新百年辉煌起点的奠基工程。从 2002 年 12 月 31 日打下第一根桩起，在近 5 年时间内，经过

全体建设者的辛勤劳动，旗山校区从无到有，从小到大，建设任务逐步完成，服务设施逐步完善。旗山校区建成后，占地面积达 2806.118 亩，建筑总面积近 97.1 万平方米，分别为仓山校区的 4 倍和 5 倍；教学科研用房 51.9 万平方米，学生生活区 45.2 万平方米，均为仓山校区的数倍，有效解决了办学瓶颈和办学空间制约问题，大大增强了学校的办学实力和发展后劲。目前旗山校区工程建设已经进入了最后的攻坚阶段，也是困难较多、任务极为艰巨的阶段。2007 年黄小晶省长在视察大学城时，明确提出必须于 2007 年底全面完成新校区建设任务。如果错过了这段时间，将得不到省委、省政府以及有关部门的支持，许多工作将无法开展。同时，10 月份本科教学评估，以及 11 月份百年校庆，都需要尽快完成工程建设任务，以崭新的面貌迎接评估专家和海内外校友。目前旗山校区尚有 17.3 万平方米的在建项目，有 51 亩土地未完成交地工作，建设任务十分艰巨，形势依然严峻。各有关单位要进一步增强责任感、使命感，抢抓机遇，奋力攻坚，夺取旗山校区工程建设的最后胜利。

一要紧抓交地工作不放松，完成最后的交地工作。征地交地是旗山校区建设的前提，直接影响着工作全局。在 51 亩未交土地中，还有 27 座民房未完成搬迁工作，交地工作的阻力、难度极大。规划建设办要积极争取当地政府和有关部门的支持，配合地方政府做好群众工作，设身处地为被征地农民解决一些实际困难，办一些惠及农民的实事，减少交地的阻力，保证已审批的征用地顺利交接。

二要加快建设步伐，推进工程质量、进度、安全的协调发展。各单位要抓紧工程节点，继续加大工作力度，确保每一个建设项目都不延误工期，不影响学校大局。新校区规划建设办要继续抓紧河西一期和二期、应用学科楼群、教学科研综合楼、南部六期学生公寓、南大门等工程建设，确保按期完成工作任务。后勤管理处要抓紧完成新老校区的修缮工程。后勤服务集团要按时完成吕振万楼的装修任务。海外教育文化交流中心大楼务必十分抓紧，确保于 10 月 31 日前投入使用。各使用单位要提早介入工程建设，一方面参与工程建设的监督工作，另一方面做好使用功能设计和二次装修的各项准备工作，各种工作交叉进行，争取宝贵的时间。百年大计，质量第一。质量是工程建设的灵魂，各单位要加强对工程建设和二次装修的现场管理，严格进行工程各项验收工作，确保工程质量。要高度重视旗山校区建设的安全，落实有关安全措施，确保安全无事故。

三要加强管理，提高旗山校区管理水平。旗山校区具有规模大、周边治安复杂、管理难度大的特点，各职能部门要积极探索有效的管理模式，采取有力措施，努力构建文明、平安、和谐的旗山校园。要进一步加强旗山校区文化建设，不断完善宣传栏等基本文化设施，广泛开展丰富多彩的各项文体活动，营造浓厚的校园文化氛围。不断加强人文景观和配套设施建设，营造健康高雅的人文景观氛围。要扎实推进旗山校区的"四化"，即美化、绿化、香化、科普化。要采取有力措施，进一步落实安全稳定工作责任制，加大安全保卫设施尤其是技防设施的建设力度，提高保卫队伍的素质，努力构建平安校园。要进一步规范旗山校区的停车秩序，确保旗山校园文明、有序。积极通过各种途径，提高43路公交车的服务质量，为师生员工提供优质服务。进一步提高防汛抗洪能力，完善防汛工作预案，确保旗山校区的安全。

四要加强廉政建设，保障旗山校区建设的健康推进。基本建设是腐败问题的易发部位，我们尤其要把廉政建设摆在工作的突出位置，贯穿在工程建设的始终。要坚持两手抓，两手都要硬，一手抓建设，一手抓廉政，做到警钟长鸣，常抓不懈。要进一步加强参与旗山校区建设的所有人员的廉政教育，采取多种形式教育和引导他们牢固树立廉洁自律的意识，筑牢反腐拒变的思想道德防线。进一步完善工程建设各项规章制度和监督检查机制。参与工程建设的同志，应当时刻绷紧廉政建设这根弦，在规划设计、招投标、施工建设、竣工验收等环节，都要按规范的工作程序办事，把廉政建设贯穿于工程建设的全过程，切实建设好让全省人民和全校师生员工满意的旗山校区。

（二）同心同德，打好本科教学评建创优攻坚战

2004年，我校正式启动了评建创优工作。实践证明，本科教学评估对学校建设与发展的影响是全面的、积极的、深远的。评估对于理清办学思路，明确办学定位；对于进一步巩固教学工作的中心地位，提高人才培养质量；对于增强学校的办学实力，扩大学校的影响，都具有十分重要的意义。经过多年的建设，我们在体制机制建设、教学资源建设、师资队伍建设、教风学风建设等方面已经取得一系列显著成绩，我们完全有信心打好本科评估这场硬仗。但是，我们也必须清醒地看到，当前迎评工作中还存在着一些问题与不足，必须引起我们的高度重视。第一，迎评创优的氛围还不够浓厚，仍有个别部门、个别领导、个别师生认识不到位，缺乏"兵临城下"的危机感、责任感和紧迫感。第二，从我校迎评的整体情况看，

硬件设施相对较为完善，但软件方面不容乐观，尤其在学生基本技能、毕业论文（设计）、盒子工程、课堂教学质量、学风建设等方面还有一定的差距。第三是评建工作开展得不平衡，个别单位工作缺乏力度，任务完成的质量不高，建设的效果不尽如人意。我们要充分利用1个多月的时间，针对评建工作的薄弱环节和主要问题，狠抓整改，精心准备，全力以赴打好这场攻坚战。

第一，抓住着力点，加强领导，层层动员。教育部评估方案涉及学校工作的方方面面，可以说，专家评估的过程，就是全面评价学校的过程。在整个评建工作中，没有与评估无关的人，没有与评估无关的事。因此，全校师生员工都要以高度的责任感，积极投身到评建工作中。同时，要抓好"一把手工程"，切实加强对评建工作的领导。学校已经建立了评建工作责任制，机关部处负责人以及各学院党政主要负责人是评建工作的第一责任人，在迎评工作中，要进一步落实评建工作责任制，层层分解任务，层层落实责任，做到责任到人。我们还要建立约束和奖惩机制，在评估工作中考查干部、培养干部、锻炼干部，希望各级干部都能经受考验。

第二，抓住薄弱点，加强建设，狠抓整改。预评估之后，各学院、各部门根据学校预评估整改方案，找准问题，狠抓整改，在教学改革的深度和教学管理的力度上下功夫，推动教学基本建设、教学改革和教学管理上新台阶，取得了显著成效。但还存在一些薄弱点，要采取有力措施予以解决。一是进一步加强学生基本技能训练。暑假期间，学校分两批进行学生基本技能训练，学生的基本技能取得较大提高，但也存在学生学习的积极性和主动性不够等问题，影响了训练效果。教务处和各学院要充分利用一个多月的时间，继续做好补训和测试工作。二是继续做好毕业论文（设计）、试卷检查和整改工作。经过多轮整改，毕业论文、试卷仍然存在不够规范等问题，毕业论文仍未杜绝抄袭现象，要进一步加大整改力度，坚决杜绝此类现象。三要加强实践教学体系建设。进一步落实好综合性、设计性实验项目、实验项目指导书以及学生实验报告的整改工作，进一步加强实习基地建设。四是落实教师授课情况，提高课堂教学质量。要进一步核实专任教师的授课情况，做好外聘教师的任课安排工作。严格执行教师教学工作规范，确保课堂教学质量。五是校情数据要统一、准确、规范。包括师资队伍、教学经费、学生数量等所有学校状态数据都要统一到学校自评报告上来，做到口径一致、准确无误。校内各单位所有网页以及"院长汇报"的内容与数据都要进行认真检查、核对，坚决杜绝标准不一、数据混乱的情况。此外，还要做好加强新办专业建设、加强学生纪律教育、文明礼仪教育、完善"盒子工程"以及学校自评报告佐证材料核实与补充等工作，使迎评工作真正做到"三个经得起"，即学生技能经得起考、教师授课经得起听、"盒子工程"经得起查。

第三，抓住关键点，注重细节，精心备战。根据兄弟院校的经验，专家组进校后的工作内容，主要包括以下七项。一是听汇报，主要是听取学校领导介绍学校情况，汇报评建工作情况。二是看环境，认真察看学校的教学基础设施和校园环境，包括教室、实验室、图书馆、学生公寓、学生食堂和生活环境。三是看材料，专家组要调阅学校所有的迎接评估的材料。四是随堂听课，专家将根据学校提供的课程表，随机挑选基础课和专业课听课。五是随机走访，专家到机关部门和基层单位，与相关负责同志进行交流。六是开座谈会，分层次召开教师、学生、离退休人员、用人单位等各种类型的座谈会。七是考技能，对学生的英语口语、计算机、专业实验水平进行抽考测试，另外还要参观考察学生实践基地等。此外，专家组还有可能安排其他临时增加的检查内容。根据以上情况，我们要有针对性地抓好准备工作，如做好思想的准备、材料的准备、学生基本技能测试战前演练、接待准备、校园环境卫生整治等等。毛泽东的军事思想有一条重要的原则，就是"不打无准备之战，不打无把握之战"。各单位务必细心对照评估指标体系，注意细节，精心准备，打好评建创优攻坚战。

（三）群策群力，扎实推进百年校庆筹备工作

百年校庆无疑是师大人向往已久的盛大节日，在百年的基础上，我们将以厚重的文化积淀，教学的丰硕成果，科研的自主创新，校园的美丽和谐，激情燃烧的璀璨面貌来庆祝学校的百年华诞，共绘美好明天的蓝图。早在两年前，校党政就开始精心规划了百年校庆系列工作，并在实践中不断丰富、不断完善。现在这一工作规划已确定下来，并有条不紊地展开。百年校庆的指导思想是"弘扬传统、凝聚人心，继往开来、再创辉煌"，校庆的原则是"隆重、节俭、高雅、务实"。在组织架构上，学校和各学院成立了相应的领导小组及办事机构，各司其职，密切配合，扎实推进各项工作。在活动内容上，学校确定了十大校庆活动。目前，百年校庆筹备工作取得了很大成效，得到了省委、省政府的大力支持以及海内外校友、社会各界的热切关注。省委书记卢展工、省长黄小晶、省委副书记王三运都对我校校庆表示祝贺和支持，省领导唐国忠、陈桦、汪毅夫分别听取了

百年校庆筹备工作汇报，认为百年校庆不仅是学校的一件大事，也是全省的一件大事，是福建省高等教育的一次生动展示，表示将对我校的百年校庆筹备工作给予大力支持。美国、中国香港等地的校友会纷纷来信来电，为母校的百年校庆献计献策、尽心尽力。这些都为我们筹备好百年校庆创造了十分有利的条件。当前，百年校庆工作已进入冲刺阶段，要着力抓好以下几项工作。

第一，全面发动，全员参与。我们反复强调，校庆不是目的，而是手段，要通过校庆活动，进一步弘扬传统、凝聚人心、继往开来、再创辉煌，促进学校更好更快地发展。百年校庆是全体师大人的盛大节日，是师大百年发展历史中的一个重要里程碑。全校上下要齐心协力，献计献策，共同办好校庆，不管涉及哪个单位或者个人，都要全力以赴地做好相关工作。各学院、各部门一定要从自身实际出发，发动全体师生参与到筹备工作中来，多搞一些有特色的活动，多想一些有创意的点子，通过全校的努力，使校庆工作开展得有声有色。

第二，加强宣传，浓厚氛围。要通过富有成效的宣传活动，让社会各界了解学校百年办学过程中取得的辉煌成就，让广大校友更加热爱母校，积极争取社会各界支持学校的建设与发展。一要继续争取省领导的支持，将我校的宣传工作列入省委宣传工作要点，通过省内外报纸、电视台等各种新闻媒体，充分报道我校的校庆盛况，扩大学校的影响。二要做好校庆宣传策划工作。学校已决定聘请省新闻媒体资深专家担任学校新闻宣传工作顾问，帮助我校指导和策划对外宣传工作，要以此为契机，不断拓宽新闻宣传渠道，降低宣传成本，提高宣传效果。三要做好各种层次的宣传活动。国内层次，要继续通过《光明日报》《中国教育报》等媒体进行连续报道，以期在国内产生较大的影响；省内层次，要通过《福建日报》、福建电视台等新闻媒体进行宣传造势，同时做好校园周边地区的宣传工作；校内层次，要进一步营造浓厚的校庆氛围，学校网站包括各学院网页的内容及时更新、充实，建设好大学生电视台，加大对外宣传力度。

第三，分工协作，扎实推进。百年校庆活动由学校、学院两个层面平行展开。学校层面将举办庆典大会、高层学术论坛、文艺演出周、校董事会成立大会、系列展览、仓山旗山校区竣工剪彩、系列丛书首发式、系列体育活动、百年宝鼎等揭幕仪式等十大活动，由校庆各筹备组分工负责。各筹备组要密切配合，扎实推进各项筹备工作，做好活动策划、来宾邀请、任务分工等各项工作，确保校庆活动取得圆满成功。学院层面的工作有校友录的编制、筹资、论坛与讲座、展览、征集题词、院史撰写、校庆邀请、接待、联欢等工作，同时还要根据各学院的专业特点、办学特点举办有特色的活动。各学院既要抓好"规定动作"，又要抓好"自选动作"，做到统一性和多样性相统一，规范性与灵活性相结合，为百年校庆增光添彩。

第四，加强联络，凝聚力量。学校的发展离不开30多万海内外校友的关心与支持。在百年校庆即将来临之际，我们要加强与广大校友的联系，欢迎他们回到母校，共同为母校的发展出谋献策。要抓紧做好以下几项工作。一是建立和完善校友名册。学校已决定由校庆办制定统一格式，由各学院负责校友录的编印工作，各学院要指定专人负责，编印出高质量的校友录。二是加强与各地校友会的联系。近期，校领导将分赴全省各设区市，了解校友会的建设情况，向校友通报校庆的进展情况。此外，要进一步加强与国内外校友会的联系，通报校庆的有关情况，争取获得支持。三要举办杰出校友座谈会报告会。近期要筹办好厅级领导校友座谈会、优秀教师和先进人物座谈会、报告会等。

第五，拓宽渠道，多方筹资。筹资引资是校庆的一项重要工作。促进学校发展是校庆的重要目的之一，百年校庆是学校发展中一次难得的机遇。为充分调动各方面筹资的积极性，学校已制定《百年校庆捐赠引资办法》，对筹资工作作出积极贡献的单位和个人予以奖励。希望各学院以此为契机，多想办法、多出点子，加大工作力度，在筹资引资方面取得更大的进展，为学校事业发展提供有力支持。

三　全面落实科学发展观，推动学校事业又好又快发展

今后一段时期，也是学校全面落实科学发展观，推进和谐校园建设的重要时期。我们必须以抓好三件大事为契机，抓住当前有利条件，进一步巩固和扩大来之不易的大好形势，以改革发展创新的成果，推动学校事业又好又快发展。

（一）不断推进学科建设

要以第十一批学位点申报为契机，充分挖掘和整合我校优势资源，认真做好申报论证、部署工作，有针对性地加强相关学科建设，力争在第十

一批学位点申报中取得新的突破。要进一步健全研究生院（筹）的机构职能，做好 2007 年研究生院的申报工作。在认真总结成功经验的基础上，加强对优势突出、实力雄厚的学科专业的重点建设，认真制定并贯彻实施《福建师范大学国家重点学科建设与管理暂行办法》和《福建师范大学国家重点学科培育点建设与管理暂行办法》，力争在下一轮国家重点学科申报中再创佳绩。以重点学科建设为核心，加强现有 18 个省级重点学科、21 个校级重点学科建设。加强省重点建设高校项目的建设与管理。做好 2007 年底的终期考核各项工作。坚持申报与建设并重，加强现有博士后科研流动站、博士点、硕士点的建设，努力增强其竞争实力。

（二）大力促进科研创新

一要组织申报重点科研项目，提高在关键技术领域解决重要科技问题的能力。认真做好国家重大专项和"863"计划项目、教育部人文社科项目和全国教育科学规划项目，以及 2008 年国家自然科学基金项目、国家社会科学基金项目的申报工作。抓好下半年专利成果申报；中国高校科技进步奖、省科学技术奖、省第七届社科优秀成果奖的评审、申报工作。二是大力推进产学研工作，积极参加厦门"9·8"推介会和第八届中国国际高新技术成果交易会，促进科研成果的转化。三要继续抓好科研平台建设。认真做好迎接 10 月份"医学光电科学与技术"教育部重点实验室验收工作，确保顺利通过验收；进一步加强"工业微生物"教育部工程研究中心、省改性塑料技术开发基地，以及 2006 年获批建设的 4 个省高校重点实验室和 8 个省高校人文社科研究基地的建设与管理，推动我校科研平台建设上新台阶。四要以迎接校庆为契机，举办好第十二届科技节暨第六次科研工作会议，办好几次大的全国学术研讨会，如马克思主义学院院长论坛、全国综合竞争力研究中心论坛、马克思主义经济学发展与创新论坛、全国马克思主义经济学说史研讨会等，办好系列学术讲座，进一步营造浓厚的学术氛围。

（三）坚持扩大开放办学

推动开放办学是我校发展战略的重要环节，已经成为学校的特色和优势之一。要在更广领域和更高层次上参与对外合作与竞争，拓宽学校发展空间，提升学校国际化办学水平。一要以百年校庆为契机，举办好中外大学校长论坛、两岸高层论坛，加强与国外高校、港澳台高校、国内兄弟高校的联系，进一步加强交流与合作。二要积极开展对外汉语教学。我校赴菲汉语教学志愿者至今已派出 5 批学生，形成了十分鲜明的特色，在国内外产生了较大影响，要进一步做好有关工作，努力建成全国汉语国际推广的示范项目；要积极拓展对外汉语教学领域，力争成为国家汉办赴越南志愿者项目的主要承担单位。三要进一步开展对外合作项目。争取在菲律宾中国语言文化学院的基础上成立与菲律宾国立大学合办的孔子学院，同时积极与美国有关方面联系，力争明年在美国再合作建设一所孔子学院。进一步做好与英国阿尔斯特大学、伦敦大学、澳大利亚南澳大利亚大学、阳光海岸大学、美国北亚利桑那大学、芬兰应用科技大学、日本大学、琉球大学、菲律宾中正学院、印尼雅加达基督教大学、新雅学院、阿拉扎大学等的合作办学项目。留学预科学院要认真开展与香港城市大学专上学院、日本京都信息大学院大学、澳大利亚莫多克大学的合作办学项目。

（四）完善师资队伍建设

加大人才引进力度，重点引进具有较强创新能力的学科带头人，吸引高层次拔尖人才来校工作，积极争取海外留学人员来校工作。加大师资培养和培训工作的力度，改善教师知识结构和学缘结构。制定符合实际的访学计划，分期分批选送青年教师到国内重点大学以及国外大学进行进修访问，继续组织师生参加菲律宾英语夏令营活动，促进年轻教师的发展。加强博士后流动站尤其是新获批博士后流动站的宣传、建设和管理，使之成为高层次人才聚集、产出高水平成果的创新平台。深化人才人事制度改革，进一步激发师资队伍的活力。拟出台"终身"教授遴选办法，遴选一批学术造诣高，对学校发展贡献大的专家、学者为学校的"终身"教授；出台资深教授评定暂行办法，设置我校资深教授岗位，使之成为大师级人才发挥作用的平台；出台优秀青年骨干教师培养对象培养与管理实施细则，规范和加强对优秀青年骨干教师的培养、管理和服务工作。

（五）加强和谐校园建设

要以高度的政治责任感和历史使命感，围绕中心，服务大局，加强团结，为党的十七大胜利召开营造良好的氛围。要牢牢把握社会主义先进文化的前进方向，以构建社会主义核心价值体系为根本，融入师生员工的思想政治教育和精神文明建设的全过程，贯穿于学校发展建设的各方面。坚决贯彻标本兼治、综合治理、惩防并举、注重预防的反腐倡廉战略方针，大力推进教育、制度、监督并重的惩治和预防腐败体系建设，为加强和谐校园建设提供坚强的纪律保证。继续大力加强师德建设，深入开展"师德建设年"各项活动。建设节约型校园关系到学校的可持续发展，也和师生员工的切身利益密切相关，要从转变思想观念、提高人的素质、形成节约氛围、完善规章制度、深化各项改革、提高管理水平、奖励节约行为、惩处浪费现象等多方位、多维度建设节约型校园。进一步落实稳定安全工作责任制，落实应对突发事件的应急处置机制和维护校园稳定工作制度，营造一个安全、稳定、发展的校园环境。要十分关心离退休教职工的学习、工作、就医和生活，要尽可能为老同志发挥余热创造条件，大力支持关工委的工作，为离退休同志的健身和其他有益活动提供便利和支持，多为老同志特别是高龄特困的老同志办实事、办好事。要认真贯彻家庭经济困难学生资助政策，进一步完善帮困救助制度，关注弱势群体，关心家庭经济困难学生，完善资助体系，深入开展爱心助学活动。要进一步加强毕业生就业指导工作，让学生好就业，不断提高学校的办学声誉。要进一步完善民主评议校、院（处）两级领导干部工作、两级教代会制度、校务公开制度、听证会制度、党政工联席会议、双月座谈会、学校重大事项情况通报制度等民主管理和民主决策制度，推动科学管理，促进校园和谐。坚持最广泛最充分地调动一切积极因素，进一步发挥工会、教代会、离退休老同志、民主党派和统战团体、团委、学生会的积极作用，共同推动和谐校园建设。

立足新起点，谋求新跨越[*]

七届三次教代会以来，全校师生员工在校党委的正确领导下，求真务实，锐意进取，全力抓好三件大事，深入推进改革创新，学校事业呈现出效益提高、速度加快、活力和后劲增强的良好态势，为学校新百年发展开好局、起好步奠定了坚实的基础。

一 办学理念日益明晰，办学特色更加鲜明

大学的办学理念和文化底蕴是大学的灵魂，我们以百年校庆和评建创优为契机，不断加强对学校办学理念、办学特色的探索、凝练和弘扬。在筹备百年校庆的过程中，顺利完成了校史的编写、校歌的征集和修订工作，学校现已拥有校训、校风、校歌、校标等完备的办学理念和形象标识系统。2007年落成了百年宝鼎、百年宝球、陈宝琛塑像以及综合展览馆（校史展、教学科研展、动植物标本展）、老照片展等，成为展示学校精神文明文化和办学理念的重要人文景观。在本科教学评估中，进一步明确了学校的办学定位、指导思想、发展规划等，总结了"秉承拜年传统，服务基础教育，创新教师教育"；"学科引领专业发展，科研促进教学改革，培

---

[*] 这是笔者2008年6月26日在学校七届四次教代会暨十届三次工代会上所作的学校工作报告的第一部分。

养高素质本科人才"两方面的办学特色，受到教育部评估专家组的充分肯定。开展了第四次教育思想和教育观念大讨论，进一步深化对学校办学理念、办学特色的思考和凝练；召开百年校庆总结表彰大会，凝练出"志存高远、追求卓越；知难而上、勇创奇迹；大局为重、团结协作"的福建师范大学精神。

二　评建创优顺利实现，质量工程再创佳绩

2007 年 10 月，教育部本科教学工作水平评估专家组对我校本科教学工作进行了全面的评估考察，对我校评建工作给予高度评价。经全国高校本科教学评估专家委员会审议，教育部于 2008 年 4 月份公布了评估结论，我校成绩为"优秀"，这是全校上下众志成城、追求卓越、不断提升教育教学质量的结果，标志着学校的本科教学水平越上了一个新台阶。评估考察结束后，学校认真研究了专家组提出的整改意见，制订了本科教学工作水平评估整改方案，继续实施本科教学整改"一把手"工程，目前各项整改工作正在有序进行。

在评建创优的过程中，学校大力实施教学质量工程，成效突出：喜获国家级实验教学示范中心 1 个、省级 5 个，国家级精品课程 2 门、省级 14 门，国家级特色专业建设点 4 个、省级 4 个，国家级人才培养模式创新试验区 1 个、省级 4 个，省级教学名师奖 5 名，省级教学团队 4 个，省级大学生创新性实验计划项目 15 个，获得"质量工程"奖励数量位居全省省属高校首位。编制了"十一五"本科专业建设规划，进一步提高专业建设水平。教材建设取得新进展，又有 2 部教材增补为"十一五"国家级规划教材。不断加强实验室建设，继 2007 年获得中央和地方共建高校特色优势学科实验室项目 1000 万元，2008 年又组织 5 个项目申报该项目，涉及中央财政资助经费 1529 万元。全面启动教考分离工作，不断加强课堂教学质量监控。进一步完善数字化课程网络平台，强化数字化课程立项建设，有力地推动了师生互动和优质教学资源共享。继续开展青年教师技能大赛，不断提升青年教师的教学技能和水平。学生踊跃参加课外学术科技活动，在全国"挑战杯"大学生课外学术科技竞赛和创业计划大赛、全国大学生数学建模竞赛、ACM 国际大学生程序设计竞赛、全国大学生电子设计竞赛等国内外大赛中屡获佳绩。

在本科教学的引领下，学校各级各类教育协调发展，形势喜人。福清

分校按照校党委"同步建设"的要求，认真对照本科教学评估指标，加强教学基本建设与管理，不断提高办学质量。协和学院坚持开放办学理念，稳步扩大办学规模。闽南科技学院在理顺办学机制的基础上，各项事业取得可喜进展。继续教育学院不断规范办学，办学质量和效益有了明显提升，2007 年成人高等教育在校生达到 22299 人。网络教育学院充分挖掘办学潜力，寻求新的增长点，办学活力进一步增强。人民武装学院办学质量稳步提高，办学层次不断提升。软件人才培养基地教学质量得到保障，各项工作步入正轨。附中、附小不断加强师资队伍建设，办学水平上了一个新台阶。

三　百年校庆成功举办，后续工作有序展开

百年校庆是学校发展史上一个重要的里程碑。校庆活动规格高、气势恢弘，精彩纷呈，盛况空前。学校成功举办了庆祝大会、庆典晚会、专场戏曲晚会等系列大型活动，举办了中外大学校长论坛、院士论坛等近 10 场高层论坛和 300 多场学术报告会。收到中共中央政治局常委贾庆林、习近平、菲律宾总统阿罗约以及各级领导、社会各界、兄弟院校的贺信、题词191 封。筹资引资工作取得可喜进展。编辑出版《校史·校志·大事记》《百年回眸——福建师大老照片精选》等 8 种系列丛书。校庆期间，《人民日报》《光明日报》等全国各大新闻媒体纷纷以显著篇幅连续报道了我校改革发展的成就和百年校庆系列活动的有关情况。校庆后续工作有序展开。在全校师生员工中掀起了学习福建省委书记卢展工在庆典大会上讲话的热潮。进一步密切与各地校友会的联系。认真做好受赠礼品登记造册和有关材料的归档工作，不断加强校庆系列展览的维护与管理。分批次组织全校师生参观综合展览馆。继续跟踪承诺的捐赠项目，做好捐赠反馈回报工作。根据捐赠引资办法，落实奖励基金的发放工作。

四　校园建设基本完成，办学条件明显改善

在省委、省政府以及各级党委、政府的关心和支持下，基本完成旗山校区大规模建设任务。2007 年，我校相继完成旗山校区南大门及道路、南部学生公寓、应用学科楼群、河西地区教学楼、实验楼、计算机大楼及围墙、溪源江大桥、青年教师公寓、接待中心、校园人文景观等工程项目的

建设。迄今为止，旗山校区规划建筑面积 83.48 万平方米，已完成 82.52 万平方米，占计划完成面积的 98.85%；规划总投资 17.98 亿元，已完成 16.55 亿元，占总投资的 92%。目前，旗山校区各项管理工作已经步入正轨，交通、饮食、网络、安全和校园管理等问题得到妥善解决，学习氛围和学术气氛进一步浓厚。仓山校区通过进一步修缮，办学条件和基础设施不断完善。海外教育文化交流中心大楼已顺利竣工，并继续进行试营业；仓山校区 14 号、15 号学生宿舍楼拆旧建新工作已进入筹备实施阶段。

五　学科建设稳步发展，科研实力持续提升

第十一批学位点申报工作进展顺利，已召开申报工作动员大会和多次协调会，制订了具体申报方案，各项申报工作正在逐步实施。重点学科建设与管理不断得到加强，出台了《国家重点学科和国家重点学科培育项目建设与管理暂行办法》，顺利通过省重点建设高校重点学科建设项目评估。校级重点学科完成中期检查。组织修订了全日制研究生和非全日制研究生的培养方案。顺利通过国务院学位办对我校教育硕士的合格评估，接受了全国艺术硕士教育指导委员会对我校的突击性教学巡查工作。认真组织学习国务院学位办会议精神，落实相关措施，抓好研究生培养质量，尤其是博士生的培养质量。积极做好我校博士生质量的普查工作。全面实施研究生教育创新工程，积极开展研究生科技月、博士论坛、研究生科学讨论会等学术活动，积极筹办"学位与研究生教育成果展"。研究生培养质量得到提升，有 1 篇博士学位论文获得全国百篇优秀博士学位论文提名奖，1 篇博士论文被评为"福建省优秀博士学位论文奖"一等奖，3 篇获得二等奖，4 篇获得三等奖。1 位博士生获得"2007 年度国家社科基金艺术项目"立项。

科研实力显著增强。2007 年，学校共获得各级各类科研项目 356 项，其中国家社会科学基金项目 14 项，全国艺术科学规划基金项目 3 项，全国教育科学规划基金项目 1 项；国家自然科学基金 5 项，国家"863"计划项目 2 项，国家"十一五"科技支撑计划项目 1 项，总经费达 3591 万元。2008 年，我校国家社会科学基金项目申报工作又获佳绩，共有 11 项课题获得立项，继续保持良好的发展态势。被 SCI、EI、ISTP、SSCI 收录的论文 254 篇；2007 年以来，申报专利成果 119 项，获授权数 30 项，创历史新高。获得省第七届哲学社会科学优秀成果奖 68 项，一等奖总数超过全省的三分之一，获奖总数约占全省四分之一；获得 2007 年度省科学技术奖

10 项，其中二等奖 5 项，获奖总数首次突破两位数。科研平台建设取得新进展，"医学光电科学与技术"教育部重点实验室顺利通过验收，亚热带资源与环境重点实验室连续三年被评为省优秀类重点实验室，"工业微生物教育部工程研究中心"正在加快建设，准备迎接验收。产学研工作进展顺利，仅 2008 年上半年就签订了项目技术合同 16 项、意向合作协议 25 份，总投资额达 2.35 亿元。由全国经济综合竞争力研究中心福建师范大学分中心负责研究的《中国省域经济综合竞争力发展报告（2006～2007）》蓝皮书在北京发布，引起了强烈的社会反响。成功举办了海峡两岸经济发展论坛（福州），十届全国人大常委会副委员长蒋正华和两岸的 100 多名院士、专家出席论坛，产生广泛影响。此外，举办了首届全国马克思主义院长论坛等各类高层次学术研讨会 30 多场；以马克思主义理论与现实大讲坛、国学大讲坛、学术前沿和社会热点大讲坛为平台，举办各类学术报告会 300 多场，进一步营造浓厚的校园学术氛围。

六 人才战略扎实推进，队伍结构不断优化

继续加大师资队伍建设力度，"内育外引"工作取得较好成效，教师队伍的职称结构、学位结构、学缘结构和年龄结构进一步优化。续聘"闽江学者"特聘教授 1 人，新聘"闽江学者"讲座教授 1 人，聘请讲座教授、客座教授、兼职正副教授 28 人。已引进或已签约的具有高级职称或具有博士学位的高层次人才 71 人。确认正高级职称 30 人，副高级职称 86 人。加强优秀青年骨干教师培养与管理，启动对 100 名优秀青年骨干教师进行重点培养的计划，同时选送教师在职攻读硕士以上学位 87 人，从事博士后研究 13 人，国内外访学进修 34 人，其中双语教学骨干培训 15 人。深化人事制度改革，抓紧制订岗位设置管理方案，规范编制外人员管理，对长期挂编不在岗人员进行逐批清理。一年来，新增享受国务院政府特殊津贴人员 2 人，入选省"百千万人才工程"5 人；1 人被评为全国优秀教师，5 人被评为省优秀教师，1 人被评为省优秀教育工作者，教育科学与技术学院获得"2007 年全国教育系统先进集体"荣誉称号。

七 经营理念逐步树立，科学管理初见成效

重视资产管理，基本完成了新老校区的资源整合，认真开展全校经营

性资产清查与调研工作，分类统计各类资产数据，对房屋数据库实行动态管理，进一步明晰了学校土地使用范围。加强物资采购透明度建设，规范采购招投标工作，节约金额 562 万元，节约率达 12.11%。大力推进节约型校园建设，出台《水电管理改革方案》，实行"总额承包和二级定额管理相结合"的办法，力争五年内实现降低能耗 20% 的目标。采取限价和补贴的措施平抑食堂物价，加强食堂卫生检查，确保饮食安全。引进大学城专线 48 路公交车，开通校园电瓶车行驶线路，为广大师生提供便利。在新校区办公楼、教学楼周围建设了一批遮阳车棚，为教职工停车提供方便。设计安装了方便美观的自行车停放架，学生自行车有序停放。认真配合省审计厅对我校 2007 年度预决算执行情况审计，推进学校财经工作的规范化、科学化管理。不断完善、健全财务管理制度，出台了《财务管理暂行办法》。严格控制贷款规模，提高资金使用效益，旗山校区建设通过盘活校内资金节约了 1.09 亿元。2007 学年学校财政总量达到 5.86 亿元。加大内部审计监督工作力度，完成财务收支审计 3.2 亿元，2006 年学校财务预算执行情况审计 9.97 亿元，规范预算执行工作；开展基建及修缮预决算审计 126 项，送审金额 5704.5 万元，核减 253.8 万元，核减率 4.45%。加强机关效能建设，充分发挥效能督查作用，加强学校各项决策的落实和校内请示、报告、信访件的督办工作，做到"事事有回音，件件有着落"。

八　对外交流日趋活跃，办学优势日益凸显

海外华文教育事业蓬勃发展，第五批赴菲律宾汉语教学志愿者圆满完成各项教学任务，载誉安全返校。第六批志愿者已分批起程前往菲律宾。对外汉语教学取得新进展，与越南教育机构签订了集中派出汉语教学志愿者协议，成为国内第一所正式向越南派出志愿者的高校。中国教育电视台 60 集大型电视纪录片《新中国教育纪事》摄制组对我校汉语教学志愿者工作进行了专访。百年校庆期间，举办了海外华文教育高层论坛，撰写出版了长篇报告文学《情系马尼拉》，取得良好反响。合作办学项目扎实推进，与菲律宾中正学院"2 + 2"联合办学的首届学生顺利毕业，已于日前回国。

一年来共接待来访代表团 83 个，来访人员 516 人（次）；因公临时出国（境）讲学、留学、访问和参加学术会议 120 人（次）；与美国里德学院、日本山行大学等 9 所国（境）外大学签订了合作交流协议；与美国北

亚利桑那大学、加拿大布鲁克大学、澳大利亚阳光海岸大学、日本琉球大学、芬兰亚娃斯库大学等 20 多所国外大学保持友好往来关系；与美国、英国、法国、加拿大等国驻华领事总馆建立了互信友好关系。与台湾彰化师范大学的交流合作项目取得重要进展，将与我校每年互派 5~10 名学生到校学习，互认学分并免收学费和住宿费，此项协议有望近期签订并付诸实施，这是在台海局势发生积极变化的新形势下，我校响应省委、省政府建设两岸交流合作先行区的重要举措，得到了省有关部门的高度评价。留学预科学院成立后发展迅速，与澳大利亚莫多克大学、日本京都信息大学院大学、香港城市大学专上学院合作项目全面展开。

九　党建活力不断增强，和谐校园建设深入推进

四川汶川大地震发生后，全校师生在校党委的统一部署下，发扬"一方有难，八方支援"的精神，通过宣传倡议、大型募捐、登记献血、赈灾义演、义卖、报名参加赴灾区心理康复志愿者等途径，全力支援抗震救灾。已募集抗震救灾捐款 220.59 万元，广大党员踊跃缴纳"特殊党费"90.25 万元。哀悼日前后，全校师生通过集体默哀、树立"哀思墙"等形式，深切悼念在四川汶川地震中的遇难同胞。继续加强政治理论学习和形势政策教育，进一步完善校、院两级中心组学习制度。通过举办学习党的十七大精神座谈会、辅导报告会、专题宣讲、社会实践、组建师生宣讲，不断兴起学习宣传贯彻党的十七大精神的热潮。深入开展创建全国文明单位活动，接受了省委教育工委组织的全国文明单位和全国精神文明建设工作先进单位专家组的核查，受到充分肯定。举办了 2007 年度十大新闻评选和颁奖活动，在校内外引起较大反响。坚持围绕党的理论创新和海峡西岸"两个先行区"建设创作文艺精品，获得省第五届百花文艺奖 10 项，获奖数位居全省教育系统首位。进一步加强独立学院党的建设，分别成立了协和学院、闽南科技学院党委。召开反腐倡廉工作会议，大力推进学校惩治和预防腐败体系建设。大力推进民主管理、依法治校进程，取得显著成效。由全国人大常委会教科文卫委员会组织的《高等教育法》调研座谈会在我校举行，对我校民主管理工作予以肯定。充分发挥民主党派、无党派人士、统战团体参政议政、民主监督职能，围绕学校中心工作开展调研，积极建言献策。扎实推进"平安校园"创建活动，启动"迎人文奥运，建和谐校园"安全教育周活动。加大技防监控和巡逻检查力度，进一步夯实

校园安全基础。重视和加强离退休工作，重新修订了《离退休工作条例》，积极开展老年公寓建设的前期论证工作，不断完善老年活动中心建设。校关工委工作取得显著成绩，获得了"全国教育系统关心下一代工作先进集体"等多项表彰。

大力加强思想政治教育，校园和谐氛围进一步浓厚。不断加强学生党员先锋站和党团活动室的建设，建立辅导员个人工作网页。认真贯彻落实国家新资助政策，建立了"九位一体"的资助体系，做到了校党委提出的"绝不让一个学生因经济困难而辍学"的承诺。加强毕业生的思想教育和就业指导，加强实训实习基地和就业信息网络建设，重视做好家庭经济困难且就业困难学生的就业援助工作，不断提升毕业生的就业竞争力。修订学校《鼓励和促进毕业生就业工作暂行办法》，加大了毕业生向基层就业和自主创业的奖励力度，2007 年 80% 以上的毕业生到农村、基层就业。2007 届校本部本科毕业生年终就业率达到 96.2%。在省就业工作评估中获得"优秀"的好成绩，并被评为省就业工作先进集体。积极开展北京奥运宣传活动，有 3 名学生被选为火炬手，8 名学生被选为火炬护跑手参加奥运圣火传递活动。组建校学生电视台，受到广大青年学生的普遍欢迎。积极推进高雅文化进校园活动，宁夏艺术团、江苏昆剧院、福建京剧院等优秀艺术团体先后来校进行专场演出。不断提升社会实践和青年志愿者的工作水平，连续 9 年获得全国大学生志愿者暑期"三下乡"社会实践活动先进单位，研究生西部支教团被评为"2007 年感动福建年度十大人物"，校红十字会和文化素质教育人才培养模式创新实验区团队被评为"福建省新长征突击队"。团的建设再上新台阶，校团委被授予"全国五四红旗团委"称号，校学生社团联合会被评为全国高校"十佳优秀学生社团联合会"。注重青年学生自立自强意识的培养，涌现出"2007 年度中国大学生自强之星十佳标兵"李蕊、身残志坚勇夺北京残奥会入场券的叶超群等一批先进典型。积极推动群众性体育活动的开展，在全国第八届大学生运动会上获得 2 枚金牌，为福建省争得了荣誉。

十　办学实力全面提升，社会影响与日俱增

随着办学实力的迅速提升，学校的社会影响力和美誉度与日俱增。根据网大 2008 年中国大学排行榜，我校位居第 86 位，名列福建省属高校第 1 位。根据中国管理科学研究院发布的 2008 年中国大学排行榜，我校也进

入全国百强高校行列，名列第 100 位。另据武汉大学中国科学评价研究中心发布的 2008 年中国大学综合竞争力排行榜，我校位居中国 584 所一般大学综合竞争力排行榜第 2 位，人文社科创新竞争力位居全国所有高校的第 35 位。我们通过聘请新闻顾问、召开对外宣传工作会议等，大力加强对外宣传工作，进一步扩大了学校的社会影响，引起了社会各界和新闻媒体的广泛关注。据不完全统计，一年来我校在《人民日报》《光明日报》《中国教育报》《中国经济导报》《福建日报》和香港《文汇报》《大公报》等新闻媒体上刊发正面宣传报道（不含网络）近 400 篇。其中，国家级媒体报道 62 篇，省级以上媒体报道 128 篇。

回顾一年来所走过的不平凡历程，我们感慨万千，心潮澎湃。我们之所以能圆满完成三件大事，推动百年学府这艘航船破浪前行，靠的是科学发展观指导下的创新实践，靠的是校党委的坚强领导，靠的是全校师生员工的奋力拼搏。在这里，我代表学校向在各个岗位上辛勤工作、积极奉献的全体师生员工，向给予我们支持的各民主党派、无党派人士、离退休老同志表示衷心的感谢，并致以崇高的敬意！

在肯定成绩的同时，我们也要清醒地认识到，学校事业发展还面临不少困难和问题。主要是：教育创新理念和能力还不能适应时代发展需要，内部管理体制、运行机制亟须完善；办学资金瓶颈问题尚未解决，旗山校区建设面临巨额还贷的压力与风险，资金管理水平与资金使用效益不高，一些单位节约观念较为淡薄，浪费现象比较严重，加剧了办学经费的紧张程度；人才队伍建设状况不容乐观，高水平人才匮乏，领军型人才不多，优秀拔尖人才的培养和引进亟须加强，吸引和汇聚高层次人才的机制尚未完全形成；学科结构不尽合理，学科的特色和优势不够明显，学科间交叉渗透不够，适应经济社会发展需要的新兴学科、应用学科、工程技术学科偏少，学科综合优势尚未充分发挥；服务海峡西岸经济区的能力尤其是服务海峡西岸经济区产业发展的能力有待增强，重大标志性成果不多，一些国家重大科技指标仍未突破，有效创新团队仍未形成，科研实力尚须进一步提升。对于上述问题，我们必须保持清醒的头脑，用发展的眼光正视存在的困难和问题，加强统筹协调，在现有的基础上，在今后的发展过程中逐步予以解决。

后　记

　　本书得以顺利出版，得到了我在任时的许多同事和同志的热情鼓励和大力支持。

　　本书中的大部分讲话、报告稿，我都有保存，但也有一小部分因搬迁等原因散失了。学校宣传部的同志借给我 2002～2008 年《福建师范大学校报》每年的合订本，我从中找到了不少材料；学校校友总会副秘书长黄鲤忠同志帮我复印了校办档案室保存的我的一部分讲话、报告稿；我给2003 届、2004 届毕业生的题词，是他不辞辛劳从当年学生的毕业相册中查找到的。经济学院副院长黄茂兴教授对本书出版给予很大的帮助和支持；全国竞争力研究中心福建师范大学分中心办公室主任李军军博士和他的年轻伙伴们帮助打印了本书的第四、五篇和前言、后记等。教育科学学院副教授、我指导的在读博士生张俊峰负责本书前三篇的打印以及全部书稿的修改和编排，付出了很多的时间和精力。对以上同志的真诚支持和帮助，在此表示衷心的感谢！

　　福建师范大学校长黄汉升教授热情支持本书的出版，并在经费上予以大力资助，在此谨致谢意！

　　印度尼西亚"艺成慈善基金会"的杨勇辉先生、杨丽玲女士等是我的老朋友，当他们获悉本书即将出版的消息后，主动慷慨予以资助，在此表示衷心的感谢！

　　中共福建省委常委、省委秘书长叶双瑜同志曾担任过福州大学党委书记、福建省科技厅厅长，是科技教育方面的资深专家，感谢他在百忙之中为本书作序。福建省教育厅党组书记、厅长鞠维强同志曾在福建师范大学和福州大学任职多年，在高等教育管理方面有深入的研究和丰富的经验，也感谢他在繁忙的公务中抽出时间为本书作序。

衷心感谢我的夫人綦正芳教授多年来的倾力支持和远在北京的女儿李宁、女婿黄鹏的热情鼓励，否则本书也将难以面世！

中国社会科学院社会科学文献出版社的谢寿光社长、社会政法分社社长王绯以及责任编辑曹长香为本书的出版提出了很好的修改意见，付出了辛勤的劳动，在此一并向他们表示由衷的谢意！

由于时间匆促、水平有限，本书难免存在错误和不足之处，欢迎读者批评指正。

作者
2012 年 12 月

图书在版编目（CIP）数据

大学开放天地新：一位百年学府校长的思考与探索/李建平著.
—北京：社会科学文献出版社，2013.5
ISBN 978 - 7 - 5097 - 4516 - 8

Ⅰ.①大…　Ⅱ.①李…　Ⅲ.①高等学校 - 校长 - 学校管理
Ⅳ.①G647.12

中国版本图书馆 CIP 数据核字（2013）第 072432 号

大学开放天地新
—— 一位百年学府校长的思考与探索

著　　者／李建平

出 版 人／谢寿光
出 版 者／社会科学文献出版社
地　　址／北京市西城区北三环中路甲 29 号院 3 号楼华龙大厦
邮政编码／100029

责任部门／社会政法分社（010）59367156　　　　责任编辑／曹长香
电子信箱／shekebu@ ssap. cn　　　　　　　　　责任校对／白桂芹　王翠艳
项目统筹／王　绯　　　　　　　　　　　　　　责任印制／岳　阳
经　　销／社会科学文献出版社市场营销中心（010）59367081　59367089
读者服务／读者服务中心（010）59367028

印　　装／北京鹏润伟业印刷有限公司
开　　本／787mm×1092mm　1/16　　　　　　印　　张／39.5
版　　次／2013 年 5 月第 1 版　　　　　　　　彩插印张／0.5
印　　次／2013 年 5 月第 1 次印刷　　　　　　字　　数／684 千字
书　　号／ISBN 978 - 7 - 5097 - 4516 - 8
定　　价／148.00 元